금강삼매경론
金剛三昧經論

동국대학교 불교기록문화유산아카이브사업단(ABC)
본서는 문화체육관광부 지원으로 동국대학교 불교학술원에서 간행하였습니다.

한글본 한국불교전서 신라 16
금강삼매경론

2019년 2월 20일 초판 1쇄 인쇄
2025년 10월 13일 초판 3쇄 발행

지은이 원효
옮긴이 김호귀
펴낸이 박기련
펴낸곳 동국대학교출판부

주소 04626 서울시 중구 퇴계로36길2 신관1층 105호
전화 02-2264-4714
팩스 02-2268-7851
Homepage https://dgpress.dongguk.edu
E-mail abook@jeongjincorp.com
출판등록 제1973-000004호
편집디자인 나라연
인쇄처 코리아프린텍

© 2025, 동국대학교(불교학술원)

ISBN 978-89-7801-946-0 93220

값 32,000원

이 책의 무단 전재나 복제 행위는 저작권법 제98조에 따라 처벌받게 됩니다.

한글본 한국불교전서 신라 16

금강삼매경론
金剛三昧經論

원효元曉
김호귀 옮김

동국대학교출판부

금강삼매경론 金剛三昧經論 해제

김호귀
동국대 불교문화연구원 HK연구교수

1. 개요

『금강삼매경론金剛三昧經論』은 현전하는 원효의 저술 가운데 비교적 말년에 저술되었다. 본 논은 『금강삼매경』에 대한 주석서로서, 여기에 수록된 다양한 불교사상 및 그에 대한 원효의 견해는 당시 신라에서 진행되었던 불교 교학에 대한 연구의 수준을 가늠해 볼 수 있는 자료이기도 하다. 『금강삼매경』은 「서품」의 서분, 7품의 정설분, 유통분으로 구성되어 있다. 정설분의 일곱 품은 각각 독립된 내용이면서 전체적으로는 일미관행一味觀行으로 관통해 있다. 그러므로 이 『금강삼매경론』은 일미관행에 대한 이해의 입장에 따라서 사상 및 교리 내지 선수행이 조화를 이루고 있는 논서로 파악된다.

『금강삼매경론』은 『금강삼매경』에 대한 주석서인 까닭에 우선 경전의 출현에 대한 기록을 살펴볼 필요가 있다. 원효와 관련하여 『송고승전宋高僧傳』의 기록에 의하면 다음과 같은 설화가 전해진다.

신라의 왕후가 머리에 종창이 났다. 숱한 명의와 산천에 드린 기도와 무당의 주술에도 불구하고 전혀 효험이 없었다. 어느 무당이 말했다. "이 병은 외국에서 묘약을 구해 와야만 치유할 수 있습니다." 이에 왕은 신하를 당唐으로 보냈다. 서해 한가운데쯤 이르렀을 때에 한 노인이 파도를 뚫고 홀연히 나타났다. 그리고 배 위에 올라와서는 신하를 데리고 바닷속으로 들어갔다. 바닷속에는 장엄한 궁전이 있었다. 잠시 있으니 금해라는 용왕이 나타나서 말했다. "그대의 나라 왕후는 청제靑帝의 셋째 딸이다. 우리 용궁에 『금강삼매경』이 있는데 이각二覺이 원통하여 보살행을 보여주는 내용이다. 이에 그대 나라 왕후의 병을 인연으로 이 경전을 부촉하여 지상에 널리 유포하고자 한다." 그리고는 30여 장 정도의 분량으로 그 순서가 뒤섞인 경전을 주었는데, 가는 도중에 잃어버릴까 봐 신라 신하의 장딴지를 칼로 찢고는 그 속에 경을 넣고 약을 발라 원래대로 봉해 버렸다. 그리고 말했다. "빨리 해동으로 돌아가 대안 대사에게 부탁하여 이 경전의 순서를 맞추고, 원효 대사에게 주석서를 짓게 하고, 그것을 강설케 하면 반드시 왕후의 병은 말끔히 나을 것이다."

이로써 대안이 그 순서를 맞춘 『금강삼매경』을 원효가 살펴보고 말했다. "이 경전은 시각始覺과 본각本覺의 이각二覺을 종지로 삼은 경전이다. 나한테 소의 두 뿔 사이에 책상을 안치하고 지필묵紙筆墨도 준비해 주시오." 원효는 소의 등에 올라타서 주석서를 짓기 시작하여 마침내 5권으로 완성하였다. 이로써 후에 각승角乘이라는 말이 유래하였다. 왕이 날을 잡아 황룡사에서 강설하도록 하였다. 그러나 원효를 시기하는 자가 그 책을 훔쳐가 버렸다. 원효는 왕에게 이 사실을 아뢰고 다시 사흘 만에 주석서를 지었다. 이에 황룡사에서 왕과 왕후, 문무백관, 고승대덕, 일반 서민들이 운집한 가운데 사자후를 토하였다. 원효의 강설이 끝나자 모든 대중들은 크게 환희하며 한동안 자리를 뜨지 못했다. 이때 원효는 자리를 떠나며 한마디 말했다. "지난 날 서까래 백 개가 필요할 때에는 내가 제외되었다. 그러나 정작 대들보 하나가 필요할 때에는 오직 나만이 기능하구나." 그러자 고승대덕들은 고개를 숙인 채 지난 날 아만심我慢心에 빠져 좁은 소견으로 원효의 깊은 경지를 몰랐던 자신들의 어리석은 행위를 참회하였다.

일반적으로 대승경전이 출현한 인연으로서 깊은 바다의 용궁과 남인도의 철탑이 관여되어 있는 것은 경전의 편찬자들이 용궁만큼 깊은 지혜의 삼매를 경험하고 철탑만큼 굳건한 신심에 바탕하여 대승경전을 만들어 낸 것을 상징한다.『금강삼매경』의 출현도 예외는 아니다. 여기에서 조금 더 망상을 피우자면 왕후의 머리에 난 종창은 불치의 병으로서 무시이래로 번뇌에 찌들어 있는 중생의 번뇌이다. 깊은 바다 밑으로 안내하는 노인은 대승보살이고, 파랑이 치는 바다 밑의 금해 용왕은 비록 사바예토에 있으면서도 항상 깊은 삼매에 들어 있는 부처님이다. 왕후로 등장하여 종창에 걸려 있는 청제의 셋째 딸은 본래부터 불성을 구비한 존재로서 삼계 가운데 욕계의 중생이다. 소의 두 뿔은 한 쪽에 치우치지 않는 중도이고, 또한『금강삼매경』을 해석하여 널리 홍포를 담당하고 있는 대안과 원효는 일승보살이다. 이로써『금강삼매경』은 대승경전을 통한 중생의 구제를 표방한 경전임을 알 수 있다. 그 가운데에는 다양한 불교의 수행과 깨달음과 정토에 대한 구제의 모습이 드러나 있는데, 이 점은 일곱 개의 품이 각각 개별적이면서도 전체적으로는 일미一味의 모습으로 불법의 궁극을 지향하고 있음에서 알 수 있다.

그러나 학계에서는 경전의 성립에 대하여 동아시아에서 찬술된 위경僞經으로 간주하고 있는데, 중국 지역 찬술설, 신라 지역 찬술설, 선종 계통 찬술설, 삼계교 계통 찬술설 등이 다양하게 제기되고 있다.

2. 저자

　원효元曉(617~686)의 속성은 설씨薛氏이고, 아명은 서당誓幢 또는 신당新幢이다. 신라에 불교가 수입된 지 약 1세기밖에 되지 않았지만 이미 대소승을 막론하고 불교의 전반에 걸쳐 수많은 저술을 남겼으며, 또한 불교의 대중화를 통하여 널리 중생을 구제하는 데 힘쓴 대승보살로서의 삶을 살았다. 원효元曉라는 이름은 출가한 뒤에 첫새벽이라는 의미에서 자신이 이름을 지었다고 한다. 『삼국유사三國遺事』에 의하면 어렸을 때의 이름인 서당은 '새털'을 의미한다. 이것은 어머니가 원효를 잉태하고 달이 찼을 때 집에서 가까운 곳에 있는 밤나무 밑을 지나다가 갑자기 해산하게 되었을 때, 다급한 나머지 남편의 털옷을 밤나무에 걸고 그 밑에 자리를 마련하여 아기를 낳은 데서 붙여진 이름이다. 『송고승전宋高僧傳』에 의하면 14~15세 때 출가한 셈이 된다. 그러나 원효에게 지대한 영향을 끼친 인물로서 특정한 스승이 있었다는 이야기는 찾아볼 수가 없다.
　24세(650) 때 의상대사와 함께 당나라 현장玄奘(602~664)에게 유식학唯識學을 배우려고 요동까지 갔다가 그곳 순라군에게 첩자로 몰려 여러 날 갇혀 있다가 돌아왔다. 35세(661) 때 다시 의상과 함께 바닷길로 당나라에 가기 위해 당항성黨項城으로 가는 도중, 토감土龕에서 머물렀던 것을 인연하여 일체법은 마음의 이치라는 것을 크게 깨쳤다. 이에 입당하여 유학하려던 것을 그만두고 저술과 대중교화에 몰두했다.
　특히 본 『금강삼매경론』의 경우에는 대승과 불성으로 통하는 본각으로 돌아가는 귀일심원歸一心源 사상을 바탕으로 일미관행의 도리를 펼친 까닭에 평등의 무애행無礙行으로서 어디에도 걸림이 없었고, 어느 종파나 학파에 치우침이 없이 대승의 교학에 걸림이 없는 까닭에 일승불교를 건립하여 그 무엇과도 상통할 수가 있었으며, 그 결과 제설을 모아 정리하고 회통함으로써 화쟁의 가르침을 전개할 수가 있었다.

3. 서지사항

『한국불교전서』 제1책에 수록되어 있는 『금강삼매경론』은 조선불교회본朝鮮佛敎會本(劉敬鐘 교정본)을 저본으로 하고, 고려대장경 보유판을 갑본으로 교감한 것이다. 본 번역본에서는 『금강삼매경론』에 인용된 경문에 대해서는 갑본 이외에 『대정신수대장경』 제9권에 수록된 『금강삼매경』, 『만신찬속장경』에 수록된 것으로 중국의 명대에 원징圓澄이 주석한 『금강삼매경주해金剛三昧經注解』 4권 속의 경문, 『만신찬속장경』에 수록된 것으로 청대에 적진寂震이 주석한 『금강삼매경통종기金剛三昧經通宗記』 12권 속의 경문 등을 비교하여 교감하였다.

4. 내용과 성격

1) 내용

『금강삼매경론』 3권은 7세기 중반에 해당하는 원효의 만년기에 저술되었다. 원효는 『금강삼매경』에 대하여 전체적으로 네 부분으로 나누어 『논』을 전개시킨다. 첫째는 경전의 대의에 대하여 설명하고, 둘째는 경전의 종지에 대하여 설명하며, 셋째는 경전의 제목에 대하여 해석하고, 넷째는 경전의 본문에 대하여 설명한다.

첫째로 경전의 대의에 대하여 그것을 일심一心이라고 말한다. 일심의 속성에 대해서는, 유무有無를 초월하여 청정하고, 진속眞俗이 융합하여 담연한 것이라고 말한다. 그리고 일심의 공능에 대해서는, 진속의 자성을 성립시키고, 염정染淨의 형상을 갖추며, 유무有無의 법을 만들어 내고, 시비是非의 뜻을 고루 미치며, 일체를 타파하면서 일체를 내세운다고 말한다.

둘째로 경전의 종지에 대하여 총체와 개별로 나누어 설명한다. 총체적으로는 일미관행一味觀行을 요要로 삼지만, 개별적으로는 십중법문十重法門을 종宗으로 삼는다.

일미의 관행에서 관觀은 경境과 지智를 공간적으로 논의하고, 행行은 인因과 과果를 시간적으로 논의한다. 여기에서 시간적인 행의 인과 과가 관의 공간적인 경과 지를 벗어나지 않기 때문에 경과 지가 영원한 일미로 회통된다.

십중법문은 일심으로부터 십지에 이르는 다양한 수행문으로 구성되어 있다. 때문에 원효는 수행의 십중법문을 『금강삼매경』의 종지라고도 말한다. 그런데 이들 수행의 십중법문은 모두 일미관행의 여래장을 벗어나지 않기 때문에 개별과 총체의 입장에 비추어 보아도 부증불감의 관계에 놓여 있다. 이로써 원효의 『논』에는 『경』의 종宗과 요要에 대하여 수행의 측면이 부각되어 있음을 볼 수가 있다.

셋째로 경전의 제목에 대해서는 모든 것을 타파하기 때문에 금강삼매金剛三昧라 하고, 모든 것을 내세우기 때문에 섭대승경攝大乘經이라 하며, 일체의 의義와 종宗을 갖추고 있기 때문에 무량의종無量義宗이라는 명칭을 붙인다. 그러나 『논』에서는 '금강삼매경'이라는 하나의 명칭만 드러내어 그 의미에 대하여 설명한다.

곧 금강이란 비유로 지칭한 것으로, 견실하다는 것을 체성으로 삼고, 타파한다는 것을 공능으로 삼는다. 따라서 원효는 금강삼매에 대하여 실제實際를 바탕으로 삼고, 의심을 결정적으로 타파하며, 모든 삼매에 관통하는 것을 작용으로 삼아서 불법의 진실한 삼매를 깨닫는 것(證法眞實定)이라고 말한다.

나아가서 금강이라는 명칭에 대하여 금강金剛, 여금강如金剛, 금강륜金剛輪으로 설명하고, 삼매라는 명칭에 대하여 정사正思, 심일경성心一境性으로 설명한다.

삼매의 구체적인 의미에 대해서는 여덟 가지로 설명한다. 첫째, 삼마희다三摩呬多는 혼침과 산란에 치우치지 않고 신통과 같은 모든 공덕을 끌어들이기 때문에 등인等引의 의미이다. 둘째, 삼마지三摩地는 삼마제三摩提라고도 하는데, 청정한 마음을 잘 유지하여 산란하지 않도록 유지하기 때문에 등지等持의 의미이다. 셋째, 삼마발제三摩鉢提는 평등하게 유지하여 뛰어난 경지에 도달하므로 등지等至라는 의미이다. 넷째, 태연나駄演那는 적정하게 사려하기 때문이고, 또한 산란한 생각을 고요히 잠재우기 때문에 정려靜慮라는 의미이다. 다섯째, 사마타奢摩他는 마음에 나타나는 분별경계를 그치므로 지止라는 의미이다. 여섯째, 심일경성心一境性은 마음을 하나의 경계에 집중케 하는 성품이라는 의미로서 일심이라고도 한다. 일곱째, 정定은 반연의 대상을 잘 다스린다는 의미이다. 여덟째, 정사正思는 제대로 생각한다는 의미이다.

넷째로 경전의 본문에 대하여 설명한다. 경문의 형식에 대해서 원효는 일반적인 경전의 형식에 비추어 서분序分, 정설분正說分, 유통분流通分의 삼단 분과로 나누어 해석을 가한다.

「서품」은 서분으로서 경전이 설해진 배경 및 인연에 대하여 설명한 부분인데 통서와 별서로 구분한다. 별서는 다시 위의분, 설경분, 입정분, 중송분으로 나눈다.

「무상법품」과 「무생행품」과 「본각리품」과 「입실제품」과 「진성공품」과 「여래장품」과 「총지품」의 앞부분은 정설분으로 경전이 본격적으로 설해진 부분으로 삼는다.

「총지품」의 뒷부분인 "그때 여래께서 대중에게 다음과 같이 말씀하셨다. 이 보살들은 불가사의하다." 이하를 유통분으로 삼는다. 곧 설법을 들은 대중이 얻은 공덕을 설하고, 경전의 설법이 널리 유통되어 이후에 지속적으로 전승되기를 바라는 부분에 해당한다.

정설분을 구성하고 있는 각각의 품에 대하여 원효는 다음과 같이 설명한다.

「무상법품」은 분별상이 없이 법을 관찰한다. 곧 관찰되는 객체의 법(所觀法)을 보인 것인데, 일심으로서 여래장의 본체이다. 「무생행품」은 무생無生과 무생을 터득하는 행行을 드러낸다. 곧 관찰하는 주체의 행(能觀行)인데, 십신행·십주행·십행행·십회향행·십지행·등각지행의 여섯 가지 수행을 분별없이 관찰하는 것이다. 「본각리품」은 본각과 이행에 의하여 중생을 이롭게 한다. 곧 일심의 생멸문生滅門을 드러낸다. 「입실제품」은 허상으로부터 실제에 들어간다. 곧 일심의 진여문眞如門을 드러낸다. 「진성공품」은 일체행이 진성과 진공에서 나왔음을 변별한다. 곧 진眞과 속俗을 모두 없앴으면서도 진제眞諦와 속제俗諦를 버리지 않는다. 「여래장품」은 무량한 법문이 여래장에 들어 있음을 드러낸다. 곧 앞의 모든 품을 널리 거두어 그것이 일미임을 보인다. 이들 여섯 품은 대승의 뜻을 남김없이 섭수하고 있다.

여기 여섯 품 가운데 「무상법품」과 「무생행품」은 관행의 처음과 끝을 섭수한 것으로서 형상을 초월하고 본각으로 돌아간다. 「본각리품」과 「입실제품」은 교화의 근본과 지말로서 본각을 바탕으로 하여 이타행을 일으키게 한다. 「진성공품」과 「여래장품」은 인因을 섭수하여 과果를 성취하는 것으로서 본각으로 돌아가는 것과 본각으로부터 일으키는 것을 아울러 드러낸다.

정설분을 구성하고 있는 여섯 품은 모두 일미관행에 대한 내용이다. 따라서 일미관행을 실천하는 구체적인 방법으로서 먼저 제시된 것이 바로 분별상을 없애야 한다는 것이다. 분별상을 없앰으로써 망상이 무시이래로 유전하는 것을 벗어나서 각자 일심의 근원으로 돌아갈 수가 있기 때문이다. 그래서 우선 분별상이 없는 법을 관찰할 것을 설명하였다.

비록 모든 분별상을 없앴더라도 만약 관찰하는 마음이 남아 있으면 그 관찰하는 마음이 발생하여 본각을 장애하므로 관찰하는 마음이 발생하는 그깃도 없엔다. 이런 끼닭에 디음으로 무생과 무생행을 제시한다. 왜냐하면 관찰하는 마음의 작용이 무생이 되어야 바야흐로 본각을 알게 되기 때문이다.

이로써 본각에 의하여 중생을 교화하여 중생으로 하여금 본각의 이익을 터득하도록 하므로 다음으로 본각리문에 대하여 설명한다.

이에 본각에 의하여 중생을 이롭게 하면 중생이 곧 허상으로부터 실제에 들어가게 되므로 다음으로 입실제에 대하여 설명한다.

여기에서 앞의 무상법과 무생행은 내행內行에 해당하고, 뒤의 본각리와 입실제는 외화外化에 해당한다. 이처럼 내행과 외화의 두 가지 수행의 방식으로 만행을 갖추어야 하는 것은 그것이 모두 진성에서 나오고 또한 진공에 따른 것이기 때문에 다음으로 진성과 진공에 대하여 설명한다.

이처럼 진성에 의하여 만행이 갖추어져야 여래장 곧 일미의 근원에 들어가므로 다음으로 여래장에 대하여 설명한다. 이리하여 일체중생이 마음의 근원에 돌아가면 곧 무소위無所爲의 경지가 되고, 무소위의 경지가 되면 소위所爲할 것이 없다.

때문에 여섯 가지 품을 차례로 설하여 대승을 섭수한다.

이들 여섯 품을 다시 분류해 보면 다음과 같다. 분별상(相)과 분단생(生)을 모두 없애는 「무상법품」과 「무생행품」은 다름 아닌 본각리문이 되어 허망을 없앰으로써 인因을 드러낸다. 그리고 「입실제품」과 「진성공품」은 다름 아닌 여래장문이 되어 진여를 드러내어 과果를 성취한다. 그러나 이들 여섯 품은 오직 일미를 벗어나지 않는다. 왜냐하면 분별상(相)과 분단생(生)에는 자성(性)이 없고, 본각에는 근본(本)이 없으며, 실제에는 끝(際)이 없고, 진성도 역시 공이기 때문이다. 그래서 「여래장품」에서는 "여래장식은 항상 적멸하다. 적멸 또한 적멸하다."라고 말하고, 「총지품」에서는 "제7식과 제5식은 불생이고, 제8식과 제6식은 적멸하며, 제9식은 공무空無이다."라고 말한다.

원효는 이처럼 무생으로서 집착이 없고 무상으로서 분별이 없으며 본각으로서 평등한 경지인 일미야말로 바로 무소득이기 때문에 터득하지 못할 것이 없다는 것이 『금강삼매경』의 한량이 없는 뜻(無量義)으로서 그 종지(宗)이고 요지(要)임을 말한다.

2) 성격

본 『금강삼매경』은 제목에도 드러나 있듯이, 금강과 같은 삼매야말로 일미관행으로 일심이 실천되는 수행의 덕목이 잘 드러나 있다. 따라서 원효가 경문을 해석하는 데에는 『능가경』, 『여래장경』, 『법화경』, 『화엄경』, 『대반야경』, 『부증불감경』, 『합부금광명경』, 『반주삼매경』, 『입능가경』, 『승만경』, 『해심밀경』, 『보살영락본업경』, 『대반열반경』, 『잡아함경』, 『범망경』, 『인왕반야경』, 『법화론』, 『불성론』, 『대지도론』, 『십지경론』, 『결정장론』, 『현양성교론』, 『미륵보살소문경론』, 『보성론』, 『대승아비달마잡집론』, 『유가사지론』, 『현식론』, 『섭대승론석』, 『중변분별론』, 『대승광백론석론』, 『대승기신론』, 『조론』 및 자신의 저술인 『대승기신론별기』와 『이장의』도 인용하고 있다. 이것은 본 논이 주로 30여 가지가 넘는 대승경론에 의거하고 있는 가운데 선리(禪理)와 관련된 다수의 경론이 포함되어 있음을 보여 준다. 때문에 『금강삼매경』 나아가서 『논』을 이해하는 데 선수행과 선리를 취급하고 있는 문헌으로 접근하는 것도 하나의 안목이 된다.

본 논에 드러난 각 품의 성격을 살펴보면 정설분의 일곱 품이 각각의 품이면서도 완전한 하나의 독립적인 경전의 특징을 지니고 있으며, 또한 이들 일곱 품은 각각 그 내용으로 보아 일련의 연관성에 놓여 있다. 이와 같은 성격 때문에 『금강삼매경』의 전체적인 내용에 따른 원효의 『논』에서는 그 유기적인 관계를 어떻게 설명하고 있는가를 파악해 보는 것이 반드시 필요하다. 그 가운데 하나로서 선수행의 방식을 통한 관점에서 접근하면 그 성격은 다음과 같다.

「무상법품」의 무상無相은 무상관無相觀이다. 곧 분별상을 타파하는 것은 모든 선수행의 출발이고 나아가서 그 완성이기도 하다. 때문에 원효는 법견을 가리키는 심상心相과 아견을 가리키는 아상我相에 대한 집착을 떠나서 공의 무분별상(無相)의 경지에 들어가면 마음이 텅 비고 탁 트여 모두 결정성을 터득하여 번뇌(結使)를 단제하고 유루혹(漏惑)을 탕진하는 것이라 말한다. 그리고 「무상법품」의 법法은 관찰되는 법(所觀法)으로서 일심법을 가리킨다. 이로써 원효는 일각一覺의 여래장이 펼쳐지게 된다고 말한다. 이에 무상관이란 「총지품」을 제외한 여섯 품 가운데 제일분의 무상이면서, 소관법이란 여섯 품 가운데 제일문의 법이다. 이처럼 「무상법품」에서는 무상과 법의 두 가지를 드러낸다. 그러면서도 「무상법품」에서는 법法을 다시 심心과 법法으로 나누고, 그 가운데 주안점을 법상法相의 측면에다 두고 그 법상을 해탈할 것을 설명한 까닭에 해탈보살이 등장한다.

「무생행품」은 무생법인無生法忍의 도리와 그것을 터득하는 방법에 대한 설법이다. 이것은 무분별상을 터득한 보살에게 관행觀行이 성취될 경우에 보살은 관심觀心을 이해하게 되는데, 순리대로 수행하여 발생하는 유생의 심도 없고 무생의 심도 없으며, 유행도 없고 무행도 없다. 다만 증익변增益邊을 벗어나기 위하여 무생이라고 가설한 것이므로 유생에 대해서도 마음을 발생하지 않고 무생에 대해서도 마음을 발생하지 않는다. 그리고 손감변損減邊을 벗어나기 위하여 또한 유생을 가설한 것이므로 비록 유행의 행위는 없을지라도 무행의 행위까지 없는 것은 아니다. 이런 까닭에 선의 수행에서 지향하고 있는 무집착의 경지는 무생심에 근거한 무생행이라는 의미에서 「무생행품」이라 하였다. 이처럼 「무상법품」과 함께 「무생행품」은 깨달음을 향하는 속성과 그 성취라는 점에서 자리행에 속한다. 「무생행품」에서도 심과 법을 판별하지만 「무상법품」과는 달리 주안점을 심心

에 두고 설명한 까닭에 심왕보살이 등장한다.

「본각리품」은 본각本覺 곧 일본각一本覺과 본리本利 곧 시각始覺에 대하여 설법한 것이다. 왜냐하면 무생심에 근거한 무생행에 의하여 본각을 제대로 이해해야만 바야흐로 일체중생을 널리 교화하고 또한 그들에게 이익을 베풀어 줄 수가 있기 때문이다. 이에「무생행품」을 설한 다음으로 무주無住의 경지에서 본각과 본리에 대하여 터득해도 터득함이 없으므로 무주보살이 등장하여 연설한다. 일체의 유정은 시작이 없는 시절로부터 무명의 긴 밤에 빠져서 망상의 대몽을 꾼다. 이에 보살이 일미관행을 닦아서 무생법인을 터득하고서 중생의 경우에 본래 적정하여 그대로 본각인 줄을 통달하여 일미의 침상에 누워 본각에 근거한 본리로써 중생을 제도하려는 이타행으로 나아간다.

「본각리품」은「서품」의 뜻에 의하면 경전의 제목이 일미一味·진실眞實·무상無相·무생無生·결정決定·실제實際·본각本覺·이행利行이기 때문에 맨 마지막에 등장해야 하지만, 무상과 무생의 뜻을 두루 갖추었기 때문에 바로 뒤를 이은 까닭에「입실제품」앞에 등장하였다. 곧 본각은 모든 사람들의 법신이고 이행은 곧 모든 사람들의 법성이므로, 법성은 생·멸이 없고 또한 불생·불멸의 작용 아님이 없으면서 무생의 뜻을 드러내고, 법신은 상相이 없고 상相의 작용 아님이 없으면서 무상의 뜻을 드러내기 때문에「본각리품」에는 무상과 무생을 두루 성취한 바탕에서 설명되어 있다.

「입실제품」은 깨달음의 세계인 실제에 들어간다는 것이다. 실제라는 말은 허환虛幻을 떠나 있다는 것으로 구경의 뜻이다. 허환을 떠나 있는 구경이기 때문에 실제라 말한다. 여기에서 들어간다(入)는 것은 깨달음과 그 실천으로서 이입理入은 깨달음에 해당하고 행입行入은 그 실천에 해당한다. 이로써 이입과 행입은 선수행의 수증修證과 관계되어 있다. 이에 대하여 원효는 이입에 대해서는 십신위·십주위·십행위·십회향위에 들어가는 것이라고 하여 십지 이전에 해당하는 것으로 설명하고, 행입에 대해서는 지상地上의 십지보살이 자리행과 이타행을 더불어 실천하는 것이라고 설명한다. 「입실제품」에서 말하고 있는 이입과 행입의 이입二入은 보리달마의 이입사행二入四行에 드러나 있듯이, 보살행으로 나아가는 것과 보살행을 실천하는 것으로 설정되어 있다. 곧 교학에 의거하여 깨닫는 것으로 이입理入하고 그것을 육바라밀로 실천하는 행입行入이기 때문에 입입이라 말한다. 그러나 이 경우에도 실제는 경계가 없음(無際)을 가지고 실제의 경계로 삼고, 이입理入과 행입行入은 깨달음에 들어감과 실천이 없음(無入)을 가지고 깨달음에 들어가고 실천하기 때문에 「입실제품」이라 하였다. 이런 점에서 「입실제품」은 앞의 「본각리품」과 더불어 중생으로 하여금 대승심을 일깨워 주고 대승심으로 살아가도록 격려하고 정진토록 하는 까닭에 이타행의 보살도에 통한다.

「진성공품」은 이근자를 위해서는 자세하게 설하고 둔근자를 위해서는 간략하게 설한다. 그 근거는 일체중생이 진여의 자성을 구비하고 있다는 것에서 출발한다. 따라서 진여법은 일체중생에게 모든 공덕과 더불어 모든 수행의 덕을 갖추고 본성으로 작용하기 때문에 진성眞性이라 말한다. 바로 그 진여자성(眞性)은 모든 명칭(名)과 형상(相)을 떠나 있으므로 진성공眞性空이라 말한다. 또한 이 진성이 형상을 떠나 있다는 것은 허망한 상을 떠나 있는 것이고, 자성을 떠나 있다는 것은 자성이라는 분별념을 떠나 있는 것이다. 허망한 상을 떠나 있으므로 허망한 상이 공하고, 자성을 떠나 있으므로 진성도 역시 공하므로 진성공이라 말한다. 이 「진성공품」에서는 이처럼 상과 성의 뜻을 드러내기 때문에 그 두 가지 뜻으로 품의 명칭을 삼는다.

원효는 중생을 근기에 따라 나누어 이근자를 위해서는 삼취정계三聚淨戒가 진성眞性으로 성취되어 있음을 설하고, 수행의 덕목은 진성으로 성취되어 있음을 설한다. 이처럼 여래의 가르침은 진여도리에 부합하고 보살계위는 본각과 본리로부터 나온다고 설하여 신위信位·사위思位·수위修

位·행위行位·사위捨位에 대하여 그 행상과 실천법을 설명한다. 이로써 모든 분별을 떠나 있는 것이야말로 진여의 본의로서 분별을 떠남으로 말미암아 형상에 집착하지 않기 때문에 본래의 고요함을 말미암아 기동하지 않는 선정을 관찰하는 것이야말로 곧 진여선이라 말한다. 다섯 가지 수행의 덕목은 자리이고, 이근자와 둔근자를 위해 자세하게 그리고 간략하게 설하는 것은 이타행이다.

「여래장품」은 진제와 속제가 둘이 아닌 일실一實의 법은 제불이 돌아가는 곳이므로 여래장이라 말한다. 이 「여래장품」에서는 무량한 법문과 일체의 수행이 여래장으로 돌아가지 않음이 없음을 설명한다. 때문에 제법 곧 선리禪理와 제행 곧 선행禪行은 똑같이 같은 도리에 들어감을 설명하는데, 제법(禪理)은 일실의一實義에 들어 있고, 제행(禪行)은 일불도一佛道에 들어 있음을 가지고 설명한다. 이에 「여래장품」은 수행과 수행의 궁극으로 귀결된다. 따라서 앞의 「진성공품」과 더불어 인因을 섭수하여 과果를 성취하는 까닭에 본각으로 돌아가는 깨달음과 본각으로부터 교화를 일으키는 것으로서 자리행과 이타행이 어우러진 가르침에 속한다.

「총지품」은 정설분 가운데 앞의 여섯 품에 대하여 의문점을 해결하고 각 품의 대의를 잊지 않도록 한다는 점에서 「총지품」이라 말한다. 앞의 여섯 품이 일미관행의 의미와 그 실천을 위한 개별적인 설명이었던 것에 비하여 「총지품」은 남아 있는 모든 의疑와 혹惑을 해결하고 모든 신信과 해解를 발생하며 모든 것을 결단해 주는 보배를 내보여 불법을 추구하는 대중에게 베풀어 주는 총체적인 설명에 해당한다.

이런 점에서 여기에 등장하는 지장보살의 지장地藏은 대지(地)처럼 만물을 발생시키고 성숙시키며 섭수해 주는 능지能持의 모습이고, 창고(藏)처럼 온갖 보배를 지니고 있으면서 필요한 중생에게 무엇이든지 적절하게 제공해 주는 소지所持의 모습이라는 의미를 담고 있다. 그 근거는 지장보살이 이미 문의다라니文義陀羅尼를 터득한 까닭에 모든 품에 들어 있는 문의를 총지하고 대중이 일으킨 의심의 내용을 기억해서 질문한 차례대로 모든 의심을 잘 해결하기 때문에 능문能問의 입장에서 찾아볼 수가 있다.

이처럼 정설분의 일곱 품 가운데 「무상법품」과 「무생행품」은 자리행에 상통하고, 「본각리품」과 「입실제품」은 이타행에 상통하며, 「진성공품」과 「여래장품」은 자리행과 이타행이 상통하는 것에 주안점을 두고, 「총지품」은 이들을 총체적인 입장에서 정리하고 있다. 이런 까닭에 『금강삼매경통종기』에 의하면 「무상법품」에서는 제6지를 설명하였고, 「무생행품」에서는 제7지를 설명하였으며, 「본각리품」에서는 제8지를 설명하였고, 「입실제품」에서는 제9지를 설명하였으며, 「진성공품」에서는 제10지를 설명하였고, 「여래장품」에서는 등각지等覺地를 설명하였으며, 「총지품」에서는 앞의 여섯 품을 총괄하여 지장보살이 대중을 상대하여 분명하게 묘각妙覺의 과만果滿을 드러냈다고 말한다. 그러나 묘각의 경우 원래 앞의 여섯 가지의 품을 떠나 있지 않기 때문에 제불의 시각이라 말하는데, 이것은 바로 중생의 본각에 해당한다. 그래서 본각은 원인이고 시각은 결과에 해당한다.

「총지품」의 총결을 통해서 원효는 여섯 품에 대한 의문을 해결해 주는 방식은 병病이 아니라 제법의 실상이 본래 그러하다는 점을 들어서 공적한 제법이야말로 곧 본래의 약藥이었음을 말한다.

5. 가치

신라시대에 불교가 끼친 영향은 문화, 종교, 사상 기타 다양한 방면에서 지대하였는데, 그 가운데에는 원효라는 인물이 있다. 원효의 관심은 불교학 전반에 통하여 어느 한 부분에 국한되지 않았다. 일심一心을 바탕으로 한 화쟁사상和諍思想 및 원효의 깨달음은 모든 문제점과 그 해결의 방법이 결국 자신 속에 있다는 유심唯心과 자성自性의 사상임을 보여 준다. 바로 이와 같은 원효의 통합적이고 자각적인 사고방식은 오늘날 우리 사회가 안고 있는 문제 해결에 대한 하나의 해답을 제시해 주고 있다.

이와 같은 모습은 『금강삼매경론』의 저술에도 드러나 있다. 『금강삼매경』이 담고 있는 여러 가지 내용은 곧 선사상, 여래장 및 불성의 사상, 화엄의 연기의 사상, 법화의 실상의 사상, 중관의 공과 법상유식의 사상, 참회를 비롯한 복덕을 추구하는 신앙 등이 보이며, 또한 해석하는 방식에 따라서 그 뜻이 각양각색으로 전개된다. 경문에 전개되어 있는 사상적인 구조를 전체적으로 살펴보면 「무상법품」의 해탈보살과 「무생행품」의 심왕보살과 「본각리품」의 무주보살과 「입실제품」의 대력보살들이 질문한 내용은 중도中道의 뜻을 드러낸 것이고, 「진성공품」에서 사리불이 질문한 것은 진공眞空의 뜻을 드러낸 것이며, 「여래장품」에서 범행장자가 질문한 것은 속제俗諦와 묘유妙有의 뜻을 드러낸 것이다. 여기에서 묘유는 불유不有이고 진공은 불공不空으로서 모두 법성의 부사의한 경계를 장엄한 것이므로 딱히 언어와 개념의 경계에 머물러 분별하지 않으면 안 된다. 「총지품」에서 지장보살이 부처님의 허락을 구하여 청법하는 모습은 해탈보살의 경우와 같은데, 이것은 무릇 처음과 마지막이 변하지 않는다는 뜻을 설명한 것이다. 이로써 지장보살은 중생으로 하여금 본래의 깨달음인 여래장으로 향하게 하여 본각本覺과 이행利行의 세계에 머물도록 이해시켜 준다. 이러한 모습은 「총지품」의 마지막 게송을 통해서 지장보살이 번뇌 속에 들어가 머물겠다는 서원으로 드러나 있다.

이와 같은 『금강삼매경』의 종지에 대하여 원효는 일미관행이라 말하고, 그것을 총합과 개별의 측면에서 각각 종宗과 요要로 분류하였다. 이것을 선의 수행과 교화라는 입장에서 접근하자면, 원효가 말한 일미관행의 도리는 일미의 관과 행으로 설명된다. 일미는 본각적인 측면으로 중생에게 본유한 여래장이고 진실이며 대승의 일체법상이고 무량한 의義와 종宗이며 집착과 분별을 초월한 경지이다. 때문에 일미一味는 진실眞實이 되고, 무상無相이 되며, 무생無生이 되고, 결정決定이 되며 실제實際가 되고 본각本覺이 되며 이행利行으로 통한다. 관행觀行은 관觀과 행行으로 나뉘는데 그 관계는 인因과 과果에 통한다.

이것을 본각과 시각으로 말하면 다음과 같다. 인因은 곧 중생의 본각으로서 일체중생에게 근본적인 이익을 베풀어 주는 것이라고 말하는데, 마음과 부처와 중생의 셋은 차별이 없다는 도리이다. 과果는 곧 제불의 시각으로서 시방제불이 동시에 보배광명을 내어 보살의 정수리에 쏟아 붓고 금강삼매에 들어가 찰나에 정각을 성취시켜 주는 것에 해당한다. 따라서 일미의 관觀은 보리의 자성이 본래부터 청정하다는 경우이고, 일미의 행行은 그와 같은 도리에서 중생이 자신의 본래심을 그대로 활용하는 경우이다. 따라서 정설분에서「총지품」을 제외한 여섯 품에 비추어 보면, 일미의 관은 본각리이고 입실제이며, 일미의 행은 무상법이고 무생행이며, 일미의 관과 행의 종합은 진성공과 여래장으로 현성되어 가는 구조로 전개되어 있다.

이와 같은 일미관행의 종지를 선의 수증관에 비추어 보면, 첫째의「무상법품」에서는 무상의 심과 법에 대한 무분별의 관찰로부터 시작하고,「무생행품」에서는 무생과 무생을 터득하는 행으로서 심법을 드러내며,「본각리품」에서는 중생으로 하여금 본각을 깨치도록 하고,「입실제품」에서는 허상을 타파하고 실제에 들어가도록 하며,「진성공품」에서는 일체행이 진성과 진공에서 나왔음을 변별하게 하고,「여래장품」에서는 무량한 법문이 중생의 여래장에 들어 있음을 일깨워 준다.

이것은 모두 일미에 대한 관과 행으로서 선의 입장에서 보면 수행과 깨달음과 교화의 과정과 무관하지 않다. 먼저 무상 곧 무분별상으로서 평등한 일본각一本覺에 대하여 일심과 일법은 각각 분별이 없음을 믿는다. 그것에 대하여 일심은 무생의 도리임을 깨우친다. 그러나 무생심은 애초부터 중생의 본각이었음을 일깨워 주어 그들로 하여금 미망을 버리고 실제의 경지에 들어가도록 이끌어 준다. 왜냐하면 자성이 공한 상태에서 보살의 수행은 육행六行이고 보살이 증득한 무상無相은 삼공三空이기 때문이다. 이러한 보살은 속제와 묘유를 활용하여 중생이 본래 여래장임을 이해시켜서 일실의一實義의 자성에 머물도록 한다.

선의 수증관으로 보면 중생을 분별과 집착으로부터 벗어나게 하고, 본각과 실제에 대한 깨달음을 맛보게 하며, 이미 무량한 수행이 성취되어 있는 까닭에 본래 오고 감이 없는 여래장의 일실의의 경지로 이끌어 교화해 나아간다. 그리고 「총지품」을 통하여 모든 수행을 점검하고 있다. 그런데 이들 수행과 깨달음과 교화에 대한 구조는 「서품」에 이미 고스란히 노출되어 있다.

부처님이 왕사대성의 기사굴산에서 대비구중 일만 명, 보살마하살 이천 명, 장자 팔만 명, 기타 육십만억 명을 상대로 '일미·진실·무상·무생·결정·실제·본각·이행'이라는 경전을 설하고는 금강삼매에 들어갔다. 이것은 아가타의 게송으로 재현되어 있다. 그리고 『금강삼매경』은 금강삼매의 출정으로부터 시작된다. 이것은 삼매에 들고 머물며 나오는 일련의 모습을 통해서 성취된 설법이라는 점을 보여 준다. 때문에 제불의 지혜경지는 실제의 법法과 상相에 들어가 있는 결정자성決定自性이고, 그 방편과 신통도 분별상이 없는 이익이며, 그 일각一覺과 요의了義는 이승의 지견을 초월하여 오직 불보살만이 그 경계를 알아서 제도할 수 있는 중생에게 모두 일미법을 설해 준다고 하였다. 여기에서 첫째의 단락은 관觀이고, 둘째 단락은 행行이며, 셋째 단락은 관과 행이 함께 실천되는 모습이다.

6. 참고 문헌

김천학, 「금강삼매경론」, 『테마 한국불교』 5, 동국대학교불교문화연구원
    HK연구단, 2017.
김호귀, 『금강삼매경론』, 한국학술정보, 2010.
은정희·송진현, 『원효의 금강삼매경론』, 일지사, 2002.
김호귀, 『금강삼매경주해』, 중도, 2017.

차례

금강삼매경론金剛三昧經論 해제 / 5
일러두기 / 27

『금강삼매경론』 상권 / 29

제1편 경전의 대의를 서술함 ········ 40

제2편 경전의 종지를 판별함 ········ 42

    제1장 일미관행(合論) ········ 42
      1. 행行 ········ 43
        1) 과果 ········ 43
        2) 인因 ········ 43
      2. 관觀 ········ 43
        1) 지智 ········ 43
        2) 경境 ········ 44

    제2장 십중법문(開說) ········ 45
      1. 일문 ········ 46
      2. 이문 ········ 46
      3. 삼문 ········ 47
      4. 사문 ········ 47
      5. 오문 ········ 48
      6. 육문 ········ 49
      7. 칠문 ········ 50
      8. 팔문 ········ 50
      9. 구문 ········ 50

10. 십문 51

제3편 경전의 제목을 해석함 52

제1장 금강 52
1. 금강을 해석함 53
    1) 실제를 체성으로 삼음 53
    2) 깨뜨리는 것을 공능으로 삼음 53
2. 금강을 간별함 55
    1) 정定과 혜慧를 간별함 55
    2) 다른 정定과 차이점을 간별함 56

제2장 삼매 59
1. 삼매의 모든 명칭을 해석함 60
2. 삼매의 모든 명칭을 간별함 62
    1) 명칭을 분별함 62
    2) 통과 국으로 간별함 66

제4편 경문의 뜻을 해석함 69

제1장 서분 70
1. 통서 70
2. 별서 72
    1) 위의를 드러내는 부분(威儀分) 72
    2) 경전을 설하는 부분(說經分) 73
    3) 선정에 드는 부분(入定分) 74
    4) 중송重頌으로 설법을 드러내는 부분(重頌分) 75

제2장 정설분 84
1. 개별적으로 관행을 드러냄 84
    1) 「무상법품無相法品」 88

『금강삼매경론』 중권 / 195

　　2) 「무생행품無生行品」 207
　　3) 「본각리품本覺利品」 255
　　4) 「입실제품入實際品」 319

『금강삼매경론』 하권 / 421

　　5) 「진성공품眞性空品」 433
　　6) 「여래장품如來藏品」 502
　2. 총체적으로 모든 의심을 해결함(「총지품」) 564
　　1) 청함 565
　　2) 허락 565
　　3) 해결해 줌 567
　　4) 지장보살이 이해시킴 626

제3장 유통분 629
　1. 보살을 찬탄하여 유통시킴 630
　2. 대중에게 권장하여 유통시킴 631
　3. 경전의 제명을 내세워 유통시킴 632
　　1) 질문 632
　　2) 답변 634
　4. 수지하여 유통시킴 639
　　1) 그대로 수지함을 설명함 639
　　2) 왕복하면서 거듭 드러냄 642
　5. 참회시켜 유통시킴 645
　　1) 참회의 공덕을 찬탄함 645
　　2) 왕복하면서 거듭 드러냄 646
　6. 봉행하여 유통시킴 650

발문 / 653
찾아보기 / 655

일러두기

1 '한글본 한국불교전서'는 문화체육관광부의 지원을 받아 동국대학교 불교학술원에서 수행하고 있는 '불교기록문화유산아카이브(ABC)사업'의 결과물을 출간한 것이다.

2 이 책은 『한국불교전서』(동국대학교출판부 간행) 제1책에 수록된 『금강삼매경론金剛三昧經論』을 저본으로 번역하였다.

3 번역문에 이어 원문을 병기하고 간단한 표점 부호를 삽입하였다.

4 원문의 교감 사항은 번역문의 각주와 별도로 원문 아래 부분에 제시하였다.
　㊝은 『한국불교전서』 편찬자가 교감한 내용이다.
　㊟은 번역자가 교감한 내용이다.

5 번역문 가운데 (㊚), (㊛)과 같은 표기는 ㊚, ㊛이 생략되어 있음을 나타낸 것이다.

6 약물은 다음과 같다.
　『　』: 서명
　「　」: 편명, 산문 작품
　T : 대정신수대장경
　X : 만속장경
　H : 한국불교전서

금강삼매경론 상권
| 金剛三昧經論* 卷上 |

신라국 사문 원효가 서술하다
新羅國 沙門 元曉 述

---

* ㉘ 여기에 번역한 『金剛三昧經論』은 『韓國佛教全書』 제1책(H1, 604b~677b) 수록본으로서 조선불교회본朝鮮佛教會本(劉敬鍾校訂本)을 저본으로 삼고, 『高麗大藏經』 보유판補遺板 정함정함庭函에 수록된 것을 갑본甲本으로 삼아 교감한 것이다. ㉖ 역자는 여기에 더해 『大正新修大藏經』에 수록된 『金剛三昧經』 3권(T34, 961a~1008a), 원징圓澄이 주석한 『金剛三昧經註解』 4권(X35, 217a~253a), 적진寂震이 술해한 『金剛三昧經通宗記』 12권(X35, 254b~331b)을 참고해 교감하였다.

금강삼매경론金剛三昧經論 상권
차례

제1편 경전의 대의를 서술함 40

제2편 경전의 종지를 판별함 42

  제1장 일미관행(合論) 42
    1. 행行 43
     1) 과果 43
     2) 인因 43
    2. 관觀 43
     1) 지智 43
     2) 경境 44

  제2장 십중법문(開說) 45
    1. 일문 46
    2. 이문 46
    3. 삼문 47
    4. 사문 47
    5. 오문 48
    6. 육문 49
    7. 칠문 50
    8. 팔문 50
    9. 구문 50
    10. 십문 51

제3편 경전의 제목을 해석함 52

제1장 금강 52
  1. 금강을 해석함 53
    1) 실제를 체성으로 삼음 53
    2) 깨뜨리는 것을 공능으로 삼음 53
      (1) 모든 의심을 타파함 54
      (2) 모든 선정을 꿰뚫음 54
  2. 금강을 간별함 55
    1) 정定과 혜慧를 간별함 55
    2) 다른 정定과 차이점을 간별함 56

제2장 삼매 59
  1. 삼매의 모든 명칭을 해석함 60
  2. 삼매의 모든 명칭을 간별함 62
    1) 명칭을 분별함 62
      (1) 삼마희다三摩呬多(等引) 62
      (2) 삼마지三摩地(等持) 63
      (3) 삼마발제三摩鉢提(等至) 63
      (4) 태연나馱演那(靜慮) 64
      (5) 사마타奢摩他(止) 64
      (6) 심일경성心一境性 64
      (7) 정정 65
      (8) 정사正思 65
    2) 통과 국으로 간별함 66
      (1) 정정과 등지等持 66
      (2) 심일경성心一境性과 삼매三昧 67
      (3) 삼마희다三摩呬多와 정려靜慮 67
      (4) 삼마발제三摩跋提와 사마타奢摩他 68

제4편 경문의 뜻을 해석함 ······· 69

제1장 서분 ······· 70
  1. 통서 ······· 70
  2. 별서 ······· 72
    1) 위의를 드러내는 부분(威儀分) ······· 72
    2) 경전을 설하는 부분(說經分) ······· 73
    3) 선정에 드는 부분(入定分) ······· 74
    4) 중송重頌으로 설법을 드러내는 부분(重頌分) ······· 75
      (1) 중송의 발기에 대하여 설명함 ······· 75
      (2) 중송의 내용 ······· 76
        ① 설한 경에 대하여 읊음 ······· 76
          가. 총론적으로 설명함 ······· 77
            가) 능설能說의 덕을 찬탄함 ······· 78
            나) 능전能詮의 교를 찬탄함 ······· 78
            다) 소전所詮의 뜻을 찬탄함 ······· 78
            라) 설교에 탁월한 이익이 있음을 찬탄함 ······· 79
          나. 개별적으로 드러냄 ······· 79
            가) 질문이 넓고 깊음을 찬탄함 ······· 80
            나) 부처님 답변에 탁월한 이익이 있음을 찬탄함 ······· 80
        ② 삼매에 들어감을 읊음 ······· 81
          가. 앞에서 선정에 듦을 그대로 읊음 ······· 82
          나. 이후에 시작될 설법을 미리 읊음 ······· 82
            가) 영원히 의심과 미련을 단절함 ······· 83
            나) 일승의 도장을 성취함 ······· 83

제2장 정설분 ······· 84
  1. 개별적으로 관행을 드러냄 ······· 84
    1) 「무상법품無相法品」 ······· 88
      (1) 출정분出定分 ······· 89
        ① 설법의 시성취 ······· 90

② 설법의 주성취 ……… 90
③ 자재성취 ……… 90
(2) 기설분起說分 ……… 91
① 산문(長行) ……… 91
　가. 간략하게 설명한 부분(略標分) ……… 91
　　가) 무상관 ……… 92
　　　(가) 여래가 무상관에 들어감 ……… 92
　　　(나) 다른 사람을 무상관에 들어가게 함 ……… 93
　　나) 소관법 ……… 94
　　　(가) 소관법이 심오함을 보임 ……… 95
　　　(나) 다른 사람에게 소관법이 심오함을 설함 ……… 96
　나. 자세하게 설명한 부분(廣說分) ……… 96
　　가) 설법을 청함 ……… 97
　　　(가) 설법을 청하는 사람의 위의 ……… 97
　　　　㉮ 때에 의거하여 사람을 나타냄 ……… 97
　　　　㉯ 예의를 서술함 ……… 98
　　　(나) 설법을 청하는 말 ……… 98
　　　　㉮ 설법이 해당되는 시절 ……… 98
　　　　㉯ 중생에게 설법해 주길 청함 ……… 99
　　나) 설법함 ……… 100
　　　(가) 질문을 칭찬하고 설법함 ……… 101
　　　(나) 본격적인 설법 ……… 103
　　　　㉮ 무상관을 설명함 ……… 104
　　　　　a. 직접적으로 관행의 모습을 설명함 ……… 104
　　　　　　a) 방편관행 ……… 104
　　　　　　b) 정관행 ……… 106
　　　　　　　(a) 소취를 벗어남 ……… 107
　　　　　　　　ⓐ 견리遣離 ……… 107
　　　　　　　　ⓑ 민리泯離 ……… 108
　　　　　　　(b) 능취를 벗어남 ……… 108
　　　　　　　　ⓐ 본리本離 ……… 108

ⓑ 시리始離 ⋯⋯ 109
　b. 문답으로 의심과 힐난을 해결함 ⋯⋯ 110
　　a) 총체적으로 유상문有相門을 타파함 ⋯⋯ 110
　　　(a) 본격적인 답변 ⋯⋯ 112
　　　　ⓐ 정답正答 ⋯⋯ 113
　　　　ⓑ 결답決答 ⋯⋯ 115
　　b) 소멸견消滅見인 번뇌에 대하여 생제生際와 멸제滅際의 견해를 타파함 ⋯⋯ 116
　　　(a) 망아妄我와 망심妄心에 대한 질문 ⋯⋯ 116
　　　(b) 망아妄我와 망심妄心에 대한 답변 ⋯⋯ 117
　　　　ⓐ 인집을 대치함 ⋯⋯ 117
　　　　　ㄱ. 총체적으로 대치함 ⋯⋯ 117
　　　　　ㄴ. 개별적으로 대치함 ⋯⋯ 118
　　　　　　ㄱ) 황치況治 ⋯⋯ 119
　　　　　　ㄴ) 축치逐治 ⋯⋯ 120
　　　　ⓑ 법집을 대치함 ⋯⋯ 121
　　　　　ㄱ. 정치正治 ⋯⋯ 121
　　　　　ㄴ. 중석重釋 ⋯⋯ 122
　　c) 능멸견能滅見인 약藥으로 유변과 무변의 견해를 타파함 ⋯⋯ 124
　　d) 허망한 견해 때문에 유생에 머물러 벗어나지 못함을 드러냄 ⋯⋯ 127
　　　(a) 무생에 대한 질문 ⋯⋯ 127
　　　(b) 무생에 대한 답변 ⋯⋯ 128
　　　　ⓐ 간략한 답변 ⋯⋯ 128
　　　　　ㄱ. 생을 순차적으로 설명 ⋯⋯ 128
　　　　　ㄴ. 무생을 역차적으로 해석 ⋯⋯ 129
　　　　ⓑ 거듭 상세한 설명 ⋯⋯ 129
㉮ 일각심을 드러냄 ⋯⋯ 130
　a. 일각 여래장의 뜻을 바로 펼침 ⋯⋯ 131
　　a) 시각이 본각의 여래장성과 다르지 않음을 설명함 ⋯⋯ 131
　　　(a) 마음에 집착이 없음에 대한 질문 ⋯⋯ 131
　　　(b) 마음에 집착이 없음에 대한 답변 ⋯⋯ 132

　　　　ⓐ 도리를 드러냄 ········ 132
　　　　ⓑ 질문에 답변함 ········ 133
　　b) 여래장성은 은장(隱藏)되어 부동임을 설명함 ········ 134
　b. 총론을 인하여 각론을 발생시켜 모든 의난을 없앰 ········ 148
　　a) 감추는 주체인 여지(慮知)의 상을 설명함 ········ 149
　　　(a) 답변함 ········ 149
　　　　ⓐ 간략한 답변 ········ 149
　　　　ⓑ 자세하게 설명함 ········ 152
　　　　　ㄱ. 생멸의 모습에 상대하여 도리(理)의 만족을 드러냄 ········ 153
　　　　　ㄴ. 도리의 만족에 상대하여 염의 과실을 설명함 ········ 154
　　　　　ㄷ. 도리에 수순하여 염을 소멸하고 기동을 제거하여 적연에 나아
　　　　　　　가는 공리를 변별함 ········ 156
　　　　　　ㄱ) 곧장 드러냄 ········ 157
　　　　　　ㄴ) 거듭 성취함 ········ 158
　　b) 망상을 그칠 필요가 없음을 설명 ········ 160
　　　(a) 망상이 없으면 그칠 필요가 없음을 질문함 ········ 161
　　　(b) 없앨 것이 없다고 답변함 ········ 161
　　c) 무생관을 드러냄 ········ 163
　　　(a) 무생에 대하여 질문함 ········ 163
　　　(b) 무생에 대하여 답변함 ········ 164
　　d) 증익견(增益見)과 손감견(損減見)을 물리침 ········ 165
　　e) 거듭 의심하는 마음을 물리침 ········ 166
　　　(a) 거듭 답변을 드러냄 ········ 168
　　　　ⓐ 모든 형상을 멀리 떠나 삼세에 두루함을 드러냄 ········ 168
　　　　ⓑ 법계를 수순하여 육바라밀을 구비한 수행을 드러냄 ········ 170
　　f) 출세간의 육바라밀의 뜻을 거듭 드러냄 ········ 172
　　　(a) 간략하게 나타냄 ········ 172
　　　(b) 자세하게 해석함 ········ 173
　　　　ⓐ 개별적으로 해석함 ········ 173
　　　　ⓑ 총체적으로 설명함 ········ 180
　　　　　ㄱ. 육바라밀이 해탈과 동일함을 설명함 ········ 180

ㄴ. 해탈이 곧 열반임을 드러냄 181
② 중송重頌 184
　가. 여섯 행의 별송別頌 185
　　가) 간략히 표방한 것을 읊음 185
　　나) 자세하게 해석한 것을 읊음 186
　　　(가) 널리 무상관을 읊음 186
　　　　㉮ 본격적이고 자세하게 읊음(正廣) 187
　　　　㉯ 거듭 드러내어 읊음(重顯) 188
　　　(나) 자세하게 일각의 뜻을 읊음 190
　　　　㉮ 본격적이고 자세하게 읊음) 190
　　　　㉯ 거듭 드러내어 읊음 190
　　　　　a. 제6의 답변에 대한 것 191
　　　　　b. 제5의 답변에 대한 것 192
　나. 하나의 총송摠頌 192
(3) 대중이 이익을 얻은 부분(得益分) 193

이 『금강삼매경』을 간략하게 네 부문으로 분별한다. 첫 번째는 경전의 대의를 서술하고, 두 번째는 경전의 종지를 판별하고, 세 번째는 경전의 제목을 해석하고, 네 번째는 경문의 뜻을 해석한다.

此經略開四門分別。初述大意。次辨經宗。三釋題名。四消文義。

제1편 경전의 대의를 서술함

첫 번째, 경전의 대의를 서술한다. 대저 일심一心의 근원은 유有와 무無를 초월하여 그 자체로 청정하고, 삼공三空¹의 바다는 진眞과 속俗을 융합하여 담연하다. 담연하게 진과 속을 융합했지만 하나(一)가 아니고, 그 자체로 청정해 가(邊)를 벗어나 있지만 중中²이 아니다. 중이 아니지만 가를 벗어나 있기 때문에 유가 아닌 법이면서도 무에 즉하여 머물지 않고, 무의 형상이 아니면서도 유에 즉하여 머물지 않는다.

하나가 아니지만 진과 속을 융합하고 있기 때문에 진이 아닌 사事가 속俗이 된 적이 없고, 속이 아닌 이理가 진이 된 적도 없다. 진과 속을 융합했으면서도 하나가 아니기 때문에 진과 속의 자성(性)이 성립되지 못할 것이 없고, 염染과 정淨의 모습(相)이 구비되지 않음이 없다. 가를 벗어나 있으면서도 중이 아니기 때문에 유와 무의 법을 만들어 내지 못할 것이 없고, 시是와 비非의 뜻이 두루하지 않음이 없다.

이에 파破하지 않지만 파하지 못할 것이 없고, 세우지(立) 않지만 세우지 못할 것이 없다. 그래서 도리가 없는(無理) 지극한 도리(至理)이고, 그렇지 않으면서(不然) 바로 그러하다(大然)고 말할 수 있다. 이것이 『금강삼매

---

1 삼공三空 : 법상종法相宗에서 삼성三性이 모두 무자성공無自性空임을 말하는 변계소집성공遍計所執性空 · 의타기성공依他起性空 · 원성실성공圓成實性空이다. 이하에서 설명하는 공상공空相空(平等空) · 공공공空空空(差別空) · 소공공所空空(中道空) 참조.

2 중中 : 중도中道로서 '도리에 적중的中하다'라는 뜻으로 상황에 대한 불편부당不偏不黨하고 적절한 입장을 가리킨다. 여기에서는 삼공三空이 단순히 공간적 · 시간적인 의미의 중中이 아님을 말한다. 이하에서 "그러므로 중도에 들어가는 것은 곧 삼공에 들어가는 것을 말한다.(所以入中卽入三空)"라고 하였다.

경』의 대의이다.

　진실로 그렇지 않으면서 바로 그러하기 때문에 설명하는 주체인 언설(語)은 핵심(環中)³에 묘하게 계합되어 있고, 도리가 없는 지극한 도리이기 때문에 설명되는 객체인 종지(宗)는 방외方外를 멀리 벗어나 있다. 파하지 못할 것이 없기 때문에 '금강삼매金剛三昧'라 하고, 세우지 못할 것이 없기 때문에 '섭대승경攝大乘經'이라 하며, 일체의 의義와 종宗이 '금강삼매'와 '섭대승경'을 벗어나지 않는 까닭에 또한 '무량의종無量義宗'이라고도 한다. 이에 이들 가운데 하나를 제목으로 지목하여 첫머리에 두었으므로 『금강삼매경』이라 한 것이다.

　第一述大意者。夫一心之源。離有無而獨淨。三空之海。融眞俗而湛然。湛然融二而不一。獨淨離邊而非中。非中而離邊。故不有之法不卽住無。不無之相不卽住有。不一而融二。故非眞之事未始爲俗。非俗之理未始爲眞也。融二而不一。故眞俗之性無所不立。染淨之相莫不備焉。離邊而非中。故有無之法無所不作。是非之義莫不周焉。爾乃無破而無不破。無立而無不立。可謂無理之至理。不然之大然矣。是謂斯經之大意也。良由不然之大然。故能說之語妙契環中。無理之至理。故所詮之宗超出方外。無所不破故名金剛三昧。無所不立故名攝大乘經。一切義宗無出是二。是故亦名無量義宗。且擧一目以題其首。故言金剛三昧經也。

3　핵심(環中) : 중심·핵심·꼭지점이 되는 것을 말한다. 달리 천도天道·천리天理·지도至道·지리至理라고도 하며 근원에 통하는 것이다. 방외方外는 이와는 반대 개념이다.

제2편 경전의 종지를 판별함

두 번째, 경전의 종지를 판별한다. 『금강삼매경』의 종宗과 요要는 각각 풀어 주는(開) 측면이 있고 묶어 주는(合) 측면이 있다. 묶어 주는 측면으로 말하면 일미관행一味觀行이 핵심(要)이고, 풀어 주는 측면으로 설명하면 십중법문十重法門이 근본(宗)이다.

> 第二辨經宗者。此經宗要。有開有合。合而言之。一味觀行爲要。開而說之。十重法門爲宗。

제1장 일미관행(合論)

관행이라 말한 것에서 관觀은 공간적으로 논한 것으로 경境과 지智에 통하고, 행行은 시간적으로 바라본 것으로 그 인因과 과果에 미친다.

> 言觀行者。觀是橫論。通於境智。行是豎望。亘其因果。

1. 행行

1) 과果

과果는 오법五法[4]의 원만함을 말한다.

果謂五法圓滿。

2) 인因

인因은 육행六行[5]의 완비를 말한다.

因謂六行備足。

2. 관觀

1) 지智

지智는 본각本覺과 시각始覺, 곧 두 가지 각이다.

智卽本始兩覺。

---

4 오법五法 : 상相·명名·분별分別·정지正智·여여如如의 다섯 가지 법을 가리킨다.
5 육행六行 : 십신十信·십주十住·십행十行·십회향十廻向·십지十地·등각等覺 등 수행의 여섯 계위를 가리킨다.

2) 경境

경境은 곧 진眞과 속俗의 분별이 사라진(雙泯) 것이다.

境卽眞俗雙泯。

진과 속의 분별이 없을 뿐이지 소멸된 것이 아니고, 본각과 시각이면서도 집착의 발생이 없다(無生). 집착의 발생이 없는 행은 그대로 분별상이 없음(無相)에 계합되고, 분별상이 없는 법은 순조롭게 본각의 터득(本利)을 성취한다. 터득(利)은 이미 터득된 본각으로서 새롭게 얻을 것이 없기 때문에 부동의 확실한 자리(實際)이다. 그 자리는 이미 확실한 자리로서 자성(性)을 초월해 있기 때문에 진실한 자리(眞際)도 역시 공空이다. 제불여래도 그곳에 들어 있고, 일체보살도 그 속으로 따라서 들어간다. 이와 같은 경우를 여래장如來藏에 들어간다고 하니, 이것이 『금강삼매경』 여섯 품[6]의 대의이다.

> 雙泯而不滅。兩覺而無生。無生之行。冥會無相。無相之法。順成本利。利
> 旣是本利而無得故。不動實際。際旣是實際而離性故。眞際亦空。諸佛如來
> 於焉而藏。一切菩薩於中隨入。如是名爲入如來藏。是爲六品之大意也。

이 관문에서는 처음의 신해信解로부터 (여섯째) 등각等覺에 이르기까지 육행을 세운다. 육행이 원만해질 때 구식九識[7]으로 전환되고 현현하니 무구식無垢識(眞如)을 현현시켜 청정법계로 삼고, 그 밖의 팔식八識을 전환시

---

[6] 여섯 품 : 「序品」과 「總持品」을 제외한 「無相法品」, 「無生行品」, 「本覺利品」, 「入實際品」, 「眞性空品」, 「如來藏品」의 여섯 품을 가리킨다.
[7] 구식九識 : 안식眼識·이식耳識·비식鼻識·설식舌識·신식身識·의식意識·말나식末那識·아뢰야식阿賴耶識·암마라식唵摩羅識 등 아홉 가지 식을 가리킨다.

켜 사지四智[8]를 성취하니 오법五法이 이미 원만해지므로 삼신三身[9]이 갖추어진다. 이와 같이 인과 과는 경과 지를 벗어나지 않으며, 경과 지는 둘이 아니라 오직 일미一味일 뿐이다.

이와 같은 일미관행이야말로 『금강삼매경』의 종지이다. 그러므로 『금강삼매경』에는 대승의 모든 법상法相이 포함되지 않음이 없고, 무량한 뜻(義)과 근본(宗)이 들어 있지 않음이 없다. 그러므로 '금강삼매'라는 명칭이 허황하지 않다는 것은 바로 이를 두고 하는 말이다. 일미관행에 대하여 묶어 주는 측면에서 논하여 간략하게 서술하면 이와 같다.

於此觀門。從初信解乃至等覺。立爲六行。六行滿時。九識轉顯。顯無垢識爲淨法界。轉餘八識而成四智。五法旣圓三身斯備。如是因果不離境智。境智無二。唯是一味。如是一味觀行以爲此經宗也。所以大乘法相無所不攝。無量義宗莫不入之。名不虛稱。斯之謂歟。合論一觀。略述如之。

제2장 십중법문(開說)

이제 다음으로 풀어 주는 측면에서 말하면 십문十門이 된다. 그 종지는 이른바 일문으로부터 증가하여 십문에까지 이른다.

開說十門爲其宗者。謂從一門增至十門。

---

8 사지四智 : 성소작지成所作智·묘관찰지妙觀察智·평등성지平等性智·대원경지大圓鏡智 등 네 가지 지智를 가리킨다.
9 삼신三身 : 대원경지로 성취되는 법신法身, 평등성지로 성취되는 보신報身, 묘관찰지와 성소작지로 성취되는 화신化身을 가리킨다.

1. 일문

일문은 무엇인가. 일심一心 가운데서 일념一念(正念)이 작동하여 일실一實[10]을 따르고 일행一行[11]을 닦으며 일승一乘(대승의 가르침)에 들어가 일도一道(一實諦에 이르는 길)에 머물러서 일각一覺(一本覺)을 써서 일미一味[12]를 깨치는 것이다.

一門云何。一心中一念動。順一實。修一行。入一乘。住一道。用一覺。覺一味。

2. 이문

이문은 무엇인가. 이안二岸에 머물지 않아 이중二衆을 떠나고, 이아二我(人我와 法我)에 집착하지 않아 이변二邊(有邊과 無邊)을 여의며, 이공二空(人空과 法空)에 통달하여 이승二乘(聲聞乘과 緣覺乘)에 떨어지지 않고, 이제二諦(眞諦와 俗諦)를 두루 갖추어 이입二入(理入과 行入)을 어기지 않는 것이다.

二門云何。不住二岸以遣二衆。不著二我以離二邊。通達二空不墮二乘。俱融二諦不違二入。

---

10 일실一實 : 여기서 일실一實은 유일진실唯一眞實로서의 중도관中道觀을 말한다.
11 일행一行 : 유일무이행唯一無異行으로서 곧 보리행菩提行을 가리킨다.『金剛三昧經通宗記』권11(X35, 323b~c).
12 일미一味 : 금강삼매의 종의宗義로서 일체의 분별 집착을 벗어난 가르침을 가리킨다.

3. 삼문

삼문은 무엇인가. 삼신불(三佛)에 스스로 귀의하여 삼계三戒[13]를 받아 삼대제三大諦[14]를 따라서 삼해탈三解脫[15]을 얻고 등각의 삼지三地[16]와 묘각의 삼신[17]이 삼공취三空聚[18]에 들어가 삼유심三有心[19]을 소멸하는 것이다.

三門者。自歸三佛而受三戒。順三大諦得三解脫。等覺三地。妙覺三身。入三空聚。滅三有心。

4. 사문

사문은 무엇인가. 사정근四正勤[20]을 닦아 사신족四神足[21]에 들어가서 사

- [13] 삼계三戒 : 섭률의계攝律儀戒・섭선법계攝善法戒・섭중생계攝衆生戒의 삼취정계三聚淨戒를 가리킨다.
- [14] 삼대제三大諦 : 보리도菩提道에 해당하는 평등제平等諦, 대각大覺에 해당하는 정지득제正智得諦, 혜정慧定에 해당하는 무이행입제無異行入諦를 가리킨다.
- [15] 삼해탈三解脫 : 삼삼매三三昧로서 공삼매空三昧・무상삼매無相三昧・무원삼매無願三昧를 가리킨다.
- [16] 삼지三地 : 본 경문의 「眞性空品」가운데 등각의 경지에서 드러나는 지위를 말한다. 첫째는 백겁위의 항포지行布地, 둘째는 천겁위의 등각지等覺地, 셋째는 만겁위의 건혜지乾慧地이다.
- [17] 묘각의 삼신 : 묘각의 경지에서 자재하게 드러나는 법신과 보신과 화신을 가리킨다.
- [18] 삼공취三空聚 : 삼삼매로서三三昧로서 삼해탈과 마찬가지로 공삼매空三昧・무상삼매無相三昧・무원삼매無願三昧를 가리킨다.
- [19] 삼유심三有心 : 욕유심欲有心・색유심色有心・무색유심無色有心을 가리킨다.
- [20] 사정근四正勤 : ⓢ catvāri-samyak-prahāṇāni. 사정단四正斷・사정승四正勝・사의단四意端・사의단四意斷이라고도 한다. 삼십칠조도품에서 사념처四念處의 다음에 닦는 네 가지 수행법이다. 곧 이미 생긴 악은 없애고(斷斷), 아직 생기지 않은 악은 미리 방지하며(律儀斷), 이미 생긴 선은 더욱 증장하고(修斷), 아직 생기지 않은 선은 발생하도록 하는 것(修護斷)이다.
- [21] 사신족四神足 : 사여의족四如意足이라고도 하는데, 욕여의족欲如意足・정진여의족精進如意足・심여의족心如意足・사유여의족思惟如意足을 가리킨다.

대연四大緣의 힘²²으로 (행行·주住·좌坐·와臥의) 사위의四威儀에 항상 이익을 얻어 사선四禪²³을 초월하여 멀리 사방四謗²⁴을 여의고 사홍지四弘地²⁵ 가운데서 사지四智를 이끌어 내는 것이다.

四門者。修四正勤。入四神足。四大緣力。四儀常利。超出四禪。遠離四謗。四弘地中四智流出。

5. 오문

오문은 무엇인가. 오음五陰²⁶인 중생에게는 오십악五十惡²⁷이 갖추어져 있다. 따라서 오근五根²⁸을 심고 오력五力²⁹을 길러 오공해五空海³⁰를

---

22 사대연四大緣의 힘 : 첫째는 택멸을 작용시키는 힘으로 별해탈계를 취하는 연인데, 말하자면 섭률의계攝律儀戒이다. 둘째는 본각의 이익인 청정한 근본의 힘으로 모든 선법을 집기하는 연인데, 말하자면 섭선법계攝善法戒이다. 셋째는 본각의 지혜인 대비의 힘을 일으키는 연인데, 말하자면 섭중생계攝衆生戒이다. 넷째는 일본각一本覺으로 삼취정계를 두루 꿰뚫어보는 지혜력의 연인데, 말하자면 진여를 따라 머무는 것이다.
23 사선四禪 : 색계에서 터득하는 초선初禪·제이선第二禪·제삼선第三禪·제사선第四禪을 가리킨다.
24 사방四謗 : 유유有有·무무無無·역유역무亦有亦無·비유비무非有非無의 사구四句로서 온갖 분별을 상징한다.
25 사홍지四弘地 : 사홍서원四弘誓願의 중생무변서원도衆生無邊誓願度·번뇌무진서원단煩惱無盡誓願斷·법문무량서원학法門無量誓願學·불도무상서원성佛道無上誓願成을 가리킨다.
26 오음五陰 : 색음色陰·수음受陰·상음想陰·행음行陰·식음識陰을 가리킨다.
27 오십악五十惡 : 식음識陰에 여덟 가지, 수음受陰에 여덟 가지, 상음想陰에 여덟 가지, 행음行陰에 아홉 가지, 색음色陰에 열일곱 가지의 악惡이 갖추어져 있다.
28 오근五根 : 보리에 도달하기 위한 수행법으로서 신근信根·진근進根·염근念根·정근定根·혜근慧根을 가리킨다.
29 오력五力 : 신력信力·진력進力·염력念力·정력定力·혜력慧力 등 불법의 실천 덕목을 말한다.
30 오공해五空海 : 삼유三有가 공한 것, 육도六道의 모습이 공한 것, 법상法相이 공한 것, 명상名相이 공한 것, 심식心識의 뜻이 공한 것을 말한다.

건너고 오등위五等位[31]를 넘어서서 오정법五淨法[32]을 얻어 오도의 중생(五道生)[33]을 건지는 것 등이다.

五門者。於五陰生具五十惡。故植五根而養五力。涉五空海跋五等位。得五淨法。度五道生。如是等也。

6. 육문

그리고 육문·칠문·팔문·구문 등은 무엇인가. 육도六度[34]를 갖추어 육입六入[35]을 영원히 제거한다.

云何六七八九等門。具修六度。永除六入。

---

31 오등위五等位 : 십신十信의 신위信位, 십주十住·십행十行·십회향十廻向의 사위思位, 십지十地의 수위修位, 등각위等覺位의 행위行位, 묘각위妙覺位의 사위捨位를 말한다.
32 오정법五淨法 : 생멸하는 여지慮知의 상을 벗어나 있는 여래장의 속성으로 곧 여래장의 마음에는 사려분별이 없고, 생멸이 없으며, 여실하여 기동起動이 없고, 모든 식이 안적安寂하며, 번뇌가 발생하지 않는 것을 말한다.
33 오도의 중생(五道生) : 천상·인간·축생·아귀·지옥의 미혹한 중생세계를 가리킨다.
34 육도六度 : 대승불교의 보살이 실천하는 여섯 가지 바라밀波羅蜜로서 보시바라밀布施波羅蜜·지계바라밀持戒波羅蜜·인욕바라밀忍辱波羅蜜·정진바라밀精進波羅蜜·선정바라밀禪定波羅蜜·반야바라밀般若波羅蜜을 가리킨다.
35 육입六入 : 육처六處라고도 한다. 안근眼根·이근耳根·비근鼻根·설근舌根·신근身根·의근意根의 육근六根을 육내입六內入, 색경色境·성경聲境·향경香境·미경味境·촉경觸境·법경法境의 육경六境을 육외입六外入이라 한다.

7. 칠문

칠각분七覺分[36]을 닦아 칠의과七義科[37]를 소멸한다.

行七覺分。滅七義科。

8. 팔문

팔식八識[38]의 바다를 맑힌다.

八識海澄。

9. 구문

구식九識[39]의 흐름이 청정해진다.

---

36 칠각분七覺分 : 칠각지七覺支·칠등각지七等覺支·칠각의七覺意라고도 한다. 택법각지澤法覺支·정진각지精進覺支·희각지喜覺支·제각지除覺支·사각지捨覺支·정각지定覺支·염각지念覺支를 가리킨다.
37 칠의과七義科 : 칠七은 사대四大와 삼의三義의 일곱 가지를 가리킨다. 여기에서 의義는 대大와 의義를 합한 말로서 지대地大·수대水大·화대火大·풍대風大의 사대와 오음五陰·십이처十二處·십팔계十八界의 삼의를 가리킨다. 과科는 근본식根本識을 가리킨다.
38 팔식八識 : 안식眼識·이식耳識·비식鼻識·설식舌識·신식身識의 전오식前五識, 제6의 의식意識, 제7의 말나식末那識, 제8의 아뢰야식阿賴耶識을 가리킨다.
39 구식九識 : 섭론종攝論宗의 진제眞諦 계통에서 주장한 것으로 앞의 팔식八識까지를 모두 망식妄識으로 간주한다. 그리고 다시 제9의 암마라식唵摩羅識, 곧 무구정식無垢淨識을 설정한 것을 가리킨다.

九識流淨。

10. 십문

이와 같이 해야 비로소 십신十信으로부터 십지十地에 이르기까지 온갖 수행이 구족되고 온갖 덕이 원만해진다.

始從十信乃至十地。百行備足。萬德圓滿。

이와 같은 십문의 모든 수행문이 바로 『금강삼매경』의 종지이다. 이것은 경문에 모두 수록되어 있으므로 해당 경문에서 설명하겠다. 그런데 이 뒤의 아홉 가지 수행문은 모두 일문에 포함되고, 일문에 아홉 가지 수행문이 있으니 일미관행을 벗어나지 않는다. 그러므로 개별적인 측면으로 보아도 하나에서 늘어나지 않고, 총합적인 측면으로 보아도 열에서 줄어들지 않으니, 부증불감不增不減이 『금강삼매경』의 근본(宗)과 핵심(要)이다.

如是諸門。爲是經宗。皆在經文。文處當說。然此後九門。皆入一門。一門有九。不出一觀。所以開不增一。合不減十。不增不減爲其宗要也。

제3편 경전의 제목을 해석함

세 번째, 경전의 제목을 해석한다. 이 경의 제목에는 세 가지가 있다. 첫째는 '섭대승경'이고, 둘째는 '금강삼매'이며, 셋째는 '무량의종'이다. 이 가운데 첫째와 셋째의 명칭에 대해서는 이하 해당하는 곳에서 해석하겠다.

여기에서는 먼저 둘째에 해당하는 '금강삼매'라는 제목에 대하여 해석한다. 왜냐하면 '금강삼매'라는 명칭만 경전의 첫머리에 제목으로 나와 있기 때문이다. '금강삼매'라는 용어를 둘로 나누어 먼저 '금강'에 대하여 해석하고, 나중에 '삼매'에 대하여 해석한다.

> 第三釋題目者。此經之目。有其三種。一名攝大乘經。二名金剛三昧。三名無量義宗。初後二名。次門當釋。今且先釋中間一目。唯此一名在首題故。於中有二。先釋金剛。後釋三昧。

제1장 금강

'금강'에도 두 가지의 경우가 있으니, 먼저 해석하고 뒤에 간별한다.

初中亦二。先釋後簡。

1. 금강을 해석함

"금강"은 비유를 들어 지칭한 것인데, 견실하다는 것을 체성으로 삼고 깨뜨리는 것(穿破)을 공능으로 삼는다. 마땅히 "금강삼매"도 또한 이와 같이 실제實際를 체성으로 삼고 깨뜨리는 것을 공능으로 삼는 줄 알아야 한다.

言金剛者。寄喩之稱。堅實爲體。穿破爲功。金剛三昧。當知亦爾。實際爲體。破穿爲能。

1) 실제를 체성으로 삼음

"실제를 체성으로 삼는다."는 것은 이치의 궁극적인 근원을 깨쳤기 때문이다. 이에 대하여 경문에서는 "법을 깨치니 진실한 삼매였다네."라고 하였다.

實際爲體者。證理窮源故。如下文言。證法眞實定故。

2) 깨뜨리는 것을 공능으로 삼음

"깨뜨리는 것을 공능으로 삼는다."에는 두 가지 뜻이 있다. 첫째는 모든 의심을 타파하는(破) 것이고, 둘째는 모든 선정을 꿰뚫는(穿) 것이다.

破穿爲能者. 有其二義. 一破諸疑. 二穿諸定.

(1) 모든 의심을 타파함

"모든 의심을 타파한다."는 것은 설법을 일으켜 의심을 끊기 때문이다. 이에 대하여 경문에서는 "의심과 후회를 영원히 단절한다."고 하였다.

破諸疑者. 起說斷疑故. 如下文言. 決定斷疑悔故.

(2) 모든 선정을 꿰뚫음

"모든 선정을 꿰뚫는다."는 것은 이 금강삼매가 그 밖의 모든 삼매로 하여금 다 각각의 작용을 얻게끔 한다는 것이다. 마치 보배구슬을 꿰뚫어 쓰임새가 있게 하는 것과 같다. 『대품반야경大品般若經』에서는 이에 대하여 "무엇을 금강삼매라 하는가. 이 삼매에 머물면 모든 삼매를 타파할 수 있다."[40]고 하였다. 저 『대지도론』에서는 그것을 해석하여 "금강삼매는 비유하면 금강과 같다. 그래서 무엇이든지 무너뜨리지 못할 것이 없다. 이 삼매도 역시 그와 같아서 제법에 통달하지 못할 것이 없고, 모든 삼매로 하여금 각각 그 작용을 얻게끔 한다. 그것은 마치 자거·마노·유리를 오직 금강만이 꿰뚫고 들어가는 것과 같다."[41]고 하였다.

생각해 보면 『대품반야경』에서 말한 "모든 삼매를 타파한다."에서 '타파한다(破)'는 곧 꿰뚫는다는 의미이다. 이것은 『대지도론大智度論』에서 『대품반야경』의 타파한다는 말을 '뚫고 들어간다(穿入)'로 해석하기 때문이다. 모든 삼매가 다 자성이 없다는 것을 통달하고 나면 그 모든 삼매로 하여

---

40 『摩訶般若波羅蜜經』권5(T8, 251b).
41 『大智度論』권47(T25, 399b).

금 자체에 집착하는 것을 여의게끔 할 수가 있다. 그것을 말미암아 걸림 없이 자재를 얻는다. 명칭에 대한 해석은 이것으로 마친다.

> 穿諸定者。此定能令諸餘三昧皆得有用。如穿寶珠。得有用故。如大品經言。云何名金剛三昧。住此三昧能破諸三昧。彼論釋云。金剛三昧者。譬如金剛無物不陷。此三昧亦如是。於諸法中無不通達。令諸三昧皆得有用。如硨磲碼瑙琉璃唯金剛能穿入。案云。經言破諸三昧者。破之言穿。論中穿入釋經破故。達諸三昧皆無自性。令彼三昧皆離自著。由是無礙得自在故。釋名如是。

2. 금강을 간별함

다음은 간별하는 것이다. 여기에 두 가지가 있다.

> 次簡別者。於中有二。

1) 정定과 혜慧를 간별함

먼저 정定과 혜慧를 간별한다.

[문] 금강반야와 금강삼매를 모두 금강이라 부르는데, 어떤 차별이 있는가?

[해] 금강반야는 혜慧, 금강삼매는 정定이라는 차별이 있다. 또한 금강반야는 인因과 과果에 통하는데, 금강삼매는 그 가운데서 과지果地에 위치한다. 또한 반야로서의 금강에는 세 가지 뜻이 있다. 곧 그 체성은 견고하고

작용은 예리하며 형상은 넓은 부분과 좁은 부분이 있다. 그러나 삼매로서
의 금강은 견고하고 예리하다는 뜻만 취한다. 이 점에서 서로 차별이 있다.

先簡定慧。問。金剛般若。金剛三昧。皆名金剛。有何差別。解云。彼慧此定。
是爲差別。又金剛般若。通於因果。金剛三昧。位在果地。又般若金剛。具
有三義。體堅用利。形狀寬狹。三昧金剛。但取堅利。如是差別。

2) 다른 정定과 차이점을 간별함

다음은 다른 정定과의 차이점이다. 여기에 세 가지가 있다. 첫째는 금강
삼매金剛三昧이고, 둘째는 금강륜삼매金剛輪三昧이며, 셋째는 여금강삼매如
金剛三昧이다. 『대품반야경』에서는 다음과 같이 말하였다.

어떤 것이 금강륜삼매인가? 이 삼매에 머물면 다른 모든 삼매의 기능
을 지니게 된다. 어떤 것이 여금강삼매인가? 이 삼매에 머물면 모든 법
을 관통하여 통달하면서도 그 통달한 것을 내보이지 않는다.[42]

위의 경문에 대하여 『대지도론』에서는 다음과 같이 해석하였다.

問 세 가지 삼매에 어째서 다 금강이라는 명칭이 붙어 있는가?
答 첫째는 금강이라 했고, 둘째는 금강륜이라 했으며, 셋째는 여금강
이라 했다. 여금강삼매에 대하여 부처님께서는 "제법을 관통하고 꿰뚫
지만 그 꿰뚫는 것을 내보이지 않는다."고 했고, 금강삼매에 대해서는
"모든 삼매를 통달한다."고 했으며, 금강륜삼매에 대해서는 "모든 삼매
륜을 지닌다."고 했다. 이것은 모두 부처님께서 스스로 설한 뜻이다. 이

---

42 『摩訶般若波羅蜜經』 권5(T8, 251b)에서 발췌하여 인용하였다.

에 대하여 논자들은 "여금강삼매는 일체번뇌의 속박을 남김없이 타파한다. 비유하면 마치 석제환인이 손에 금강을 들고서 아수라 군대를 파괴하는 것과 같다."고 하였다. 이것은 곧 학인들의 말후심末後心이기도 하다. 이 말후심으로부터 점차 성문의 보리와 벽지불의 보리와 부처의 무상보리 등 세 가지의 보리를 터득한다. 논자들은 또 "금강삼매는 일체제법을 타파하고 무여열반에 들어가 다시는 중생의 업보(有)를 받지 않는다. 비유하면 진금강眞金剛으로 모든 번뇌의 산을 남김없이 파괴하는 것과 같다."고 하였다. 논자들은 또 "금강륜삼매는 일체 모든 불법마저 타파해 막힘도 없고 걸림도 없다."고 하였다.⁴³

생각해 보면 여기에서 "모든 불법마저 타파한다."는 것은 마치 전륜성왕의 윤보輪寶가 모든 왕들을 쳐부수고 그들을 다스리지 못할 것이 없는 것과 같다. 이런 까닭에 금강륜삼매는 위의 두 가지 삼매, 곧 여금강삼매 및 금강삼매와 다르다.

次別餘定。此有三類。一金剛三昧。二金剛輪三昧。三如金剛三昧。大品經言。云何金剛輪三昧。住是三昧能持諸三昧分。云何如金剛三昧。住是三昧能貫達諸法亦不見達。彼論釋言。問曰。三種三昧何以皆言金剛。答曰。初言金剛。中言金剛輪。後言如金剛。如金剛三昧。佛言。能貫穿諸法亦不見是穿。金剛三昧能通達諸三昧。金剛輪三昧能持諸三昧輪。是皆佛自說義。論者言。如金剛三昧者。能破一切煩惱結使無有遺餘。譬如釋提桓因手執金剛破阿修羅軍。即是學人末後之心。從是心次第得三種菩提。聲聞辟支佛佛無上菩提。金剛三昧者能破一切諸法入無餘涅槃更不受有。譬如眞金剛能破諸山令滅盡無餘。金剛輪者。能破一切諸佛¹⁾法無遮無礙。案云。此中破諸佛法者。猶如轉輪聖王輪寶能破諸王無不伏故。是故與前二金

---

43 『大智度論』 권47(T25, 400b).

剛別。

i) ㉡ '佛'은 『大智度論』 권47(T25, 400b)에는 없다.

(問) 위의 두 가지 삼매, 곧 여금강삼매와 금강삼매는 무엇이 다른가?
(答) 다섯 가지의 차별이 있다.

첫째는 비유의 차별이다. 말하자면 전자는 금강으로 아수라의 군대를 파하고, 후자는 금강으로 번뇌의 산을 파한다.

둘째는 법의 차별이다. 전자는 번뇌를 파하고, 후자는 제법을 파한다.

셋째는 수행 계위의 차별이다. 전자는 유학위有學位의 경지이고, 후자는 무학위無學位의 경지이다.

넷째는 명칭의 차별이다. 전자의 여금강삼매는 달리 금강유정金剛喩定이라고도 한다. 그러나 후자는 단지 금강삼매라고만 할 뿐 '여如' 혹은 '유喩'라는 말을 붙이지 않는다. 그 이유는 깨달음을 향한 과정의 삼매(因定)와 깨달음의 결과로 나타나는 삼매(果定)가 다르기 때문이다. 과정의 삼매는 유공용有功用(수행에 대한 상이 남아 있는 경우)이다. 그러나 결과의 삼매는 무공용無功用(수행 및 깨달음에 대한 상이 없는 무집착의 경지)으로 초월하고 또 초월하여 무위無爲에 이르기 때문이다. 또한 여금강은 금강에서 일부분 엇비슷한 뜻만 취하므로 단지 번뇌만 파하고 그 밖의 법은 파하지 못한다. 그러나 금강은 금강과 완전히 똑같은 날카로움을 드러내어 일체의 색물色物을 관파貫破하지 못할 것이 없다. 삼매의 작용도 그와 같아서 일체제법도 역시 파하지 못할 것이 없는 줄 알아야 한다.

다섯째는 교설의 차별이다. 말하자면 유학위의 여금강삼매는 『금강삼매본성청정부증불감경金剛三昧本性淸淨不增不減經』[44]에서 설한 것이고, 무학위의 금강삼매는 이 『금강삼매경』에서 설한 것이다.

지금 이 『금강삼매경』에서 부처님이 들어간 삼매(定)는 일체법을 파하

---

44 『金剛三昧本性淸淨不增不減經』(T15, 697a~699b).

여 집착할 바가 없으므로 금강삼매라 말한 것이다. 금강삼매는 육종석六
種釋[45] 가운데 지업석持業釋에 해당하는데, 비유를 들어 명칭한 점으로 보
면 인근석隣近釋에 해당하며, 금강삼매라는 명칭으로 경전의 제목을 삼은
점에서는 의주석依住釋에 해당한다. 이것은 삼매라는 정定에 주안점을 둔
까닭이다.

> 前二金剛云何別者。有五差別。一者喩別。謂如金剛破軍金剛破山故。二者
> 法別。前破煩惱後破諸法故。三者位別。前在學位後在無學故。四者名別。
> 前名如金剛三昧。餘處名金剛喩定。後者直名金剛三昧。除如及喩。所以然
> 者爲顯因果二定異故。因有功用果無功用。損之又損之以至無爲故。又如
> 金剛取其少分相似之義。但破煩惱不破餘法故。言金剛者。顯其全同金剛
> 之利。一切色物無不貫破。三昧之用當知亦爾。一切諸法亦無不破故。五
> 者敎別。謂有學位金剛三昧。則金剛三昧本性淸淨不增不減經中所說。其
> 無學位金剛三昧。今此經中所說是也。今此經中佛所入定破一切法皆無所
> 得。是故名爲金剛三昧。六種釋中是持業釋。取譬名者是鄰近釋。卽以是名
> 目此經者是依主釋。定爲主故。

제2장 삼매

다음으로 두 번째 삼매의 명칭을 해석한다. 여기에 두 가지가 있으니,

---

45 육종석六種釋 : 육합석六合釋·육석六釋이라고도 한다. 범어에서 복합사複合辭를 해
석하는 방식으로서 의주석依住釋·상위석相違釋·지업석持業釋·대수석帶數釋·인근
석隣近釋·유재석有財釋 등 여섯 가지를 가리킨다.

먼저 해석하고 나중에 간별한다.

次第二釋三昧名者。於中有二。先釋後簡。

1. 삼매의 모든 명칭을 해석함

옛 논사는 "저 삼매라는 명칭은 번역하면 정사正思이다."라고 하였다. 지금 언급한 이 설명은 문맥의 뜻에 합치된다. 말하자면 삼매(定)에 들어 있을 때는 반연하는 경계를 잘 생각하고 제대로 살피기(審正思察) 때문에 정사正思라고 한다. 『유가론瑜伽論』에서도 "삼마지란 말하자면 대상에 대하여 잘 살피고 제대로 관찰하는 심일경성心一境性[46]이다."[47]라고 했기 때문이다.

문 정定이란 반드시 고요한 것으로 한 경계에 조용히 머무는 것인데, 어째서 잘 생각하고 제대로 살피는 것이라 말하는가? 그리고 생각하고 살피는 작용은 심사尋伺[48]라고 해야 마땅한데, 어째서 정定을 생각하고 살피는 것이라고 설명하는가?

답 만약 한 경계를 지키는 것만을 정定으로 간주한다면 혼침의 상태로 한 경계에 머무는 것도 반드시 삼매가 되어야 한다. 그리고 만약 제대로 생각하고 살피는 것을 심사라 한다면 사혜邪慧로 추구하는 것은 심사가 아니어야 할 것이다.

그러므로 생각하고 살피는 것(思察)에도 두 가지가 있음을 알아야 한다.

---

46 심일경성心一境性 : Ⓢcittaikāgratā의 번역어로서 선정禪定을 일컫는 말이다.
47 『瑜伽師地論』 권11(T30, 329b).
48 심사尋伺 : 심尋은 심구尋究(Ⓢvitakka)이고, 사伺는 사찰伺察(Ⓢvicara)로서 번뇌를 가리킨다. 구역舊譯에서는 각각 각覺과 관觀으로 번역되어 거친 번뇌와 미세한 번뇌를 의미한다.

만약 모든 사邪와 정正을 의언意言으로 분별하는 것을 생각하고 살피는 것이라 말한다면 그것은 심사로서 분별이 되고 만다. 그러나 만약 반연의 경계를 바르게 살펴 분명하게 깨닫는 것만을 제대로 생각하고 살피는 것이라 한다면 그것은 바로 삼매(定)의 작용이지 심사가 아니다. 삼매(定)는 분별과 무분별에 통하기 때문에 그 살핌의 바름으로써 심사와 간별한다.

또한 하나의 경계에 머무는 것(住一境)에도 두 가지가 있다. 한 경계에 머물더라도 혼미하고 어두워 잘 살피지 못한다면 그것은 혼침이다. 그러나 만약 한 경계에 머물러 부침浮沈 없이 잘 생각하고 제대로 살핀다면 그것은 삼매(定)라 한다. 그러므로 생각하고 살피는 것을 저 혼침과 간별한다. 이런 까닭에 머물거나 옮기는 것만을 기준으로 삼매(定)와 산란(散)의 차별상을 간별해서는 안 되는 줄 알아야 한다. 왜냐하면 (불보살의) 빠른 언변[49]은 비록 속도는 빠를지라도 삼매(定)에 있기 때문이고, (중생들의) 더딘 생각은 비록 오랫동안 대상에 머물지라도 산란(散)하기 때문이다.

지금 여기에서 금강삼매를 "제대로 생각하고 살피는 것"이라 하였지만, (사실 금강삼매에는) 정正과 부정不正도 없고 사思와 비사非思도 없다. 그런데도 "제대로 생각하고 살피는 것"이라 한 까닭은 다만 분별하는 사념邪念과 간별하기 위해서일 뿐이다. 또한 허공처럼 아무런 생각이 없는 것과도 다르다. 억지로 "제대로 생각하는 것"이라고 일컬었을 뿐이다. 삼매의 명칭을 대략 이와 같이 해석한다.

> 古師說言。彼名三昧此云正思。今述此說當文義故。謂在定時於所緣境審正思察故名正思。如瑜伽言三摩地者。謂於所緣審正觀察心一境性故。問。定應是靜靜住一境。云何乃言審正思察。思察之用應是尋伺。云何說定爲思察耶。答。若守一境卽爲定者。惛沈住境應卽是定。若正思察是尋伺者。

---

49 빠른 언변 : 보통사람들의 언어 습관을 말하는 것이 아니다. 불보살의 다양한 변재 가운데 하나로서 다양한 주제에 대해 막힘없이 설명하는 능력을 말한다.

邪慧推求應非尋伺。當知思察有其二種。若通邪正意言分別名思察者。卽是尋伺直是分別。若唯審正明了緣境名正思察。正是定用而非尋伺。定通分別及無分別。故以審正簡彼尋伺。又住一境亦有二種。若住一境。惛迷闇昧不能審察卽是惛沈。若住一境不沈不浮審正思察是名爲定。故以思察別彼惛沈。是故當知不以住移簡別定散差別之相。何以故。捷疾之辯雖速移轉而有定故。遲鈍之念雖久住境而是散故。今此金剛三昧名爲正思察者。無正不正。亡思非思。但爲別於分別邪念。又不同於虛空無思。所以強號爲正思耳。三昧之名。略釋如是。

2. 삼매의 모든 명칭을 간별함

다음으로 삼매의 모든 명칭을 간별한다. 여기에 두 가지가 있다. 먼저 모든 명칭을 분별하고, 다음으로 통通과 국局을 간별한다.

次簡別者。於中有二。先別諸名。後簡通局。

1) 명칭을 분별함

삼매(定)의 명칭은 다양하지만 대략 여덟 가지가 있다.

定名不同。略有八種。

(1) 삼마희다三摩呬多(等引)

첫째는 삼마희다三摩呬多이니, 여기서는 등인等引이라고 번역한다. 혼침

昏沈과 산란(掉擧)에 치우치는 것을 초월하기 때문에 평등하다(等)고 하고, 신통과 같은 모든 공덕을 끌어들이기 때문에 이끈다(引)고 한다. 또 이처럼 평등하게 이끌어서 후회가 없고 환희롭고 안락한 경지에 이르기 때문에 등인이라고 한다. 이런 점에서 욕계의 삼매(定)와는 다르다.

一名三摩呬多。此云等引。遠離惛沈掉擧之偏。故名爲等。引發神通等諸功德。故名爲引。又此等引無悔歡喜安樂所引。故名等引。由此不同欲界定故。

(2) 삼마지三摩地(等持)

둘째는 삼마지三摩地이니, 여기서는 등지等持라고 번역한다. 등等의 뜻은 앞의 삼마희다의 경우와 같다. 번뇌의 마음은 잘 제어하고 청정한 마음은 잘 유지하여 산란하지 않도록 하므로 등지等持라 한다. 또 삼매(定)와 지혜(慧)가 평등하여 서로 벗어나지 않으므로 등지等持라고 한다. 구역에서 삼마제三摩提라 한 것 또한 등지等持의 뜻이다.

二名三摩地。此云等持。等義同前。能制持心令不馳散。故名等持。又定慧平等令不相離。故名等持。舊云三摩提。亦即等持。

(3) 삼마발제三摩鉢提(等至)

셋째는 삼마발제三摩鉢提이니, 여기서는 등지等至라고 번역한다. 평등하게 유지하는(等持) 동안 뛰어난 경지에 도달하므로 등지等至라 한다.

三名三摩鉢提。此云等至。等持之中能至勝位。故名等至。

(4) 태연나馱演那(靜慮)

넷째는 태연나馱演那이니, 여기서는 정려靜慮라고 번역한다. 적정하게 사려하기 때문이고, 또 산란한 생각을 고요히 잠재우기 때문이다. 구역에서는 선나禪那라 하고 혹 지아나持阿那라고도 하였는데, 지역에 따른 다른 표현으로서 그 의미는 정려靜慮와 같다.

> 四名馱演那。此云靜慮。寂靜思慮故。又能靜散慮故。舊云禪那。或云持阿那。方俗異語。同謂靜慮也。

(5) 사마타奢摩他(止)

다섯째는 사마타奢摩他이니, 여기서는 지止라고 번역한다. 마음에 나타나는 분별경계를 그치도록 하므로 지止라 한다.

> 五名奢摩他。此譯云止。令心止境。故名爲止。

(6) 심일경성心一境性

여섯째는 심일경성心一境性이다. 마음으로 하여금 하나의 경계에 집중케 하는 성품이므로 심일경성이라 한다. 구역에서 일심一心이라 표현한 것은 이것을 축약한 것이다.

> 六名心一境性。令心專一於境之性。故名心一境性。舊云一心是略故也。

(7) 정定

일곱째는 정定이다. 반연의 대상을 잘 다스리므로 정定이라 한다.

七名爲定。審定所緣。故名爲定。

(8) 정사正思

여덟째는 정사正思이다. 뜻은 위의 설명과 마찬가지로 제대로 생각한다는 것이다.

八名正思。義如前說。

어떤 논사는 "삼매와 삼마제라는 명칭은 모두 등지等持로서 다른 명칭이 아니다."고 말했는데, 이 말은 옳지 않다. 왜냐하면 저 『금고경金鼓經』(『합부금광명경合部金光明經』)의 십종지十種地의 삼매 가운데 앞의 세 가지 지(三地)에서는 삼마제라고 하였고, 뒤의 일곱 가지 지(七地)에서는 삼매라고 하였기 때문이다.[50] 이와 같이 두 가지 명칭이 만약 동일하게 등지等持라면 무슨 까닭에 앞의 세 가지 지와 뒤의 일곱 가지 지에서 다르게 설했겠는가.

또한 이 두 가지 명칭이 다른 이유는 무엇인가? 만약 지역적인 방언 때문에 다른 것이라면 한 곳에서 두 가지 명칭을 설하지는 않았을 것이다. 만약 경전을 전승한 사람의 시대적 차이 때문에 다른 것이라면 동일한 경본에 이 두 가지 명칭이 있어서는 안 될 것이다. 저 삼마제와 삼마지의 경우에는 경전을 전승한 시대가 전후로 다를 뿐이어서 분명히 동일한 것으로 볼 수가 있다. 그러나 삼매의 명칭은 삼마제와 동일한 책에 들어 있으

---

50 『合部金光明經』 권3(T16, p375a).

니 어째서 다르지 않겠는가. 이런 까닭에 삼매와 삼마제는 앞에서 설명한 것처럼 분명히 다르다.

有師說言。三昧之名及三摩提只是等持非是異名。是說不然。所以者何。如金鼓經十種定中。前三地中名三摩提。後七地中名爲三昧。如是二名若同等持。何由改名前後異說。又此二名何由不同。若由方俗異故不同者。不應一處俱說二名。若由傳者前後故異者。不應一本有此二名。如三摩提及三摩地。此由前後。傳者不同。故其是同灼然可見。三昧之名與三摩提同在一本。何由不異。是故當知如前說也。

2) 통과 국으로 간별함

둘째, 다음으로 삼매의 통通과 국局을 설명하면 대략 네 가지 예가 있다.

第二明通局者。略作四例。

(1) 정定과 등지等持

첫째는 정定과 등지等持이다. 이 두 가지 명칭의 범주가 제일 넓으니, 유루有漏와 무루無漏에 두루 통하고, 또 삼계에도 통하며, 욕계의 산란심에도 통한다. 왜냐하면 여섯 가지 심소心所[51]와 별경別境의 다섯 가지 심소[52]가운데 삼마지가 있는데, 그것 또한 정定이라 하기 때문이다.

---

51 여섯 가지 심소心所 : 변행遍行·별행別境·선善·번뇌煩惱·수번뇌隨煩惱·부정不定 등 심소의 여섯 가지를 말한다.
52 별경別境의 다섯 가지 심소 : 욕欲·승해勝解·염念·정定·혜慧를 말한다.

一者定與等持。二名最寬。通漏無漏。亦通三界。及通欲界散亂心中。以六位心所別境五中有三摩地亦名定故。

(2) 심일경성心一境性과 삼매三昧

둘째는 심일경성心一境性과 삼매三昧의 명칭이다. 이 두 가지의 범주가 두 번째로 넓으니, 비록 욕계에는 통하지만 오로지 산란한 마음에는 통하지 않는다. 왜냐하면 반주삼매般舟三昧[53]나 욕계에 결부된 아홉 가지 심주心住[54]의 심일경성 역시 욕계의 방편심에 통하기 때문이다.

二者心一境性及三昧名。此二次寬。雖通欲界。不通一向散亂心中。以般舟三昧或欲界繫九種心住心一境性。亦通欲界方便心故。

(3) 삼마희다三摩呬多와 정려靜慮

셋째는 삼마희다三摩呬多와 정려靜慮이다. 이 두 가지 명칭은 범주가 좁다. 욕계의 마음에는 전혀 통하지 못하기 때문이고, 오직 경안輕安(몸과 마음이 가쁜한 경지)을 포함하고 있는 경우에만 그 명칭을 사용하기 때문이다.

三者三摩呬多及靜慮名。此二是狹。全不通於欲界心故。唯取輕安所含潤故。

---

53 반주삼매般舟三昧 : Ⓢpratyutpanna-samādhi.『般舟三昧經』에 나오는 삼매로서 상행삼매常行三昧·반주정般舟定·제불현전삼매諸佛現前三昧·불립삼매佛立三昧·상행도정常行道定·불립정佛立定이라고도 한다.
54 심주心住 : 내주內住·등주等住·안주安住·근주近住·조순調順·적정寂靜·최극적정最極寂靜·전주일취專住一趣·등지等持 등 아홉 가지가 있다.

(4) 삼마발제三摩跋提와 사마타奢摩他

넷째는 삼마발제三摩跋提와 사마타奢摩他이다. 이 두 가지의 범주가 가장 좁으니, 선정의 경지 안에서 다시 간별되는 것이기 때문이다. 사마타는 네 가지 혜행慧行[55] 가운데의 심일경성에는 통하지 못하고, 삼마발제는 공空과 무상無相과 무원無願의 세 가지 삼마지에 통하지 못하기 때문이다.

> 四者三摩跋提及奢摩他。此二最狹。於定地內有簡別故。以奢摩他不通四種慧行之中心一境性。三摩跋提不通於空無相無願三三摩地故。

삼매에 대한 여덟 가지 명칭의 넓고 좁음은 이와 같이 대략 서술된다.[56] 이로써 셋째의 경전의 제목에 대한 해석을 마친다.

> 八名寬狹。粗述如是。第三釋題名訖。

---

55 네 가지 혜행慧行 : 정사택正思擇 · 최극사택最極思擇 · 주변심사周徧尋思 · 주변사찰周徧伺察을 가리킨다.
56 삼매를 뜻하는 여덟 가지 용어의 범주를 넓은 것으로부터 좁은 것으로 그 순서를 정하면 다음과 같다. 첫째는 삼마지三摩地(等持)와 정정이다. 둘째는 심일경성心一境性(一心)과 삼마三昧(正思)이다. 셋째는 삼마희다三摩呬多(等引)와 태연나馱演那(靜慮)이다. 넷째는 삼마발제三摩鉢提(等至)와 사마타奢摩他(止)이다.

제4편 경문의 뜻을 해석함

논 『금강삼매경』의 처음 「서품」[57] 이하는 본문에 해당하는데, 네 번째로 경문을 분과하고 뜻을 해석한다.

경전의 본문은 세 부분으로 나뉜다. 첫째는 서분序分이다. 둘째는 「제2 무상법품第二無相法品」 이하 여섯 개의 품[58]과 몇몇 경문으로서 곧 정설분正說分이다. 셋째는 「제8 총지품第八總持品」에 들어가서 "그때 여래께서 대중에게 말씀하셨다." 이하의 두 쪽 분량으로 유통분流通分이다.[59]

經序品第一。[1] 自下第四科文解釋。文有三分。一者序分。二者第二品下六品餘文是正說分。三者入摠持品爾時如來而告衆言已下二紙許文是流通分。

1) ㉘ '經序品第一'이 甲本에는 없다.

---

57 「序品」: 이하 제1장 서분까지 포함하는 부분이다.
58 여섯 개의 품: 「無相法品」, 「無生行品」, 「本覺利品」, 「入實際品」, 「眞性空品」, 「如來藏品」의 여섯 개 품을 말한다.
59 『金剛三昧經註解』 권4(X35, 251c)에서는 원효의 설명과는 달리 "그때 아난이 자리에서 일어나 앞으로 나와서 부처님께 여쭈었다." 이후 부분부터 유통분으로 간주하였다.

제1장 서분

서분에는 두 가지 서序가 들어 있다. 첫째는 통서通序이고, 둘째는 별서別序이다.[60]

序分之內。有二種序。謂通與別。

1. 통서

경 다음과 같이 저는 들었습니다. 어느 때 부처님께서 왕사대성의 기사굴산에서 대비구중 일만 명과 함께 계셨다. 그들은 모두 아라한도를 터득하였다. 그들의 이름은 사리불·대목건련·수보리 등 아라한이었다. 또한 보살마하살 이천 명과 함께 계셨다. 그들의 이름은 해탈보살·심왕보살·무주보살 등의 보살이었다. 또한 장자 팔만 명과 함께 계셨다. 그들의 이름은 범행장자·대법행장자·수제장자 등의 장자였다. 또한 천룡·야차·건달바·아수라·가루라·긴나라·마후라가·인비인 등 육십만억이 있었다.

如是我聞。一時佛在王舍大城耆闍崛山中。與大比丘衆一萬人俱。皆得阿羅漢道。其名曰。舍利弗。大目犍連。須菩提。如是衆等阿羅漢。復有菩薩摩訶薩二千人俱。其名曰。解脫菩薩。心王菩薩。無住菩薩。如是等菩薩。復有長者八萬人俱。其名曰。梵行長者。大梵行長者。樹提長者。如是等長者。復有天龍。夜叉。乾闥婆。阿修羅。迦樓羅。緊那羅。摩睺羅伽。人非人

---

60 통서通序는 모든 경전에 공통적으로 적용되는 서로서 신信·문聞·시時·주主·처處·중衆의 육사六事를 갖춘 것이고, 별서別序는 각 경전마다 개별적으로 있는 것이다.

等。六十萬億。[1)]

[1)] ㉠ '如是我聞……六十萬億'의 141자가 甲本에는 없다.

논 통서通序에는 육사六事[61]가 갖추어져 있다. 이 육사 가운데 앞의 세 가지는 부처님으로부터 친히 전승했음을 설명하는 것이고, 뒤의 세 가지는 대사大師[62]의 설법임을 증명하는 것이다. 앞의 세 가지 가운데 첫째는 여시如是(信成就)이고, 둘째는 아문我聞(聞成就)이며, 셋째는 일시一時(時成就)이다. 뒤의 세 가지는 무엇인가. 첫째는 교주敎主(主成就로서 부처님)이고, 둘째는 주처住處(處成就로서 왕사대성의 기사굴산)이며, 셋째는 도중徒衆(衆成就로서 성문·보살·장자·팔부신중 등)이다. 이 셋째의 도중徒衆에도 차례로 네 부류의 무리(衆)가 있다. 곧 첫째는 성문중이고, 둘째는 보살중이며, 셋째는 장자중이고, 넷째는 잡류중이다.[63] 이에 대한 자세한 내용은 일반적인 설명과 같다.

通序之中卽有六事。前三明親承之傳。後三證大師之說。言前三者。一如是。二我聞。三一時。後三是何。一敎主。二住處。三徒衆。徒衆之內序四類衆。一聲聞衆。二菩薩衆。三長者衆。四雜類衆。於中委悉。如常所說。

---

[61] 육사六事 : 육성취六成就라고도 한다. 신성취信成就·문성취聞成就·시성취時成就·주성취主成就·처성취處成就·중성취衆成就를 말한다.
[62] 대사大師 : 여기서는 부처님에 대한 존칭인 대도사大導師의 뜻으로 쓰였다.
[63] 성문중은 부처님으로부터 육성법문을 친히 들은 대중으로서 "왕사대성의 기사굴산에 대비구 일만 명과 함께 계셨다. 그들은 모두 아라한도를 터득하였다. 그들의 이름은 사리불·대목건련·수보리 등 아라한의 무리였다."는 부분이고, 보살중은 "보살마하살 이천 명과 함께 계셨다. 그들의 이름은 해탈보살·심왕보살·무주보살 등의 무리였다."는 부분이며, 장자중은 "장자 팔만 명과 함께 계셨다. 이름은 범행장자·대범행장자·수제장자 등의 무리였다."는 부분이고, 잡류중은 "천룡·야차·건달바·아수라·가루라·긴나라·마후라가·인비인 등 육십만억이 있었다."는 부분에 각각 해당된다.

2. 별서

경 그때 존자께서 대중에 둘러싸여 모든 대중에게 대승경전을 설하였다. 그 경전의 명칭은 일미一味·진실眞實·무상無相·무생無生·결정決定·실제實際·본각本覺·이행利行이었다. 만약 이 경전을 듣고 내지 하나의 사구게만이라도 받아(受) 지닌다(持)면 그 사람은 곧 부처님 지혜의 경지(佛智地)에 들어가서 방편으로 중생을 교화하고 일체중생의 대선지식이 될 것이다.

爾[1]時。尊者大衆[2]圍繞。爲諸大衆說大乘經。名一味。眞實。無相。無生。決定。實際。本覺。利行。若聞是經。乃至。受持一四句偈。是人卽爲入佛智地。能以方便敎化衆生。爲一切生[3]作大知識

1) ㉯ 甲本에는 경에 해당하는 부분에 매번 '經曰'이 나온다. 2) ㉠ '尊者大衆'이 『金剛三昧經註解』, 『金剛三昧經通宗記』에는 '世尊四衆'으로 되어 있다. 3) ㉠ '一切生'이 『大正新修大藏經』에 수록된 『金剛三昧經』을 비롯하여 『金剛三昧經註解』 및 『金剛三昧經通宗記』에는 '一切衆生'으로 되어 있다.

논 이하는 별서이다. 여기에 네 부분이 있다. 첫째는 위의를 드러낸 부분(威儀分)이고, 둘째는 경전을 설하는 부분(說經分)이며, 셋째는 선정에 드는 부분(入定分)이고, 넷째는 중송重頌으로 설법을 드러내는 부분(重頌分)이다.

此[1]下第二別序卽有四分。一威儀分。二說經分。三入定分。四重頌分。

1) ㉯ 甲本에는 논에 해당하는 부분에 매번 '論曰'이 나온다.

1) 위의를 드러내는 부분(威儀分)

첫째, 위의를 드러낸 부분은 경문의 "그때 존자께서 대중에 둘러싸여"에 해당한다.

威儀分者。如經爾時尊者大衆圍繞故。

2) 경전을 설하는 부분(說經分)

둘째, 경전을 설하는 부분은 경문의 "모든 대중에게 대승경전을 설하였다."에 해당한다.

說經分者。如經爲諸大衆說大乘經等故。

이 경문의 형세는 『법화경』의 서분과 비슷하다. 『법화경』에서 "그때 세존께서 사부대중에 둘러싸여 『무량의경』이라는 대승경전을 설하셨다."[64]고 하였다. 저 『법화경론』에서는 『무량의경』이라는 경명을 『법화경』의 다른 제목이라고 판별하였다.[65] 곧 이것에 대하여 천친天親은 정설분正說分 이전의 설명으로 보았기 때문에 서분으로 간주한 것이다.[66]

그러나 지금 이 경문의 형세를 보면, 모두 경전의 서序에 해당하는 말이다. 이에 의거하면 분명히 이것은 별도의 경전이다. 앞서 일미一味 등의 경을 자세히 설하고 나서 잠시 입정入定하였다가 출정出定한 뒤 『금강삼매경』을 설한 것이다. 말하자면 어떤 경전의 종지를 설한 후에 그 경명을 말씀하신 것이다. 따라서 일미·진실·무상·무생·결정·실제·본각·이행의 명칭들은 『금강삼매경』에 앞서 자세히 설하신 경의 제목임을 알아야 한다.[67]

---

64 『妙法蓮華經』 권1(T9, 2b).
65 『妙法蓮華經憂波提舍』 권상(T26, 2c).
66 『妙法蓮華經憂波提舍』의 저자 천친天親은 「方便品」 이전까지를 서품으로 간주하였다. 『妙法蓮華經憂波提舍』 권상(T26, 4b).
67 『金剛三昧經』을 설하기 이전에 일미·진실·무상·무생·결정·실제·본각·이행이라는 명칭의 경전을 설했다는 것이다.

이와 같이 두 경전[68]은 대의는 비록 같을지라도 경문의 모습은 다르다. 전자는 자세하게 설한 법문으로 당시에 이익을 준 것이고, 후자는 간략하게 요약한 법문으로 말법세상末法世上에 이익을 주려는 것이다. 따라서 앞에서 자세히 설하신 것이 경을 요약해 다시 설하게 된 연유가 된다.

이 경전을 설하는 부분(經說分)의 경문도 두 가지 형태로 구분된다. 먼저 경전의 명칭을 서술하고, 나중에 경전의 공덕을 찬탄한다. "만약 이 경전을 듣고 내지……"[69]가 경전의 공덕을 찬탄하는 부분이다.

此經文勢似法華序。如彼文言爾時世尊四衆圍繞說大乘經名無量義。如彼論中判此經名。卽爲法華經之異目。彼意以爲在前說故名爲序分。今看此經文勢皆是經家序辭。以是准之應是別經。在前廣說。說已入定。從定起已。方說金剛三昧經也。說經宗後乃說經名。當知一味眞實等名。是前所說廣經之目。如是二經大意雖同。文相卽異。前所說者廣說法門爲益當時。後所說者略攝法門爲利末世。是故在前廣說。以爲略經緣由。此說經分文相有二。先序經名。後歎經德。若聞已下是第二分。

3) 선정에 드는 부분(入定分)

경 부처님께서는 이 경전을 설하시고 나서 결가부좌하여 곧 금강삼매에 들어가니 몸과 마음이 부동하였다.

佛說此經已。結跏趺坐。卽入金剛三昧。身心不動。

---

68 두 경전 : 일미 · 진실 · 무상 · 무생 · 결정 · 실제 · 본각 · 이행 등의 경과 『金剛三昧經』을 가리킨다.
69 이에 해당하는 부분은 다음과 같다. "만약 이 경전을 듣고 내지 하나의 사구게만이라도 받아 지닌다면 그 사람은 곧 부처님 지혜의 경지에 들어가 방편으로 일체중생을 교화하고 일체중생의 대선지식이 될 것이다."

논 이 부분은 셋째, 선정에 드는 부분이다. 경전을 설하기 전에 먼저 반드시 입정하는 것은 오직 적정자寂靜者만이 법을 깨치고 법을 설할 수 있음을 드러내기 위해서이다. 또한 성현의 침묵과 성현의 설법은 수시로 작용하여 서로 무관하지 않음을 드러내기 위해서이다.

是第三入定分。所以欲說經前先須入定者。爲顯唯寂靜者。於法能覺能說故。又復爲顯賢聖默然。賢聖說法。隨時而用。不相離故。

4) 중송重頌으로 설법을 드러내는 부분(重頌分)

이 부분은 넷째인 중송으로 설법을 드러내는 부분이다. 이전에 설한 일미·진실·무상·무생·결정·실제·본각·이행 등의 경이 나중에 설하는 『금강삼매경』의 대의와 다르지 않음을 드러내기 위하여 게송으로 이전에 자세하게 설한 경전을 요약한 부분이다. 이로써 간략하게 설하는 경[70]을 이끌어 내기 때문이다.

중송의 경문에는 두 부분이 있다. 첫째는 중송의 발기에 대한 설명이고, 둘째는 중송의 내용이다.

是第四重頌分。爲顯前說一味之經與後所說大意不殊。故以略偈頌前廣經。因此發起後略說經故。文卽有二。先序後頌。

(1) 중송의 발기에 대하여 설명함

경 그때 대중 가운데 이름이 아가타라는 한 비구가 있었다. 그는 자리

---

70 간략하게 설하는 경 : 『金剛三昧經』을 가리킨다.

에서 일어나 합장하고 한쪽 무릎을 꿇은 자세[71]로 경전의 뜻을 펴려고 게송을 설하여 말씀드렸다.

> 爾時。衆中有一比丘。名阿伽陀。從座而起。合掌胡跪。欲宣此義。而說偈言。

논 이는 경문의 서序로서 뒤의 중송을 이끌어 내는 것이다.
"아가타"는 번역하면 없앤다(無去) 혹은 소멸시킨다(滅去)는 말인데, 약藥의 명칭이다. 모든 병을 다 없애 주기 때문에 무거無去라고 한다. 아가타보살 역시 중생의 모든 번뇌와 병을 치료하기 때문에 약의 이름으로 그 명칭을 삼았다.

> 是經家序以發後頌。阿伽陀者此云無去。或言滅去。此是藥名。能令諸病皆悉滅盡故名無去。此菩薩亦如是。能治衆生諸煩惱病故。以藥名爲其目也。

(2) 중송의 내용

여덟 게송은 두 부분으로 나뉜다. 앞의 일곱 게송은 설하신 경에 대해 읊은 것이고, 마지막 한 게송은 삼매에 들어가신 것에 대해 읊은 것이다.

> 八行頌中卽有二分。前七頌頌說經。後一頌頌入定。

① 설한 경에 대하여 읊음

일곱 게송은 또 둘로 나뉜다. 앞의 세 게송은 총론적으로 설명하는 것

---

71 합장하고 한쪽 무릎을 꿇은 자세 : 이에 해당하는 원문은 '合掌胡跪'로서 합장을 하고 오른쪽 무릎만 땅에 대고 허리를 펴서 공경을 표하는 행위이다.

이고, 뒤의 네 게송은 개별적으로 표현한 것이다.

初中亦二。三頌摠明。四頌別顯。

가. 총론적으로 설명함

경

대자대비를 만족한 세존께서는
지혜에도 통달하여 걸림이 없네
널리 중생을 제도하려는 까닭에
일실제의 도리를 설해 주셨다네

모든 도리는 오로지 일미일 뿐으로
끝끝내 소승의 도리가 아니라네
말씀하신 평등과 일미의 도리는
모두 다 진실 아닌 것이 없다네

일체제불이 터득한 지혜 경계인
궁극의 제일 실제에 들어갔으니
그 법을 듣는 자 모두 출세하고
해탈 얻지 못한 자 아무도 없네[72]

---

72 『金剛三昧經註解』 권1(X35, 221a)에서는 "아가타 비구가 설한 여덟 게송에는 두 부분이 있는데, 위의 세 게송은 대중을 상대하여 칭양한 것이고, 이하의 다섯 게송은 대중을 상대하여 널리 질문할 것을 권장한 것이다."라고 해석하고, 『金剛三昧經通宗記』 권1(X35, 265a~b)에서는 이상 세 게송에 대하여 대승을 칭송한 것이라고 해석하였다. 이하 다섯 게송에 대해서는 대중을 상대하여 널리 질문한 것, 부처님의 가르침을 청하는 것, 설법으로 이익을 베풀어 주는 것을 설명한 것이라고 해석하였다.

大慈滿足尊。智慧通無碍。廣度衆生故。說於一諦義。皆以一味道。終不以
小乘。所說義味處。皆悉離不實。入諸佛¹⁾智地。決定眞實際。聞者皆出世。
無有不解脫。

1) ㉠ '諸佛'이 『大正新修大藏經』에 수록된 『金剛三昧經』에는 '佛諸'로 되어 있다.

논 총론적으로 설명한 세 게송에 네 가지 뜻이 있다.

摠明三頌卽有四意。

가) 능설能說의 덕을 찬탄함

첫째, "대자대비를 만족한 세존께서는 지혜에도 통달하여 걸림이 없네."
라는 두 구는 능설能說의 덕을 찬탄하였다.

一者二句歎能說德。

나) 능전能詮의 교를 찬탄함

둘째, "널리 중생을 제도하려는 까닭에 일실제의 도리를 설해 주셨다
네. 모든 도리는 오로지 일미일 뿐으로 끝끝내 소승의 도리가 아니라네."
라는 게송은 능전能詮의 교를 찬탄하였다.

二者一頌歎能詮敎。

다) 소전所詮의 뜻을 찬탄함

셋째, "말씀하신 평등과 일미의 도리는 모두 다 진실 아닌 것이 없다네. 일체제불이 터득한 지혜 경계인 궁극의 제일 실제에 들어갔으니"라는 게송은 소전所詮의 뜻을 찬탄하였다.

三者一頌歎所詮義。

라) 설교에 탁월한 이익이 있음을 찬탄함

넷째, "그 법을 듣는 자 모두 출세하고 해탈 얻지 못한 자 아무도 없네."의 두 구는 설교에 탁월한 이익이 있음을 찬탄하였다.

四者二句歎敎勝利。

둘째에서 말한 "일실제의 도리"란 일심이다. 일심법에 두 종류의 문이 있다. 두 가지 문이 의거하는 것은 오직 하나의 진실일 뿐이므로 일실제라고 한다. "일미의 도리"도 오직 일승일 뿐이다. 그 밖의 내용은 알 수 있을 것이다.

第二中言一諦義者。所謂一心依一心法有二種門。二門所依唯是一實故名一諦。一味道者唯一乘故。餘文可知。

나. 개별적으로 드러냄

이하의 네 게송은 개별적으로 문답을 찬탄한 것이다.

此下四頌別歎問答。

가) 질문이 넓고 깊음을 찬탄함

경

한량이 없는 모든 보살마하살도
그처럼 모두 중생을 제도하려고
중생 위해 넓고 심오한 질문 하여
제법의 적멸한 모습을 알려 주어
궁극적인 도리에 들도록 하였네

無量諸菩薩。皆悉度衆生。爲衆廣深問。知法寂滅相。入於決定處。

논 이 다섯 구는 넓고 깊은 질문으로 적멸을 알려 주어 실제에 들도록 한 것을 찬탄하였다.

此五句者。歎問廣深。令知寂滅入實際故。

나) 부처님 답변에 탁월한 이익이 있음을 찬탄함

경

여래가 사용하는 지혜와 방편은
마땅히 실제에 드는 설법이라네
그러므로 모두 일승법만 수순하여
그 밖의 뒤섞인 맛 전혀 없다네

같은 구름에서 뿌리는 비이건만
갖가지 초목이 제각각 무성하네

모든 성품마다 제각기 다르지만
일미의 법으로 똑같이 적셔 주어
빠짐없이 일체를 덮어 주는 것이
마찬가지로 똑같은 비 맞았건만
죄다 보리의 새싹을 길러 준다네

如來智方便。當爲入實說。隨順皆一乘。無有諸雜味。猶如一雨潤。衆草皆悉榮。隨其性各異。一味之法潤。普充於一切。如彼一雨潤。皆長菩提芽。

논 이 부분은 두 번째로 부처님 답변에 탁월한 이익이 있음을 찬탄하였다. 여기에 세 부분이 있다. 첫째는 법法이고, 둘째는 비유(喩)이며, 셋째는 합合이다.

순서대로 말하면 "여래가 사용하는 지혜와 방편은 마땅히 실제에 드는 설법이라네. 그러므로 모두 일승법만 수순하여 그 밖의 뒤섞인 맛 전혀 없다네."의 네 구는 법이고, "같은 구름에서 뿌리는 비이건만 갖가지 초목이 제각각 무성하네."의 두 구는 비유이고, "모든 성품마다 제각기 다르지만 일미의 법으로 똑같이 적셔 주어 빠짐없이 일체를 덮어 주는 것이 마찬가지로 똑같은 비 맞았건만 죄다 보리의 새싹을 길러 준다네."의 다섯 구는 합임을 알아야 할 것이다.

是第二歎佛答勝利。於中有三。謂法喩合。如其次第。四句二句五句應知。

② 삼매에 들어감을 읊음

경
금강과 같은 일미법에 들어가서

법을 깨치니 진실한 삼매였다네
의심과 미련을 영원히 단절하여
일법의 도장을 완전히 성취했네

入於金剛昧.¹⁾ 證法眞實定。決定斷疑悔。一法之印成。

1) ⓔ '昧'는 『金剛三昧經註解』, 『金剛三昧經通宗記』에는 '味'로 되어 있다.

【논】 이는 둘째[73] 삼매에 들어가신 것에 대해 읊은 것이다.

此第二頌入定。

가. 앞에서 선정에 듦을 그대로 읊음

앞의 두 구 "금강과 같은 일미법에 들어가서 법을 깨치니 진실한 삼매였다네."는 앞서 선정에 들어가신 것을 곧장 읊은 것이다.

上半正頌在前入定。

나. 이후에 시작될 설법을 미리 읊음

뒤의 두 구 "의심과 미련을 영원히 단절하여 일법의 도장을 완전히 성취했네."는 이후에 시작될 설법에 대해 미리 읊은 것이다.[74] 이후에 설해

---

[73] 둘째 : 여덟 게송 가운데 앞의 일곱 게송은 설하신 경에 대해 읊은 게송이고, 나머지 한 게송은 삼매에 들어간 것에 대해 읊은 게송인데, 이 가운데 후자를 가리킨다.
[74] 앞의 두 구는 일미법을 통하여 선정에 들어간 것으로 일반적인 방식임에 반하여 뒤의 두 구는 선정에 들어간 후에 일미법을 성취한 것으로 앞의 일반적인 방식과 다름을 가리킨다.

질 가르침에는 두 가지의 탁월한 효능이 있다.

下半逆頌後起說法。後所說敎有二勝能。

가) 영원히 의심과 미련을 단절함

첫째는 금강이 무엇이든지 파괴하듯이 영원히 의심과 미련을 단절한다.

一決斷疑悔。如金剛能破。

나) 일승의 도장을 성취함

둘째는 무엇에도 파괴되지 않는 금강과 같은 일승의 도장을 성취한다.

二印成一乘。如金剛不壞。

뒤의 두 구는 능파能破와 불괴不壞라는 금강의 두 가지 뜻을 드러낸 것이다.
이상으로 경문의 서분에 대한 논의를 마친다.

下半二句顯此二義。序分文竟。

제2장 정설분

정설분의 경문은 크게 두 부분으로 나뉜다. 앞의 여섯 품은 개별적으로 관행觀行을 드러낸 부분이고, 마지막 「총지품」은 총체적으로 모든 의심을 제거한 부분이다.

正說之中。大分爲二。謂前六品別顯觀行。摠持一品摠遣疑情。

1. 개별적으로 관행을 드러냄

개별적으로 드러낸 부분에 다음과 같이 여섯 개의 품이 있다.
첫째는 「무상법품無相法品」으로 분별상이 없는 관찰을 설명한 것이다.
둘째는 「무생행품無生行品」으로 무생無生과 무생을 터득하는 행行을 드러낸 것이다.
셋째는 「본각리품本覺利品」으로 본각에 의하여 중생을 이롭게 하는 것이다.
넷째는 「입실제품入實際品」으로 허상으로부터 실제에 들어가는 것이다.
다섯째는 「진성공품眞性空品」으로 일체행이 진성과 진공에서 나왔음을 변별한 것이다.
여섯째는 「여래장품如來藏品」으로 무량한 법문이 여래장에 들어 있음을 드러낸 것이다.

別顯之中卽爲六分。一無相法品明無相觀。二無生行品顯無生行。三本覺利品依本利物。四入實際品從虛入實。五眞性空品辨一切行出眞性空。六如來藏品顯無量門入如來藏。

이와 같은 여섯 품은 관행을 두루 다 갖춘 것이다. 왜냐하면 무릇 망상이 무시이래로 유전流轉하는 것은 단지 형상에 집착하여 분별하는 번뇌 때문이다. 이제 유전을 거슬러 근원으로 돌아가려면 먼저 모든 분별상을 없애야만 한다. 그러므로 첫째로 분별상이 없는 법을 관찰할 것을 설명하였다.

비록 모든 분별상을 없앴다 하더라도 만약 관찰하는 마음이 남아 있으면 그 관찰하는 마음이 발생하기 때문에 오히려 본각을 모르게 된다. 따라서 관찰하는 마음이 발생하는 것도 없앤다. 이런 까닭에 둘째로 무생과 그 행을 드러내었다.

그 행이 무생이어야 바야흐로 본각을 알게 된다. 본각에 의하여 중생을 교화하여 본각의 이익을 터득하게 하려고 셋째로 본각리문을 밝혔다.

만약 본각에 의하여 중생을 이롭게 하면 중생이 곧 허상으로부터 실제에 들어가는 까닭에 넷째로 입실제에 대하여 밝혔다.

내행內行에는 곧 무상법과 무생행이 해당하고, 외화外化에는 곧 본각리와 입실제가 해당한다. 이처럼 내행과 외화의 두 가지 수행의 방식(二利)으로 만행을 갖추는 것은 동일하게 진성에서 나오고 모두 진공에 따른 것이다. 이런 까닭에 다섯째로 진성과 진공을 밝혔다.

이처럼 진성에 의하여 그 만행이 갖추어져야 여래장 곧 일미의 근원에 들어가는 까닭에 여섯째로 여래장을 드러내었다.

마음의 근원에 돌아가면 무소위無所爲의 경지가 되고, 무소위의 경지이기 때문에 하지 못할 것이 없게 된다. 그러므로 여섯 가지 품을 설하여 대승을 섭수하였다.

如是六門觀行周盡。所以然者。凡諸妄想無始流轉。只由取相分別之患。今欲反流歸源。先須破遣諸相。所以初明觀無相法。雖遣諸相。若存觀心。觀心猶生不會本覺。故泯生心。所以第二顯無生行。行既無生方會本覺。依此化物令得本利。故第三明本覺利門。若依本覺以利衆生。衆生卽能從虛入實。所以第四明入實際。內行卽無相無生。外化卽本利入實。如是二利以具萬行。同出眞性。皆順眞空。是故第五明眞性空。依此眞性萬行斯備。入如來藏一味之源。所以第六顯如來藏。旣歸心源卽無所爲。無所爲故無所不爲。故說六門以攝大乘。

또한 이 여섯 품에는 그 밖의 뜻도 들어 있다.

첫째의「무상법품」은 관찰되는 법(所觀法)을 보인 것이다. 이 법은 일심으로서 여래장의 본체이다.

둘째의「무생행품」은 관찰하는 주체의 행(能觀行)을 밝힌 것이다. 이 무생행은 분별없이 관찰하는 여섯 가지 수행(六行)[75]이다.

셋째의「본각리품」은 일심의 생멸문生滅門을 드러낸 것이다.

넷째의「입실제품」은 일심의 진여문眞如門을 드러낸 것이다.

다섯째의「진성공품」은 진眞과 속俗을 모두 없앴으면서도 진제眞諦와 속제俗諦를 버리지도 않은 것이다.

여섯째의「여래장품」은 모든 품을 두루 거두어 그것이 일미임을 보인 것이다. 이처럼 이중구조의 여섯 품으로 대승의 뜻을 남김없이 섭수하였다.

又此六品亦有異意。謂初品示所觀之法。法謂一心如來藏體。第二品明能觀之行。行謂六行無分別觀。第三本覺利品顯一心中之生滅門。第四入實際品顯一心中之眞如門。第五眞性空品雙遣眞俗不壞二諦。第六如來藏品遍收諸門同示一味。以此二重六門攝大乘義周盡。

---

[75] 여섯 가지 수행(六行) : 십신행·십주행·십행행·십회향행·십지행·등각지행의 여섯 가지 수행을 가리킨다.

또한 이 여섯 품을 합하면 삼문이 된다.「무상법품」과「무생행품」은 관행의 처음과 끝을 섭수한 것이고,「본각리품」과「입실제품」은 교화의 근본과 지말이며,「진성공품」과「여래장품」은 인因을 섭수하여 과果를 성취하는 것이다.

또한「무상법품」과「무생행품」은 형상을 없애고 본각으로 돌아가는 것이고,「본각리품」과「입실제품」은 본각으로부터 행을 일으키는 것이며,「진성공품」과「여래장품」은 본각으로 돌아가는 것과 본각으로부터 일으키는 것을 싸잡아 드러낸 것이다. 이처럼 이중구조의 삼문으로 대승을 남김없이 섭수하였다.

> 又此六品合爲三門。前二品攝觀行始終。次二品者敎化本末。其後二門攝因成果。又前二品遣相歸本。中間二品從本起行。後二品者雙顯歸起。以此二三攝大乘盡。

또한 이 여섯 품은 단지 이문二門일 뿐이다.

첫째의 이문이란 분별상(相)과 분단생(生)을 모두 없애는 것[76]은 곧 본각리문이고, 입실제와 진성공은 곧 여래장문이다.

둘째의 이문이란 분별상과 분단생을 모두 없애는 본각리문은 허망을 없애는 것으로 인을 드러낸 문이고, 입실제와 진성공의 여래장문은 진여를 드러내어 과를 성취하는 문이다. 이처럼 두 가지의 이문도 역시 대승을 남김없이 섭수하였다.

또한 이 여섯 가지 품은 오직 일미일 뿐이다. 왜냐하면 분별상(相)과 분단생(生)에는 성품(性)이 없고, 본각에는 근본(本)이 없으며, 실제에는 끝(際)이 없고, 진성도 역시 공인데 무엇을 말미암아 여래장의 성품이 있겠는가. 그래서「여래장품」에서는 "여래장식은 항상 적멸하다. 적멸 또한 적

---

76 「無相法品」과「無生行品」을 가리킨다.

멸하다."고 말하고, 「총지품」에서는 "제7식과 제5식은 불생이고, 제8식과 제6식은 적멸하며, 구상九相(제9식을 가리킴)은 공무空無이다."라고 말한다.

이처럼 무소득無所得의 일미야말로 바로 『금강삼매경』의 종지(宗)이고 요지(要)이다. 무릇 무소득이기 때문에 터득하지 못할 것도 없다. 그래서 제문諸門(『금강삼매경』의 정설분에 속하는 여섯 품)으로 전개하지 못할 것도 없으므로 한량이 없는 뜻(無量義)의 종지를 일으킨 것이다. 비록 일미이지만 여섯 문으로 전개하기 때문에 여섯 부분에 의거하여 경문을 나누어 해석하였다.

又此六品只是二門。相生都泯是本覺利。實際眞空。是如來藏。又前門者遣妄顯因。其後門者顯眞成果。如是二二之門亦攝大乘周盡。又此六品唯是一味。所以然者。相生無性。本覺無本。實際離際。眞性亦空。何由得有如來藏性。如下如來藏品中言。是識常寂滅。寂滅亦寂滅。摠持品言。七五不生。八六寂滅。九相空無。如是無所得之一味正爲此經之宗之要。但以無所得。故無所不得。所以諸門無所不開故作無量義之宗也。雖是一味而開六門故。依六分科文而釋。

1) 「무상법품無相法品」

無相法品第二.[1]

1) ㉯ '無相法品第二'가 甲本에는 없다.

먼저 품명을 해석한다. 무상無相이란 무상관無相觀[77]이니, 모든 형상을 타파하기 때문이다. 다음으로 법法이란 관찰되는 법(所觀法)이니, 일심법

---

77 무상관無相觀 : 무분별상관無分別相觀이라고도 한다. 분별상이 없는 관찰로서 평등관平等觀에 통한다.

이다. 무상관이란 앞서 언급한 여섯 부분 중 제1분의 뜻이고, 소관법이란 뒤에 언급한 여섯 문 중 제1문의 법이다.[78] 이제 이 「무상법품」에서는 무상과 법의 두 가지 뜻을 드러냈기 때문에 「무상법품」이라 말하였다.

「무상법품」의 경문을 분과하면 세 부분으로 나뉜다. 첫째는 삼매로부터 나오는 부분(出定分)이고, 둘째는 설법을 시작하는 부분(起說分)이며, 셋째는 법문을 들은 청중이 이익을 얻는 부분(得益分)이다.

첫째의 출정분出定分과 셋째의 득익분得益分은 경문(經家)의 서序에 해당하고, 둘째의 기설분起說分은 본격적인 부처님의 말씀이다.

先釋品名。言無相者。謂無相觀。破諸相故。次言法者。謂所觀法。一心法故。無相觀者。先六分中第一分義。所觀法者。後六門內第一門法。今此初品顯是二義。以之故言無相法品。此一品文科分爲三分。初出定分。次起說分。後得益分。初後二分是經家序。其第二分正是佛言。

(1) 출정분出定分

경 그때 존자께서 삼매에서 일어나 다음과 같이 말씀하셨다.

爾時。尊者。[1] 從三昧起。而說是言。

1) ㉲ 어떤 판본에는 '尊者'가 '世尊'으로 되어 있다. ㉞ '尊者'는 『大正新修大藏經』의 『金剛三昧經』, 『金剛三昧經註解』, 『金剛三昧經通宗記』에는 '世尊'으로 되어 있다.

---

[78] 앞서 언급한 여섯 부분이란, 첫째 「無相法品」의 무상, 둘째 「無生行品」의 무생, 셋째 「本覺利品」의 본각, 넷째 「入實際品」의 실제, 다섯째 「眞性空品」의 진성, 여섯째 「如來藏品」의 여래장을 가리킨다. 그리고 뒤에 언급한 여섯 문은 첫째 「無相法品」의 법, 둘째 「無生行品」의 행, 셋째 「本覺利品」의 이, 넷째 「入實際品」의 입, 다섯째 「眞性空品」의 공, 여섯째 「如來藏品」의 여래장을 가리킨다.

🔷 출정분에서는 세 가지 종류의 성취를 드러낸다.

初分中顯三種成就。

① 설법의 시성취

첫째는 설법의 시성취로서 경문의 "그때"에 해당한다.

一說法時成就。如經爾時故。

② 설법의 주성취

둘째는 설법의 주성취로서 경문의 "존자께서"에 해당한다. 다섯 가지 신통을 구비하고 세간의 존중을 받으며 심심한 법을 진여의 뜻대로 설하기 때문에 세존이라 칭한다.

二說法主成就。如經尊者故。具五通達爲世所尊。於甚深法如義說故。

③ 자재성취

셋째는 자재성취로서 경문의 "삼매에서 일어나 다음과 같이 말씀하셨다."에 해당한다. 그것은 곧 여래가 삼매에 들어가면(入定) 누구도 깨울 수가 없고, 삼매에 머물러 있음(住定)과 삼매에서 나옴(出定)에 자재하기 때문이다.

三自在成就。如經從三昧起說是言故。如來入定無能驚寤。於定住出得自在故。

(2) 기설분起說分

경 "제불의 지혜의 경지는 진실한 법의 상에 들어간 것으로 결정성이기 때문이다."[79]

諸佛智地。入實法相。決定性故。

논 이하는 둘째 본격적으로 법을 말씀하신 것이다. 여기에 두 가지가 있다. 첫째는 산문(長行)이고, 둘째는 중송重頌이다.

此下第二正發言說。此中有二。一者長行。二者重頌。

① 산문(長行)

산문에도 두 가지가 있다. 첫째는 간략하게 설명한 부분(略標分)이고, 둘째는 자세하게 설명한 부분(廣說分)이다.

初長行中。亦有二分。一略標分。二廣說分。

가. 간략하게 설명한 부분(略標分)

---

[79] "제불의 지혜의 경지는 실제의 법과 실제의 상에 들어간 것으로 결정성이다."라는 경문에 대하여 『金剛三昧經註解』에서는 "제불의 자각성지自覺聖智의 경계로서 오직 부처와 부처끼리만 철저하게 깨친 것이지 다른 사람이 엿볼 수가 없으니, 곧 진실지혜이다."라고 말한다.

간략하게 설명한 부분에서는 두 가지 뜻을 보였다. 첫째는 무상관無相
觀을 보였고, 둘째는 소관법所觀法을 보였다.

略標分中。標二種義。初標無相觀。後標所觀法。

가) 무상관

무상관에도 두 구가 있다. 첫째는 여래께서 자신이 무상관에 들어가는
것을 보였고, 둘째는 다른 사람들을 무상관에 들어가게 한 것을 보였다.

無相觀中。有其二句。先標如來自入無相觀。後標令他入無相觀。

(가) 여래가 무상관에 들어감

부처님 자신이 무상관에 들어가는 모습은 경문의 "제불의 지혜의 경지
는 진실한 법의 상에 들어간 것으로 결정성이기 때문이다."에 해당한다.
 '제불의 지혜의 경지'라고 한 것은 곧 이전에 들어갔던 금강삼매와 상
응하는 지혜가 일체의 공덕법을 주지住持하기 때문이다.
 '진실한 법의 상에 들어간다.'라고 한 것은, 이 제불의 지혜가 일체의 상
을 타파하고 제법의 실상에 통달하기 때문이다.
 '결정성'이라 한 것은, 제법의 실상은 부처님이 만든 것이 아니라는 것
으로 부처님이 계시든 부처님이 계시지 않든 성품이 본래부터 그렇기 때
문이다.
 이어서 말한 '때문이다.'는 결정성으로써 상구上句를 해석했다는 것이
다. 만약 결정적인 것이 아니라면 곧 실상이 아니기 때문이다. 또한 상구
上句를 이어받아서 하구下句를 이루는 것이니, 여래가 스스로 제법의 실상

에 들어갔기 때문에 다른 사람들로 하여금 분별상이 없는(無相) 이익을 터득할 수 있게 하는 것이다.

言自入者。如經諸佛智地入實法相決定性故。諸佛智地者。謂如前所入金剛三昧相應之智。住持一切功德法故。入實法相者。謂此佛智破一切相通達諸法之實相故。決定性者。是實法相。非佛所作。有佛無佛性自爾故。次言故者。以決定性釋成上句。若不決定卽非實相故。又攝上句而成下句。如來自入實法相故。故能令他得無相利也。

(나) 다른 사람을 무상관에 들어가게 함

경 방편과 신통은 모두 분별상이 없는 이익이다.

方便神通。皆無相利。

논 이는 둘째 구절로, 다른 사람들을 무상관에 들어가게 한 것이다. "방편"은 팔상八相[80]의 방편이다. 말하자면 도솔천에서 내려온 것으로

---

80 팔상八相 : 불보살이 이 세상에 출현하여 중생을 제도하려고 일생 동안에 나타내 보이는 여덟 가지 모습을 가리킨다. 여래의 팔상은 몇 가지 설명이 있다. 첫째는 강도솔상降兜率相·탁태상託胎相·출생상出生相·출가상出家相·항마상降魔相·성도상成道相·전법륜상轉法輪相·입열반상入涅槃相이다. 둘째는 강도솔상降兜率相·입태상入胎相·주태상住胎相·출태상出胎相·출가상出家相·성도상成道相·전법륜상轉法輪相·입열반상入涅槃相이다. 셋째는 수태상受胎相·강생상降生相·처궁상處宮相·출가상出家相·성불상成佛相·항마상降魔相·설법상說法相·열반상涅槃相이다. 넷째는 재천상在天相·처태상處胎相·초생상初生相·출가상出家相·좌도량상坐道場相·성도상成道相·전법륜상轉法輪相·입열반상入涅槃相이다. 다섯째는 생천상生天相·처도솔천상處兜率天相·하천탁태상下天託胎相·출태상出胎相·출가상出家相·항마상降魔相·전법륜상轉法輪相·입열반상入涅槃相이다. 여섯째는 주태상住胎相·영해상嬰孩相·애욕상愛欲相·요고행상樂苦行相·항마상降魔相·성도상成道相·전법륜상轉法輪相·입멸상入滅相이다.

부터 내지 열반에 든 것을 가리킨다.

"신통"은 여섯 가지 신통이다. 말하자면 삼륜三輪[81]으로 중생을 교화하기 때문이다.

"모두 분별상이 없는 이익"이란 이처럼 팔상의 방편과 여섯 가지 신통은 모두 여래 자신이 실상에 들어간 것으로부터 일어나 다른 사람들로 하여금 분별상이 없는 이익을 터득하도록 하기 때문이다.

이로써 위에서 말한 무상관을 보인다는 것에 대하여 마친다.

此第二句令他得入。言方便者八相方便。謂從兜率天退乃至入涅槃故。神通者六神通。即爲三輪化衆生故。皆無相利者。如是八六方便神通皆從自入實相而起。能令他得無相利故。標無相觀竟在於前。

나) 소관법

경 일각一覺과 요의了義는 이해하기 어렵고 들어가기 어렵다. 그러므로 이승의 지견으로 들어갈 바가 아니다. 오직 불·보살만이 그 경계를 알아

一覺了義。難解難入。非諸二乘之所知見。唯佛菩薩乃能知之。

논 이하는 간략하게 설명한 부분 가운데서 둘째로 소관법을 보인 부분이다. 여기에도 또 두 구절이 있다. 첫째는 소관법이 심오함을 보이고, 둘째는 다른 사람에게 그 심오한 법을 설한다.

此下第二標所觀法。亦有二句。一者直標所觀法深。二者爲他說是深法。

---

81 삼륜三輪 : 삼륜청정三輪淸淨으로, 보시하는 자·보시물·보시를 받는 자에 모두 집착이 없는 것을 가리킨다.

(가) 소관법이 심오함을 보임

"일각과 요의"는 일심과 본각과 여래장의 뜻으로서, 결코 이것을 능가하는 다른 심오한 법은 없기 때문이다.

"이해하기 어렵다."는 것은 뜻이 너무 심오하여 모든 이승이 지견知見할 수 있는 것이 아니기 때문이다.

"들어가기 어렵다."는 것은 체體가 깊고 깊어 오직 불·보살만이 들어갈 수 있기 때문이다. 이것은 후구後句로써 전구前句를 해석한 것이니, 처음 부분에서 드러낸 "제불의 지혜로 들어간 진실한 법의 상"이 곧 일심과 본각과 여래장법임을 밝히려는 것이다. 이는 『능가경』에서 "적멸이란 일심을 가리키고, 일심이란 여래장을 가리킨다."[82]고 한 것과 같다. 지금 이 경문에서 말한 "진실한 법의 상"은 적멸의 뜻이고, 일각과 요의는 일심과 여래장의 뜻이다. 『법화론』에서는 "제불여래는 저 법이 구경이고 실상임을 안다. 실상이란 여래장과 법신의 체가 불변의 뜻임을 말한다."[83]고 하였다. 지금 이 경문에서 말한 "일각"은 일체의 제법은 오직 일심일 뿐이고, 일체의 중생은 곧 일심의 본각(一本覺)이라는 뜻이다. 이로 말미암아 일각一覺이라 말한 것이다.

이하의 해당 부분에서 다시 자세하게 분별한다.

一覺了義者。一心本覺如來藏義。過是永無餘深法故。難解者義甚深非諸二乘所知見故。難入者。體甚深唯佛菩薩乃能入故。卽以後句而釋前句。欲明初門所標。佛智所入實法相者。直是一心本覺如來藏法。如楞伽經言。寂滅者名爲一心。一心者名如來藏。今此文言實法相者是寂滅義。一覺了義者卽是一心如來藏義。法華論云。諸佛如來能知彼法究竟實相。言實相者。

---

82 『入楞伽經』 권1(T16, 519a).
83 『妙法蓮華經憂波提舍』 권하(T26, 6a).

謂如來藏法身之體不變義故。今此經言一覺者。一切諸法唯是一心。一切
衆生是一本覺。由是義故名爲一覺。至下演中當更分別。

(나) 다른 사람에게 소관법이 심오함을 설함

경 제도할 수 있는 중생에게는 모두 일미법을 설하였다."

可度衆生。皆說一味。

논 이 대목은 중생을 위하여 모두 깊은 법을 설했음을 설명한 것이다.
"제도할 수 있는 중생"이라는 것은 여래께서 교화하는 일체중생은 일
심의 유전流轉이 아님이 없기 때문이다.
"모두 일미법을 설하였다."는 것은 여래께서 설한 일체교법은 일심과
본각과 일미에 들어가도록 함을 가리킨다. 곧 일체중생은 본래 일심과 본
각이건만, 단지 무명으로 말미암아 환상을 따라 유전할 뿐이므로 모두 여
래의 일미의 설법을 좇아 마침내 모두 일심의 근원으로 돌아가지 않음이
없음을 설명하려는 것이다. 일심의 근원으로 돌아가는 경우에 무소득이
기 때문에 일미라고 하니, 이는 바로 일승一乘이다.
이로써 위에서 말한 첫째의 간략하게 설명한 부분의 경문을 마친다.

此明爲他皆說深法。可度衆生者。如來所化一切衆生。莫非一心之流轉故。
皆說一味者。如來所說一切敎法無不令入一覺味故。欲明一切衆生本來一
覺。但由無明隨夢流轉。皆從如來一味之說無不終歸一心之源。歸心源時
皆無所得。故言一味。卽是一乘。初略標文竟在於前。

나. 자세하게 설명한 부분(廣說分)

경 그때 해탈보살이 자리에서 일어나서 합장하고 한쪽 무릎을 꿇은 자세로 부처님께 사뢰어 여쭈었다.

爾時。解脫菩薩。卽從座起。合掌胡跪。而白佛言。

논 이하는 산문 가운데 둘째로 자세하게 설명하는 것이다. 여기에 두 가지가 있다. 첫째는 설법을 청하는 것이고, 둘째는 설법하는 것이다.

此下第二廣說。於中有二。先請後說。

가) 설법을 청함

설법을 청하는 것에도 두 가지가 있다. 첫째는 청하는 사람의 위의를 서술하고, 둘째는 청하는 말을 밝힌다.

請中有二。先序人儀。後明發言。

(가) 설법을 청하는 사람의 위의

위의를 서술함에도 두 부분이 있다.

序有二句。

㉮ 때에 의거하여 사람을 나타냄

첫째는 청하는 때에 의거하여 청하는 사람을 나타낸다.

"해탈보살"은 모든 중생으로 하여금 똑같이 해탈하도록 하려는 까닭에 질문자에 의탁하여 설해질 법을 내보인 것이다.

一依時表人。解脫菩薩者。令諸衆生同一解脫故。寄能問人表所說法故。

㉯ 예의를 서술함

둘째는 예의를 서술한다.
경문에서 "자리에서 일어나서 합장하고 한쪽 무릎을 꿇은 자세로 부처님께 사뢰어 여쭈었다."는 것이 이에 해당한다.

二序禮儀。如經卽從座起等故。

(나) 설법을 청하는 말

이하는 둘째로 설법을 청하는 말이다. 여기에 두 가지가 있다. 첫째는 설법이 해당되는 시절을 들고, 둘째는 해당하는 시절의 중생에게 설법해 주길 청한다.

此下第二發言而請。於中有二。先擧所爲時節。後請爲彼宣說。

㉮ 설법이 해당되는 시절

경 "존자이시여, 만약 부처님께서 입멸하신다면 이후에는 정법이 세상에서 사라질 것이고 상법이 세상에 머무를 것이며, 말법시대가 되면 오탁악세[84]의 중생이 갖가지 악업으로 삼계에 윤회하여 벗어날 기약이 없을 것입니다.

尊者。若佛滅後。正法去世。像法住世。於末劫中。五濁衆生。多諸惡業。輪迴三界。無有出時。

논 먼저 "상법이 세상에 머무를 것이며, 말법시대가 되면 오탁악세의 중생이 갖가지 악업으로 삼계에 윤회하여 벗어날 기약이 없을 것입니다."라는 것은 이전에 널리 설해진 경전은 정법시절에 중생에게 이익을 주었음에 비하여 지금『금강삼매경』은 상법시절에 중생을 교화하기 위함임을 가리킨다. 곧 시절에 따라서 시설된 설법의 깊고 얕음에 차이가 있기 때문이다.

初中。像法住世末劫中者。先廣說經爲益正法之時。今此經者。爲化像法之節。隨時厚薄。設敎異故。

㈏ 중생에게 설법해 주길 청함

경 바라건대 부처님께서는 자비로 후세의 중생을 위하여 일미·결정·진실의 법을 널리 설하여 그들 중생이 함께 해탈하도록 해 주십시오."

願佛慈悲。爲後衆生。[1] 宣說一味決定眞實。令彼衆生。等同解脫。

1) ㉠ '後衆生'은『大正新修大藏經』에 수록된『金剛三昧經』,『金剛三昧經通宗記』에는 '後世衆生'으로 되어 있다.

논 이 대목에서는 둘째로 설법해 주길 본격적으로 청한다.

---

84 오탁악세 : 불법의 존속을 정법시대正法時代·상법시대像法時代·말법시대末法時代의 삼시三時로 나눈 가운데서 수명탁壽命濁·중생탁衆生濁·번뇌탁煩惱濁·견탁見濁·겁탁劫濁 등 다섯 가지 번뇌의 모습이 나타나는 말법시대를 가리킨다.

"일미의 법을 널리 설한다."는 것은 일각과 요의의 일미법을 설해 달라고 청하는 것이다.

"결정·진실의 법을 설한다."는 것은 진실한 법의 상에 들어가는 관찰법을 설해 달라고 청하는 것이다.

"그들 중생이 함께 해탈하도록 해 주십시오."란 저 상법시대와 말법시대의 중생으로 하여금 함께 일미법으로 구경에 해탈토록 해 달라는 것이다.

이로 말미암아 말하자면 가르침에 네 구절이 있다.

첫째는 정법시절의 중생을 바르게 교화하고 아울러 말법시절의 중생도 이익토록 한다. 정법시절의 경전이 이에 해당한다. 둘째는 상법시절의 중생을 바르게 교화하고 아울러 정법시절의 중생도 이익토록 한다.『금강삼매경』등이 이에 해당한다. 셋째는 정법시절과 말법시절의 중생을 전체적으로 교화하는 것이다.『금강삼매경』이외의 모든 경전이 이에 해당한다. 넷째는 정법시절과 말법시절의 중생을 이익토록 하지 못한다. 위의 첫째와 둘째와 셋째의 가르침을 제외한 그 밖의 가르침이 이에 해당한다.

此是第二正請宣說。宣說一味者。請說一覺了義之味。決定眞實者。請說入實法相之觀。令彼衆生等同解脫者。令彼像法末世衆生等同一味究竟解脫。由是言之。敎有四句。一正化正法兼利後時。謂前經等。二正化像法兼利前時。謂此經等。三通化前後。謂諸餘經等。四不利前後。除上爾所敎。

나) 설법함

이하는 둘째로 여래께서 설법하는 것이다. 여기에 두 가지가 있다. 첫째는 해탈보살의 질문을 칭찬하고 설법하겠다는 것이고, 둘째는 청을 받아들여 본격적으로 설법하는 것이다.

此下第二如來爲說. 於中有二. 一者讚問許說. 二者對請宣說.

(가) 질문을 칭찬하고 설법함

경 부처님께서 말씀하셨다.

"선남자여, 그대는 나한테 출세의 인연을 물어서 중생을 교화하고 그들 중생으로 하여금 출세의 과보를 터득하게 하려 하는구나. 이 일대사는 불가사의하니, 곧 대자이고 대비이기 때문이다. 이에 내가 그것을 설하지 않는다면 곧 간탐에 떨어질 것이다. 그러므로 그대들은 일심으로 잘 들어라. 그대들에게 설해 주겠다.

佛言. 善男子. 汝能問我. 出世之因. 欲化衆生. 令彼衆生. 獲得出世之果. 是一大事. 不可思議. 以大慈故. 以大悲故. 我若不說. 卽墮慳貪. 汝等一心諦聽.[1] 爲汝宣說.

1) ㊀ '諦聽'은 『大正新修大藏經』에 수록된 『金剛三昧經』에는 '諦聽諦聽'으로 되어 있다.

논 첫째로 질문을 칭찬하는 가운데 "출세의 인연"은 실상관에 들어가는 것이고, "출세의 과보"는 일미법을 통하여 해탈하는 것이다. "이 일대사"는 무상無上과 같다는 뜻이고, "불가사의"는 언설문자를 벗어나고 사려분별을 초월하였기 때문이다. 이것은 저 『법화경』의 "제불세존이 오직 일대사인연으로 세상에 출현하셨다."[85]는 말과 같다. 이에 대하여 세친은 다음과 같이 해석한다.

일대사에는 네 가지 뜻이 있다. 그 네 가지는 다음과 같다. 첫째는 무상無上의 뜻이다. 여래의 일체지지一切智智를 제외하고 달리 그 누구에

---

85 『妙法蓮華經』 권1(T9, 7a).

게도 없다는 것이다. 곧 『법화경』에서 "부처님의 지견을 열어 중생의 지견을 청정케 하려는 까닭에 세상에 출현하셨다."는 내용을 가리킨다. 불지견이란 여래께서 증득한 여실지로서 중생의 뜻을 아는 것이다. 둘째는 동일하다(同)는 뜻이다. 모든 성문과 벽지불과 부처님은 평등한 법신이다. 이것은 『법화경』에서 "중생에게 불지견을 보여 주려는 까닭에 세상에 출현하셨다."는 내용을 가리킨다. 평등한 법신이라 한 까닭은 불성과 법신이 무차별하기 때문이다. 셋째는 모른다(不知)는 뜻이다. 모든 성문과 벽지불 등은 그 진실한 도리를 모르기 때문이다. 진실한 도리를 모른다고 한 까닭은 구경에는 오직 일불승인 줄을 모르는 것이다. 『법화경』에서 "중생에게 불지견을 깨우쳐 주려는 까닭에 세상에 출현하셨다."는 내용을 가리킨다. 넷째는 불퇴전지를 증득케 한다는 뜻이다. 이것은 무량한 지업智業을 시현해 주려는 것이다. 『법화경』에서 "중생으로 하여금 불지견에 들도록 하려는 까닭에 세상에 출현하셨다."는 내용을 가리킨다.[86]

讚問中言出世之因者。入實相觀故。出世之果者。一味解脫故。是一大事者。無上同義故。不可思議者。離言絶慮故。如法華經言。諸佛世尊唯以一大事因緣故出現於世。論者釋言。一大事者依四種義。何者爲四。一者無上義。唯除如來一切智智。更無餘事。如經欲開佛知見。令衆生知得淸淨故。出現於世故。佛知見者。如來能證以如實智。知彼義故。二者同義。以諸聲聞辟支佛佛法身平等。如經欲示衆生佛知見故。出現於世故。法身平等者。佛性法身無差別故。三者不知義。以諸聲聞辟支佛等不能知彼眞實處故。不知眞實處者。不知究竟唯一佛乘故。如經欲令衆生悟佛知見故出現於世故。四者令證不退轉地。示現欲與無量智業故。如經欲令衆生入佛知見故。出現於世故。

---

[86] 『妙法蓮華經憂波提舍』 권하(T26, 7ab).

지금 이 『금강삼매경』에서 말한 일대사에도 또한 네 가지 뜻이 있다.

첫째는 무상無上의 뜻이다. 위의 경문에서 말한 "제불의 지혜의 경지는 진실한 법의 상에 들어간 것으로 결정성이기 때문이다."가 이에 해당한다.

둘째는 동일하다(同)는 뜻이다. 위의 경문에서 말한 "일각一覺과 요의了義는 이해하기 어렵고 들어가기 어렵다."는 부분이 이에 해당한다.

셋째는 모른다(不知)는 뜻이다. 위의 경문에서 말한 "이승의 지견으로 들어갈 바가 아니다."라는 부분이 이에 해당한다.

넷째는 증득토록 한다(令證)는 뜻이다. 위의 경문에서 말한 "제도할 수 있는 중생에게는 모두 일미법을 설하였다."는 부분이 이에 해당한다.

이상으로 질문에 대한 칭찬을 마친다.

今此文中。一大事者。亦有四義。一無上義。如上文言。諸佛智地入實法相故。二者同義。如經一覺了義難解難入故。三不知義。非諸二乘所知見故。四令證義。可度衆生皆說一味故。讚問已竟。

둘째로 청을 받아들이는 부분에도 두 구절이 있다. 첫째 구절은 설법하지 않으면 허물이 된다는 것을 역차적으로 드러내는 것이고, 둘째 구절은 설법할 테니 잘 들으라고 순차적으로 설명하는 것이다.

次許說中。亦有二句。初句反顯不說有過。後句順明誡聽許說。

(나) 본격적인 설법

경 선남자여, 만약 중생을 교화하려면 교화한다는 분별상이 없어야 하고 교화하지 않았다는 분별상도 없어야 한다. 그래야 그 교화가 훌륭하다.

善男子。若化衆生。無生於化。不生無化。其化大焉。

논 이하는 둘째의 본격적으로 설법하는 것이다. 여기에 두 가지가 있다. 첫째는 무상관無相觀을 설명하여 자세하게 분별상이 없는 이로움을 설명하고, 둘째는 일각심一覺心을 드러내어 앞서 언급한 일심과 본각의 뜻을 펼친다.

自此已下正爲宣說。於中有二。先明無相觀廣明無相利。後顯一覺心廣前一覺義。

㉮ 무상관을 설명함

무상관에도 또 두 가지가 있다. 첫째는 직접적으로 관행의 모습을 설하고, 둘째는 문답을 통하여 모든 의심과 힐난(疑難)을 해결한다.

無相觀中亦有二分。一者直說觀行之相。二者往復決諸疑難。

a. 직접적으로 관행의 모습을 설명함

직접적으로 관행의 모습을 설하는 것에도 또 두 가지가 있다. 첫째는 방편관행을 설명하고, 둘째는 정관행을 설명한다.

初中亦二。先方便觀。後明正觀。

a) 방편관행

방편관행에는 네 구절이 있다. 첫째의 1구[87]는 교화하는 것을 말하고,

---

87 첫째의 1구 : "중생을 교화하려면"을 가리킨다.

넷째의 1구[88]는 교화가 훌륭함을 찬탄하며, 둘째와 셋째의 2구[89]는 본격적으로 방편관상을 설명한다.

"교화한다는 분별상이 없어야 한다."는 둘째 구는 처음 방편관을 닦을 경우부터 모든 유상有相을 타파하여 교화한다는 미혹한 분별상(幻相)까지도 마음에 생겨나지 못하게 하는 것이다.

"교화하지 않았다는 분별상도 없어야 한다."는 셋째 구는 이미 교화한다는 분별상을 타파하고 이어서 교화하지 않았다는 공상空相마저 버린 것이다. 그것은 교화하지 않았다는 공에 대해서도 역시 마음을 발생하지 않기 때문이다. 왜냐하면 중생은 본래부터 마음이 분별상을 벗어나 있음을 모르고 끝없이 모든 분별상에 집착하여 망념을 일으키기 때문이다. 그러므로 먼저 모든 분별상을 타파하여 분별상에 집착하는 마음을 없애야 한다. 비록 교화했다는 미혹한 분별상을 이미 타파했을지라도 아직 교화하지 않았다는 공성에는 집착한다. 공성에 집착하기 때문에 공에 대하여 마음을 일으킨다. 그러므로 다시 교화하지 않았다는 공성도 없애야 한다. 이런 경우에야 바야흐로 공에 집착하는 마음이 생겨나지 않아서 반드시 무이중도無二中道를 터득하여 부처님과 더불어 제법실상에 들어간다. 이와 같이 교화하기 때문에 "그 교화가 훌륭하다."고 한 것이다.

方便觀中。有其四句。初一句牒能化。後一句嘆化大。中間二句正明觀相。無生於化者。初修觀時破諸有相。於幻化相滅其生心故。不生無化者。旣破化相次遣空相。於無化空亦不生心故。所以然者。衆生本來迷心離相。遍取諸相動念生心故。先破諸相滅取相心。雖復已破幻化有相。而猶取其無化空性。取空性故於空生心。所以亦遣無化空性。于時不生取空之心不得已

---

88 넷째의 1구 : "그래야 그 교화가 훌륭하다."를 가리킨다.
89 둘째와 셋째의 2구 : "교화한다는 분별상이 없어야 하고" 및 "교화하지 않았다는 분별상도 없어야 한다."를 가리킨다.

會無二中道。同佛所入諸法實相。如是化故其化大焉。

问 이 방편관행은 어떤 계위에 속하는가?

답 만약 믿음으로 수행하는 경우라면 십신十信에 해당하고, 비슷하게 관찰하는 경우라면 삼십심三十心(十住心·十行心·十廻向心)에 해당하며, 순수하게 닦는 것으로 말하자면 사선근四善根에 해당한다. 초지初地에 들어가기 직전까지는 모두 방편이다.

问 다른 곳에서는 삼무성三無性(無相性·無生性·無眞性)[90]에 대한 관찰을 설하는데, 무슨 까닭에 여기에서는 이무二無(無相性과 無生性)에 대해서만 설하는가?

답 무상無相과 무생無生은 모두 일변에 해당하는데 그것은 버려야 할 상相과 생生이 똑같이 유有이기 때문이다. 또한 무상관과 무생관에는 모두 심사尋思의 측면이 있다. 그러나 무성無性의 경우는 성性을 버리면 심사의 측면이 없어진다. 그러므로 낱낱으로(開) 보거나 전체적으로(合) 보거나 나름대로 도리에 통한다.

이상으로 방편관행에 대한 설명을 마쳤으니, 다음으로 정관행을 드러내 보이겠다.

問。此方便觀爲在何位。答。若仰信修在於十信。其相似觀在三十心。論其純修在四善根。將入初地近方便故。問。餘處說有三無性觀。何故此中但說二無。答。無相無生合爲一邊。所遣相生同是有故。又此二觀皆有尋思。遣無性時無尋思故。或開或合皆有道理故。已說方便。次顯正觀。

b) 정관행

---

90 『佛性論』 권2(T31, 794ab) 참조.

경 저 중생들로 하여금 모두 망심妄心과 망아妄我를 벗어나도록 해야 한다. 왜냐하면 일체의 망심과 망아는 본래 공적하기 때문이다. 그래서 만약 공한 망심을 터득하면, 그 망심은 환幻도 아니고 화化도 아니며 환도 없어지고 화도 없어져서 곧 무생이 터득된다. 왜냐하면 무생의 마음은 화化가 없는 곳에 있기 때문이다."

令彼衆生。皆離心我。一切心我。本來空寂。若得空心。心不幻化。無幻無化。卽得無生。無生之心。在於無化。

논 이 부분은 정관행에 분별상이 없음(無二相)을 설명한 것이다. 정관행으로 소취所取와 능취能取를 벗어나기 때문이다.

是明正觀無二之相。以離所取能取二故。

(a) 소취를 벗어남

소취를 벗어난다는 것은 일체의 인상人相과 법상法相을 벗어나는 것이다. 여기에 두 가지가 있다. 첫째는 견리遣離이고, 둘째는 민리泯離이다.

離所取者。以離一切人法相故。此有二種。一者遣離。二者泯離。

ⓐ 견리遣離

"견리"는 이전에 집착한 분별상을 지금 없애는 것이다. 경문의 "저 중생들로 하여금 모두 망심과 망아를 벗어나도록 해야 한다."는 것이 이에 해당한다.

遣離者。先所取相今滅除故。如經令彼衆生皆離心我故。

ⓑ 민리泯離

"민리"는 이전에 집착한 분별상이 본래 공한 것이기 때문이다. 경문의 "일체의 망심과 망아는 본래 공적하기 때문이다."가 이에 해당한다.

"망심妄心과 망아妄我"라는 것은, 인人이 망아이고, 법法이 망심이다. 마음은 제법이 의지하는 주主이기 때문이다. 모든 인과 법이 본래 공한 줄을 통달하는 때에는 이전에 집착한 분별상이 일어나지 않는다. 그러므로 견리와 민리가 동시에 성취된다.

이상으로 소취를 벗어나는 것에 대하여 설명을 하였다.

泯離者。先所取相本來空故。如經一切我本來空寂故。言心我者。人名爲我法名爲心。心是諸法所依主故。達諸人法本來空時。先所取相此時不起。所以二離一時成就。已說離所取。

(b) 능취를 벗어남

능취를 벗어난다는 것은 무엇인가. 말하자면 일체의 능취하는 분별을 벗어나는 것이다. 여기에도 두 가지가 있다. 첫째는 본리本離이고, 둘째는 시리始離이다.

云何離能取。謂離一切能取分別。此亦二種。一者本離。二者始離。

ⓐ 본리本離

"본리"란 망심과 망아가 본래 공한 줄을 터득할 때 바로 본각의 공적한 마음이 터득된다는 것이다. 이 공적한 마음은 본래 능취를 벗어나 있다. 능취를 벗어나 있기 때문에 본래 환도 아니고 화도 아니다. 경문의 "만약 공한 망심을 터득하면 그 마음은 환幻도 아니고 화化도 아니다."라는 것이 이에 해당한다. 환도 아니고 화도 아닌 것은 허망하지 않기 때문이다.

言本離者。通達心我本來空時。正得本覺空寂之心。此空寂心本離能取。離
能取故本不幻化。如經若得空心心不幻化故。不幻化者。非虛妄故。

ⓑ 시리始離

"시리"란 본각의 공적심을 터득할 경우 능취하는 분별이 다시는 생겨
나지 않는다는 것이다. 왜냐하면 소득심에 따른 환도 없어지고 화도 없어
지기 때문이다. 경문의 "환도 없어지고 화도 없어져서 곧 무생이 터득된
다."는 것이 이에 해당한다. 이리하여 비로소 무생심을 터득하고 본래 공
적하여 화가 없는 도리를 이해하기 때문이다.

"무생의 마음은 화化가 없는 곳에 있다."고 한 것은 심心과 경境을 가설
한 것일 뿐으로 말로만 그렇게 표현한 것이다.

言始離者。得此本覺空寂心時。能取分別不復得生。隨所得心無幻化故。如
經無幻無化。卽得無生故。如是始得無生之心會本空寂無化之理故。言無
生之心在於無化。假說心境故寄言在然。

시리의 능취는 시각始覺의 뜻이고, 본리의 공적심은 본각本覺의 뜻이다.
뜻에는 비록 시리와 본리가 있지만 시리와 본리가 어울려야 일각이 성취
된다. 능能과 소所를 벗어나는 것은 신新(시각)과 구舊(본각)를 벗어나는 것
과 똑같다. 그래서 『기신론』에서는 "시각은 곧 본각과 같다."[91]고 하였다.
그러므로 일각은 완전히 생·멸·시·종 등의 모습을 벗어나 있는 줄 알아
야 한다. 처음의 초지로부터 최후의 불지에 이르기까지 다만 분分이냐 만
滿이냐 하는 것이 다를 뿐이다. 『십지경론十地經論』에서 "자체가 본래 공하
므로 다름도 없고 다함도 없다."[92]고 자세하게 설명한 것과 같다.

---

91 『大乘起信論』(T32, 576b).
92 『十地經論』 권2(T26, 132b). "자성은 항상 적멸하여 멸함도 생함도 없다네. 자체가 본래

또한 이 일각에는 본각과 시각의 뜻이 있다. 본각에는 본래 있는 것을 드러낸다(顯成)는 뜻이 있으므로 본래적인 수행(眞修)이라는 설이 도리에 합당하다. 시각에는 수행을 통하여 성취한다(修成)는 뜻이 있으므로 새로운 수행(新修)이라는 말씀이 도리에 합당하다. 그러므로 어느 한 가지에만 집착하면 올바르지 못하다. 이제 교리에 대한 논의는 그만두고 본문으로 돌아가 해석한다.

무상관에 대한 자세한 설명은 이상으로 마친다.[93]

始離能取是始覺義。本離空心是本覺義。義雖有二混成一覺。同離能所離新舊故。如論說言。以始覺者卽同本覺。當知此覺永離生滅始終等相。始從初地乃至佛地。但有分滿不同而已。如十地論本分中說。自體本來空有不二不盡。乃至廣說。又此一覺有本始義。以有本覺顯成義故。眞修之說亦有道理。以有始覺修成義故。新修之談亦有道理。如其偏執卽有未盡。且止乘論還釋本文。廣無相觀竟在於前。

b. 문답으로 의심과 힐난을 해결함

이하는 둘째로 문답을 통하여 의심과 힐난(疑難)을 해결하는 것이다. 여기에 네 가지 문답이 있어 차례대로 의심을 해결한다.

此下第二往復決疑。有四問答次第決疑。

a) 총체적으로 유상문有相門을 타파함

경 해탈보살이 부처님께 사뢰어 여쭈었다.

공하므로 불이이고 또 부진이네.(自性常寂滅。不滅亦不生。自體本來空。有不二不盡。)"
93 무상관無相觀에 대한 두 가지 설명 가운데 첫째의 직접적으로 관행의 모습을 설하는 대목을 마친 것이다.

"존자이시여, 중생의 마음은 그 자성이 본래 공적합니다. 공적한 마음은 그 본체에 형색(色)과 생멸상(相)이 없습니다. 그러면 어떻게 수습해야 본래 공적한 마음을 터득할 수 있습니까? 바라건대 부처님의 자비로 저희에게 설해 주십시오."

解脫菩薩而白佛言。尊者。眾生之心。性本空寂。空寂之心。體無色相。云何修習。得本空心。願佛慈悲。爲我宣說。

논 첫 번째 문답에는 질문하는 뜻이 두 가지가 있다.

첫째는 "중생의 마음은 그 자성이 본래 공적하다. 그러나 망념을 움직이므로 무시이래로 유전한다. 그러면 어떤 방법으로 수행해야 본래심을 터득할 수 있는가?"라고 묻는다.

둘째는 "공적한 마음의 본체에는 색과 상이 없다. 그러나 중생은 본래부터 항상 유상有相에 집착한다. 그러면 색도 없고 상도 없는 것을 어떻게 수습해야 공적심을 터득할 수 있는가?"라고 묻는다. 그러므로 경문에서 "어떻게 수습해야 본래 공적한 마음을 터득할 수 있습니까?"라고 묻는다.

문 여기에서 설명하는 중생심은 6식 등의 생멸심일 터인데, 그것으로 어떻게 일심의 본각을 알 수 있겠는가?

답 『기신론』에서 "어떤 법이 마하연의 신근信根을 일으킨다. 그 어떤 법은 말하자면 중생심이다. …… 일심의 법에는 두 가지 문이 있다. …… 심진여문과 심생멸문이다."[94]라고 자세하게 설명하였다. 또 『능가경』에서 "적멸이란 일심을 말한다."[95]라고 하였다.

---

94 『大乘起信論』(T32, 575b~576a)에서 발췌한 것이다.
95 『入楞伽經』권1(T16, 519a)에 의거하여 이 대목과 관련된 내용을 보충하면 다음과 같다. "적멸이란 일심을 말하고, 일심이란 여래장을 말한다. 자내신自內身의 지혜경계에 들어가서 무생법인의 삼매를 터득하는 것이다.(寂滅者名爲一心。一心者名爲如來藏。入自內身智慧境界。得無生法忍三昧。)"

지금 이 경문에서 "공적한 마음의 본체에는 색과 상이 없습니다."라고 한 것은 언설(言)은 서로 다르지만 뜻(意)의 귀결점은 같다. '색이 없다.'고 한 까닭은 색깔과 형체 등이 없는 것이고, '상이 없다.'고 한 까닭은 생상과 멸상 등이 없기 때문이다.

이 대목은 일심의 진여문(心眞如門)을 드러낸 것이다. 그러나 위에서 말한 중생심은 일심의 생멸문(心生滅門)을 언급한 것이다. 곧 이것은 일심의 생멸문을 들어 일심의 진여문을 드러낸 것이다. 그러므로 "마음은 그 자성이 본래 공적합니다."라고 한 것이다. 그러나 생멸문과 진여문은 그 본체가 다르지 않기 때문에 모두 일심법일 따름이다.

第一問中問意有二。一者衆生心性本來空寂。而猶動念無始流轉。云何方修而得本心。二者空寂心體無色無相。衆生本來恒取有相。云何習無而得空心。故言云何修習得本空心。問。此中所說衆生之心應是六識等生滅心。何以得知一心本覺。答。起信論云有法能起大乘信根。謂衆生心。依一心法有二種門。乃至廣說。又如經言。寂滅者名爲一心。今此文言。空寂之心體無色相。言有左右意致還同。言無色者無顯形等色故。無相者無生滅等相故。此文卽顯心眞如門。上言衆生之心且擧心生滅門。擧生滅心顯眞如門。以之故言。性本空寂。然此二門其體無二。所以皆是一心法耳。

(a) 본격적인 답변

경 부처님께서 말씀하셨다.

"보살이여, 일체의 망심妄心과 망상妄相은 본래 근본이 없고 본래 근본의 처소가 없어서 공적하고 무생이다. 이에 망심을 무생케 하면 곧 공적에 들어간다. 왜냐하면 공적한 심지야말로 곧 심공心空을 터득하기 때문이다. 선남자여, 무상無相한 일심에는 망심도 없고 망아도 없다. 일체의 법상도 또한 이와 같다."

佛言。菩薩。一切心相。本來無本。本無本處。空寂無生。若心無生。卽入空寂。空寂心地。卽得心空。善男子。無相之心。無心無我。一切法相。亦復如是。

논 이 부분은 부처님의 답변인데 두 가지가 있다. 첫째는 정답正答이고,[96] 둘째는 결답決答이다.[97]

此答有二。正答決答。

ⓐ **정답**正答

"보살이여"란 해탈보살을 부르는 말이다. 이하의 경문에서 부르는 말도 모두 마찬가지이다.

"일체의 망심妄心과 망상妄相"이란 일체의 팔식이 일으키는 망념(動念)의 심心과 심소心所에 상응하는 행行과 상相의 차별이다. 행과 상에는 모두 사상四相이 있다.

"본래 근본이 없고 본래 근본의 처소가 없다."는 것은 다음과 같다.

일체의 심心과 상相에는 종자가 근본인데, 그 근본종자는 찾아보아도 얻을 수가 없다. 왜냐하면 이미 현재가 되어 있거나 이미 과거가 되어 있기 때문이다. 이미 현재가 되어 있는 경우는 곧 현재라는 과과果가 구비되어 있어 근본과 지말에 차이가 없다. 그것은 마치 소의 두 뿔과 같다. 그리고 이미 과거가 되어 있는 경우는 곧 작인作因도 없어지고 체성體性도 없어졌기 때문이다. 그것은 마치 토끼의 뿔과 같다. 이와 같은 도리는 본

---

[96] 이에 해당하는 경문은 다음과 같다. "보살이여, 일체의 망심妄心과 일체의 망상妄相은 본래 근본이 없고 본래 근본의 처소가 없어서 공적하고 무생하다. 이에 심을 무생케 하면 곧 공적에 들어간다. 왜냐하면 공적한 심지야말로 곧 심공心空을 터득할 수 있기 때문이다."
[97] 이에 해당하는 경문은 다음과 같다. "선남자여, 무상無相한 심에는 망심도 없고 망아도 없다. 일체의 법상도 또한 이와 같다."

래 법이法爾이다. 그런 까닭에 "본래 근본이 없고"라고 말한 것이다. 또한 생멸심이 생겨나는 경우는 반드시 근본의 처소에 의지하는데, 그 근본의 처소가 이미 없다면 생겨날 수가 없다. 여기에서 말한 "근본의 처소"는 구유근俱有根[98]이다. 오색근五色根(안근·이근·비근·설근·신근)은 원래 색법으로서 유방有方·무방無方에 관계없이 불가득이고, 나머지 세 가지 소의인 곧 제6식과 제7식과 제8식은 모두 무색법으로서 유시有時·무시無時에 관계없이 다 불가득이다. 이런 까닭에 또한 "본래 근본의 처소가 없다."고 말한다.

말하자면 본래부터 그 근본의 처소가 없다. 원래 근본종자가 없으므로 또한 근본의 처소도 없다. 그러므로 심心과 상相은 본래 무생임을 알아야 한다. 이런 까닭에 "공적하고 무생하다."고 한 것이다.

이와 같이 심과 상이 발생할 수 없음을 관찰할 경우 그 관찰하는 마음도 또한 무생이다. 이때 곧 본래공적에 들어간다. 들어가야 할 공적의 경지가 바로 일심인데, 이것은 일체의 소의처이므로 지地라 말한다. 그러므로 "곧 공적에 들어간다."고 하였다.

공적한 심지이기에 모든 중생이 본래부터 유전하여 항상 유상에 집착할지라도 이 공적문에 의지해 추구하고 관찰하면 본래의 공적한 마음을 터득할 수 있다. 그러므로 "곧 심공心空을 터득할 수가 있다."고 하였다. 심공心空과 공심空心은 말은 다르지만 모두 일심·본각의 뜻이다.

질문에 대한 본격적인 답변 부분은 이상으로 마친다.

言菩薩者。是呼解脫菩薩之辭。下文呼辭皆亦同也。一切心相者。一切八識動念之心心所相應行相差別。若行若相皆有四相故。本來無本本無本處

---

[98] 구유근俱有根 : 구유의俱有依·구유소의俱有所依·증상연의增上緣依라고도 한다. 심과 심소와 동시에 존재하면서 그 소의처가 되는 것을 가리킨다. 이 구유근에는 오색근五色根·제6식·제7식·제8식의 네 가지가 있다.

者。一切心相種子爲本。求此本種永無所得。所以然者。爲在現時爲已過去。若在現時卽與果俱無本末異。如牛兩角。若已過去卽無作因無體性故。猶如兎角。如是道理本來法爾。以之故言。本來無本。又生滅心生必依本處。本處旣無卽不得生。言本處者。謂俱有根。其五色根旣是色法。有方無方皆不可得。餘三所依皆無色法。有時無時並不可得。是故亦言本無本處。謂從本來無其本處。旣無本種亦無本處。當知心相本來無生。以之故言空寂無生。如是觀察不得生時。其能觀心亦無所生。是時卽入本來空寂。所入空寂卽是一心。一切所依名之爲地。故言卽入空寂。空寂心地雖諸衆生本來流轉。恒取有相。然依此門推求觀察。卽能得本空心。故言卽得心空。心空空心語有左右。只是一心本覺之義。正答所問竟在於前。

ⓑ **결답**決答

이하는 결답決答이다.

"무상한 일심"이란 일심의 본체를 언급한 것이다.

"망심도 없고 망아도 없다."는 것은 위에서 설명한 "공적하고 무생이다."에 대한 결론으로 무상심無相心 가운데는 심상心相도 없고 아상我相도 없음을 가리킨다.

"일체의 법상도 또한 이와 같다."는 것은 심상이 공적하다는 것을 거듭 결론 맺은 것이다. 곧 심상과 아상을 벗어났을 뿐만 아니라 그 밖의 일체의 유위법과 무위법 내지 유상有上과 무상無上 등의 상相도 역시 무상심無相心 가운데서는 벗어나지 못할 까닭이 없음을 가리킨다.

此下結答。無相之心者擧一心體。無心無我者結前所說。空寂無生。無相心中。離心我相。一切法相亦如是者。重結空寂。非直離此心我二相。其餘一切有爲無爲乃至有上無上等相。無相心中無不離故。

b) 소멸견消滅見인 번뇌에 대하여 생제生際와 멸제滅際의 견해를 타파함

이하부터는 두 번째의 문답이다. 앞의 첫 번째의 문답은 총체적으로 유상문有相門을 타파한 설명이었다. 여기 이 문답은 개별적으로 두 가지 계박(二縛)을 벗어나는 문을 드러낸다. 곧 두 가지 병을 개별적으로 들어 그 처방약을 질문한다.

自此已下第二問答。前一問答摠明破有相門。今此問答別顯離二縛門。別擧二病以問其藥。

(a) 망아妄我와 망심妄心에 대한 질문

경 해탈보살이 부처님께 사뢰어 여쭈었다.
"존자이시여, 일체중생에게 망아妄我가 있거나 망심妄心이 있으면 어떤 법으로 중생을 일깨워 그 결박에서 벗어나도록 해야 합니까?"

解脫菩薩而白佛言。尊者。一切衆生。若有我者。若有心者。以何法覺。令彼衆生。出離斯縛。

논 "망아가 있다."는 것은 인집人執(주관에 대한 집착)의 병이고, "망심이 있다."는 것은 법집法執(객관에 대한 집착)의 병이다.
"그 결박"이란, 개별적으로 말하면 인집은 거칠고 무거운 계박(麤重縛)이고 법집은 분별상에 대한 계박(相縛)이며, 통틀어 설하면 인집과 법집에 모두 거칠고 무거운 계박(麤重縛)과 분별상에 대한 계박(相縛)이 있다. 또한 인집과 법집에는 모두 상응하는 계박(相應縛)과 주체적으로 반연하는 계박(能緣縛)이라는 두 가지 계박이 있는데, 『이장장二障章』[99]에 그 뜻이 설명되어 있다.

---

99 원효 자신의 저술인 『二障義』를 가리킨다.

言有我者人執之病. 若有心者法執之病. 言斯縛者. 別而言之. 人執是麤重縛. 法執是相縛. 通而說之. 二執皆有麤重相縛. 又此二執皆有二縛. 謂相應縛及能緣縛. 二障章中其義已具.

(b) 망아妄我와 망심妄心에 대한 답변

위의 질문에 대한 답변에도 두 가지가 있다. 첫째는 인집을 대치하고, 둘째는 법집을 대치한다.

答中有二. 先治人執. 後治法執.

ⓐ 인집을 대치함

인집을 대치하는 것에도 첫째는 총체적으로 대치하고, 둘째는 개별적으로 대치한다.

治人執中. 先摠後別.

ㄱ. 총체적으로 대치함

경 부처님께서 말씀하셨다.
"선남자여, 자아(我)가 있다고 보는 자에게는 십이인연을 관찰하게 하라.

佛言. 善男子. 若有我者. 令觀十二因緣.

논 이것은 총체적으로 대치하는 부분이다. 십이지인연의 관찰에 대략 두 가지가 있다.
첫째는 작자作者의 연이 없이 발생함을 관찰하는 것으로 작자에 대한 집착을 대치한다. 마치 "이것이 있으므로 저것이 있다."고 설하는 경우와

상권 • 117

같다.

둘째는 상주常住의 연이 없이 발생함을 관찰하는 것으로 상주에 대한 집착을 대치한다. 마치 "이것이 생겨나므로 저것이 생겨난다."고 설하는 경우와 같다. 망아에 대한 집착이 남아 있는 것은 작자와 상주에 대한 집착이 근본이 된다. 그 근본이 없어지기 때문에 모든 지말도 따라서 멸한다.

此是摠治。觀十二支略有二門。一觀無作緣生。治作者執。如說是事有故是事有。二觀無常緣生。治常住執。如說是事生故是事生。存我之來此二爲本。本旣除故諸末隨滅也。

ㄴ. 개별적으로 대치함

경 십이인연은 본래 인因과 과果를 따른다. 인과 과가 일어나는 것은 마음의 작용(心行)이 일으킨다. 그러나 마음도 없는데 어찌 몸이 있겠는가. 그러므로 자아가 있다고 보는 자에게는 그 유견有見을 없애 주고, 자아가 없다고 보는 자에게는 그 무견無見을 없애 줘야 한다.[100]

十二因緣。本從因果。因果所起。興於心行。心尙不有。何況有身。若有我者。令滅有見。若無我者。令滅無見。

논 이것은 개별적으로 대치하는 부분이다.

개별적으로 대치하는 것에 두 가지가 있다. 첫째는 황치況治(번뇌를 비교하여 대치함)이고, 둘째는 축치逐治(번뇌를 따라서 대치함)이다.

此是別治。別治有二。一者況治。二者逐治。

---

[100] 자아가 있다(有我)고 보는 경우는 범부에 해당하고, 자아가 없다(無我)고 보는 경우는 이승二乘에 해당한다.

ㄱ) 황치況治

황치의 경우 "본래 인과 과를 따른다."는 것은 총체적 입장을 따라 개별적 입장을 내는 것이다. 총체적 입장에서 말하면, 오직 인因과 과果일 뿐이다. 과거의 인에서 무명無明·행行의 두 가지가 나오고, 현재의 인에서 애愛·취取·유有의 세 가지가 나온다. 현재의 과에서 식識·명색名色·육처六處·촉觸·수受의 다섯 가지가 나오고, 미래의 과에서 생生·노사老死의 두 가지가 나온다.[101] 또한 인에서 무명·행·식·명색·육처·촉·수·애·취·유의 열 가지가 나오고, 과에서 생·노사의 두 가지가 나온다. 그러므로 근본은 오직 인과 과일 뿐이다.

"인과 과가 일어나는 것은 마음의 작용(心行)이 일으킨다."는 것은 인과 과가 일어나는 것은 마음의 작용이 근본임을 말한다. 마음이 인을 만들고 마음이 그 과를 받기 때문이다.

"그러나 마음도 없는데 어찌 몸이 있겠는가."라는 것은 위의 설명에 의거하여 인과의 도리를 관찰하면 마음도 없는데 하물며 마음이 만드는 색신이 어찌 있겠느냐는 것이다. 몸과 마음조차 없는데 하물며 자아가 있겠는가. 또한 마음이 없으므로 인과 과도 역시 공하다. 인과 과조차 공한데 하물며 자아가 있겠는가. 또한 인과 과가 공하기 때문에 십이지인연이 공한데 하물며 인을 만드는 자아와 과를 받는 자가 있겠는가. 경문에서 "보살은 십이인연이 마치 허공과 같아서 끝이 없다고 관찰한다."[102]고 말한

---

101 십이지인연을 삼세양중인과三世兩重因果로 나타내면 다음과 같다.

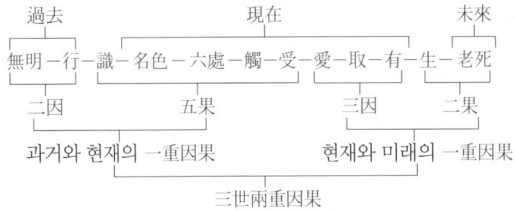

102 『大般若波羅蜜多經』 권348(T6, 787b). "선현이여, 반드시 알아야 한다. 모든 보살마하

것은 바로 이를 두고 한 말이다. 황치에 대한 설명은 이상으로 마친다.

況治中言本從因果者。從摠出別。摠而言之。唯因與果。從因出二三。從果出五二。又從因出十支。從果說二支。故所從本但是因果。因果所起興於心行者。因果之起心行爲本。心能作因心受果故。心尙不有何況有身者。依上所說觀察道理心不可得。況心所作色身是有乎。身心尙無況有我耶。又心不有故因果亦空。因果尙空況有我乎。又因果空故十二支空。況有作者受者等耶。如經言。菩薩觀十二因緣如虛空不可盡。此之謂也。已說況破。

ㄴ) 축치逐治

축치는 어떤 것인가. 말하자면 "만약 자아가 있다고 보는 자에게는 그 유견有見을 없애 줘야 한다."는 것은 위의 황치로써 남아 있는 아집을 타파하고 없애 준다는 것을 이어받은 것이다.

"만약 자아가 없다고 보는 자에게는 그 무견無見을 없애 줘야 한다."는 것은 바로 무아에 집착하는 병을 따라서 타파해 주는 것이다. 왜냐하면 먼저 아집을 타파하여 외도의 병을 벗어났지만 다시 무아에 집착하여 이승의 병에 빠지기 때문이다. 그래서 이제 무아에 집착하는 견해를 따라서 타파한다. 자아(我)도 본래 실유(有)가 아닌데 하물며 자아의 소멸(無)이 있겠는가.[103]

이상으로 총체적인 관찰과 개별적인 관찰로써 아집을 타파하는 것을 마친다.

云何逐治。謂若有我者令滅有見者。牒前況破滅存我執。若無我者令滅無

살이 보리좌에 앉아서 십이인연을 사실 그대로 관찰하면 허공처럼 끝이 없기 때문이다.(善現當知。諸菩薩摩訶薩。處菩提座。如實觀察十二緣起。猶如虛空不可盡故。)"
103 본래부터 자아가 없기 때문에 그 자아가 없다(無)는 상황은 불가능하다는 것을 가리킨다.

見者。此正逐破無我之病。所以然者。先破我執離外道病。而取無我墮二乘病故。今逐破著無之見。我本非有況有我無。故摠別二觀破我執竟。

ⓑ 법집을 대치함

이하는 둘째로 존심存心(마음이 발생하거나 소멸한다고 간주하는 것)에 대한 견해를 대치한다.[104] 여기에 두 가지가 있다. 첫째는 정치正治이고, 둘째는 중석重釋이다.

此下第二治存心見。於中有二。正治重釋。

ㄱ. 정치正治

경 그래서 만약 마음이 발생한다고 보는 경우에는 소멸된다는 자성(滅性)을 없애 주고, 만약 마음이 소멸한다고 보는 경우에는 발생한다는 자성(生性)을 없애 줘야 한다. 이처럼 없애 준다(滅)는 그것이야말로 견성으로서 곧 실제에 들어가는 것이다.

若心生者。令滅滅性。若心滅者。令滅生性。[1] 滅是見性。卽入實際。

1) ㉠ '若心……生性'의 16자는 『金剛三昧經註解』 및 『金剛三昧經通宗記』에서는 '若心生者。令滅生性。若心滅者。令滅滅性。'이라고 되어 있다.

논 이승인의 경우에는 법집이 마음에 남아 있어 생멸하는 무상한 마음이 있다고 간주한다. 그러므로 생멸을 타파하고 존심存心(생멸을 타파했지만 아직 생멸을 타파했다는 마음을 깨끗이 제거하지 못한 상태)에 대한 견해를 없애 준다. 만약 존심이 발생하여 병이 되는 자에게는 앞서 소멸되었다는 자성(滅性)으로 타파해 준다. 요컨대 저 소멸되었다는 자성에 의거하여 지금

---
104 법집으로 인하여 마음이 발생한다는 견해와 마음이 소멸한다는 견해를 대치한다.

발생한다는 마음이 있기 때문이다. 만약 이후의 미래에 소멸하는 것을 보고 그 이전의 현재의 마음이 있다고 집착한다면, 그것은 마음이 설령 불멸한다고 해도 토끼의 뿔과 같은 경우일 뿐이다. 그러므로 이와 같은 견해를 타파하여 발생한다는 자성(生性)을 없애 준다. 발생하는 것이 없다면 소멸이 있을 수 없기 때문이다.

"없애 준다(滅)는 그것이야말로 곧 견성으로 실제에 들어가는 것이다."라는 것은 자성이 소멸한다고 보는 견해를 없애면 반드시 발생한다는 견해에 절대로 집착하지 않고, 자성이 발생한다고 보는 견해를 타파하면 자성이 소멸한다는 견해에 절대로 집착하지 않게 되며, 생·멸에 집착하지 않으면 반드시 존심이 없기 때문이다.

二乘人等法執存心。計有生滅無常之心。故破生滅滅存心見。若存心生而成病者破前滅性。要依彼滅存今生故。若見後滅執有現心。心設不滅如兎角故。破如是見令滅生性。無生有滅不應理故。滅是見性卽入實際者。破見滅性必不取生。破見生性必不取滅。不取生滅必不存心故。

ㄴ. 중석重釋

경 왜냐하면 본생本生은 불멸이고 불멸은 불생이기 때문이다. 이처럼 불멸은 불생이고 불생은 불멸인데, 일체법의 실상도 또한 그와 같다.

何以故。本生不滅。不[1]滅不生。不滅不生。不生不滅。一切法相。[2] 亦復如是。

1) ㉮ '不'은 어떤 판본에는 '本'으로 되어 있다. 2) ㉯ '法相'은 『大正新修大藏經』에 수록된 『金剛三昧經』에는 '諸法'으로 되어 있다.

논 이것은 거듭 해석한 것이다.

어째서 마음이 발생하는 경우를 보면 소멸된다는 자성으로 없애 주고, 마음이 소멸하는 경우를 보면 발생한다는 자성으로 없애 줘야 하는가. 바로 이런 까닭에 "왜냐하면"이라고 한 것이다.

다음은 이 질문에 대한 해석이다.

"본생은 불멸이다."라는 것은 이전에 발생한 마음을 영원히 찾을 수가 없는데 찾을 수 없는 그 법에 어찌 소멸이 있겠는가 하는 것이다. 이와 같이 과거의 마음에 소멸되는 자성이 없은즉 현재의 마음이 발생하는 것도 없다. 그러므로 "불멸은 불생이다."라고 말한다. 이것은 소멸되는 자성을 없애는 이유를 해석한 것이다.

다음의 "불멸은 불생이다."라는 것은 과거에 소멸이 없다면 현재에 발생도 없음을 말한 것이다. 이와 같이 현재의 마음에 발생하는 자성이 없으면 곧 이 마음의 소멸도 있을 수 없다. 그러므로 "불생은 불멸이다."라고 말한다. 이것은 발생하는 자성을 없애는 이유를 해석한 것이다. 심법에는 소멸도 없고 발생도 없듯이 기타 제법의 경우도 역시 똑같이 관찰하기 때문에 "일체법의 실상도 또한 그와 같다."고 말한다.

問 만약 마음이 발생한다고 계탁하면 발생한다는 바로 그 마음을 타파하면 될 터인데, 어째서 굳이 저 과거심이 소멸된다는 견해를 타파하는가?

答 지금 발생한 그 마음은 현재이므로 타파가 쉽지 않지만, 과거심은 이미 지나가 버렸으므로 공하다고 이해하기가 쉽다. 그러므로 먼저 쉬운 것을 타파하고 나서 어려운 것을 없앤다. 이런 차제에 의거해서 현재심이 발생한다는 자성을 타파하고, 그로 말미암아 미래심이 소멸된다는 것에 대한 집착까지도 없애 주는 것이다. 이것이야말로 소위 의왕醫王(부처님)의 훌륭한 묘술이다.

此是重釋。何以見心生者令滅滅性。見心滅者令滅生性。故言何以故。次釋此問。本生不滅者。求前生心永不可得。不可得有何法而滅。如是不存前心滅性卽不得取今心之生。故言不滅不生。是釋令滅滅性之由。次言不滅不生。牒前不滅今不得生。如是不得今心生性。則不得取此心之滅。故言不生不滅。是釋令滅生性之由。如於心法無滅無生。其餘諸法亦同是觀。故言一切法亦如是。問。若計心生眞破此生。何須破彼前心之滅。答。今生是現破有不易。前心已過解空不難。故先破易而遣其難。依此次第破今生性。由是卽遣後滅之執。是謂醫王善巧之術耶。

c) 능멸견能滅見인 약藥으로 유변과 무변의 견해를 타파함

경 해탈보살이 부처님께 사뢰어 여쭈었다.
"존자이시여, 만약 어떤 중생이 제법이 생겨난다고 본다면 어떤 견해를 없애도록 해야 합니까?"

解脫菩薩。而白佛言。尊者。若有衆生。見法生時。令滅何見。[1]

[1] ㉑『大正新修大藏經』에 수록되어 있는『金剛三昧經』,『金剛三昧經註解』,『金剛三昧經通宗記』에는 '見法生時。令滅何見.' 뒤에 '見法滅時。令滅何見.'이 있다.

논 이하부터는 세 번째의 문답이다.
위의 문답에서는 소멸되어야 할 편견의 번뇌(病)에 대하여 설명하였다. 그런데 이 문답에서는 능멸能滅하는 견해에 해당하는 약藥에 대하여 드러낸다. 또한 위에서는 생제生際와 멸제滅際의 견해를 타파하였는데, 여기에서는 유변과 무변의 견해를 타파한다. 여기의 질문은 "만약 관행觀行하는 사람이 부처님께서 가르쳐 주신 뜻을 따라 심법이 발생한다고 관찰할 경우, 어떤 견해를 없애도록 해야 하는가."의 뜻이다.
"어떤 견해를 없애도록 해야 합니까?"라는 것은 부처님께서 가르쳐 주신 뜻을 물은 것이다. 곧 마음이 발생하는 한 측면만 언급하고 있지만, 아

울러 그것으로 발생된 마음을 없애 주는 관행의 측면까지 싸잡아서 드러내 준 것이다.

> 此下第三問答。次前問答明所滅之見之病。今此問答顯能滅之見之藥。又前破生滅二際之見。今破有無二邊之見。今問意言若觀行者。順佛敎意觀法生時令滅何見。滅何見者。問佛敎意。且擧一邊兼顯觀滅。

경 부처님께서 보살에게 말씀하셨다.
"만약 어떤 중생이 제법이 생겨남을 볼 때에는 무無라는 견해를 없애도록 하고, 제법이 소멸함을 볼 때에는 유有라는 견해를 없애도록 한다. 만약 이와 같은 견해가 사라지면 제법의 진무眞無를 증득하여 결정성에 들어가는데, 그것이 곧 결정무생이다."

> 佛言。菩薩。若有衆生。見法生時。令滅無見。見法滅時。令滅有見。若滅是見。得法眞無。[1] 入決定性。決定無生。

---
1) ㉰ '眞無'가 『金剛三昧經註解』, 『金剛三昧經通宗記』에는 '眞源無'로 되어 있다. 『金剛三昧經註解』 권1(X35, 223a-b), 『金剛三昧經通宗記』 권3(X35, 271b)에서는 "만약 이와 같은 견해가 사라지고 제법의 진원眞源을 터득하면 결정자성에 들어감도 없는데, 그것이 곧 결정무생이다."라고 하여 원효의 견해와 다르게 해석하고 또한 그에 대한 이유를 설명하고 있다.

논 "제법이 생겨남을 볼 때"란 세속법이 인연으로 발생함을 정관正觀하는 때이다. 이때 공에 집착하는 견해를 벗어날 수 있기 때문에 "(세속이) 무라는 견해를 없애게 한다."고 하였다.
"제법이 소멸함을 볼 때"란 세속법이 본래 소멸됨을 정관하는 때이다. 이때 유에 집착하는 견해를 벗어날 수 있기 때문에 "(세속이) 유라는 견해를 없애게 한다."고 하였다.

(問) 여기에서 무슨 까닭에 "없애게 한다."고 말하는가?

(答) 부처님의 가르침은 관찰하는 자에게 관찰대상에 대한 집착을 없애도록 하기 때문이다. 이 뜻을 자세히 설명하면 다음과 같다.

관행을 닦는 자가 법의 발생을 관찰할 때에는 단지 없다고 집착하는 견해를 벗어날 뿐이지 생긴다는 생각을 두지 않고, 법의 적멸을 관찰할 때에는 오직 있다고 집착하는 견해를 벗어날 뿐이지 소멸한다는 생각을 취하지 않는다. 왜냐하면 만약 생긴다는 생각을 두면 생기는 것은 본래 적멸한 것이고, 만약 소멸한다는 생각을 취하면 소멸이 곧 생기기 때문이다. 이것은 아래 「진성공품」의 게송에서 다음과 같이 말한 것과 같다.

> 인연을 말미암아 발생한다는 것은
> 소멸이지 발생이 아니라는 뜻이다
> 발생과 소멸조차 없어진다는 것은
> 발생한다는 뜻이지 소멸이 아니다

그러므로 양변을 벗어나고 중간에도 집착하지 않는다. 무를 벗어나 유에 집착하거나 유를 타파하고 공에 집착하는 것이라면 그것은 망공妄空이지 진무眞無가 아니다. 이에 비록 유를 벗어났지만 공에 집착하지 않아야만 내지 제법의 진무를 터득하게 된다. 그러므로 "제법의 진무를 터득한다."고 하였다.

"결정자성"에 대한 뜻은 위에서 이미 설한 바와 같다. 진공을 터득할 경우에 심법이 불생임을 관찰하여 일체의 유심과 무심을 벗어난 까닭에 "결정무생이다."라고 말한다.

> 見法生時者。正觀俗法因緣生時。此時能離取空之見。故言令滅無見。見法滅時者。正觀俗法本來滅時。此時能離取有之見。故言令滅有見。此中何故

言令滅者. 佛敎能令觀者滅故. 此意正明. 修觀行者. 觀法生時. 只離無見而不存生. 觀寂滅時. 唯離有見而不取滅. 所以然者. 若存生耶. 生本寂滅. 若取滅耶. 滅卽生起. 如下頌曰. 因緣所生義. 是義滅非生. 滅諸生滅義. 是義生非滅. 所以能離二邊而不著中. 如其離無取有破有取空. 此爲妄空而非眞無. 今雖離有而不存空. 如是乃得諸法眞無故. 言得法眞無. 決定性義如前已說. 得眞空時觀心不生遠離一切有無心故. 故言決定無生.

d) 허망한 견해 때문에 유생에 머물러 벗어나지 못함을 드러냄
이하부터는 네 번째의 문답이다.

此下第四問答.

(a) 무생에 대한 질문

경 해탈보살이 부처님께 사뢰어 여쭈었다.
"존자이시여, 저 중생으로 하여금 무생에 머물도록 하면 그것이 무생입니까?"

解脫菩薩而白佛言. 尊者. 令彼衆生. 住於無生. 是無生耶.

논 이전에는 참된 관행으로 양변을 벗어난 모습을 설명하였다. 여기에서는 허망한 견해 때문에 유생에 머물러 벗어나지 못함을 드러낸다. 말하자면 어설프게 관행을 닦은 사람이 의언분별意言分別로 법의 무생을 관찰하고 산란심을 섭수하여 무생의 경계에 머물게 되면 "이것이야말로 진정한 무생이다."라고 간주하고, 나중에 출정해서는 증상만을 일으켜서 "나는 이미 무생법인을 터득하였다."고 생각한다. 이러한 병을 타파하기 위하여 병을 거론하여 "무생에 머물도록 하면 그것이 무생입니까?"라고

질문한 것이다.

前明眞觀離二邊相。今顯妄解不離生住。謂有寡學修觀行者。意言分別。觀法無生能攝散亂住無生境。作如是念。謂是無生。後出定時。起增上慢。意謂已得無生法忍。爲破是病。擧病問言。住於無生是無生耶。

(b) 무생에 대한 답변

답변에 두 가지가 있다. 첫째는 간략하게 답변하고, 둘째는 거듭 상세하게 설명한다.

答中有二。略答重詳。

ⓐ 간략한 답변

경 부처님께서 말씀하셨다.
"무생無生에 머물면 그것은 곧 생生이다. 왜냐하면 무생에조차 머물지 않아야 곧 무생이기 때문이다.

佛言。住於無生。卽是生。何以故。無住無生。乃是無生。

논 이것은 간략하게 답변한 대목이다. 여기에 두 가지 구절이 있다.

此卽略答。有其二句。

ㄱ. 생을 순차적으로 설명

상구上句는 그것이 생生인 이유를 순차적으로 설명한다. 무생의 경계에 머무는 것은 곧 분별심이 발생한 까닭이라는 것이다.

上句順明是生。住無生境卽是分別之心生故。

ㄴ. 무생을 역차적으로 해석

하구下句는 반대의 경우를 들어 그것이 무생인 이유를 역차적으로 해석한다. 만약 마음이 무생의 경계에 머물지 않으면 모든 분별을 벗어난 것으로 곧 무생법인無生法忍이라는 것이다. 따라서 머무름이 있으면 무생법인이 아닌 줄 알 수가 있다. 이와 같이 역차적으로 해석한 것이다.

이상으로 간략하게 답변한 경문을 마친다.

下句反釋無生。若心無住於無生境離諸分別。是無生忍。故知有住非無生忍。如是反釋。略答文竟。

ⓑ 거듭 상세한 설명

경 보살이여, 만약 무생無生이 생기면 생生으로써 (경계의) 생김을 없애야 한다. 생과 멸이 함께 없어져 본래의 생이 생기지 않으므로 마음이 항상 공적하다. 공적하여 머무름이 없어 마음에 집착이 없으니, 이것이 무생이다."

菩薩。若生無生。以生滅生。生滅俱滅。本生不生。心常空寂。空寂[1]無住。心無有住。乃是無生。

1) ㉠ '寂'이 『大正新修大藏經』에 수록된 『金剛三昧經』에는 '性'으로 되어 있다.

논 이것은 거듭 상세하게 설명하는 대목이다.

여기에 두 부분이 있다. 첫째는 생생에 대하여 상세하게 설명하고, 둘째는 무생無生에 대하여 상세하게 설명한다.

만약 무생의 경계에 대해 머무름이 있는 마음(有住心)이 생기면 생생으로써 그 경계의 생김을 없애기 때문에 "만약 무생이 생기면 생으로써 (경계의) 생김을 없애야 한다."라고 하였다. 비록 경계의 생김을 없앴지만 그것이 소멸한 무無를 취한다면, 소멸된 무의 경계에 대해 취하려는 마음(能取心)이 생겨 생과 멸이 함께 있게 되니 어찌 무생無生이라고 하겠는가. 이와 같은 두 구절은 앞에서 말한 생生에 대해 상세하게 설명한 것이다.

진정한 무생법인은 그렇지 않다. 밖으로는 집착되는 경계의 소멸이 남아 있지 않고 안으로는 집착하는 마음이 생기지 않는다. 이런 까닭에 "생멸이 모두 없어진다."고 한 것이다. 그러나 여기서 '모두 없어진다.'고 한 것은 무無로 돌아가는 것을 가리킨 것이 아니다. 본생本生을 추구해 보면 그것이 생기는 것을 얻지 못한다. 이미 생기는 것을 얻지 못하는데, 어떻게 도리어 없앨 수 있겠는가. 이때 본래 공적함을 증득하므로 "본래의 생이 생기지 않으므로 마음이 항상 공적하다."라고 하였다.

이와 같은 공적의 경계는 능·소에 평등하여 공의 경계에 머무는 마음도 없으므로 "공적하여 머무름이 없다."라고 하였다. 이와 같아야 무생법인이라 할 수 있으므로 "이것이 무생이다."라고 하였다.

무생관에 대한 자세한 설명은 여기에서 마쳤다.

此是重詳。於中有二。先詳是生。後詳無生。若有住心生於無生之境。卽是以生滅其境界之生。故言若生無生以生滅生。雖滅境界之生而取其滅之無。於滅無境能取心生。生滅俱存。豈曰無生耶。如是二句詳前是生。眞無生忍卽不如是。外不存於所取之滅。內不生其能取之生。以之故言生滅俱滅。然此俱滅非謂還無。推求本生不得其生。旣不得生何得還滅。于時證會本來空寂。故言本生不生心常空寂。如是空寂能所平等。無能住心住於空境。故言空寂無住。如是乃名無生法忍。故言乃是無生。演無生觀竟在於前。

㈏ 일각심을 드러냄

이하는 일각一覺의 뜻을 펼친 것으로 여기에 여덟 가지 문답이 있다. 이것을 둘로 나누면, 첫째와 둘째의 두 가지 문답은 일각 여래장의 뜻을 바로 펼쳐 보인 것이고, 셋째부터 여덟째까지 여섯 가지 문답은 인론생론因論生論(총론을 인하여 각론을 발생시키는 것)으로 모든 의난疑難을 없앤 것이다.

此下廣一覺義。於中有八問答。科爲二分。前二問答正廣一覺如來藏義。後六問答因論生論遣諸疑難。

a. 일각 여래장의 뜻을 바로 펼침

a) 시각이 본각의 여래장성과 다르지 않음을 설명함

(a) 마음에 집착이 없음에 대한 질문

[경] 해탈보살이 부처님께 사뢰어 여쭈었다.

"존자이시여, 마음에 집착(有住)이 없는데 어떻게 닦고(修) 익히길래(學) 유학有學의 경지가 되고 무학無學의 경지가 되는 것입니까?"[105]

---

[105] 여기에서 말하는 '닦음(修)'과 '익힘(學)'의 의미에 대해서는 『金剛三昧經通宗記』 권3(X35, 271c) 참조. "修는 덕업德業을 닦는 것이고, 學은 도법道法을 익히는 것이다. 상고시대에는 문자로 기록함이 없었다. 그래서 만약 어떤 대업을 성취하고자 할 경우에는 먼저 나무에다 칼로 새겨서 흔적을 내어 그 숫자를 헤아렸는데, 그것을 업業이라 한다. 그리하여 무릇 하나의 공功이 성취되면 곧 하나의 흔적을 닦아서 없앤다. 그러므로 성인들은 모두 수업修業에 대하여 말해 왔다. 이로써 나무의 흔적을 모두 닦아서 없애면 그것이 곧 졸업卒業이다. 修의 뜻은 바로 이와 같다. 그리고 또한 학學이라는 글자는 말하자면 어린아이가 처음에 글을 익힐 때 두 손으로 받들어 지니는데 마치 놀이를 하는 것처럼 효爻와 상象을 매달고 그리는데 이것이 학學의 뜻이다. 또한 그 학이 충만하지 않으면 그것을 유학有學이라 말하고, 더 이상 익힐 것이 없는 경지에 이르면 그것이 곧 무학無學이다. 또한 진리를 궁구하여 번뇌를 없애는 것을 학이라 말하고, 진리마저 다하고 번뇌가 다하는 것을 무학이라 말한다. 해탈보살이 말한 심무유주心無有住는 곧 공적空寂과 같다. 이미 공적인데 어찌 닦을 것이 있고 어찌 익힐 것이 있겠는가.(修者修於德業。學者學其道法。上古之世。無文字記識。若欲成一大業。先於木上。以刀斫痕計其數。名之曰業。凡一功成。卽修去一痕。故聖人皆

解脫菩薩而白佛言。尊者。心無有住。有何修學。爲有學也。爲無學也。

논 지금 이 대목은 첫째의 문답 가운데 "마음에 집착(有住)이 없는 것"에 대하여 질문한 것이다. 만약 유학有學의 경지에 있는 사람이라면 곧 무집착(無住)이 아닐 것이고, 만약 무학無學의 경지에 있는 사람이라면 곧 관행觀行도 없어야 할 것이다. 또 만약 유학의 경지에 있는 사람이라면 마땅히 마음이 발생한 것이지만, 만약 무학의 경지에 있는 사람이라면 그것은 단지 헛된 도리(空理)에 불과할 뿐이다.

今此初問。問心無住。若有學者卽非無住。若無學者卽非觀行。又若有學者應有心生。若無學者只是空理。

(b) 마음에 집착이 없음에 대한 답변
여기에서는 첫째로 도리를 드러내고, 둘째로 본격적으로 답변한다.

此中。先顯道理。後正對問。

ⓐ 도리를 드러냄
경 부처님께서 말씀하셨다.
"보살이여, 무생의 마음이란 그 마음에 나고(出) 듦(入)이 없는 본각 여래장으로서 그 자성이 적연부동하다.

佛言。菩薩。無生之心。心無出入。本如來藏。性寂不動。

言修業。以木痕修盡。爲卒業。其義如此。又學字。謂童穉初授書時。兩手捧持。如瓬卦畫爻象而已。此學之義也。又學未滿。謂之有學。至無所學地。爲無學。又研眞斷惑名爲學。眞窮惑盡名無學。解脫謂心無有住。卽同空寂。旣是空寂。有何所修。有何所學。)"

논 첫째의 도리를 드러낸다는 것은 다음과 같다.

무주의 경지를 터득할 경우에 무생의 마음이란 그 마음이 항상 적멸하여 관행으로부터 나온 것도 아니고, 본래 무기無起임을 통달하는 것이기에 또한 애초부터 들어간 것도 아니다. 그러므로 "그 마음에 나고 듦이 없다."고 한 것이다. 이와 같이 마음에 이미 나고 듦이 없음을 관찰하면 그것이 곧 본각인 여래장심이다. 이것은 시각始覺이 곧 본각本覺과 동일함을 설명한 것이다. 이 무생의 마음은 이미 본각인 여래장으로서 그 자성이 적연하여 다시는 기동하지 않는다. 그런데 어찌 들고(入)·나며(出)·일어나고(起)·쉼(息)이 있겠는가.

이것은 "나고 듦이 없다."는 뜻을 거듭 말한 것이다.

顯道理者。得無住時無生之心。心常寂滅無有出觀。達本無起亦非始入。以之故言心無出入。如是觀心旣無出入。卽是本覺如來藏心。是明始覺卽同本覺。此無生心旣是本藏。本來性寂不復起動。云何得有入出起息。此言重成無出入義。

ⓑ 질문에 답변함

경 그래서 또한 유학有學도 아닐뿐더러 또한 무학無學도 아니다. 유학과 불학이 없는 그것이 곧 무학이고, 유학이 없지 않은 그것이 곧 소학이다."

亦非有學。亦非無學。無有學不學。是卽無學。非無有學。是爲所學。

이 대목은 둘째로 질문의 뜻에 본격적으로 대답한 것이다. 여기에 두 가지가 있다. 첫째는 부정적인 방식의 답변이고, 둘째는 긍정적인 방식의 답변이다.

이미 애초부터 들어감이 없으므로 유학이 아니고, 또한 끝내 나옴이 없으므로 무학도 아니다. 또한 능주심能住心(수행의 상에 머무는 마음)이 없으므로 유학이 아니고, 무주심無住心(수행의 상에 머묾이 없는 마음)이 없지 않으므로 무학도 아니다. 이것은 모두 부정적인 방식으로 부정하고 그치게 하는 구절이다.

"유학과 불학이 없는 그것이 곧 무학이고"라는 것은 별도로 익혀야 할 것이 없은즉 그것은 능학이 아니다. 이런 뜻에서 곧 무학임을 긍정한 것이다. 이것은 유학이 아니라는 뜻에 의하여 그것이 무학임을 긍정한 것이다.

"유학이 없지 않은 그것이 곧 소학이다."라는 것은 비록 유주有住의 관행은 아닐지라도 무주無住의 관행조차 없는 것은 아니다. 이런 뜻에서 곧 유학을 긍정한 것이다. 이미 유학이기 때문에 이하에서는 그 경지가 소학이 된다. 이것은 무학이 아니라는 뜻에 의하여 곧 유학을 긍정한 것이다.

이 대목은 유학과 무학을 모두 긍정하여 자재하게 답변한 것이다.

此是正對問意。於中有二。先遮後許。旣非始入故非有學。亦無終出故非無學。又無能住之心故非有學。不無無住之心故非無學。此是俱遮遮止句也。無有學不學是卽無學者。以無別所學卽不是能學。由是義故許是無學。此依非有學義許是無學也。非無有學是爲所學者。雖非有住之觀非無無住之行。以是義故許是有學。旣有學故下地所學。此依非無學義許是有學也。此是俱許自在答也。

b) 여래장성은 은장隱藏되어 부동임을 설명함

경 해탈보살이 부처님께 사뢰어 여쭈었다.

"존자이시여, 여래장의 자성이 적연부동하다는 것은 무엇입니까?"

解脫菩薩而白佛言。尊者。云何如來藏性寂不動。

논 이하 부분은 둘째의 문답이다.[106]

첫째의 문답에서는 시각이 본각인 여래장의 자성과 다르지 않음을 설명하였다. 여기 둘째의 문답에서는 여래장의 자성은 은장隱藏되어 부동임을 본격적으로 설명한다. 이제 여래장의 뜻을 간략하게 설명한다.

여래장의 문에는 두 가지의 해석 혹은 세 가지의 해석이 있다.[107] 소위 세 가지 해석을 『부증불감경』에서 다음과 같이 말한다.

> 중생계에는 세 가지 법을 보였는데, 그것은 모두 진실하고 여여하여 서로 다름도 없고 차별도 없다. 세 가지 법은 다음과 같다. 첫째, 여래장은 본제에 상응하는 자체이고 또 청정한 법이다. 이 법은 여실하여 허망한 적도 없고, 벗어난 적도 없으며, 떠난 적도 없어 지혜가 부사의한 법이다. 시작이 없는 본제本際로부터 온 것이다. 이것은 곧 청정한 본제로서 진여에 상응하며 법계의 자체이다. 둘째, 여래장은 본제에 불상응하는 자체이고 번뇌에 얽힌 불청정한 법이다. 이것은 본제로부터 유래한 것이지만 그로부터 떠나 있고 불상응하며 번뇌에 얽혀 있는 불청정법이다. 그래서 오직 여래가 깨친 지혜로만 단제할 수 있다. 셋째, 여래장은 미래제까지 평등하고 영원히 존재하는 법이다. 곧 이것은 일체제법의 근본으로서 일체법을 갖추고 일체법이 온전하여 세간법 속에서도 떠나지 않는다.[108]

---

106 일각의 뜻을 펼친 여덟 가지 문답 가운데 둘째에 해당한다.
107 여래장에 대한 두 가지 해석은 『勝鬘經』에서 공여래장과 불공여래장으로 해석한 것이고, 세 가지 해석은 『不增不減經』에서 능섭여래장과 소섭여래장과 은부여래장으로 해석한 것을 말한다.
108 『不增不減經』(T16, 467bc)에 의거하여 내용을 보충한다. "또한 사리불이여, 내가 위에서 설한 바 중생계에는 또 세 가지 법이 있다. 모두 진실하고 여여하여 서로 다름도 없고 차별도 없다. 세 가지 법은 다음과 같다. 첫째는 여래장은 본제本際(본각의 실제)에 상응하는 자체이고 청정한 법이다. 둘째는 여래장은 본제에 불상응하는 자체이고 번뇌에 얽힌 불청정한 법이다. 셋째는 여래장은 미래제까지 평등하고 영원히 존재하는 법이다. 사리불이여, 여래장은 본제에 상응하는 자체이고 청정한 법이라는 이 법

此下第二問答。前明始覺不異本覺如來藏性。今者正顯如來藏性隱藏不
動。此中略明如來藏義。如來藏門有二有三。所言三者。如不增不減經言。
衆生界中示三種法。皆眞實如不異不差。何謂三法。一者如來藏本際相應

은 여실하여 허망한 적도 없고 벗어난 적도 없으며 떠난 적도 없어 지혜가 청정하고
진여의 법계이며 부사의한 법으로서 무시이래의 본제에서 유래한 것인 줄 알아야 한
다. 곧 이것은 청정한 본제이고 진여에 상응하며 법계의 자체이다. 사리불이여, 나는
이 청정·진여·법계에 의거하여 중생에게 불가사의법과 자성청정심을 설해 준다. 사
리불이여, 여래장은 본제에 불상응하는 자체 및 번뇌에 얽힌 불청정법이라는 것은 본
제로부터 유래한 것이지만 그로부터 떠나 있고 불상응하며 번뇌에 얽힌 불청정법인
줄을 알아야 한다. 오직 여래가 깨친 지혜로만 단제할 수 있다. 사리불이여, 나는 이
처럼 번뇌에 얽힌 불상응의 부사의한 법계에 의거하여 중생을 위한 까닭에 객진번뇌
에 물든 자성청정심의 불가사의법을 설한다. 사리불이여, 여래장은 미래제까지 평등
하고 영원히 존재하는 법인 줄 알아야 한다. 곧 여래장은 일체제법의 근본으로서 일
체법을 갖추고 일체법을 구비하여 세간법에서 떠나지도 않고 진실한 일체법에서 벗
어나지도 않으며 일체법을 주지住持하고 일체법을 섭수한다. 사리불이여, 나는 이처
럼 불생하고 불멸하며 영원하고 청량하며 불변한 여래장에 귀의함으로써 불가사의·
청정법계를 중생이라 말한다. 왜냐하면 중생이란 곧 불생하고 불멸하며 영원하고 청
량하며 불변한 여래장에 귀의함을 말한 것으로 불가사의·청정법계 등의 다른 명칭
이기 때문이다. 이런 뜻에서 나는 저 중생계의 세 가지 법의 설명에 의거하여 중생이
라 말한다. 사리불이여, 이 세 가지 법은 모두 진실여로서 서로 다름도 없고 차별도
없다. 이처럼 진실여로서 서로 다름도 없고 차별도 없는 법에서는 필경에 극악極惡
과 불선不善의 두 가지 사견은 일어나지 않는다. 왜냐하면 여실한 지혜로 보기 때문
이다. 사리불이여, 극악과 불선의 두 가지 사견은 제불여래가 필경에 멀리 떠난 것이
고, 제불여래가 가책呵責하는 바이기 때문이다.(復次舍利弗。如我上說。衆生界中亦三
種法。皆眞實如不異不差。何謂三法。一者如來藏本際相應體及淸淨法。二者如來藏本際
不相應體及煩惱纏不淸淨法。三者如來藏未來際平等恒及有法。舍利弗。當知。如來藏本
際相應體及淸淨法者。此法如實不虛妄不離不脫。智慧淸淨眞如法界不思議法。無始本
際來。有此淸淨相應法體。舍利弗。我依此淸淨眞如法界。爲衆生故說爲不可思議法自性
淸淨心。舍利弗。當知。如來藏本際不相應體。及煩惱纏不淸淨法者。此本來離脫不相
應煩惱所纏不淸淨法。唯有如來菩提智之所能斷。舍利弗。我依此煩惱所纏不相應不思
議法界。爲衆生故說爲客塵煩惱所染。自性淸淨心不可思議法。舍利弗。當知。如來藏未
來際平等恒及有法者。卽是一切諸法根本。備一切法具一切法。於世法中不離不脫眞實
一切法。住持一切法攝一切法。舍利弗。我依此不生不滅常恒淸涼不變歸依。不可思議淸
淨法界說名衆生。所以者何。言衆生者卽是不生不滅常恒淸涼不變歸依。不可思議淸淨
法界等異名。以是義故。我依彼法說名衆生。舍利弗。此三種法皆眞實如不異不差。於此
眞實如不異不差法中。畢竟不起極惡不善二種邪見。何以故。以如實見故。所謂減見增見。
舍利弗。此二邪見諸佛如來畢竟遠離。諸佛如來之所呵責")

體及清淨法。此法如實不虛妄。不離不脫智不思議法。無始本際來有此清淨相應法體。二者如來藏本際不相應體及煩惱纏不清淨法。此本際離脫不相應煩惱纏不清淨法。唯有如來菩提智之所能斷。三者如來藏未來際平等恒及有法。卽是一切諸法根本。備一切法具一切法。於世法中不離不脫。

생각해 보면 이것은 세 종류의 여래장의 문을 드러낸 것이다. 세 종류는 무엇인가.

첫째는 능섭여래장能攝如來藏이다. 자성에 머무를 경우에 과지果地의 여래의 공덕을 능섭하는 것이다. 여래를 능섭하므로 여래장이라 말한다.

둘째는 소섭여래장所攝如來藏이다. 말하자면 번뇌에 얽혀 있는 불청정법의 일체가 다 여래의 지혜에 들어 있어서 모두 여래에게 섭지攝持되어 있다. 여래에 소섭되므로 여래장이라 말한다.

셋째는 은부여래장隱覆如來藏이다. 말하자면 법신여래가 번뇌에 묻혀 있는 것이다. 여래가 자체를 감추고 있으므로 여래장이라 말한다.[109] 곧 진제삼장은 이와 같이 말했다.[110]

案云。是顯三種如來藏門。何等爲三。一者能攝如來藏。住自性時能攝果地如來功德。能攝如來名如來藏故。二者所攝如來藏。謂煩惱纏不淸淨法一切皆在如來智內。皆爲如來之所攝持。如來所攝名如來藏。三者隱覆如來藏。謂法身如來煩惱所覆。如來自隱名如來藏。眞諦三藏作如是說。

글의 내용을 풀어보면 다음과 같다.

"미래제까지 평등하고 영원히 존재하는 법이다."라는 것은 일심의 본체가 과거제·현재제·미래제에 편재한다는 것이다. 그런데 앞의 첫째와

---

[109] 『佛性論』권2(T31, 795c~796a).
[110] 천친天親의 『佛性論』에 대하여 진제眞諦가 이와 같이 번역했다는 말이다.

둘째에서 이미 본제를 드러냈기 때문에 셋째에서는 후제 곧 미래제까지 평등하고 영원히 존재하는 법임을 설명하였다. 또한 '여래'의 뜻을 드러내고자 한 것이니, 소위 "미래제까지 평등하고 영원하다."는 것은 '여'의 뜻이고, 또 "존재하는 법"은 '래'의 뜻이다. 이는『불성론』에서 다음과 같이 설한 것과 같다.

> 보살의 일심진여는 진여가 없는 가운데서도 진여이고, 진여가 없지 않은 가운데서도 또한 진여이다. 그러나 이승의 진여는 진여가 없는 가운데서는 진여이지만, 진여가 없지 않은 가운데서는 진여가 아니다. 어째서 그런가. 이승인은 허망한 관찰에 의거하여 무상無常 등의 형상(相)을 진여로 간주하기 때문이다. 허망한 관찰은 오직 인지因地에만 있고 과지果地에는 없다. 이런 까닭에 이승의 진여는 성成과 괴壞에 있어서 인지에서는 성成이지만 과지에서는 괴壞이다. 그러나 보살의 진여는 허망을 벗어나 참된 자성에 의거하여 진여를 관찰한다. 그러므로 보살의 진여는 인지와 과지에 다름이 없이 오직 성成일 뿐, 괴壞는 없다. …….[111]

그러므로 "미래제까지 평등하고 영원하다."는 것은 대승에서 말하는 진여의 뜻을 곧장 드러낸 것임을 알아야 한다. "존재하는 법"이 '래'의 뜻이라고 한 것은 유루의 제법이 지나가는 것(去)임에 상대하여 일심은 다가오는 것(來)임을 드러낸 것이다. 저 제법이 지나가는 것에 대하여 말하자면 오취온법五取蘊法의 경우는 과지에 이르지 못하여 지나가면 돌아오지 못하지만, 일심진여의 경우는 과지에서도 존재하여 영원히 지나감이 없다. 그러므로 "존재하는 법은 여래에서 '래'의 뜻을 드러낸 것이다."라고 하였다.『불성론』에서 "자성에 머무는 것으로부터 지득至得(佛地를 가리킨다)

---

[111]『佛性論』권4(T31, 812b).

에 이른 것이다."¹¹²라고 말한 것은 바로 이를 두고 한 말이다.

이와 같이 일심은 두루 일체의 염染과 정淨 등 제법이 의지하는 바이므로 곧 "제법의 근본이다."라고 하였다. 본래의 적정문寂靜門으로 항사의 공덕을 갖추지 않음이 없으므로 "일체법을 갖추었다."고 하였다. 수연의 기동문起動門으로 항사의 염법을 구비하지 않음이 없으므로 "일체법을 구비하였다."고 하였다.

염법을 가지고 심체心體를 향하면 두루 통하지 못하기 그러므로 그로부터 벗어나고 떠나버린다. 하지만 만약 심체를 가지고 염법을 향하면 두루 모든 염법에 통하지 못함이 없다. 그러므로 "세간법에서 떠나지도 않고 진실한 일체법에서 벗어나지도 않는다."고 하였다. "떠나지도 않고 벗어나지도 않는다."는 뜻은 은부여래장隱覆如來藏의 뜻이다.¹¹³

이 셋째, 곧 은부여래장은 일심이 동과 정에 두루 미쳐 염染과 정淨의 소의所依가 됨을 총체적으로 설명한 것이다. 둘째, 곧 소섭여래장은 일심이 기동문에 개별적으로 드러난 것으로 염법染法의 소의이다. 첫째, 곧 능섭여래장은 일심이 적정문에 개별적으로 드러난 것으로 정법淨法의 소의이다.

消其文者。言未來際平等恒及有者。一心之體遍於三際。然前二門中。已顯本際故。此門中明後際等。又欲顯其如來之義。謂未來際平¹⁾等恒者卽是如義。言及有者是其來義。如佛性論云。此眞如者非如中有如。無非如亦如。二乘如者是非如中如。無非如中非如。云何如是。二乘之人約虛妄觀無常等相以爲眞如。此虛妄觀唯因中有果地則無。是故此如或成或壞。菩薩如者離虛妄。約眞性以觀如。故於因果二處無異唯成無壞。乃至廣說。故知後

---

112 『佛性論』 권2(T31, 796a)에서 "둘째는 상주의 뜻이다. 이 진여의 성은 자성의 성에 머무는 것으로부터 지득에 이른다. 진여의 체는 변이가 없는 까닭에 상常의 뜻이다.(二者現常住義。此如性從住自性性來至至得。如體不變異故是常義。)"라고 하였다.
113 이상은 앞에서 인용한 『不增不減經』에 대한 해석이다.

際平等恒者. 正顯大乘之如義也. 所言及有明來義者. 對凡法去顯一心來. 如凡去時五取蘊法不至果²⁾地去而不來. 此一心如果地猶有永無過去. 故言及有卽顯來義. 如論說言從住自性來至至得. 正謂此也. 如是一心通爲一切染淨諸法之所依止故. 卽是諸法根本. 本來靜門. 恒沙功德無所不備. 故言備一切法. 隨緣動門恒沙染法無所不具. 故言具一切法. 然擧染法以望心體不能遍通. 所以離脫. 若擧心體望諸染法. 遍諸染法無所不通. 故言於世法中不離不脫. 不離脫義是隱藏義. 此第三門摠明一心. 通於動靜爲染淨依. 第一³⁾門者別顯動門. 染法所依. 第一門者別顯靜門. 淨法所依.

1) ㉠ '平'은 甲本에는 '下'로 되어 있다. 2) ㉠ '果'가 甲本에는 '異'로 되어 있다. 3) ㉠ '一'은 '二'의 오자로 추측된다. '二'로 수정하여 번역하였다.

둘째에서 "여래장은 본제에 불상응하는 자체이다."라고 하였는데, 이것은 번뇌의 제법이 일심의 자체에 위반되는 것을 불상응이라 한 것이다. 일심의 자체는 기동문을 수연하는 여래장의 소의이기 때문에 그것은 불상응법의 체이다.

"번뇌에 얽힌 불청정한 법이다."라는 것은 능의의 법이 일심의 자체에 의거하여 전변하면서 자심의 체를 얽어서 그에 따라 물들이기 때문에 능의법과 소의법을 합하여 둘째의 여래장의 자체로 삼은 것이다.

"오직 여래가 깨친 지혜로만 단제할 수 있다."는 것은 해탈도解脫道로만 염법을 제대로 단제할 수 있기 때문이다. 이에 대한 자세한 뜻은 『이장장二障章』에서 설하였다.[114]

첫째에서 "본제에 상응하는 자체이다."라는 것은 본래의 적정문에 항사의 공덕을 갖추고 일심에 상응하기 때문에 그것을 상응하는 공덕의 자체라 한 것이다.

"청정한 법이다."라는 것은 능의의 공덕성은 염오를 떠나 있기 때문

---

114 원효의 『二障義』(H1, 805a~c ; 811a)에 자세한 설명이 있다.

이다. 이것은 능의법과 소의법을 합하여 첫째에서 여래장의 자체를 삼은 것이다.

"이 법은 여실하여 허망한 적도 없고 벗어난 적도 없으며 떠난 적도 없어 지혜가 부사의한 법이다."라는 것은 '상응'의 뜻을 해석한 것인데, 이것은 법신의 뜻과 모든 공덕법이 상응하기 때문이다. 이것은 위의 『부증불감경』에서 "떠난 적도 없고 벗어난 적도 없으며 단절된 적도 없고 변이한 적도 없으며 부사의한 불법에 상응한 것을 법신이라 한다."[115]는 말과 같다.

第二中言本際不相應體者。諸煩惱法違反心體名不相應。一心之體隨緣動門爲彼所依故。是不相應法之體。言及煩惱纏不清淨法者。彼能依法依心體轉。纏自心體令隨染故。合取能依所依之法以爲第二如來藏體。唯有如來菩提智之所能斷者。唯解脫道能正斷故。此義具如二障章說。第一中言本際相應體者。本來靜門備恒沙德與心相應故。是相應功德之體。言及淸淨法者。能依功德性離染故。合取能依所依之法以爲第一如來藏體。此法如實不虛妄。不離不脫智不思議法者釋相應義。是法身義與諸功德法相應故。如上文言。不離不脫不斷不異不思議佛法相應名爲法身。

(문) 이것은 무슨 뜻인가?

(답) 이 일심의 자체에 대략 다섯 가지 모습이 있다. 그 다섯 가지는 다음과 같다.

첫째는 집착되는(所取) 차별상을 멀리 떠난 것이다. 둘째는 집착하는(能取) 분별집착을 해탈하는 것이다. 셋째는 삼세제에 평등하지 않음이 없이 편만한 것이다. 넷째는 허공계처럼 편만하지 않음이 없이 평등한 것이다.

---

115 『不增不減經』(T16, 467上) 내용 참조. "내가 설한 법신의 뜻은 과거 항사겁 동안 떠난 적도 없고 벗어난 적도 없으며 단절된 적도 없고 변이한 적도 없는 부사의한 불법으로 여래의 공덕이고 지혜이다.(如我所說法身義者. 過於恒沙不離不脫不斷不異. 不思議佛法如來功德智慧)" 기타 『勝鬘經』(T12, 221c) 참조.

다섯째는 유有·무無·일一·이異 등의 변견에 치우치지 않아 마음으로도 헤아릴 수 없고 언어로도 표현할 수 없는 것이다.

항사보다도 많은 본유공덕本有功德(애초부터 지니고 있는 공덕)에도 또한 다섯 가지 뜻이 있어서 일심의 본체에 상응한다.

첫째는 낱낱의 공덕이 소취의 분별상을 떠나 있으므로 법신을 떠난 적이 없다. 이것은 일심의 자체에 있는 다섯 가지 모습 가운데 첫째의 모습에 상응한다. 『부증불감경』에서 "떠난 적도 없다."고 한 것이 이에 해당한다.

둘째는 낱낱의 공덕이 능취의 집착상을 벗어나 있으므로 법신을 벗어난 적이 없다. 이것은 일심의 자체에 있는 다섯 가지 모습 가운데 둘째의 모습에 상응한다. 저 경문에서 말한 "벗어난 적도 없다."는 것이 이에 해당한다.

셋째는 낱낱의 공덕이 삼세제에 편만하므로 종적으로 전·후제에 단절됨이 없다. 이것은 일심의 자체에 있는 다섯 가지 모습 가운데 셋째의 모습에 상응한다. 그러므로 "단절된 적도 없다."고 하였다.

넷째는 낱낱의 공덕이 허공계처럼 평등하므로 횡적으로 피·차의 처소에 다름이 없다. 이것은 일심의 자체에 있는 다섯 가지 모습 가운데 넷째의 모습에 상응한다. 그러므로 "변이한 적도 없다."고 하였다.

다섯째는 낱낱의 공덕이 모두 변견을 떠나 분별사량의 경계가 아니고 언어문자의 표현이 끊겨 있다. 이것은 일심의 자체에 있는 다섯 가지 모습 가운데 다섯째의 모습에 상응한다. 저 『부증불감경』에서 "부사의한 불법이다."라고 한 것이 이에 해당한다.

모든 공덕법에 이 다섯 가지 뜻이 있어 일심의 자체와 차별이 없고 일미에 융통한다. 이런 도리를 말미암아 '상응'이라 하는데, 저 심왕心王과 심수心數의 경우처럼 개별적인 자체로 상응하는 것은 아니다.

지금 여기에서 "떠난 적도 없고 벗어난 적도 없어 지혜가 부사의한 법이다."라고 한 것은 모든 공덕 가운데 대략 일각의 뜻(覺義)만 언급하고 그 다섯 가지 상응에서 간략하게 세 가지 뜻만 설명한 것이다.[116] 여래장의 세 가지 뜻 가운데 이것은 첫째인 능섭여래장에 해당한다. 이로써 여래장의 세 가지 뜻을 약술하였다.

是義云何。此一心體略有五相。何等爲五。一者遠離所取差別之相。二者解脫能取分別之執。三者遍三世際無所不等。四者等虛空界無所不遍。五者不墮有無一異等邊。超心行處。過言語道。過恒沙等本有功德亦有五義與體相應。一者一一功德離所取相故非法身所離。與第一相相應。如經言不離故。二[1])者一一功德脫能取執故非法身所脫。與第二相相應。如經不脫故。三者此一一德遍三世際縱無前後際斷。與第三相相應。故言不斷。四者此一一德等虛空界。橫無彼此處異。與第四相相應故言不異。五者一一功德皆離諸邊非思量境絶言語路。與第五相相應。如經言不思議故。諸功德法有此五義。與體無別融通一味。由是道理名爲相應。非如王數別體相應。今此中言不離不脫智不思議法者。諸功德中略舉覺義。五相應中略說三義。此是第一能攝藏也。三種藏義略述如之。

1) 갑 '二'가 甲本에는 '一'로 되어 있다.

둘째의 소섭여래장에 대하여 『승만부인경』에서는 다음과 같이 말한다.

세존이시여, 공여래장이란 법신으로부터 떠나 존재하고 벗어나 존재하며 다르게 존재하는 일체의 번뇌장입니다. 세존이시여, 불공여래장이란 항사겁이 지나도록 법신으로부터 떠난 적도 없고 벗어난 적도 없으

---

[116] 위의 『不增不減經』(T16, 467a)에서 말한 "떠난 적도 없고, 벗어난 적도 없으며, 단절된 적도 없고, 변이한 적도 없으며, 부사의한 불법에 상응한 것"의 다섯 가지 가운데 '떠난 적도 없고, 벗어난 적도 없으며, 부사의한 불법'의 세 가지만 설명했다는 것이다.

며 달라진 적도 없는 부사의한 법입니다.[117]

생각해 보면 번뇌의 제법은 모두 허망한 것이다. 그것은 부실한 경계를 말미암은 것이기 때문에 '허虛'라고 하고, 자체가 산란함을 말미암은 것이기 때문에 '망妄'이라 한다. 망이므로 진眞이 없고, 허이므로 실實이 없다. 진과 실이 없기 때문에 공이라 하고, 여래를 덮고 있으므로 여래장이라 한다. 곧 이와 같은 공의 뜻이야말로 진실을 은부隱覆(감추어 덮음)한 것이다.

모든 번뇌의 경계는 부실한 모습으로서 법신으로부터 떠나 있기 때문에 "떠나 존재한다."고 하였다. 모든 번뇌의 자체는 망집에 얽혀서 법신으로부터 벗어나 있기 때문에 "벗어나 존재한다."고 하였다. "다르게 존재한다."고 말한 것은 앞의 허망한 차별과 분별이 법신의 평등성에 어긋나기 때문이다. 법신으로부터 떠나 존재하고 벗어나 존재하며 다르게 존재하는 이 세 가지 뜻으로 법신과 불상응하므로 진실이 없는데, 이것이야말로 곧 공의 뜻이다.

"불공"이란 일체의 공덕이 자체와 상응하는데 그 자체는 망이 아니므로 진이고, 그 경계는 허가 아니므로 실임을 말한 것이다. 진실을 말미암은 것이므로 불공이라 하고, 여래를 은부하고 있으므로 여래장이라 한다. "법신으로부터 떠난 적도 없고 벗어난 적도 없으며 달라진 적도 없는 부사의한 법입니다."라는 구절은 불공의 뜻을 말한 것이다. 이것의 의미는 세 종류의 여래장의 문에서 이미 설명한 것과 같다.

그러나 여기에서 불공여래장의 자체는 앞의 세 가지[118] 가운데 첫째의 법에 해당한다. 여기에서 공의 뜻은 그것의 둘째에 해당한다. 저 세 가지

---

117 『勝鬘經』(T12, 221c).
118 앞의 세 가지 : 『不增不減經』에서 말한 세 가지 법을 말한다. 첫째는 여래장은 본제에 상응하는 자체이고 청정한 법이고, 둘째는 여래장은 본제에 불상응하는 자체이고 번뇌에 얽힌 불청정한 법이며, 셋째는 여래장은 미래제까지 평등하고 영원히 존재하는 법이라는 것이다.

여래장 가운데 은부의 뜻은 그 셋째인 은부여래장에 그대로 합치되어 있다.[119] 그러므로 은부여래장 앞에 있는 능섭여래장과 소섭여래장의 두 가지 뜻에 대해서는 별도로 드러낸다.

지금 이 능섭여래장문과 소섭여래장문은 진실을 은부하고 있다는 것이 공의 뜻임을 드러내려는 것이다. 그러므로 능부와 소부의 두 가지 뜻으로 구별한다. 또한 『부증불감경』과 『승만경』은 각각 별도로 여래장문의 뜻을 드러낸다. 그러므로 두 가지 경우와 세 가지 경우로 다르게 해석하였다. 그에 대한 논의는 이것으로 마치고 다시 본문을 해석하겠다.

言二門者。如夫人經言。空如來藏者。若離若脫若異一切煩惱藏。不空如來藏者。不離不脫不異不思議佛法。案云。諸煩惱法皆是虛妄。由境不實故虛。由體散亂故妄。妄故無眞。虛故無實。無眞實故說名爲空。能覆如來名如來藏。卽是空義。隱覆眞也。諸煩惱境不實之相法身所離故曰若離。諸煩惱體妄執之縛法身所脫故言若脫。言若異者。卽前虛妄差別分別乖於法身平等性故。以此三義不相應故。是無眞實卽是空義也。言不空者。一切功德與體相應。體非妄故眞。境非虛故實。由眞實故說名不空。如來被覆名如來藏。不離不脫等句是釋不空之義。義如三種藏門已說。然此中不空如來藏體卽前三中第一之法。此中空義是彼第二。而彼三種如來藏中隱覆之義合在第三。故前二中別顯能攝所攝二義。今此二種如來藏門欲顯空義隱覆眞實。故別能覆所覆二義。又此二經互顯別義。所以二三兩門異釋。且止乘論。還釋本文。

경 부처님께서 말씀하셨다.

---

119 세 종류 여래장 가운데 은부의 뜻은 셋째인 은부여래장에 그대로 합치되어 있어 별도로 설명할 필요가 없다. 이하 능섭과 소섭에 대하여 『勝鬘經』의 공과 불공을 인용하여 별도로 설명한다.

"여래장은 생멸하는 여지慮知의 상이다. 이치를 감추어 드러내지 않는 것이 여래장이니, 그 자성은 고요하여 움직이지 않는다."

佛言。如來藏者。生滅慮知相。隱理不顯。是如來藏。性寂不動。

논 "생멸하는 여지慮知의 상이다."라는 것은 곧 공여래장空如來藏이다. 다만 이 경문에서는 감추는 주체(能隱)의 뜻을 드러낼 뿐 그것을 여래장이라고 하지는 않았다.

"이치를 감추어 드러내지 않는 것이 여래장이다."라는 것은 불공여래장不空如來藏이니, 감춰지는 대상(所隱)의 뜻에 의하여 여래장이라 한 것이다.

"그 자성은 고요하여 움직이지 않는다."는 것은 이 여래장의 자성은 비록 감추어져 있지만 바뀌지 않음을 드러낸 것이다.

『무상론』에서는 여래장의 자성(性)에 다섯 가지 뜻이 있음을 설명한다.[120]

첫째는 종류種類의 뜻으로 자성의 뜻을 삼는다. 마치 병과 옷 등 일체의 색법이 사대의 종류를 떠나지 않고 모두 사대로서 자성을 삼는 것과 같다. 이와 같이 중생은 여래장이라는 일계를 벗어나지 않고 모두 동일계로서 종류를 삼기 때문이다. 『섭대승론』에서는 이를 체류體類의 뜻이라 하였고,[121] 『불성론』에서는 자성自性의 뜻이라 하였다.[122] 이들은 말은 다르지만 뜻은 다르지 않다.

---

120 『現識論』(T31, 881c~882a)에 의하면, '그 다섯 가지 뜻'은 자성종류自性種類·인성因性·생生·불괴不壞·비밀장祕密藏이고, 또한 『無相論』은 『三無性論』·『顯識論』·『轉識論』으로 구성되어 있었다고 한다.
121 『攝大乘論釋』권1(T31, 156c)에서는 그 다섯 가지가 체류의體類義·인의因義·생의生義·진실의眞實義·장의藏義이다.
122 『佛性論』권2(T31, 796b)에서는 그 다섯 가지가 여래장자성如來藏自性·정법장인正法藏因·법신장지득法身藏至得·출세장진실出世藏眞實·자성청정장비밀自性清淨藏秘密이다.

둘째는 인因의 뜻으로 자성의 뜻을 삼는다. 마치 나무에 있는 불의 자성과 같아서 불이 일어나는 인이 되므로 자성이라 말한다. 이와 같이 성인의 모든 무루법도 이것이 인이 되어 이루어진다.『섭대승론』과『불성론』에서도 똑같이 인의 뜻이라 하였다.

셋째는 생生의 뜻으로 자성의 뜻을 삼는다. 마치 진금을 단련하여 장엄구를 만들어 낼 경우 장엄구가 생성되는 것은 진금을 자성으로 삼는 것과 같다. 이 여래장계도 또한 그와 같이 과지果地의 오분법신五分法身을 생성(能生)한다. 그 법신의 생성은 여래장계를 자성으로 삼는다.『섭대승론』에서도 또한 생生의 뜻이라 하였고,『불성론』에서는 지득至得의 뜻이라 하여 인因의 뜻과는 구별하였다. 인因은 과지 이전에 있다는 뜻이기 때문에 이 생已生의 입장에서 지득의 뜻이라 한 것이다.

넷째는 불개不改의 뜻으로 자성의 뜻을 삼는다. 마치 금강보배의 성질이 1겁 동안 머물러도 증가도 없고 감소도 없는 것과 같다. 이와 같이 여래장계도 삼세에 평등하게 머물러 세간에서도 무너지지 않고 출세간에서도 끝이 없다.『섭대승론』과『불성론』에서는 진실眞實의 뜻이라 말하였는데, 진실의 뜻은 무너지지 않는다는 뜻이다. 그러므로 말은 다르지만 뜻은 같다.

다섯째는 밀장密藏의 뜻으로 자성의 뜻을 삼는다. 누런 돌에 들어 있는 진금의 성질과 같다. 누런 쇳돌을 부수지 않으면 이익을 얻을 수 없지만 수순하여 연마하면 보배로 활용할 수가 있다. 이런 까닭에 여래장의 자성은 은장隱藏의 뜻이다. 여래장의 자성도 또한 이와 같은 줄 알아야 한다. 그 얽혀 있는 것을 부수지 않으면 외外가 되고 염染이 되지만 얽혀 있는 것을 부수어 상응하면 내內가 되고 정淨이 된다. 그러므로 여래장의 자성이 밀장의 뜻인 줄 알아야 한다. 이를『불성론』에서는 비밀秘密의 뜻이라 하였고,『섭대승론』에서는 장藏의 뜻이라 하였다. 뜻은 같지만 말만 다르다는 것을 분명히 알 수가 있다.

지금 이 경문에서 말한 "자성"에도 이 다섯 가지 뜻이 포함되어 있다. "고요하여 움직이지 않는다."라는 것은 마지막 넷째와 다섯째의 두 가지 뜻을 요약하여 드러낸 것이다. '고요함'은 비밀祕密의 뜻이고, '움직이지 않음'은 불개不改의 뜻이기 때문이다.

이상으로 일각一覺의 뜻에 대하여 본격적으로 설법하는 부분을 마친다.

生滅慮知相者。卽是空如來藏。但此文中。顯能隱義。而不名此爲如來藏。言隱理不顯是如來藏者。是不空如來藏。約所隱義名如來藏。言性寂不動者。顯此藏性。雖隱不改。此性有五義。如無相論說。一種類義是性義。如甁衣等一切色法。不離四大種類。皆以四大爲性。如是衆生不出一界。皆用一界爲種類故。攝大乘論。名體類義。佛性論中。名自性義。言有左右。意無異也。二者因義是性義。如木中有火性。與火作因。故名爲性。如是聖人諸無漏法。以此爲因而得成故。彼二論中。同名因義也。三者生義是性義。如鍊眞金。生莊嚴具。莊嚴具生。以金爲性。此界亦爾。能生果地五分法身。法身之生。此界爲性。攝大乘中。亦名生義。佛性論中。名至得義。爲別因義。是在果前故。就已生名至得義。四者不改義是性義。猶如金剛寶性一劫等住無增無減。如是此界。三世等住。世間不壞。出世不盡。彼二論中。名眞實義。眞實義者。是不壞義。所以言異而意同也。五者密藏義是性義。如黃石中。有眞金性。若不破礦。無所利益。隨順鍊治。卽有寶用。是故彼性是隱藏義。如來藏性。當知亦爾。不破其纏。爲外爲染。破纏相應成內成淨。故知此性是密藏義。佛性論中。名祕密義。攝大乘論。名爲藏義。義同言異。灼然可見。今此文中。所言性者。含此五義。寂不動者。略顯後二。寂是密藏義。不動是不改義故。上來正廣一覺義竟。

b. 총론을 인하여 각론을 발생시켜 모든 의난을 없앰

이하 부분에 여섯 가지 문답[123]이 있는데, 총론을 인하여 각론을 발생시키는(因論生論) 방법으로 모든 의심을 해결한다.

自此已下。有六問答。因論生論。決諸疑難。

a) 감추는 주체인 여지慮知의 상을 설명함

경 해탈보살이 부처님께 사뢰어 여쭈었다.
"존자이시여, 생멸하는 여지의 상이란 무엇입니까?"

解脫菩薩。而白佛言。尊者。云何生滅慮知相。

논 이 대목은 첫째 문답[124]으로, 감추는 주체(能隱)인 여지慮知의 상을 설명한다.

此一問答。明其能隱慮知之相。

(a) 답변함

이 답변은 두 겹으로 되어 있다. 첫째는 간략하게 답변하고, 둘째는 자세하게 설명한다.

此答中有二重。先略答。後廣演。

ⓐ 간략한 답변

---

[123] 일각에 대한 여덟 가지 문답 가운데 그 셋째부터 여덟째까지를 말한다. 그 셋째로부터 생멸 및 여지의 모습에 대한 여섯 가지 문답이 이어진다.
[124] "생멸하는 여지의 상"에 대한 여섯 가지 문답 가운데 첫째이다. 일각에 대한 여덟 가지 문답으로 보면 그 셋째에 해당한다.

경 부처님께서 말씀하셨다.

"보살이여, 여래장의 도리에는 옳고 그름이 없다. 만약 옳고 그름이 있으면 온갖 망념이 발생한다. 그 천만 가지 사려분별이 곧 생멸의 모습이다.

佛言。菩薩。理無可不。若有可不。卽生諸念。千思萬慮。是生滅相。

논 첫째의 간략한 답변에는 두 구절이 있다.

첫째는 미혹의 대상(所迷)을 언급한다. 미혹의 대상인 도리에는 마음의 작용이 미치지 못하므로 "여래장의 도리에는 옳고 그름이 없다."고 말한다. '옳다(可)'는 것은 시是이고, '그르다(不)'는 것은 비非이다. 도리(理)는 사구四句[125]와 단절되어 모든 시비를 떠나 있어서 분별심의 작용이 미치는 대상이 아니다.

둘째는 미혹하게 만드는 주체(能迷)를 드러낸다. "만약 옳고 그름이 있으면 온갖 망념이 발생한다."는 것은 무명 때문에 평등함을 깨치지 못하면 곧 옳고 그름의 분별심이 발생한다. 이로 말미암아 여섯 가지 염심[126]이 함께 일어나기 때문이다.

"그 천만 가지 사려분별이 곧 생멸의 모습이다."라는 것은 여섯 가지 염심에 거침(麤)과 미세함(細)이 있어 모두 평등함에 어긋나는 것이니, 이는 생멸의 모습이기 때문이다. 『대승기신론』에서는 다음과 같이 말한다.

또한 생멸상을 분별하면 대략 두 가지가 있다. 두 가지는 다음과 같

---

[125] 사구四句 : 유구有句·무구無句·역유역무구亦有亦無句·비유비무구非有非無句의 사구를 말한다. 이로써 백비百非에 이르기까지 형성되는 일체의 분별을 의미한다.
[126] 여섯 가지 염심 : 집상응염심執相應染心·부단상응염심不斷相應染心·분별지상응염심分別智相應染心·현색불상응염심現色不相應染心·능견심불상응염심能見心不相應染心·근본업불상응염심根本業不相應染心을 가리킨다.

다. 첫째는 거침(麤)인데 마음과 상응하기 때문이다. 둘째는 미세함(細)인데 마음과 상응하지 않기 때문이다. 또 거침 가운데 거침은 범부의 경계이고, 거침 가운데 미세함 및 미세함 가운데 거침은 보살의 경계이며, 미세함 가운데 미세함은 곧 부처의 경계이다. 이 두 가지 생멸은 무명의 훈습에 의거하여 존재하니, 이른바 인因에 의거하고 연緣에 의거하는 것이다. 인에 의거한다는 것은 불각不覺의 뜻이고, 연에 의거한다는 것은 허망하게 일으킨 경계라는 뜻이다. 그러므로 만약 인이 소멸하면 연도 소멸한다. 인이 소멸하기 때문에 불상응심이 소멸하고, 연이 소멸하기 때문에 상응심이 소멸한다.[127]

略中二句。先擧所迷。所迷之理。心行處滅。故言理無可不。可者是也。不者非也。理絶四句。離諸是非。非分別心之所行處也。次顯能迷。若有可不卽生諸念者。以有無明。不覺平等。卽有分別可不之心。由是具起六種染心故。千思萬慮是生滅相者。六種染心。雖有麤細。皆違平等。是生滅相故。如起信論云。復次分別生滅相者。略有二種。云何爲二。一者麤。與心相應故。二者細。與心不相應故。又麤中之麤。凡夫境界。麤中之細。細中之麤。菩薩境界。細中之細。是佛境界。此二種生滅。依於無明熏習而有。所謂依因依緣。依因者。不覺義故。依緣者。妄作境界義故。若因滅卽緣滅。因滅故。不相應心滅。緣滅故。相應心滅。

생각해 보면 여기에서 "중생심에 상응하는 거침"이란 세 가지 상응염相應染이고, "중생심에 불상응하는 미세함"이란 세 가지 불상응염이다. "거침 가운데 거침"은 집상응염執相應染과 부단상응염不斷相應染으로 모두 6식에 해당하므로 범부의 경계이다. "거침 가운데 미세함"은 분별지상응염分別智相應染으로 제7식에 해당한다. "미세함 가운데 거침"은 현색불상

---

[127] 『大乘起信論』(T32, 577c~578a).

응염現色不相應染과 능견심불상응염能見心不相應染이다. "미세함 가운데 미세함"은 근본업불상응염根本業不相應染이다. 이 세 가지[128]는 모두 제8식의 경지에 해당한다. 이 가운데 세 가지 미세한 생멸(細生滅)은 무명의 바람으로 움직여지기 때문에 "인이 소멸하기 때문에 불상응심이 소멸한다."고 하였다. 이 가운데 세 가지 거친 생멸(麤生滅)은 경계의 바람으로 움직여지기 때문에 "연이 소멸하기 때문에 상응심이 소멸한다."고 하였다. 이에 대한 자세한 내용은 저『기신론소』[129]에서 서술한 바와 같다.

지금 경문에서 말한 "그 천 가지 사려분별"이란 모든 불상응염심의 미세한 분별을 총섭한 것이다. "그 만 가지 사려분별"이란 모든 상응염심의 거친 분별을 총섭한 것이다. 이 두 가지는 모두 망념이 움직인 모습이다. 따라서 "곧 생멸의 모습이다."라고 한 것이다.

案云。此中麤與心相應者。謂三種相應染。細與心不相應者。三種不相應染。麤中之麤者。謂執相應染。不斷相應染。皆在六識故。凡夫境界也。麤中之細者。謂分別智相應染。在第七識。細中之麤者。謂現色不相應染。能見心不相應染。細中之細者。謂根本業不相應染。此三皆在第八識位。此中三種細生滅者。無明風所動。故言因滅故不相應心滅。於中三種麤生滅者。境界風所動。故言緣滅故相應心滅。於中委悉。如彼論疏中說也。今此經言千思者。摠攝一切不相應染。細分別故。萬慮者。摠攝一切相應染心。麤分別故。此二皆是動念之相。以之故言是生滅相也。

ⓑ 자세하게 설명함

이하는 둘째로 자세하게 설명하는 부분이다. 여기에 세 가지가 있다.

---

128 세 가지 : 현색불상응염심現色不相應染心·능견심불상응염심能見心不相應染心·근본업불상응염심根本業不相應染心을 가리킨다.
129 원효가 지은『大乘起信論疏』를 말한다.

첫째는 생멸의 모습에 상대하여 도리의 만족을 드러내고, 둘째는 도리의 만족에 상대하여 염의 과실을 설명하며, 셋째는 도리에 수순하여 염을 소멸하고 기동을 제거하여 적연에 나아가는 공리功利를 변별한다.

此下廣演。於中有三。一者對生滅相顯理滿足。二者對理滿足明染闕失。三辨順理滅染去動趣寂之利。

경 보살이여, 본각의 자성을 관찰해 보면 그 도리가 애초부터 갖추어져 있다. 따라서 천만 가지 사려분별은 도리를 증가시키지 못하고 한낱 동란動亂에 불과하여 본래의 심왕을 상실할 뿐이다.

菩薩。觀本性相。理自滿足。千思萬慮。不益道理。徒爲動亂。失本心王。

ㄱ. 생멸의 모습에 상대하여 도리(理)의 만족을 드러냄

그 첫째에서 "보살이여"라는 말은 해탈보살을 부르는 표현이다.
"본각의 자성을 관찰해 본다."는 것은 부처님께서 본각 여래장의 자성을 관찰해 본다는 것이다.
"그 도리(理)가 애초부터 갖추어져 있다."는 것은 관찰된 본각 여래장의 도리에 무량한 자성의 공덕이 구족되어 있다는 것이다. 그러므로 『기신론』에서 다음과 같이 말한다.

또한 진여 자체상은 본래부터 그 자성에 일체의 공덕이 만족되어 있다. 소위 진여 자체에 대지혜의 광명이라는 뜻이 있고, 법계를 널리 비춘다는 뜻이 있으며, 제대로 알아차린다는 뜻이 있고, 자성청정심의 뜻이 있으며, 상·낙·아·정의 뜻이 있고, 청량·불변·자재하다는 뜻이 있다. 이와 같이 항사를 능가하고, 떠난 적도 없으며, 단절된 적도 없고, 변

이한 적도 없는 부사의한 불법을 구비 내지 구족하고 나아가서 부족한 뜻이 없으므로 여래장이라 하고, 또한 여래법신이라 한다.[130]

지금 이 경문의 "그 도리가 애초부터 갖추어져 있다."는 것은 이와 같은 공덕이 갖추어져 있음을 통틀어 드러낸 것이다. 첫째 경문의 뜻을 마친다.[131]

初中言菩薩者。是呼解脫菩薩之辭。觀本性相者。佛觀本覺如來藏性故。理自滿足者。所觀本覺如來藏理。具足無量性功德故。如起信論云。復次眞如自體相者。從本已來。性自滿足一切功德。所謂自體有大智慧光明義故。遍照法界義故。眞實識知義故。自性淸淨心義故。常樂我淨義故。淸涼不變自在義故。其足如是過於恒沙不離不斷不異不思議佛法。乃至滿足無有所少義故。名爲如來藏。亦名如來法身故。今此經言。理自滿足。摠顯如是功德滿足也。初段文竟。

ㄴ. 도리의 만족에 상대하여 염의 과실을 설명함

둘째는 생멸하는 망념의 과실에 대하여 설명한다.[132] 여기서는 이익이 없고 손해가 있음을 통틀어 설명하고 있다. 이 뜻에 대하여『기신론』에서는 다음과 같이 자세하게 해석한다.

問 위에서는 진여에 대하여 그 자체가 평등하여 일체의 모습을 떠나 있다고 말했다. 그런데 어째서 그 자체에 이와 같은 갖가지 공덕이 있다고 다시 설하는가?

---

130 『大乘起信論』(T32, 579a).
131 생멸의 모습에 상대하여 도리의 만족을 드러낸 경문에 대한 해석을 마친다는 뜻이다.
132 앞에서 "도리의 만족에 상대하여 염의 궐실闕失을 설명한다."는 대목을 가리킨다.

답 비록 그와 같은 공덕의 뜻이 실제로 있다고 해도 무차별상으로 동등한 일미이고 유일한 진여이다. 무슨 뜻인가 하면 무분별하여 분별상을 떠나 있는 까닭에 무이無二이다.

문 그러면 또 무슨 뜻에서 차별상을 설하는가?

답 업식에 의하여 생멸상이 발생하는 것을 보여 준 것이다.

문 그것을 어떻게 보여 주고 있는가?

답 일체법은 본래 유심唯心으로 실로 망념(想念)이 없다. 그러나 망심 때문에 깨닫지 못하고 망념을 일으켜 모든 경계를 보기 때문에 무명이라 한다. 그리고 심성이 일어나지 않는 그것이 곧 대지혜의 광명이라는 뜻이다. 만약 심성에서 유견有見이 일어나면 곧 불견不見의 상도 있겠지만, 심성에서 유견이 떠나 있으면 곧 법계를 널리 비춘다는 뜻이다. 만약 마음이 기동하면 제대로 알 수도 없으며, 자성이 없고 상도 없고 낙도 없고 아도 없고 정도 없으며, 내지 (열뇌로 붕괴되어 자재하지 못하고) 항사를 능가하는 망염妄染의 뜻이 구비된다. 이런 뜻에 상대하여 심성이 기동하지 않으면 곧 항사를 능가하는 공덕상의 뜻이 있음을 시현한다. 이에 만약 마음이 기동하여 목전의 법에서 망념인 줄을 보게 된다면 부족하지만 이와 같이 청정법의 무량한 공덕은 곧 일심이기 때문에 그 망념이 없어져 만족하게 되는데, 그것을 법신여래장이라 한다.[133]

---

[133] 『大乘起信論』(T32, 579a~b)에 의하여 누락된 부분을 보충하여 번역하였다. "問曰。上說眞如其體平等離一切相。云何復說體有如是種種功德。答曰。雖實有此諸功德義。而無差別之相。等同一味唯一眞如。此義云何。以無分別離分別相。是故無二。復以何義得說差別。以依業識生滅相示。此云何示。以一切法本來唯心實無相【於】念。而有妄心不覺起念見諸境界故說無明。心性不起即是大智慧光明義故。若心起見即有不見之相。心性離見即是遍照法界義故。若心有動非眞識知。無有自性。非常非樂非我非淨。乃至。【熱惱衰變則不自在】。具足【有】過恒沙等妄染之義。對此義故。心性無動即有過恒沙等諸淨功德相義示現。若心有起。更見前法可念者即有所少。如是淨法無量功德。即是一心更無所念。是故滿足名爲法身如來之藏。"

여기 경문에서 "한낱 동란에 불과하다."고 한 것은 마음이 기동한다면 제대로 알 수 없고, 자성이 없으며, 상·낙·아·정도 없기 때문에 '동動'이라 하였고, 심성에서 유견이 일어나면 곧 불견의 상 등도 있기 때문에 '난亂'이라 하였다.

"본래의 심왕을 상실할 뿐이다."라는 것에서 무량한 공덕이 곧 일심인데, 일심이 주主가 되므로 '심왕'이라 하였고, 생멸과 동란으로 이 심왕을 떠나 다시는 돌아가지 못하므로 '상실할 뿐이다.'라고 하였다.

次明生滅動念之過。於中摠明無益有損。如彼論中。廣釋此義云。問曰。上說眞如其體平等。離一切相。云何復說體有如是種種功德。答曰。雖實有此諸功德義。而無差別之相。等同一味。唯一眞如。此義云何。以無分別離分別相。是故無二。復以何義。得說差別。以依業識生滅示。此云何示。以一切法。本來唯心。實無相念。而有妄心。不覺起念。見諸境界。故說無明。心性不起。卽是大智慧光明義故。若心起見。卽有不見之相。心性離見。卽是遍照法界義故。若心有動。非眞識知。無有自性。非常非樂非我非淨。乃至具足過恒沙等妄染之義。對此義故。心性無動。卽有過恒沙等諸淨功德相義示現。若心有起。更見前法可念者。卽有所少。如是淨法無量功德。卽是一心。更無所念。是故滿足名爲法身如來之藏。今此經言徒爲動亂者。以心有動。非眞識知。無有自性。非常樂我淨等。故言動也。以心起見。卽有不見之相等。故言亂也。失本心王者。無量功德。卽是一心。一心爲主。故名心王。生滅動亂。違此心王。不得還歸。故言失也。

ㄷ. 도리에 수순하여 염을 소멸하고 기동을 제거하여 적연에 나아가는 공리를 변별함

이하는 셋째로 도리에 수순하여 염染을 소멸하고 기동을 제거하여 적연의 경지에 나아가는 대목이다. 여기에 두 가지가 있다. 첫째는 곧장 드

러내고, 둘째는 거듭 성취한다.

此下第三順理滅染去動就寂。於中有二。正顯。重成。

ㄱ) 곧장 드러냄

경 그러나 만약 사려분별이 없으면 곧 생멸이 없어져 여실하여 기동이 없으며, 제식이 안적安寂하고 번뇌(流注)가 발생하지 않아 오법五法이 청정해진다. 이것을 대승이라 말한다.

若無思慮。卽無生滅。如實不起。諸識安寂。流注不生。得五法淨。是謂大乘。

논 이 경문은 기동을 제거하여 적연의 경지에 나아가는 것을 곧장 드러내는 부분이다.

"만약 사려분별이 없으면"은 처음 초지로부터 불지에 이르기까지 일심의 평등법계를 점차 수순하여 영원히 일체의 사려분별이 없어지기 때문이다.

"생멸이 없어진다."는 것은 앞서 사려분별로 말미암아 생멸상이 있었지만 이제 사려분별이 없어져 영원히 분별하지 않아 두 종류의 생멸[134]을 완전히 떠났기 때문이다.

이로부터 이미 도리에 수순하여 기동하지 않고 미래제가 다하도록 다

---

[134] 두 종류의 생멸 : 집상응염심執相應染心·부단상응염심不斷相應染心·분별지상응염심分別智相應染心·현색불상응염심現色不相應染心·능견심불상응염심能見心不相應染心·근본업불상응염심根本業不相應染心의 여섯 가지 염심 가운데 현색불상응염심·능견심불상응염심·근본업불상응염심의 세생멸細生滅과 집상응염심·부단상응염심·분별지상응염심의 추생멸麤生滅을 가리킨다. 또한 『楞伽經』의 내용을 인용한 『金剛三昧經通宗記』 권3(X35, 272b)에서 말하는 다음과 같은 2종의 생주멸生住滅을 참조. "楞伽經云。諸識有二種生住滅。謂流注生及相生。流注住及相住。流注滅及相滅。"

시는 기동하지 않기 때문에 "여실하여 기동이 없다."고 하였다.

두 종류의 생멸이 완전히 그치면 여덟 가지 식의 움직임은 모두 적정으로 돌아가고, 여섯 가지 염의 번뇌가 영원히 소멸되어 일어나지 않기 때문에 "제식이 안적하고 번뇌가 발생하지 않는다."고 하였다.

번뇌가 발생하지 않으므로 법계가 원만하게 드러나고, 제식이 안적하므로 사지四智가 원만하게 성취되기 때문에 "오법이 청정해진다."고 하였다.

실어 나르는(運載) 공덕에 있어서 이것을 능가함이 없으므로 "이것을 대승이라 말한다."라는 말로 총결하였다.

기동을 제거하여 적연의 경지에 나아감을 곧장 설명하는 부분을 마친다.

此卽正顯去動就寂。若無思慮者。始從初地乃至佛地。漸順一心平等法界。永無一切思慮分別故。卽無生滅者。由前思慮。有生滅相。今無思慮。永無分別。二種生滅。究竟離故。從此已去。順理不動。窮未來際。不復還動。故言如實不起。二種生滅。究竟息時。八種識動。皆得歸靜。六染流注。永滅不起。故言諸識安寂流注不生。流注不生故。法界圓顯。諸識安寂故。四智滿成。故言得五法淨。運載之功。莫過於此故。摠結言是謂大乘。正明去動就寂文竟。

ㄴ) 거듭 성취함

경 보살이여, 오법이 청정해진 경지에 들어가면 마음에 곧 망념이 없어진다. 망념이 없어지면 여래의 자각성지自覺聖智의 경지에 들어간다. 자각성지의 경지에 들어가면 일체법이 본래 불생임을 잘 알게 된다. 본래 불생임을 알면 곧 망상이 없어진다."

菩薩。入五法淨。心卽無妄。若無有妄。卽入如來自覺聖智之地。入智地者。善知一切從本不生。知本不生。卽無妄想。

논 이것은 거듭해서 성취를 드러내는 대목이다. 여기에 삼구가 있다.

첫째 "오법이 청정해진 경지에 들어가면 마음에 곧 망념이 없어진다."고 한 것은 일심의 근원(心源)으로 돌아갈 때 망념의 불각이 없어진다는 것이다.

둘째 "망념이 없어지면 여래의 자각성지의 경지에 들어간다."고 한 것은 불각이 다하는 때에 곧 시각始覺의 원만한 지혜(圓智)의 경지에 들어간다는 것이다. 이는 곧 불각에 상대하여 시각의 충만을 드러낸 것이다.

셋째 "자각성지의 경지에 들어가면 일체법이 본래 불생임을 잘 알 수 있다. 본래 불생임을 알면 곧 망상이 없어진다."고 한 것은 시각이 충만할 때 사상四相(生·住·異·滅)으로 기동되는 망념의 불각이 본래 불생임을 알게 되는 것이니, 망상이 본래 없음을 알기 때문이다. 이는 시각이 본각과 다르지 않음을 드러낸 것이다. 그래서 『기신론』에서는 다음과 같이 말한다.

> (또한 마음의 발기에 대하여 처음의 모습은 알 수가 없다. 그러나 처음의 모습을 안다고 하는 것은 곧 무념을 말한 것이다. 이런 까닭에) 일체중생을 깨달았다고 하지 않으니, 본래부터 생각생각 상속되어 일찍이 망념을 떠난 적이 없기 때문에 무시무명無始無明이라 말한다. 만약 무념을 터득하면 곧 마음의 생상·주상·이상·멸상을 알게 되니, 무념과 동등하기 때문이다. 실로 시각과 다름이 없으니 사상四相이 동시에 있어서 각각 독립적으로 일어남이 없고, 본래 평등하므로 본각과 똑같다.[135]

생각해 보면, 『기신론』에서 "만약 무념을 터득하면 곧 마음의 생상·주상·이상·멸상을 알게 된다."는 말은 『금강삼매경』의 "일체법이 …… 알게 된다."는 것을 드러낸 것이다. 또 『기신론』에서 "실로 시각과 다름이 없

---

[135] 『大乘起信論』(T32, 576b~c)에 의하여 누락된 부분을 보충하여 번역하였다.

다."는 말은 곧 『금강삼매경』의 "본래 불생임을 잘 알게 된다."는 것을 드러낸 것이다. 또 『기신론』에서 "사상이 동시에 있어서 각각 독립적으로 일어남이 없고, 본래 평등하므로 본각과 똑같다."는 말은 곧 『금강삼매경』의 "본래 불생임을 알면 곧 망상이 없어진다."는 것을 드러낸 것이다. 꿈에서 강을 건너는 비유[136]는 이와 관련하여 자세히 설명되어야 한다.

此是重顯。即有三句。初言入五法淨心即無妄者。歸心源時。即無妄念之不覺故。第二言若無有妄即入如來自覺聖智之地者。不覺盡時。即入始覺圓智之地故。是對不覺顯始覺滿也。第三入智地者善知一切從本不生知本不生即無妄想者。始覺滿時能知不覺四相動念本來不生。即知本來無妄想故。是顯始覺不異本覺也。如起信論云。一切衆生。不名爲覺。以從本來。念念相續。未曾離念。故說無始無明。若得無念者。即知心相生住異滅。以無念等故。而實無有始覺之異。以四相俱時而有。皆無自立。本來平等。同一覺故。案云。此中言若得無念即知心相生住異滅者。即顯經中善知一切也。而實無有始覺之異者。即顯經中善知從本不生也。以四相俱時而有。皆無自立。本來平等同一覺故者。即顯經中知本不生。即無妄想也。夢中渡河之喻。此中應廣說也。

b) 망상을 그칠 필요가 없음을 설명

---

[136] 꿈에서 강을 건너는 비유 : 『合部金光明經』 권1(T16, 364c), "비유하면 어떤 사람이 침상에 누워 꿈을 꾼 것과 같다. 그는 꿈에 큰 강물이 자신의 몸을 휩쓰는 것을 보고는 손과 발을 움직여 그 물살을 거슬러 올라갔다. 그는 온 정신과 힘을 쏟으며 게으르지 않았기에 이 언덕에서 저 언덕으로 건너갈 수 있었다. 그러나 꿈에서 깨 보니 강물은 커녕 이 언덕과 저 언덕도 보이지 않았다. 이처럼 생사의 망상이 이미 완전히 사라지고 나면 그 깨달음이 청정해지니, 깨달음이 없는 것이 아니다. 이와 같이 법계의 일체 망상이 다시는 발생하지 않기 때문에 청정하다고 말한다.(譬如有人於臥寐中夢見大水流泛其身。運手動足逆流而上。以其心力不懈退故。從此岸得至彼岸。夢旣覺已。不見有水彼此之岸。生死妄想旣滅盡已。是覺淸淨不爲無覺。如是法界一切妄想不復更生。故說淸淨。)"

이하는 둘째 문답[137]으로 망상을 그칠(止息) 필요가 없음을 설명하는 것이다.

此下第二問答明無止息。

(a) 망상이 없으면 그칠 필요가 없음을 질문함

경 해탈보살이 부처님께 사뢰어 여쭈었다.
"존자이시여, 그렇다면 망상이 없는 자는 굳이 망상을 그칠 필요도 없겠습니다."

解脫菩薩而白佛言。尊者。無妄想者。應無止息。

논 묻는 내용은 "본래 망상이 없으면 곧 그칠 대상(所止)도 없다. 그칠 대상이 없으므로 또한 그치는 주체(能止)도 없다. 그치는 주체가 없으므로 마땅히 시각도 없어야 할 것이다."라는 뜻으로 질문한 것이다.

問意言。本無妄想。卽無所止。所止無故。能止亦無。無能止故。應無始覺。如是難也。

(b) 없앨 것이 없다고 답변함

경 부처님께서 말씀하셨다.
"보살이여, 망상은 본래 불생이므로 멈출(息) 망상이 없다. 본심에 망심이 없는 줄 알면 그칠(止) 망심도 없다. 그래서 분별(分)도 없고 차별(別)도 없으면 현식現識이 발생하지 않는다. 그칠(止) 망상의 발생이 없으므로, 곧 그칠

---

137 둘째 문답 : 생멸하는 여지慮知의 상에 대한 여섯 가지 문답 가운데 그 둘째에 해당한다.

것(止)도 없고 또한 그치지 않음(無止)도 없다. 왜냐하면 그칠 것이 없다는 것마저도 그쳐야 하기 때문이다."

佛言。菩薩。妄本不生。無妄可息。知心無心。無心可止。無分無別。現識不生。無生可止。是卽無止。亦非無止。何以故。止無止故。

논 답변에 두 가지가 있다. 첫째는 그칠 것이 없다는 것을 긍정하는 것이고, 둘째는 그칠 것이 없다는 것을 부정하는 것이다.

긍정한 까닭은 시각이 본각과 다르지 않기 때문이고, 부정한 까닭은 시각이 본각과 똑같지는 않기 때문이다.

(문) 긍정하는 가운데 멈춤(息)과 그침(止)은 무엇이 다른가?

(답) 망심이 기동起動하면 멈추어야 하고, 망심이 치산馳散하면 없애야 한다. 그러나 본래 기동도 없고 치산도 없으므로 멈춤도 없고 없앰도 없다.

"분별이 없다."는 것은 견해에 분별상이 없는 것이고, "차별이 없다."는 것은 형상에 분별견이 없는 것이다. 이미 형상과 견해에 분별과 차별이 없으면 현재식도 본래 발생하지 않고 과거식도 발생하지 않으며 미래식도 본래 발생하지 않는다는 것은 어리석거나 지혜롭거나 모두 아는 일이다. 다만 현재에 의거하여 본래 발생하지 않음을 설명했을 뿐이다. 이미 그쳐야 할(所止) 불각이 발생하지 않으면, 그것은 곧 그치는 주체(能止)로서의 시각과 다름이 없다. 이것은 시각과 본각이 다르지 않다는(不異門) 것에 의하여 이처럼 긍정한 것이다.[138]

"또한 그치지 않음도 없다."는 것은 본각과 다르지 않은 시각이 없지 않다는 것이다.

"그칠 것이 없다는 것마저도 그쳐야 한다."는 것은 (망상의) 발생이

---

138 이것은 "첫째 그칠 것이 없다는 것을 긍정하는 것"에 해당한다.

없다는 망심을 그치는(能止) 것이다. 왜냐하면 비록 망상이 발생하지 않는다고 해서 망상이 발생하지 않는다는 그 마음마저도 없는 것은 아니기 때문이다. 곧 망상이 발생하지 않는다는 그 마음이 없는 것은 아니기 때문에 그쳐야 할 것이 없다는 것마저도 그쳐야 한다는 것이다. 그러므로 그치는 주체(能止)로서의 시각始覺이 없지 않으므로 이처럼 답변한 것이다.[139]

答意有二。先許無止。後遮無止。許者。始覺不異本覺故。遮者。始覺非唯是本覺故。許中息與止何異者。妄起動。故可息。心馳散。故可止。而本無起無馳。故無可息可止耳。無分者。無相分於見故。無別者。無見別於相故。相見既無分別。現識本來不生。去來不生。愚智共知。故約現在明本不生。既無所止不覺之生。卽無能止始覺之異。依不異門。如是許也。亦非無止者。非無不異之始覺故。止無止故者。能止無生之妄心故。雖生不可得。而非徒無生故。非徒無生故。不無所止。所以非無能止之覺。如是答也。

c) 무생관을 드러냄
이하는 셋째 문답[140]으로 무생관을 드러내는 것이다.

此下第三問答顯無生觀。

(a) 무생에 대하여 질문함

경 해탈보살이 부처님께 사뢰어 여쭈었다.
"존자이시여, 만약 그칠 것이 없다(無止)는 것마저도 그쳐야(止) 한다면 그친다는 바로 그것이 생깁니다. 그러면 무생無生은 무엇을 말하는 것입니

---

139 이것은 "둘째 그칠 것이 없다는 것을 부정하는 것"에 해당한다.
140 셋째 문답 : 일각의 뜻을 펼친 여섯 가지 문답 가운데 그 셋째에 해당한다.

까?"

解脫菩薩而白佛言。尊者。若止無止。止卽是生。何謂無生。

🔲 질문한 내용은 다음과 같다. "만약 없애는(能止) 시각이 있으면 곧 없애는 관이 생긴다. 비록 불각이 기동함은 사라졌을지라도 도리어 시각의 생김이 남아 있게 된다. 그렇다면 어찌 무생관을 증득했다고 말할 수 있는가."

難意云。若有能止之覺。則生能止之觀。雖遣不覺之起。還存始覺之生。何謂能證無生觀耶。

(b) 무생에 대하여 답변함
🔲 부처님께서 말씀하셨다.
"보살이여, 그친다는 것은 생김이지만 그치고 난 후에는 그치는 것도 없다. 또한 그치는 것이 없다는 것에도 집착하지 않고, 또한 집착이 없다는 것에도 집착하지 않는다. 그런데 무엇이 생기겠는가."

佛言。菩薩。當止是生。止已無止。亦不住於無止。亦不住於無住。云何是生。

🔲 답변에 두 가지가 있다.
첫째는 그렇다는(與) 긍정이고, 둘째는 그렇지 않다는(奪) 부정이다.
그렇다는 것은 생기는 것을 긍정하는 것인데, 방편관方便觀의 입장으로 보면 그치는 마음이 생기기 때문이다. 그러나 저 세제일법世第一法[141]의

---

141 세제일법世第一法 : 유식수도唯識修道의 오위五位인 제1 자량위資糧位, 제2 가행위加行位, 제3 통달위通達位, 제4 수습위修習位, 제5 구경위究竟位에서 제2 가행위인

경우에는 비록 식의 생김을 그쳤을지라도 그 식에 집착하지는 않는다. 그런데도 식을 그친 마음(能止心)에 그쳤다는 집착이 발생된다면 식을 그친 바로 그때를 당해서는 곧 그쳤다는 사실이 생긴 것을 인정하는 것이 된다. 이런 까닭에 "그친다는 것은 생김이다."고 하였다.

그러나 그 찰나(一念)가 지나면 곧 그쳤다는 사실에 집착하지 않는다. 그쳤다는 사실에 집착하지 않기 때문에 집착심이 발생하지 않는다. 이런 까닭에 "그치고 난 후에는 그치는 것도 없다."고 하였다. 이 경우 일체의 분별을 멀리 떠난 까닭에 그치는 것이 없다는 그 무無에도 집착하지 않고, 또한 스스로 집착이 없다는 그 마음(無住心)에도 집착하지 않는다. 이처럼 능能과 소所가 영원히 단절되어 절대평등한데, 이때에 무엇이 생기겠는가.

이와 같이 답하였다.

答意有二。先與後奪。與者許生。在方便觀。能止心生故。且如世第一法之時。雖止識生。不取於識。而能止心。取無而生。當此止時。卽許是生。以之故言當止是生。過此一念。卽不取無。不取無故。取心不生。以之故言止已無止。此時遠離一切分別故。不住於無止之無。亦不取其自無住心。能所永絶。平等平等。云何是時可得是生。如是答也。

d) 증익견增益見과 손감견損減見을 물리침

경 해탈보살이 부처님께 사뢰어 여쭈었다.

"존자이시여, 능·소의 발생이 없는 마음(無生心)은 무엇을 취하고 버리며, 어떤 법의 상에 머무는 것입니까?"

부처님께서 말씀하셨다.

난煖·정頂·인忍·세제일법世第一法 중 넷째를 가리킨다.

"능소의 발생이 없는 마음은 취함도 없고 버림도 없으며, 능소가 없는 마음(不心)에 머물고 능소가 없는 법(不法)에 머문다."

解脫菩薩而白佛言。尊者。無生之心。有何取捨。住何法相。佛言。無生之心。不取不捨。住於不心。住於不法。

논 이는 넷째 문답[142]으로 증익견增益見과 손감견損減見을 물리친 것이다.

배우는 많은 이들이 "관觀에 들어간 마음은 형상 없는 도리를 취하고 모든 형상 있는 현상을 버린다."고 생각한다. 바로 이와 같은 증익견을 물리치려는 까닭에 "취함도 없고 버림도 없다."고 하였다.

혹은 "관에 들어간 때에는 머무는 법도 전혀 없고 또한 머무는 마음도 전혀 없다."고 생각하는데, 이것은 필경무畢竟無와 다르지 않다. 바로 이와 같은 손감견을 없애기 위해 "능소가 없는 마음에 머물고 능소가 없는 법에 머문다."고 하였다. 비록 머묾이 있는 것도 아니고 머묾이 없는 것도 아니지만, 머묾이 없는 것이 아니므로 '머문다.(住)'고 말할 수 있다.

此是第四問答。遣增減見。謂諸學者。猶作是念。入觀之心。取無相理。捨諸相事。爲遣此增益見。故言不取不捨。或作是念。入觀之時。都無所住法。亦無能住心。如是不異於畢竟無。爲除此損減見。故言住於不心。住於不法。雖非有住。而非無住。非無住故。得言住也。

e) 거듭 의심하는 마음을 물리침

경 해탈보살이 부처님께 사뢰어 여쭈었다.

---

[142] 넷째 문답 : 일각의 뜻을 펼친 여섯 가지 문답 가운데 그 넷째에 해당한다.

"존자이시여, 무엇이 능·소가 없는 마음에 머물고 능·소가 없는 법에 머문다는 것입니까?"

부처님께서 말씀하셨다.

"능·소의 마음을 발생하지 않는 그것이 능·소가 없는 마음에 머무는 것이고, 능·소의 법을 발생하지 않는 그것이 능·소가 없는 법에 머무는 것이다.

解脫菩薩而白佛言。尊者。云何住於不心。住於不法。佛言。不生於心。是住不心。不生於法。是住不法。

논 이하 부분은 다섯째 문답[143]으로 거듭 의심하는 마음을 물리친 대목이다.

의심하는 마음은 다음과 같다. "이미 머문다고 말하였으면 마땅히 마음이라고 하거나 법이라고 해야 할 것이다. 만약 마음이나 법이 아니라면 마땅히 머물지 않는다고 말해야 할 것이다. 이 말씀은 매우 심오하니 어떻게 믿고 이해해야 하겠는가." 이와 같이 의심한 것이다.

이에 부처님이 답변한 뜻은 다음과 같다.

"증득하는 관심觀心도 없고 증득된 이법理法도 없다. 그러므로 '능·소의 마음을 발생하지 않고 능·소의 법을 발생하지 않는다.'고 하였다. 발생한다(生)는 것은 존재한다(存)는 것이다. 그런데 이미 항상 마음과 법이 존재한 적도 없고, 간혹 실념 때문에 존재한 적도 없다. 그러므로 '그것이 능·소가 없는 마음에 머무는 것이고, 그것이 능·소가 없는 법에 머무는 것이다.'라고 하였다. 머문다(住)는 것은 항상한다(恒)는 것이다. 항상 퇴실하지 않기 때문에 머문다고 하였다. 머문다는 뜻은 이와 같다. 그래서 능·소가 없는 마음을 널리 수순하니 어찌 마음과 법 사이에 어긋남이 있

---

143 다섯째 문답 : 일각의 뜻을 펼친 여섯 가지 문답 가운데 그 다섯째에 해당한다.

겠는가."

이와 같이 곧장 답변하셨다. 이하는 곧 이것을 거듭 드러낸 대목이다.

此下第五問答重遣疑情。疑情之言。旣言住者。卽應是心是法。若不心法。卽應言是不住。此言甚深。云何信解。如是疑也。佛答意言。不存能證觀心。不存所證理法。故言不生於心。不生於法 生猶存也。旣恒不存心法。非或失念而存。故言是住不心。是住不法。住猶恒也。恒不退失。故名爲住。住義如是。彌順不心。何容相違於其間哉。如是正答。下卽重顯。

(a) 거듭 답변을 드러냄

이하는 위의 질문에 대하여 두 번 거듭하여 드러낸 대목이다. 여기에 두 가지가 있다. 첫째는 모든 형상을 멀리 떠나 삼세에 두루함을 드러내고, 둘째는 법계를 수순하여 육바라밀을 구비한 수행을 드러낸다.

此下第二重顯。於中有二。先顯遠離諸相周遍三世。後顯隨順法界具修六度。

ⓐ 모든 형상을 멀리 떠나 삼세에 두루함을 드러냄

경 선남자여, 마음과 법이 일어나지 않으면 곧 의지함이 없고, 유루의 여러 수행에 집착하지 않으면 마음이 항상 공적하여 변이하는 모습이 없다. 비유하면 저 허공에는 움직임(動)도 없고 머묾(住)도 없어서 일어남(起)도 없고 일으킴(作)도 없으며 저것(彼)도 없고 이것(此)도 없다. 아공의 심안을 터득하고 법공의 몸을 터득하면 오음과 육입이 모두 공적하다.

善男子。不生心法。卽無依止。不住諸行。心常空寂。無有異相。[1] 譬彼虛空。無有動住。無起無作。無彼無此。得空心眼。[2] 得法空身【一本作心】。[3] 五陰六入。悉皆空寂。

1) ㉠ '相'은 『金剛三昧經註解』, 『金剛三昧經通宗記』에는 '想'으로 되어 있다. 2) ㉠ '得空心眼'은 『金剛三昧經註解』, 『金剛三昧經通宗記』에는 '得心空眼'으로 되어 있다. 3) ㉠ '身'은 『金剛三昧經註解』, 『金剛三昧經通宗記』에는 '心'으로 되어 있다.

논 첫째에 세 구절이 있으니, 첫째 구절은 법法이고, 둘째 구절은 비유(喩)이며, 셋째 구절은 합合이다.

"마음과 법이 일어나지 않는다."는 것은 위에서 자세하게 답변한 것을 이어받은 구절이다.

"곧 의지함이 없다."는 것은 공간적으로 능의와 소의가 다름이 없다는 것이다.

"유루의 여러 수행에 집착하지 않는다."는 것은 시간적으로 과거와 미래와 현재로 구별되어 나타난 수행이 없다는 것이다. 과거와 미래의 구별이 없으므로 마음이 항상 공적하고, 능의와 소의가 없으므로 변이하는 모습이 없다.

"비유하면 저 허공에는 ……" 이하는 세 구절 가운데 둘째로서 비유를 인용한 것이다.

"움직임(動)도 없고 머묾(住)도 없다."는 것은 저 세간의 허공이 무위법으로 상주하여 이전에 소멸했다가 나중에 생겨난다든가 하는 변동이 없다는 것으로 유루의 여러 수행에 집착하지 않음을 비유한 것이고, 또한 능의와 소의의 머묾이 없다는 것으로 곧 의지함이 없음을 비유한 것이다.

"일어남(起)도 없고 일으킴(作)도 없다."는 것은 곧 마음이 항상 공적한 것과 같다는 것이다.

"저것(彼)도 없고 이것(此)도 없다."는 것은 변이하는 모습이 없는 것과 다르지 않다는 것이다. 그러므로 허공을 언급하여 불생관不生觀을 비유한 것이다.

셋째 구절인 합合 부분에서 "아공의 심안을 터득한다."는 것은 관찰하는 마음이 발생하지 않음으로 말미암아 관찰하지 못할 바가 없음을 터득한다는 것이다.

"법공의 몸을 터득한다."는 것은 관찰되는 법이 발생하지 않음으로 말미암아 평등한 법신을 터득한다는 것이다.

"오음이 모두 공적하다."는 것은 아공의 심안을 터득함으로써 시간적으로 삼세에 통달하여 오음이 공적하다는 것이다. 이것은 앞에서 말한 "허공에는 일어남(起)도 없고 일으킴(作)도 없다."는 것에 합치된다.

"육입이 모두 공적하다."는 것은 법공의 몸을 터득함으로써 공간적으로 내외에 두루하여 육입이 공적하다는 것이다. 이것은 앞에서 말한 "허공에는 저것도 없고 이것도 없다."는 것에 합치된다.

初中三句。謂法喩合。不生心法者。牒前正答句。卽無依止者。橫無能依所依之異。不住諸行者。縱無曾當今現之行。無曾當故。心常空寂。無能所故。無有異相。譬彼已下。第二引喩。無有動住者。如世虛空。無爲常住無有前滅後生之動。喩於不住諸行。亦無能依所依之住。比於卽無依止。無起無作。卽同心常空寂。無彼無此。不異無有異相。故擧虛空。喩不生觀也。合中言得空心眼者。由不生能觀心。得無所不觀故。得法空身者。由不生所觀法。得平等法身故。五陰皆空者。以得空心眼。達於三世五陰空故。合前虛空無起作也。六入悉空者。以得法空身。遍於內外六入空故。合前虛空無彼此也。

ⓑ 법계를 수순하여 육바라밀을 구비한 수행을 드러냄

경 선남자여, 공적한 법을 닦는 자는 삼계三界에 의지하지 않고, 계상戒相[144]에 머물지 않으며, 청정하여 육념이 없고, 섭수함도 없고 방탕함도 없

---

144 계상戒相 : 여기에서는 대승의 무루계無漏戒가 아닌 소승의 유위계有爲戒를 가리킨다.

으며, 성품은 금강과 같아 삼보를 저버리지 않는다. 이와 같이 공적심이 부동한 경지에서 육바라밀을 구비한다."

善男子。脩空法者。不依三界。不住戒相。清淨無念。無攝無放。性等金剛。不壞三寶。空心不動。具六波羅密。

🔲 이것은 둘째의 육바라밀을 구비한 수행을 드러낸다.[145]

"공적한 법을 닦는 자"란 위의 공적한 마음을 거듭 제기한 것이다. 이하는 모든 육바라밀을 개별적으로 드러낸 것이다.

"삼계三界에 의지하지 않기" 때문에 보시바라밀을 갖추고, "계상에 집착하지 않기" 때문에 지계바라밀을 갖추며, "청정하여 욕념이 없기" 때문에 인욕바라밀을 갖추고, "섭수함도 없고 방탕함도 없기" 때문에 정진바라밀을 갖추며, "성품은 금강과 같기" 때문에 선정바라밀을 갖추고, "삼보를 저버리지 않기" 때문에 반야바라밀을 갖춘다.

왜냐하면 오직 하나의 관심觀心으로 수행의 궤칙을 두루 비추어보고 모든 쟁론을 단절한 까닭에 '삼보'를 갖추게 되고 삼보의 뜻이 성취된 까닭에 "저버리지 않는다."고 말한다.

그리고 오직 하나의 공적한 마음으로 별도의 동작이 없으면서 육바라밀을 갖추었기 때문에 "공적심이 부동한 경지에서 육바라밀을 구비한다."고 하였다.

是第二顯具修六度。修空法者者。牒前空寂之心。下別顯具六度。不依三界。故具施度。不住戒相。故具戒度。清淨無念。故具忍度。無攝無放。故具精進。性等金剛。故具禪定。不壞三寶。故具般若。何以故。唯一觀心。遍照

---

[145] 두 번 거듭하여 드러낸 대목 가운데 그 둘째로서 법계를 수순하여 육바라밀을 구비한 수행을 드러낸다는 부분이다.

可軌。絶諸諍論。故備三寶。三寶義成。故言不壞。唯一空心。無別動作。而具六度。故言空心不動具六波羅密。

f) 출세간의 육바라밀의 뜻을 거듭 드러냄

이하 부분은 여섯째 문답[146]으로 출세간의 육바라밀의 뜻을 거듭 드러낸 대목이다. 질문자는 의심을 해결하기 위하여 세간의 육바라밀의 사상事相을 언급함으로써 출세간의 마음에도 육바라밀이 갖추어져 있는가를 의심한다.

이에 대한 답변에 두 가지가 있다. 첫째는 간략하게 나타낸 것이고, 둘째는 자세하게 해석한 것이다.

此下第六問答重顯出世六度之義。問者乘疑。而爲決之故。擧世間六度事相。以疑出世心中具六。答中有二。一者略標。二者廣釋。

(a) 간략하게 나타냄

경 해탈보살이 부처님께 사뢰어 여쭈었다.
"존자이시여, 육바라밀은 모두 유상有相인데 유상법으로 세간을 벗어날 수 있습니까?"
부처님께서 말씀하셨다.
"선남자여, 내가 설한 육바라밀은 무상無相이고 무위無爲이다.

解脫菩薩而白佛言。尊者。六波羅密者。皆是有相。有相之法。能出世耶。佛言。善男子。我所說六波羅密者。無相無爲。

논 이 대목은 첫째의 간략하게 나타낸 것이다.

---

146 여섯째 문답 : 일각의 뜻을 펼친 여섯 가지 문답 가운데 그 여섯째에 해당한다.

"무상이다."라고 한 것은 보시하는 자·보시 받는 자·보시물의 세 가지 모습(三輪相)을 떠났기 때문이다.

"무위이다."라고 한 것은 생상·주상·멸상의 세 가지 유위상을 떠났기 때문이다.

"내가 이전에 설한 일심이 육바라밀을 구비하고 있다."는 것은 낱낱이 모두 무상·무위라는 것이다. 따라서 이 육바라밀도 세간을 벗어난 것으로 세간의 유상·유위와는 같지 않다.

此卽略標。言無相者。離施受等三輪相故。言無爲者。離生住等三有爲故。我前所說一心具六者。一一皆是無相無爲。故此六度。是出世間。不同世間有相有爲。

(b) 자세하게 해석함

이하는 둘째로 자세하게 해석하는 것이다. 여기에 두 가지가 있다. 첫째는 개별적으로 해석하고, 둘째는 총체적으로 설명한다.

此下廣釋。於中有二。先別釋。後摠明。

ⓐ 개별적으로 해석함

경 어째서인가? 이욕(離欲)의 경지에 잘 들어가서 마음이 항상 청정하며, 실다운 말(實語)로 방편을 삼아 본각의 이익으로 사람을 이롭게 하니, 이것이 곧 보시바라밀이다.

何以故。善入[1]離欲。心常淸淨。實語方便。本利利人。是檀波羅密。

---
1) ㉠ '善入'은 『大正新修大藏經』에 수록되어 있는 『金剛三昧經』에는 '若人'으로 되어 있다.

논 "어째서인가?"는 (앞의) 질문으로 인해 "이미 여섯 가지나 있는데 무슨 까닭에 무상이라 말하는가."라는 물음을 일으킨 것이다.

전의轉依[147]된 진여를 "이욕離欲"이라 하니, 삼유三有의 욕망을 떠남으로 인해 드러난 것이기 때문이다.

관심의 자체를 이해한 까닭에 "잘 들어간다."고 하였다.

또 출·입이 없으므로 "마음이 항상"이라 하였고, 삼륜三輪[148]에 대한 번뇌를 떠난 까닭에 "청정하다."고 하니, 곧 위에서 말한 "삼계에 의지하지 않는다."는 것이다.

도리에 맞게 설하므로 "실다운 말"이라 하고, 교묘하게 잘 인도하므로 "방편"이라 한다. 이것은 무공용無功用[149]으로 중생을 상대하여 말해 주는 것이 마치 천고天鼓[150]와 같기 때문에 방편이라 하였다.

일체중생은 오직 하나의 본각을 통하여 모든 중생으로 하여금 일각에 함께 돌아가도록 하므로 "본각의 이익으로 사람을 이롭게 한다."고 하였다. 이것이 출세간의 보시바라밀이다.

> 何以故者。因問發起。旣有六數。何故無相也。轉依眞如。名爲離欲。離三有欲之所顯故。觀心體解。故言善入。更無出入。故曰心常。離三輪垢。故曰淸淨。卽是上言不依三界。如理而說。故言實語。巧便引導。故曰方便。雖無功用。應機發語。猶如天鼓。此之謂也。一切衆生。唯一本覺。令諸衆生。同歸一覺。以之故言本利利人。是名出世檀波羅密。

---

147 전의轉依 : 보리菩提와 열반涅槃의 이과二果를 말한다. 전轉은 전사轉捨·전득轉得의 뜻이고, 의依는 소의所依의 뜻으로 제8식을 가리킨다.
148 삼륜三輪 : 보시하는 사람과 보시 받는 사람과 보시물의 세 가지를 가리킨다.
149 무공용無功用 : 조작이 없고 분별이 없으며 시비가 없고 집착의 상이 없는 수행의 모습이다.
150 천고天鼓 : 도리천에 있는 북으로서 때와 기회를 알아서 저절로 울림으로써 사람들을 일깨워 준다고 한다.

경 지념至念이 견고하여 마음은 항상 머묾이 없고, 청정하여 염오되지 않아 삼계에 집착하지 않는다. 이것이 지계바라밀이다.

至[1]念堅固。心常無住。淸淨無染。不著三界。是尸波羅密。

1) ㉥ '至'가 『大正新修大藏經』에 수록되어 있는 『金剛三昧經』에는 '志'로 되어 있다.

논 중생을 마치 외아들처럼 불쌍히 여기고 호념하기 때문에 "지념至念이 견고하다."고 하였다.

항상 세간에 있으면서 열반에도 머물지 않기 때문에 "마음은 항상 머묾이 없다."고 하였는데, 이것은 이승의 허물[151]을 방지한 것이다.

관찰하는 마음이 명철하여 모든 번뇌에 뒤섞이지 않기 때문에 "청정하여 염오되지 않는다."고 하였다.

두루 윤회의 육도를 건너고 그것이 모두 공적한 줄을 통달하므로 "삼계에 집착하지 않는다."고 하였는데, 이것은 범부의 허물을 없앤 것이다.

이것은 범부와 성인의 계상戒相에 집착함이 없음을 설명한 것으로, 곧 위에서 말한 "계상에 집착하지 않는다."는 것이다. 이것이 출세간의 지계바라밀이다.

愍念衆生。如視一子。故曰至念堅固。恒在世間。不住涅槃。故曰心常無住。是防二乘之非。觀心明徹。不雜諸漏。故言淸淨無染。遍涉六道。達皆空寂。故言不著三界。是止凡夫之惡。是明不住凡聖戒相。卽是上言不住戒相。是名出世尸波羅密。

경 공을 닦아 결사結使(번뇌)를 단제하여 제유諸有[152]에 의지하지 않고,

---

151 이승의 허물 : 중생제도보다 자신의 해탈만 추구하는 행위 및 선과 악에 집착하는 것을 말한다.
152 제유諸有 : 중생세간으로서 욕계유欲界有·색계유色界有·무색계유無色界有를 가리킨다.

삼업을 적정하게 하여 몸과 마음에 집착하지 않는다. 이것이 곧 인욕바라밀이다.

修空斷結。不依諸有。寂靜三業。不住身心。是羼提波羅密。

🪷 앞의 두 구절은 공의 도리에 안착하여 번뇌를 벗어나는 것이고, 뒤의 두 구절은 삼업을 적정하게 하여 몸과 마음의 집착을 없애는 것이다. 이는 모두 무생법인無生法忍의 뜻으로, 곧 위에서 말한 "청정하여 욕념이 없다."는 것에 해당한다.

上二句者。安空理。離有結。下二句者。靜三業。泯身心。皆是無生法忍之義。卽是上言淸淨無念。

🪷 명칭(名)과 법수(數)를 멀리 떠나 공견과 유견을 단제하여 오음의 공에 깊이 들어간다. 이것이 곧 정진바라밀이다.

遠離名數。斷空有見。深入陰空。是毘梨耶波羅密。

🪷 앞의 두 구절[153]은 거칢(麤)과 정밀함(精)을 떠났다는 뜻이다.
"공에 들어간다."는 것은 정진한다는 뜻이다. 이것은 곧 위에서 말한 "섭수함도 없고 방기함도 없다."는 것이다. 이것이 출세간의 정진바라밀이다.

上二句者。離麤精義。入空者。是進義。卽是上言無攝無放。此是出世精進度也。

---

153 앞의 두 구절 : "명칭과 법수를 멀리 떠나 공견과 유견을 단제한다."는 것을 가리킨다.

경 공적을 완전하게 떠나 모든 공에 집착하지 않지만, 마음이 무無의 경지에 처하여 대공大空에 머문다. 이것이 곧 선정바라밀이다.

具¹⁾離空寂。不住諸空。心處無。在大空。²⁾ 是禪波羅密

1) ㉮ '其'는 『大正新修大藏經』에 수록된 『金剛三昧經』에는 '俱'로 되어 있다. 2) ㉯ '心處無在大空'은 『大正新修大藏經』에 수록된 『金剛三昧經』에는 '心處無住. 不住大空.' 으로 되어 있다. 이를 번역하면 "마음이 무주의 경지에 처하여 대공에도 집착이 없다."가 된다. 여기에서 원효는 이승의 편공偏空에 상대하여 보살의 대공大空을 강조하여 해석하고 있다.

논 "공적을 완전하게 떠났다."는 것은 응화신으로 생을 받아 삼유에 편재하기 때문이고, "모든 공에 집착이 없다."는 것은 오음의 공에 빠져 있지 않고 항상 시방세계를 교화하기 때문이다. 이것은 중생을 교화하는 선정을 설명한 것이다.

"마음이 무의 경지에 처하여"는 비록 몸은 삼유에 노닐더라도 마음은 항상 이무理無의 경지에 있다는 것이다. 이무란 삼유의 집착을 단절한 공의 도리를 말한다.

"대공에 머문다."는 것은 비록 항상 시방세계를 교화할지라도 마음은 대공大空[154]에 있다는 것이다. 대공이란 시방의 전체 모습(大相)이 공한 것이다. 이것은 불법을 성취한 선정을 드러낸 것이다. 몸에는 비록 일어남(起)과 일으킴(作)이 있지만 마음은 적연부동하니, 곧 위에서 말한 "성품은 금강과 같다."는 것이다.

그러나 대공에는 대략 다섯 가지 뜻이 있다.

첫째는 인공과 법공의 이공을 대공이라 하니, 『잡아함경雜阿含經』 가운데 대공경大空經의 설명과 같다.[155] 또 『유가사지론瑜伽師地論』에서도 같은

---

154 대공大空 : 소승의 편공偏空에 상대되는 말로서 대승구경의 공적을 뜻한다. 공空도 또한 공空하다는 것이 구경의 대공이다. 곧 대승의 열반을 가리킨다.
155 『雜阿含經』 권12(T2, 84c~85a).

설명을 한다.^156

둘째는 반야바라밀이 공한 것을 대공이라 하니,『열반경涅槃經』의 설명과 같다.^157 또『능가경楞伽經』에서도 같은 설명을 한다.^158

셋째는 기세계器世界가 공한 것을 대공이라 하니,『해심밀경解深密經』의 설명과 같다.^159 또『중변론中邊論』에서도 같은 설명을 한다.^160

넷째는 아리야식이 공한 것을 대공이라 하니,『십지론十地論』의 설명과 같다.^161

다섯째는 시방의 모습이 공한 것을 대공이라 하니,『대지도론大智度論』의 설명과 같다.^162

이『금강삼매경』의 경문은 이 가운데 다섯 번째의 경우에 해당하니,^163 편의에 따라 이렇게 설한 것일 뿐이다.

具離空寂者。應化受生。遍三有故。不住諸空者。不滯五空。恒化十方故。此明敎化衆生禪也。心處無者。雖身涉於三有。心常處於理無。理無者。理絕三有之相也。在大空者。雖恒化於十方。而心在於大空。大空者。十方大相之空也。此顯成就佛法禪也。身雖起作。心寂不動。卽是上言性等金剛。然大空義。略有五種。一者人法二空。名爲大空。如雜阿含大空經說。瑜伽論中。亦同是說。二者般若波羅密空。名爲大空。如大涅槃經說。楞伽經中。亦同是說。三者器世界空。名爲大空。如解深密經說。中邊論中。亦同是說。

---

156 『瑜伽師地論』권77(T30, 726c).
157 『大般涅槃經』권15(T12, 704ab).
158 『入楞伽經』권3(T16, 529a).
159 『解深密經』권3(T16, 701a).
160 『中邊分別論』권상(T31, 452c).
161 『十地經論』권8(T26, 172b).
162 『大智度論』권31(T25, 288a).
163 『金剛三昧經通宗記』에서는 원효와는 달리 대공大空의 뜻을 다섯 가지 가운데 셋째의 기세계器世界가 공한 것으로 설명하였다.『金剛三昧經通宗記』권4(X35, 278c), "又不住於大空. 謂身所棲托. 卽器世界. 十方無量無邊. 皆悉是空. 故曰大空." 참조.

四者阿梨耶識空。名爲大空。如十地論說。五者十方相空。名爲大空。如智
度論說。今此經文。在於第五。且隨意便。作是說耳。

경 마음에 마음이라는 분별상이 없어서 허공에도 집착하지 않고 모든 유루의 수행도 발생시키지 않으며 적멸도 증득하지 않는다. 또 마음에 출·입이 없어서 자성은 항상 평등하고 제법은 실제로서 모두 결정성이다. 이처럼 모든 수행의 단계(諸地)에 의지하지 않고 지혜에도 머물지 않는다. 이것이 곧 반야바라밀이다.

心無心相。不取虛空。諸行不生。不證寂滅。心無出入。性常平等。諸法實際。皆決定性。不依諸地。不住智慧。是般若波羅密。

논 "마음에 마음이라는 분별상이 없다."는 것은 자기의 내심에 관심의 모습을 두지 않는다는 것이고, "허공에도 집착하지 않는다."는 것은 텅 빈 마음의 공성에 집착하지 않는다는 것이다. 이것은 증도證道의 지혜이다.

"모든 유루의 수행도 발생시키지 않는다."는 것은 일체행이 본래 발생이 아님을 통달하는 것이고, "적멸도 증득하지 않는다."는 것은 무생에 집착하지 않고 항상 밖으로 교화하는 것이다. 이것은 교도敎道의 지혜이다.

"마음에 출·입이 없어서 자성은 항상 평등하다."는 것은 위의 증도와 교도가 항상 서로 떠나지 않아 작용하지만 항상 고요하고, 고요하지만 항상 작용하므로 출·입이 없다는 것이다. 그리고 작용과 고요가 항상 병행하여 일변에 빠지지 않으므로 자성이 항상 평등하다고 하였다.

"제법은 실제로서 모두 결정성이다."라는 것은 증도가 상적常寂한 모습을 연설한 것인데, 그 모습이 진제와 동일하고 법성과 평등하기 때문이다.

"이처럼 모든 수행의 단계(諸地)에 의지하지 않고 지혜에도 머물지 않는다."는 것은 교도가 항상 작용하는 유래를 연설한 것인데, 십중十重의 법계에도 의지하지 않고 적조寂照의 지혜에도 머물지 않기 때문이다. 여기에는 곧 깨우쳐 두루 비추어보는 것(覺照)과 수행의 궤칙(可軌)과 모든 쟁론의 단절(絶諍)이라는 뜻이 갖추어져 있다. 이것은 곧 위에서 말한 "삼보를 저버리지 않는다."는 것이다. 이것이 곧 출세간의 반야바라밀이다.

이상으로 육바라밀을 개별적으로 해석한 글을 마친다.

心無心相者。不存自內觀心相故。不取虛空者。不取心虛之空性故。此是證道慧也。諸行不生者。達一切行本來不生故。不證寂滅者。不著無生。而恒外化故。此是敎道慧也。心無出入。性常平等者。前之二道。恒不相離。動而常寂。寂而恒動。故無出入。動寂恒並。不滯一邊。故性常平等。諸法實際。皆決定性者。演證道之常寂之相。相同眞際。等法性故。不依諸地不住智慧者。演敎道之恒動之由不依著於十重法界。不住滯於寂照慧故。此中卽其覺照可軌絶諍之義。卽是上言不壞三寶。是名出世般若波羅密也。上來別釋六度文竟。

ⓑ 총체적으로 설명함

이하는 둘째 총체적으로 설명하는 것이다.[164] 여기에 두 부분이 있다. 첫째는 육바라밀이 해탈과 동일함을 설명하고, 둘째는 해탈이 곧 열반임을 드러낸다.

此下第二摠明。於中有二。先明六度同一解脫。後顯解脫卽是涅槃。

ㄱ. 육바라밀이 해탈과 동일함을 설명함

경 선남자여, 이 육바라밀은 모두 본각의 이익을 획득하여 결정성에 들

---

164 자세하게 해석한 대목 가운데 둘째의 총체적으로 설명하는 것에 해당한다.

어가 초연히 세간을 벗어나는 걸림 없는 해탈이다.

善男子。是六波羅密者。皆獲本利。入決定性。超然出世。無礙解脫。

논 첫째 가운데서 "모두 본각의 이익을 획득하여 결정성에 들어간다."는 것은 육바라밀을 처음 닦을 때 모두 본각과 동일해져서, 본각 자체가 가지고 있는 이익이 환히 드러나 이루어지기 때문에 여래장에 들어가니, 그 자성은 본래 적정하고 시작도 없고 끝도 없어서 개전改轉이 없기 때문이다.

이와 같은 육바라밀은 본각의 이익을 얻기 때문에 망념으로 유전하는 모습을 멀리 떠났으므로 "초연히 세간을 벗어났다."고 하였다.

법성에 들어가므로 법계에 주변하여 분별상이 없고(無相) 조작의 유위가 없으며(無爲) 얽매임이 없고(無縛) 벗어남이 없다(無脫). 그러므로 "걸림 없는 해탈이다."라고 하였다.

初中言皆獲本利入決定性者。六度始修。皆同本覺。本覺顯成。本利行故。入如來藏。性本寂靜。無始無終。無改轉故。如是六度。得本利故。遠離妄念流轉之相。故曰超然出世。入法性故。周遍法界。無相無爲。無縛無脫。故曰無礙解脫。

ㄴ. 해탈이 곧 열반임을 드러냄

경 선남자여, 이와 같이 해탈법의 모습은 모두 상相도 없고 행行도 없으며, 또한 벗어남(解)도 없고 벗어나지 못함(不解)도 없으므로 해탈이라 말한다.

왜냐하면 해탈의 모습은 무상無相이고 무행無行이며 무동無動하고 무란無亂하여 적정한 열반이지만 또한 열반의 모습을 취하지 않기 때문이다."

善男子。如是解脫法相。皆無相行。亦無解不解。是名解脫。何以故。解脫
之相。無相無行。無動無亂。寂靜涅槃。亦不取涅槃相。

논 이 부분은 둘째 해탈이 곧 열반임을 드러내는 것이다. 여기에 두 부분이 있다. 첫째는 해탈을 설명하고, 둘째는 해탈이 그대로 열반임을 밝힌다.

첫째 가운데 "모두 분별상도 없고 유위행도 없다."는 것은 육바라밀의 수행이 모두 본각과 동일한 것을 말한다. 곧 본각의 모습은 형상(相)을 떠나 있고 성질(性)을 떠나 있으므로 분별상(相)이 없다고 하였고, 육바라밀의 수행은 닦음(修)을 떠나 있고 나아감(行)을 떠나 있으므로 유위행(行)이 없다고 하였다. 이처럼 분별상과 유위행이 모두 단절되어 있으므로 "모두 분별상도 없고 유위행도 없다."고 하였다.

해탈법의 모습이 이미 이와 같은데 어찌 결박을 떠난 벗어남(解)이 있고 어찌 벗어나지 못한(不解) 결박이 있겠는가. 그러므로 "또한 벗어남(解)도 없고 벗어나지 못함(不解)도 없다."고 하였다.

"왜냐하면"이란 '무슨 까닭에 육바라밀의 수행에 대하여 분별상이 없고 유위행이 없다고 말하는가.'라는 뜻이다.

이 뜻에 대한 답변은 다음과 같다. 이와 같이 육바라밀은 곧 해탈일 뿐만 아니라 또한 열반이기도 하다. 이런 까닭에 "상도 없고 행도 없다."고 하였다. "해탈의 모습은 무상이고 무행이다."라는 것은 앞의 해탈을 이어받은 것이고, "무동하고 무란하여 적정한 열반이다."라는 것은 해탈이 곧 열반임을 설명한 것이다. 이것은 위에서 설명해 온 육바라밀의 수행이 모두 기동도 없고 또 산란도 없어 곧 본래 적정한 열반임을 설명하려는 것이다. 이처럼 이미 열반인데 어찌 분별상(相)과 유위행(行)이 있겠는가. 요동(動)과 산란(亂)의 모습을 떠나 있으므로 적정이라 한다. 또한 적정한 자성도 떠나 있으므로 "또한 열반의 모습에도 집착하지 않는다."고 하였다.

이 가운데 육바라밀과 해탈과 열반은 처음 초지로부터 시작하여 마침내 불지에 이르기까지 모두에 해당한다.

여기에서 말한 열반이란 네 가지 종류(本來自性淸淨涅槃·有餘依涅槃·無餘依涅槃·無住處涅槃) 가운데 곧 '본래자성청정열반'이다. 바로 이것은 불가사의해탈로서 자재하여 걸림이 없다는 뜻이다. 이런 까닭에 "걸림이 없는 해탈이다."라고 하였다.

問 해탈의 뜻에는 여러 가지가 있다. 첫째는 쌍도雙道(無間道와 解脫道) 가운데 해탈이고, 둘째는 원이삼점圓伊三點(法身·般若·解脫) 가운데 해탈이며, 셋째는 오분법신(戒身·定身·慧身·解脫身·解脫知見身) 가운데 해탈이고, 넷째는 십종해탈문十種解脫門[165] 가운데 해탈이다. 이 여러 가지 가운데 어떤 것에 해당하는가?

答 이것은 삼사三事[166] 가운데 해탈을 가리킨다. 해탈이 곧 그대로 열반이기 때문이다. 육바라밀의 수행과 삼사의 덕을 드러내고자 할 경우에 그것을 사실적으로 말하면 초지에서 이미 터득되지만 이에 묘각위妙覺位에 이르러 구경원만해진다. 저 경전에서 "만약 어떤 보살이 대열반에 머물면 대의大義를 건립한다. ……"[167]고 자세하게 설한 것과 같다.

> 是第二明解脫卽是涅槃。於中有二。先明解脫。後卽涅槃。初中言皆無相行者。六度之行。皆同本覺。本覺之相。離相離性。故曰無相。六度之行離修離行。故曰無行。行相俱絶。故言皆無相行。解脫法相旣其如是。何有離縛

---

165 십종해탈문十種解脫門:『大方廣佛華嚴經』권31(T9, 600c~601a).
166 삼사三事: 원이삼점圓伊三點으로 법신法身(體)·반야般若(宗)·해탈解脫(行)로서 열반이 지니고 있는 세 가지 속성을 가리킨다.『金剛三昧經通宗記』권4(X35, 280c)에서 "또한 열반은 자세하게 말하면 마하반열반나인데 번역하면 대멸도이다. 대는 곧 법신의 뜻이고, 멸은 곧 해탈의 뜻이며, 도는 곧 반야의 뜻이다. 그러므로 법신과 반야와 해탈로서 열반 삼덕의 비장을 삼는다.(又涅槃。具大摩訶般涅拌那。此此云大滅度。大者卽法身義。滅者卽解脫義。度者卽般若義。故以法身解脫般若。爲涅槃三德祕藏)"라고 하였다.
167 담무참曇無讖이 번역한『大般涅槃經』권4(T12, 388a) 내용 참조.

之解。何有不解之縛。故言亦無解不解。何以故者。何故六度之行而言無相
行耶。答此意言。如是六度。非但即是解脫。亦乃即是涅槃。是故說言無相
行也。解脫之相無相無行者。牒前解脫。無動無亂寂靜涅槃者。明即涅槃。
欲明如前所說六度之行。皆無起動。亦無散亂。即是本來寂靜涅槃。既即
是涅槃。何有相行耶。離動亂相。故曰寂靜。亦離寂靜性故。亦不取涅槃相
也。此中六度解脫涅槃。始從初地。乃至佛地。言涅槃者。四種之中。即是
本來淸淨涅槃。正是不可思議解脫。依其自在無障礙義。是故說名無礙解
脫。問。解脫之義。乃有眾多。有雙道中解脫。有三點中解脫。五分法身之
中解脫。十種解脫門中解脫。是諸門內。爲在何門。答。是三事中解脫。解
脫卽是涅槃故。欲顯六度之行。三事之德。剋實而言。初地已得。乃至妙覺
位。究竟圓滿。如經中說。若有菩薩。住大涅槃。能建大義。乃至廣說故。

② 중송重頌

경 해탈보살이 이 말씀을 듣고서 마음에 큰 기쁨을 느끼고 미증유한 경
지를 증득하였다. 이에 그 뜻을 펼치고자 게송을 읊었다.

대각을 원만구족한 세존께서는
중생 위해 법 널리 연설하시네
모두 다 일승법만을 설명하시고
그 밖에 이승의 도 전혀 없다네
분별없는 일미본각의 이익들은
비유하면 마치 큰 허공과 같아
일체를 수용하지 못할 것 없네
자기의 성품 각각 다름을 따라
모두가 본래자리를 얻게 한다네

解脫菩薩。聞是語已。心大欣懌。得未曾有。欲宣義意。而說偈言。大覺滿足尊。爲衆敷演法。皆說於一乘。無有二乘道。一味無相利。猶如大[1)]虛空。無有不容受。隨其性各異。皆得於本處。

1) ㉮ '大'는 『大正新修大藏經』에 수록된 『金剛三昧經』, 『金剛三昧經註解』, 『金剛三昧經通宗記』에는 '太'으로 되어 있다.

논 이하는 둘째의 중송重頌이다.[168] 그 가운데 먼저 경가經家의 서발序發이 있다. 본격적으로 읊은 것에는 일곱 행의 게송이 있다. 여기에도 두 가지가 있다. 앞의 여섯 행의 게송은 별송別頌이고, 뒤의 하나는 총송總頌이다.

此下第二重頌。於中在先經家序發。正頌之中。有七行頌。於中有二。前六別頌。後一總頌。

가. 여섯 행의 별송別頌

별송 가운데도 또 두 가지가 있다. 첫째는 두 게송과 한 구절로서 앞에서 간략히 표방한 것(略標)[169]을 읊었고, 둘째는 세 게송과 세 구절로서 뒤의 자세하게 해석한 것을 읊었다.

初中亦二。一者二頌一句。頌前略標。二者三頌三句。頌後廣釋。

가) 간략히 표방한 것을 읊음

---

168 저 위에서 말한 "이하는 둘째 본격적으로 법을 말씀하신 것이다. 여기에 두 가지가 있다. 첫째는 산문(長行)이고, 둘째는 중송重頌이다."에서 그 둘째의 중송에 해당한다.
169 원효는 『無相法品』의 산문(長行)을 약표略標와 광설廣說의 두 가지로 분류하였는데, 그 가운데 약표를 가리킨다.

약표 중에서 "제불의 지혜의 경지는 진실한 법의 상에 들어간 것으로 결정성이기 때문이다. 방편과 신통은 모두 분별상이 없는 이익이다."라고 말한 것을 지금 여기 중송 부분에서는 처음의 한 게송[170]으로 읊었다.

또한 "일각一覺과 요의了義는 이해하기 어렵고 들어가기 어렵다. (그래서 이승의 지견으로 들어갈 바가 아니다. 오직 불·보살만이 그 경계를 알아) 제도할 수 있는 중생에게는 모두 일미법을 설하였다."고 말한 것을 지금 여기 중송 부분에서는 세 가지 뜻으로 읊었다. 앞의 "분별없는 일미본각의 이익들은"의 한 구절은 설법의 내용(法說)을 읊었고, 다음의 "비유하면 마치 큰 허공과 같아 일체를 수용하지 못할 것 없네."의 두 구절은 비유를 인용하여(引喩) 읊었으며, 마지막의 "자기의 성품 각각 다름을 따라 모두가 본래자리를 터득한다네."의 두 구절은 비유와 합하여(合喩) 읊었다.

略標中言。諸佛智地入實法相決定性故。方便神通皆無相利。今此頌中初一頌頌。又言一覺了義難解難入。乃至可度衆生皆說一味。今此頌中以三義頌。謂前一句是法說頌。次二句引喩頌。後二句合喩頌。

나) 자세하게 해석한 것을 읊음

이하는 자세하게 해석한 경문을 읊은 것이다. 여기에 두 부분이 있다. 위의 다섯 구절[171]은 널리 무상관無相觀을 읊은 것이고, 뒤의 두 게송 반[172]

---

170 처음의 한 게송 : "대각을 원만구족한 세존께서는 …… 그 밖에 이승의 도 전혀 없네."의 부분을 가리킨다.
171 위의 다섯 구절 : 위 경문의 게송, "이처럼 아와 법을 떠난 까닭은 일법으로 성취되었기 때문이네. 제유에 같고 다른 수행 있지만 모두 다 본각의 이익 획득하여 유무견과 유무상을 멸절시키네."를 가리킨다.
172 두 게송 반 : 이하의 경문에 나오는 "요동도 없고 요란 없는 적정열반 또 깨침의 터득에도 집착 없네. 결정 도리에 들어 있기 때문에 상도 없고 또한 행조차도 없네. 텅 빈 마음의 적멸한 경지에는 적멸한 그 마음도 발생이 없네. 저 금강의 성품과 아주 똑같

은 자세하게 일각의 뜻을 읊은 것이다.

此下頌廣釋文。於中有二。先五句。頌廣無相觀。後二頌半。頌廣一覺義。

(가) 널리 무상관을 읊음

경

이처럼 아와 법을 떠난 까닭은
일법으로 성취되었기 때문이네
제유에 같고 다른 수행 있지만
모두 다 본각의 이익 획득하여
유무견과 유무상을 멸절시키네[173]

如彼離心我。一法之所成。諸有同異行。皆獲於本利。滅絶二相見。

논 첫째의 널리 무상관을 읊은 내용에는 본격적이고 자세한 것(正廣)과 거듭 드러낸 것(重顯)이 있다.

廣無相中。正廣重顯。

㉮ 본격적이고 자세하게 읊음(正廣)

이 불법승 세 보배 저버리지 않고 여섯 가지 바라밀 두루 갖추어 일체중생을 죄다 제도해 준다네."의 게송을 가리킨다.
173 유무견과 유무상을 멸절시키네(滅絶二相見) : 게송의 글자가 제한되어 있기 때문에 "유견과 무견을 소멸시키네.(滅二見)" 및 "유상과 무상을 단절시키네.(絶二相)"를 합한 것이다.

이제 처음의 두 구[174]는 본격적이고 자세한 경문에 대하여 읊은 것이다. 여기 본격적이고 자세한 것에도 두 가지가 있다. 첫째는 방편관方便觀에 대한 것이고, 둘째는 정관正觀을 설명한 것이다.

지금 위의 게송은 정관에 해당하는 경문을 읊은 것이다. 경문의 말에는 "일체중생에게 망아妄我가 있거나 망심妄心이 있으면 어떤 법으로 중생을 일깨워 그 결박에서 벗어나도록 해야 합니까." 내지 "자세하게 능과 소를 멀리 떠나도록 한다."는 대목이 있는데,[175] 지금 이 2구는 바로 이 경문에 대하여 읊은 것이다.

"일법으로"란 유변과 무변을 떠난 일실중도관一實中道觀이다. 이로써 망심과 망아에 대한 집착을 떠날 수 있기 때문이다.

今初二句。頌正廣文。前正廣中。亦有二分。先方便觀。後明正觀。今此頌中。頌正觀文。彼言令彼衆生皆離心我。乃至廣說遠離能所。今此二句正頌此文。言一法者。離有無邊。一中道觀。以此能離心我執故。

㊁ 거듭 드러내어 읊음(重顯)

거듭 드러낸 경문에는 네 가지 문답이 있다. 지금 이 2구[176]는 네 가지 문답 가운데 제1과 제2의 문답에 대하여 읊은 것이다.

"제유에 같고 다른 수행 있지만"이란 제1의 문답 가운데 "일체의 심심과 상相에 본래 근본이 없다."는 것을 가리킨다. 이와 같은 경문은 곧 같은

---

174 "이처럼 아와 법을 떠난 까닭은 일법으로 성취되었기 때문이네."를 가리킨다.
175 이에 해당하는 경문은 "해탈보살이 부처님께 사뢰어 말씀드렸다. 존자이시여, 중생의 마음은 그 자성이 본래 공적합니다. 공적한 마음은 그 본체에 형색(色)과 생멸상(相)이 없습니다. 그러면 어떻게 수습해야 본래 공적한 마음을 터득할 수 있습니까? 바라건대 부처님의 자비로 저희에게 설해 주십시오. ……."이다.
176 지금 이 2구 : 위 게송의 제3구와 제4구로서 "제유에 같고 다른 수행 있지만, 모두 다 본각의 이익 획득하여"를 가리킨다.

수행(同行)으로 총상관總相觀이다.

제2의 문답에서는 "자아(我)가 있다고 보는 자에게는 십이인연을 관찰토록 하라."고 하고, 또한 "만약 자아가 있다고 보는 자에게는 유견有見을 없애 주고, 만약 자아가 없다고 보는 자에게는 무견無見을 없애 줘야 한다. 그래서 만약 마음이 발생한다고 집착하는 경우에는 소멸된다는 자성(滅性)으로 없애 주고, 만약 마음이 소멸한다고 집착하는 경우에는 발생한다는 자성(生性)으로 없애 줘야 한다."고 하였다. 이와 같은 경문은 곧 다른 수행(異行)으로 별상관別相觀이다.

여기에서 같은 수행(同行)과 다른 수행(異行)은 그 소입所入도 다르지 않다. 그러므로 "모두 다 본각의 이익 획득하여"라고 하였다.

이것은 제2의 문답 끝 부분에서 "없애 주는(滅) 것이야말로 곧 견성으로 실제에 들어가는 것이다."라고 말한 것을 가리킨다.

또한 이 게송에서 "유무견과 유무상을 멸절시키네."라고 말한 것은 네 가지 문답 가운데 제3과 제4의 문답에 대하여 읊은 것이다. 곧 저 제3의 문답 가운데서 말한 "법이 생겨난다고 보는 경우에는 무無라는 견해로 없애 주고, 법이 소멸한다고 보는 경우에는 유有라는 견해로 없애 줘야 한다."는 것에 대하여 지금 여기에서는 "유견과 무견을 소멸시키네."라고 바로 게송으로 말한 것이다.

제4의 문답 가운데 "생·멸이 모두 소멸되면 본생이 되고 불생이 되어 마음이 항상 공적하다. 공적한 무주의 경지야말로"라는 것에 대하여 지금 여기에서는 "유상과 무상을 단절시키네."라고 바로 게송으로 읊은 것이다.

重顯文中。有四問答。今此二句頌前二番問答。所言諸有同異行者。彼初番答中言。一切心相。本來無本。如是等文。即是同行摠相觀故。第二番答中言。若有我者令觀十二因緣。又言若有我者令滅有見。若無我者令滅無見。若心生者令滅滅性。若心滅者令滅生性。如是等文即是異行別相觀故。此同異行所入無異。故言皆獲於本利。如前末言。滅是見性卽入實際故。又此頌言滅絶二相見者。頌後二番問答。彼第三答中言。見法生時令滅無見。見法滅時令滅有見。今正頌此故言滅二見也。第四答言。生滅俱滅本生不生心常空寂空寂無住。今正頌此。故言絶二相也。

(나) 자세하게 일각의 뜻을 읊음

이하 두 게송 반은 널리 일각一覺에 대하여 읊은 것이다. 널리 일각에 대해 읊은 부분은 본격적이고 자세한 것(正廣)과 거듭 드러낸 것(重顯)이 있다.

此下二頌半頌廣一覺。廣一覺中。正廣。重顯。

(㉮ 본격적이고 자세하게 읊음)

㉯ 거듭 드러내어 읊음

그러나 지금 여기 부분은 거듭 드러낸 것에 대해서만 읊었다. 거듭 드러낸 경문의 산문 부분에 여섯 가지 문답이 있다.[177]
여기 경문의 두 게송 반은 두 부분으로 나뉜다. 위의 한 게송은 여섯 가지 문답 가운데 제6의 답변에 대한 것이고, 이하의 한 게송 반은 여섯 가지 문답 가운데 제5의 답변에 대한 것이다. 이전의 네 가지 문답에 대해서는 생략하고 읊지 않았다.

---

177 위의 경문에서 "생멸하는 여지慮知의 상이란 무엇입니까?"에 대하여 여섯 가지로 문답한 대목이 이에 해당한다.

今¹⁾此頌中唯頌重顯。重顯文中。有六問答。此中有二。前之一頌頌第六答。次一頌半頌第五答。前四問答略而不頌。

1) ㉠ '今'은 甲本에는 '슴'으로 되어 있다.

a. 제6의 답변에 대한 것

경

요동 없고 요란 없는 적정열반
또 깨침의 터득에도 집착 없네
결정 도리에 들어 있기 때문에
상도 없고 또한 행조차도 없네

寂靜之涅槃。亦不住取證。入於決定處。無相無有行。

논 제6의 답변 가운데서는 "결정성에 들어가는 것이며 출세에 초연하는 것이고 걸림이 없는 해탈이다. …… 해탈의 모습은 분별상이 없고(無相) 유위행이 없으며(無行) 요동이 없고(無動) 요란이 없으며(無亂) 적정한 열반이지만 또한 열반의 모습에도 집착하지 않기 때문이다."라고 말했는데 지금 여기 한 게송에서는 차제를 바꾸어 읊은 것이다.¹⁷⁸

第六答中言。入決定性超然出世無礙解脫解脫之相無相無行無動無亂寂

---

178 위의 제1구와 제2구에 해당하는 "요동 없고 요란 없는 적정열반 또 깨침의 터득에도 집착 없네"라는 것은 제6의 답변 가운데 "해탈의 모습은 분별상이 없고(無相) 유위행이 없으며(無行) 요동이 없고(無動) 요란이 없으며(無亂) 적정한 열반이지만 또한 열반의 모습에도 집착하지 않기 때문이다."라는 뒷부분에 대하여 읊은 것이고, 제3구와 제4구에 해당하는 "결정 도리에 들어 있기 때문에 상도 없고 또한 행조차도 없네."라는 것은 제6의 답변 가운데 "결정성에 들어가는 것이며 출세에 초연하는 것이고 걸림이 없는 해탈이다."라는 앞부분에 대하여 읊은 것이다. 이처럼 제6의 답변 가운데 뒷부분과 앞부분의 순서가 바뀌어 있다.

靜涅槃亦不取涅槃相。今此頌中逆次頌也。

b. 제5의 답변에 대한 것

경

텅 빈 마음의 적멸한 경지에는
적멸한 그 마음도 발생이 없네
저 금강의 성품과 아주 똑같아
불법승 세 보배 저버리지 않고
여섯 가지 바라밀 두루 갖추어
일체중생을 죄다 제도해 준다네

空心寂滅地。寂滅心無生。同彼金剛性。不壞於三寶。具六波羅蜜。度諸一切生。

논 이것은 제5의 답변에 대하여 읊은 것이다. 경문에서 "마음과 법에 능·소가 발생하지 않으면 곧 의지함이 없고, 모든 유위행에 집착하지 않으면 마음이 항상 공적하여 변이하는 모습이 없다. …… 자성은 금강과 같고, 삼보를 저버리지 않는다. 이와 같이 공적심의 부동경지에서 육바라밀을 구비한다."고 말한 것에 대하여 지금 여기 게송에서는 답변하는 내용을 순차적으로 읊은 것이다.

此是頌第五答。彼文言。不生心法 卽無依止 不住諸行 心常空寂 無有異相 乃至 性等金剛 不壞三寶 空心不動 具六波羅蜜。今此頌中順次頌也。

나. 하나의 총송摠頌

경
초연히 삼계를 벗어남은
다 소승에 의하지 않으니
일미의 법으로 인증하고
일승으로 이룬 것이라네

超然出三界。皆不以小乘。一味之法印。一乘之所成。

논 이 한 게송은 「무상법품」의 대의를 총체적으로 읊은 것이다. 경문의 대의를 풀이한 것은 앞에서 설한 것과 같다.

此一頌者摠頌前來一品大意。消文大意。已如前說。

(3) 대중이 이익을 얻은 부분(得益分)

경 그때 대중은 「무상법품」에 대한 설법을 듣고 마음이 크게 기뻤다. 그리고 심상心相(法見)과 아상我相(我見)에 대한 집착을 떠나서 공의 무분별상(無相)의 경지에 들어갔다. 이에 마음이 텅 비고 탁 트여 모두 결정성을 터득하였고, 번뇌(結使)를 단제하여 유루혹(漏惑)을 탕진하였다.

爾時。大衆聞說是義。心大欣懌。得離心我。入空無相。恢廓曠蕩。皆得決定。斷結盡漏。

논 「무상법품」은 세 부분으로 나뉜다.[179] 이 가운데 앞의 두 대문大文,

---

179 이 「無相法品」의 경문을 분과하면 세 부분으로 나뉜다. 첫째는 선정으로부터 나오는 부분(出定分)이고, 둘째는 설법을 시작하는 부분(起說分)이며, 셋째는 법문을 들은 청

즉 삼매에서 나오는 부분(出定分)과 설법을 시작하는 부분(起說分)에 대해서는 이미 앞에서 마쳤다. 여기 대문은 셋째로서 당시의 대중이 이익을 얻은 부분(得益分)이다.

"심상心相과 아상我相에 대한 집착을 떠났다."는 것은 아공과 법공의 진여를 증득한 것이다.

"번뇌를 단제하고 유루혹을 탕진하였다."는 것은 견혹見惑과 수혹修惑을 단제한 것이다. 이것은 초지에 들어가면 견도에서 곧바로 견혹을 단제하고, 아울러 수혹도 단제함을 드러내려는 것이다. 이에 대한 뜻은 『미륵소문론』의 설명과 같다.[180] 보다 자세한 것은 『이장장二障章』에 있다.[181]

> 一品之內有。三分中。前之二分。竟在於前。此是大文第三時衆得益。得離心我者。證二空眞如故。斷結盡漏者。斷見修二惑故。欲顯得入初地見道正斷見惑兼斷修惑。義如彌勒所問論說。於中委悉在二障章也。

『금강삼매경론』 상권
金剛三昧經論 卷上

중이 이익을 얻는 부분(得益分)이다.
180 『彌勒菩薩所問經論』 권1~권6(T26, 233b~260c) 참조.
181 『二障義』(H1, 802b~811b) 참조.

금강삼매경론 중권

| 金剛三昧經論 卷中 |

신라국 사문 원효가 서술하다
新羅國 沙門 元曉 述

『금강삼매경론』중권
차례

  2) 「무생행품無生行品」 207
  (1) 본격적으로 설법함(正說) 208
    ① 주고받는 문답 208
    가. 질문 208
     가) 경문의 서문 209
     나) 질문하는 말 210
    나. 답변 211
    다. 따짐 212
    라. 부정함 213
     가) 직접적으로 부정함 213
     나) 부정한 이유 213
    마. 청함 214
    바. 해석함 215
     가) 무득의 도리를 열어 줌 215
      (가) 법法 216
      (나) 비유(喩) 216
      (다) 합슴 217
     나) 무생의 도리를 보임 217
      (가) 비유 218
       ㉮ 사불四不을 설명함 219
       ㉯ 팔불八不을 설명함 221
      (나) 합슴 223
     다) 그렇지 않다(非)는 것을 언급함 223
     라) 옳다(是)는 것을 설명함 224
    ② 부정하여 따지는 문답 226
    가. 행을 들어 도리를 따짐 226

나. 유증有證인가 하고 부정하며 따짐 228
다. 무증無證이라고 받들어 답변함 229
 가) 증득이 없음(無證)을 설명함 229
 나) 그렇지 않다(非)는 것을 언급함 230
 다) 그렇다(是)는 것을 드러냄 231
라. 유득有得을 부정하여 따짐 231
마. 무득無得이라고 사뢰어 말씀드림 233
 (가) 대강(標) 234
 나) 해석(釋) 234
  (가) 소득의 보리에 소득의 자성이 없음 234
  (나) 능득의 제행에도 능득의 모습이 없음 236
 다) 결론(結) 236
바. 여래께서 증득이 없다고 서술함 237
 가) 본격적으로 서술함(正述) 237
  (가) 총체적으로 서술함 237
  (나) 개별적으로 서술함 238
   ㉮ 무생을 서술함 238
   ㉯ 적멸을 서술함 239
    a. 앞의 것을 예로 듦 240
    b. 적멸의 뜻을 자세하게 해석함 240
 나) 그렇지 않다는 것을 언급함 241
 다) 그렇다는 것을 드러냄 243
사. 의문점을 거듭 진술함 245
아. 의문점을 해결해 줌 246
③ 보살이 이해함 248
④ 여래가 확정하여 서술함 251
(2) 설법을 찬탄함(讚說) 251
 ① 산문으로 서술함 252
 ② 게송 252
  가. 법 252
  나. 비유 254

다. 합合 ······· 254

라. 결結 ······· 254

(3) 설법을 듣고 얻은 이익을 설명함 ······· 255

3) 「본각리품本覺利品」 ······· 255

(1) 본각의 이익에 대하여 널리 설명함 ······· 256

① 본각의 이익의 종지를 간략하게 표함 ······· 257

가. 신체의 이동에 의지하여 본각의 이익을 드러냄 ······· 257

나. 문답으로 본각의 이익을 드러냄 ······· 259

(가) 질문 ······· 259

(나) 답변 ······· 259

(다) 서술하여 마무리 지음 ······· 260

다. 광명을 내어 보살을 칭찬함 ······· 261

가) 경문(經家)의 설명 ······· 263

나) 게송으로 무주보살을 칭찬함 ······· 263

② 본각의 이익의 의의를 널리 연설함 ······· 264

가. 그대로 널리 연설함 ······· 264

가) 질문 ······· 264

나) 답변 ······· 265

(가) 표방 ······· 266

(나) 해석 ······· 267

㉮ 곧장 해석함 ······· 267

㉯ 전변하여 해석함 ······· 268

나. 거듭하여 연설함 ······· 268

가) 시각을 연설함 ······· 269

(가) 제식諸識이 공적함을 연설함 ······· 269

㉮ 공적함을 그대로 설명함 ······· 270

a. 제1의 문답 : 기동起動이 없음을 설명함 ······· 270

b. 제2의 문답 : 견見은 허망임을 설명함 ······· 271

a) 총체적으로 설명함 ······· 272

b) 개별적으로 설명함 ······· 272

㉯ 제3의 문답 : 제식이 본각과 같은 모습이 아님을 설명함 ······· 273

㉰ 제식이 본각과 다른 모습이 아님을 설명함 ……… 274
　　a. 제4, 5의 문답 : 본각과 경계가 같은 모습임을 설명함 ……… 275
　　b. 제6의 문답 : 제식이 본각과 같은 모습임을 드러냄 ……… 276
(나) 제식이 무생임을 설명함 ……… 279
　㉮ 간략하게 드러냄(略標) ……… 280
　　a. 시각이 원만함 ……… 281
　　b. 제식은 불생임 ……… 281
　㉯ 자세하게 해석함(廣釋) ……… 282
　　a. 인이 원만함을 설명함 ……… 282
　　b. 과가 원만함을 드러냄 ……… 283
　　　a) 각이 원만함을 설명함 ……… 283
　　　b) 제식의 불생을 드러냄 ……… 285
나) 본각의 뜻을 연설함 ……… 285
(가) 곧장 설명함(正明) ……… 286
　㉮ 본각에 둘이 없는 도리를 설명함 ……… 286
　　a. 질문 ……… 286
　　b. 답변 ……… 288
　㉯ 장애를 없애고 깨침에 드는 문을 보여 줌 ……… 289
　　a. 질문 ……… 290
　　b. 답변 ……… 291
　　　a) 다스려지는 것을 드러냄 ……… 291
　　　b) 다스리는 것을 설명함 ……… 291
　　　c) 다스림으로 터득되는 뛰어난 이익을 설명함 ……… 292
(나) 집착을 없애 줌(遣著) ……… 293
　㉮ 무주로써 유주의 집착(著)을 없앰을 설명함 ……… 293
　　a. 질문 ……… 293
　　b. 답변 ……… 294
　　　a) 간략하게 집착을 타파함 ……… 295
　　　b) 자세하게 도리를 드러냄 ……… 295
　　　　(a) 본각에 의거하여 무주를 설명함 ……… 296
　　　　　ⓐ 본각의 도리에 다름이 없음(本理無異) ……… 296

ⓑ 각분에 다름이 없음(覺分無異) 296
ⓒ 일미로서 다름이 없음(一味無異) 297
ⓓ 둘이 아니므로 다름이 없음(無二無異) 297
(b) 시각에 의거하여 무주를 설명함 298
c. 무득으로써 유득의 집착을 단제함을 보여 줌 299
  a) 무득을 곧장 설명함 299
    (a) 질문 299
    (b) 답변 300
      ⓐ 법 301
      ⓑ 비유 301
        ㄱ. 첫째 비유 301
        ㄴ. 둘째 비유 302
        ㄷ. 셋째 비유 303
        ㄹ. 넷째 비유 304
      ⓒ 합 304
        ㄱ. 총론적인 합 305
        ㄴ. 개별적인 합 305
  b) 의정을 거듭 없앰 306
    (a) 첫째 문답 306
    (b) 둘째 문답 308
    (c) 셋째 문답 310
  c) 이해시킴 312
    (a) 이해한 언구 314
    (b) 이해한 의리 314
  d) 마무리를 지음 316
(2) 게송으로 찬탄함 316
  ① 총론적으로 능설을 찬탄함 317
  ② 법에 대한 설명을 찬송함 318
  ③ 비유로 한 설법을 찬송함 318
(3) 설법을 듣고 이익을 터득함 318

4) 「입실제품入實際品」 319
　(1) 대의를 간략하게 표방함 320
　　① 실제에 들어가는 방편을 열어 줌 321
　　　가. 총론적으로 표방함 321
　　　나. 개별적으로 열어 줌 321
　　　　가) 시절을 아는 방편 322
　　　　나) 근기를 아는 방편 323
　　　　다) 끌어들이는 방편 325
　　　　라) 벗어나게 하는 방편 326
　　② 이미 들어간 실제를 보여 줌 327
　　　가. 간략하게 설명함 328
　　　나. 거듭 해석함 328
　　　다. 치우친 집착은 옳지 않음 329
　　　라. 달자達者의 승리 330
　(2) 도리를 자세하게 드러냄 331
　　① 실제의 뜻을 드러냄 332
　　　가. 오공五空을 설명함 332
　　　　가) 질문 332
　　　　나) 답변 333
　　　　　(가) 첫째의 질문에 대한 답변 333
　　　　　(나) 둘째의 질문에 대한 답변 335
　　　나. 삼공三空을 설명함 335
　　　다. 공空이 진眞임을 설명함 338
　　　　가) 질문 339
　　　　나) 답변 339
　　　　　(가) 곧장 답변함 340
　　　　　(나) 심오함을 찬탄함 341
　　　　　　㉮ 그대로 찬탄함 341
　　　　　　㉯ 찬탄을 해석함 342
　　　라. 진眞이 여如임을 설명함 342
　　　　가) 질문 343

(가) 도리를 내세움 ……… 343
　　　(나) 의심나는 것을 물음 ……… 345
　　나) 답변 ……… 345
　　　(가) 인정함 ……… 346
　　　(나) 부정함 ……… 347
　　　　㉮ 번뇌에 오염된 불각을 드러냄 ……… 348
　　　　㉯ 불각에 상대하여 시각을 간략하게 보여 줌 ……… 348
② 실제에 들어가는 뜻을 널리 펼침 ……… 349
　가. 실제에 들어감을 총론적으로 설명함 ……… 350
　　가) 질문 ……… 350
　　나) 답변 ……… 351
　나. 실제에 들어감을 개별적으로 드러냄 ……… 351
　　가) 총론적으로 법수를 들어 설명함 ……… 352
　　나) 문답을 통해 개별적으로 드러냄 ……… 352
　　　(가) 질문 ……… 353
　　　(나) 답변 ……… 354
　　　　㉮ 답변 ……… 354
　　　　　a. 법수를 표시함 ……… 354
　　　　　b. 명칭을 나열함 ……… 355
　　　　　　a) 이입理入 ……… 355
　　　　　　b) 행입行入 ……… 356
　　　　　c. 차례대로 법상을 변별함 ……… 357
　　　　㉯ 힐난을 회통함 ……… 357
　다. 실제에 들어가는 주체가 허물을 떠나 있음 ……… 359
　　가) 간략하게 설명함 ……… 359
　　나) 자세하게 해석함 ……… 360
　　　((가) 질문) ……… 361
　　　(나) 답변 ……… 362
　　　　㉮ 주체의 마음도 없고 대상의 모습도 없다는 구절을 해석함 ……… 362
　　　　　a. 실제에 들어간 법은 모든 마음과 모습을 떠나 있음을 설명함 ……… 362
　　　　　b. 마음과 모습은 진여의 도리 아님이 없음을 설명함 ……… 365

㉯ 법이法爾하게 청정하다는 구절을 해석함 ……… 366
(다) 이해 ……… 366
(라) 서술하여 마침 ……… 368
라. 실제에 들어가는 객체가 변견을 떠나 있음 ……… 369
　가) 불성이 같다·다르다 하는 변견을 떠나 있음을 설명함 ……… 370
　　(가) 간략하게 설명함 ……… 370
　　　㉮ 같다·다르다를 떠나 있음 ……… 370
　　　㉯ 다르다는 것을 떠나 있음을 해석함 ……… 371
　　(나) 자세하게 드러냄 ……… 371
　나) 여여가 있다·없다 하는 변견을 떠나 있음을 드러냄 ……… 374
　　((가) 여여가 변견을 떠나 있음을 곧장 설명함) ……… 375
　　((나) 변견이 있으면 허망하다는 것을 반증함) ……… 375
　　(다) 공적심을 인용하여 여여가 변견을 떠나 있음을 예로 삼음 ……… 375
　　(라) 여여는 언설을 떠나 있음을 다시 설명함 ……… 376
③ 실제에 들어가는 계위 ……… 377
가. 실제에 들어간 경지가 깊고 깊음을 설명함 ……… 377
나. 실제에 능입하는 계위와 수행을 언급함 ……… 378
다. 계위를 개별적으로 드러냄 ……… 378
라. 실제에 들어가는 마음을 엄밀하게 설명함 ……… 379
　가) 질문 ……… 380
　나) 답변 ……… 380
④ 실제에 들어가는 방편 ……… 381
가. 능입의 방편을 설명함 ……… 382
　가) 대략적으로 드러냄 ……… 382
　　(가) 질문 ……… 382
　　(나) 답변 ……… 383
　　　㉮ 다스려야 하는 장애의 모습을 보여 줌 ……… 384
　　　㉯ 능치의 방편을 보여줌 ……… 386
　나) 방편을 자세하게 드러냄 ……… 386
　　(가) 법수를 들어 총체적으로 설명함 ……… 386
　　(나) 일미관행을 개별적으로 드러냄 ……… 388

나. 방편의 뛰어난 이익을 드러냄 ……… 396
　가) 터득한 과보의 뛰어난 이익 ……… 397
　　(가) 변견을 떠나는 뛰어난 이익 ……… 397
　　(나) 자재한 뛰어난 이익 ……… 398
　　(다) 깨달음에 들어가는 뛰어난 이익 ……… 398
　　(라) 터득한 과보의 뛰어난 이익 ……… 399
　나) 받는 공양의 뛰어난 이익 ……… 399
　　(가) 보살이 복전임을 설명함 ……… 399
　　(나) 이승은 그 경지를 보지 못함을 드러냄 ……… 402
　　　㉮ 질문 ……… 402
　　　㉯ 답변 ……… 403
　　(다) 보살종성은 그 경지를 봄을 드러냄 ……… 405
　다) 허물이 없는 뛰어난 이익 ……… 406
　　(가) 질문 ……… 407
　　(나) 답변 ……… 408
　　　㉮ 앞의 질문에 대하여 긍정함 ……… 408
　　　㉯ 뒤의 질문에 대하여 부정함 ……… 410
　라) 집착이 없는 뛰어난 이익 ……… 411
　　(가) 위에서 설한 것을 이해함 ……… 412
　　(나) 집착이 없는 뛰어난 이익을 드러냄 ……… 413
(3) 사리불(身子)이 이해함 ……… 414
　① 이해함 ……… 415
　　가. 위에서 설한 것을 찬송 ……… 415
　　나. 사리불 자신이 발심한 것을 진술함 ……… 416
　② 서술하여 마침 ……… 418
(4) 대중이 획득한 이익 ……… 419

2) 「무생행품無生行品」

無生行品第三[1]

1) ㉮ '第三'은 甲本에는 없다.

보살이 관행을 성취할 때 스스로 마음을 관觀할 줄 알아서 이치에 따라 수행하니, 유생有生의 마음도 아니고 무생無生의 마음도 아니며 또한 유행有行도 아니고 또한 무행無行도 아니다. 다만 증익변增益邊을 벗어나기 위하여 무생無生을 가설한 것이니, 유생에 대해서도 마음을 내지 않고 무생에 대해서도 마음을 내지 않는다. 그리고 손감변損減邊을 벗어나기 위하여 또한 유행有行을 가설한 것이니, 비록 유행의 행은 있지 않지만 무행의 행까지 없는 것은 아니다. 이런 까닭에 「무생행품無生行品」이라는 명칭을 내세운다.

菩薩觀行成就之時。知自觀心。順理修行。非有生心。非無生心。亦非有行。亦非無行。但爲離增益邊故。假說爲無生。不於有生生心。不於無生生心故。爲離損減邊。亦假說爲行。雖非有行之行。而非無無行之行故。是故立名無生行品。

일미관행을 개별적으로 드러내면 여섯 가지 부분이 있다.[1]
첫째는 모든 경계상을 없애고 무상관을 드러내는 것이니, 이미 앞에서 마쳤다. 이하는 둘째로서 그 발생하는 마음을 부정하는 것이니, 무생행을 설명한다.
경문에 세 부분이 있다. 첫째는 본격적으로 설법한(正說) 부분이다. 둘

---

1 『金剛三昧經』의 정설분은 일미관행에 대하여 설명한다. 그에 해당하는 「無相法品」・「無生行品」・「本覺利品」・「入實際品」・「眞性空品」・「如來藏品」의 여섯 품목을 가리킨다.

째는 설법을 찬탄한(讚說) 부분이다. 셋째는 설법을 듣고 얻은 이익(聞說得益)을 설명한 부분이다.

別顯觀行有六分中。第一遣諸境相顯無相觀。竟在於前。此下第二泯其生心。明無生行。就文有三。一者正說。二者讚說。其第三明聞說得益。

(1) 본격적으로 설법함(正說)

첫째의 정설에도 네 부분이 있다. 첫째는 주고받는 문답이고, 둘째는 부정하여 따지는 문답이며, 셋째는 보살이 이해하는 부분이고, 넷째는 여래가 확정하여 서술하는 부분이다.

初正說中 有其四分。一者往復問答。二者反徵問答。三者菩薩領解。四者如來述成。

① 주고받는 문답

첫째의 주고받는 문답에 여섯 가지가 있다. 첫째는 묻고, 둘째는 답하며, 셋째는 따지고, 넷째는 부정하며, 다섯째는 청하고, 여섯째는 해석한다.

初中有六。一問。二答。三難。四拒。五請。六釋。

가. 질문

첫째의 묻는 것에 두 가지가 있다.

初中有二。

가) 경문의 서문

경 이때 심왕보살은 부처님의 설법이 삼계의 밖을 벗어나 불가사의함을 알아듣고 자리에서 일어나 차수하고 합장하며 게송으로 여쭈었다.

爾時。心王菩薩。聞佛說法。出三界外。不可思議。從座而起。又手合掌。以偈問曰。

논 이 대목은 그 첫째로서 경문(經家)의 서문이다.
"심왕보살"은 본체의 측면에서 내세운 명칭이다. 그러나 심왕의 뜻에도 간략하게 두 가지가 있다. 첫째는 8식의 심심으로서 모든 심수心數를 제어하므로 심왕이라 하고, 둘째는 일심의 법으로서 모든 덕을 총체적으로 제어하므로 심왕이라 한다. 지금 심왕보살이 무생행에 들어가 일심왕을 증득하기 때문에 본체의 측면에서 내세운 명칭이다. 지금 이「무생행품」에서는 무생행을 설명한다. 그러므로 심왕보살이 질문을 한다.
"삼계의 밖을 벗어나 불가사의하다."는 것은 들은 설법을 내세워 질문의 근본으로 삼은 것이다. 그런데 심왕보살이 들은 것은 위의「무상법품」의 설법이다. 그런데도 지금 뒤의「무생행품」을 들어서 앞의「무상법품」을 섭수한 것은「무상법품」의 마지막 게송이 "초연히 삼계를 벗어남은 ……이룬 것이라네."이기 때문이다.

先經家序。心王菩薩者。從體立名。然心王之義。略有二種。一者八識之心。御諸心數。故名心王。二者一心之法。摠御衆德。故名心王。今此菩薩。入無生行。證一心王故。從所體以立名也。今此品中。明無生行。所以心王菩薩發問。出三界外不可思議者。是出所聞之法。以爲發問之本。其 所聞者。謂前品說。今且擧後以攝其前。謂最後頌言。超然出三界乃至所 成故。

나) 질문하는 말

경

여래께서 말씀하신 그 뜻은
세간을 떠나 집착이 없으니
곧 존재하는 일체의 중생이
다 누혹을 남김없이 없애네

번뇌 끊어 심아가 공적하니
이것이 곧 그대로 무생이네
이와 같은 유생이 없을진댄
무생의 법인이 어찌 있으랴

如來所說義。出世無有相。可有一切生。皆得盡有漏。斷結空心我。是卽無 有生。云何無有生。而有無生忍。

논 이 두 게송은 묻는 말이다.

이 가운데 첫째 게송은 부처님께서 앞에서 말한 것을 이해하여 요약한 것이니, 제1구와 제2구는 먼저 일미의 법인法印을 요약하고, 제3구와 제4 구는 다음으로 일승으로 성취된 것을 요약하였다.

뒤의 둘째 게송은 본격적으로 질문한 것이다. 이 가운데 제1구와 제2구 는 무생의 뜻을 이어받았고, 제3구와 제4구는 무생법인에 대하여 물었다.

이미 유생有生이 없으므로 마땅히 무생법인無生法忍의 마음도 없어야 하기 때문이다.

> 此二頌是問辭。於中初頌。領前所說。上半領前一味法印。下半領次一乘所成。後一頌正發問。於中上半牒無生義。下半問無生忍。既無有生。應無忍心故。

나. 답변

경 그때 부처님께서 심왕보살에게 말씀하셨다.
"선남자여, 무생법인은 법이 본래 무생하다는 것이다. 제유위행은 무생이지만 무생이라는 행도 없어야 한다. 그러므로 무생법인을 터득한다는 것도 곧 허망이다."

> 爾時。佛告心王菩薩言。善男子。無生法忍。法本無生。諸行無生。非無生行。得無生忍。卽爲虛妄。

논 이것은 둘째로 답한 부분이다.[2] 답변의 뜻에 두 가지가 있다. 첫째는 무생법인의 모습을 보이고, 둘째는 무생법인을 터득했다는 것에 대하여 그 과실을 드러낸다.

"무생법인"이란 제법이 본래 무생임을 통달하는 것이다. 그런즉 정과 혜의 제유위행도 또한 유생이 없다. 따라서 무생이 아니라면 그것은 능인행能忍行(무생법인을 터득했다는 생각이 남아 있는 것)이 있는 꼴이다. 그러므로 "무생이라는 행도 없어야 한다."고 하였다.

그런데 여기에 능인행이 있다면 곧 진정한 무생법인인 무주와 무행에

---
2 주고받는 여섯 가지 문답 가운데 둘째에 해당하는 것으로 답변 부분이다.

어그러진다. 그러므로 "무생법인을 터득한다는 것도 곧 허망이다."라고
하였다.

> 是第二答。答意有二。先示無生忍相。後顯有得過失。無生法忍者。達法本
> 無生。是則定慧諸行 亦無有生。非於無生。有能忍行。故言非無生行。於中
> 有得能忍之行。則乖眞忍無住無行。故言即爲虛妄。

다. 따짐

경 심왕보살이 여쭈었다.
"존자이시여, 무생법인을 터득한다는 것이 곧 허망이라면 터득함도 없고
법인도 없어야 마땅히 허망하지 않을 것입니다."

> 心王菩薩言。尊者。得無生忍。即爲虛妄。無得無忍。應非虛妄。

논 이것은 셋째로 따지는 부분이다.[3] 따지는 내용은 다음과 같다. "만
약 터득함(得)과 법인(忍)이 허망하다고 말한다면 곧 터득함도 없다는 것
(無得)과 법인도 없다는 것(無忍)은 마땅히 허망하지 않을 것이다. 왜냐하
면 허망과 반대이기 때문이다."
대승의 무소득을 수행하는 모든 사람들은 이와 같이 계탁하면서도 자
신들의 경우는 허망하지 않다고 말한다. 그러나 바로 그것이 허망임을 드
러내기 위하여 이와 같이 따지는 것이다.

> 是第三難。難意而言。若謂有得有忍 是虛妄者。則謂無得無忍 應非虛妄。
> 反虛妄故。諸學大乘無所得者。作如是計。自謂非妄。爲顯彼妄 故作是難。

---
3 주고받는 여섯 가지 문답 가운데 셋째에 해당한다.

라. 부정함

경 부처님께서 말씀하셨다.

"아니다. 왜냐하면 터득함도 없고 법인도 없다고 한다면 그것은 곧 (터득함도 없고 법인도 없다는) 터득함(有得)이 되기 때문이다. 그래서 터득함이 있고(有得) 머묾이 있으면(有住) 그것이 곧 발생이다(有生). 이처럼 터득했다는 마음이 발생하면 그것은 터득한 법이 있다(有所得)는 것이 되므로 또한 허망이 된다."

佛言。不也。何以故。無得無忍。是則有得。有得有住。[1] 是則有生。有生於得。有所得法。並爲虛妄。

1) ㉠ '住'는 『大正新修大藏經』에 수록되어 있는 『金剛三昧經』을 비롯하여 기타 『金剛三昧經註解』, 『金剛三昧經通宗記』에는 '忍'으로 되어 있다. 그러나 원효의 해석에 따르면 '住'이어야 한다.

논 이것은 넷째로 부정하는 것이다.[4] 여기에 두 부분이 있다.

是第四拒。於中有二。

가) 직접적으로 부정함

첫째로 "아니다."라는 것은 직접적으로 부정하는 것이다.

不者直拒。

나) 부정한 이유

---

4 주고받는 여섯 가지 문답 가운데 넷째에 해당한다.

둘째로 "왜냐하면……"은 부정한 이유를 해석한 것이다. 부정한 내용은 다음과 같다. "만약 저들의 생각이 터득 없음(無得)과 법인 없음(無忍)을 일컫는 것이라면, 비록 터득 있음(有得)과 법인 있음(有忍)의 유有를 터득한 것은 아닐지라도 오히려 터득함이 없고 법인이 없다는 그 무無를 터득한 것이 되어 버린다. 이미 무를 터득했다면 곧 마음이 무에 머무는 것이다. 마음이 이미 무에 머물면 그것은 곧 발생(有生)이다. 말하자면 터득한 것이 있다는 마음이 발생한 셈이므로 그것 또한 발생 없음(無生)과 터득 없음(無得)에 어긋난다. 이런 까닭에 허망한 것이 된다."

何以故下。第二釋拒。拒意而言。若彼意謂無得無忍。則雖不得有得有忍之有。而猶得其無得無忍之無。旣得於無者。則心住於無。心旣有住。卽是有生。謂有心生於有所得故。亦違於無生無得。是故說言並爲虛妄。

마. 청함

경 심왕보살이 여쭈었다.
"존자이시여, 법인도 없고 발생도 없는 그 마음은 어째서 허망이 아닙니까?"

心王菩薩言。尊者。云何無忍無生心而非虛妄。

논 이것은 다섯째로 청하는 부분이다.[5] 따질 길이 막혀서 뜻을 전개할 수가 없다. 그러므로 마땅히 따르면서 자문하여 이끌어 주기를 청하는 것이다.

---

5 주고받는 여섯 가지 문답 가운데 다섯째에 해당한다.

是第五請。追難路窮。意不能詣。故須仰諮。請爲將導。

바. 해석함

이하는 여섯째로 해석하는 부분이다.[6] 여기에 네 가지가 있다. 첫째는 무득의 도리를 열고, 둘째는 무생의 도리를 보이고, 셋째는 그렇지 않다(非)는 것을 언급하고, 넷째는 옳다는 것(是)을 설명한다.

此下第六爲釋。於中有四。先開無得道理。次示無生道理。三者擧非。四者明是。

가) 무득의 도리를 열어 줌

경 부처님께서 말씀하셨다.
"법인도 없고 발생도 없는 그 마음이란 형단形段이 없는 마음이다. 마치 불의 자성이 비록 나무속에 들어 있지만 그 소재가 없는 경우와 같다. 결정성이기 때문이다. 단지 명칭일 뿐이고 글자일 뿐으로 그 자성은 불가득이다. 그래서 그 도리를 설명하려고 명칭을 가설하지만 명칭도 불가득이다. 그리고 마음의 모습도 또한 불가득이어서 처소를 볼 수가 없다. 마음의 이런 이치를 알면 그것이 곧 발생이 없는 마음이다.

佛言。無忍無生心者。心無形段。猶如火性。雖處木中。其在無所。決定性故。但名但字。性不可得。欲詮其理。假說爲名。名不可得。心相亦爾。不見處所。知心如是。則無生心。

---

6 주고받는 여섯 가지 문답 가운데 여섯째에 해당한다.

논 첫째에 세 가지가 있으니, 법法·비유(喩)·합合이다.

初中有三。謂法喩合。

(가) 법法

처음에 말한 "법인도 없고 발생도 없는 그 마음"이란 바로 법인에 들어 있는 마음을 가리킨다.

그 다음의 "형단이 없는 마음"이란 무소득의 마음을 드러낸다. '형'은 자체(體)를 말하고 '단'은 분단(分)을 말한다. 모든 반연에서 마음의 자체와 분단을 추구해 보면 즉卽의 상태나 이離의 상태에서도 모두 무소득이다. 이런 이치를 말미암은 까닭에 형단이 없다는 것이지 색이 지니고 있는 형단의 모습이 없다는 말은 아니다.

初言無忍無生心者。是牒正在法忍之心。言心無形段者。顯心無所得。形之言體。段之言分。就諸緣中。求心體分。若卽若離 皆無所得。由是道理 故無形段。非謂無色形段相也。

(나) 비유(喩)

비유 부분에서 "마치 불의 자성이 비록 나무속에 들어 있지만"이란 법인의 마음이 이치상 갖추어져 있다는 것을 비유한 것이다.

"그 소재가 없는 경우와 같다."는 것은 나무속에 모든 극미가 들어 있지만 그 가운데 불의 자성이 소재하는 곳은 전혀 없다는 것이다. 이와 같이 이치상으로는 항하의 모래 수만큼의 법문이 있지만 그 가운데 마음을 찾아보아도 영원히 소재가 없다. 이것은 불의 자성이 소재처가 없는 이치와 같다.

> 喩中火性雖處木中者。喩於忍心。雖處理中。其在無所者。就此木中。有諸極微。於中都無火性所在。如是理中有恒沙法門。於中求心。永無所在。如是火性無處道理。

(다) 합슴

부처가 있거나 없거나 간에 법성은 항상 그렇기 때문에 "결정성이기 때문이다."라고 하였다. 불의 자성이라는 명칭에 대응하는 뜻은 불가득이다. 이와 같이 불의 자성은 비록 불가득이지만 그 나무속에 불의 자성이 없는 것은 아니다. 이 도리를 드러내고자 불의 자성이라는 명칭을 말하였다. 그 명칭을 분석하면 단지 글자만 있고, 여러 글자를 더욱 더 추구해도 모두 무소득이다. 법인의 마음이라는 명칭과 모습도 당연히 그런 줄을 알아야 한다. 그러므로 다음으로 합슴 부분에서 "그리고 마음의 모습도 또한 불가득이다."라고 하였다.

법인을 터득한 보살로서 마음이 그런 줄을 안다면 어찌 거기에서 능취심이 발생할 수 있겠는가. 이런 까닭에 "그것이 곧 발생이 없는 마음이다."라고 하였다.

> 有佛無佛。法性常爾。故言決定性故。火性名下。義不可得。如是火性。雖不可得。而其木中。非無火性。欲詮此理。說火性名。推析此名。但有諸字。轉求諸字。皆無所得。忍心名相。當知亦爾。故次合言。心相亦爾。得忍菩薩。知心如是。何得於中。能取心生。以之故言則無生心。

나) 무생의 도리를 보임

이하는 둘째로 무생의 도리를 설명하는 것이다. 여기에 두 부분이 있다. 첫째는 비유이고, 둘째는 합이다.

此下第二明無生理。於中有二。先喩次合。

(가) 비유

경 선남자여, 이 무생심의 자성(性)과 바탕(相)은 또한 마치 아마륵의 과실처럼 본래 자생自生도 아니고, 타생他生도 아니며, 공생共生도 아니고, 인생因生도 아닌 것으로서 곧 무생이다.[7] 왜냐하면 연의 대사代謝[8]이기 때문에 연이 기동해도 발생이 없고, 연이 사라져도 소멸이 없으며, 숨어 있거나 나타나 있거나 모습이 없고, 뿌리를 살펴보아도 적멸하다. 그래서 처하는 곳이 없어서 머무는 것을 볼 수가 없으니, 결정성이기 때문이다.

善男子。是心性相。又如阿摩勒果。本不自生。不從他生。不共生。不因生。無生。[1] 何以故。緣代謝故。緣起非生。緣謝非滅。隱顯無相。根理寂滅。在無有處。不見所[2]住。決定性故。

1) ㉠ '無生'은 『大正新修大藏經』에 수록된 『金剛三昧經』을 비롯하여 『金剛三昧經註解』, 『金剛三昧經通宗記』에는 '不無生'으로 되어 있다. 2) ㉠ '所'는 『金剛三昧經註解』, 『金剛三昧經通宗記』에는 '處所'로 되어 있다.

논 비유에 두 가지가 있다. 첫째는 사불四不[9]을 설명하고, 둘째는 팔불

---

7 이 대목을 풀어서 말하면, "본래 스스로 발생한 것(自生)도 아니고, 다른 것으로부터 발생한 것(從他生)도 아니며, 자타가 함께하여 발생한 것(共生)도 아니고, 인을 통해서 발생한 것(因生)도 아닌 것으로서 곧 발생이 없는 것(無生)이다."라는 뜻이다.
8 연의 대사代謝 : 낙사落謝와 같이 늘 맞물려서 변천하는 것이다.
9 사불四不 : 부자생不自生 · 불타생不他生 · 불공생不共生 · 불인생不因生을 가리킨다.

八不[10]을 드러낸다.

喩中有二。先明四不。後顯八不。

㉮ 사불四不을 설명함

첫째의 사불四不이라는 말은 연에 의지하므로 자생自生이 아니고, 자체가 종자이므로 타생他生도 아니며, 작作이 없으므로 공생共生도 아니고, 용用이 있으므로 무생無生도 아니다. 또한 아직 발생하기 전에는 자체가 없으므로 자체로부터 발생한 것이 아니고, 이미 발행한 후에는 벌써 존재하기 때문에 자체를 기다려 발생한 것이 아니다. 자체가 이미 성립하지 않는데 무엇을 기다려 타생이 있고, 자체와 타생이 없는데 어찌 공생이 있으며, 유인有因으로 발생한 것도 이미 불가득인데 하물며 무인無因으로 발생할 수 있겠는가. 이와 같이 발생을 추구해도 모두 무소득이다.

"인생도 아닌 것으로서 곧 무생이다."라는 말은 인因 없이 발생한 것이 아님을 설명한다. 말하자면 인이 없이 과가 발생하는 것은 불가능하다는 것이다.[11]

---

10 팔불八不 : 본『金剛三昧經論』에서 말한 불일不一·불이不異·부단不斷·불상不常·불입不入·불출不出·불생不生·불멸不滅을 가리킨다.
11 원문의 "善男子。是心性相。又如阿摩勒果。本不自生·不從他生·不共生·不因生·無生"에서 마지막의 '무생無生'의 대목이『金剛三昧經註解』와『金剛三昧經通宗記』의 경우 '불무생不無生'인 것과 비교하면 다음과 같은 해석이 가능하다. '무생無生'인 경우는 "심성의 바탕은 자생도 아니고, 타생도 아니며, 공생도 아니고, 인생도 아닌 것으로 곧 무생이다."이고, '불무생不無生'인 경우는 "심성의 바탕은 자생도 아니고, 타생도 아니며, 공생도 아니고, 인생도 아니며, 무생도 아니다." 또는 "심성의 바탕은 자생도 아니고, 타생도 아니며, 공생도 아니고, 인생도 아니며, 불무생이다."이다. 또한 경문과는 달리 본『金剛三昧經論』에서 원효는 사불四不을 언급하면서 '불인생不因生'을 빼고 '불무생不無生'을 넣어서 설명하고 있다. 이 점은 '本不自生·不從他生·不共生·不因生·無生'이『金剛三昧經註解』와『金剛三昧經通宗記』의 '本不自生·不從他生·不共生·不因生·不無生'처럼 무생을 불무생으로 해석할 수 있는 여지를 보여 주고 있다.

言四不者. 待緣故不自生. 自種故不他生. 無作故不共生. 有用故不無生. 又
復未生時無自故. 不從自生. 已生時已有故. 不須自生. 自旣不成. 待誰有他.
自他旣無. 何得有共. 有因而生. 旣不可得. 何況得有無因而生. 如是求生皆
無所得. 言不因生無生者. 明不無因而生. 謂不能生因無而果得生也.

"왜냐하면"부터는 계속하여 감추어져 있는 의심(伏疑)을 해석한 것이다.[12] 의심의 내용은 다음과 같다. "사불 가운데 세 번째인 불공생不共生은 그렇지 않다. 세 번째가 그렇지 않은 이유에 대하여 말하자면 다음과 같다. 과실이 맺히는 경우 종자는 친인親因이 되고 흙과 물은 소연疏緣이 된다. 친인과 소연이 함께 합해지므로 과실이 맺힌다. 그런데 어째서 불공생이라 말하는가."

이런 까닭에 "왜냐하면"이라는 말로 물은 것이다.

"연의 대사代謝이기 때문에"는 친인과 소연이 선·후를 대사하면서 잠시도 멎지 않는다. 대사가 멎은 경우는 이미 과실이 없어 곧 공용도 없다. 공용이 없으므로 친인과 소인의 과실이 맺히지 않는다. (『유가사지론』의) 게송에서 "일체의 유위행은 모두가 찰나로다. 머묾도 없을진댄 하물며 작용이랴."[13]라고 말한 것과 같다.

그러므로 또 대사를 추구해도 발생도 없고 소멸도 없다. 왜냐하면 이미 잠시도 머묾이 없은즉 발생도 없고, 발생이 없은즉 소멸이 없기 때문이다. 그래서 "연이 기동해도 발생이 없고 연이 사라져도 소멸이 없다."고 말한다. 이와 같아서 추구해 보아도 숨음과 나타남이 모두 없다.

"숨어 있는 것"은 종자가 흙 속에 있고, "나타나 있는 것"은 싹과 줄기가 흙 위로 솟아나 있기 때문이다.

---

12 왜냐하면 : 이전 대목이 현의顯疑에 대한 직접적인 해석이라면, "왜냐하면" 이후 대목은 그 이유를 설명하는 것으로 간접적인 해석에 해당한다.
13 『瑜伽師地論』 권16(T30, 363a).

"뿌리를 살펴보아도 적멸하다."는 것은 나무의 뿌리와 나무의 줄기를 통하여 살펴보고 과실이 맺히는 원인을 찾아보아도 필경에 과실이 맺히는 도리는 기동하지 않는다. 그러므로 "적멸하다."고 하였다.

"처하는 곳이 없어서 머무는 것을 볼 수가 없다."고 하였는데, 어째서 그러한가. 결정성이기 때문이다. 결정성의 뜻은 위에서 설명한 것과 같다.

何以故下次釋伏疑。疑者意曰。三不可爾。第三云何。意謂果生種子爲親因。地水爲疏緣。此二共合故有果生。云何而言不共生耶。是故問言何以故也。緣代謝故者。明彼二緣先代後謝不得暫停。停時旣無則無功用。功用無故俱不生果。如偈說言。諸行皆利那。住尙無況用。故又求代謝。無生無滅。所以然者。旣無暫住則無有生。生無有故。則無有滅。故言緣起非生。緣謝非滅。如是推求隱顯皆無。隱者種子在土下故。顯者芽莖出地上故。根理寂滅者。推其樹根及樹幹理求生果因畢竟無起。故言寂滅。在無有處不見所住。所以然者。決定性故。決定性義。如前所說。

㈏ 팔불八不을 설명함

경 이 결정성은 일一도 아니고 이異도 아니며, 단斷도 아니고 상常도 아니며, 입入도 아니고 출出도 아니며, 생生도 아니고 멸滅도 아니다. 모든 네 가지 비방[14]을 떠나 있어 언어로 표현되지 않는다. 무생한 마음의 자성도 또한 그와 마찬가지이다. 그런데 어떻게 생과 불생과 유인과 무인을 설명할 수 있겠는가.

是決定性。亦不一不異。不斷不常。不入不出。不生不滅。離諸四謗。言語

---

14 네 가지 비방 : 일이一異·단상斷常·입출入出·생멸生滅의 네 가지 분별의 속성을 말한다.

道斷。無生心性。亦復如是。云何說生不生。有忍無忍。

논 위의 사불에 이어서 둘째로 팔불을 설명하는 대목이다. 비단 법이 法爾하여 위의 사불의 경우뿐만 아니라 일一·이異 등 여덟 가지의 경우도 역시 모두 단절한다. 왜냐하면 과실과 종자가 동일하지 않은 것은 그 모습이 같지 않기 때문이고, 그렇다고 또 다르지도 않은 것은 종자를 떠나서는 과실이 없기 때문이다.

또한 종자와 과실이 단절된 것이 아닌 것은 과실은 종자를 이어서 발생하기 때문이고, 그렇다고 또한 불변하는 것도 아닌 것은 과실이 발생하면 종자는 소멸되기 때문이다. 또한 종자가 과실에 들어 있는 것이 아닌 것은 과실이 되었을 때 종자가 없기 때문이고, 그렇다고 과실이 종자를 벗어나는 것도 아닌 것은 종자로 있을 때 과실이 없기 때문이다.

들어 있는 경우도 없고 벗어나 있는 경우도 없으므로 불생이고, 불변하는 것도 아니고 단절된 것도 아니므로 불멸이다. 불멸이므로 무無라 말할 수 없고, 불생이므로 유有라 말할 수 없으며, 양변을 멀리 떠나 있으므로 역유역무亦有亦無라고도 말할 수 없고, 한가운데에 해당하지 않기 때문에 비유비무非有非無라고도 말할 수 없다. 그러므로 "모든 네 가지 비방을 떠나 있어 언어로 표현되지 않는다."고 하였다.

아마륵의 과실은 이와 같이 언설을 단절해 있다. 법인의 마음도 또한 이와 다르지 않다. 그러므로 "무생한 마음의 자성도 또한 그와 마찬가지이다."라고 하였다.

次明八不。非直法爾。唯前四不。亦乃具絶一異等八。所以然者。果種不一。其相不同故。而亦不異。離種無果故。又種果不斷。果續種生故。而亦不常。果生種滅故。種不入果。果時無種故。果不出種。種時無果故。不入不出故不生。不常不斷故不滅。不滅故不可說無。不生故不可說有。遠離二邊故不可說爲亦有亦無。不當一中故不可說非有非無。故言離諸四謗言語道斷。
阿摩勒果如是絶言。法忍之心亦不異此。故言無生心性亦如是等也。

(나) 합슴

경 만약 마음에 대하여 소득이 있고 머묾도 있으며 볼 수도 있다고 말한다면 곧 아뇩다라삼먁삼보리의 반야를 터득할 수가 없다. 그것은 곧 장야長夜의 상태이다.

若有說心。有得有住。及以見者。卽爲不得阿耨多羅三藐三菩提般若。[1] 是爲長夜。

1) ㉢ '般若'는 『金剛三昧經註解』 및 『金剛三昧經通宗記』에는 없다.

다) 그렇지 않다(非)는 것을 언급함

논 이하는 셋째로 그렇지 않다(非)는 것을 언급하는 것이다.[15] 즉 어떤 사람이 무생법인심에 대하여 그 심체를 터득할 수 있고 그 무생법인에 머물 수 있으며 그 무생법인의 도리를 볼 수가 있다고 말한다면, 그것은 마음의 자성을 모르고 곧 허망한 집착으로 보리 및 그 반야를 장애하는 것이다. 이것은 자성청정한 보리 및 능증의 반야를 터득하지 못한 것을 설명한 것이다.

또한 "보리"는 처음부터 기동해 있는 보리이고, "반야"는 보리의 인因이다. 깨침의 인을 터득하지 못하므로 "장야의 상태"가 되는데, 그것은 무시 이래의 망상으로서 대몽大夢[16]이기 때문이다.

---

15 여섯째로 해석하는 부분 가운데 셋째에 해당한다.
16 대몽大夢 : 중생이 미혹으로부터 벗어나지 못하고 있는 상태를 가리킨다.

此是第三擧非。謂有說言無生忍心心體可得住於無生。及與能見無生理者。不了心性。直是妄執能障菩提及其般若。是明不得性淨菩提能證般若。又菩提者。始起菩提。言般若者。菩提之因。不得覺因故爲長夜。無始妄想是大夢故。

라) 옳다(是)는 것을 설명함

경 그러나 마음의 자성을 분명하게 터득한 사람은 마음의 자성이 여여함을 알고 그 자성의 작용도 역시 여여함을 아는데, 그것이 곧 무생행이다."

了別心性者。知心性如。是性亦如。是無生行。[1]

1) ㉘ '是無生行'은 『大正新修大藏經』에 수록된 『金剛三昧經』에는 '無生無行'이다. 그리고 '了別心性者。知心性如。是性亦如。是無生行。'의 대목이 『金剛三昧經註解』 및 『金剛三昧經通宗記』에는 '了別心性者。知心性如是。性亦如是。是無生行。'으로 되어 있다. 따라서 그 해석도 『金剛三昧經註解』 및 『金剛三昧經通宗記』의 경우에는 "마음의 자성을 요별한 사람은 마음의 자성이 여시임을 알고 그 자성의 작용도 또한 여시임을 아는데, 그것이 곧 무생이고 무행이다."라고 해석한다. 이와 관련하여 원효의 『논』을 보면, 사불四不과 관련된 대목의 '무생無生'에 대해서는 범부와 성인에게 두루 적용되는 '무생'의 의미로 해석하고, 팔불八不과 관련된 대목의 '무생행無生行'에서는 성인에게만 적용되는 '무생의 행'으로 해석하여 무생과 무생행의 관계를 상황에 따라서 달리 적용하여 해석하고 있다.

논 이것은 넷째로 옳다(是)는 것을 드러내는 것이다.[17]

"마음의 자성을 분명하게 터득한 사람"이란 자심으로써 자심의 자성을 터득한 것이니, 『경』에서 "만약 능취의 작의로써 도리어 능취의 작의에 통달할 줄 알아야 한다. 그래야만 바야흐로 이에 능연과 소연이 절대평등이 되어 무루지가 발생하여 성제에 통달한다."[18]고 한 것과 같다.

---

17 여섯째로 해석하는 부분 가운데 네 가지가 있다. 그 넷째로서 옳다(是)는 것을 설명하는 것에 해당한다.
18 『瑜伽師地論』 권95(T30, 844c20~22).

"마음의 자성이 여여함을 안다."는 것은 자기 관심의 체성이 평등함을 아는 것이다.

"그 자성의 작용 역시 여여함을 안다."는 것은 능지의 작용을 가리키는데, 그 작용하는 자성이 평등하다는 것이다.

이와 같이 마음을 관찰해 보면 그 본체와 작용이 평등하여 발생이 없고 소멸이 없으며 시작이 없고 종말이 없기 때문에 "이것이 무생의 행이다."라고 하였다.

위의 사불四不에서 설명한 무생이란 '무생의 도리'를 드러낸 것으로 그 도리가 범凡과 성聖에 통한다. 그러나 지금 여기 팔불八不에서 마음의 자성이 여여함을 안다는 것으로 설명한 '무생'이란 '무생의 행'을 설명한 것이다. 무생의 행은 사불의 경우에서 설명한 무생의 도리와는 달리 성聖에만 해당한다. 성聖에만 해당하는 무생의 행은 이理에 계합된 일미이고, 널리 통하는 그 일미의 도리는 곧 지智에 계합된 평등平等이다. 평등하고 일미라는 점에서는 범부와 성인이 다르지 않고 무생이 도리에는 통함이 있지만 무생의 행은 차별이 있다는 점에서는 범부와 성인이 같지 않다.

'같지 않다'는 것은 같지만 다르다는 것이고, '다르지 않다'는 것은 다르지만 같다는 것이다. '같다'는 것은 다른 것에서 같다는 것을 변별한 것이고, '다르다'는 것은 같은 것에서 다르다는 것을 설명한 것이다. '같은 것에서 다르다는 것을 설명한 것'은 같은 것이 나뉘어 달라진다는 것이 아니고, '다른 것에서 같다는 것을 변별한 것'은 다른 것이 없어져 같아진다는 것이 아니다. 진실로 '같다는 것'은 다른 것을 없앤 것이 아니므로 같다고 말할 수 없고, '다르다는 것'은 같은 것을 나눈 것이 아니므로 다르다고 말할 수 없다. 다만 '다르다'고 말할 수 없으므로 그것을 '같다'고 말할 수 있고, '같다'고 말할 수 없으므로 그것을 '다르다'고 말할 수 있을 뿐이다. 이처럼 말할 수 있는 것과 말할 수 없는 것은 다름도 없고 차별도 없다.

此是第四顯是。言了別心性者。卽以自心了自心性。如經言。若能以其能取
作意。還能通達能取作意。如是方乃能緣所緣平等平等。無漏智生通達聖
諦故。知心性如者。知自觀心體性平等故。是性亦如者。是能知用。用性平
等故。如是觀心體用平等。無生無滅無始無終。以之故言是無生行。上明四
不之無生者。顯無生理。理通凡聖。今明知如之無生者。明無生行。行別在
聖。在聖之行與理一味。遍通之理與智平等。平等一味故聖人所不能異也。
有通有別故聖人所不能同也。不能同者卽同而異也。不能異者卽異而同也。
同者辨同於異。異者明異於同。明異於同者非分同爲異也。辨同於異者非銷
異爲同也。良由同非銷異故不可說是同。異非分同故不可說是異。但以不可
說異故可得說是同。不可說同故可得說是異耳。說與不說無二無別矣。

② 부정하여 따지는 문답

아래는 둘째 부정하여 따지는 문답이다.[19] 여기에 여덟 가지가 있다. 첫
째는 행을 들어 도리를 따진다. 둘째는 유증有證인가 하고 부정하여 따진
다. 셋째는 무증無證이라고 사뢰어 말씀드린다. 넷째는 유득有得을 부정하
여 따진다. 다섯째는 무득無得이라고 사뢰어 말씀드린다. 여섯째는 증득
이 없다고 서술한다. 일곱째는 의문점을 거듭 진술한다. 여덟째는 그 의
문점을 해결해 준다.

此下第二反詰問答。於中有八。一擧行難理。二反詰有證。三仰報無證。四
反詰有得。五仰報無得。六述無證得。七更陳所疑。八決其所疑。

가. 행을 들어 도리를 따짐

---

[19] 첫째의 정설 부분의 네 가지 가운데 둘째 부정하여 따지는 문답이다.

경 심왕보살이 여쭈었다.

"존자이시여, 만약 마음이 본래 여여하여 행[20]이 무생이라면, 제행이 무생이므로 유생행도 불생이고 불생행도 무행으로서 곧 그대로 무생의 행이 되어야 할 것입니다."

心王菩薩言。尊者。心若本如。無生於行。諸行無生。生行不生。不生無行。卽無生行也。

논 이 부분은 첫째로 행을 들어 도리를 따진 것이다.

"만약 마음이 본래 여여하여 행이 무생이라면"은 위에서 들었던 '행이 곧 무생이라는 뜻'을 언급한 것이다. 위에서 말한 "마음의 자성이 여여함을 알고 그 자성의 작용도 역시 여여함을 아는데, 그것이 곧 무생행이다."라는 것으로, 생멸의 행이 발생하지 않음을 말한다. 곧 이것은 무생행의 모습을 바로 언급한 것이다.

"제행이 무생이므로"라는 것은 도리가 무생임을 언급한 것이니, 모든 중생의 오음인 제행이 본래 무생이라는 것이다.

"유생행도 불생이고"라는 것은 무생의 도리는 무생의 행과 다름을 설명한 것이니, 생기한 행이 그대로 공하여 불생이지, 도리를 증득하여 소멸된 마음의 불생을 말미암은 것은 아니라는 것이다.

"불생행도 무행으로서"라는 것은 불생의 도리가 무생의 행과 같음을 드러낸 것이니, 불생의 문도 역시 무심의 행이라는 것이다. 곧 무생법인이 무분별행인 것과 마찬가지로 마땅히 이 불생의 행도 무생의 행이어야 한다는 것이다. 만약 이와 같을진댄 일체의 범부도 무생법인을 증득하지 못할 것이 없다.

---

20 위에서 언급한 일一·이異·단斷·상常·입入·출出·생生·멸滅의 여덟 가지를 가리킨다.

此卽第一擧行難理。言心若本如無生於行者。擧前所說行無生義。謂卽前言知心性如是性亦如是無生行。謂無生於生滅之行。卽是正擧無生行相。言諸行無生者。擧理無生。謂諸衆生五陰諸行本來無生。生行不生者。明理無生異行無生。謂生起行。卽空不生。非由證理。滅心不生。言不生無行者。顯理不生。類行無生。謂不生門。亦無心行。如無生忍。無分別行故。應卽是無生行耶。若如是者。一切凡夫。莫不證得無生忍矣。

나. 유증有證인가 하고 부정하며 따짐

경 부처님께서 말씀하셨다.
"선남자여, 그대는 무생으로써 무생의 행을 증득했는가?"

佛言。善男子。汝以無生。而證無生行耶。

논 이는 둘째로 유증有證인가 하고 부정하며 따지는 것이다. 따지는 내용은 다음과 같다. "그대가 무생법인의 관찰에 들어갔을 경우, 제행이 무생이라는 도리에 의하여 무생의 행을 터득하였는가."
이와 같이 부정하며 따져서 묻고 있는 까닭은, 심왕보살이 무생의 도리가 무생의 행과는 다르다고 간주하고 있지만 그 무생의 도리도 역시 무생의 행임을 따지는 것이기 때문이다. 그래서 이제 "그대가 무생법인의 관찰에 들어갔을 경우, 무생의 도리가 무생의 행과 달리 능·소가 있던가."라고 따진 것이다.

此是第二反詰有證。詰意而言。汝於入觀無生忍時。以依諸行無生之理。而得無生行耶。所以如是反詰問者。彼以理無生。別異行無生。而難理無生。亦是行無生故。今詰言。汝入觀時。理行別異。有能所耶。

다. 무증無證이라고 받들어 답변함

경 심왕보살이 여쭈었다.

"아닙니다. 왜냐하면 여여한 무생행은 성과 상이 공적하기 때문에 견見도 없고 문聞도 없으며, 득得도 없고 실失도 없으며, 언언도 없고 설說도 없으며, 지知도 없고 상相도 없으며, 취取도 없고 사捨도 없습니다. 그런데 어떻게 증득할 수 있겠습니까. 만약 증득을 취한 것이 있다면 곧 쟁과 논이 될 것입니다. 쟁도 없고 논도 없어야 이에 무생행이기 때문입니다."

心王菩薩言。不也。何以故。如無生行。性相空寂。無見無聞。無得無失。無言無說。無知無相。無取無捨。云何取證。若取證者。卽爲諍論。無諍無論。乃無生行。

논 이는 셋째로 무증無證이라고 받들어 답변한 것이다. 여기에 세 가지가 있다. 첫째는 증득이 없음(無證)을 설명하고, 둘째는 그렇지 않음(非)을 언급하고, 셋째는 그렇다(是)는 것을 드러낸다.

此是第三奉答無證。於中有三。初明無證。二者擧非。三者顯是。

가) 증득이 없음(無證)을 설명함

첫째에도 두 가지가 있으니, 먼저 대강을 드러내고, 나중에 자세하게 해석한다.

"여여한 무생행은 성과 상이 공적하다."는 것은 전체적인 대강(摠標)의 구절이다. '성이 공적하다.'는 말은 소위 관찰하는 심체가 생멸의 모습을 떠나 있다는 것인데, 곧 위에서 설한 "마음의 자성이 여여함을 안다."

는 것이다. '상이 공적하다.'는 말은 관찰하는 마음을 아는 작용은 그 작용의 상相도 역시 여여하다는 것인데, 곧 위에서 말한 "그 자성 역시 여여하다."는 것을 가리킨다.

이하는 열 가지가 없다(十無)[21]는 것으로써 전체적인 대강(摠標)의 구절을 해석한 것이다.

"견도 없고 문도 없다."는 것은 마음의 자성은 들을 수도 없고(希) 볼 수도 없다(夷)는 것이다. 곧 이夷이므로 색이 단절되어 형상으로 드러낼 수가 없고, 희希이므로 소리가 단절되어 설명으로 가르칠 수가 없다.

> 初中亦二。前標後釋。如無生行性相空寂者。是摠標句。言性空寂。謂觀心體性離生滅相。即前所說知心性如也。相空寂者。觀心知用。用相亦如。即前是性亦如之謂也。下以十無。釋此摠句。無見無聞者。心性希夷。夷故絶色。非像所表。希故絶聲。非教所詮也。

나) 그렇지 않다(非)는 것을 언급함

"득도 없고 실도 없다."는 것은 공을 드러냈지만 무소득이고, 생을 없앴지만 소실된 것이 없다는 것이다. 이와 같이 네 가지가 없다(四無)는 것은 자성이 공적함을 해석한 것이다.

"언도 없고 설도 없다."는 것은 마음의 작용이 적멸하고 언설도 기동하지 못한 것이다.

"지도 없고 상도 없다."는 것은 마음의 작용이 적멸하여 멀리 분별을 떠나 있기 때문이다.

"취도 없고 사도 없다."는 것은 이미 분별이 없어 취할 성이 없고 버릴

---

[21] 열 가지가 없다(十無) : 견見·문聞·득得·실失·언言·설說·지知·상相·취取·사捨가 없는 것이다.

상이 없기 때문이다. 이와 같이 여섯 가지가 없다(六無)는 것은 상이 공적함을 해석한 것이다. 무생행은 이처럼 공적한데 어찌 거기에 증득을 취함이 있겠는가.

無得無失者。顯空而無所得。遣生而無所失故。如是四無。釋性空寂也。無言無說者。心行旣寂。不起言說故。無知無相者。心行寂滅。遠離二分故。無取無捨者。旣無分別。無性可取。無相可捨故。如是六無。釋相空寂也。無生行中。如是空寂。云何於中。而有取證。

다) 그렇다(是)는 것을 드러냄

이렇게 답변할 때 앞에서 따졌던 것이 더 이상 따질 수 없게 되었음을 스스로 안 것이다. 잘못(非)을 언급하여 옳음(是)을 드러낸 것이므로 살펴보면 곧 알 수 있을 것이다.

作是答時。自知前難。不成難也。擧非顯是。攻卽可知。

라. 유득有得을 부정하여 따짐

경 부처님께서 말씀하셨다.
"그대는 아뇩다라삼먁삼보리를 터득하였는가?"

佛言。汝得阿耨多羅三藐三菩提耶。

논 이는 넷째로 유득有得을 부정하여 따진 것이다.
문 보살은 아뇩다라삼먁삼보리를 터득하지 못했는데, 여래는 무슨 까닭에 "그대는 아뇩다라삼먁삼보리를 터득하였는가."라고 묻는가?

【해】 그것은 보살이 비록 구경의 보리(아뇩다라삼먁삼보리)를 터득하지 못하였지만 이미 초지의 보리는 증득하였기 때문이다. 『법화론』에서는 다음과 같이 말한다.

> 팔생 내지 일생에 아뇩다라삼먁삼보리를 터득한다는 것은 초지의 보리를 증득한다는 것이다. …… 삼계의 분단생사를 떠나 분수에 따라서 진여불성 곧 법성을 볼 수 있으므로 보리를 터득한다고 말하는 것이지 구경에 만족한 여래의 방편열반을 말하는 것은 아니다.[22]

생각해 보면 이것은 진여불성(법성)에 의거하여 설하므로 "보리"라 말하는 것이고, 증득하여 보기 때문에 "보리를 터득했다."고 말하는 것이다. 경에서 "모든 법성이 공한즉 그것이 아뇩다라삼먁삼보리이다."라고 한 것이 바로 이를 두고 한 말이다.

此是第四反詰有得. 問曰. 菩薩未得阿耨菩提. 如來何故問汝得耶. 解云. 此雖未得究竟菩提. 而已證得初地菩提. 如法華論曰. 八生乃至一生得阿耨多羅三藐三菩提者. 謂證初地菩提故. 以離三界中分段生死. 隨分能見眞如佛性[1]名得菩提. 非謂究竟滿足如來方便涅槃故. 案云. 是約眞如佛性

---

[22] 『妙法蓮華經憂波提舍』 권하(T26, 9c~10a)에 의하여 생략된 내용을 보충하면 다음과 같다. "팔생 내지 일생에 아뇩다라삼먁삼보리를 터득한다는 것은 초지의 보리를 증득한다는 것이다. 팔생과 일생이란 모든 범부가 결정코 초지에서 증득할 수 있기 때문이다. 각자의 역량 내지 분수에 따라서 팔생 내지 일생에 모두 초지를 증득하기 때문이다. 여기에서 말하는 아뇩다라삼먁삼보리란 삼계의 분단생사를 떠나 분수에 따라서 진여법성을 볼 수 있으므로 보리를 터득한다고 말하는 것이지 구경에 만족한 여래의 방편열반을 말하는 것은 아니다.(八生乃至一生得阿耨多羅三藐三菩提者. 謂證初地菩提法故. 八生一生者. 謂諸凡夫決定能證初地故. 隨力隨分. 八生乃至一生皆證初地故. 此言阿耨多羅三藐三菩提者. 以離三界分段生死. 隨分能見眞如法性名得菩提. 非謂究竟滿足如來方便涅槃也.)"

說名菩提。能證見故 名得菩提。如經言。諸法性空。卽是菩提。此之謂也。

1) ㉠ '佛性'은 『妙法蓮華經憂波提舍』 권하(T26, 9c~10a)에는 '法性'으로 되어 있다.

마. 무득無得이라고 사뢰어 말씀드림

경 심왕보살이 여쭈었다.

"존자이시여, 저는 아뇩다라삼먁삼보리를 터득하지 못했습니다. 왜냐하면 보리의 자성에는 득得도 없고 실失도 없으며 각覺도 없고 지知도 없어 분별상이 없기 때문입니다. 분별이 없는 것이야말로 곧 청정한 자성입니다. 그 자성에는 간間도 없고 잡雜도 없으며, 언言도 없고 설說도 없으며, 유有도 없고 무無도 없으며, 지知도 없고 부지不知도 없습니다. 본받을 만한 모든 행도 또한 이와 같습니다. 왜냐하면 모든 본받을 만한 행에 처소를 찾아볼 수 없는 것은 결정성이기 때문입니다. 본래 터득함(得)도 없고 터득하지 못함(不得)도 없는데[23] 어찌 아뇩다라삼먁삼보리를 터득한다고 말하겠습니까."

心王菩薩言。尊者。我無得阿耨多羅三藐三菩提。何以故。菩提性中。無得無失。無覺無知。無分別相。無分別中。卽淸淨性。性無間雜。無有言說。非有非無。非知非不知。諸可法行。亦復如是。何以故。一切法行。不見處所。決定性故。本無有得不得。云何得阿耨多羅三藐三菩提。

논 이는 다섯째로 무득無得이라고 사뢰어 말씀드린 것이다. 여기에 세

---

23 "본래 득得도 없고 부득不得도 없는데"에 해당하는 말은 '본무유득부득本無有得不得'이다. 이 대목은 두 가지 해석이 가능하다. 첫째는 득得의 부정과 그 득의 부정인 부득不得에 대한 부정으로서 곧 이중의 부정이다. 둘째는 능能과 소所에 대한 분별의 부정이다. 득은 능득能得이고 부득은 불소득不所得으로서 능득의 부정과 소득所得의 부정으로서 양자의 부정이다. 여기에서는 전자의 경우처럼 이중 부정의 의미로 해석된다.

가지가 있으니, 첫째는 대강(標)이고, 둘째는 해석(釋)이며, 셋째는 결론(結)이다.

此是第五仰報無得。於中有三。謂標釋結。

(가) 대강(標)

나) 해석(釋)

둘째, 해석에도 두 가지가 있다. 첫째는 소득의 보리에도 소득의 자성은 없음을 설명하고,[24] 둘째는 능득의 제행에도 능득의 모습이 없음을 드러낸다.[25]

釋中有二。先明所得菩提無所得性。後顯能得諸行。無能得相。

(가) 소득의 보리에 소득의 자성이 없음

첫째 가운데서 말한 "보리의 자성"이란, 진여자성은 텅 비고 걸림이 없으며 그 자성이 어둠을 떠나 있으므로 보리라고 한 것이다. 여기에는 남겨둘 만한 진성도 본래 없고 또한 없앨 만한 망상도 본래 없으므로 "득도

---

[24] 이에 해당하는 경문은 다음과 같다. "존자시여, 저는 아뇩다라삼먁삼보리를 터득하지 못했습니다. 왜냐하면 보리의 자성에는 득得도 없고 실失도 없으며 각覺도 없고 지知도 없어 분별상이 없기 때문입니다. 분별이 없은즉 청정한 자성입니다. 그 자성에는 간間도 없고 잡雜도 없고 언言도 없고 설說도 없으며 유有도 없고 무無도 없으며 지知도 없고 부지不知도 없습니다."
[25] 이에 해당하는 경문은 다음과 같다. "제법과 제행도 또한 이와 같습니다. 왜냐하면 일체법과 일체행에 처소가 없는 것은 결정자성이기 때문입니다. 본래 터득도 없고 터득하지 못함도 없는데, 어찌 아뇩다라삼먁삼보리를 터득한다고 하겠습니까."

없고 실도 없다."고 하였다.

이와 같이 본각은 사려분별로 아는 것도 멀리 떠나 있고, 또한 솔이심 率爾心[26]으로 아는 것도 없으므로 "각도 없고 지도 없다."고 하였다.

이미 분별하는 견분도 없고 또한 작용되는 상분도 떠나 있기 때문에 "분별상이 없기 때문입니다."라고 하였다.

이와 같은 까닭으로 미혹에 흐려짐이 없고 본래 자성이 염오를 떠나 있으므로 "즉 청정한 자성입니다."라고 하였다.

종으로는 생과 멸에 간극이 없고, 횡으로는 능과 소에 잡염雜染이 없으므로 "그 자성에는 간도 없고 잡도 없다."고 하였다.

"언도 없고 설도 없다."는 것은 능언과 소언이 단절되지 않음이 없기 때문이다.

"유도 없고 무도 없다."는 것은 비록 진여는 형상이 있는 것도 아니지만 또 진여는 자성이 없는 것도 아니기 때문이다.

"지도 없고 부지도 없습니다."라는 것은 비록 본각도 아니지만 또 불각도 아니기 때문이다. 보리의 자성도 그러하여 터득한다고 말할 수 없다는 뜻이다.

> 初中言菩提性者。謂眞如性。虛通無礙。性離闇弊。故名菩提。於中本無眞性可存。亦乃本無妄想可亡。故言無得無失。如是本覺。遠離思搆之覺。亦亡率爾之知。故言無覺無知。旣無分別之見。亦離所行之相。故言無分別相。由如是故。非惑所濁。本性離染故。言卽淸淨性。縱非生滅所間。橫非能所所雜。故言性無間雜。無有言說者。能言所言。無不絕故。非有非無者。雖非有如。而非無如故。非知非不知者。雖非本覺而非不覺故。菩提性然。

---

[26] 솔이심率爾心 : 졸이심卒爾心이라고도 한다. 전5식의 감각과 의식의 관계에 대하여 졸이심卒爾心·심구심尋求心·결정심決定心·염정심染淨心·등류심等流心의 오심五心을 말하는데, 이 가운데 졸이심은 대상을 향한 찰나의 마음을 가리킨다.

無可得義。

(나) 능득의 제행에도 능득의 모습이 없음

"본받을 만한 모든 행도" 이하는 그 다음으로 능득能得의 제행도 없음을 드러낸 것이다. 「무상법품」에서 말한 육바라밀의 수행은 진실한 궤칙 아님이 없기 때문이다.

"본받을 만한 모든 행도 또한 이와 같습니다."라는 것은 앞의 설명과 마찬가지로 터득한다고 말할 것이 없기 때문이다.

"모든 본받을 만한 행"은 육바라밀 등의 수행이다.

"처소를 찾아볼 수 없다."는 것은 득·실·각·지 내지 유·무·지·부지 등 능득의 제행의 처소를 볼 수가 없다는 것이다. 그것은 곧 저 보리처럼 절대평등(平等平等)하기 때문에 본래 능득能得도 없고 불능득不能得도 없다.

> 諸可法行已下。次顯無能得行。如前品說六度之行。無非眞軌故。言可法亦如是者。同前無得故。一切法行者。六度等行。不見處所者。不見得失覺知。乃至有無知不知等。所可行處故。與菩提平等平等。所以本無有能得不能得也。

다) 결론(結)

"어찌 아뇩다라삼먁삼보리를 터득한다고 하겠습니까."라는 것은 터득함이 없다는 것을 총결한 것이다.

> 云何已下。摠結無得。

바. 여래께서 증득이 없다고 서술함

경 부처님께서 말씀하셨다.

"그래, 그렇다. 그대의 말처럼 일체의 마음작용(心行)은 무상無相(무분별상)을 벗어나지 않아서 자체가 적멸한 무생이다.

佛言。如是如是。如汝所言。一切心行。不過無相。體寂無生。

논 이하는 여섯째로 여래께서 증득이 없다고 서술한 것이다. 여기에 세 가지가 있다. 첫째 본격적으로 서술하고, 둘째 그렇지 않다는 것을 언급하며, 셋째 그렇다는 것을 드러낸다.

此下第六如來述成。於中有三。一者正述。二者擧非。三者顯是。

가) 본격적으로 서술함(正述)

첫째에도 또 세 가지가 있다. 첫째는 총체적으로 서술하고, 둘째는 개별적으로 서술하고, 셋째는 결론을 맺는다.

初中亦三。摠述。別述。後還結成。

(가) 총체적으로 서술함

첫째의 총체적인 서술 가운데 "그래, 그렇다."에서 앞의 '그래'는 증득함(能證得)이 없다는 것을 서술한 것이고, 뒤의 '그렇다'는 것은 터득함(所得)이 없다는 것을 서술한 것이다.

初言如是如是者。述前無證及後無得。

(나) 개별적으로 서술함

"일체의 마음작용은 무분별상(無相)을 벗어나지 않아서 자체가 적멸한 무생이다."라는 것은 개별적인 서술이다. 첫째는 무생을 서술하고, 둘째는 적멸을 서술한다.

一切已下。第二別述。先述無生。後述寂滅。

㉮ 무생을 서술함

"무생"이란 무생행으로 능증能證과 능득能得이 없음을 서술한 것이다.
"적멸"이란 적멸한 도리로서 소증所證이 없고 소득所得도 없음을 서술한 것이다.
첫째 가운데 "일체의 마음작용"이란 출세의 무분별지에 상응하는 모든 마음작용이다.
제상에 집착하지 않고 무분별상을 증득(證會)하기 때문에 "무분별상을 벗어나지 않는다."고 하였다.
자체가 공적하여 명연冥然한 무생이므로 "자체가 적멸한 무생이다."라고 하였다.

言無生者。是無生行。述無能證能得。言寂滅者。是寂滅理。述無所證所得。初言一切心行者。所有出世無分別智相應心行。不取諸相。證會無相故。言不過無相。體於空寂。冥然無生。故言體寂無生。

㈏ 적멸을 서술함

경 모든 식들도 또한 마찬가지이다. 왜냐하면 안眼과 안촉眼觸(眼境)이 모두 공적하고 안식도 또한 공적하여 동상動相도 없고 부동상不動相도 없으며, 안으로 삼수三受[27]가 없어 삼수도 역시 적멸하다. 이·비·설·신·심·의·의식[28] 및 말나·아리야도 또한 마찬가지로서 그 모두 역시 불생으로서 적멸심이고 무생심이다.

可有識識。[1] 亦復如是。何以故。眼眼觸。悉皆空寂。識亦空寂。無有動不動相。內無三受。三受寂滅。耳鼻舌身心意意識。及以末那。阿梨耶。[2] 亦復如是。皆亦不生。寂滅心[3] 及無生心。

1) ㉥ '可有識識'은 『金剛三昧經註解』 및 『金剛三昧經通宗記』에는 '所有諸識'으로 되어 있고, 『大正新修大藏經』에 수록된 『金剛三昧經』에는 '可有諸識'으로 되어 있다. 2) ㉥ '阿梨耶'는 『大正新修大藏經』에 수록된 『金剛三昧經』에는 '阿梨耶識'으로 되어 있다. 3) ㉥ '心'은 『大正新修大藏經』에 수록된 『金剛三昧經』에는 '之心'으로 되어 있다.

논 이는 둘째로 적멸의 뜻을 서술한 것이니, 모든 세간의 팔식이 공적하다는 것이다. 여기에 두 가지가 있다. 첫째는 앞의 것을 예로 들고, 둘째는 자세하게 해석한다.

此是第二述寂滅義。謂諸世間八識空寂。於中有二。[1] 一者例前。二者廣釋。

1) ㉨ '二'는 甲本에는 '一'로 되어 있다.

---

27 삼수三受 : 고수苦受·낙수樂受·사수捨受이다.
28 심·의·의식 : 초기경전에서는 모두 제6식으로 간주하였지만, 후에 유식학에서는 각각 제6식과 제7식과 제8식으로 분별하였다. 원효는 본 『金剛三昧經論』에서 이들에 대하여 모두 제6식을 의미하는 것으로 보아서 심心은 미래에 해당하고, 의意는 과거에 해당하며, 의식意識은 현재에 해당하는 것으로 간주하는데, 그것은 삼세가 모두 공적하다는 것을 강조하기 위한 것으로 파악된다.

a. 앞의 것을 예로 듦

처음 말한 "모든 식들"은 모든 세간의 팔식을 총섭한 것이다. 마치 '모든 곳'이라는 말이 일체처를 섭수하는 것과 같다.

"또한 마찬가지이다."라는 것은 공적한 도리가 위에서 출세심이 무생인 것과 똑같기 때문이다.

> 初言可有識識。摠攝所有世間八識。如言處處。攝一切處故。亦如是者。空寂之理。同前出世心之無生故。

b. 적멸의 뜻을 자세하게 해석함

"왜냐하면" 이하는 둘째로 자세하게 해석한 부분이다. 안眼은 안근眼根이고, 안촉眼觸은 곧 변행遍行[29] 가운데 촉변행이다. 세 가지 화합(三和 : 根·境·識의 화합)에 의하여 발생하지만 그 세 가지를 화합시켜서 그것이 산공散空임을 설명하려는 까닭에 촉에 대해서만 언급한 것이다.

"안식도 또한 공적하다."는 것은 안촉이 이미 공하여 안식이 불생하기 때문이다.

상속됨도 없고 변하거나 움직임도 없지만 또한 찰나도 변하지 않음이 없으므로 "동상動相도 없고 부동상不動相도 없다."고 하였다.

"안으로 삼수가 없다."는 것은 삼수가 생기하는 것도 본래 적멸하기 때문이다. 모든 심수분별(心數) 가운데 촉觸과 수受가 서로 가깝고 크고 뛰어난 공능이 있으므로 촉법과 수법만 들고 나머지 법은 모두 제쳐 둔 것이다.

"이·비·설·신"은 이근耳根과 이촉耳觸과 이식耳識 등이다.[30]

---

29 변행遍行 : 오변행五遍行을 가리킨다. 오변행은 온갖 마음의 형상에 반드시 따라 일어나는 다섯 가지 심리작용으로서 작의作意·촉觸·수受·상想·사思를 가리킨다.

30 구체적으로는 '이근과 이촉과 이식, 비근과 비촉과 비식, 설근과 설촉과 설식, 신근과 신촉과 신식'을 가리킨다.

"심·의·의식"은 곧 제6식인데, 미래를 '심'이라 하고, 과거를 '의'라 말하며, 현재를 '의식'이라 한다. 수전문隨轉門[31]에 의하여 이 세 가지 명칭을 들어서 삼세가 모두 공적함을 드러내기 위한 것이다.

"말나·아리야"는 제7식과 제8식인데, 안식과 마찬가지로 이것 역시 불생이다. 자세하게 해석하는 글은 이것으로 마친다.

다음으로 말한 "적멸심"이란 가까이로는 팔식이 공적하다는 것을 결론지은 경문이고, "무생심이다."라는 것은 멀리로는 자체가 적멸하여 무생임을 결론지은 경문이다.

何以故下。第二廣釋。眼者眼根。眼觸。卽是遍行中觸。依三和生。令三和合。欲明散空故。偏擧之。識亦空者。眼觸旣空。眼識不生故。無有相續遷動。亦無刹那不遷故。言無有動不動相。言內無三受者。三受生起。本來寂滅故。諸心數中。觸受相近。有大勝能。故擧此二。通遣餘法也。耳鼻舌身者。謂耳耳觸耳識等也。心意意識者。是第六識。未來名心。過去名意。現名意識。依隨轉門。擧此三名。爲顯三世皆空寂故。末那梨耶第七第八。皆同眼識故。亦不生也。廣釋文竟。次言寂滅心者。近結八識空寂之文。及無生心者。遠結體寂。無生之文。

나) 그렇지 않다는 것을 언급함

경 만약 적멸심이 발생하거나 만약 무생심이 발생하면 그것은 유생행이지 무생행이 아니다. 그래서 안으로 삼수三受와 삼행三行과 삼계三戒가 발생한다.

---

[31] 수전문隨轉門 : 수전리문隨轉理門으로서 진실리문眞實理門에 상대되는 개념으로서 방편으로 제도하는 것이다.

若生寂滅心。若生無生心。是有生行。非無生行。內生[1]三受三行三戒。

1) 囫 '內生'은 『大正新修大藏經』에 수록된 『金剛三昧經』에는 '菩薩內生'으로 되어 있다.

논 이는 둘째로 그렇지 않다는 것을 언급한(擧非) 것이다.[32]

소득이 있다고 간주하는 대승의 수행자는 팔식을 비우지 못하여 그 적멸심에 어긋난다.[33] 그러므로 "적멸심이 발생한다."고 하였다.

출세간심이 무생인 줄을 모르고 소위 유심생으로 무상의 도리를 증득했다고 간주한다. 그러므로 "무생심이 발생한다."고 하였다.

이것은 곧 세간의 유전행으로 출세간의 무생법인의 수행에 어긋난다. 그러므로 "그것은 유생행이지 무생행이 아니다. 그래서 안으로 삼수와 삼행과 삼계가 발생한다."고 하였다.

"삼행"이란 몸·입·생각으로 짓는 것으로서, 선한 행위가 되기도 하고 불선의 행위가 되기도 한다.

"삼계"란 몸·입·생각으로 그치는 것으로, 오직 선한 행위만 된다. 이 삼행과 삼계가 발생시키는 것이 인이 되어 삼유三有(欲界有·色界有·無色界有)에 태어나 삼수三受(苦受·樂受·不苦不樂受)를 다 받는다. 이와 같이 유전하므로 해탈을 터득하지 못한다.

此是第二擧非。謂有所得大乘學者。不空八識。違其寂滅。故言生寂滅心。不知出世心之無生。謂有心生。證無相理。故言生無生心。直是世間流轉之行。而乖出世無生忍行。故言是有生行等也。言三行者。身口意作。通善不善。言三戒者。身口意止。唯取其善。生此三行三戒爲因 而生三有具受三

---

32 부정하여 따지는 문답 중 여섯째 증득이 없다고 서술한 세 가지 가운데 둘째에 해당한다.
33 일체의 마음 작용은 무상에 불과하여 자체가 적멸한 무생이다. 그런데 적멸심이 발생하거나 무생심이 발생하면 그것은 유소득에 해당하는 것이라 하여 무생행에 어긋난다는 것을 말하는 대목이다.

受。如是流轉。不得解脫。

다) 그렇다는 것을 드러냄

경 그러나 만약 적멸생심조차 불생이 되면³⁴ 마음이 항상 적멸하여 공능도 없고 작용도 없으며, 적멸의 증득상도 없고 또한 적멸의 증득상이 없다는 것에도 머물지 않는다. 이처럼 모든 처소에 머묾이 없어 무상無相을 총지하면 곧 삼수가 없다. 이에 삼수 등의 세 가지가 모두 적멸하고, 청정에도 머묾이 없어 삼매에 들어가지도 않으며, 좌선에도 머물지 않는다. 이것이 곧 무생이고 무행이다."

若¹⁾寂滅生心則不生。心常寂滅。無功無用。不證寂滅相。亦不住於無證。可處無住。摠持無相。卽無三受。三受等三。²⁾悉皆寂滅。淸淨無住。不入三昧。不住坐禪。無生無行。

1) ㉠ '若'은 『大正新修大藏經』에 수록된 『金剛三昧經』에는 '若已'로 되어 있다. 2) ㉑ '三受等三'은 『大正新修大藏經』에 수록된 『金剛三昧經』에는 '三行三戒'로 되어 있고, 뒤의 '三'이 甲本에는 '二'로 되어 있다.

논 이는 셋째로 그렇다는 것을 드러낸(顯是) 것이다.³⁵
"만약 적멸생심조차 불생이 되면" 앞의 "만약 적멸심이 발생하거나"라는 구절에 대한 반대로서, 발생하는 모든 마음을 버리고 발생에 집착하지 않는 것이다.
"마음이 항상 적멸하면 공능도 없고 작용도 없다."는 것은 앞의 "만약 무생심이 발생하면"이라는 구절에 대한 반대로서, 모든 생·멸·기·동의

---

34 실제로 적멸이 발생했으면서 발생했다는 그 마음조차 불생이 되는 것을 가리킨다.
35 부정하여 따지는 문답 중 여섯째 증득이 없다고 서술한 세 가지 가운데 셋째에 해당한다.

모습을 떠나 있고, 또한 작의·분별·공능·작용도 없다는 것이다.

"적멸의 증득상도 없다."는 것은 비록 생기하는 마음을 버렸지만 적멸상조차 남겨두지 않는다는 것이다.

"또한 적멸의 증득상이 없다는 것에도 머물지 않는다."는 것은 비록 적멸상에 집착이 없지만 증득이 없다는 허물에도 떨어지지 않는 것이다.

"모든 처소에 머묾이 없다."는 것은 주착住著의 허물을 떠나 있음을 총체적으로 설명한 것으로 모든 주처에 전혀 집착이 없는 것이다. 여기에서 처소라는 것은 만약 발생과 기동을 부정하면 적멸에 집착하는 꼴이 되고, 만약 증득이 있다는 것을 부정하면 증득이 없다는 것에 집착하는 꼴이 되는 것을 말한다. 그러나 이와 같은 처소에도 모두 집착이 없다는 것이다.

"무상을 총지한다."는 것은 갖추고 있는 공덕을 총체적으로 드러낸 것이다. 무생심에는 모든 수행의 공덕이 보존되어 있는데 다 같이 일미이고 무차별한 모습이기 때문이다.

"이에 삼수 등 세 가지가 없다."는 것은 앞의 "안으로 삼수와 삼행과 삼계가 발생한다."라는 구절에 대한 반대로서 유전하는 인·과의 모습을 멀리 떠나 있기 때문이다.

"모두 적멸하다."는 것은 삼수·삼행·삼계가 본래 공적한 줄을 통달했기 때문이다.

"청정에도 머묾이 없다."는 것은 능달심은 공에도 집착이 없기 때문이다.

"삼매에도 들어가지 않는다."는 것은 세간에서 선정에 들어간 마음까지도 잊는 것이다.

"좌선에도 머물지 않는다."는 것도 역시 세간에서 선의 고요함(禪靜)에 집착하는 것까지도 부정하는 것이다.

만약 이러할진댄 곧 생기심도 없고 또한 분별행도 없으므로 "이것이 곧 무생이고 무행이다."라고 말한다.

此是第三顯是。言若寂滅生心不生者。反前若生寂滅心句。遣諸生心不取生故。心常寂滅無功無用者。反前若生無生心句。離諸生滅起動之相亦無作意分別功用故。不證寂滅相者。雖遣生起之心。不存寂滅相故。亦不住於無證者。雖無取寂滅相不墮無證過故。可處無住者。摠明離住著過。諸可住處皆無所住故。可住處者。若遣生起則可住寂滅。若遣有證則可住無證。如是可處皆無住故。摠持無相者。摠顯具功德。謂無生心持諸行德而同一味無差別相故。則無三受等三者。反前內生三受等句。遠離流轉因果相故。悉皆寂滅者。達三受等本來空故。清淨無住者。能達之心無住空故。不入三昧者。能亡世間入定心故。不住坐禪者。亦遣世間住禪靜故。若能如是則無生起之心亦無分別之行。故言無生無行也。

사. 의문점을 거듭 진술함

경 심왕보살이 여쭈었다.

"좌선은 들뜨고 움직이는 마음을 섭수하여 미혹하고 어지러운 모든 마음을 안정시키는 것인데, 어찌하여 좌선하지 말라는 것입니까?"

心王菩薩言。禪能攝動。定諸幻亂。云何不禪。

논 이는 일곱째로 의문점을 거듭 진술한 것이다. 의문점의 내용은 다음과 같다. "무릇 모든 선정은 들뜨고 움직이는 생각을 섭수하여 산란한 마음을 안정시키는 것이다. 그런데 어찌 출세간의 무생행과 무생심에서도 역시 선정에 들어가 머물지 말라고 하는가. 만약 좌선을 하지 않으면 반드시 요동치고 말 것이다." 이와 같은 의문이 들기 때문에 앞의 부처님 말씀을 이어받아 질문한 것이다.

此是第七陳疑。疑意而言。凡諸禪定。能攝掉動之念。令定散亂之心。云何 出世無生行心。亦不入住於禪定耶。如其不禪。則應是動。有如是疑故乘彼 問也。

아. 의문점을 해결해 줌

경 부처님께서 말씀하셨다.

"보살이여, 좌선을 한다고 하면 곧 움직임이 된다. 그래서 움직임도 없어야 하고 좌선을 한다는 것이 없어야 곧 무생선이다. 좌선의 자성은 무생으로서 유생을 떠나 있는데, 이것이 좌선의 진정한 모습이다. 좌선의 자성은 무집착(無住)으로서 집착(住)을 떠나 있는데, 이것이 좌선의 작동이다. 만약 좌선의 자성에는 움직임(動)과 고요함(靜)이 없음을 안다면 그것이 곧 무생법인의 터득이다. 그래서 무생법인의 반야도 또한 집착에 의지하지 않고, 무생법인의 마음도 또한 움직임에 의지하지 않는다. 좌선은 바로 이러한 지혜이기 때문에 무생법인의 반야바라밀을 터득한다."

佛言。菩薩。禪卽是動。不動不禪。是無生禪。禪性無生離生禪相。禪性無 住。離住禪動。若知禪性無有動靜。卽得無生。無生般若。亦不依住。心亦 不動。以是智故。故得無生般若波羅蜜。

논 이는 여덟째로 의문점을 해결해 준 것이다.

"좌선을 한다면 곧 움직임이 된다."고 한 것은 소위 세간의 좌선은 비록 산란하지는 않지만 경계상에 집착하고, 경계상에 집착하는 마음이 발생하면 기동이 발생하기 때문이다. 이와 같이 기동이 발생되는 선을 벗어나야 이정理定(무루의 선정)에 들어갈 수 있기 때문에 "곧 무생선이다."라고 말한다.

이와 같은 이정理定의 자성은 무생으로 움직이기 때문에 "좌선의 자성은 무생이다."라고 하고, 또 그대로 무생일 뿐만 아니라 적멸에도 집착이 없으므로 "좌선의 자성은 무집착이다."라고 한다.

만약 발생이 있으면(有生) 그것은 곧 분별상이고, 집착(住著)이 있으면 그것은 곧 요동이다. 그러나 지금은 곧 그와는 반대이기 때문에 "유생을 떠나 있는데 이것이 진정한 좌선의 모습이다. 집착을 떠나 있는 것이 좌선의 작동이다."라고 한 것이다.

지금까지의 여러 구절은 이정理定의 모습을 설명한 것이다. "만약 좌선의 자성에는 움직임과 고요함이 없음을 안다면" 이하부터는 이지理智(무루지혜)의 모습을 드러낸 것이다. 이것은 단지 동일한 자체에 대하여 두 가지 뜻으로 나눈 것일 뿐이다.[36]

"좌선의 자성에는 움직임이 없음을 안다면"이란 좌선의 자성이 무생인 줄을 알기 때문이고, "좌선의 자성에는 고요함(靜)이 없음을 안다면"이란 좌선의 자성이 무주인 줄을 알기 때문이다.

"그것이 곧 무생법인의 터득이다."라는 것은 좌선의 도리가 무생인 줄을 터득하기 때문이다.

"무생법인의 반야"라는 것은 좌선의 수행이 무생인 줄을 터득하기 때문이다.

"또한 집착에 의지하지 않는다."는 것은 무생지無生智는 도리(理)에 의지하지도 않고 집착(住)에 의지하지도 않아 능과 소를 떠나 있기 때문이다.

"무생법인의 마음도 또한 움직임에 의지하지 않는다."는 것은 비록 도리와 집착에 의지하지 않을지라도 유생심이 작동하는 것은 아니기 때문이다.

이와 같은 무생법인의 반야를 말미암아 피안에 도달하기 때문에 "반야

---

36 이정理定에 대하여 그 모습을 설명한 것과 이지理智에 대하여 그 모습을 드러낸 것을 가리킨다.

바라밀"이라 하였다.

지금까지 위의 여덟 부분의 전체는 둘째로 부정하여 따지는 문답에 해당한다.[37]

此是第八決疑。言禪卽是動者。謂世間禪。雖非散亂。而取境相。取相心生。生起動故。能離如是生動之禪。乃能得入理定。故言是無生禪。如是理定。性無生動。故言禪性無生。非直無生。亦無住寂。故言禪性無住。若有生則是相。有住着則是動。今卽反此。故言離生禪相。離住禪動。上來諸句。明理定相。知禪性下。顯理智相。唯就一體。義分爲二。知禪性無有動者。知禪性無生故。無有靜者。知禪性無住故。卽得無生者。得理無生故。無生般若者。得行無生故。亦不依住者。謂無生智。不依理住。離能所故。心亦不動者。雖不依理住。而非生心動故。由如是智。能到彼岸。故言般若波羅蜜也。上來八分。合爲第二反詰問答。

③ 보살이 이해함

경 심왕보살이 여쭈었다.

"존자이시여, 무생법인의 반야는 일체처에 머묾도 없고, 일체처에서 떠나 있지도 않습니다. 그리고 무생법인의 마음에는 머무는 처소도 없고, 처소에 머무는 마음도 없으며, 집착하는 대상도 없고, 집착하는 마음도 없으므로 그 마음은 무생이고 무주입니다.[38] 이와 같이 머무는 마음이 곧 무생의 머묾입니다.

---

37 「無生行品」의 정설正說에 네 부분이 있다. 그 가운데 둘째가 부정하여 따지는 문답인데, 지금까지 설명한 여덟 가지 부분이 이에 해당한다.
38 이것은 "그 무생법인의 마음에는 주처되는 경계(所)가 없고 주처하려는 마음(能)도 없어서 집착하는 대상도 없고 집착하려는 마음도 없으므로 그 무생법인의 마음이야말로 곧 무생이고 무주입니다."라는 뜻이다.

존자이시여, 무생심과 무생행[39]은 불가사의합니다. 따라서 불가사의 가운데서 가설可說이기도 하고 불가설不可說이기도 합니다."

心王菩薩言。尊者。無生般若。於一切處無住。於一切處無離。心無住處。無處住心。無住無心。心無生住。如此住心。卽無生住。尊者。心無生行。[1)]
不可思議。不思議中。可不可說。

1) ㉠ '行'은 『大正新修大藏經』에 수록된 『金剛三昧經』에는 '住'로 되어 있다.

논 이것은 셋째로 보살이 이해하는 대목이다.[40]

"일체처"는 일체의 진眞·속俗·동動·적寂 등을 가리킨다.

"머묾도 없다."는 것은 이 일체처에서 무소득이기 때문이다.

"떠나 있지도 않습니다."라는 것은 이 일체처에서 터득하지 못할 것이 없기 때문이다. 왜냐하면 저 일체처는 모두가 긍정하는 것도 아니고(不然) 부정하는 것도 아니기(非不然) 때문이다.

"그 마음에는 머무는 처소도 없다."는 것은 주처의 대상이 없기 때문이다.

"처소에 머무는 마음도 없다."는 것은 머무는 주체인 마음이 없기 때문이다.

"집착하는 대상도 없고 집착하는 마음도 없다."는 것은 앞의 두 구절[41]을 합한 것인데, 집착의 대상(有處)도 없고 집착하는 마음(有住心)도 없기 때문이다.

"마음은 무생이고 무주입니다."라는 것은 무생과 무주의 마음이 없지 않기 때문이다.

---

39 무생심과 무생행(心無生行) : 무생법인의 마음이 무생이고 또한 무행인 모습을 가리킨다.
40 「無生行品」의 정설正說에 네 부분이 있다. 그 가운데 셋째에 해당한다.
41 "그 마음에는 소주처도 없고, 능주처의 마음도 없다."는 것을 가리킨다.

"이와 같이 머무는 마음"이란 앞의 "일체처에 머묾도 없고 일체처에서 떠나 있지도 않습니다."라는 대목을 결론맺은 것인데, "떠나 있지도 않다."라는 뜻은 머묾에 의탁하여 시설(假設)한 것이다.

"곧 무생의 머묾입니다."라는 것은 앞의 "그 마음은 소주처도 없고 능주처의 마음도 없으며 집착하는 대상도 없고 집착하는 마음도 없으므로 그 마음은 무생이고 무주입니다."의 대목을 결론맺은 것인데, 곧 주住가 그대로 무주無住이고 무주無住가 그대로 주住이기 때문이다.

"무생심과 무생행은 불가사의합니다."는 것은 언설을 떠나 있고 사려를 단절해 있는 것이다.

"따라서 불가사의 가운데서 가설이기도 하고 불가설이기도 합니다."라는 것은 언설을 떠나 있고, 또한 언설을 떠나 있다는 것도 떠나 있는 것이다. 언설을 떠나 있기 때문에 불가설이라 말하고, 언설을 떠나 있다는 것도 떠나 있는 것이기 때문에 또한 가설이라 말한다.

"가설이기도 하다."는 것은 부정하는 것도 아닌 것(非不然)이고, "불가설이기도 합니다."라는 것은 긍정하는 것도 아닌 것이다. 그러므로 총설로서 "가설이기도 하고 불가설이기도 합니다."라고 말한다. 언설에 가설可說과 불가설不可說이 있다고 말하는 것처럼 사유에도 또한 가사의可思議와 불가사의不可思議가 있음을 알아야 한다. 그런데 여기에서는 언설의 측면만 들어서 드러냈을 뿐이다.

此是第三領解。一切處者。一切眞俗。動寂等處。言無住者。於此一切。無所得故。言無離者。於此一切無。所不得故。所以然者。彼一切處。悉皆非然非不然故。心無住處者。無所住處故。無處住心者。無能住心故。無住無心者。合前二句。以無有處有住之心故。心無生住者。不無無生無住之心故。如此住心者。結前於一切處無住。乃至無離。無離之義。假設¹⁾住故。卽無生住者。結前心無住處。乃至心無生住。住卽無住。無住卽住故。心無生行。不可思議者。離言絶慮故。不思議中可不可說者。以離言亦離離言故。
以離言故。言不可說。離離言故。亦可得說。言可說者。非不然故。不可說
者。非是然故。故摠說言可不可說。如說言說。有可不可。當知其思。亦有
可不可。但擧一邊影顯之耳。

1) ⑳ '設'은 甲本에는 '說'로 되어 있다.

④ 여래가 확정하여 서술함

경 부처님께서 말씀하셨다.
"그래, 그렇다."

佛言。如是如是。

논 이는 넷째로 여래가 확정하여 서술하는 것이다.[42] 위에서 이해한
것이 도리에 계합할 뿐만 아니라, 또한 우러러보아도 부처님의 설법에 칭
합하기 때문에 거듭해서 "그래, 그렇다."고 말한다.
「무생행품」에 대한 산문의 정설 부분은 이상으로 마친다.

此是第四述成。如前領解。非直契[1]當道理。亦乃仰稱佛說。所以重言如是
如是。長行正說 竟在於前。

1) ⑳ '契'가 甲本에는 이체자 '羿'로 되어 있다.

(2) 설법을 찬탄함(讚說)

이하는 둘째로 게송으로 설법을 찬탄한 것이다.[43] 여기에 두 가지가 있

---
42 「無生行品」의 정설正說에 네 부분이 있다. 그 가운데 넷째에 해당한다.
43 「無生行品」의 세 부분 가운데 둘째에 해당한다.

으니, 첫째는 산문으로 서술하는 것이고, 둘째는 게송이다.

此下第二以偈讚說。於中有二。先序後頌。

① 산문으로 서술함

경 심왕보살이 이와 같은 말씀을 듣고 나서 미증유한 것이라 찬탄하였다. 그리고 게송을 설하여 말씀드렸다.

心王菩薩。聞如是言。歎未曾有。而說偈言。

논 "이와 같은 말씀을 듣고 나서"는 이 「무생행품」에 들어 있는 부처님의 말씀을 들은 것이다.

聞如是言者。聞此一品之內佛言也。

② 게송

이하 세 게송은 개별적인 송문頌文이 아니라 다만 총체적으로 찬탄한 것이다. 여기에 네 가지가 있으니, 법法 · 비유(喩) · 합合 · 결結이다.

此下三頌。非別頌文。但是摠歎。於中有四。法喩合結。

가. 법

경

위대한 지혜 다 갖춘 존자께서
무생행법을 광대하게 설하시네
일찍이 듣지 못한 설법을 듣고
듣지 못한 설법 지금 설하시네

滿足大智尊。廣說無生法。聞所未曾聞。未說而今說。

논 이것은 첫째 법法을 설하는 것이다.

"듣지 못한 설법 지금 설하시네."라고 찬탄한 것은 비록 이전에 자세하게 설법했지만, 지금 이 경문은 말은 간략하지만 뜻은 풍부하고 문장은 간략하지만 도리는 자세하니, 이와 같이 오묘한 법은 일찍이 설해진 적이 없었기 때문이다.

此是第一法說。讚歎未說而今說者。雖前廣說。而今此經。言略義豐。文省理詳。若斯之妙。未先說故。

경

마치 맑고 깨끗한 감로법 같아
어쩌다가 단 한 번 출현한다네
만나기도 어렵고 불가사의하며
설법을 듣는 것도 또 어렵다네

그 무엇보다 가장 좋은 복전과
제일 높고 훌륭한 묘약 가지고
일체중생을 제도하려는 까닭에

지금 여기 베풀어 널리 설하네

猶如淨甘露。時時乃一出。難遇難思議。聞者亦復難。無上良福田。最上勝妙藥。爲度衆生故。而今爲¹⁾宣說。

1) ㉔ '爲'는 『大正新修大藏經』에 수록된 『金剛三昧經』에는 '說'로 되어 있다.

나. 비유

논 여기의 두 구절은 둘째 비유(喩)이다.
"감로법"은 불사의 약이니, 이 『경』으로 생사를 벗어날 수 있음을 비유한 것이다.

此下二句。是第二喩。言甘露者。不死之藥。以喩此經。能出生死。

다. 합合

그 다음 네 구절은 셋째 합合이다.
"그 무엇보다 가장 좋은 복전"은 설법을 듣는 자를 찬탄한 것이다.
"제일 높고 훌륭한 묘약 가지고"란 사람들이 듣는 설법에 계합된 것이다.

次有四句。是第三合。無上良福田者。歎能聞者。最上勝妙藥者。合所聞法。

라. 결結

마지막 두 구절은 넷째 결結이다.

下之二句。第四結也。

(3) 설법을 듣고 얻은 이익을 설명함

경 그때 대중들이 이 설법을 듣고 나서 모두 무생과 무생의 반야를 터득하였다.[44]

爾時。眾中聞說此已。皆得無生。無生般若。

논 이는 셋째 당시의 대중이 얻은 이익이다.[45] 지전地前의 범부가 이「무생행품」의 설법을 듣고서 초지의 무생법인을 터득한 것이다.

此是第三時眾得益。地前凡夫。聞說此品。能得初地無生忍故。

3)「본각리품本覺利品」

本覺利品 第四[1)]
1) 원 '第四'는 甲本에는 없다.

논 일체의 유정은 시작이 없는 이래부터 무명의 장야長夜에 빠져 망상의 대몽을 꾼다. 이에 보살은 일미관행을 닦아서 무생법인을 터득하였다. 그때 보살은 중생이 본래 적정하여 그대로 본각인 줄을 통달하고서 일미의 침상에 누워 본각의 이익으로 중생을 제도하였다. 본 품에서는 이러한

---

44 원징圓澄의 견해에 의하면 여기에 나오는 두 가지 무생에서 앞의 무생은 무생선정無生禪定을 의미하고, 뒤의 무생은 무생반야無生般若를 의미한다.『金剛三昧經註解』권2「無生行品」(X35, 229c), "兩無生者。上句是禪定。下句是般若."
45 「無生行品」의 세 부분 가운데 셋째에 해당한다.

도리를 드러내므로 「본각리품」[46]이라 한다.

일미관행을 여섯 부분으로 나누어 설명하였다. 이하는 그 가운데 셋째로 본각의 이익에 대하여 설명한다. 무생행에 의해서 본각을 알아야 바야흐로 일체중생을 널리 교화하고 또한 그들에게 이익을 베풀어 줄 수가 있다. 이런 뜻을 말미암아 다음으로 본각에 대하여 연설한다.

경문에 세 부분이 있다. 첫째는 본각의 이익에 대하여 널리 설명하고, 둘째는 게송으로 찬탄하고, 셋째는 그 당시의 대중이 이익을 터득한다.

一切有情。無始已來。入無明長夜。作妄想大夢。菩薩修觀獲無生時。通達衆生本來寂靜。直是本覺。臥一如床。以是本利。利益衆生。此品顯是道理。故名本覺利品。別明觀行六分之中。此下第三明本覺利。依無生行。能會本覺。方得普化。饒益一切。由是義故。次演說之。就文有三。一者廣明本覺利益。二者以偈讚頌。三者時衆得益。

(1) 본각의 이익에 대하여 널리 설명함

첫째에 두 가지가 있다. 첫째는 기동을 인유하여 적정을 설명함으로써 본각의 이익의 종지를 간략하게 표한 것이다. 둘째는 숨어 있는 것(微)으로부터 드러난 것(著)에 이르기까지 본각의 이익의 의의를 널리 설명한 것이다.

---

[46] 「本覺利品」에서는 본각의 이익에 대하여 설하고 있는데, 보다 구체적으로는 본각本覺과 이행利行에 대하여 설하고 있다. 이 품의 대의에 대하여 원징은 "본각이란 곧 모든 사람들의 법신이고, 이행이란 곧 모든 사람들의 법성이다. 법성은 생·멸하지 않지만 또한 생멸의 작용이 없지 않으니, 이로써 무생의 뜻을 드러내고, 법신은 상이 없지만 상의 작용이 없지 않으니, 이로써 무상의 뜻을 드러낸다.(本覺者。即人人之法身。利行者。即人人之法性。法性。非生滅。而亦非不生滅用。顯無生義。法身。無相。而靡所不相用。顯無相義。)"고 설명한다.『金剛三昧經註解』권2(X35, 229c).

初中有二。一者因動明靜。略標本利之宗。二者從微至著。廣說本利之義。

① 본각의 이익의 종지를 간략하게 표함

다시 첫째에 세 가지가 있다. 첫째는 신체의 이동에 의지하여 본각의 이익을 드러내고, 둘째는 문답으로 본각의 이익을 드러내고, 셋째는 광명을 내어 본각의 이익을 찬송한다.

初中有三。一者寄身移動以標本利。二者因言往復以標本利。三者放光讚頌本利。

가. 신체의 이동에 의지하여 본각의 이익을 드러냄

[경] 그때 무주보살이 부처님께서 설법하신 일미진실의 불가사의함을 듣고서, 멀리에서 다가와 부처님 자리 곁에서 전념으로 경청하여 청정하고 명백한 경지에 들어 몸과 마음이 부동하였다.

爾時。無住菩薩。聞佛所說。一味眞實。不可思議。從遠近來。親如來座。專念諦聽。入淸白處。身心不動。

[논] 처음에 "무주보살"이라고 한 것은, 이 사람이 비록 본각에는 본래 기동이 없음을 통달했지만 적정에도 집착하지 않으면서 항상 널리 교화하기 때문에 그 덕에 의하여 명호를 내세워 무주라 한 것이다. 무주의 덕은 본각의 이익(本利)[47]에 계합된다. 그러므로 이 사람을 인유하여 그 종지

---

47 본각의 이익(本利) : '본本'은 무생법인의 터득으로서 본각이고, '이利'는 무량한 차별지혜로서 분별사식分別事識의 전환이다. 『金剛三昧經通宗記』 권6(X35, 289a)에서 "本利

를 표한 것이다.

"일미진실의 불가사의"라는 것은 곧 앞의 「무생행품」에서 "무생심과 무생행[48]은 불가사의합니다."라고 말한 것을 가리킨다.

"멀리에서 다가와 부처님 자리 곁에서"란 이전의 자리는 부처님 자리에서 멀었지만, 「무생행품」을 듣고서 부처님 근처로 다가가 앉은 것이다. 이것은 곧 이전에는 심오한 설법을 듣지 못하여 그 지위가 범부로서 불과佛果에서 멀었지만, 지금은 부처님의 설법을 듣고서 본각의 이익을 터득하였으므로 자신은 반드시 불과를 터득할 근처에 있음을 안다는 것을 드러낸다.

"전념으로 경청하여 청정하고 명백한 경지에 들어 몸과 마음이 부동하였다."는 것은 이미 부처님 자리 곁에서 전념하여 법을 잘 듣고서 본래청정하고 본래 명백한 경지에 들어가 본각의 적정을 따라서 몸과 마음이 부동한 것이다. 이것을 인유하여 곧 본각에 들어갔을 경우에는 본래 기동이 없음을 통달하여 무소득을 터득했음을 나타낸다.

初中言無住菩薩者。此人雖達本覺本無起動。而不住寂靜。恒起普化。依德立號。名曰無住。無住之德。契合本利。故因此人。以表其宗。言一味眞實不可思議者。則前品說心無生不可思議等也。從遠近來親如來座者。其先座處。去佛座遠。聞前品已。遷至近處。表其先時。未聞深法。位在凡愚。去佛果遠。今聞佛說。得本覺利。自知當得佛果在近也。專念諦聽入淸白處身心不動者。已近佛座時。專念於諦聽。入本淸淨明白之處。隨本覺靜。身心不動。因此卽表。入本覺時。達本無動。得無所得也。

二字。本卽所得法忍。卽是本覺。利卽無量差別智。卽是轉識."이라고 하였다.
48 무생심과 무생행 : 이 번역문의 원문은 '心無生心無生'에 해당한다. 이에 대하여 원효는 앞에 있는 「無生行品」의 해당 대목에서 '心無生行心無生行'의 의미로 설명하였다.

나. 문답으로 본각의 이익을 드러냄

경 그때 부처님께서 무주보살에게 말씀하셨다.
"그대는 어디에서 왔고, 지금 어느 경지에 도달했는가?"
무주보살이 여쭈었다.
"저는 근본이 없는 경지에서 왔고, 지금 근본이 없는 경지에 도달했습니다."[49]

爾時。佛告無住菩薩言。汝從何來。今至何所。無住菩薩言。尊者。我從無本來。今至無本所。

논 이하는 둘째 문답으로 본의 이익을 드러낸다. 여기에 세 가지가 있으니, 질문과 답변과 서술하여 마무리 짓는 것이다.

此下第二因言往復。於中有三。問。答。述成。

(가) 질문

나) 답변

둘째의 답변 내용은 범부의 지위로부터 와서 성인의 지위에 도달한 것을 설명한 것이다. 성인의 지위에 도달했을 때에 예전과 지금을 되돌아보니 다음과 같다.
예전 범부의 지위에서 처음으로 발심했을 때는 스스로의 마음은 본래 기동이 없다고 믿었으니, 기동의 근본이 불가득이기 때문이다. 그러나 지

---

[49] 보살이 부동지不動地에 도달했음을 가리킨다. 『金剛三昧經通宗記』 권6(X35, 288b).

금 성인의 지위에서 무생을 터득하고 보니 스스로의 마음은 본래 무생임을 깨쳐 알았으니, 생기의 근본이 무소득이기 때문이다. 그러므로 처음 근본이 없는 곳으로부터 와서 지금 도달한 경지도 또한 근본이 없음을 알게 되었다. 이미 근본이 없음을 언급하였으므로 지말도 없는 줄을 반드시 알아야 한다. 지말도 없고 근본도 없으니, 온 곳 없고 도달하는 곳도 없다. 다만 부처님께서 질문하신 말씀을 받들고 따르는 입장에서 '온다'거나 '도달한다'는 말을 가탁(假寄)한 것이다. 비록 온 곳도 없고 도달한 곳도 없지만, 온 곳과 도달한 곳이 전혀 없는 것은 아니다. 그러므로 온 곳과 도달한 곳을 인유하여 온 곳도 없고 도달한 곳도 없음을 드러내었으니, 도달한 곳과 온 곳이 모두 근본이 없기 때문이다.

第二答意。明從凡位來至聖位。至聖位時。顧尋古今。古在凡位。始發趣時。自信己心。本無起動。起動之本。不可得故。今至聖位。得無生時。證知自心。本來無生。生起之本。無所得故。故知始從無本處來。今所至處。亦無本所。既舉無本。當知無末。無末無本者。無來無至矣。但仰順佛問之辭。假寄來至之言。雖復不有來至。而非都無來至故。故因來至。顯無來至。至所來處。同無本故。

다) 서술하여 마무리 지음

경 부처님께서 말씀하셨다.

"그대는 본래 온 곳이 없고 지금 또한 도달한 곳도 없다.[50] 그대가 터득한

---

50 『宗鏡錄』 권83(T48, 875a)에서는 이어서 주처住處까지도 없다고 부연하여 설명한다. "내지 색은 처소가 없고 청정하고 이름이 없어서 안으로 들어오지 않고, 눈은 처소가 없고 청정하고 보는 작용이 없어서 밖으로 나가지 않는다. 마음도 처소가 없고 기동하는 곳이 없고, 청정하고 움직임이 없어서 반연을 분별함도 없다. 이에 자성이 모두 공적하다. 나아가 저 심왕도 본래 머무는 곳이 없다.(乃至色無處所。清淨無名。不入於內。

본각의 이익은 불가사의하니, 곧 대보살마하살이다."

佛言。汝本不從來。今亦¹⁾不至所。汝得本利。不可思議。是大菩薩摩訶薩。

1) ㉻ '亦'은 『大正新修大藏經』에 수록된 『金剛三昧經』에는 '本'으로 되어 있다.

논 이는 서술하여 마무리를 짓는 것이다. 서술하여 마무리를 짓는 내용은 다음과 같다.

온 곳과 도달한 곳이 이미 똑같이 근본이 없다. 근본이 없다는 점이 똑같은즉 온 것도 없고 도달한 것도 없다. 왜냐하면 온 곳이 도달한 곳과 다르지 않기 때문에 본래 온 곳이 없고, 도달한 곳이 이미 온 곳과 똑같기 때문에 지금 바야흐로 도달한 곳도 없다. 또한 온 곳이 이미 근본이 없기 때문에 온다는 것이 없고 오지 않는다는 것도 없으며, 지금 도달한 곳도 또한 근본이 없기 때문에 도달한 것이 없고 도달하지 않은 것도 없다.

이미 온 바도 없고 도달한 바도 없어서 본래 적정하기 때문에 "그대가 터득한 본각의 이익은 불가사의하다."고 하였고, 이미 본각의 이익을 터득하여 스스로도 이롭게 하고 남도 이롭게 하므로 "곧 대보살마하살이다."라고 하였다.

此是述成。述成意言。來處至處。旣同無本。無本處同。則無來至。所以然者。來處不異於至處故。本無從來。至處旣同於來處故。今無所至。又復來處旣無本故。無來不來。今所至處。亦無本故。無至不至。旣無來無至。本來寂靜。故言汝得本利。不可思議。旣得本利。自利利他。故言是大菩薩摩訶薩也。

다. 광명을 내어 보살을 칭찬함

眼無處所。淸淨無見。不出於外。心無處所。淸淨無上。無有起處。淸淨無動。無有緣別。性皆空寂。乃至如彼心王。本無住處。)

경 이에 대광명을 내어 삼천대천세계를 널리 비추고 게송으로 말씀하셨다.

참으로 훌륭하다 보살이여
지혜를 빠짐없이 갖추고서
언제나 본각의 이익으로써
중생에게 이익을 베풀도다

행주좌와 일체의 행위에도
항상 본각의 이익에 머물러서
일체의 중생을 이끌어들여
거듭하여 오감을 없앤다네[51]

卽放大光。遍照大[1]千界。而說偈言。大哉菩薩。智慧滿足。常以本利。利益衆生。於四威儀。常住本利。導諸群庶。不來去去。[2]

1) ㉭ '大'는 『大正新修大藏經』에 수록된 『金剛三昧經』에는 없다. 2) ㉭ '去去'는 『大正新修大藏經』에 수록된 『金剛三昧經』 및 『金剛三昧經註解』, 『金剛三昧經通宗記』에는 '不去'이다. 여기에서는 옴도 없게 해 준다는 불래不來와 가는 것도 제거해 준다는 거거去去의 의미로 해석한다.

논 이하는 셋째 여래께서 광명을 내어 보살을 칭찬함을 드러낸 것이다.[52] 여기에 두 가지가 있다.

此下第三如來放光。表讚菩薩。於中有二。

---
51 여기 두 개의 게송은 이미 부동지에 들어간 보살이 일체중생으로 하여금 오고 감이 없는 부동지에 머물게 해 준다는 것이다. 『金剛三昧經通宗記』 권6(X35, 289b).
52 셋째로 여래께서 광명을 내어 무주보살의 본각이행本覺利行에 대하여 게송으로 칭찬한 대목이다.

가) 경문(經家)의 설명

첫째는 경문(經家)의 설명이다. "대광명을 내어 삼천대천세계를 널리 비춘다."고 한 이유는 터득한 대지혜의 광명으로 세간의 어둠을 비추어 세간으로 하여금 광명을 얻도록 하는 것을 나타내기 위함이다. 이것은 여래께서 위에서 칭찬하신 것[53]을 증성證成한 것이다.

先經家序。所以放大光明[1]照大千界者。爲表得大智慧光明。照世間闇。令得光明故。證成如來前所讚故。

1) ㉠ '明'은 위의 경문에 의하면 '遍'이 되어야 한다.

나) 게송으로 무주보살을 칭찬함

"참으로 훌륭하다 보살이여"라는 것은 무주보살을 특별히 칭찬한 것이다.

"지혜를 빠짐없이 갖추고서"라는 것은 안다는 것에 집착이 없어서 모르는 것이 없다는 것이다.

"행주좌와 일체의 행위에도 항상 본각의 이익에 머물러서"라는 것은 위에서 서술한 "멀리에서 다가와 부처님 자리 곁에서"라는 것처럼 이를 인유하여 본각의 이익을 시현한 것이다.

"거듭하여 오감을 없앤다네."라는 것은 적정하면서도 항상 교화작용을 하는 것이다. 여기에서 '옴을 없앤다.'는 것은 이끌어 교화함을 따라 출세간을 터득케 하여 다시는 세간에 떨어져 돌아오지 않게 하는 것이고, '감

---

53 여래께서 위에서 칭찬하신 것 : 위에서 말한 "그대는 본래 온 곳이 없고 지금 또한 도달한 곳도 없다. 그대가 터득한 본각의 이익은 불가사의하니, 곧 대보살마하살이다."를 가리킨다.

을 없앤다.'는 것은 터득한 불퇴전의 경지를 따라서 세간을 벗어나 출세간
으로 잘 가게(善逝)하는 것이다.

> 大哉菩薩者。別讚無住菩薩。智慧滿足者。以無所知。無所不知故。於四威
> 儀常住本利者。如前所序。從遠近來親如來座。因此示現本覺利故。不來
> 去去者。寂而恒化故。言不來者。隨所導化。令得出世不退還故。言去去者。
> 隨得不退展轉出離而善逝故。

② 본각의 이익의 의의를 널리 연설함

아래는 둘째 본각의 이익의 의의를 널리 연설하는 것이다.[54] 여기에 두 가지가 있으니, 첫째는 그대로 널리 연설하고, 둘째는 거듭하여 연설한다.

> 此下第二廣演本利之義。於中有二。一者直廣。二者重演。

가. 그대로 널리 연설함

첫째의 그대로 널리 연설한 것에서 첫째는 질문이고, 둘째는 답변이다.

> 初直廣中。先問後答。

가) 질문

경 그때 무주보살이 부처님께 사뢰어 여쭈었다.

---

54 둘째로 숨어 있는 것(微)으로부터 드러난 것(著)에 이르기까지 본각의 이익의 의의를 광설廣說하는 것에 해당한다.

"존자이시여, 어떤 이익을 베풀어서 중생의 일체정식을 전변시켜 암마라식[55]에 들게 하는 것입니까?"[56]

爾時。無住菩薩而白佛言。尊者。以何利轉。而轉衆生一切情識。入唵摩羅。

논 "어떤 이익을 베풀어서"라는 것은 교화하는 사람이 베푸는 이익의 뜻을 질문한 것이다. 곧 위의 게송에서 "일체의 중생을 이끌어 들여"라는 구절에 대하여 물은 것이다.

"중생의 일체정식을 전변시켜 암마라에 들게 하는 것입니까."라는 것은 교화받는 사람의 모든 정식이 전변되는 뜻을 질문한 것이다. 곧 위의 게송에서 "거듭하여 오감을 없앤다네."라는 구절에 대하여 물은 것이다.

"일체정식"은 곧 팔식을 가리킨다.

"암마라식"은 제9식을 가리킨다. 진제 삼장이 말한 구식九識에 대한 뜻은 바로 이 경문에 의거하여 제기한 것이다. 자세한 것은 진제삼장의 『결정장론』의 설명과 같다.[57]

以何利轉者。是問能化轉利義。問前導諸之句。而轉衆生等者。是問所化轉諸識義。問前去去之句。一切情識。卽是八識。唵摩羅者。是第九識。眞諦三藏。九識之義。依是文起。如彼章說。

나) 답변

---

[55] 암마라식唵摩羅識 : 암마라는 번역하면 백정식白淨識인데, 곧 제9식이다. 전5식과 제6식과 제7식은 세간상이고, 지금의 정식情識은 제8식으로서 세간과 출세간을 모두 포함한다. 그러나 제9식은 오직 출세간뿐이다. 소위 저 세간의 정식을 굴려서 출세간의 청정자성으로 들어가게 한다. 『金剛三昧經註解』권2(X35, 230b).

[56] "어떤 이익을 베풀어서(轉) 중생의 일체정식을 전변시켜(轉)"의 대목에서 앞의 전轉은 전법轉法이고, 뒤의 전轉은 전식轉識이다. 『金剛三昧經通宗記』권6(X35, 289b).

[57] 『決定藏論』권상(T30, 1020b) 참조.

경 부처님께서 말씀하셨다.

"제불여래는 항상 일본각一本覺으로 제식을 전변시켜 암마라식에 들어가게 한다. 왜냐하면 일체중생의 본각에 대하여 항상 일본각으로써 모든 중생을 일깨워 저 중생으로 하여금 다 본각을 터득케 하고 모든 정식이 공적하여 무생임을 일깨워 주기 때문이다. 왜냐하면 결정본성[58]으로서 본래 기동이 없기 때문이다."

佛言。諸佛如來。常以一覺。而轉諸識。入唵[1]摩羅。何以故。一切衆生本覺。常以一覺。覺諸衆生。令彼衆生。皆得本覺。覺諸情識。空寂無生。何以故。決定本性。本無有動。

1) 옝 '唵'은 『大正新修大藏經』에 수록된 『金剛三昧經』에는 '庵'으로 되어 있다.

논 이는 둘째 답변이니, 본각의 이익의 의의를 곧장 펼친 것이다. 여기에 두 가지가 있으니, 첫째는 표방이고 둘째는 해석이다.

是答。正廣本利之義。於中有二。先標後釋。

(가) 표방

"제불여래는 항상 일본각으로"라는 것은 교화하는 사람의 본원을 표방하였다.

"제식을 전변시켜 암마라식에 들어가게 한다."는 것은 교화받는 사람의 전변을 표방하였다.

---

58 결정본성決定本性 : 결정적으로 본각의 자성을 스스로 아는 것이다. 곧 본각의 자성은 그 바탕(體)에 기동起動이 없고 또한 불래不來·불거不去의 경지에 도달한 것을 가리킨다. 이것이야말로 종문에서 명심견성明心見性하는 지결旨訣이다. 『金剛三昧經通宗記』권6(X35, 289b~c).

諸佛如來常以一覺者。是標能化之本。而轉諸識入唵摩羅者。是標所化之轉。

(나) 해석

해석에 두 가지가 있으니, 곧장 해석하는 것과 전변하여 해석하는 것이다.

釋中有二。正釋。轉釋。

㉮ 곧장 해석함

곧장 해석하는 것 가운데서 "왜냐하면 일체중생의 본각"이라고 한 것은 앞의 교화하는 사람의 본원이 일본각임을 해석한 것이다. 일체중생은 동일한 본각이기 때문에 일본각이라 한다.

제불은 이것을 체득하여 이에 널리 교화하기 때문에 "항상"이라 한다. 그래서 이 본각으로써 남을 일깨워 주기 때문에 "항상 일본각으로써 모든 중생을 일깨운다."고 한다.

"저 중생으로 하여금 다 본각을 터득케 한다."는 것은 교화받는 사람이 전변되어 암마라에 들어간다는 구절을 해석한 것이다. '본각'은 암마라식을 가리킨다. '본각을 터득케 한다.'는 것은 암마라식에 들어간다는 뜻을 해석한 것으로, 본각에 들어갈 때 모든 팔식이 본래 적멸함을 깨친다는 것이다.

구경을 깨치기 때문에 제식이 발생하지 않는다. 그러므로 "모든 정식은 공적하여 무생이다."라고 말한다. 이 구절은 "제식을 전변시켜"라는 구절을 그대로 해석한 것이다.

이 경문은 본각과 시각을 모두 드러낸 것이니, "일체중생의 본각에 대하여 항상 일본각으로써 모든 중생을 일깨워 저 중생으로 하여금 다 본각을 터득케 한다."는 것은 본각의 뜻이고, "모든 정식은 공적하여 무생임을 일깨워 주기 때문이다."라는 것은 시각의 뜻이다. 이것은 시각이 곧 본각과 똑같음을 드러낸 것이다.

正釋中言。一切衆生本覺者。釋前能化之本一覺。一切衆生同一本覺。故言一覺。諸佛體此。乃能普化。故言常以。以此本覺。令他覺故。故言常以一覺。覺諸衆生。令彼衆生。皆得本覺者。是釋所化轉入之句。本覺正是唵摩羅識。得本覺者。是釋入義。入本覺時。覺諸八識。本來寂滅。覺究竟故。諸識不生。故言諸識寂滅無生。是句正釋轉諸識句。此文具顯本始二覺。謂一切衆生本覺等者。是本覺義。覺諸情識寂滅無生者。是始覺義。是顯始覺。卽同本覺也。

㉑ 전변하여 해석함

"왜냐하면 결정본성으로서 본래 기동이 없기 때문이다."라는 것은 둘째 전변하여 해석하는 것이니, 앞의 시각에서 깨친 바[59]가 적멸함을 해석한 것이다. 비록 팔식 모두가 수연으로 기동하여 전변되지만, 그 결정성을 찾고 나면 모두 무소득이기 때문에 "결정본성으로서 본래 기동이 없다."고 한다. 본래 기동이 없으므로 본래 적멸하다.

何以故下。第二轉釋。釋前始覺所覺寂滅。雖諸八識。隨緣動轉。而求定性。皆無所得。故言決定本性。本無有動。本無動故。本寂滅也。

나. 거듭하여 연설함

---

[59] 이에 해당하는 대목은 "모든 정식은 공적하여 무생임을 일깨워 주기 때문이다."이다.

이하는 둘째로 본각의 이익의 의의를 거듭하여 연설하는 것이다. 여기에 두 가지가 있으니, 첫째는 시각을 연설하고, 둘째는 본각을 연설한다.

此下第二重演. 於中有二. 先演始覺. 後演本覺.

가) 시각을 연설함

첫째 시각을 연설하는 것에도 또한 두 가지가 있다. 첫째는 제식이 공적함을 연설하고, 둘째는 제식이 무생임을 연설한다. 첫째 제식이 공적하다는 것은 곧 소각所覺으로서의 시각이고, 둘째 제식이 무생이라는 것은 능각能覺으로서의 시각을 말한다.

初中亦二. 一演諸識空寂. 二演諸識無生. 前是始覺之所覺. 後是能覺之始覺.

(가) 제식諸識이 공적함을 연설함

첫째의 제식이 공적하다는 것에는 여섯 차례의 문답이 있다. 여섯 가지의 문답에도 세 가지가 있다. 첫째, 제1과 제2의 문답은 공적함을 그대로 설명한다. 둘째, 제3의 문답은 제식은 본각과 동일한 모습이 아님을 설명한다. 셋째, 제4·제5·제6의 문답은 제식은 본각과 다른 모습이 아님을 설명한다.

初中卽有六番問答. 於中有三. 一者前二問答. 正明空寂. 二者第三問答. 明不同相. 三者後三問答. 明不異相.

㉮ 공적함을 그대로 설명함

a. 제1의 문답 : 기동起動이 없음을 설명함

경 무주보살이 여쭈었다.

"일체(可一)의 팔식[60]은 모두 경계를 반연하여 기동하는데, 어째서 암마라식은 기동하지 않습니까?"

無住菩薩言。可一八[1])識。皆緣境起。如何不動。
1) 역 '八'은 『金剛三昧經註解』・『金剛三昧經通宗記』에는 '切'로 되어 있다.

논 이 대목은 제1의 문답으로 기동이 없음을 설명한 것이다. "가일可一"이란 일체를 말하니, 일체중생이 소유하고 있는 팔식이다. "모두 경계를 반연하여 기동한다."는 것은 사연四緣[61] 가운데 소연연을 언급하여 기동하지 않는 점을 따진 것이다.

此初問答。明無起動。言可一者。一切之謂。謂一切衆生所有八識。皆緣境起者。四緣之中。且擧緣緣。以難不動。

경 부처님께서 말씀하셨다.

---

60 일체(可一)의 팔식 : '가일可一'을 원효는 '일체一切'의 뜻으로 파악하였다. 하지만 원징은 『金剛三昧經註解』권2(X35, 230c)에서 '여일체식如一切識'으로 간주하여 '저 일체의 식'으로 주석하고 있다. 그리고 적진寂震은 『金剛三昧經通宗記』권6(X35, 289c)에서 '가可'는 뒤의 '일체식一切識'과 독립된 용어로서 자각각타自覺覺他의 행행行을 터득한 것으로 간주하였다. "가可'는 하나의 구절로 보아야 한다. 그 다음의 '일체식一切識'의 세 글자와 연결해서 읽어서는 안 된다. 여기에서 '가可'는 무주보살이 자각각타의 무생행을 마음으로 깨쳤기 때문에 '그렇습니다(可)'라고 말한 것이다.(可字。當作一句。勿連下三字讀。此可者。乃無住菩薩。心領意會於自覺覺他之行。故曰可。)"
61 사연四緣 : 인연因緣・등무간연等無間緣・소연연所緣緣・증상연增上緣을 가리킨다.

"일체의 경계가 본래 공적하고, 일체의 식도 본래 공적하다. 공적하여 반연의 자성이 없는데 어찌 반연하여 기동하겠는가?"

佛言。一切境本空。一切識本空。空無緣性。如何緣起。

📘 이것은 경계의 반연이 없어져서 모든 식이 기동하지 않음을 드러낸 것이다.

且遣境緣。顯識無起。

b. 제2의 문답 : 견見은 허망임을 설명함

📗 무주보살이 여쭈었다.
"일체의 경계가 공적한데 어떻게 본다는 것입니까."
부처님께서 말씀하셨다.
"본다는 것은 허망이다. 왜냐하면 일체의 만유는 무생無生이고 무상無相으로서 본래 자체의 명칭도 없이 다 공적하다. 일체의 법상도 또한 그와 같고, 일체중생의 몸도 또한 그와 같다. 몸조차 없는데 어찌 본다는 것인가."

無住菩薩言。一切境空。如何見。[1] 佛言。見卽爲妄。何以故。一切萬有。無生無相。本不自名。悉皆空寂。一切法相。亦復如是。一切衆生身。亦如是。身尙不有。云何見。[2]

---

1) ㉠ '見'은 『大正新修大藏經』에 수록된 『金剛三昧經』에는 '有見'으로 되어 있고, 『金剛三昧經註解』 및 『金剛三昧經通宗記』에는 '言見'으로 되어 있다. 2) ㉠ '見'은 『大正新修大藏經』에 수록된 『金剛三昧經』 및 『金剛三昧經註解』、『金剛三昧經通宗記』 등에는 모두 '有見'으로 되어 있다.

📘 이하는 제2의 문답으로 견見은 곧 허망이고 허망하기 때문에 진정

한 공적임을 설명한 것이다. 경계가 공적하기 때문에 경계가 있다고 보는 것은 곧 허망하다. 본다는 것 또한 공적하기 때문에 본다는 것이 있다고 계탁하는 것도 또한 허망하다. 이것을 해석하는 것에 두 가지가 있다. 첫째는 총체적으로 설명하고, 둘째는 개별적으로 드러낸다.

> 此下第二問答。明見是妄。妄故眞空。謂境空故。見有境卽是妄。見亦空故。計有見亦是妄。釋中有二。摠明別顯。

a) 총체적으로 설명함

첫째, 총체적으로 설명한 것은 다음과 같다. 오음과 십팔계 등의 존재는 본래 자체적으로 "나는 색 등이다."라고 하지 않는다. 다만 망심을 말미암아 색 등이라 말할 뿐이다. 이런 까닭에 일체의 모든 것은 다 공적하다.

> 摠明者。陰界等有。本不自名。我爲色等。但由妄心。名爲色等。是故一切悉皆空寂也。

b) 개별적으로 설명함

둘째, 개별적으로 드러낸 것에서 말한 "일체의 법상도 또한 그와 같다."는 것은 외부의 산·하·대지와 같은 육진의 법상도 마찬가지라는 것이다. "일체중생의 몸도 또한 그와 같다."는 것은 내부의 색·수·상·행·식과 같은 오음의 몸을 가리킨다. 신체조차 없는데 어찌 본다는 작용이 있을 것인가.

> 別顯中言。一切法相。亦如是者。謂外山河等六塵法相。一切衆生身。亦如是者。內色受等五陰之身。身體尙無。何有見用故。

㈏ 제3의 문답 : 제식이 본각과 같은 모습이 아님을 설명함

경 무주보살이 여쭈었다.

"일체의 경계가 공적하고, 일체의 몸이 공적하며, 일체의 식이 공적하니, 본각도 또한 공적할 것입니다."

부처님께서 말씀하셨다.

"일체의 본각은 훼손되지도 않고 괴멸되지도 않는 결정성으로서 공도 아니고 불공도 아니며 공이라 말할 수도 없고 불공이라 말할 수도 없다."

無住菩薩言。一切境空。一切身空。一切識空。覺亦應空。佛言。可一覺者。不毀不壞決定性。[1] 非空非不空。無空不空。

---

1) ㉠ '決定性'은 『大正新修大藏經』에 수록된 『金剛三昧經』을 비롯하여 『金剛三昧經註解』, 『金剛三昧經通宗記』에는 모두 '決定性故'로 되어 있다.

논 이하는 제3의 문답으로 (제식이) 본각과 같은 모습이 아님을 설명한 것이다.

질문의 내용은 다음과 같다. "'본각도 또한 공적할 것입니다.'라는 것은 반연으로 발생한 식이 이미 공적하듯이 반연으로 기동한 본각도 또한 공적하다는 것이다. 식이 이미 공적하기 때문에 공적한 식으로 보는 것도 허망하고, 본각 또한 공적하기 때문에 공적한 본각으로 깨친 것도 또한 허망하다는 것이다."

부처님께서 답변한 내용은 다음과 같다. "'일체의 본각'이란 말은 훼손되지도 않고 괴멸되지도 않기 때문에 공이 아니고, 자성이 남아 있지도 않기 때문에 또한 불공도 아니다. 이런 까닭에 본각에 대해서는 공이라 말할 수도 없고 불공이라 말할 수도 없다. 그러나 제식은 그렇지 않다. 허망하게 제법에 집착하여 진리에 위반되므로 공空이 되고 또한 없앨 수 있

는 것이다. 이와 같이 서로 본각과 제식이 같지 않은데 어찌 비슷하다고 하겠는가."

"결정성"이란 진여자성은 파괴되지 않는데 자성이 본래 그렇기 때문이라는 것이다.

"훼손되지도 않는다."는 것은 유상有相에 집착하여 공이 훼상되는 것이 아니라는 것이고, "괴멸되지도 않는다."는 것은 무성無性에 계탁하여 진이 훼손되는 것도 아니라는 것이다. 그러므로 "훼손되지도 않고 괴멸되지도 않는 결정성이다."라고 하였다.

此下第三番。明覺不覺之不同相。問意言。覺亦應空者。從緣生識旣空。從緣起覺亦空。識旣空故。其見是妄。覺亦空故。其覺亦妄也。佛答意言。一切覺者。不壞道理。故非可空。不存自性。亦非不空。是故覺中。無空不空。諸識不爾。妄取諸法。違反眞理。可空可遣。如是不同。何得相類也。決定性者。謂眞如性。不可破壞。性自爾故。言不毁者。不取有相。以傷空故。言不壞者。不計無性。以損眞故。謂不毁壞於決定性也。

㊁ 제식이 본각과 다른 모습이 아님을 설명함

이하의 세 가지 문답62은 제식이 각과 다른 모습이 아님을 설명하는 것이다.

이 가운데 제4·제5의 두 가지 문답은 본각과 경계가 같은 모습임을 설명하고, 제6의 한 가지 문답은 본각과 제식이 같은 모습임을 드러낸다.

此下三番明不異相。於中前二番。明覺與境同相。後一問答。顯覺與識同相。

---

62 이하의 세 가지 문답 : 여섯 가지 문답 가운데 제4·제5·제6의 문답을 가리킨다.

a. 제4, 5의 문답 : 본각과 경계가 같은 모습임을 설명함

경 무주보살이 여쭈었다.

"그렇다면 모든 경계도 또한 그러하여 공상空相도 아니고 무공상無空相도 아니겠습니다."

부처님께서 말씀하셨다.

"그렇다. 저 모든 경계의 경우 그 자성은 본래 결정되어 있고, 그 결정은 자성의 근원으로서 처소가 없다."

무주보살이 여쭈었다.

"그러면 본각도 또한 그와 같아서 처소가 없겠습니다."

부처님께서 말씀하셨다.

"그렇다. 본각은 처소가 없으므로 청정하고, 청정하므로 본각이 없으며, 만물은 처소가 없으므로 청정하고, 청정하므로 색이 없다.[63]"

無住菩薩言。諸境亦然。非空相。非無空相。佛言。如是。彼可境者。性本決定。決定性根。無有處所。無住菩薩言。覺亦如是。無有處所。佛言。如是。覺無處故淸淨。淸淨無覺。物無處[1)]故淸淨。淸淨無色。

1) ㉠ '處'는 『金剛三昧經註解』 및 『金剛三昧經通宗記』에는 '處所'로 되어 있다.

논 그 처음에 해당하는 제4의 문답은 경계가 본각과 같음을 설명한 것이다. 즉 모든 허망의 경계가 본래 없었다. 이미 그와 같은 허망의 경계가 없는데 어찌 공상空相이 있을 것이며, 이미 공조차 없는데 어찌 공을 없앨 수 있는가. 그러므로 "공상도 아니고 무공상도 아니겠습니다."라고 하였다. 이것으로써 곧 경계가 본각과 다르지 않다고 말하는 것이다.

답변 가운데 "자성이 본래 결정되어 있다."는 것은 근본은 존재가 아니

---

63 "청정하므로 색이 없다."에 해당하는 원문 '淸淨無色'은 '淸淨故無色'의 뜻으로 해석된다.

기(不有) 때문에 공상空相이 아님을 설명하고, "처소가 없다."는 것은 존재하는 공(有空)이 아니기 때문에 무공상無空相도 아님을 설명한 것이다.

그 뒤에 해당하는 제5의 문답은 본각이 경계와 같음을 설명한 것이다. "본각도 또한 그와 같다."는 것은 본각도 또한 반연으로 발생한 것으로 본성이 공하기 때문이다. 답변 가운데 "청정하므로 본각이 없다."는 말은 공의 도리를 깨쳐 일체상을 떠나 있으므로 청정하다고 말한 것이다. 곧 본각의 자성이 이미 공하여 공 가운데는 본각이 없다는 것이다. 마치 색이 공하면 색상이 없는 경우와 같다.

앞의 제4의 문답에서 경계가 본각과 같다고 설명한 것은 "경계의 경우 공도 아니고 불공도 아니다."라는 뜻이 곧 제5의 "본각도 또한 공도 아니고 비공도 아니다."라는 뜻과 같다는 것이다.

지금 제5의 문답에서 본각이 경계와 같다고 설명한 것은 "각의 경우에 자성이 공하여 무상無相하다는 도리야말로 경계가 공하여 무상無相하다."는 뜻과 같음을 설명한 것이다. 이처럼 제4의 문답과 제5의 문답이 같지 않으니, 이와 같이 알아야 할 것이다.

初中前番。明境同覺。謂諸妄境。本來不有。旣無其有。何有空相。旣非有空。何得無空。故言非空相。非無空相。以此而言則不異覺。答中言性本決定者。明本不有故非空相。無有處所者。明非有空故非無空也。後番問答。明覺同境。覺亦如是者。覺亦緣生。本性空故。答中言淸淨無覺者。覺空之理。離一切相。故曰淸淨。覺性旣空 空中無覺。如色空中。無色相故。前明境同覺者。以境非空非不空義。同於前覺非空非不空義。今明覺同境者。以覺性空無相之理。同於境空無相之義。二文不同。應如是知。

b. 제6의 문답 : 제식이 본각과 같은 모습임을 드러냄

경 무주보살이 여쭈었다.

"심과 안식도 또한 그와 같이 불가사의하겠습니다."

부처님께서 말씀하셨다.

"심과 안식도 또한 그와 같이 불가사의하다. 왜냐하면 색色은 처소가 없어 청정하고 명칭이 없으므로 안으로 들어가지 않고, 안眼은 처소가 없어 청정하고 견해가 없으므로 밖으로 떠나지 않으며, 심心은 처소가 없어 청정하고 위가 없으므로 발기하는 처소가 없고, 식識은 처소가 없어 청정하고 작동이 없으므로 반연함(緣)과 요별함(別)이 없다. 이처럼 자성은 모두 공적하다.

無住菩薩言。心眼識亦復如是。不可思議。佛言。心眼識亦復如是。不可思議。何以故。色無處所。淸淨無名。不入於內。眼無處所。淸淨無見。不出於外。心無處所。淸淨無上。[1] 無有起處。識無處所。淸淨無動。無有緣別。性皆空寂。

---

1) ㉠ '上'은 『大正新修大藏經』에 수록된 『金剛三昧經』 및 『金剛三昧經註解』『金剛三昧經通宗記』에는 모두 '止'로 되어 있다.

논 이는 셋째로 제식이 본각과 같음을 설명하는 것이다.[64]

"심과 안식"이란 안식의 종자가 적집된 '심'과 그 종자가 발기된 '안식'이다. 곧 간략하게 심과 안식의 두 가지를 들어 그 자성이 공한 것을 나타낸 것이다. 이하 경문에서는 사연四緣으로 안식이 공적한 것을 설명한다.

"색은 처소가 없다."는 것은 색의 자성이 애초에 공하기 때문이다.

"청정하고 명칭이 없다."는 것은 공 가운데는 색이 없기 때문이다.

"안으로 들어가지 않는다."는 것은 안근에 상응하여 경계가 되지 않기 때문이다. 이것은 소연연의 공적을 설명한 것이다.

---

64 제식은 본각과 다른 모습이 아님을 설명한 셋째에는 다시 제4·제5·제6의 문답이 있는데, 그 가운데 셋째에 해당하는 제6의 문답이다.

"안은 처소가 없어 청정하고 견해가 없다."는 것은 안의 자성이 공하여 그 가운데 안근이 없기 때문이다.

"밖으로 떠나지 않는다."는 것은 색의 경계에 작용하지 않기 때문이다. 이것은 증상연의 공적을 설명한 것이다.

"심은 처소가 없어 청정하고 위가 없다."는 것은 종자가 공하여 그 가운데 종자가 없기 때문이고, 또한 사연 가운데 으뜸이기 때문이다.

"발기하는 처소가 없다."는 것은 직접 식을 발기하는 처소가 없기 때문이다. 이것은 인연의 공적을 설명한 것이다.

"식은 처소가 없어 청정하다."는 것은 이미 삼연三緣(근根·경境·식識)이 없어 안식이 발기하지 않기 때문이다.

"반연함과 요별함이 없다."는 것은 반연하는 색도 없고 요별하는 제식도 없기 때문이다. 이것은 등무간연의 공적과 안식의 공적을 설명한 것이다. '반연'은 이전에 소멸한 반연이고, '요별'은 이후에 발생하는 요별인데, 이 반연과 요별이 모두 공적하기 때문에 '없다.'고 하였다.

이와 같이 사연四緣과 제식이 모두 공적하기 때문에 "이처럼 자성은 모두 공적하다."는 말로 총결하였다.

안식의 경우 사연이 모두 공적하다고 설명한 것처럼, 내지 의식의 경우에도 당연히 다음과 같이 말해야 한다. "법법[65]에는 처소가 없어 청정하고 명칭이 없으므로 안으로 들어가지 않고, 의意에는 처소가 없어 청정하고 견해가 없으므로 밖으로 떠나지 않으며, 심心에는 처소가 없어 청정하고 위가 없으므로 발기하는 모습이 없고, 식識에는 처소가 없어 청정하고 작동이 없으므로 반연함과 요별함이 없다. 이처럼 자성은 모두 공적하다."

여기서 의意는 제7식이고, 여기서 심心은 제8식이다. 이것은 팔식이 모두 공적한 것을 설명한 것이다. 그러므로 일체의 본각이 공적하다는 경우와 동일하다.

---

[65] 법法 : 의근意根의 소연이 되는 법경法境을 뜻한다.

此第三番。明識同覺。心眼識者。謂眼識種子。積集之心。及此種子所起眼識。略擧此二。標其性空。下就四緣。明眼識空。色無處所者。色性自空故。清淨無名者。空中無色故。不入於內者。不與眼根作境界故。是明所緣緣空也。眼無處所淸淨無見者。眼性空中。無眼根故。不出於外者。無能行於色境界故。是明增上緣空也。心無處所淸淨無上者。種子空中。無種子故。四緣之內。爲上首故。無有起處者。無親起識之處所故。是明因緣空也。識無處所淸淨無動者。旣無三緣。眼識不起故。無有緣別者。以無緣色了別識故。是明等無間緣。及眼識空。緣者前滅之緣。別者後生了別。此二皆空。故言無有。如是四緣及識皆空故。摠結言性皆空寂。如說眼識四緣皆空。乃至意識應如是說。謂法無處所。淸淨無名。不入於內。意無處所。淸淨無見。不出於外。心無處所。淸淨無上。無有起處。識無處所。淸淨無動。無有緣別。性皆空寂。此中意者。是第七識。此中心者。是第八識。是明八識皆悉空寂。所以同於一切覺空也。

(나) 제식이 무생임을 설명함

경 자성에는 본각이 없지만 그 도리를 깨치면 본각이 된다. 선남자여, 본각이 없음을 깨치고 알면 제식이 그대로 공적에 들어간다. 왜냐하면 금강지혜의 경지에서 해탈도로 끊고, 해탈도로 끊은 이후에는 무주의 경지에 들어가 출·입이 없고 마음의 처소가 없으니, 그것은 결정자성의 경지이기 때문이다. 그 경지는 청정하여 마치 유리처럼 맑고, 자성은 항상 평등하여 마치 저 대지와 같으며, 본각으로 미묘하게 관찰함은 마치 지혜의 햇살과 같고, 이타행을 성취하여 본각을 터득함은 마치 대법우大法雨와 같다.[66] 이 사지四智의 경지에 드는 것이야말로 곧 부처님 지혜의 경지에 들어

---

[66] "그 경지는 청정하여 마치 유리처럼 맑고, 자성은 항상 평등하여 마치 저 대지와 같으며, 본각으로 미묘하게 관찰함은 마치 지혜의 햇살과 같고, 이타행을 성취하여 본각을

가는 것이다. 이와 같은 지혜의 경지에 들어가는 것이야말로 제식의 불생이다."

性無有覺。覺則爲覺。善男子。覺知無覺。諸識則入。何以故。金剛智地。解脫道斷。斷已入無住地。無有出入。心處無在。決定性地。其地淸淨。如淨琉璃。性常平等。如彼大地。覺妙觀察。如慧日光。利成得本。如大法雨。入是智者。是入佛智地。入智地者。諸識不生。

 이는 둘째로 제식이 불생임을 설명하는 것이니,[67] "본래 무명을 따라 제식이 생기하였는데 지금은 시각을 따라 다시 심원으로 돌아간다. 심원으로 돌아갈 때 제식이 일어나지 않고 제식이 일어나지 않으므로 시각이 원만해진다."는 것을 설명하려는 것이다.

여기에 두 가지가 있으니, 간략하게 드러내는 것과 자세하게 해석하는 것이다.

是第二明諸識不生。欲明本隨無明。諸識生起。今隨始覺。還歸心源。歸心源時。諸識不起。識不起故。始覺圓滿。於中有二。略標廣釋。

㉮ 간략하게 드러냄(略標)

터득함은 마치 대법우와 같다."는 대목을 원효는 대원경지大圓鏡智, 평등성지平等性智, 묘관찰지妙觀察智, 성소작지成所作智의 사지四智에 배대하여 해석하였다. 그러나 『金剛三昧經通宗記』권6(X35, 290c~291a)에서는 이들 각각의 구절에 대하여 법문무량서원학法門無量誓願學, 중생무변서원도衆生無邊誓願度, 번뇌무진서원단煩惱無盡誓願斷, 불도무상서원성佛道無上誓願成에 배대하여 사홍서원四弘誓願으로 해석하고 있다.

67 시각을 연설하는 것에 대하여 첫째로 제식이 공적함을 연설하고, 둘째로 제식이 무생임을 연설한다. 이 가운데 그 둘째에 해당한다.

간략하게 드러내는 것에도 두 가지가 있다.

標中亦二。

a. 시각이 원만함
처음에 말한 "자성에는 본각이 없지만 그 도리를 깨치면 본각이 된다."는 것은 시각이 원만함을 나타낸 경문이고, "본각이 없음을 깨치고 알면 제식이 그대로 공적에 들어간다."는 것은 제식이 불생임을 나타내는 경문이다.

"자성에는 본각이 없다."는 것은 공한 자성에는 제식이 없을 뿐만 아니라 또한 시각도 없다는 것이다. 그러므로 본각이 없다는 이치를 깨치고 알면 시각의 지혜가 된다. 그러므로 "그 도리를 깨치면 본각이 된다."고 하였다.

初言性無有覺。覺卽爲覺者。是標始覺圓滿章。覺知無覺。諸識則入者。是標諸識不生章。言性無有覺者。謂空性中。非但無識。亦無始覺。覺知無覺之理。則爲始覺之智。故言覺則爲覺。

b. 제식은 불생임
"본각이 없음을 깨치고 안다."는 말은 앞의 시각을 이어받은 것이다. 시각이 원만한 경우에는 팔식이 일어나지 않는다. 그것은 본각이 없다는 이치를 깨침에 따라 제식도 없어지고, 구경을 깨침에 따라 심원으로 돌아가기 때문이다. 그래서 "제식이 그대로 공적에 들어간다."고 하였다.

言覺知無覺者。牒前始覺。始覺圓時。八識不起。隨覺無覺。無諸識故。隨覺究竟。歸心源故。故言諸識則入。

㈏ 자세하게 해석함(廣釋)

"왜냐하면" 이하는 자세하게 해석하는 것이다. 여기에 두 가지가 있으니, 첫째는 인이 원만함(因滿)을 설명하고, 둘째는 과가 원만함(果圓)을 설명한다.

何以故下。釋中有二。先明因滿。後顯果圓。

a. 인이 원만함을 설명함

"금강지혜의 경지"는 등각위로서 시각의 인이 원만한 금강유정金剛喩定을 말한다. 이것은 위에서 설명한 바와 같다.[68] 지금은 본각의 인因의 측면에서 금강지혜라고 하였다.

"해탈도로 끊는다."는 것은 불생의 인이 원만한 것이다. 여기서 말하는 '끊음'에 두 가지 뜻이 있다.

하나는 만약 생득生得의 무명주지無明住地[69]에 상대시키면 곧 금강심은 무간도無間道[70]가 되고, 묘각의 초심이 해탈도解脫道가 된다. 무간도는 무명과 함께하지만, 해탈도가 일어날 때 그것을 곧장 끊는다.

둘은 만약 제식의 희론종자에 상대시킨다면 곧 그 이전의 마음은 무간도로서 저 종자와 더불어 같이 생기하고 같이 소멸하지만, 최후의 일념인 금강유정은 해탈도로서 그대로 종자를 끊는다.

지금은 그 종자를 끊는다는 뜻에 의거하기 때문에 "금강지의 경지에

---

68 『金剛三昧經』의 제목 가운데 '금강'에 대한 설명이 이에 해당한다.
69 무명주지無明住地: 오주五住 곧 견일처주지見一處住地·욕애주지欲愛住地·유애주지有愛住地·무애주지無愛住地·무명주지無明住地 가운데 하나로 잠재적인 미세번뇌 및 소지장을 가리킨다. 나머지 사주四住는 현행번뇌 및 번뇌장을 가리킨다.
70 무간도無間道: 무애도無礙道라고도 한다. 지말번뇌에 장애받지 않는 금강지金剛智의 경지를 통하여 해탈도에 나아간다.

서 해탈도로 끊는다."라고 하였다. 이때 이숙식異熟識이 나타나 있는 것은 전 찰나의 종자로부터 생겨난 것이니, (이숙異熟이란) 생기하는 인因과 과果가 동시가 아니기 때문이다. 이후에는 이숙이 다시는 생기하지 않는데, 그때는 이미 일체의 종자가 끊어졌기 때문이다. 그러므로 여기에서 "해탈도로 끊는다."고 말한 것이 바로 제식이 불생하는 인因임을 알아야 한다.

金剛智地者。謂等覺位。始覺因滿。金剛喩定。義如前說。今約覺因。名金剛智。解脫道斷者。不生因滿。然此中斷有其二義。若對生得無明住地。卽金剛心。爲無間道。妙覺初心。爲解脫道。無間道時。與無明俱。解脫道起。方能正斷。若對諸識戲論種子。則其前心爲無間道。與彼種子俱起俱滅。最後一念。金剛喩定。是解脫道。正斷種子。今約斷其種子義門。故言金剛解脫道斷。此時現有異熟識者。由其前念種子所生。生起因果不同時故。此後異熟不更生者。此時已斷一切種故。故知此言解脫道斷。正是諸識不生之因。

b. 과가 원만함을 드러냄

다음으로 그 과를 드러낸다.[71] 여기에 두 가지가 있으니, 첫째는 각이 원만함을 설명하고, 둘째는 제식의 불생을 드러낸다.

次顯其果。於中有二。先明覺圓滿。後顯識不生。

a) 각이 원만함을 설명함

그 첫째 가운데서 "해탈도로 끊은 이후에는 무주의 경지에 들어간다."는 것은 금강지혜의 해탈도에서 종자를 끊고 묘각의 무주의 경지에 들어

---

[71] 둘째로 과가 원만함(果圓)을 설명하는 대목이다.

간다는 것이다. 이제二諦를 벗어나 홀로 존재하여 둘이 없으므로 '무주'라 말한다.

무주심은 이제를 모두 초월했기 때문에 세제世諦를 벗어나고 진제眞諦에 들어가는 것에 차이가 없다. 이미 벗어나고 들어가는 것도 없고 공과 유도 남겨두지 않기 때문에 "마음의 처소가 없다."고 하였다.

이처럼 처소가 없는 도리는 오직 일심이니, 일심의 자체는 본래 적정하기 때문에 "그것은 결정자성의 경지이기 때문이다."라고 하였다.

일심이 현현할 때 팔식이 모두 전의轉依하기 때문에 이 경우 사지四智가 원만해진다. 왜냐하면 곧 이 일심은 어둠을 떠나 있고 광명이 성취되어 있는 것으로 명백하고 청정하여 비추지 못하는 영상이 없기 때문이다. 이에 "그 경지는 청정하여 마치 유리처럼 맑다."고 하였으니, 이는 대원경지大圓鏡智의 뜻을 드러낸 것이다.

이와 같은 일심은 양변을 떠나 있고 자타에 통달해 있어 평등무이平等無二하다. 그래서 "자성은 항상 평등하여 마치 저 대지와 같다."고 하였으니, 이는 평등성지平等性智의 뜻을 드러낸 것이다.

이와 같은 일심은 관찰할 대상이 없기 때문에 제법의 문을 관찰하지 못함이 없다. 그래서 "본각으로 미묘하게 관찰함은 마치 지혜의 햇살과 같다."고 하였으니, 이는 묘관찰지妙觀察智의 뜻을 설명한 것이다.

이와 같은 일심은 작위가 아니기 때문에 이타의 행위를 하지 못함이 없다. 그래서 "이타행을 성취하여 본각을 터득함은 마치 대법우와 같다."고 하였다. 비가 만물을 적셔 과실을 성숙시키는 것처럼 이 묘관찰지도 또한 그와 똑같이 이타행으로 본각을 터득토록 한다. 이는 성소작지成所作智의 뜻을 설명한 것이다.

이처럼 사지四智가 이미 원만한 것이 곧 시각始覺의 원만이다.

初中言斷已入無住地者。金剛解脫斷種子已。即入妙覺無住之地。二諦之外。獨在無二。故言無住。無住之心。雙泯二諦。故無出俗入眞之異。既無出入。不在空有。故言心處無在。無在之處。唯是一心。一心之體。本來寂靜。故言決定性地。一心顯時。八識皆轉。故於是時。四智圓滿。所以然者。卽此一心離闇成明。明白淸淨。無影不照。故言其地淸淨。如淨琉璃。是顯大圓鏡智之義。卽此一心。遠離二邊。通達自他。平等無二。故言性常平等。如彼大地。是顯平等性智之義。如是一心無所觀故。於諸法門。無不觀察。故言覺妙觀察。如慧日光。是明妙觀察智之義。如是一心。無所作故。於利他事。無所不作。故言利成得本。如大法雨。雨潤萬物。令成果實。此智亦爾。利他事成。令得本覺。是明成所作智之義。四智旣圓。是始覺滿也。

b) 제식의 불생을 드러냄

"이 사지의 경지에 드는 것" 이하는 제식諸識의 불생不生을 드러낸 것이다. 이 사지를 터득하는 것이 바로 묘각의 지위이다. 그러므로 "부처님 지혜의 경지에 드는 것이다."라고 하였다. 이때는 이미 일심의 본원에 돌아가 있으므로 팔식의 모든 풍랑이 다시는 기동하지 않는다. 그러므로 "이와 같은 지혜에 드는 것이야말로 제식의 불생이다."라고 하였다.

이상 둘로 나누어[72] 시각에 대한 설명을 마친다.

入是智者已下。次顯諸識不生。得是四智。正是妙覺之位。故言是入佛智地。是時旣歸一心之源。八識諸浪。不更起動故[1]入智地者。諸識不生也。上來二分。演始覺竟。

1) ㉢ '故' 뒤에 '言'이 누락된 듯하다.

나) 본각의 뜻을 연설함

---

[72] 시각을 두 가지, 곧 첫째는 제식이 공적함을 연설하고, 둘째는 제식이 무생임을 연설한 것을 가리킨다.

이하는 둘째로 본각의 뜻을 연설하는 것이다.[73] 여기에 두 가지가 있다. 첫째는 곧장 설명하고, 둘째는 집착을 없애 준다.

此下第二演本覺義。於中有二。一者正明。二者遣著。

(가) 곧장 설명함(正明)

첫째 곧장 설명하는 것에도 다시 두 가지가 있다. 첫째는 본각에 둘이 없는 도리를 설명하고, 둘째는 장애를 없애고 깨침에 드는 문을 보여 준다.

初中亦二。先明本覺無二之理。後示除障入證之門。

㉮ 본각에 둘이 없는 도리를 설명함

첫째의 본각에 둘이 없는 도리를 설명함에도 다시 두 가지가 있다. 첫째는 질문하는 것이고,[74] 둘째는 답변하는 것이다.

初中亦二。先問後答。

a. 질문

경 무주보살이 여쭈었다.

---

[73] 본각의 이익의 의의에 대해 거듭하여 연설한 것으로, 첫째는 시각을 연설하고, 둘째는 본각을 연설한다. 이 가운데 그 둘째인 본각을 연설하는 부분이다.
[74] 원효는 위의 경문을 질문으로 간주하고 있다. "왜냐하면 일체중생은 바로 자신의 법신 속에 본래 원만하게 구족하고 있기 때문일 것입니다."라는 말을 부처님께 다짐받고 싶어 하는 것으로 보기 때문이다.

"여래께서 설하신 일본각一本覺의 성지력聖智力 및 네 가지 큰 지혜의 경지(四弘智地)는 일체중생에게 본각의 근원이고 시각의 이익입니다. 왜냐하면 일체중생은 바로 자신의 몸속에 본래 원만하게 구족하고 있기 때문일 것입니다."[75]

無住菩薩言。如來所說一覺。聖力四弘智地。卽一切生。[1] 本根覺利。何以故。一切衆生。卽此身中。本來滿足。

1) 역 '卽一切生'은 『大正新修大藏經』에 수록된 『金剛三昧經』을 비롯하여 『金剛三昧經註解』, 『金剛三昧經通宗記』에는 모두 '卽一切衆生'으로 되어 있다.

논 질문에서 말한 "일본각의 성지력聖智力 및 네 가지 큰 지혜의 경지(四弘智地)"는 앞에서 설한 사지四智의 뜻을 순차적으로 나열한 것이다. 시각이 원만해지면 곧 본각과 똑같아져 본각과 시각이 둘이 아니므로 '일본각'이라 한다. 하지 못하는 것이 없으므로 '성지력聖智力'이라 하고, 일각 안에 사홍서원의 큰 지혜를 갖추고 모든 공덕을 지니고 있으므로 '지지智地'라 하며, 이와 같이 사지는 일심의 역량과 동일하여 모두 두루하지 않음이 없으므로 '큰 지혜(弘智)'라 한다.

이와 같이 일각은 곧 법신이고, 법신은 곧 중생의 본각이다. 그러므로 "곧 일체중생의 본각의 근원이고 시각의 이익입니다."라고 하였다. 본래 구비되어 있는 무량한 자성의 공덕이 중생심을 훈습하여 진여와 생멸의 두 가지 업을 일으키기 때문에 "본각의 이익입니다."라고 하였다.

---

[75] 이 경문은 일체중생의 경우 바로 자신의 법신 속에 부처님과 동일하게 본리本利 곧 일본각一本覺의 성력聖力과 사지四智를 본래 원만하게 구족하고 있다는 것을 가리킨다. 『金剛三昧經通宗記』권6(X35, 291a)에서는 "여래께서 설하신 일각一覺의 성지력聖智力 및 네 가지 큰 지혜의 경지(四弘智地)는 곧 일체중생의 본각의 근원이고 시각의 이익입니다."라는 대목에 대하여 "여래가 설한 일각은 성지지력聖智之力 및 사홍지원지지四弘智願之地로서 자성법문을 닦아서 자성중생을 이롭게 하고 자성번뇌를 단절하여 자성불도를 성취하는 것에 해당하는데, 이것이야말로 일체중생의 본각의 근원이고 시각의 이익이다."라고 해석한다.

이처럼 일본각一本覺의 둘이 없는 뜻을 말미암아 어떤 중생도 법신을 벗어나 있는 경우는 없기 때문에 "바로 자신의 몸속에 본래 원만하게 구족하고 있기 때문일 것입니다."라고 하였다.

問中言一覺聖力四弘智地者。領次前說四智之義。始覺圓滿。卽同本覺。本始無二。故名一覺。無所不爲。故言聖力。一覺之內。俱¹⁾四大智。持諸功德。故言智地。如是四智。同一心量。皆無不周。故名弘智。如是一覺。卽是法身。法身卽是衆生本覺。故言卽一切衆²⁾生。本根覺利。本來具有無量性德。熏衆生心。作二種業。故名本利。由是本覺無二義故。無一衆生。出法身外。故言卽此身中。本來滿足。

1) ㉮ '俱'는 甲本에는 '其'로 되어 있다. 2) ㉮ '衆'은 甲本에는 없다. ㉡ 원효는 '衆'을 넣어서 해설하고 있다.

b. 답변

경 부처님께서 말씀하셨다.

"그렇다. 왜냐하면 일체중생은 본래 무루로서 모든 선법과 이익의 근본이지만, 지금은 욕망의 가시를 다스리지 못하기 때문이다."

佛言。如是。何以故。一切衆生。本來無漏。諸善利本。今有欲刺。¹⁾爲未降伏。

1) ㉮ '刺'는 甲本에는 '剌'로 되어 있다.

논 이것은 답변으로 질문을 인정하는 것이니, 본각 속의 무량한 자성공덕은 삼루三漏[76]에 물들거나 요동치지 않음을 설명한 것이다. 그러므로 "본래 무루이다."라고 한다. 이것이 근본이 되어 모든 선법과 이익을 발생하므로 "모든 선법과 이익의 근본이다."라고 한다. 비록 본각을 지니고 있

---

76 삼루三漏 : 무루無漏의 상대 개념인 욕루欲漏·유루有漏·무명루無明漏를 가리킨다.

지만 객진번뇌인 욕망의 가시에 휩싸여 있기 때문에 현재는 자신이 본각을 터득하지 못하고 있을 뿐이다.

> 是答述許所問。明本覺中無量性德。不爲三漏之所染動。故言本來無漏。以此爲本。生諸善利。故言諸善利本。雖有本覺。而由客塵欲刺所覆故。今未得自本覺耳。

㉯ 장애를 없애고 깨침에 드는 문을 보여 줌

경 무주보살이 여쭈었다.
"만약 어떤 중생이 본각의 이익을 터득하지 못하여 지금도 채집採集[77]하고 있다면, 그 다스리기 어려운 것을 어떻게 다스려야 합니까?"
부처님께서 말씀하셨다.
"채집하는 것도 그리고 독행[78]하는 것도 분별로써 오염이 된다.[79] 그러므로 중생의 마음을 돌이켜서 공적한 이치(空窟)[80]에 거주하면 다스리기 어려운 것을 다스리고, 번뇌의 속박에서 해탈하여 초연히 노지露地에 앉으며, 식음識陰(心識과 覺知)은 반열반이 된다."

> 無住菩薩言。若有衆生。未得本利。猶有採集。云何降伏難伏。佛言。若集

---

[77] 채집採集:『金剛三昧經通宗記』권6(X35, 291a)에서는『楞伽經』을 인용하여 "심심은 채집하는 행위이고, 의의는 널리 모으는 것이다.(心名採集業。意名廣採集。)"라고 하였다.
[78] 채집하는 것은 번뇌와 더불어 뒤섞이는 것이고, 독행은 번뇌를 벗어나 초월하는 것이다. 이것은 모두 함께 한다 혹은 홀로 한다는 것으로 그 자체가 집착이다.
[79] 『金剛三昧經註解』권2(X35, 232a) 및『金剛三昧經通宗記』권6(X35, 291c)에서는 채집과 독행에 대하여 각각 상분相分과 견분見分에 배대하여 제8 장식의 소변所變으로 간주하고 있다.
[80] 공적한 이치(空窟): 공굴空窟은 상분과 견분을 초월한 것으로서 곧 공적한 이치를 뜻한다.

若獨行。分別及與[1]染。廻[2]神住空窟。降伏難調伏。[3] 解脫魔所縛。超然露地坐。識陰槃[4]涅槃。

1) ㉖ '與'는『大正新修大藏經』에 수록된『金剛三昧經』을 비롯하여『金剛三昧經註解』,『金剛三昧經通宗記』모두 '以'로 되어 있다. 2) ㉖ '廻'는『大正新修大藏經』에 수록된『金剛三昧經』을 비롯하여『金剛三昧經註解』,『金剛三昧經通宗記』에 모두 '迴'로 되어 있다. 3) ㉖ '降伏難調伏'에 이어서 후대 중국의 원징圓澄은 '遠離諸欲刺'의 구절을 보충해서 여기 '佛言'의 대목을 두 개의 게송으로 간주하였다. 그리고 이에 해석을 붙이면서 "무하사無瑕師가 출간한 책에는 본래 '멀리 욕망의 가시를 벗어나며'라는 제 6구가 없지만 나 원징이 첨입하였다. 그러나 뭘 모르는 내가 그것을 증명할 수 있을지는 알 수가 없다."고 그 연유를 간략하게 설명하였다.『金剛三昧經註解』권2(X35, 232a). 4) ㉖ '槃'은『大正新修大藏經』에 수록된『金剛三昧經』을 비롯하여『金剛三昧經註解』,『金剛三昧經通宗記』모두 '般'으로 되어 있다.

논 이하는 둘째로 그 장애를 없애고 깨침에 드는 문을 보여 주는 것이다. 여기에 두 가지가 있으니, 첫째는 질문하고, 둘째는 답변한다.

此下第二示其除障入證之門。於中有二。先問後答。

a. 질문

질문에서 "채집한다."라고 한 것은 삼유三有(三界)의 탐욕으로 생사의 과를 취하므로 '채採'라 하고, 이 모든 번뇌가 마음에 상응하기 때문에 '집集'이라 한다.

무시이래로 끊임없이 현행하기 때문에 "그 다스리기 어려운 것"이라 한다. 채집을 대치하는 방법이 생겼지만 그 힘이 미열하기 때문에 어떻게 다스릴 수 있겠는가? 이와 같이 의심하는 것이다.

問中言採集者。明三有欲取生死果。故言採。此諸煩惱與心相應。故言集。從無始來。現行不絶。故言難伏。治道方生。其力微劣。云何能伏。如是疑也。

b. 답변

답변에는 세 가지가 있다. 첫째는 다스려지는 것을 드러내고, 둘째는 다스리는 것을 설명하며, 셋째는 다스림으로 터득되는 뛰어난 이익을 드러낸다.

答中有三。先出所伏。次明能伏。後顯降伏所得勝利。

a) 다스려지는 것을 드러냄

"채집하는 것도 그리고 독행하는 것도"라는 것은 중생의 심행은 추행과 세행이 정해져 있지 않아서 어떤 때는 번뇌와 상응하므로 집集(번뇌의 쌓임)이고, 어떤 때는 번뇌를 떠나 있는 심행이므로 독獨(번뇌의 초월)이다. 번뇌를 떠나 있는 경우에도 아직 법집의 분별은 남아 있고, 번뇌와 함께할 경우에는 곧 번뇌에 오염되기 때문에 "분별로써 오염이 된다."고 하였다.

若集若獨行者。眾生心行。麤細不定。或時煩惱相應故集。或時離惑心行故獨。離煩惱時。猶有法執分別。煩惱俱時。即爲煩惱所染。故言分別及與染也。

b) 다스리는 것을 설명함

다음으로 다스리는 것을 설명한다. 즉 불경에 의하여 그 중생심(心)과 중생신(神)을 돌이켜 인상과 법상을 없애고 인공과 법공의 도리에 거주하기 때문에 "마음을 돌이켜서 공적한 이치에 거주한다."고 하였다.

이 중생심이 바야흐로 기동하여 도리에 순응하면 뛰어난 다스림이 되지만 저 번뇌가 무시로부터 도리에 역행하면 대적할 수가 없기 때문에 "다스리기 어려운 것을 다스린다."고 하였다. 이것은 지전地前에서 다스리는 번뇌장煩惱障과 소지장所知障을 설명한 것이다.

이 복도伏道[81]를 말미암아 단도斷道[82]의 지위에 들어가 점차 종자를 없애 가면서 마침내 완전히 없앤다. 종자가 완전히 사라질 경우 사마四魔[83]를 완전히 떠나기 때문에 "번뇌의 속박에서 해탈한다."고 한다.

> 次明能伏。謂依佛經。廻其心神。遣人法相。住二空理。故言廻神住空窟。此心方起而順道理。故有勝能。彼惑無始而逆道理。故不能敵。故言降伏難調伏。是明地前伏除二障。由是伏道。入斷道位。漸拔種子。乃至永盡。永盡之時。遠離四魔。故言解脫魔所縛。

c) 다스림으로 터득되는 뛰어난 이익을 설명함

다음으로 다스림으로써 터득되는 뛰어난 이익을 설명한다. 뛰어난 이익에는 보리과菩提果와 과과果果의 두 가지가 있다. 보리과는 유루인 오음의 취락을 초출하여 도량에 앉아 위없는 깨달음을 터득하기 때문에 "초연히 노지에 앉는다."고 한다. 과과라는 말은 위없는 깨달음으로써 대열반을 증득하는 것인데, 각覺이 없음을 느끼고 알면[84] 제식諸識이 모두 대열반에 들어가기 때문에 "식음은 반열반이 된다."고 한다.

> 次明降伏所得勝利。勝利有二。謂菩提果。及與果果。菩提果者。超出有漏五陰聚落。坐於道場。得無上覺。故言超然露地坐。言果果者。以無上覺證大涅槃。覺知無覺。諸識皆入。故言識陰般涅槃也。

---

81 복도伏道 : 견도見道에서 견혹見惑을 다스리고 수도修道에서 수혹修惑을 다스리는 것이다.
82 단도斷道 : 견도見道에서 견혹見惑을 완전히 단제하고 수도修道에서 수혹修惑을 완전히 단제하는 것이다.
83 사마四魔 : 수도에 장애가 되는 오음마五陰魔·번뇌마煩惱魔·천마天魔·사마死魔를 가리킨다.
84 각覺이 없음을 느끼고 알면 : 본래부터 깨달음 그것이었을 뿐이지 새삼스럽게 깨달음이 발생한 것이 아님을 느끼고 아는 행위로서 곧 일본각一本覺에 해당된다.

(나) 집착을 없애 줌(遣著)

이하는 둘째로 집착을 없애는 것이다.[85] 여기에 두 가지가 있다. 첫째는 무주로써 유주의 집착(著)을 없앰을 설명하고, 둘째는 무득으로써 유득의 집착(執)을 단제함을 보여 준다.

此下第二遣著。於中有二。先明無住以遣有住之著。後示無得以除有得之執。

㉮ 무주로써 유주의 집착(著)을 없앰을 설명함

첫째에도 두 가지가 있다. 첫째는 질문이고, 둘째는 답변이다.

初中有二。先問後答。

a. 질문

경 무주보살이 여쭈었다.

"마음으로 열반을 터득하고 나면 오직 일본각뿐으로서[86] 번뇌가 수반되지 않고 열반에 상주하므로 그것은 마땅히 해탈일 것입니다."

無住菩薩言。心得涅槃。獨一無伴。常住涅槃。應當解脫。

논 질문 가운데 "오직 일본각(獨一)"이란 팔식이 전의(轉依)될 때 일본각이 성취되기 때문이다. "번뇌가 수반되지 않는다."는 것은 인집과 법집이

---

85 본각의 뜻을 연설한 대목 가운데 첫째는 곧장 설명하는(正明) 부분이고, 둘째는 집착을 없애는(遣著) 부분이다. 이는 둘째에 해당한다.
86 오직 일본각뿐 : 마음에 열반이 터득되어 청정한 일본각의 자성만 독존하고 제식諸識은 모두 소멸된 상태를 가리킨다.『金剛三昧經通宗記』권6(X35, 292a).

곧 멀리 떠나 있는 것이다.

(무주보살은) "번뇌가 수반되지 않는 일본각은 열반에 상주하니, 상주하는 지혜로 일체의 속박을 해탈한다."는 데. 집착하기 때문에 이와 같이 질문한 것이다.

問中言獨一者。八識轉時。成一覺故。言無伴者。人法二執。斯遠離故。無伴之覺。常住於涅槃。常住之智。解脫一切縛。有作是執。故作是問也。

b. 답변

경 부처님께서 말씀하셨다.

"열반에 상주한다는 것은 곧 열반에 속박되는 것이다. 왜냐하면 열반은 본래 본각의 이익이고 본각의 이익은 본래 열반이므로, 열반의 각분이 곧 본각의 각분이기 때문이다. 그래서 본각의 자성은 (열반의 자성과) 다르지 않고, 열반의 (바탕은 본각의 바탕과) 다름이 없으며, 본각은 본래 무생인데 열반도 무생이고, 본각은 본래 무멸인데 열반도 무멸이어서, 열반과 본각은 본래 다름이 없다. 이런 까닭에 무소득이 열반이고 열반이 무소득인데, 어찌 유주이겠는가.

선남자여, 깨달으면 열반에 머물지 않는다. 왜냐하면 본래 발생함이 없음을 깨달아 중생의 번뇌를 떠나고, 본래 적정이 없음을 깨달아 열반의 기동을 떠나기 때문이다. 바로 이와 같은 경지에 머물면 마음에 집착이 없고 출입이 없어 암마라식에 들어간다."

佛言。常住涅槃。是涅槃縛。何以故。涅槃本覺利。覺利本涅槃。[1] 涅槃覺分。卽本覺分。覺性不異。涅槃無異。覺本無生。涅槃無生。覺本無滅。涅槃無滅。涅槃覺本無異故。[2] 無得涅槃。涅槃無得。云何有住。善男子。覺者不住涅槃。何以故。覺本無生。離衆生垢。覺本無寂。離涅槃動。住如是地。心無所住。無有出入。入唵摩羅識。

1) ㉠ '覺利本涅槃'은 『大正新修大藏經』에 수록된 『金剛三昧經』에는 '利本覺涅槃'으로 되어 있다. 2) ㉠ '涅槃覺本無異故'는 『金剛三昧經註解』 및 『金剛三昧經通宗記』에는 '涅槃本故'로 되어 있다.

논 이는 답변으로, 유주의 집착을 곧장 없애는 것이다. 여기에 두 가지가 있다. 첫째는 간략하게 집착을 타파하고, 둘째는 자세하게 도리를 드러낸다.

是答正遣有住之執。於中有二。初略破執。後廣顯理。

a) 간략하게 집착을 타파함

첫째에서 "열반에 상주한다는 것은 곧 열반에 속박되는 것이다."라는 것은 설령 영원한 깨침이라 할지라도 열반에 집착한다면 곧 그것은 집착으로서 열반에 속박되는데, 어떻게 상주하는 것을 해탈이라 할 수 있겠는가라는 것이다.

初中言常住涅槃是涅槃縛者。設有常覺住於涅槃。卽是執著。縛於涅槃。云何常住是解脫耶。

b) 자세하게 도리를 드러냄

"왜냐하면" 이하는 둘째로 자세하게 도리를 드러내는 것이다. 뜻을 해석하면, "본각의 도리는 무주이기 때문에 유주라면 도리에 어긋난다. 도리에 어긋나는 마음은 속박이 아니고 무엇이겠는가."라는 것이다.

여기에 두 가지가 있다. 첫째는 본각에 의거하여 무주를 설명하고, 둘째는 시각에 의거하여 무주를 드러낸다.

何以故下。廣顯道理。理無住故。有住違理。違理之心。非縛是何。釋意如
是。於中有二。先約本覺。以明無住。後約始覺。以顯無住。

(a) 본각에 의거하여 무주를 설명함

첫째 본각에 의거하여 무주를 설명하는 부분에서 "다름이 없다.(無異)"
라는 뜻으로 무득과 무주를 설명한다. 이 다름이 없다는 뜻에 네 가지가
있다.

初中約無異義。以明無得無住。此無異義。有其四種。

ⓐ 본각의 도리에 다름이 없음(本理無異)

첫째는 본각의 도리에 다름이 없다는 것이다. 경문의 "열반은 본래 본각
의 이익이고 본각의 이익은 본래 열반이므로"라는 부분이다. 이것은 열반
이 곧 본각의 이익으로서 그 본각의 이익은 본래 열반이고, 그 시각은 본
각과 같음을 설명한 것이다. 다름이 없기 때문에 무득無得이라는 것이다.

一者本理無異。如經涅槃本覺利。利本涅槃[1]故。是明涅槃是本覺利。此本
覺利是本涅槃。其始覺者卽同本覺。所以無異故無得也。

1) ㉠ '利本涅槃'은 위의 경문에 대한 문구를 가리킨 것임을 감안한다면 '覺利本涅槃'
이어야 한다. 그러므로 여기에서는 '覺利本涅槃'의 의미로 해석한다.

ⓑ 각분에 다름이 없음(覺分無異)

둘째는 각분에 다름이 없다(覺分無異)는 것이다. 경문의 "열반의 각분이
곧 본각의 각분이기 때문이다."라는 부분이다. 이것은 열반의 중덕衆德[87]
이 곧 본각의 덕임을 설명한 것이다. 다름이 없기 때문에 무득이라는 것

---

[87] 중덕衆德 : 법신法身·해탈解脫·반야般若의 열반의 삼덕을 가리킨다.

은 위의 첫째의 설명과 마찬가지이다.

> 二者覺分無異。如經涅槃覺分卽本覺分。是明涅槃衆德。卽是本覺之德。無異無得。如前說也。

ⓒ 일미로서 다름이 없음(一味無異)

셋째는 일미로서 다름이 없다(一味無異)는 것이다. 경문의 "본각의 자성은 (열반의 자성과) 다르지 않고, 열반의 (바탕은 본각의 바탕과) 다름이 없으며"라는 부분이다. 이것은 본각의 자성은 일미로서 차별상이 없는데, 그것이 곧 열반에 차별이 없는 것과 같음을 설명한 것이다.

> 三者一味無異。如經覺性不異。涅槃無異。是明覺性一味無差別相。卽是涅槃之無差別。

ⓓ 둘이 아니므로 다름이 없음(無二無異)

넷째는 둘이 아니므로 다름이 없다(無二無異)는 것이다. 경문의 "본각은 본래 무생인데 열반도 무생이고, 본각은 본래 무멸인데 열반도 무멸이어서, 열반과 본각은 본래 다름이 없다."는 부분이다. 이것은 본각에는 본래 발생과 소멸이 없는데 그것이 곧 열반에 발생과 소멸이 없는 것과 같음을 설명한 것이다.

이 네 가지의 다름이 없는 도리를 말미암아서 본래 다름이 없기 때문에 "무소득이 열반이고"는 곧 열반과 본각에 능득能得이 없음을 설명한 것이고, 다음으로 말한 "열반이 무소득인데"는 열반은 소득所得이 없음을 설명한 것이다.

이미 능득과 소득이 없거늘 어찌 능주能住와 소주所住가 있겠는가. 그런 까닭에 "어찌 유주이겠는가."라고 하였다. 곧 이것은 상주한다는 것이 도리에 맞지 않음을 드러낸 것이다.

四者無二無異。如經覺本無生。涅槃無生。覺本無滅。涅槃無滅。是明本覺。本無生滅。卽是涅槃之無生滅。由是四種無異。道理本無異故無得涅槃。是明無能得涅槃覺。次言涅槃無得者。是明涅槃無所得義。旣無能得所得。何有能住所住。以之故言。云何有住。卽顯常住。不應道理。

(b) 시각에 의거하여 무주를 설명함

다음은 둘째 시각에 의하여 무주를 설명하는 것이다. 첫째는 무주를 나타나고, 둘째는 무주를 해석한다.

"깨달으면(覺者)"이란 시각始覺을 말한다.

해석하는 말 가운데 "본래 발생함이 없음을 깨닫는다."는 것은 생과 사가 본래 발생함이 없는 줄을 깨쳐서 아는 것이다. 그러므로 생사에 집착하는 허물을 떠난다.

"본래 적정이 없음을 깨닫는다."는 것은 열반도 본래 적정이 아닌 줄을 깨쳐서 아는 것이다. 그러므로 열반에 들어간다는 기동을 떠난다.

"마음에 집착이 없다."는 것은 생사 및 열반에 집착하지 않는 것이다.

"출입이 없다."는 것은 속제의 유(俗有)와 진제의 공(眞空)을 분별하여 보지 않는 것이다.

"암마라식에 들어간다."는 것은 일심의 자체는 양변을 떠나 있는데 그 심원에 돌아가기 때문에 '들어간다.'고 하였다. 이와 같이 무주가 되어야만 바야흐로 해탈을 터득한다. 그러므로 열반에 상주하면 열반의 속박을 떠나지 못한다.

次約始覺以明無住。先標後釋。言覺者者。謂始覺者。釋中言覺本無生者。覺知生死本來無生。所以離著生死之垢也。言覺本無寂者。覺知涅槃本無寂靜。所以離入涅槃之動。心無所住者。不住生死及涅槃故。無有出入者。
不見俗有及眞空故。入唵摩羅者。一心之體。離二邊故。歸此心源。故名爲
入。如是無住。方得解脫。故住涅槃不離縛也。

c. 무득으로써 유득의 집착을 단제함을 보여 줌

이하는 둘째로 무득으로써 유득의 집착을 단제함을 보여 주는 것이다. 여기에 네 가지가 있다. 첫째는 무득을 곧장 설명하고, 둘째는 의정을 거듭 없애며, 셋째는 이해시키고, 넷째는 마무리를 짓는다.

此下第二遣有得執。於中有四。一者正明無得。二者重遣疑情。三者領解。
四者述成。

a) 무득을 곧장 설명함

첫째에도 두 가지가 있다. 첫째는 질문이고, 둘째는 답변이다.

初中有二。先問後答。

(a) 질문

경 무주보살이 여쭈었다.
"만약 암마라식이라면 그것은 들어간 경지가 있다는 것입니다. 들어간 경지가 있다는 것은 유소득이라는 것이므로 법을 터득했다는 것이 될 것입니다."

無住菩薩言。唵摩羅識。是有入處。處有所得。是得法也。

논 위에서 "암마라에 들어간다."는 말에 의거하여 들어간다는 말의 뜻을 곧이곧대로 취한 것이다. 즉 무구식無垢識에 들어갔다고 하는데, 그처럼 들어간 경우에는 증득했다는 것이므로 유소득이라는 것이다. 이런 의심이 있기 때문에 이렇게 질문하였다.

依前入言。如言取義。謂無垢識。有所入處。入時證得。故有所得。有作是疑。故作是問。

(b) 답변

경 부처님께서 말씀하셨다.

"그렇지 않다. 왜냐하면 다음과 같은 비유가 있다. 미혹한 아들이 돈을 갖고 있으면서도 있는 줄을 모른다. 시방으로 떠돌다가 오십 년이 흐른다. 그 동안 빈·궁·곤·고하여 오로지 일거리만 찾아다니는 것으로 육신을 건사한다. 그러나 그것으로 부족하다. 그 아버지가 아들의 그와 같은 사정을 보고 아들에게 말한다. '너는 돈을 가지고 있는데, 어째서 그것을 사용하지 않느냐. 네 마음대로 쓰면 모두 충족할 것이다.' 이에 그 아들은 정신 차리고 돈의 덕택으로 마음으로 크게 기뻐하며 돈을 벌었다고 말한다. 그러자 그 아버지가 말한다. '불쌍한 아들아! 기뻐할 것 없다. 네가 번 돈은 본래 네 것이었다. 네가 번 것이 아닌데, 어찌 기뻐한단 말이냐.'

佛言。不也。何以故。譬如迷子。手執金錢而不知有。遊行十方。經五十年。貧窮困苦。專事求索。而以養身。而不充足。其父見子。有如是事。而謂子言。汝執金錢。何不取用。隨意所須。皆得充足。其子醒已。而得金錢。心大歡喜。而謂得錢。其父謂言。迷子汝勿欣懌。所得金錢。是汝本物。汝非有得。云何可喜。

논 이것은 답변이니, 무득의 뜻을 곧장 설명하는 것이다. 여기에 세 가지가 있으니, 법法과 비유(喩)와 합合이다.

是答正明無得之義。於中有三。謂法喩合。

ⓐ 법
처음에 말한 "그렇지 않다."는 것은 유소득이 아님을 총론한 것이다.

初言不者。摠非有得。

ⓑ 비유
"왜냐하면" 이하는 비유로써 무소득을 드러낸다. 여기에 네 가지의 비유가 있다. 첫째는 미혹한 아들이 금전을 갖고 있는 줄 모르고 빈고貧苦하게 떠돈다는 비유이고, 둘째는 그 아버지가 아들에게 금전이 있음을 알려 주고 충족케 한다는 비유이며, 셋째는 금전을 얻고 기뻐하는 비유이고, 넷째는 번 것이 아님을 알려 주는 비유이다.

何以故下。喩顯無得。於中有四種喩。一者迷子不知有金錢。遊行貧苦喩。二者其父示子有金錢。令得充足喩。三者喜得金錢喩。四者告非有得喩。

ㄱ. 첫째 비유
첫째 비유에서 "미혹한 아들"이란 모든 중생이 자기의 본래마음에 미혹한 것을 말한 것이다. 여래께서 대비로 마치 외아들을 보듯이 간주하기 때문에 미혹한 아들에 비유한 것이다. 『법화경』에서는 궁자를 성문聲聞에 국한시켜 비유한다.[88] 여기에서 미혹한 아들은 전체의 군생에 비유된다.

---

88 『妙法蓮華經』 권2(T9, 16b) 참조.

"돈을 갖고 있다."는 것은 모든 망식의 다섯 가지 번뇌로 집착하고 분별하여 자기의 청정한 마음을 덮어 모르게 한다는 것을 비유한 것이다.

"시방으로 떠돌다가"라는 것은 널리 오상五相[89]과 오사五事[90]를 계탁하는 것이다.

"오십 년이 흐른다."는 것은 오음五陰을 받아 오십 가지 악을 발생하는 것이다. "빈貧"은 세간의 좋은 것을 적게 가진다는 것이고, "궁窮"은 출세간의 재량이 전혀 없는 것이며, "곤困"은 삼악도三惡道에 떨어져 극고를 받는 것이고, "고苦"는 인간 및 천상에 태어나 가벼운 고통을 받는 것이다.

"오로지 일거리만 찾아다닌다."는 것은 세간의 낙을 추구하여 복업을 쌓는 것이다.

"육신을 건사한다."는 것은 인간 및 천상의 낙을 받아 수용하는 것이다.

"그것으로 부족하다."는 것은 세간의 낙을 받을수록 갈애가 더욱 증장되어 번성하지만 결국 쇠퇴하여 진정한 이익이 안 되는 것이다.

初喩中言迷子者。謂諸衆生。迷自心源。如來大悲。如視一子。故喩迷子。法華窮子。局喩聲聞。此中迷子。通喩群生。手執金錢者。喩諸妄識。五縛煩惱。執著分別。覆自淨心。不知有故。遊行十方者。遍計五相及五事故。經五十年者。受五陰生五十惡故。貧者少有世間善故。窮者都無出世財故。困者或墮三途受劇苦故。苦者或生人天受輕苦故。專事求索者。求世間樂。作福業故。而以養身者。受人天樂而受用故。而不充足者。受世間樂。彌增渴愛。盛必有衰。無義利故。

ㄴ. 둘째 비유

---

89 오상五相 : 소전상所詮相·능전상能詮相·상속상相續相·집착상執着相·부집착상不執着相으로 미迷·오悟의 다섯 가지 법상法相을 가리킨다.
90 오사五事 : 명名·상相·분별分別·정지正智·여여如如의 다섯 가지 미迷·오悟의 법을 가리킨다.

둘째 비유에서 "그 아버지가 아들을 본다."는 것은 부처님께서 본래마음으로 돌아가 동체대비로 모든 중생의 자부慈父가 된 것이다.

"그와 같은 사정"은 저 첫째의 비유에서 말한 사정과 같다.

"아들에게 말한다."는 것은 중생에게 대승의 가르침을 설하는 것이다.

"너는 돈을 가지고 있는데, 어째서 그것을 사용하지 않느냐."는 것은 청정심을 지니고 있음을 보여 준 것이니, 마땅히 믿고 이해해야 하기 때문이다.

"네 마음대로 쓰면 모두 충족할 것이다."라는 것은 만약 청정심을 쓰면 본각의 뛰어난 이익과 법신의 혜명이 원만해지는 것이다.

第二喩中。其父見子者。佛歸心源。同體大悲。爲諸衆生。作慈父故。有如是事者。有如初喩所說事故。而謂子言者。爲衆生說大乘敎故。汝執金錢何不取用者。示有淨心。應信解故。隨意所須皆得充足者。若用淨心。本覺勝利。法身慧命。得圓滿故。

ㄷ. 셋째 비유

셋째 비유에서 "그 아들은 정신 차리고"는 대승의 가르침을 듣고 믿음과 이해를 발생하여 그 지위가 지전地前의 경지에 올랐다는 것이다.

"돈의 덕택"은 초지를 터득하여 바로 통달위通達位[91]에서 불성과 본각의 이익을 증견證見하는 것이다.

"마음으로 크게 기뻐한다."는 것은 후득지後得智[92]에서 미래와 현재에서 발생하는 지극한 환희를 생각하는 것이다.

---

91 통달위通達位 : 자량위資糧位·가행위加行位·수습위修習位·통달위通達位·구경위究竟位의 오위五位 가운데 하나이다.
92 후득지後得智 : 후득무분별지後得無分別智로서 근본무분별지根本無分別智에 상대되는 지혜이다. 근본지가 분별의 주체와 대상이 없음에 비하여 후득지는 분별의 주체와 대상이 있다.

"돈을 벌었다고 말한다."는 것은 관법을 떠나 정념正念을 잃고 유루심에서 법집을 일으켜 유소득이라고 자랑하는 것이다.

第三喩中。其子醒已者。聞大乘敎。而生信解。位在地前故。而得金錢者。得入初地正通達位。證見佛性本覺利故。心大歡喜者。後得智中。念當現得。生極喜故。而謂得錢者。出觀失念。有漏心中。故起法執。謂有得故。

ㄹ. 넷째 비유

넷째 비유에서 "네가 번 돈은 본래 네 것이다."라는 것은 그 증득한 본각의 이익이 본래 아들에게 속해 있던 것이지 지금에야 소유한 것이 아님을 보여 주는 것이다.

"네가 번 것이 아닌데, 어찌 기뻐한단 말이냐."라는 것은 이미 본래 아들한테 속해 있던 것이지 지금에야 번 것이 아니므로 벌었다고 집착심을 내는 것은 옳지 않다는 것이다.

"기뻐할 것 없다."라는 것은 유소득에서 집착을 내어 기뻐하는 분별심을 방지한 것이다.

第四喩中。所得金錢是汝本物者。示其所證本覺之利本來屬汝。非始有故。汝非有得云何可喜者。旣本屬汝。非今始得。不宜於得生著心故。汝勿欣懌者。遮其分別。謂有所得。於中生着而欣懌故。

ⓒ 합

경 선남자여, 암마라도 그와 마찬가지이다. 본래 떠나 있는 모습도 없고, 지금 들어간 것도 아니다. 옛적부터 미혹하다고 해서 없던 것도 아니고, 지금 깨쳤다고 해서 들어간 것도 아니다."

善男子。唵摩羅者。亦復如是。本無出相。今則非入。昔迷故非無。今覺故
非入。

논 이는 셋째로 합合이다. 여기에 두 가지가 있으니, 총론적인 합과 개
별적인 합이다.

是第三合。於中有二。摠合別合。

ㄱ. 총론적인 합

총론적인 합에서 말한 "암마라"는 번역하면 무구無垢이다. 본각은 본래
청정한 자성으로 개전改轉이 없으니, 마치 저 돈의 자성에 개전이 없는 것
과 같다. 또한 금에는 네 가지 뜻이 있어 본각의 상·낙·아·정을 비유하
였으니, (위의) 네 가지 비유에서 말한 금전과 완전히 합치된다.

摠合中言唵摩羅者。此云無垢。本覺本淨。性無改轉。似彼金錢性無改故。
又金有四義。喩本覺中常樂我淨。通合四喩中金錢也。

ㄴ. 개별적인 합

개별적인 합에는 네 구절이 있다.

"본래 떠나 있는 모습도 없다."는 것은 위의 첫째 비유로서 손에 돈을
갖고 있는 것에 합치된다.

"지금 들어간 것도 아니다."라는 것은 위의 셋째 비유로서 돈을 얻은 것[93]
에 합치된다.

"옛적부터 미혹하다고 해서 없던 것도 아니다."라는 것은 위의 둘째 비

---

[93] 돈을 얻은 것 : 아버지의 가르침을 통해서 본래 금전이 있었다는 것을 확인하는 것에
해당한다.

유로서 "너는 돈이 있는데도, 어째서 그것을 사용하지 않느냐."라는 것에 합치된다. 곧 옛적에는 미혹한 까닭에 사용하지 못했지만 손에 갖고 있으므로 없어진 것은 아니었다는 것이다.

"지금 깨쳤다고 해서 들어간 것도 아니다."라는 것은 위의 넷째의 비유로서 "본래 네 것이다. 네가 번 것이 아니다."라는 것에 합치된다. 지금 이 본각도 본래적인 것으로 자심에서 떠나 있는 것이 아니다. 이미 본래부터 떠나 있던 적이 없는데, 어찌 들어간다고 하는가. 들어간 것이 아니므로 유소득이 아니다.

別合中有四句。本無出相者。合初喩中手執金錢故。今卽非入者。合第三喩而得金錢。昔迷故非無者。合第二喩。汝執金錢何不取用。是昔迷故不用。而手執故非無也。今覺故非入者。合第四喩。是汝本物。汝非有得。今覺本物。不出自心。旣本不出。何得有入。非有入故。非有得也。

b) 의정을 거듭 없앰

이하는 의정을 거듭 없앤 것으로, 세 차례의 문답을 통하여 차례로 의정을 없애 준다.

此下重遣疑情。三番問答次第遣疑。

(a) 첫째 문답

경 무주보살이 여쭈었다.

"저 아버지가 아들의 미혹을 알고 있었다면 어째서 오십 년 동안 시방을 떠돌면서 빈·궁·곤·고하도록 내버려 둔 후에야 비로소 알려 준 것입니까."

부처님께서 말씀하셨다.

"오십 년이 지난 것은 일념지간一念之間(찰나)에 일심이 기동한 것이고, 시방을 떠돈 것은 원행으로 널리 계탁한 것이다."

無住菩薩言。彼父知其子迷。云何經五十年。十方遊歷。貧窮困苦。方始告言。佛言。經五十年者。一念心動。十方遊歷。遠行遍計。

논 이것은 그 첫째의 문답이다. 곧 비유로써 질문한 의정에 대하여 법을 가지고 없애 준 대목이다. 답변의 뜻은 다음과 같다. "'오십 년이 지난 것'은 일념에 마음이 기동한 것을 비유한 것이다. '시방을 떠돈 것'은 원행으로 널리 계탁한 것을 비유한 것이다. 이것은 곧 일념지간에 널리 제법을 계탁한 것으로, 이 일념지간에 그 아버지가 알려 준 것에 계합된 것이다. 알려 준 바로 그때는 깨침을 터득한 것이고, 망념이 모두 사라진 그때는 무소득을 터득한 것이다.[94] 마치 금전을 알아차린 것일 뿐이지 새삼스레 획득한 바가 아닌 것과 같다. 때문에 아버지가 알려 준 것은 오십 년의 오랜 세월이 경과했다는 것이 아니라, 단지 일념지간에 오십 가지 악

---

[94] 알려 준 바로~터득한 것이다 : 이 대목에 대하여 두 가지 해석이 가능하다. 첫째는 "알려 준(告言) 바로 그때는 깨침을 터득한 것이고, 망념이 모두 사라진(究竟) 그때는 무소득을 터득한 것이다."라는 것으로 '알려 준 바로 그때는 깨침을 터득한 것'은 돈오에 해당하고, '망념이 모두 사라진 그때는 무소득을 터득한 것'은 점수에 해당한다. 둘째는 "알려 준 바로 그때 깨침을 터득한 것이지, 후에 망념이 모두 사라진 그때에야 비로소 터득한다는 것은 소득이 아니다."라는 것으로 돈오돈수의 입장에 해당한다. 둘째의 해석은 바로 뒤에 이어지는 금전의 비유 곧 "마치 금전을 알아차린 것일 뿐이지 새삼스레 획득한 바가 아닌 것과 같다."에 합치된다. 금전의 비유와 관련하여 첫째에 대한 해석은 다음과 같다. '알려 준 바로 그때는 깨침을 터득한 것'이란 일념지간에 알아차린 것에 해당하고, '망념이 모두 사라진 그때는 무소득을 터득한 것이다.'라는 것은 오십 년 동안 떠돈 것에 해당한다. 그럼에도 불구하고 이하에서 "그러므로 아버지가 알려 준 것은 오십 년의 오랜 세월이 경과했다는 것이 아니라 단지 일념지간에 오십 가지 악을 모두 갖추었다는 것을 드러낸 것일 뿐이다."라는 대목으로 보면 일념과 오십 년이 시간만 의미하는 것이 아니고 더불어 수행의 완성을 의미한다. 때문에 금전의 비유와 관련해도 첫째의 경우 하등의 모순이 아니다. 다만 일념이라는 대목과 오십 년 동안이라는 대목의 어디에 중점을 두고 해석하는가, 일념과 오십 년을 수행의 과정 내지 완성의 어디에 중점을 두고 해석하는가의 문제로서 모순 대립의 문제로 볼 필요는 없다. 여기에서는 첫째의 입장으로 해석한다.

을 모두 갖추었다는 것을 드러낸 것일 뿐이다. 그러므로 비유에서 '오십
년이 지난 것'이라 하였다."

　답변의 뜻이 이와 같은데, 도대체 이것은 무엇을 설명하고 있는가. 말
하자면 무명의 힘을 말미암아 사상四相(生相·住相·異相·滅相)을 일으킨다.
이 사상과 무명이 화합된 힘은 일심에 생·주·이·멸을 기동한다. 일심이
이미 기동되면 이 사상이 수반된다. 이런 까닭에 "일념지간에 일심이 기
동한다."고 말한다. 마치 『기신론』에서 "자성청정심이 무명의 바람을 인유
하여 기동한다. ……"라고 설한 바와 같다.⁹⁵ 자세한 것은 저 『기신론별기』
의 설명과 같다.⁹⁶

　此初番者。問依喩疑。答就法遣。答意而言經五十年。喩於一念心動。十方
遊歷。喩於遠行遍計。斯則一念之頃。遍計諸法。卽於此念。其父告言。告
言之時。卽得醒悟。念究竟時。得無所得。如覺金錢而無所得。所以父告。
非爲經久。但爲顯一念具五十惡故。喩中說經五十年耳。答意如是。是義云
何。謂由無明力而起四相。四相無明和合力故。能動一心。生住異滅。一心
旣動。帶此四相。是故說名。一念心動。如起信論云。自性淸淨心。因無明
風動。乃至廣說。於中委悉。如彼記說。

(b) 둘째 문답

　경 무주보살이 여쭈었다.
"일념지간에 일심이 기동한다는 것은 무엇입니까?"
　부처님께서 말씀하셨다.
"일념지간에 일심이 기동하면 오음이 모두 발생하고, 오음이 발생하면
그 가운데 오십 가지 악이 모두 구비된다."

---

95 『大乘起信論』(T32, 576c).
96 『大乘起信論別記』(T44, 228a).

無住菩薩言。云何一念心動。佛言。一念心動。五陰具生。五陰生中。具
五十惡。

논 이는 둘째의 문답으로 둘째의 의정을 없애는 것으로, 소치所治의 악을 드러낸 것이다. 일념의 사상四相에 모든 생사가 섭수되어 있어서 오음과 오십 가지 악이 구비되어 있음을 설명하려는 것이다.

"오음에 오십 가지 악이 구비되어 있다."는 것은 무엇인가. 식음識陰에 여덟 가지가 있으니, 그것이 팔식이다. 그리고 수음受陰과 상음想陰에도 식음과 마찬가지로 여덟 가지가 있다. 행음行陰에는 아홉 가지가 있으니, 여덟 가지는 일심과 상응하고 한 가지는 일심과 상응하지 않는다. 색음色陰에는 열일곱 가지가 있다. 이들을 합치면 오십 가지가 된다. 열일곱 가지란 능조能造의 네 가지(四大)와 소조所造의 열세 가지이다. 말하자면 오근五根과 오진五塵과 법처에 섭수되는 세 가지 색, 곧 『현양성교론』에서 말하는 율의색律儀色, 불률의색不律儀色, 정자재소생색定自在所生色이다.[97] 이것은 일문에 오십 가지를 내세운 것이다. 이와 같은 오십 가지는 순전한 악으로서 모두 유전하여 열반에 어긋난다. 그러므로 저 열반의 순전한 선에 상대된다.

是第二番遣第二疑。顯所治惡。欲明一念四相。攝諸生死故。具五陰有五十
惡。云何五陰具五十惡。謂識陰有八。卽是八識。受想二陰。隨識各八。行
陰有九。八是相應。一不相應。色陰十七。合爲五十。言十七者。能造四大。
所造十三。謂五根五塵。法處所攝。有三種色。如顯揚說。謂律儀色。不律
儀色。及定自在所生色故。且就一門。立爲五十。如是五十。是眞實惡。皆
是流轉違涅槃故。對彼涅槃眞實善故。

---

[97] 『顯揚聖教論』 권1(T31, 484a).

(c) 셋째 문답

경 무주보살이 여쭈었다.

"중생은 원행으로 널리 계탁하며 시방을 떠돌아다니다가 일념지간에 마음이 발생하여 오십 가지 악을 구비하였습니다. 이에 어떻게 하면 저 중생으로 하여금 일념지간에 오십 가지 악을 발생시키지 않도록 할 수가 있겠습니까?"

부처님께서 말씀하셨다.

"저 중생에게 마음과 정신을 안좌시키고 금강지에 거주토록 하며, 적정하여 망념의 기동이 없게 하고 심원을 늘상 편안하고 태연하게 하면, 그것이 곧 일념지간에 사상四相이 발생하지 않는 것이다."[98]

無住菩薩言。遠行遍計。遊歷十方。一念心生。具五十惡。云何令彼衆生。無生一念。佛言。令彼衆生。安坐心神。住金剛地。靜念無起。心常安泰。卽無生一念。

논 이것은 셋째의 문답으로 셋째의 의정을 없애는 것이니, 능치能治의 도를 설명한 것이다.

"저 중생"이란 십신 이전의 일체중생이다.

"마음과 정신을 안좌시킨다."는 것은 십주 이후 마음을 삼공에 안주시켜 결정코 불퇴하므로 안좌라 말한다.

"금강지에 거주한다."는 것은 초지 이상에서 법신을 증득하여 모든 멸괴를 떠나 있는 것이 금강과 같은 것이다.

---

98 마음과 정신을 안좌시키고, 금강지에 거주토록 하며, 적정하여 망념의 기동이 없게 하고, 심원을 항상 편안하고 태연하게 하는 네 가지 수행에 대하여 『金剛三昧經註解』권2(X35, 234ab)에서는 『圓覺經』(T17, 920b)의 가르침을 인용하여 작작作·임임任·지지止·멸멸滅의 사병四病, 곧 사상四相을 다스리는 수행법으로 해석하였다.

"적정하여 망념의 기동이 없다."는 것은 등각위의 경지에서 그 동념이 본래 적정한 줄을 깨쳐 다시는 동념이 기동하지 않게 하는 것이다.

"심원을 늘상 편안하고 태연하게 한다."는 것은 묘각위의 경지에 도달하여 본래 마음에 기동과 소멸이 없고, 본래 동념이 없어 시작과 종말도 없음을 보는 것이다. 기동과 소멸이 없으므로 항상하고 동념이 없으며 편안하고, 시작과 종말이 없으므로 태연하지 않음이 없다.

이와 같이 수행하여 구경각을 터득하면 곧 생과 사가 없어 일념지간에 사상四相이 없기 때문에 "일념지간에 사상이 발생하지 않는 것이다."라고 하였다.

이런 뜻을 드러내기 위하여 『기신론』에서는 다음과 같이 말한다.

초발의보살初發意菩薩 등은 동념의 이상異相[99]을 깨달아 동념에서도 이상이 없다. 이로써 추분별집착상麤分別執着相(異相)을 벗어나 있기 때문에 상사각相似覺[100]이라 말하고, 법신보살法身菩薩(地上菩薩) 등은 동념의 주상住相을 깨달아 동념에서도 주상이 없다. 이로써 분별추념상分別麤念相[101]을 떠나 있기 때문에 수분각隨分覺이라 말하며, 보살지를 마친(菩薩地盡)[102] 자는 방편을 완성하여 일념에 상응한다.[103] 말하자면 일심이 처음 기동하는 것(生相)을 깨쳐 일심에 처음 기동하는 모습이 없어서 미세념微細念(生相)을 멀리 떠나 있기 때문에 일심의 자성을 본다.[104] 이

---

99 이상異相 : 생상生相·주상住相·이상異相·멸상滅相의 사상四相 가운데 하나이다.
100 상사각相似覺 : 아공我空은 깨쳤지만 법공法空은 깨치지 못한 상태이다. 초지初地 이상의 수분각隨分覺과 유사하므로 상사각相似覺이라 한다.
101 분별추념상分別麤念相 : 분별分別 곧 아공我空을 깨치고 또 추념麤念 곧 법공法空을 깨친 상태이다.
102 보살지를 마친(菩薩地盡) : 십주十住로부터 십지十地까지 모든 보살행을 완성한 무구지無垢地 이전의 경지이다.
103 일념에 상응한다 : 해탈도를 완성한다는 의미이다.
104 일심의 자성을 본다 : 생상生相이 없으므로 멸상滅相도 없고, 멸상滅相이 없으므로 생상生相이 없어서 생멸상生滅相을 초월한다는 뜻이다.

에 일심이 상주하기 때문에 구경각究竟覺(佛果)이라 말한다.[105]

생각해 보면 『기신론』에서 "일심의 자성을 보아 일심이 곧 상주한다." 는 것은 『금강삼매경』의 "심원을 늘상 편안하고 태연하게 한다."는 구절을 해석한 것이다.[106] 그 밖의 구절도 『기신론』의 해석에 의거하면 위의 내용처럼 알 수 있을 것이다.

이상으로 크게 나누어 본 일본각에 대한 연설을 마친다.

是第三番。遣第三疑。明能治道。令彼衆生者。十信已前一切衆生故。安坐心神者。十住已去。安心三空。決定不退名安坐故。住金剛地者。初地已上。證得法身。離諸滅壞。如金剛故。靜念無起者。等覺位中。覺其動念。本來寂靜。令不起故。心常安泰者。至妙覺位。得見心源。無起無滅。本無動念。無始無終。無起滅故。常無動念故安。無始終故。無不泰然。如是修行。得究竟覺。即無生死。一念四相。以之故言。即無一念。爲顯是義故。起信論說言。初發意菩薩等。覺於念異。念無異相。以捨麤分別執著相故。名相似覺。如法身菩薩等。覺於念住。念無住相。以離分別麤念相故。名隨分覺。如菩薩地盡。滿足方便。一念相應。覺心初起。心無初相。以遠離微細念故。得見心性。心卽常住。名究竟覺。案云。此中得見心性心卽常住。卽釋此經心常安泰之句。餘句淮[1)]釋。如前應知。上來大分。演本覺竟。

1) ㉠ '淮'는 甲本에는 '准'으로 되어 있다.

c) 이해시킴

경 무주보살이 여쭈었다.

---

105 『大乘起信論』(T32, 576b) 참조.
106 이 대목은 『大乘起信論』이 『金剛三昧經』을 인용했다는 뉘앙스로 비친다. 이하의 몇 가지 경우도 마찬가지이다.

"참으로 불가사의합니다. 일념이 불생임을 깨쳐 그 일심이 편안하고 태연한 것이야말로 곧 본각의 이익입니다. 본각의 이익에는 사상四相의 동념이 없고 항상 (시각과 본각이) 존재하여 없지 않으므로, 시각이 없다고 해서 본각조차 없는 것은 아니고, 본각이 없다고 해서 시각조차 없는 것은 아닙니다. 이에 시각이 없음을 깨치고 알면 그것이 곧 본각의 이익이고 본각입니다. 본각은 청정하고 무염이며 불변이고 불역입니다. 이처럼 결정자성인 까닭에 참으로 불가사의합니다."

부처님께서 말씀하셨다.

"바로 그렇다."

無住菩薩言。不可思議。覺念不生。其心安泰。卽本覺利。利無有動。常在不無。無有不無。不無不覺。覺知無覺。本利本覺。覺者淸淨無染。[1] 不變不易。決定性故。不可思議。佛言。如是。

1) ㉠ '無染'은 『大正新修大藏經』에 수록된 『金剛三昧經』에는 '無染無著'으로 되어 있다.

논 이는 셋째로 이해시키고, 넷째로 마무리를 짓는 것이다.[107]

"참으로 불가사의합니다."라는 것은 총론적으로 이해하고 그 심오함을 찬탄한 것이고, 이하는 개별적으로 이해한 대목이다. 여기에 두 가지가 있다. 첫째는 이해한 언구言句에 대한 것이고, 둘째는 이해한 의리義理에 대한 것이다.

此是第三領解。第四述成。不可思議者。摠領歎深。下別領解。於中有二。先領言句。後領義理。

---

[107] 무득으로써 유득의 집착(執)을 없애 주는 것에 첫째는 무득을 그대로 설명하고, 둘째는 의정을 거듭 없애며, 셋째는 이해를 시키고, 넷째는 마무리를 짓는 등 네 가지가 있다. 이 가운데 셋째와 넷째가 여기에 해당한다.

(a) 이해한 언구

"일념이 불생임을 깨쳐 그 일심이 편안하고 태연한 것"이란 위에서 "적정하여 망념의 기동이 없게 하고 심원을 늘상 편안하고 태연하게 한다."는 구절을 이해한 것인데, 이것은 곧 시각의 구경처를 가리킨다.

言覺念不其心安泰者。領前靜念無起。心常安泰之句。此是始覺之究竟處。

(b) 이해한 의리

이하는 이해한 의리에 해당한다.

"곧 본각의 이익입니다."라는 것은 시각이 본각과 다름이 없다는 뜻을 이해한 것이다. 『기신론』의 다음 설명과 같다.

> 만약 무념을 터득한 자는 곧 마음의 생상·주상·이상·멸상을 안다. 그래서 무념과 동등하기 때문에 실로 시각과 차이가 없다. 이에 사상이 동시에 존재하더라도 모두 독자적으로 성립되지 않는다. 그것은 본래 평등하여 본각과 동일하기 때문이다.[108]

생각해 보면 "실로 시각과 차이가 없다."는 것은 경문의 "곧 본각의 이익입니다."라는 구절을 해석한 것이다.

"이에 사상이 동시에 존재하여 모두 독자적으로 성립되지 않는다. 그것은 본래 평등하다."는 것은 경문의 "본각의 이익에는 사상四相의 동념이 없다."는 구절을 해석한 것이다.

이와 같이 시각이 본각과 다름이 없는 줄을 알기 때문에 "항상 존재하여 없지도 않다."는 것을 터득한다.

"항상 존재한다."는 것은 그대로 없지 않다는 것을 말한다. 그러나 여기

---

108 『大乘起信論』(T32, 576c).

에서 '항상'이라고 했지만 정녕 존재(有)에 해당하는 것은 없기 때문에 "시각이 없다고 해서 본각조차 없는 것은 아니다."라고 하였다. 그리고 이미 시각이 존재한다는 것에는 해당되지 않기 때문에 비록 본각이 없지 않지만 시각이 있는 것은 아니므로 "본각이 없다고 해서 시각조차 없는 것은 아니다."라고 하였다.

이와 같이 시각이 없는 도리를 깨치고 알면 곧 시각이 본각과 다르지 않음을 알기 때문에 "이에 시각이 없음을 깨치고 알면 그것이 곧 본각의 이익이고 본각입니다."라고 하였다.

이리하여 구경에 깨쳐서 아는 자는 무명에 휩싸이는 것으로부터 멀리 떠나 있기 때문에 "청정하고 무염하다."고 하였다. '청정하다.'는 것은 본래 청정한 것이고, '무염이다.'라는 것은 지금 오염에서 떠나 있다는 것이다.

영원히 생·주·이·멸이 없으므로 "불변이고 불역입니다."라고 하였다. '불역'은 생상과 주상이 없는 것이고, '불변'은 이상과 멸상이 없는 것이다.

만약 이러할진댄 곧 진리의 경계(眞際)와 동일하고 법성과 평등하므로 "이처럼 결정자성이다."라고 하였다.

이미 진리의 경계와 동일하고 법성과 평등하여 언설문자를 떠나 있고 사려분별을 단절해 있기 때문에 "참으로 불가사의합니다."라고 하였다.

앞에서 이미 "참으로 불가사의합니다."라고 했는데, 지금 거듭하여 "참으로 불가사의합니다."라고 한 것은 불가사의한 것에 대해서도 또한 불가사의하기 때문이다.

下領義理云。卽本覺利者。領無始覺異本覺義。如論說云。若得無念者。卽知心相生住異滅。以無念等故。而實無有始覺之異。以四相俱時而有。皆無自立。本來平等同一覺故。案云。實無始覺之異者。是釋經中。卽本覺利之句。四相俱時而有。皆無自立。本來平等者。是釋經中。利無有動。如是始覺覺知無異故。以能得常在不無。言常在者。直謂不無。然此中言常而無當有. 故言無有不無. 既無當於有始覺故. 雖不無覺而不有覺. 故言不無不覺. 覺知如是無覺道理. 即知始覺不異本覺. 故覺知無覺本利本覺. 如是究竟覺知之者. 遠離無明所覆. 故清淨無染. 清淨者. 本來淨故. 無染者. 今離染故. 永無生住異滅. 故不變不易. 不易者. 無生住故. 不變者. 無異滅故. 若如是者. 即同眞際等於法性. 故言決定性故. 既同平等離言絶慮. 故言不可思議. 前已言不思議. 今重言不思議者. 亦不可思議. 於不可思議故.

d) 마무리를 지음

부처님께서 말씀하신 "바로 그렇다."는 것은 넷째로 마무리를 짓는 것이다. 위에서 무주보살이 이해한 바와 마찬가지로 도리에 어긋나지 않기 때문이다.

佛言如是者. 第四述成文. 如前所領解. 不違道理故.

(2) 게송으로 찬탄함

경 무주보살이 그 설법을 듣고 나서 미증유한 것을 터득하였다. 이에 게송을 설하여 말씀드렸다.

존자이시여, 훌륭하신 대각세존께서는
중생에게 무념의 법을 설해 주셨다네
분별념도 없고 생멸도 없는 마음 되니
그 마음 항상 살아 있어 소멸 없다네

일본각 및 본각의 이익을 얻음으로써
모든 본각의 중생들을 이롭게 해 주네

마치 궁자가 금덩어리 획득한 것처럼
터득한 것이 본래 터득함 아니었다네

無住菩薩。聞是語已。得未曾有。而說偈言。尊者大覺尊。說生無念法。無念無生心。心常生不滅。一覺本覺利。利諸本覺者。如彼得金錢。所得卽非得。

논 이는 둘째로 게송으로 찬탄하는 것이다.[109] 게송에 세 부분이 있다. 첫째, 제1·제2의 두 구는 총론적으로 능설을 찬탄한다. 둘째, 제3·제4·제5·제6의 네 구는 위의 법에 대한 설명을 찬송한다. 셋째, 제7·제8의 두 구는 저 비유로 한 설법을 찬송한다.

此是第二以偈讚頌。頌中有三。初之二句。摠讚能說。次有四句。頌前法說。後有二句。頌彼喩說。

① 총론적으로 능설을 찬탄함

처음에 "중생에게 무념의 법을 설해 주셨다네."라는 것은 모든 중생에게 무념법과 구경각의 성취에 대하여 설한 것이다.

初言說生無念法者。說諸衆生。成無念法。究竟覺故。

---

109 위에서 「本覺利品」을 첫째는 본각의 이익을 널리 설명하고, 둘째는 게송으로 찬탄하며, 셋째는 그 당시의 대중이 이익을 터득하는 것으로 분류하였다. 이 가운데 그 둘째인 게송으로 찬탄하는 대목에 해당한다.

② 법에 대한 설명을 찬송함

"분별념도 없고 생멸도 없는 마음 되니"는 생과 사의 분별념이 없어져 무생심을 성취하는 것이다.

"그 마음 항상 살아 있어 소멸 없다네."는 연설한 법문을 간략하게 찬탄한 것이다. 곧 위에서 "본래의 마음을 항상 편안하고 태연하게 하면" 내지 "항상 존재하여 없지 않으므로"를 가리킨다. '살아 있어'는 존재한다는 것이고, '소멸'은 없어진다는 것이다.

"일본각 및 본각의 이익을 얻음으로써 모든 본각의 중생들을 이롭게 해 주네."라는 것은 저 모든 중생에게는 본각이 구비되지 않음이 없다. 이런 까닭에 "모든 본각의 중생들을"이라고 하였다.

> 無念無生心者。無生死念。成無生心故。言心常生不滅者。略頌演文。彼言心常安泰。乃至常在不無故。生之言在。滅之言無。故一覺本覺利。利諸本覺者者。彼諸衆生。無無本覺。是故說言諸本覺者。

③ 비유로 한 설법을 찬송함

아래의 두 구절은 위의 네 가지 비유를 찬탄한 것이다. 이것이 총론적으로 찬탄한 것임을 알 수 있다.

> 下之二句頌前四喩。摠頌可知。

(3) 설법을 듣고 이익을 터득함

경 그때 대중은 이렇게 설하신 말씀을 듣고 나서 모두 본각의 이익과 반야바라밀을 터득하였다.

爾時大衆。聞說是語。皆得本覺利。般若波羅蜜。

논 이것은 셋째로 설법을 듣고 터득한 이익에 대한 대목이다.[110] 설법한 뜻을 따라서 각각 이익을 터득하였기 때문이다. 터득한 본각의 이익과 시각의 반야는 평등하여 다름이 없다. 이것은 위에서 설명한 바와 같다.

此是第三聞法得利。隨所說義。隨得利故。得本覺利。始覺般若。平等無異。如前說故。

4) 「입실제품入實際品」

入實際品第五[1)]

---
1) ㉧ '第五'는 갑본에는 없다.

논 "실제"란 허환虛幻을 떠나 있음을 지칭한 것으로 구경의 뜻이다. 허환을 떠나 있는 구경이기 때문에 실제라 한다. 곧 교학에 의거하여 이치를 닦아서 이입理入하고 행입行入하기 때문에 입入이라 말한다.[111] 그러나 실제는 경계가 없음(無際)을 실제의 경계로 삼고, 이입理入과 행입行入은

---
110 「本覺利品」의 내용을 세 부분으로 나눈 것 가운데 셋째로서 그 당시의 대중이 이익을 터득하는 것에 해당한다.
111 『達磨語錄』에 의하면, 이입理入은 일체중생이 부처님과 동일한 진성眞性의 소유자임을 경전의 가르침에 의거하여 심신深信하는 것을 가리키고, 행입行入은 이입의 실천으로서 보원행報怨行·수연행隨緣行·무소구행無所求行·칭법행稱法行의 사행四行을 가리킨다. 『少室六門集』「二種入」(T48, 369c)에서 이입理入의 경우 입入은 깨달음에 들어감이고 행입行入의 경우 입入은 이미 깨달음에 들어가 그것을 실천함을 의미한다. 그러나 본 『金剛三昧經論』에서 원효는 행입의 경우에 대하여 자리의 행입과 이타의 행입의 이행二行으로 설명을 한다.

깨달음에 들어감이 없음(無入)을 가지고 깨달음에 들어가기 때문에 입실제품이라 하였다.

개별적으로 관행을 설명하는 여섯 가지 품 가운데 셋째로 본각의 이익에 의하여 중생을 이롭게 하는 부분을 마쳤다. 이하는 그 넷째로 허환으로부터 실제에 들어가는 대목이다.[112] 또한 앞의 「본각리품」에서는 심생멸문(心生滅門)을 설명하였지만, 여기 「입실제품」에서는 심진여문(心眞如門)을 드러낸다.

경문에 네 가지가 있다. 첫째는 대의를 간략하게 표방하고, 둘째는 도리를 자세하게 드러내며, 셋째는 사리불(身子)이 이해하고, 넷째는 당시의 대중이 획득한 이익이다.

言實際者。離虛之稱。究竟之義。離幻究竟。故名實際。依教修理。理入行入。故名爲入。然實際。以無際爲際。二入是無入之入。故名入實際品。別明觀行六分之中。第三依本利物分竟。此下第四從虛入實。又前品明心生滅門。今此品顯心眞如門。就文有四。一者略標大意。二者廣顯道理。三者身子領解。四者時衆得益。

(1) 대의를 간략하게 표방함

첫째에도 두 가지가 있다. 첫째는 실제에 들어가는 방편을 열어 주고, 둘째는 이미 들어간 실제를 드러낸다.

初中有二。先開令入方便。後示所入實際。

---

112 「入實際品」은 정설분의 일곱 가지 품 가운데 그 넷째에 해당한다.

① 실제에 들어가는 방편을 열어 줌

방편을 열어 주는 것에 두 가지가 있으니, 총론적으로 표방하고, 개별적으로 열어 준다.

開方便中。摠標別開。

가. 총론적으로 표방함

경 이에 여래께서 다음과 같이 말씀하셨다.
"모든 보살들은 본각의 이익(本利)과 깊은 깨달음(深入)으로 중생을 제도한다.

於是。如來作如是言。諸菩薩等。本利深入。可度衆生。

논 위의 경문은 총론적으로 표방하여 대의에 들어가게 한 것이다.

此文摠標令入大意。

나. 개별적으로 열어 줌

경 만약 후대 비시非時[113]에 진여에 대응하여 설법을 한다면 시절의 이

---

113 비시非時 : 본래 율장에서는 '율로 정해 놓은 시간을 벗어난 때'의 의미로서 율에 어긋나는 것을 가리켰다. 그러나 여기에서는 정법正法의 시대가 아닌 상법像法 내지 말법末法의 시대로서 불법의 유통 여건이 불리한 시대를 가리킨다. 『金剛三昧經註解』권3(X35, 235a~b)에서는 특히 오탁악세五濁惡世의 투쟁견고시대鬪諍堅固時代를 가리키는 것으로 해석한다.

익과 설법의 이익에 맞지 않는다. 그러므로 무릇 순順 혹은 불순不順의 입장에서 설법하고, 동同도 아니고 혹은 이異도 아닌 입장에서 상응하여 그렇게 설법한다. 이리하여 모든 중생의 정情과 모든 중생의 지智[114]를 이끌어 살반야薩般若[115]의 바다에 유입시켜 그 중생으로 하여금 허황의 바람을 맞지 않게 하여 그들에게 일미의 신선굴(神孔)을 희망하도록 한다.

若後非時。應如說法。時說[1]利不俱。[2]但[3]順不順說。非同非異。相應如說。引諸情智。流入薩般若海。無令可衆。挹彼虛風。悉令彼庶一味神孔。[4]

1) ㉠ '說'은 『大正新修大藏經』에 수록된 『金剛三昧經』 및 『金剛三昧經通宗記』에는 없다. 2) ㉠ '俱'는 『大正新修大藏經』에 수록된 『金剛三昧經』에는 '但'으로 되어 있다.
3) ㉠ '但'은 『大正新修大藏經』에 수록된 『金剛三昧經』을 비롯하여 『金剛三昧經註解』, 『金剛三昧經通宗記』에는 없다. 4) ㉠ '神孔'은 『大正新修大藏經』에 수록된 『金剛三昧經』을 비롯하여 『金剛三昧經註解』, 『金剛三昧經通宗記』에는 제호미醍醐味를 가리키는 '神乳'로 되어 있다.

논 이는 둘째로 개별적으로 방편을 열어 주는 것이다. 여기에서 곧 네 가지 방편을 연다. 첫째는 시절을 아는 방편이고, 둘째는 근기를 아는 방편이며, 셋째는 끌어들이는 방편이고, 넷째는 벗어나게 하는 방편이다.

此是第二別開方便。於中卽開四種方便。一者知時方便。二者識機方便。三者引入方便。四者出離方便。

가) 시절을 아는 방편

---

114 모든 중생의 정情과 지智 : 둔근중생의 정식情識과 이근중생의 심지心智를 가리킨다. 『金剛三昧經通宗記』 권7(X35, 295a) "引一切邪見. 鈍根衆生之情識. 與利根衆生之心智." 참조.
115 살반야薩般若 : 일체종지一切種智이다. 곧 반야般若는 인因이고 살바야薩婆若는 과果이다. 중생으로 하여금 이 일체종지라는 과를 얻도록 하는 것이다. 『金剛三昧經通宗記』 권7(X35, 295a) 참조.

첫째의 시절을 아는 방편이란 경문의 "만약 후대 비시非時에 진여에 대응하여 설법을 한다면 시절의 이익과 설법의 이익에 맞지 않는다."는 부분이다.

'후대'에 세 가지 뜻이 있다. 첫째는 부처님께서 멸도하신 이후이고, 둘째는 정법이 소멸한 이후이며, 셋째는 오중오백세五重五百歲[116] 가운데 마지막에 해당하는 오백세이다.

'비시非時'는 중생의 인연이 순숙하지 않은 시절이고, 쉽게 깨치지 못하는 시절이며, 이견이 흥성하여 서로 비방하는 시절을 말한다. 만약 이와 같이 비시에 그대로 진여에 대응하는 설법을 하면 저 시절에 맞지 않아 이익이 없다. 시절과 설법의 수준에 이익이 병행되지 않기 때문에 '맞지 않는다.'고 하였다. 이것이 곧 시절을 아는 방편이다.

知時方便者。如經若後非時。應如說法。時利不俱故。後有三義。佛滅度後故。正法滅後故。五重五百中。後五百歲故。言非時者。非純熟時故。非易悟時故。異見盛興相非時故。若於如是非時。直應眞如說法。不當彼時。無所利益。時利不並。故言不俱。是爲知時方便。

나) 근기를 아는 방편

둘째의 근기를 아는 방편이란 경문의 "그러므로 무릇 순순順 혹은 불순不順의 입장에서 설법하고, 동同도 아니고 혹은 이異도 아닌 입장에서 상응하여 설법한다."는 부분이다.

"순순順으로 혹은 불순不順의 입장에서 설법한다."는 것은 만약 그대로 그

---

116 오중오백세五重五百歲: 제1오백세의 해탈견고시대解脫堅固時代, 제2오백세의 선정견고시대禪定堅固時代, 제3오백세의 다문견고시대多聞堅固時代, 제4오백세의 탑사견고시대塔寺堅固時代, 제5오백세의 투쟁견고시대鬪爭堅固時代를 가리킨다.

들 마음에 순順하여 설하면 그들의 잘못된 집착을 흔들어 줄 수가 없고, 설령 오직 그들 마음에 불순不順해서 설하면 그들의 바른 믿음을 일으켜 줄 수가 없다.[117] 그러므로 그들로 하여금 바른 믿음을 획득케 하고, 그들 마음에 본래의 잘못된 집착을 없애도록 해 주려고 모름지기 순의 입장에서 혹은 불순의 입장에서 설하는 것이다.

또한 그대로 순리順理로만 설하면 바른 믿음을 일으켜 줄 수가 없다. 그것은 중생의 뜻과 맞지 않기 때문이다. 만약 불순리不順理로만 설하면 어찌 바른 이해를 발생시킬 수가 있겠는가. 그것은 도리에 어긋나기 때문이다. 이에 신해를 획득토록 하기 위하여 경우에 따라서 순과 불순으로 설하는 것이다.

모든 이견과 쟁론이 흥성할 경우에 유견有見에 동조하여 설하면 그것은 공견空見과 달라지고, 공집空執에 동조하여 설하면 그것은 유집有執과 달라져서 동同이다 이異다 하는 쟁론을 더욱더 부추길 뿐이다. 또한 둘 모두를 동同이라 하면 그 둘은 곧 자기 내부에서 서로 다투고, 둘 모두를 이異라 하면 곧 그 둘 사이에 서로 다툰다. 이런 까닭에 동同도 아니고 이異도 아닌 입장에서 설한다.

"동同도 아니다."라는 것은 언설의 측면을 든 것으로 말은 모두 취하지만 뜻은 인정하지 않는 것이고, "이異도 아니다."라는 것은 뜻의 측면을 든 것으로 말을 모두 인정하지 않음이 없는 것이다.

다르지 않음(非異)을 말미암은 까닭에 그들의 견해에 어긋나지 않고, 같지 않음(非同)을 말미암은 까닭에 도리에 어긋나지 않는다. 이처럼 견해와 도리가 서로 응하여(相應) 어긋나지 않기 때문에 "상응하여 그렇게 설한

---

117 순順은 설법을 듣는 대상인 중생의 깜냥에만 맞추어 설하는 것으로 중생의 입장을 벗어나지 못하고, 불순不順은 설법을 하는 주체인 보살의 입장에서만 설하는 것으로 중생이 그것을 이해하지 못하기 때문에 바른 믿음을 일으킬 인연을 받아들이지 못한다. 그러므로 때로는 순의 입장으로 설하고, 때로는 불순의 입장으로 설하는 방편을 구사해야 한다는 것을 가리킨다.

다."고 말한다.

"상응여설相應如說"에서 '여如'는 '이而'로서 '그렇게'의 뜻이다.

識機方便者。如經順不順說。非同非異。相應如說故。順不順說者。若直順彼心說則不動邪執。設唯不順說者則不起正信。爲欲令彼得正信心。除本邪執故。須或順或不順說。又復直順理說。不起正信。乖彼意故。不順理說。豈生正解。違道理故。爲得信解故。順不順說也。若諸異見諍論興時。若同有見而說。則異空見。若同空執而說。則異有執。所同所異。彌興其諍。又復兩同彼二則自內相諍。若異彼二則與二相諍。是故非同非異而說。非同者。如言而取。皆不許故。非異者。得意而言。無不許故。由非異故。不違彼情。由非同故。不違道理。於情於理。相望不違。故言相應如說。如者而也。

다) 끌어들이는 방편

셋째의 끌어들이는 방편이란 경문의 "이리하여 모든 중생의 정情과 지智를 이끌어 살반야薩般若의 바다에 유입시킨다."는 부분이다.
'모든 중생의 정情'은 크고 작은 욕망을 지닌 근기의 차별이다.
'모든 중생의 지智'는 공과 유에 대한 지견의 차별이다. 이와 같은 무리를 이끌어 모두 수행을 좇아 일각 및 일체지해라는 무상보리의 깊고 넓은 뜻에 들어가도록 한다. 마치 온갖 강물이 다 대해에 들어가면 깊고 넓은 대해가 똑같은 일미인 것과 같다. 이것을 끌어들이는 방편이라 한다.

引入方便者。如經引諸情智流入薩般若海故。諸情者。大小情欲差別故。諸智者。空有知見差別故。引接此輩。皆順道流。令入一覺一切智海。無上菩提深廣義故。如百川流。同入大海。大海深廣。同一味故。如是名爲引入方便。

라) 벗어나게 하는 방편

넷째의 벗어나게 하는 방편이란 경문의 "중생으로 하여금 허환의 바람을 맞지 않게 하여 그들 모두에게 일미의 신선굴을 희망하도록 한다."는 부분이다.

'맞다(把)'¹¹⁸는 것은 짐斟의 뜻으로 취하여 받아들인다는 뜻이다.

'허환의 바람'은 떠다니는 허공의 바람이 모든 파랑을 일으키는 것을 말한다. 이것은 모든 외부의 경계가 모든 내부의 식랑識浪을 기동시키는 것을 비유한 것이다. 제도해야 할 중생이 경계의 바람을 맞은 까닭에 종전부터 모든 분별식의 파도에 전변되었다가 지금에야 그것을 맞지 않게끔 되어 그 분별식의 파도가 고요하게 멎은 것이다.

'희망(庶)'은 서기庶幾로서 희망한다는 뜻이다.

'신선굴(神孔)'은 신선이 거주하는 곳으로, 성읍을 멀리 떠나 있어 번뇌가 없이 고요하여 장생하는 곳이니, 대열반의 불사不死의 집을 비유한다. 이는 원만하고 적정하며 평등하기 때문에 '일미'라 하니, 저 중생으로 하여금 대열반을 희망하여 모든 분별식이 파도를 그치고 생사유전에서 벗어나게 한다. 이를 벗어나게 하는 방편이라 한다.

> 出離方便者。如經無令可衆把彼虛風。悉令彼庶一味神孔故。把者斟也。是取納義。言虛風者。謂遊空風。能起諸浪。喩諸境界。動諸識浪。可度衆生。把境界風故。從前來諸識浪轉。今無令把。識浪靜息也。庶者庶幾。是希望義。言神孔者。謂神仙¹⁾窟。遠離城邑無事閑靜長生之處。喩大涅槃不死之宅。圓寂平等。故名一味。令彼衆生。希大涅槃。止諸識浪。出離流轉。如是名爲出離方便。

---

118 '맞다'는 것은 중생으로 하여금 허공의 바람에 흩날리지 않게 하거나 내지 허공의 바람을 맞아 휘말리지 않도록 한다는 뜻이다.

1) ㉑ '仙'은 甲本에는 '㐘'으로 되어 있다.

② 이미 들어간 실제를 보여 줌

경 세간은 세간이 아니고 주처는 주처가 아니므로 곧 오공五空[119]의 경우 그것은 벗어나고 들어가지만 집착함과 버림이 없다. 왜냐하면 제법은 공상이지만 제법의 자성이 없는 것이 아니고,[120] 무無도 아니며 불무不無도 아니기 때문이다.[121] 곧 무無도 아니고 유有도 아니기 때문에 결정자성이 없어서 유에도 집착이 없고 무에도 집착이 없다. 그러므로 저 유有와 무無와 범凡과 성聖의 분별지혜로는 안온한 법성의 도리를 헤아릴 수가 없다. 모든 보살이 만약 이와 같은 본각의 이익을 안다면 곧 보리를 터득한다."

世間非世間。住非住處。五空出入。無有取捨。何以故。諸法空相。法性非無。[1)] 非無不無。不無不有。無決定性。不住有無。非彼有無凡聖之智而能測[2)]隱。諸菩薩等。若知是利。卽得菩提。

1) ㉠ '法性非無'는 『大正新修大藏經』에 수록된 『金剛三昧經』을 비롯하여 『金剛三昧經註解』, 『金剛三昧經通宗記』에는 모두 '性非有無'로 되어 있다. 2) ㉠ '測'은 『金剛三昧經註解』에는 '惻'으로 되어 있다.

논 이는 들어간 실제의 도리를 보여 주는 것이다. 여기에 네 가지가 있다. 첫째는 간략하게 설명하는 것이고, 둘째는 거듭 해석하는 것이며,

---

119 오공五空 : 삼유三有가 공한 것이고, 육도六道의 모습이 공한 것이며, 법상法相이 공한 것이고, 명상名相이 공한 것이며, 심식心識의 뜻이 공한 것을 가리킨다.
120 제법의 자성이~것이 아니고 : 어떤 본에는 "제법의 자성은 유도 아니고 무도 아니다."로 되어 있다.
121 무無도 아니며~아니기 때문이다 : 『大正新修大藏經』에 수록된 『金剛三昧經』을 비롯하여 『金剛三昧經註解』, 『金剛三昧經通宗記』의 경우처럼 '성비유무性非有無'의 경우로 해석하면 '제법의 자성은 유有도 아니고 무無도 아니며'라는 뜻이 된다. 이하 이 대목에 해당하는 『金剛三昧經論』의 해석에서도 마찬가지이다.

셋째는 편집은 옳지 않다는 것이고, 넷째는 달자의 승리에 대한 것이다.

> 是示所入道理。於中有四。一者略明。二者重釋。三者偏執不當。四者達者勝利。

가. 간략하게 설명함

첫째의 간략하게 설명하는 부분에서 "세간은 세간이 아니다."는 말은 세간의 오법五法[122]이 존재가 없다(無所有)는 것이다.

"주처는 주처가 아니다."라는 것은 상주열반은 무소득이므로 관행을 닦는 자가 오온이 공한(五空) 줄을 터득했을 경우에 유를 떠나 공에 들어간다는 것이다. 그러므로 "벗어나고 들어간다."고 하였다.

공에 들어갈 경우에는 공성에도 집착하지 않는다. 비록 공에 집착하지 않을지라도 공을 버리지도 않는다. 이로써 "집착함과 버림이 없다."고 하였다.

이미 오공에 들어갔다면 무슨 까닭에 집착하지 않게 되고, 만약 집착이 없는 사람이라면 어째서 버리지 않게 된단 말인가.

> 初中言世間非世間者。世間五法無所有故。住非住處者。常住涅槃無所得故。修觀行者。達五空時。出有入空。故言出入。入空之時。不取空性。雖不取空而不捨空。以之故言無有取捨。旣入五空。何故不取。若無取者。如何不捨。

나. 거듭 해석함

---
[122] 세간의 오법五法 : 삼유三有·육도령六道靈·법상法相·명상名相·심식心識을 가리킨다.

이와 같은 질문에 답변하려고 둘째로 그에 대하여 거듭 해석한다.

"제법은 공상이지만 제법의 자성이 없는 것이 아닌" 까닭에 공에 들어간다(入空)[123]고 설한다.

"무無도 아니며 불무不無도 아니기 때문이다. 곧 무無도 아니고 유有도 아닌" 까닭에 집착함과 버림이 없다.

'무無도 아니다.'라는 것은 법성의 도리는 토끼의 뿔과 같지 않다는 것이다.

'불무不無도 아니다.'라는 것은 관찰수행자가 없애지 않는 것이니, 없애지 않는 것은 도리가 없지 않기 때문이다.

'유有도 아니다.'라는 것은 관찰수행자 자신도 또한 남아 있지 않다는 것이다. 그러므로 남아 있지 않다는 것은 유有의 도리가 아니라는 것이다.

제법의 자성은 이와 같이 유·무가 결정되어 있지 않기 때문에 달자는 양변에 집착하지 않는다. 그래서 "결정자성이 없어서 유有에도 집착이 없고 무無에도 집착이 없다."고 말한다.

이런 도리를 말미암은 까닭에 집착하고 버림이 없다.

爲答是問。故第二釋。諸法空相。法性非無。故說入空。非無不無。不無不有。故無取捨。言非無者。謂法性理。不同兎角故。言不無者。謂觀行者而不遣故。不遣之者。非無理故。言不有者。謂觀行者。亦不存故。不存之者。非有理故。法性如是。非定有無。是故達者。不住二邊。故言無決定性。不住有無。由是道理。故無取捨。

다. 치우친 집착은 옳지 않음

셋째에서 말한 "그러므로 저 유有와 무無와 범凡과 성聖의 분별지혜로

---

123 공에 들어간다(入空) : 오법이 모두 공하다는 경지에 들어간다는 것을 가리킨다.

는 은밀한 법성의 도리를 헤아릴 수가 없다."에서 범부는 유有를 보존하여 공을 어기고, 이승은 유를 버리고 공적에 나아가니, 이와 같이 유·무의 분별을 벗어나지 못한 지혜로써 안은한 법성을 헤아릴 수 있다는 것은 옳지 않다. 그러므로 "······할 수가 없다(非)."고 하였다.

第三中言。非彼有無凡聖之智者。凡夫存有而背於空。二[1]乘背有而趣空寂。如是不離有無之智。而能測量安隱法性者。無有是處。故言非也。

1) ㉭ '空二'는 甲本에는 '二空'으로 되어 있다.

라. 달자達者의 승리

넷째에서 말한 "모든 보살"은 지전보살地前菩薩이다. 만약 법성이 유도 아니고 무도 아님을 알면, 처음 발심할 때 곧 정각을 성취하게 된다.[124] 이런 까닭에 "곧 보리를 터득한다."고 간절하게 말한다. 즉 발심하여 법성을 알아차렸을 경우 바로 그때가 곧 무상보리를 터득하는 것이다. 이 뜻은 『화엄경』「발심공덕품」에 나온다.[125]

㉚ 위의 여러 경문에서는 "결정자성"이라고 말했는데, 무슨 까닭에 여기에서는 "결정자성이 없다."고 말하는가?

㉠ 그것은 서로 어긋나는 것이 아니다. 왜냐하면 결정자성이 없다는 말은 결코 개정되지 않는다는 것이기 때문이다.

第四中言諸菩薩者。地前菩薩。若知法性不有不無者。初發心時便成正覺。故切言卽得菩提。謂卽發心知法性時。是時卽得無上菩提。是義出華嚴經

---

124 『大方廣佛華嚴經』 권8(T9, 449c).
125 『大方廣佛華嚴經』 권17(T10, 89a). 60권본 『大方廣佛華嚴經』의 경우 권8(T9, 449c)에 나온다.

發心功德品也。上來諸文。每言決定性故。何故此中。乃言無決定性。是不
相違。所以然者。無決定義。無改定故。

(2) 도리를 자세하게 드러냄

경 그때 대중 가운데 한 보살이 있었는데 이름이 대력이었다. 곧 자리
에서 일어나 앞으로 나와 부처님께 사뢰어 말씀드렸다.
"존자이시여, 참으로 여여하게 설하셨듯이 오공의 경우는 벗어나서 들어
가지만 집착함과 버림이 없습니다. 그러면 오공의 경우에 집착함과 버림이
없다는 것은 무엇입니까?"

爾時衆中。有一菩薩。名曰大力。卽從座起。前白佛言。尊者。如如所說。[1]
五空出入。無有取捨。云何五空而不取捨。

1) ㉠ '如如所說'은 『大正新修大藏經』에 수록된 『金剛三昧經』을 비롯하여 『金剛三昧
經註解』『金剛三昧經通宗記』에는 모두 '如佛所說'로 되어 있다.

논 이하는 둘째로 도리를 자세하게 드러내는 것이다. 여기에서 네 가
지 문으로 분별한다. 첫째는 실제의 뜻을 드러내고, 둘째는 실제에 들어
가는 뜻을 설명하며, 셋째는 실제에 들어가는 계위를 열고, 넷째는 실제
에 들어가는 방편을 보인다.

此下第二廣顯道理。於中卽以四門分別。一顯實際義。二明趣入義。三開入
之階位。四示入之方便。

① 실제의 뜻을 드러냄

첫째에도 다시 네 가지가 있다. 첫째는 오공을 설명하고, 둘째는 삼공을 설명하며, 셋째는 공이 곧 진眞임을 설명하고, 넷째는 진眞이 곧 여如임을 설명한다.

初中亦四。一明¹⁾五空。二明三空。三明空是眞。四明眞是如。
―――
1) ㉠ '明'은 甲本에는 '名'으로 되어 있다.

가. 오공五空을 설명함

첫째에 두 가지가 있다. 첫째는 질문이고, 둘째는 답변이다.

初中有二。先問後答。

가) 질문

질문하는 이의 이름을 "대력"이라 한 것은, 이 사람이 실제의 법문에 들어가 온 법계에서 하지 못하는 것이 없이 대자재를 터득하였기 때문에 대력이라 한 것이다. 그러므로 「입실제품」의 문에서 개발하여 현양한다.
"참으로 여여하게(如如)"라는 것은 부처님께서 설하신 말씀이 진여 도리에 계합하는 것이니, 앞의 여如는 계합의 뜻이고, 뒤의 여如는 도리이다.
먼저 이해를 하고 연후에 질문을 하였다. 질문에 두 가지 뜻이 있으니, 첫째는 오공의 법문을 물었고, 둘째는 취와 사의 뜻이 없음을 물었다.

問者名大力者。此人得入實際法門。遍周法界。無所不爲。得大自在。故名

大力。故於是門。開發顯揚。言如如者。佛所說言。契當如理故。前如是當
義。後如是道理。先領後問。問有¹⁾二義。一問五空法門。二問無取捨義。

1) ㉮ '有'는 甲本에는 '其'로 되어 있다.

나) 답변

경 부처님께서 말씀하셨다.

"보살이여, 오공이란 삼유가 공한 것이고, 육도의 모습이 공한 것이며, 법상이 공한 것이고, 명상이 공한 것이며, 심식의 뜻이 공한 것이다. 보살이여, 이와 같은 공은 공이면서 공에 집착하지 않고 공이면서 공상空相이 없다. 이처럼 무상無相한 법에 어찌 집착함과 버림이 있겠는가. 집착함이 없는 경지에 들어가면 곧 삼공에 들어간다."

佛言。菩薩。五空者。三有是空。六道影是空。法相是空。名相是空。心識義是空。菩薩。如是等空。空不住空。空無空相。無相之法。有何取捨。入無取地。卽入三空。

논 이것은 차례에 따라 앞의 두 가지 질문에 답변한 대목이다.

如其次第答前二問。

(가) 첫째의 질문에 대한 답변

"오공五空"은 곧 세 가지 진여를 드러낸 것이다.[126] 그 세 가지는 다음과 같다. 첫째는 유전진여流轉眞如이고, 둘째는 실상진여實相眞如이고, 셋째는 유식

---

126 두 가지 질문에 대한 답변 가운데 첫 번째 답변이다.

진여唯識眞如이다. 이에 대한 자세한 뜻은 『현양성교론』에 설해져 있다.[127] 오 공 가운데 앞의 첫째와 둘째의 두 가지 공은 곧 앞의 (유전과 실상의) 두 가지 진여에 해당하고, 뒤의 세 가지 공은 곧 (유식의) 세 번째 진여에 해당한다.[128] 이들은 무슨 뜻인가.

첫째 "삼유가 공하다."는 것은 삼유의 애착을 말미암아 삼계에 유전하는데, 삼계에 유전해도 전·후에 자성이 없고 찰나도 집착이 없는 공으로서 무소득이다. 이것이 유전진여문이다.

둘째 "육도의 모습이 공하다."는 것은 선업과 악업이라는 각각 두 가지 품을 말미암은 까닭에 육도의 과보가 본체와 비슷하게 모습으로 나타나지만 모습은 본체에서 떠나 있지 않는 공으로서 무소득이다. 이것이 실상진여문이다.

셋째 (법상이 공한 것과 명상이 공한 것과 심식의 뜻이 공한 것의) 세 가지는 유식진여이다. 여기에서 앞의 두 가지에 해당하는 법상과 명상은 집착의 대상(所取)인 의義와 명名을 없앤 것인데, 명과 의는 서로 객체의 입장으로 실제가 되지 못하기 때문이다. 그리고 마지막 심식은 능취能取인 심식을 없앤 것인데, 능과 소가 서로 대비되어 독립하지 못하기 때문이다. 유식의 도리는 들어가기가 가장 어렵기 때문에 우선 삼공을 열어 그 능·소를 없애는데, 능·소가 공해져야 비로소 무분별을 터득할 수가 있다.

五空卽顯三種眞如。何等爲三。一流轉眞如。二實相眞如。三唯識眞如。是義具如顯揚論說。此中前二空。卽前二眞如。後三空是第三眞如。是義云何。初三有是空者。由三有愛。流轉三界。三界流轉。無前後性。刹那無住。

---

[127] 『顯揚聖教論』 권3(T31, 493b).
[128] 삼유가 공한 것은 유전진여이고, 육도의 모습이 공한 것은 실상진여이며, 법상이 공한 것과 명상이 공한 것과 심식이 공한 것의 세 가지 공은 유식진여이다.

空無所得。卽是流轉眞如門也。第二六道影是空者。由善惡業。各二品故。六道果報。似本現影。影無離本。空無所得。卽是實相眞如門也。後三唯識眞如門者。前二是遣所取義名。名義互客。不成實故。後一是遣能取心識。能所相待。不獨立故。唯識道理。最難可入。故開三空。遣其能所。能所空故。得無分別。

(나) 둘째의 질문에 대한 답변

"보살이여" 이하는 두 번째 질문에 대하여 답변한 것이다.

"이와 같은 공"은 오공을 총체적으로 들어서 그 이理와 지智를 변별한 것이다.

"공이면서 공에 집착하지 않는다."는 것은 공의 지智는 집착이 없어서 이理와 평등하다는 것이다.

"공이면서 공상이 없다."는 것은 공의 이치는 무상無相하여 지智와 평등한 것이다. 이처럼 이와 지가 평등하여 능상과 소상이 없는데 어찌 그 간에 집착함과 버림을 담고 있겠는가. 그러므로 중도에 들어가는 것은 곧 삼공에 들어가는 것을 말한다.

"집착함이 없는 경지"란 곧 십지十地를 가리킨다.

菩薩已下。答第二問。如是等空者。摠擧五空。辨其理智。空不住空者。空智無住。與理平等故。空無空相者。空理無相。與智平等故。理智平等。無能所相。何容取捨於其間哉。所以入中。卽入三空。無取地者。謂十地也。

나. 삼공三空을 설명함

경 대력보살이 여쭈었다.

"그러면 삼공三空이란 무엇입니까?"

부처님께서 말씀하셨다.

"삼공이란 공상空相도 또한 공한 것이고, 공공空空도 또한 공한 것이며, 소공所空도 또한 공한 것을 말한다. 이와 같은 공은 공상·공공·소공의 세 가지 모습에 집착이 없어서 진실하지 않음이 없다. 그래서 글과 말로 표현할 수가 없고 또 불가사의하다."[129]

大力菩薩言。云何三空。佛言。三空者。空相亦空。空空亦空。所空亦空。如是等空。不住三相。不無眞實。文言道斷。不可思議。

논 이 하나의 문답은 삼공에 대하여 설명한 것이다.

"공상도 또한 공한 것이다."에서 '공상'은 속제를 없애고 진제를 드러낸 것으로 평등한 상이고, '또한 공한 것이다.'는 진제를 융합하여 속제로 삼은 것이다.

"공공"의 뜻은 마치 진금을 녹여서 장엄구를 만드는 경우와 같다. 『열반경』에서 "유이기도 하고 무이기도 한 것을 공공이라 말하고, 옳기도 하고 옳지 않기도 한 것을 공공이라 말한다."[130]라고 말한 것과 같다. 이것은 속제의 유무·시비의 차별상이 곧 공공의 뜻임을 설명한 것이다. 평등공을 공하다고 한 것은 속제의 차별을 드러낸 것이므로 그 차별을 공공이라 말한다.

"공공도 또한 공한 것이다."라는 것에서 '공공'은 곧 속제의 차별이고, '또한 공한 것이다.'는 다시 속제를 융합하여 진제로 삼은 것이니, 마치 장

---

[129] 여기에서 말하는 세 가지 공에 대하여 『金剛三昧經通宗記』 권7(X35, 295c)에서는 "오직 제9지, 제10지, 등각, 묘각의 경지에 오른 사람이 이해하는 것이지 다른 사람은 이해하지 못한다.(唯九地十地。與等妙二覺所知。他不能解)"라고 말한다.

[130] 남본 『大般涅槃經』 권15(T12, 704a).

엄구를 녹여 다시 금덩어리로 만드는 것과 같다.

셋째에서 말한 "소공所空도 또한 공하다."는 것은 첫째 공문 안에서의 공은 속제를 드러낸 것이고, 둘째 공 가운데서의 공은 진제를 드러낸 것인데, 이 둘은 무이無二이기 때문에 '또한 공하다.'라고 하였다.

이것은 이제를 융합하여 일법계를 드러낸 것이니, 일법계란 일심이다. 그러나 첫째의 공문 안에서 없앤 속제는 곧 변계소집상이고, 둘째의 공 가운데서 융합한 속제는 의타기상이다.[131] 속제에 두 가지 상이 있으므로 없애는 것과 융합하는 것은 하나가 아니다.

또한 첫째의 공문 안에서 속제를 없애고 드러낸 진제, 그리고 둘째의 공 가운데서 속제를 융합하여 드러낸 진제의 경우, 이 두 문의 진제는 오직 하나뿐이고 둘은 없으니, 진제는 오직 한 가지 곧 원성실성뿐이다. 그러므로 없애고 융합하여 드러낸 것은 오직 하나일 뿐이다. 셋째 공은 진제도 아니고 속제도 아니며 둘도 아니고 하나도 아니다.

또한 이 삼공에서 첫째의 공은 속제의 중도를 드러내고, 둘째의 공은 진제의 중도를 드러내며, 셋째의 공은 진제도 아니고 속제도 아니며 변邊도 없고 중中도 없는 중도의 뜻이다.

"이와 같은 공"이란 말은 삼공을 총체적으로 든 것이다. 곧 속제의 상에도 집착하지 않고 진제의 상에도 집착하지 않으며, 또한 속제와 진제가 없는 곳에도 집착하지 않는 상이기 때문에 "공상·공공·소공의 세 가지 모습에 집착이 없다."고 하였다.

이와 같이 집착이 없어 구경에 실제를 드러내므로 "진실하지 않음이 없다."고 하였다. 비록 진실하지 않음이 없을지라도 실제가 있는 것도 아니다. 이와 같기 때문에 "글과 말로 표현할 수가 없다."고 하였다. 표현할 수 없다는 말도 또한 어디에 의지할 곳이 없기 때문에 또 "불가사의하다."

---

[131] 첫째의 공문 안이란 삼공 가운데 "공상도 또한 공한 것"이고, 둘째의 공 가운데란 "공공도 또한 공한 것"을 가리킨다.

고 하였다.

此一問答。是明二[1]空。空相亦空者。空相卽是遣俗顯眞。平等之相亦空。
卽是融眞爲俗。空空之義。如銷眞金作莊嚴具。如涅槃經言。是有是無。
是名空空。是是非是。是名空空。是明俗諦有無是非差別之相。是空空
義。空於平等空。顯俗差別故。故此差別。名爲空空。空空亦空者。空空卽
是俗諦差別。亦空[2]還是融俗爲眞也。如銷嚴具。還爲金餠。第三中。言所
空亦空者。謂初空中。空所顯俗。第二空中。空所顯眞。此二無二。故言亦
空。是融二諦。顯一法界。一法界者。所謂一心。然初空門內。所遣俗者。
是所執相。第二空中。所融俗者。是依他相。俗有二[3]種相故。所遣所融非
一也。又初門內。遣俗所顯之眞。第二空中。融俗所顯之眞。此二門眞。唯
一無二。眞唯一種圓成實性。所以遣融所顯唯一。第三空者。非眞非俗。
非二非一。又此三[4]空。初空顯俗諦中道。次空顯眞諦中道。第三空顯非
眞非俗無邊無中之中道義。言如是等空者。摠擧三空。不住俗相。不住眞
相。亦不住於無二之相。故言不住三相。如是不住究竟顯實故。言不無眞
實。雖不無實而非有實。由如是故。文言道斷。道斷之言。亦不可寄故。亦
說言不可思議。

1) ㉮ '二'는 '三'으로 간주된다. ㉡ 여기에서는 '三'의 뜻으로 번역한다. 2) ㉡ '亦空'은
'亦空者'로 간주된다. 3) ㉮ '二'는 甲本에는 '一'로 되어 있다. 4) ㉮ '三'은 甲本에는
'一'로 되어 있다.

다. 공空이 진眞임을 설명함

경 대력보살이 여쭈었다.
"그처럼 진실이 없지 않다면 그것은 곧 유에 상응할 것입니다."

大力菩薩言。不無眞實。是相應有。

논 이하는 셋째로[132] 공에는 진실이 없지 않지만 진실이 있는 것도 아니라는 뜻을 설명한 것이다. 첫째는 질문이고, 둘째는 답변이다.

此下第三明空不無眞而不有眞義。先問後答。

가) 질문

질문한 뜻은 다음과 같다. "무릇 유라든가 무라는 말에는 반드시 상대성이 있다. 그래서 유가 아니라면 반드시 무이고 무가 아니라면 반드시 유이다. 그러므로 만약 진실의 도리가 없지 않다고 말한다면 곧 마땅히 그것은 진실의 도리가 있다는 말일 것이다."
무릇 모든 수행자가 매양 이와 같이 계탁하기 때문에 그 집착을 없애 주기 위하여 이런 질문을 한 것이다.

問意而言。凡言有無。必也相對。不有必無。不無卽有。若言不無眞實之理。則應是有眞實之理。凡諸學者。每作是計。爲遣彼執。故作是問。

나) 답변

경 부처님께서 말씀하셨다.
"무라 해도 무에 집착이 없어서 무도 아니고 유도 아니다. 유의 법이 아니라고 해서 무에 집착하는 것도 아니고, 무라는 분별상이 아니라고 해서 유에 집착하는 것도 아니다. 그래서 유·무를 가지고 설명하거나 도리를 터득할 수 있는 것이 아니다. 보살이여, 명칭(名相)도 없고 뜻(義相)도 없어서

---

132 대력보살이 질문한 세 번째에 해당한다.

불가사의하다. 왜냐하면 명칭이 없는 명칭이지만 명칭 아님이 없고, 뜻이 없는 뜻이지만 뜻 아님이 없기 때문이다."

佛言。無不住無。不無不有。¹⁾ 不有之法。不卽住無。不無之相。不卽住有。非以有無。而詮得理。菩薩。無名義相。不可思議。何以故。無名之名。不無於名。無義之義。不無於義。

1) ㉠ '不無不有'는 『大正新修大藏經』에 수록된 『金剛三昧經』에는 '有不住有 不無不有'로 되어 있고, 『金剛三昧經註解』및 『金剛三昧經通宗記』에는 '有不住有'로 되어 있다.

[논] 답변에는 두 가지가 있다. 첫째는 곧장 답변하고, 둘째는 심오함을 찬탄한다.

答中有二。一者正答。二者歎深。

(가) 곧장 답변함

첫째에서 "무라 해도 무에 집착이 없어서"라는 것은 앞서 말한 "진실이 없지 않다."는 구절 중의 '없다(無)'는 명칭이 없다는 것에도 집착하지 않음을 가리킨다. 이런 까닭에 없지 않다는 명칭이 있다는 뜻에도 해당하지 않는다. 이로써 "무도 아니고 유도 아니다."라고 하였다. 이것은 명칭이 없는 명칭을 뜻이 있다는 뜻에 해당시킬 수 없음을 설명한 것이다.

"유의 법이 아니라고 해서 무에 집착하는 것도 아니다."라는 것은 비록 속제를 융합하여 진제로 삼았지만 진제가 없다는 법을 고수하지 않는 것이다.

"무라는 분별상이 아니라고 해서 유에 집착하는 것도 아니다."라는 것은 비록 진제를 융합하여 속제로 삼았지만 속제가 있다는 모습을 고수하지 않는 것이다.

이처럼 진제와 속제는 유·무에 집착하지 않는다는 입장에서는 진실의 무이도리無二道理가 없지 않고, 진제와 속제는 이제가 없지 않다는 입장에서는 진실의 무이도리가 있지 않다. 그러므로 "유·무를 가지고 설명하거나 도리를 터득할 수 있는 것이 아니다."라고 하였다. 이것은 뜻이 없는 뜻은 명칭이 있는 명칭에 칭합할 수 없음을 설명한 것이다.

初中言無不住無義者。先言不無眞實句中。謂無之名。不住無義。是故不無之名。亦不當於有義。以之故言不無不有。是明無名之名。不當有義之義。不有之法。不卽住無者。雖融俗爲眞。而不守眞無之法故。不無之相。不卽住有者。雖融眞爲俗。而不守俗有之相故。以眞俗不住有無故。不無眞實無二之理。眞俗不無二諦故。不有眞實無二之理。故言非以有無而詮得理。是明無義之義。不稱有名之名。

(나) 심오함을 찬탄함

"보살이여" 이하는 둘째의 심오함을 찬탄한 대목이다. 여기에 두 가지가 있다. 첫째는 그대로 찬탄하고,[133] 둘째는 찬탄을 해석한다.[134]

菩薩已下。第二歎深。於中有二。直歎。釋歎。

㉮ 그대로 찬탄함

---

133 이에 해당하는 경문은 다음과 같다. "보살이여, 명칭(名)과 뜻(義)이라는 모습도 없고 불가사의하다."
134 이에 해당하는 경문은 다음과 같다. "왜냐하면 명칭이 없는 명칭이지만 명칭 아님이 없고 뜻이 없는 뜻이지만 뜻 아님이 없기 때문이다."

"명칭이 없는 명칭이지만 명칭 아님이 없다."는 것은 부처님께서 설하신 명칭은 뜻이 있다는 뜻에 해당하지 않기 때문에 '명칭이 없는 명칭'이 되지만, 뜻이 없는 뜻에 해당하기 때문에 '명칭 아님이 없다.'고 하였다.

無名之名。不無於名者。佛所說名。不當有義之義故。爲無名之名。而當無義之義。故言不無於名也。

㉯ 찬탄을 해석함

"뜻이 없는 뜻이지만 뜻 아님이 없기 때문이다."라는 것은 부처님께서 체득하신 뜻은 명칭이 있다는 명칭에 칭합되지 않기 때문에 '뜻이 없는 뜻'이 되지만, 명칭이 없다는 명칭에 칭합되기 때문에 '뜻 아님이 없기 때문이다.'라고 하였다.
이와 같이 명칭과 뜻이 있지 않지만 그렇다고 또한 명칭과 뜻이 그대로 없다는 것은 아니다. 이런 도리로 인해 불가사의한 것이다.

無義之義不無於義者。佛所體義。不稱有名之名故。爲無義之義。而稱無名之名。故言不無於義也。如是不有名義而亦不無名義。由是道理。不可思議也。

라. 진眞이 여如임을 설명함

이하는 넷째로 진眞은 여如가 아니지만 여의 뜻 아님이 없음을 설명하는 것이다.[135] 여기에 두 가지가 있다. 첫째는 질문이고, 둘째는 답변이다.

---

135 실제의 뜻을 드러내는 가운데 네 가지가 있다. 첫째는 오공을 설명하고, 둘째는 삼공을 설명하며, 셋째는 공이 곧 진眞임을 설명하고, 넷째는 진眞이 곧 여如임을 설명한

此下第四明眞不有如而無不如義。於中有二。先問。後答。

가) 질문

경 대력보살이 여쭈었다.

"그와 같은 명칭과 뜻은 진실여眞實如이고 진실상眞實相이며, 여래여如來如이고 여래상如來相으로서 그 여如는 여如 자체에도 집착이 없습니다. 이에 여에는 여라는 상이 없고, 상에는 여가 없기 때문에 여래 아님이 없습니다. 중생심과 중생상의 경우에도 그 상이 또한 여래이듯이 중생의 마음도 여래와 다른 경계가 아니어야 합니다."

大力菩薩言。如是名義。眞實如相。如來如相。如不住如。如無如相。相無如故。非不如來。衆生心相。相亦如來。衆生之心。應無別境。

논 질문에도 두 가지가 있다. 첫째는 도리를 내세우고, 둘째는 의심나는 바를 묻는다.

問中亦二。先立道理。後問所疑。

(가) 도리를 내세움

"그와 같은 명칭과 뜻"이란 저 앞에서 설한 불가사의한 명칭(名相)과 뜻(義相)을 가리킨다. 명칭과 뜻이 서로 칭합되어 전도顚倒가 없고 전변轉變이 없으므로 '진실'이라 한다.

이와 같이 명칭과 뜻이 능과 소를 멀리 떠나 있어 일미평등하기 때문

다. 이 가운데 그 넷째에 해당한다.

에 "진실여眞實如의 모습일 것이다."라고 하였다.

이와 같이 명칭과 뜻이 평등여平等如이고 평등상平等相으로서 제불여래께서 체득한 것이기 때문에 "여래여如來如이고 여래상如來相이다."라고 하였다.

"여如는 여如 자체에도 집착이 없다."는 것은 명칭을 붙일 수 없는 여의 명칭은 그러한 것이 없다는 여의 뜻에 해당함을 설명한 것이다.

"여에는 여라는 상이 없고, 상에는 여가 없다."는 것은 여如와 상相이 없는 여와 상이어야 명칭이 없는 여의 명칭에 칭합되기 때문이다. 이와 같이 칭합되고 해당되어 능과 소가 평등하기 때문에 명칭과 뜻은 여래 아님이 없다.

"상에는 여가 없다."는 것은 여如와 상相에는 여와 상과 같음이 없다는 것인데, 이것은 모습 없음(無相)을 모습(相)으로 삼는 것을 가리킨다. 그러므로 "여에는 여라는 상이 없다."는 것은 여의 무상無相이란 있을 수가 없음을 설명한 것이고, "상에는 여가 없다."는 것은 무상의 여란 있을 수가 없음을 설명한 것인 줄 알아야 한다. 여의 자체(體)와 모습(相)은 비록 있지 않지만, 그렇다고 또한 여의 자체와 모습이 없지는 않다. 이와 같이 여와 상이 없는 여이고 상이어야 비로소 명칭이 없는 명칭에 칭합된다.

"중생심과 중생상의 경우에도 그 상이 또한 여래이다."라는 것은 모든 중생의 분별심과 분별상에서 분별심과 분별상이 곧 분별심과 분별상이 아니므로 평등하지 않음이 없다는 것을 말한다. 이런 까닭에 저 중생의 분별심과 분별상 또한 여래이다. 이상은 첫째의 평등의 도리를 바로 내세운 것에 해당한다.

> 言如是名義者。如前所說不可思議之名義相。名義相稱。無倒無變。故名眞實。如是名義。遠離能所。一味平等。故名如相。如是名義。平等如相。諸佛如來所體。故言如來如相。如不住如者。是明無名之如名當於無如之如義。

如無如相相無如故者。無如相之如相稱於無名之如名。如是稱當能所平等故。若名若義非不如來也。相無如者。如相無如。如相正是無相爲相。當知如無如相是明不有如之無相。相無如者。是明不有無相之如。如之體相雖是不有而亦不無如之體相。如是無如相之如相方稱無名之如名也。衆生心相相亦如來者。謂諸衆生分別心相。相卽非相。無不平等。是故彼相亦是如來。上來正立平等道理。

(나) 의심나는 것을 물음

다음으로 "중생의 마음도 마땅히 여래와 다른 경계가 아닙니다."라는 것은 둘째의 의심나는 것을 물은 것이다. 곧 중생심과 중생상이 이미 여래라면 중생심은 다른 경계가 아니어야 한다.

"다른 경계가 아니다."라는 것은 곧 분별이 없는 것이다. 분별이 없으므로 염오가 없어야 하고, 염오가 없기 때문에 삼계가 없다.

이런 의심이 일어나는 까닭에 이러한 질문을 한 것이다.

次言衆生之心應無別境者。是問所疑。衆生心相。旣是如來。則衆生心。應無別境。無別境者。卽無分別。無分別故。應無染汚。無染汚故。卽無三界。有作是疑。故作是問。

나) 답변

경 부처님께서 말씀하셨다.

"그렇다. 중생의 마음은 실로 여래와 다른 경계가 아니다. 왜냐하면 마음은 본래 청정하기 때문이고, 그 도리로 보면 더러움이 없기 때문이다. 그러나 번뇌에 오염되므로 삼계라 말하는데, 그 삼계의 마음을 여래와 다른 경계라 말한다. 그 경계는 허망한데 마음에서 변화하여 발생한다. 그러므로 만약 마음에 허망함이 없으면 곧 여래와 다른 경계가 아니다."

佛言。如是。衆生之心。實無別境。何以故。心本淨故。理無穢故。以染塵故。名爲三界。三界之心。名爲別境。是境虛妄。從心化生。心若無妄。卽無別境。

🔲 이것은 의심에 답변한 것이다. 먼저 인정하고, 나중에 그것을 부정한다.

是答所疑。先與。後奪。

(가) 인정함

대력보살의 말을 인정한 것은 자성이 청정한 것에 따르면 본래 오염이 없기 때문이고, 부정한 것은 외부의 오염을 따르면 여래와 다른 경계가 있기 때문이다.
"자성이 청정하다."고 인정하는 것은 『보성론』에서 경전을 인용하여 다음과 같이 말한 것과 같다.

> 선심도 찰나찰나 소멸하여 머물지 않으므로 번뇌에 물들지 않는다. 불선심도 찰나찰나 소멸하여 머물지 않으므로 번뇌에 머물지 않는다. 번뇌가 마음에 닿지 않고 마음도 번뇌에 닿지 않는데 어떻게 법에 닿지 않고서 마음을 오염시킬 수 있겠는가. …….[136]

---

[136] 『究竟一乘寶性論』 권2(T31, 824c)에서는 『勝鬘獅子吼一乘大方便方廣經』(T12, 22b)의 내용을 인용하여 요약해서 다음과 같이 설명한다. "찰나도 선심은 번뇌에 오염된 바

이것이 바로 오염되었으되 오염되지 않는 문이다.

그리고 "외부의(他) 오염을 따른다."는 것에 대해서는 『승만부인경』에서 "자성청정심은 요지하기 어렵다. 저 자성청정심이 번뇌에 오염되는 것도 또한 요지하기 어렵다."[137]고 하였다. 이것이 바로 오염되지 않았으되 오염되는 문이다.

"마음은 본래 청정하기 때문이고, 그 도리로 보면 더러움이 없기 때문이다."라는 것은 자성청정심과 본각의 도리는 모든 번뇌가 끼어들지 못하기 때문이다.

與者。就自性淨。本無染故。奪者。約隨他染。有別境故。自性淨者。如寶性論引經說言。善心念念滅不住。非煩惱所染。不善心念念滅不住。非煩惱所染。煩惱不觸心。心不觸煩惱。云何不觸法。而能得染心。乃至廣說故。卽是染而不染門也。隨他染者。夫人經言。自性淸淨心。難可了知。彼心爲煩惱所染。亦難可了知。卽是不染而染門也。心本淨故理無穢故者。自性淨心本覺之理。非諸塵穢之所入故。

(나) 부정함

"그러나 번뇌에 오염되므로 ……." 이하는 그 질문을 부정하는 것이다. 이 가운데 첫째는 번뇌에 오염된 불각을 드러내고, 둘째는 불각에 상대하여 시각을 간략하게 보여 준다.

가 없다. 찰나도 불선심 또한 번뇌에 오염된 바가 없다. 번뇌가 마음에 닿지 않고, 마음도 번뇌에 닿지 않는데 어떻게 법에 닿지도 않고 마음을 오염시킬 수 있겠는가.(刹那善心非煩惱所染。刹那不善心亦非煩惱所染。煩惱不觸心。心不觸煩惱。云何不觸法。而能得染心。)"

137 『勝鬘獅子吼一乘大方便方廣經』(T12, 22b).

以染塵下奪其所問. 於中先顯不覺染塵. 後對不覺略示始覺.

㉠ 번뇌에 오염된 불각을 드러냄

불각을 말한 가운데 "그러나 번뇌에 오염되므로 삼계라 말한다."는 것에서 주지번뇌住持煩惱는 대략 세 가지가 있으니, 욕애주지欲愛住地·색애주지色愛住地·유애주지有愛住地[138]이다. 이 주지번뇌 때문에 삼계의 애착을 일으키고, 삼계의 애착 때문에 삼계의 망심이 발생하며, 이 망심을 말미암아 허망한 경계를 변작變作한다. 이런 까닭에 "마음에서 변화하여 발생한다."고 하였다.

不覺中言以染塵故名爲三界者. 住地煩惱. 略有三種. 謂欲愛住地. 色愛住地. 有愛住地. 以此住地. 起三界愛. 三界愛故. 三界心生. 由是妄心. 變作虛境. 以之故言從心化生.

㉡ 불각에 상대하여 시각을 간략하게 보여 줌

다음으로 시각을 설명한다.
"그러므로 만약 마음에 허망함이 없으면"이란 도리에 의거하여 관觀을 행하면 망심이 발생하지 않기 때문이다.
"곧 여래와 다른 경계가 아니다."라는 것은 허망하게 일어난 경계는 마음을 따라 소멸되기 때문이다.
이상의 네 가지 문을 합하면 '첫째 실제의 뜻을 널리 펼친 것'에 해당한

---

[138] 욕애주지欲愛住地는 색色·성聲·향香·미味·촉觸의 오욕에 집착하는 번뇌로서 욕계의 사혹思惑이고, 색애주지色愛住地는 색신色身에 집착하는 번뇌로서 색계의 사혹思惑이고, 유애주지有愛住地는 무색계의 사혹이다.

다.[139]

次明始覺。心若無妄者。依理觀行。妄心不生故。卽無別境者。妄作境界。隨心滅故。上來四門。合爲第一廣實際義。

② 실제에 들어가는 뜻을 널리 펼침

경 대력보살이 여쭈었다.
"만약 마음이 청정하여 모든 경계가 발생하지 않는다면 그 마음이 청정해졌을 경우에는 마땅히 삼계도 없겠습니다."
부처님께서 말씀하셨다.
"그렇다, 보살이여. 마음도 경계를 발생하지 않고 경계도 마음을 발생하지 않는다. 왜냐하면 모든 경계는 오직 마음이 나타난 것에 불과하기 때문이다. 그러므로 마음에 환화가 없으면 곧 나타나는 경계도 없다.

大力菩薩言。心若在淨。諸境不生。此心淨時。應無三界。佛言。如是。菩薩。心不生境。境不生心。何以故。所見諸境。唯所見心。心不幻化。卽無所見。

논 이하는 둘째[140]로 실제에 들어가는 뜻을 널리 펼친 것이다. 여기에 네 가지가 있다. 첫째는 실제에 들어가는 것을 총론적으로 설명하고, 둘째는 실제에 들어가는 것을 개별적으로 드러내며, 셋째는 실제에 들어가는 주체가 허물(過)을 떠나 있다는 것이고, 넷째는 실제에 들어가는 객체

---

139 도리를 자세하게 드러내는 대목에 네 부문이 있는데, 그 첫째가 실제의 뜻을 드러내는 대목이다. 여기에서 합한 네 부문이란 첫째는 오공을 설명하고, 둘째는 삼공을 설명하며, 셋째는 공이 곧 진眞임을 설명하고, 넷째는 진이 곧 여如임을 설명한다는 것을 가리킨다.
140 도리를 자세하게 드러내는 네 가지 문 가운데 둘째에 해당한다.

가 변견(邊)을 떠나 있다는 것이다.

> 此下第二廣趣入義。於中有四。一者總明趣入。二者別顯趣入。三者入之離過。四者入之離邊。

가. 실제에 들어감을 총론적으로 설명함

첫째의 총론적으로 설명하는 것에도 두 부분이 있다. 첫째는 질문이고, 둘째는 답변이다.

> 初中有二。先問。後答。

가) 질문

질문에서 "그 마음이 청정해졌을 경우에는 마땅히 삼계도 없겠습니다."라는 것은 초지 이상에서는 본래 청정을 증견證見하기 때문에 그에 상응하는 대로 삼계가 소멸하여 없다는 것이다. 삼계의 현상(事相)은 초지나 제8지에서 소멸하여 없어지고, 삼계의 자성은 등각위等覺位에서 소멸하여 없어지며, 삼계의 습기는 묘각위妙覺位에 도달해야 비로소 소멸하여 없어진다. 이에 대한 자세한 뜻은 『이장장』에서 설한 것과 같다.[141]

> 問中言。此心淨時應無三界者。初地已上。證見本淨故。隨所應得。三界滅無。三界事相者。或於初地。或第八地。而得滅無。三界自性者。等覺位中。而得滅無。三界習氣。至妙覺位。方得滅無。此義具如二障章說。

---

[141] 『二障義』(H1, 811c~812a).

나) 답변

답변에서 총론적으로 긍정하기 때문에 "그렇다."고 하였다. 삼계가 소멸하여 없어질 때에는 마음과 경계가 모두 발생하지 않는다. 왜냐하면 오직 마음이 망견으로 경계를 만들어 낸 것일 뿐, 마음에 망견이 없을 때에는 경계를 만들어 내지 않기 때문이다. 이리하여 경계가 없으므로 마음이 발생하지 않는다.

答中摠許。故言如是。三界滅無時。心境不相生。所以然者。唯心妄見。變作境界。心無妄時。則不作境。境界無故。不生心也。

나. 실제에 들어감을 개별적으로 드러냄

경 그러므로 보살이여, 마음속에 중생이 없어야 삼성이 공적해진다. 그러면 자기의 중생도 없고, 타인의 중생도 없으며, 내지 이입二入[142]도 또한 발생하지 않는다. 마음에 이와 같은 본각의 이익(本利)을 터득해야 곧 삼계가 없다."

菩薩。內無衆生。三性空寂。則無己衆。亦無他衆。乃至二入亦不生。心得如是利。卽無三界。

논 이하는 둘째로 실제에 들어가는 것을 개별적으로 설명하는 것이다. 여기에 두 부분이 있다. 첫째는 총론적으로 법수를 들어 설명하고, 둘째는 문답을 통해 개별적으로 드러낸다.

---

[142] 이입二入 : 이입理入 곧 지전위地前位와 행입行入 곧 지상위地上位를 가리킨다.

此下第二別明趣入。於中有二。一者摠標擧數。二者問答別顯。

가) 총론적으로 법수를 들어 설명함

이는 첫째의 총론적으로 법수를 들어 설명하는 것이다.
"마음속에 중생이 없다."는 것은 십주위十住位에서 안으로 인공을 터득한 것이다.
"삼성이 공적해진다."는 것은 십행위十行位에서 안으로 법공法空을 터득한 것이다.
"그러면 자기의 중생도 없고 타인의 중생도 없어진다."는 것은 십회향위十廻向位에서 평등공平等空을 터득하여 널리 자타自他·인법人法의 모든 것(衆)을 없앤 것이다. '모든 것(衆)'은 중생은 중衆이라 하고, 오음의 법은 또한 오중五衆이라고 한다. 이런 것들[143]은 모두 상사공相似空으로 아직은 진정한 증득이 아니다.
"내지 이입二入"은 지전위地前位와 지상위地上位에 포함되어 있는 모든 법수를 통틀어 열거한 것이다.

此是初文。內無衆生者。謂十住位。得內人空故。三性空寂者。十行位中。得內法空故。則無己衆亦無他衆者。十迴向位。得平等空。遍遣自他人法衆故。所言衆者。衆生名衆。五陰之法。亦名五衆故。是相似空。未得眞證。乃至二入者。通擧地前地上入數。

나) 문답을 통해 개별적으로 드러냄

---

143 이런 것들 : 십주위와 십행위와 십회향위에서 각각 인공人空과 법공法空과 평등공平等空을 터득한 것을 가리킨다.

경 대력보살이 여쭈었다.

"이입二入이 마음에서 발생하지 않는다는 것은 무엇입니까. 마음도 본래 발생하지 않는 것인데, 어찌 입入이 있겠습니까?"

부처님께서 말씀하셨다.

"이입이란, 첫째는 이입理入이고, 둘째는 행입行入이다. 이입理入은 다음과 같다.

곧 중생이 지니고 있는 진성은 여래와 다르지 않아서 이에 동일하지 않고(不一) 같지도 않지만(不共) 단지 객진번뇌에 휩싸여 있을 뿐임을 깊이 믿는 것이고, 또한 감도 없고 옴도 없는 각覺·관觀(麤煩惱와 細煩惱)을 응주하며, 또한 불성은 유도 아니고(不有) 무도 아니며(不無), 또한 자기도 없고(無己) 남도 없으며(無他), 법과 성이 불이不二임을 금강심지에 견주堅住하여 불이不移임을 제대로 관찰한다. 이와 같이 적정한 무위가 되어 분별이 없게 되는 것을 이입이라 말한다.

大力菩薩言。云何二入不生於心。心本不生。云何有入。佛言。二入者。一謂理入。二謂行入。理入者。深信衆生不異眞性。不一不共。但以客塵之所翳障。不去不來。凝住覺觀。諦觀佛性。不有不無。無己無他。凡聖不二。金剛心地。堅住不移。寂靜無爲。無有分別。是名理入。

논 이하는 문답을 통해 개별적으로 드러내는 것이다.[144]

此下問答別顯。

(가) 질문

---

144 실제에 들어가는 뜻을 널리 펼친 네 부분 가운데, 둘째에 해당한다.

질문에 두 가지가 있으니, 먼저 묻고, 나중에 따진다.

問中有二。先問。後難。

(나) 답변

답변에도 두 가지가 있으니, 먼저 답변하고, 나중에 회통시킨다.

答中亦二。先答。後通。

㉮ 답변

답변에는 다시 세 가지가 있다. 첫째는 법수를 표시하고, 둘째는 명칭을 나열하며, 셋째는 차례대로 법상을 변별한다.

答中有三。牒數。列名。次第辨相。

a. 법수를 표시함

이 가운데 "이입"은 도리에 따라 신해信解하지만 아직 증득한 수행(證行)을 터득하지 못한 것이므로 이입이라 한다. 이것은 지전위地前位에 해당한다. "행입"은 도리를 증득한 뒤 수행하여 무생행에 들어가기 때문에 행입이라 한다. 이것은 지상위地上位에 해당한다.

此中理入者。順理信解。未得證行。故名理入。位在地前。行入者。證理修行。入無生行。故名行入。位在地上。

b. 명칭을 나열함

a) 이입理入

이입理入에 대한 경문에 네 구절이 있다.

"중생이 지니고 있는 …… 깊이 믿는 것이다."라는 것은 십신위十信位에 들어간 것이다. "동일하지 않다."는 것은 중생상이 진성과 다르지 않지만 동일하지도 않다는 것이다. "같지도 않다."는 것은 같지도 않고 또한 다르지도 않다는 것이다.

"감도 없고 옴도 없는 각·관을 응주한다."는 것은 십주위十住位에 들어간 것이다. 중생이 공하다는 것을 깨쳤기 때문에 오거나 감이 없다. 곧 인공문에 들어가서 그 마음을 고요하게 머물러서 불성에는 오고 감이 없음을 알아서 살피는 것이다.

"불성은 유도 아니고 무도 아님을 제대로 관찰한다."는 것은 십행위十行位에 들어간 것이다. 곧 이미 법공을 터득하고 그 법공문에 의하여 불성에는 법상이 없고 공성이 없지 않음을 제대로 살피는 것이다.

"자기도 없고 남도 없으며, 범과 성이 불이임을 ……"이라는 것은 십회향위十廻向位를 설명한 것이다.

이처럼 이입은 이미 자타가 평등한 공을 터득했기 때문에 마음이 금강처럼 굳게 머물러 물러남이 없다. 『범망경』에서 말한 십금강十金剛[145]과 『인왕경』에서 말한 십견심十堅心[146]은 곧 십회향의 다른 명칭이다.

> 理入文中。有其四句。深信已下。乃至翳障。是十信入。不一者。謂衆生相。不異眞性。而非一故。不共者。非亦一亦異故。第二句言。不去不來凝住覺觀者。是十住入。悟衆生空故不來去。於人空門。靜住其心。覺察佛性。無

---

[145] 『梵網經』 권상(T24, 997c).
[146] 『佛說仁王般若波羅蜜經』 권상(T8, 826c).

去來故。第三句言。諦觀佛性不有不無者。是十行入。已得法空。依法空門。諦觀佛性。不有法相。不無空性故。第四句言。無己無他凡聖不二等者。是明十迴向位。理入已得自他平等空故。心如金剛。堅住不退。梵網經中。名十金剛。仁王經中。名十堅心。是十迴向之異名也。

b) 행입行入

경 행입은 다음과 같다.

마음은 기울거나 치우치지 않고, 마음의 모습은 흐르거나 변역되지 않는다. 따라서 존재하는 모든 곳에서 망념이 고요해지고 추구함이 없어서 팔풍에 흔들리지 않으니, 마치 대지와 같다. 분별심(心)을 없애고 망아妄我를 떠나 있으므로, 중생을 제도하되 마음도 발생하지 않고(無生) 경계의 모습도 없으며(無相) 집착(取)도 없고 저버림(捨)도 없다.

行入者。心不傾倚。影無流易。於所有處。靜念無求。風鼓不動。猶如大地。捐離心我。救度衆生。無生無相。不取不捨。

논 이는 지상地上에서 증입하는 수행을 설명하는 것이다.

"마음은 기울거나 치우치지 않는다."는 것은 여리지如理智의 마음은 대상이 없으므로 대상에 집착하는 마음이 생기지 않는 것을 가리킨다.

"마음의 모습은 흐르거나 변역되지 않는다."는 것은 여리지의 경계가 삼제三際를 떠나 있으므로 흐르거나 변역의 경계상이 다시는 나타나지 않기 때문이다. 존재하는 일체세간의 복락 내지 보리의 대열반과大涅槃果 등 일체에 대하여 다 원구願求가 없고 평등平等에 통달하여 피·차가 없기[147]

---

147 원구願求가 없고 평등平等에 통달하여 피차가 없다 : 원구願求가 없는 것은 무원삼매無願三昧의 터득이고, 평등에 통달하여 피차가 없다는 것은 무상삼매無相三昧의 터득을 가리킨다.

때문에 경계의 팔풍八風[148]에 흔들림이 없는 것은 자리의 행입을 설명한 것이다.

"분별심을 없애고 아를 떠나 있으므로 ······"는 남으로 하여금 수행에 들어가게 하는 것이다. 이로써 아공과 법공을 증득하여 인상과 법상을 떠나 있는 까닭에 널리 일체를 제도할 수가 있다. 비록 마음도 발생하지 않고 경계의 모습도 없지만 그 적멸[149]한 자성에 집착하지도 않고 늘상 일체중생을 저버리지도 않는다. 이런 까닭에 "집착도 없고 저버림도 없다."고 하였다.

是明地上證入之行。心不傾倚者。如理智心。不攀緣故。攀緣之心。不生起故。影無流易者。如理之境。離三際故。流變境像。不復現故。所有一切世間福樂。乃至菩提大涅槃果。於是一切。皆無願求。通達平等。無此彼故。故非境界風所鼓動。是明自利行入。捐離己下。令他入行。以證二空。離人法相故。能普遍救度一切。雖心無生。亦無境相。而不取其寂滅之性。恒不捨於一切衆生。以之故言不取不捨。

c. 차례대로 법상을 변별함
이와 같은 자리행과 이타행을 행입이라 한다.

如是二行。名爲行入。

㉯ 힐난을 회통함

---

148 팔풍八風 : 마음을 흔드는 이利·쇠衰·훼毀·예譽·칭稱·기譏·고苦·낙樂을 가리킨다.
149 적멸 : 여기에서는 "마음도 발생하지 않고 경계의 모습도 없는 것"을 가리킨다.

경 보살이여, 마음에는 나고 듦이 없다. 나고 듦이 사라진 마음이라야 비로소 나고 듦이 없는 마음에 들어갈 수 있기 때문에 입入[150]이라 한다.

菩薩。心無出入。無出入心。入不入故。故名爲入。

논 이는 둘째로 저 힐난한 바를 회통시키는 것이다.

도리를 증득한 마음은 생멸을 멀리 떠나 시작도 없고 끝도 없기 때문에 마음에 나고 듦이 없다. 나고 듦이 없으면 또한 옛적에 나고 들었던 마음도 없기 때문에 나고 듦이 사라진 마음이 된다. 옛적에 있던 나고 듦의 마음을 제거해야만 그 나고 듦이 없는 마음에 들어가기 때문에 "비로소 나고 듦이 없는 마음에 들어갈 수 있기 때문에 입入[151]이라 한다."고 하였다. 이와 같이 앞의 힐난을 잘 회통시킨다.

此是第二通彼所難。證理之心。遠離生滅。無始無終故。心無出入。無出入已。亦無昔日出入之心故。無出入心。去昔有出入心。入此不出入心故。言入不入故。故名爲入。如是前難得善通也。

---

150 입入: 『金剛三昧經通宗記』권7(X35, 297a~b)에서는 다음과 같이 말한다. "이것은 입入이라는 글자의 뜻을 설명한 대목이다. 이성理性은 본래 무생이고, 심행心行은 본래 무상無相이다. 그러므로 일법도 취함이 없고 일법도 버림이 없다. 무릇 진성의 도리는 취할 수 없기 때문이고 진심은 버릴 수 없기 때문이다. 그러나 심행心行은 무상無相하여 본래 나옴도 없고, 이성理性은 무생無生하여 본래 들어감도 없다. 이것은 보살이 중생을 이롭게 하려는 마음에는 본래 나옴도 없고 들어감도 없기 때문이다. 그래서 이 나옴과 들어감이 없는 마음을 터득한즉 들어가도 들어감이 아닌 줄을 안다. 들어감도 들어감이 아니지만 억지로 그것을 들어감이라 말한다.(此明入字之義。言理性本自無生。心行本自無相。故不取一法。亦不捨一法。蓋以眞性之理。不可取故。眞心之行。不可捨故。然心行無相。本無所出。理性無生。本無所入。是以菩薩利生之心。本無出入。然得此無出無入之心。則知入而不入。以入而不入。故强名之曰入)"

151 입入: 구체적으로는 이입理入과 행입行入의 입을 가리키고, 넓게는 실제에 들어가는 경우의 입을 가리킨다.

다. 실제에 들어가는 주체가 허물을 떠나 있음

경 보살이여, 이와 같이 실제에 들어간 법은 그 법상이 텅 비어 있지 않다. 텅 비어 있지 않는 법이야말로 그 법은 허망하게 없어지는 것이 아니다. 왜냐하면 허망하게 없어지지 않는 법에는 공덕이 구족되어 있어 주체의 마음도 아니고 대상의 모습도 아니어서 법이 法爾하게 청정하기 때문이다."

菩薩。如是入法。法相不空。不空之法。法不虛棄。¹⁾ 何以故。不無之法。具足功德。非心非影。法爾淸淨。

1) 원 '棄'는 甲本에는 '弃'로 되어 있다.

논 이하는 셋째로 실제에 들어가는 주체가 허물(過)을 떠나 있다는 것이다.[152] 여기에 두 가지가 있으니, 첫째는 간략하게 설명하고, 둘째는 자세하게 해석한다.

此下第三能入離過。於中有二。略明。廣釋。

가) 간략하게 설명함

이는 첫째로 간략하게 설명하는 것이다.
"이와 같이 실제에 들어간 법"은 실제에 들어가 나고 듦이 없는 법을 말한다.
이 "허망하게 없어지지 않는 법"은 주체(能)와 대상(所)에 평등하고, 모든 근심과 걱정을 떠나 있으며, 모든 공덕을 구족하고 있다.
"주체의 마음도 아니고 대상의 모습도 아니다."라는 것은 마음과 경계

---

152 실제에 들어가는 뜻을 널리 펼친 네 부분 가운데 셋째에 해당한다.

가 평등하여 주체와 대상의 분별을 떠나 있기 때문이다.

"법이法爾하게 청정하기 때문이다."라는 것은 시작도 없고 끝도 없이 모든 분별상을 떠나 있기 때문이다.

> 此卽略明。如是入法者。謂入實際無出入法。是不無法。能所平等。離諸過患。具諸功德。非心非影者。心境平等。離能所故。法爾淸淨者。無始無終。離諸相故。

나) 자세하게 해석함

경 대력보살이 여쭈었다.

"주체의 마음도 아니고 대상의 모습도 아니어서 법이하게 청정하다는 것은 무엇입니까?"

부처님께서 말씀하셨다.

"공적하고 여여한 법은 심식의 법도 아니고 마음으로 만들어진 법도 아니며, 공상의 법도 아니고 색상의 법도 아니며, 심불상응의 법도 아니고 심무위상응의 법도 아니며, 나타나는 모습도 아니고 드러내어 보이는 것도 아니며, 자성도 아니고 차별도 아니며, 명칭도 아니고 형상도 아니며 뜻도 아니다. 왜냐하면 뜻(義相)[153]에는 진여가 없기 때문이다. 그러나 진여 아닌 법이 없고, 또한 진여 없는 곳이 없다. 진여 없는 곳(無如)이 없으므로(無有) 모든 존재는 진여의 존재(如有) 아님이 없다. 왜냐하면 뿌리(根)와 줄기(理)의 법은 뿌리도 아니고 줄기도 아니어서 모든 쟁론을 떠나 있으므로 그 모습

---

[153] 뜻(義相) : 위에서 실제의 뜻을 드러내는 가운데 네 가지, 곧 첫째는 오공을 설명하고, 둘째는 삼공을 설명하며, 셋째는 공이 곧 진眞임을 설명하고, 넷째는 진이 곧 여如임을 설명하는 가운데서 그 넷째 부분에서 언급했던 명칭(名相)과 뜻(義相) 가운데 뜻(義相)에 해당한다.

을 볼 수가 없기 때문이다.¹⁵⁴

보살이여, 이와 같이 법이하비 청정한 법은 생에 의해 생기는 생도 아니고, 멸에 의해 소멸되는 멸도 아니다."

大力菩薩言。云何非心非影法爾淸淨。佛言。空如之法。非心識法。非心使所有法。非空相法。非色相法。非心不相應法。非心無爲相應法。¹⁾ 非所現影。非所顯示。非自性。非差別。非名。非相。非義。何以故。義無²⁾如故。非如之法。³⁾ 亦無無如。無有無如。非無如有。何以故。根理之法。非理非根。離諸諍論。不見其相。菩薩。如是淨法。非生之所生生。非滅之所滅滅。

1) ㉘ '非心不相應法 非心無爲相應法'은 『大正新修大藏經』에 수록된 『金剛三昧經』을 비롯하여 『金剛三昧經註解』, 『金剛三昧經通宗記』에는 모두 '非心有爲不相應法 非心無爲是相應法'으로 되어 있다. 2) ㉘ '義無'는 없는 판본도 있다. 3) ㉘ '非如之法'이 『大正新修大藏經』에 수록된 『金剛三昧經』을 비롯하여 『金剛三昧經註解』, 『金剛三昧經通宗記』에는 모두 '非無如之法'으로 되어 있으므로 여기에서는 '非無如之法'의 뜻으로 해석한다.

논 이하는 둘째로 과過를 떠나 있음을 자세하게 해석하는 것이다. 첫째는 질문이고, 둘째는 답변이며, 셋째는 이해이고, 넷째는 서술하여 마침이다.

此下第一¹⁾廣釋離過。先問。次答。三領。四述。

1) ㉘ '一'은 '二'의 오기인 듯하다.

((가) 질문)

154 왜냐하면 뿌리(根)와~없기 때문이다 : 『金剛三昧經註解』 권3(X35, 237a)에서 다음과 같이 말한다. "왜냐하면 오직 명칭뿐이므로 근根·이理의 법으로 말하면 이리도 없고 근根도 없다. 근根은 곧 근경根境을 말하고, 이리는 곧 의리義理이다. 근경은 비상비상이고 의리는 무생無生이므로 모두 유有가 아니다. 근根과 이理의 두 가지는 이미 쟁론의 상대가 아닌데 그것이 어찌 유이겠는가.(何以惟名。根理之法。非理非根。根卽根境。理卽義理。根境非相。義理無生。故皆不有。二者旣非諍論何有。)"

(나) 답변

답변에 두 가지가 있다. 첫째는 "주체의 마음도 없고 대상의 모습도 없다."는 구절을 해석하고, 둘째는 "법이法爾하게 청정하다."는 구절을 해석한다.

答中有二。先釋非心非影之句。後釋法爾淸淨之句。

㉮ 주체의 마음도 없고 대상의 모습도 없다는 구절을 해석함

첫째에도 두 가지가 있다. 첫째는 실제에 들어간 법은 모든 마음과 모습을 떠나 있다는 것을 설명하고, 둘째는 마음과 모습은 진여의 도리 아님이 없음을 설명한다.

初中亦二。先明入法離諸心影。後明心影無非如理。

a. 실제에 들어간 법은 모든 마음과 모습을 떠나 있음을 설명함

첫째에서 "공적하고 여여한 법"이란, 실제에 들어갈 때 모든 분별상을 떠나는 것을 공空이라 하고, 능과 소가 평등한 것을 여如라 하는 것이다. 이와 같이 실제에 들어간 법은 모든 마음(心)과 마음의 모습(影)을 떠나 있다.

마음과 마음의 모습의 차별에 대략 여섯 가지 짝이 있다. 첫째는 심과 심소가 짝이 되고, 둘째는 허공과 색이 짝이 되며, 셋째는 불상응행과 여러 무위無爲가 짝이 되고, 넷째는 영상影像과 본질本質이 짝이 되며, 다섯째는 자성과 차별이 짝이 되고, 여섯째는 명언名言과 상의相義가 짝이 된다. 이 여섯 가지 짝 가운데 첫째의 한 짝은 능연심能緣心의 부류이고, 뒤의 다섯 가지 짝은 소연영所緣影의 부류이다. 이 여섯 가지 짝을 떠나 있

기 때문에 주체의 마음(心)도 아니고 대상의 모습(影)도 아니니, 차례대로 여섯 가지 짝의 구절이 있다.

"심식의 법도 아니다."라는 것은 여덟 가지 분별식의 마음을 떠나 있기 때문이다.

"마음으로 만들어진 법도 아니다."라는 것은 여섯 가지의 심소유법을 떠나 있기 때문이다.

"공상의 법도 아니다."라는 것은 색상이 없는 허공법을 떠나 있기 때문이다.

"색상의 법도 아니다."라는 것은 현색顯色・형색形色・표색表色의 세 가지 색을 떠나 있기 때문이다.

"심유위불상응의 법도 아니다."라는 것은 스물네 가지 불상응행을 떠나 있기 때문이다.

"심무위불상응의 법도 아니다."라는 것은 그 밖의 일곱 가지 무위법을 떠나 있기 때문인데, 이것도 결국 심에 의하여 드러난 것이므로 '심무위'라 하고, 세 가지 무위의 모습과 상응하는 법이므로 '상응법'이라 한다. 또한 세 가지 진여법[155]을 떠나 있는 것이 깨달음의 문에 들어가면 세 가지 차별이 없어지기 때문이다.

"나타나는 모습도 아니다."라는 것은 방편관으로 나타나는 본법本法(本質) 및 동분同分[156]의 영상影像을 떠나 있기 때문이다.

"드러내어 보이는 것도 아니다."라는 것은 또한 영상으로 드러내어 보인 본질의 법 곧 뼈대(骨鎖) 등을 떠나 있기 때문이다.

---

155 세 가지 진여법 : 선법진여善法眞如・불선법진여不善法眞如・무기법진여無記法眞如를 가리킨다.

156 동분同分 : 『俱舍論』에서 말하는 75법에서 14가지 심불상응행법心不相應行法 가운데 셋째에 해당한다. 모든 법상法相으로 하여금 동일하게 만드는 인이 되기 때문에 동분同分이라 말한다. 여기에 중생동분衆生同分 곧 유정동분有情同分과 법동분法同分의 두 가지가 있다.

"자성도 아니다."라는 것은 색色과 심心 등의 자성을 떠나 있기 때문이다.

"차별도 아니다."라는 것은 무상無常 등의 차별상을 떠나 있기 때문이다.

"명칭도 아니다."라는 것은 명名·구句·문文 같은 능전能詮의 모습을 떠나 있기 때문이다.

"형상도 아니고 뜻도 아니다."라는 것은 명名에 의해 나타나는 형상(相)과 명칭에 해당하는 뜻(義)을 떠나 있기 때문이다.

(공적하고 여여한 법은) 무슨 까닭에 이 여섯 가지 짝의 모습을 떠나 있는 것인가. 그것은 능과 소가 평등하여 무차별하기 때문이다. 그러므로 "진여이기 때문이다."라고 하였다.

初中言空如之法者。入實際時。遠離諸相曰空。能所平等曰如。如是入法。離諸心影。心影差別。略有六雙。一者心及心所爲雙。二者虛空與色爲雙。三者不相應行及諸無爲爲雙。四者影像及與本質爲雙。五者自性差別爲雙。六者名言及與相義爲雙。此六雙中。初之一雙。能緣心類。後五雙者。所緣影類。離此六雙。故非心影。如其次第有六雙句。非心識法者。以離八識心故。非心使所有法者。以離六位心所有法故。非空相法者。離無色相虛空法故。非色相法者。離顯形表三種色故。非心不相應法者。離二十四不相應行故。非心無爲相應法者。離餘七種無爲法故。依心所顯故。名心無爲。三種無爲之相。相應法故。名相應法。亦離三種眞如法者。入證門中無三別故。非所現影者。離方便觀之所顯。現本法同分之影像故。非所顯示者。亦離影像之所顯。示本質之法骨鎖等故。非自性者。離色心等之自性故。非差別者。離無常等差別相故。非名者。離名句文能詮相故。非相義者。離名所詮相。當名之義故。何故離此六雙相者。能所平等無差別故。故言如故。

b. 마음과 모습은 진여의 도리 아님이 없음을 설명함

"진여 아닌 법이 없고" 이하는 둘째로 마음(心)과 마음의 모습(影)의 법은 진여의 도리 아님이 없음을 설명하는 것이다.

"그러나 진여 아닌 법"은 앞에서 부정했던 여섯 가지 짝의 법상이다.

"또한 진여 아님이 없다."는 것은 진여의 도리가 두루 통하기 때문이다.

"진여 없는 곳이 없다."는 것은 그 어떤 한 가지 존재(一有相)의 법이라도 진여의 도리 아님이 없기 때문이다.

"모든 존재는 진여의 존재 아님이 없다."는 것은 설령 진여가 아닌 법이 있다면 존재가 가능하겠지만 이미 진여 아닌 법이 없으므로 존재(有)가 불가능하다.

"왜냐하면" 이하는 존재가 아니라는 뜻을 해석하는 것이다.

"뿌리(根)"는 나무의 뿌리로서 감추어진 종자에 비유된다.

"줄기(理)"는 나무의 줄기로서 나타난 법에 비유된다. 마치 저 위에서 암마라의 과실을 비유한 설명과 같다.

"모든 쟁론을 떠나 있으므로 그 모습을 볼 수가 없기 때문이다."라는 것은 각혜覺慧로 추구해도 얻을 것이 없기 때문이다.

이상의 두 부분은 주체의 마음도 아니고 대상의 모습도 아님을 펼친 것이다.

非如之法已下。第二明心影法無不如理。非如法者。[1] 謂前所非六雙法相。亦無無如者。如理遍通故。無有無如者。無一有相之法。而無如理者故。非無如有者。設有無如之法。可得爲有。旣非非如之法。不得爲有故。何以故下。釋非有義。根者樹根喩於種子。理者木理喩於現法。如前菴羅果喩中說。離諸諍論不見其相者。覺慧求之。無所得故。上來二分。廣非心影。

---

1) ㉠ '非如法者'는 '非無如法者'인 듯하다. 이와 같이 번역한다.

㈏ 법이法爾하게 청정하다는 구절을 해석함

"이와 같이 법이法爾하게 청정한 법은" 이하는 그 다음으로 법이하게 청정한 법을 펼친 것이다.

"생에 의해 생기는 생도 아니다."라는 것은 생상生相을 떠나 있으므로 자체가 발생하지 않기 때문이다.

"멸에 의해 소멸되는 멸도 아니다."라는 구절도 또한 그처럼 멸상滅相을 떠나 있으므로 자체가 소멸되지 않기 때문이다.

이와 같이 청정한 법은 유위의 상을 떠나 있어서 생도 없고 멸도 없으며 시작도 없고 끝도 없다. 이런 뜻으로 "법이法爾하게 청정하다."고 한다.

如是淨法已下。次廣法爾淸淨。非生之所生生者。離生相故。體非生故。下句亦爾。離滅相故。體非滅故。如是淨法。離有爲相。無生無滅。無始無終。由是義故。法爾淸淨也。

(다) 이해

경 대력보살이 여쭈었다.

"불가사의합니다. 이와 같이 (공적하고 여여한) 법상은 합하여 성취된 것도 아니고 홀로 성취된 것도 아니며, 구속되는 것도 아니고 얽매이는 것도 아니며, 모이는 것도 아니고 흩어지는 것도 아니며, 발생하는 것도 아니고 소멸하는 것도 아니며, 또한 오는 모습도 아니고 또 가는 모습도 아니니, 불가사의합니다."[157]

---

[157] 이 경문의 대목에 대하여 『金剛三昧經通宗記』 권7(X35, 298b)에서는 다음과 같이 말한다. "이것은 대력보살이 법法과 의義를 깊이 이해한 것이다. 또한 먼저 불가사의함을 찬탄하고 나중에 그 불가사의함을 자세하게 말한 것이다. '이와 같이 공적하고 여여한 법상에 대하여 저는 지금 그것이 다음과 같은 줄 알았습니다. 곧 온갖 법이 모

大力菩薩言。不可思議。如是法相。不合成不獨成。不羈不伴。不聚不散。不生不滅。亦無來相。及以去相。[1] 不可思議。

1) ㉑ '相'은 『大正新修大藏經』에 수록된 『金剛三昧經』에는 '住'로 되어 있다.

논 이는 셋째로 이해한 것이다.[158]

"합하여 성취된 것도 아니다."라는 것은 심心도 아니고 심소心所도 아니니, 심과 심소는 별체로 상응하기 때문이다.

"홀로 성취된 것도 아니다."라는 것은 자성도 아니고 차별도 아니니, 이 두 가지 뜻은 따로 두 가지 체가 없기 때문이다.

"구속되는 것도 아니다."라는 것은 명칭도 없고 뜻도 아니기 때문이니, 명칭과 뜻은 서로 의지하기 때문이다.

"얽매이는 것도 아니다."라는 것은 영상과 본질이 아니기 때문이니, 영상과 본질은 서로 견주어 수반되기 때문이다.

"모이는 것도 아니고 흩어지는 것도 아니다."라는 것은 공도 아니고 색도 아니기 때문이니, 모여서 집성되면(聚集) 색이 되고 흩어져서 괴멸되면(散壞) 공이 되기 때문이다.

"발생하는 것도 아니고 소멸하는 것도 아니다."라는 것은 불상응도 아니고 무위도 아니기 때문이니, 불상응행은 생기하고 모든 무위법은 멸滅

여서 성취된 것이 아니고, 또한 한 가지 법으로 홀로 성취된 것도 아니며, 일체의 유위법에 구속되는 것이 아니고, 일체의 무위법에 얽매이는 것도 아니며, 그것이 적취된 것이라 말할 수가 없고, 그것이 흩어진 것이라 말할 수도 없으며, 한 가지도 발생함을 볼 수가 없고, 한 가지도 소멸함을 볼 수가 없으며, 또한 오고 가는 모습으로 터득되는 것도 아니므로 본체가 본래부터 여여한 까닭입니다.' 말을 마치고 나서 다시 그것을 '불가사의합니다.'라고 찬탄한 것은 부처님의 뜻을 깊이 이해한 것임을 알 수가 있을 것이다.(此乃深領法義。亦先歎不可思議。而後言之曰。如是法相。吾今已知。其不爲衆法所合成。亦不可言一法之所獨成。不爲一切有法所羈。不爲一切無法所絆。不可言其有所積聚。不可言其有所散失。不見有一法可生。不見有一法可滅。亦無來去之相可得。體本如故。言已。復歎之曰。不可思議。其深領佛意。可知矣。)"

158 셋째로 허물(過)을 떠나 있음을 자세하게 해석한 네 부분 가운데 셋째에 해당한다.

에 의해 드러나는 것이기 때문이다. 이것은 앞에서 설한 여섯 가지 짝의 뜻을 떠나 있음을 이해시킨 것이다.

"또한 오는 모습도 아니다."라는 것은 생에 의해 생기는 생이 아니기 때문이고, "또 가는 모습도 아니다."라는 것은 멸에 의해 소멸되는 멸이 아니기 때문이다. 이것은 앞의 경문에서 말한 "법이法爾하게 청정하다."는 것을 가리킨다.

처음에 "불가사의합니다."라고 한 것은 진여는 말로 표현할 수 없는 진여로서 마음과 언설을 떠나 있기 때문이고, 마지막에 "불가사의합니다."라고 한 것은 공적한 마음은 말로 표현할 수 없는 마음으로서 또한 마음과 언설을 떠나 있기 때문이다.

此是第三領解。不合成者。非心非心所。心與心所。別體相應故。不獨成者。非自性非差別。是二義。別無二體故。不羈者。非名非義故。名義互爲客故。不伴者。非影質故。影質相類而爲伴故。不聚散者。非空非色故。聚集爲色。散壞爲空故。不生滅者。非不相應。非無爲故。不相應行。是生起故。諸無爲法。滅所顯故。此領前說離六雙義。亦無來相者。非生之所生生故。及以去相者。非滅之所滅滅故。是領後說法爾淸淨。初言不可思議者。非如之如。離心言故。後言不可思議者。離心之心。亦離二故。

(라) 서술하여 마침

경 부처님께서 말씀하셨다.

"그대 말처럼 불가사의하다. 불가사의한 마음, 그 마음도 또한 마찬가지이다.[159] 왜냐하면 여여는 공적한 일심과 다르지 않은데, 공적한 일심은 본

---

[159] 『金剛三昧經註解』권3(X35, 237b)에 의하면 '불사의심不思議心'은 여래의 공적한 일심과 여여한 마음이고, '심역여시心亦如是'는 일체중생의 마음을 가리킨다.

래 여여하기 때문이다.

佛言。如是。不可思議。不思議心。心亦如是。何以故。如不異心。心本如故。

논 이는 넷째로 서술하여 마치는 것이니,[160] 차례대로 두 종류의 "불가사의하다."라는 구절을 서술하였다.

"마음"이란 깨침에 들어간 마음을 말한다. 곧 무분별심의 마음은 실제에 들어감이 없는 경지에 들어가기 때문에 불가사의하다.

"여여는 공적한 일심과 다르지 않다."는 것은 앞의 불가사의를 해석한 것이다.

"공적한 일심은 본래 여여하기 때문이다."라는 것은 뒤의 불가사의를 해석한 것이다.

此是第四述成。如其次第。述彼二種不思議句。所言心者。謂入證心。無心之心。入於不入。故不思議。如不異心者。釋前不思議。心本如故者。釋後不思議也。

라. 실제에 들어가는 객체가 변견을 떠나 있음

경 중생과 불성은 같지도 않고 다르지도 않다. 왜냐하면 중생의 자성은 본래 생멸이 없기 때문이고, 생멸의 자성은 그 자성이 본래 열반이기 때문이다. 이처럼 중생자성과 생멸법상이 본래 여여하고, 여여하므로 기동이 없다.

衆生佛性。不一不異。衆生之性。本無生滅。生滅之性。性本涅槃。性相本如。如無動故。

---

160 셋째로 허물을 떠나 있음을 자세하게 해석한 네 부분 가운데 넷째에 해당한다.

🔲 이는 넷째로 실제에 들어가는 객체가 변견을 떠나 있다는 것이다.[161] 여기에 두 가지가 있다. 첫째는 불성이 같다·다르다 하는 변견을 떠나 있음을 설명하고, 둘째는 여여함이 있다·없다 하는 변견을 떠나 있음을 드러낸다.

> 此下第四所入離邊。於中有二。先明佛性。離一異邊。後顯如如離有無邊。

가) 불성이 같다·다르다 하는 변견을 떠나 있음을 설명함

첫째에도 두 가지가 있다. 첫째는 간략하게 설명하고, 둘째는 자세하게 드러낸다.

> 初中有二。略明。廣顯。

(가) 간략하게 설명함

이는 첫째로 간략하게 설명하는 것이다. 여기에 또한 두 가지가 있다. 첫째는 같다·다르다를 떠나 있는 것이고, 둘째는 다르다는 것을 떠나 있음을 해석한다.

> 此卽略明。此中亦二。先離一異。後釋離異。

㉮ 같다·다르다를 떠나 있음

첫째에서 같다·다르다를 떠나 있다는 것은 중생과 불성은 같지도 않

---

161 실제에 들어가는 뜻을 널리 펼친 네 부분 가운데 넷째에 해당한다.

고 다르지도 않기 때문이다.

"불성"이라는 말은 진여불성이다. 『열반경』에서는 "불성이란 제일의공第一義空을 말한다."[162]고 하였다. 그러므로 같다고 한다든가 다르다고 하면 모두 허물이다.

> 離一異者。謂衆生與佛性。不一亦不異故。言佛性者。眞如佛性。如涅槃經言。佛性者名第一義空故。若一若異。皆有過故。

㉔ 다르다는 것을 떠나 있음을 해석함

"왜냐하면 중생의 자성은 본래 생멸이 없기 때문이고" 이하는 둘째로서 다르다는 것을 떠나 있음을 해석하는 것이니, 같지 않다는 뜻은 쉽게 알 수가 있기 때문이다. 이 구절은 중생이 불성과 다르지 않음을 설명한 것이다.

"생멸의 자성은 그 자성이 본래 열반이기 때문이다."라는 것은 생사가 열반과 다르지 않음을 설명한 것이다.

"이처럼 자성과 법상이 본래 여여하고, 여여하므로 기동이 없다."는 것은 중생 곧 사람의 자성과 생멸 곧 법의 모습이 본래 여여하여 다르지 않기 때문이다.

> 衆生之性。本無生滅者。此下釋離異義。不一之義。易可見故。此句明人不異佛性。生滅之性。性本涅槃者。是明生死不異涅槃故。性相本如。如無動故者。衆生人性。生滅法相。本來是如。故不異也。

(나) 자세하게 드러냄

---

162 『大般涅槃經』 권25(T12, 767c).

경 일체의 유위법상은 연을 따라 생겨난 것이지 본래 생기해 있는 것이 아니다. 본래 생기해 있는 무위법상과 불성은 여여하고 여여하여 기동하는 바가 없다. 유위의 인연에 해당하는 불성과 법상은 그 모습이 본래 공하여 없고, 소연연所緣緣은 공공으로서 연기하는 바가 없다. 그러므로 일체의 인연법은 미혹한 마음에 허망하게 보이는 것일 뿐이다. 이에 지금 나타나 있는 것은 본래부터 불생이니 인연이 본래 없기 때문이다. 공적한 일심법과 여여법의 도리는 자체가 공하여 없다. 마치 저 공왕처럼 본래 주처가 없다는 것인데 범부의 마음으로 허망하게 분별하여 본다.

一切法相。從緣無起。起相性如。如無所動。因緣性相。相本空無。緣緣空空。無有緣起。一切緣法。惑心妄見。現本不生。緣本無故。心如法理。自體空無。如彼空王。本無住處。凡夫之心。妄分別見。

논 이하는 둘째로 자세하게 드러내는 것이다. 그런데 여기에서는 오직 다르다는 변견을 떠나 있다는 뜻만을 펼친 것이다. 일체의 유위법상은 연으로부터 생겨나고, 일체의 과법도 연으로부터 존재하기 때문에 곧 새롭게 생기하는 것이 없다. 그래서 이미 생기해 있는 무위법상과 불성은 여여하여 기동하는 바가 없다. 이하는 능기能起하는 모든 인연도 역시 공하다는 것을 설명한다.

"인연에 해당하는 불성과 법상은 그 모습이 본래 공하여 없다."는 것은 종자로서의 인연은 존재하지 않기(無所有) 때문이다.

"소연연은 공공으로서 연기하는 바가 없다."는 것은 소연연所緣緣의 법은 하나가 아닌 다양한 것이지만 모두 공하지 않음이 없으므로 '공공'이라 한다. 이런 까닭에 연이 없이 능기能起한다.

"그러므로 일체의 인연법은 미혹한 마음에 허망하게 보이는 것일 뿐이다."라는 것은 증상연增上緣과 등무간연等無間緣은 미혹한 마음에 허망하게 보이는 것일 뿐이므로 그것 또한 공이라는 것이다.

"이에 지금 나타나 있는 것은 본래부터 불생인데 그것은 인연이 본래 없기 때문이다."라는 것은 두 가지 공[163]을 결론지어 마무리한 것이다. 곧 인연으로 나타난 과果는 본래 불생으로서 공하고, 능기能起하는 모든 인연은 본래 없으므로 공하다.

"공적한 일심법과 여여법의 도리는 자체가 공하여 없다."는 것은 앞에서 설한 인과 과는 곧 집착의 대상인데, 집착의 대상이 없으므로 집착하는 주체도 또한 공하다는 것이다. 곧 집착의 대상을 공의 도리라고 설하는 것처럼 집착하는 주체도 또한 그와 같기 때문이다.

이상은 법을 가지고 설명하였다. 이하에서는 비유를 인용하였다.

"공왕"이라 한 것에 두 가지가 있다. 첫째는 공계空界이니, 명암색明暗色을 말한다. 둘째는 공왕空王이니, 허공법이 일체색의 의지처가 되기 때문이다. 마치 왕이 모든 백성의 소의가 되는 것과 같기 때문에 허공을 공왕이라 한다. 이와 같이 공왕은 본래 주처가 없다. 그런데도 범부의 마음으로 허망하게 계탁하고 분별하여 이곳을 허공이라 하고 저곳도 허공이라 하는 것은 오직 허망한 견해일 뿐으로, 이곳이라는 것도 없고 저곳이라는 것도 없다. 인과 과의 제법도 또한 그와 같아서 망심으로 집착한 것일 뿐이지 인도 없고 과도 없다는 것이다. 이것은 변계소집遍計所執의 인과 과에 의거해서 이와 같이 비유하였으니, 허망하게 보는 곳이기 때문이다.

此下第二廣顯。此中唯廣離異邊義。一切法相。從緣所生。一切果法。從緣有故。卽無生起。起相性如。如無所動也。下明能起諸緣亦空。因緣性相。相本空無者。種子因緣。無所有故。緣緣空空。無有緣起者。所緣緣法。非一衆多。莫不皆空。故曰空空。是故無緣之能起也。一切緣法。惑心妄見者。

---

163 두 가지 공 : 소연연所緣緣이 공하다는 것과 증상연增上緣·등무간연等無間緣이 공하다는 것을 가리킨다.

謂增上緣。等無間緣。唯心妄見故亦空也。現本不生。緣本無故者。結成二空。緣所現果。本來不生。能起諸緣。本來無故。心如法理。自體空無者。前說因果。是所取法。所取法無故。能取心亦空。如說所取。法空道理。能取心體。亦如是故。上來法說。下引譬喩。言空王者。空有二。一者空界。謂明暗色。二者空王。謂虛空法。爲一切色之所依故。如王爲諸民之所依。故說虛空。名爲空王。如是空王。本無住處。而凡夫心。妄計分別。此處虛空。彼處虛空。唯是妄見。無此無彼。因果諸法。當知亦爾。妄心所取。無因無果。是約遍計所執因果而作是喻。妄見處故。

나) 여여가 있다·없다 하는 변견을 떠나 있음을 드러냄

경 여여한 모습은 본래 유도 아니고 무도 아니다. 유나 무의 모습은 오직 분별의 심·식으로 본 것에 불과하다.

　보살이여, 마음의 자성과 같이 자체가 없지는 않지만 자체가 있는 것도 아니므로 유도 아니고 무도 아니다.

　보살이여, (여여한 마음의 자성은) 무이지만 무의 모습이란 없으므로 언설의 경지가 아니다. 왜냐하면 진여법은 텅 비고 밝아 형상이 없어서 두 가지로는 미치지 못하기 때문이다.

如如之相。本不有無。有無之相。見唯心識。菩薩。如心之性。[1] 不無自體。自體不有。不有不無。菩薩。無不無相。非言說地。何以故。眞如之法。虛曠無相。非二[2]所及。

1) ㉠ '如心之性'은 『大正新修大藏經』에 수록된 『金剛三昧經』을 비롯하여 『金剛三昧經註解』『金剛三昧經通宗記』의 경우는 '如是心法'으로 되어 있다.　2) ㉠ '二'는 『大正新修大藏經』에 수록된 『金剛三昧經』을 비롯하여 『金剛三昧經註解』『金剛三昧經通宗記』의 경우는 '二乘'으로 되어 있다.

논 이는 둘째로 여여법은 유나 무의 변견을 떠나 있음을 설명하는 것이다.[164] 여기에 네 가지가 있다. 첫째 구절은 여여가 변견을 떠나 있음을 곧장 설명하고, 둘째 구절은 변견이 있으면 허망하다는 것을 반증하며, 셋째는 공적심을 인용하여 여여가 변견을 떠나 있음을 예로 삼고, 넷째는 여여는 언설을 떠나 있음을 다시 설명한다.[165]

此是第二明如如法。離有無邊。於中有四。初句正明如如離邊。次句反擧有邊是妄。三者引心離邊爲例。四者還明如如離言。

((가) 여여가 변견을 떠나 있음을 곧장 설명함)

((나) 변견이 있으면 허망하다는 것을 반증함)

(다) 공적심을 인용하여 여여가 변견을 떠나 있음을 예로 삼음

셋째에서 "마음의 자성과 같이"란 일심의 체성과 같다는 말이다.
"자체가 없지는 않다."는 것은 자체가 없다는 변견을 떠나 있다는 것으로 마치 토끼의 뿔과 같다.
"자체가 있는 것도 아니다."라는 것은 자체가 있다는 변견을 떠나 있다

---

164 실제에 들어간 객체가 변견을 떠나 있다는 두 부분 가운데 둘째에 해당한다.
165 네 가지는 다음과 같다. 첫째 부분은 "여여한 모습은 본래 유나 무가 아니다."이고, 둘째 부분은 "유나 무의 모습은 오직 분별의 심·식으로 본 것에 불과하다."이며, 셋째 부분은 "보살이여, 여여한 마음의 자성은 자체가 없지는 않지만 자체가 있는 것도 아니므로 유도 아니고 무도 아니다."이고, 넷째 부분은 "보살이여, 무이지만 무가 아닌 모습으로서 언설의 경지가 아니다. 왜냐하면 진여법은 텅 비고 밝아 모습이 없어서 심尋과 사伺의 언설로 미치지 못하기 때문이다."이다. 이하에서 첫째 경우와 둘째 경우를 생략하고 셋째 경우부터 설명을 가한 것은 첫째와 둘째의 경우는 경문을 보면 그대로 쉽게 알 수 있기 때문이다.

는 것으로 마치 소의 뿔과 같다. 곧 다른 모습이 없는 까닭에 있지 않다고 말한 것이 아니라 그냥 자체가 있지 않을 뿐임을 말한 것이다.

"유도 아니고 무도 아니다."라는 것은 유가 아니라고 해서 곧 무가 되는 것이 아니고 무가 아니라고 해서 곧 유가 되는 것도 아니다. 그런 뜻으로 말미암은 까닭에 다시 합해서 설명한 것이다.

저 일심의 도리가 유도 아니고 무도 아닌 것처럼 여여의 도리도 또한 같으므로 이렇게 설한다. 이런 까닭에 셋째 구절의 처음 부분에서 "여여한 마음"이라고 하였다.

第三中言如心之性者。猶如一心之體性也。不無自體者。謂離無自體邊。如兎角故。自體不有者。謂離有自體邊如牛角故。非謂他相無故不有故。言自體不有而已。不有不無者。不有卽是不無。不無卽是不有。由是義故。更合明也。如一心法。不有不無。如如之理。亦同是說。是故句首曰如心也。

(라) 여여는 언설을 떠나 있음을 다시 설명함

"보살이여, 무이지만 무가 아닌 모습은 언설의 경지가 아니다." 이하는 넷째, 여여가 언설을 떠난 도리를 다시 설명하는 것이다.

"무이지만 무의 모습이 없으므로"는 위의 첫째 구절에서 말한 "본래 유도 아니고 무도 아니다."라는 것을 설명하였으니, 모든 언담言談으로 충분히 표현할 수 있는 도리(安足處)가 아니라는 것이다.

"두 가지로는 미치지 못하기 때문이다."라는 것은 심尋과 사伺 두 가지의 작용으로 미칠 수 있는 것이 아니라는 것이다. 심과 사의 두 가지 법은 언설을 바탕으로 한 것이니, (여여에는) 이 두 가지 작용이 미칠 수 없으므로 여여는 언설의 경지가 아니다.

無不無相。非言說地已下。第四還明如如離言道理。無不無相者。明初句中本不有無。非諸言談安足處故。非二所及者。非尋伺二之所行故。尋伺二法。是語言足。非此二所行故。非言說之地也。

③ 실제에 들어가는 계위

경 마치 허공의 경계는 내도와 외도들이 헤아릴 수가 없는 것과 같다. 육행六行의 보살이어야 여여의 경지를 알 수가 있다."

虛空境界。內外不測。六行之士。乃能知之。

논 이하는 크게 분류한 과목에서 셋째로 실제에 들어가는 계위이다.[166] 여기에 네 가지가 있다. 첫째는 실제에 들어간 경지가 깊고 깊음을 설명하고, 둘째는 실제에 능입하는 계위와 수행을 언급하며, 셋째는 계위를 개별적으로 드러내고, 넷째는 실제에 들어가는 마음을 엄밀하게 설명한다.

此下大分第三入之階位。於中有四。一明所入甚深。二擧能入位行。三者別顯階位。四者覈明入心。

가. 실제에 들어간 경지가 깊고 깊음을 설명함

첫째에서 "허공의 경계"라는 것은 여여법이 텅 비고 밝아 형상이 없기 때문에 허공이라 일컫는다는 것이다.

"내도와 외도들이 헤아릴 수가 없다."는 것은 내도內道(불교의 가르침) 가

---

[166] 「入實際品」의 경문은 크게 넷으로 나뉜다. 그중 둘째가 도리를 자세하게 드러내는 문단인데, 여기에 다시 네 가지 문이 있다. 본문은 이 네 가지 문 중 셋째에 해당한다.

운데 스물여덟 종류의 성스러운 가르침[167]과 외도外道(불교 이외의 가르침) 가운데 아흔다섯 종류의 가르침이 있는데,[168] 이들 범부와 성인들이 (허공과 같은 여여법을) 측량할 수가 없다는 것이다.

初中言虛空境界者。謂如如之法。虛曠無相。故名虛空。內外不測者。謂內道中。二十八聖。及外道中。九十五種。此等凡聖。不能測量也。

나. 실제에 능입하는 계위와 수행을 언급함

둘째 부분에서 "육행의 보살이어야 여여의 경지를 안다."는 것은 곧 보살의 이입二入(理入과 行入)의 계위를 언급한 것이다.

第二中言六行之士乃能知之者。是擧菩薩二入階位也。

다. 계위를 개별적으로 드러냄

경 대력보살이 여쭈었다.
"육행의 보살이란 무엇입니까? 바라건대 그것을 설해 주십시오."
부처님께서 말씀하셨다.
"첫째는 십신행을 닦는 보살이고, 둘째는 십주행을 닦는 보살이며, 셋째는 십행행을 닦는 보살이고, 넷째는 십회향행을 닦는 보살이며, 다섯째는 십지행을 닦는 보살이고, 여섯째는 등각행을 닦는 보살이다. 이와 같이 닦

---

167 스물여덟 종류의 성스러운 가르침 : 28견見 혹은 28부정견不正見으로서『大乘阿毘達磨雜集論』권12(T31, 751a~c) 참조.
168『大般涅槃經』권10(T12, 668a), "세존은 항상 설한다. 일체의 외학에 속하는 95종은 모두 악도에 나아가지만, 성문제자는 모두 바른 길을 향한다.(世尊常說。一切外學。九十五種。皆趣惡道。聲聞弟子。皆向正路。)"

는 자라야 여여법의 경지를 알 수가 있다."

大力菩薩言。云何六行。願爲說之。佛言。一者十信行。二者十住行。三者
十行行。四者十廻向行。五者十地行。六者等覺行。如是行者。乃能知之。

논 이는 셋째로 계위를 개별적으로 드러내는 것이니, 단지 수행의 계위만을 드러내고 그에 따른 과위는 제외하였다. 그러므로 묘각의 경지는 취하지 않았다. 이 육행 가운데 앞의 네 가지 계위는 이입理入의 계위이고, 뒤의 두 가지 계위는 행입行入의 차별이다. 이에 대한 간략한 뜻은 『본업경』에 있고,[169] 자세하게 분별한 뜻은 『화엄경』[170]에 나온다.

此是第三別顯階位。唯顯行位。除其果位。所以不取妙覺之地。此六行中。
前四位是理入階降。後二位者行入差別。於中略義。在本業經。廣分別義。
出華嚴教。

라. 실제에 들어가는 마음을 엄밀하게 설명함

경 대력보살이 여쭈었다.
"실제인 본각의 이익[171]에는 나고 듦이 없습니다. 그런데 어떤 법과 마음으로 실제에 들어가는 것입니까?"
부처님께서 말씀하셨다.
"실제의 법은 그 법에 끝이 없다. 그러므로 끝이 없는 그 마음이어야 곧 실제에 들어갈 수가 있다."

---

169 『菩薩瓔珞本業經』 권2(T24, 1010b~1023a).
170 『大方廣佛華嚴經』 권15~권39(T10, 83c~210c).
171 본각의 이익 : 실제에 들어가 있는 본각과 그것을 실천하는 이행利行을 가리킨다.

大力菩薩言。實際覺利。無有出入。何等法心。得入實際。佛言。實際之法。
法無有際。無際之心。則入實際。

논 이는 넷째로 실제에 들어가는 마음을 엄밀하게 설명하는 것이다.

此是第四嚴明入心。

가) 질문

질문에서 "실제인 본각의 이익에는 나고 듦이 없습니다."라는 것은 뒤의 두 가지 계위 곧 십지위와 등각위에서 자리행과 이타행을 얻어 도리에 계합하여 나고 듦이 없다는 뜻이다.
"그런데 어떤 법과 마음으로 실제에 들어가는 것입니까?"라는 것은 실제에 들어가는 법과 마음은 어떤 것인가를 곧장 물은 것이다.

問中言實際覺利無有出入者。舉後二位。得二利行。與理相稱。無出入義。
何等法心得入實際者。正問於中能入心法。

나) 답변

답변에서 "실제의 법은 그 법에 끝이 없다."라고 한 것은 들어갈 바의 법(所入法)이 본래(法爾) 끝이 없음을 언급한 것이다. 곧 시간적으로는 전제가 없고 후제가 없어 시작도 없고 끝도 없으므로 삼세의 시제를 떠나 있고, 공간적으로는 이곳이 없고 저곳이 없어 중앙도 없고 가(邊)도 없으며, 육방의 처소를 떠나 있고, 심심하여 떠나 있지 않은 변견이 없으며, 광대하여 두루하지 않은 처소가 없다.

이 네 가지 뜻¹⁷²을 모두 갖추고 있으므로 "그러므로 끝이 없다."고 하였다.

들어가는 주체의 마음에도 또한 네 가지 뜻을 갖추고 있으므로 실제에 들어가지 못함이 없다. 실제는 주체와 객체의 변견을 떠나 있고, 마음도 또한 실제와 마찬가지로 주체와 객체의 변견을 떠나 있어서 들어가는 것이 없어야 실제에 들어갈 수 있음을 알아야 하니, 이를 불가사의不可思議한 뜻이라고 한다.

答中言實際之法法無有際者。擧所入法。法爾無際。縱無前後際。無始無終故。離三世時故。橫無此彼際。無中無邊故。離六方所故。甚深無際。無邊不離故。廣大無際。無所不遍故。具此四義。故言無際。能入之心。亦具四義。故於實際無所不入。當知實際離能所邊。心亦如是。離能所際。卽無其入。乃能得入。是謂不可思議義也。

④ 실제에 들어가는 방편

이하의 크게 분류한 과목에서 넷째로 실제에 들어가는 방편이다.¹⁷³

실제에 들어가는 방편의 계위는 지전의 네 계위¹⁷⁴로서 곧 이입문理入門 안의 방편관에 해당한다. 여기에 두 가지가 있다.

첫째는 능입의 방편을 설명하고, 둘째는 방편의 뛰어난 이익을 드러낸다.

---

172 네 가지 뜻 : 현상적인 두 가지 모습 곧 삼세三世의 시간時間과 육방六方의 공간空間, 그리고 본질적인 두 가지 속성 곧 심심甚深한 변제邊際와 광대廣大한 소제所際를 가리킨다.
173 「入實際品」의 경문은 크게 넷으로 나뉜다. 그 중 둘째로 입실제의 도리를 자세하게 드러내는 데 다시 네 가지 문이 있다. 이 문단은 그 네 가지 문 중에서 넷째에 해당한다.
174 네 계위 : 지전의 네 계위는 십신十信·십주十住·십행十行·십회향十廻向을 가리킨다.

此下大分第四入之方便。入方便者。位在地前四位。理入門內方便觀也。於
中有二。先明能入方便。後顯方便勝利。

가. 능입의 방편을 설명함

첫째에도 두 가지가 있다. 첫째는 대략적인 것이고, 둘째는 자세한 것
이다.

初中亦二。先略。後廣。

가) 대략적으로 드러냄

대략적인 것 가운데 먼저 질문이다.

略中先問。

(가) 질문

경 대력보살이 여쭈었다.
"여여한 마음과 지혜(心智)에는 변제가 없습니다. 그 지혜는 끝이 없고, 끝
이 없는 마음은 그 마음에 자재를 터득하며, 자재를 터득한 지혜는 실제에
들어갑니다. 그러나 저 법부의 경우처럼 중생은 마음이 유약하여 그 마음
은 항상 들떠 있는데, 어떤 법으로 다스려야 견고한 마음을 터득하여 실제
에 들어가도록 할 수가 있습니까?"

大力菩薩言。無際心智。其智無涯。[1] 無涯[2] 之心。心得自在。自在之智。得

入實際。如彼凡夫。軟心衆生。其心多喘。以何法御。令得堅心。得入實際。

1) ㉠ '涯'가 『大正新修大藏經』에 수록되어 있는 『金剛三昧經』에는 '崖'로 되어 있다.
2) ㉠ '涯'가 『大正新修大藏經』에 수록되어 있는 『金剛三昧經』에는 '崖'로 되어 있다.

논 질문에도 두 가지가 있다. 첫째는 앞의 내용을 이해시키고, 둘째는 뒤의 내용을 질문한다.

이해시키는 가운데서 말한 "변제가 없습니다."라는 것은 마음의 체體가 끝이 없기 때문이다.

"끝이 없다."는 것은 지혜의 작용이 끝이 없기 때문이다.

問中亦二。一領於前。二問於後。領中言無際者。心體無際故。無涯者。智用無涯故。

(나) 답변

경 부처님께서 대력보살에게 말씀하셨다.

"저들 중생의 마음이 들떠 있는 것은 안팎의 번뇌와 수번뇌[175]가 유주流注하기 때문이다. 마치 물방울이 모여 바다를 이루고 대풍이 불어 물결을 일으키면 대룡이 놀라는데 마음이 놀란 까닭에 많이 들떠 있는 것과 같다.

보살이여, 그들 중생으로 하여금 세 가지에 통하고 하나를 유지하여(存三守一) 여래선에 들도록 하면 그 선정으로 인하여 들뜬 마음이 곧 사라진다."

佛言。菩薩。彼心喘者。以內外使。隨使流注。滴瀝成海。天¹⁾風鼓浪。大龍驚駭。驚駭之心。故令多喘。菩薩。令彼衆生。存三守一。入如來禪。以禪定

---

175 수번뇌 : 근본무명번뇌根本無明煩惱를 따라서 발생하는 지말번뇌枝末煩惱를 가리킨다.

故。心則無喘。

1) ㉮ '天'은 『大正新修大藏經』에 수록되어 있는 『金剛三昧經』을 비롯하여 『金剛三昧經註解』, 『金剛三昧經通宗記』에는 '大'로 되어 있다. 이하 원효가 설명하는 대목에서도 마찬가지이다.

[논] 답변에 두 가지가 있다. 첫째는 다스려야 하는 장애의 모습을 보여 주고, 둘째는 능치의 방편을 보여 준다.

答中有二。先出所治障相。後示能治方便。

㉮ 다스려야 하는 장애의 모습을 보여 줌

첫째에서 "마음이 들떠 있다."는 것은 놀란 마음이 불안하여 그 날숨과 들숨이 다급해지는 것을 들떠 있다고 한다. 곧 육식六識이 뒤흔들려 멈추지 않는 것을 비유한 것이다.

"안팎의 번뇌"[176]란 말나식末那識의 네 가지 번뇌[177]는 안으로 자아를 반

---

176 안팎의 번뇌 : 『金剛三昧經註解』에서는 51가지 마음을 얽어매는 것으로 유식수도오위唯識修道五位를 가리키는 것으로 해석을 한다. 첫째의 자량위資糧位는 지전地前의 주住·행行·향向의 30심으로서 불도의 자량을 저장하는 지위이다. 둘째의 가행위加行位는 30심의 끝으로 장차 견도見道에 들어가는 것인데, 난煖·정頂·인忍·세제일법世第一法의 사선근四善根을 방편으로 삼아 가행加行하는 지위이다. 셋째의 통달위通達位는 초지의 입심入心(地마다 각각 入·住·出의 三心이 있다)으로서 이공무아二空無我의 도리에 통달하는 지위인데, 곧 견도見道이다. 넷째의 수습위修習位는 초지의 주심住心부터 제10지의 출심出心 곧 등각等覺 사이에서 거듭 묘관을 수습함으로써 나머지 장애를 단제하는 지위인데, 곧 수도修道이다. 다섯째의 구경위究竟位는 구경에 단혹증리斷惑證理하는 지위인데, 곧 무학도無學道이다. 이것은 법상종法相宗에서 내세운 것이다. 그 인·과를 합하여 41위인데, 여기에다 십주十住 이전인 십신위十信位를 열면 곧 51위이고, 제10지의 끝에다 등각等覺을 열면 곧 52위가 된다. 법상종의 41위와 천태종의 52위는 개開·합合이 다를 뿐이다.

177 말나식末那識의 네 가지 번뇌 : 제7식에 해당하는 말나식의 네 가지 번뇌는 아치我癡·아견我見·아애我愛·아만我慢이다. 심心·의意·식識에서 심은 제8 아뢰야식阿賴耶識이고, 의는 제7 말나식末那識이며, 식은 제6 의식意識이다. 이처럼 제7의 말나

연하고, 의식의 여섯 가지 번뇌는 밖으로 모든 경계를 반연함을 말한다.

"수번뇌가 유주하기 때문이다."라는 것은, 분忿과 한恨 등은 작은 수번뇌이고, 그 혼침과 도거 등은 큰 수번뇌이며, 무참無慚과 무괴無愧 등은 중간 수번뇌인데, 이런 수번뇌들이 함께 흘러서 현식現識에 모여들기 때문이다.

"물방울이 모여 바다를 이룬다."는 것은 근본혹根本惑과 수혹隨惑 등 일체의 현행은 모두 근본식根本識(阿賴耶識)에 훈습되어 깊고 넓게 적집되기 때문이다.

"대풍이 불어 물결을 일으킨다."는 것은 업력으로 미혹한 육진의 경계가 제멋대로 현행하기 때문에 '대풍이 분다.'고 하고, 수면해隨眠海(잠재되어 있는 번뇌)를 두드려 제7식을 기동시키므로 '물결을 일으킨다.'고 한다.

"대룡이 놀란다."는 것은 무명주지無明住地는 가장 큰 세력으로 근본식의 수면隨眠의 해저海底에 있으므로 '대룡'이라 하였고, 이와 같은 무명은 적정에 위반하여 늘상 추동심麤動心을 증장하므로 '놀란다.'고 하였다. 이런 모든 반연으로 말미암아 중생의 마음이 들떠 있다. 이는 다스려야 할 장애의 모습을 알도록 한 것이다.

初中言心喘者。驚心不安。其出入息。急速曰喘。以喩六識。掉動不停。內外使者。末那四使。內緣自我故。意識六使。外緣諸境故。隨使流注者。謂忿恨等小隨煩惱。其沈掉等大隨煩惱。及無慚愧中隨煩惱。隨使等流。集注現識故。滴瀝成海者。本使隨惑。一切現行。皆熏本識。積集深廣故。天大風鼓浪者。業力所感。六塵境界。任運現行。故名天大風。鼓隨眠海。起七識浪。故曰鼓浪。大龍驚駭者。無明住地。其力最大。住在本識隨眠海底。故名大龍。如是無明違反寂靜。常能增長麤動之心。故曰驚駭。由是諸緣。令心多喘。此是令知所治障相。

末那는 의意로 번역된다.

㈋ 능치의 방편을 보여 줌

이하는 능치能治의 방편을 보여 준 것이다.
"세 가지에 통한다."는 것은 대풍을 막아내는 방편이고, "하나를 유지한다."는 것은 대룡을 조복받는 방편이며, "여래선에 들도록 한다."는 것은 들떠 있는 마음을 바로 다스리는 방편이다.

自下示其能治方便。存三者。能遮天大風方便。守一者。能伏大龍方便。入如來禪者。正治多喘之方便也。

나) 방편을 자세하게 드러냄

이하는 둘째로 방편을 자세하게 드러낸 것이다.[178] 여기에 세 가지 문답이 있다.

此下第二廣顯方便。有三問答。

(가) 법수를 들어 총체적으로 설명함

경 대력보살이 여쭈었다.
"세 가지에 통하고 하나를 유지하여 여래선에 들어간다[179]는 것은 무엇

---

178 능입의 방편에 두 가지가 있는데, 그 가운데 둘째인 자세한 것에 해당한다.
179 세 가지에~여래선에 들어간다 : 『金剛三昧經通宗記』 권8(X35, 301c)에서는 다음과 같이 말한다. "존存은 마음을 집중하는 것(注念)이고, 수守는 마음을 보호 유지하는 것이며, 여래선如來禪은 자성청정의 본체로 돌아가는 것이고, 관觀은 마음을 섭수하여 돌이켜보는 것이다. 따라서 이관심여리理觀心如는 자성의 진리로써 일심진여의 본체를 돌이켜서 관찰하는 것이다.(注念曰存。護念曰守。如來禪。返於自性清淨之體。攝心返視曰觀。理觀心如。以自性眞如。返觀一心眞如之體也。)"

입니까?"

부처님께서 말씀하셨다.

"세 가지에 통한다는 것은 세 가지 해탈을 통한다는 것이고, 하나를 유지한다는 것은 일심의 여여함을 유지하는 것이며, 여래선에 들어간다는 것은 일심의 진여를 이관理觀하는 것이다. 이와 같은 경지에 들어가는 것이 곧 실제에 들어가는 것이다."

大力菩薩言。何謂存三守一。入如來禪。佛言。存三者。存三解脫。守一者。守一心如。入如來禪者。理觀心如。[1] 入如是地。[2] 卽入實際。

1) ㉠ '如'는『大正新修大藏經』에 수록되어 있는『金剛三昧經』에는 '淨如'로 되어 있다. 2) ㉠ '地'는『大正新修大藏經』에 수록되어 있는『金剛三昧經』에는 '心地'로 되어 있다.

논 이는 첫째 문답으로 법수를 들어 총체적으로 설명한 것이다.

"하나를 유지한다는 것은 일심의 여여함을 유지하는 것이다."라는 것은 일심법에 두 가지 문(心眞如門과 心生滅門)이 있는데, 지금은 먼저 그 심진여문을 유지하여 무명의 대룡의 세력을 다스리기 때문이다. 그것은 무명이 바로 일심의 여여함을 미혹시키기 때문이다. 여기에서 "유지한다(守)."는 것은 관행에 들어 있을 경우는 고요히 일여의 경지를 유지하고, 관행에서 나와 있을 경우는 일미의 관행심을 잃지 않기 때문에 "하나를 유지한다(守一)."고 하였다.『본업경』에서는 십행심에 대하여 다음과 같이 말한다.

열 번째 진실심행은 대법륜을 자재하게 굴리는데, 그것이 소위 보살의 삼보이다. 보살은 그 경우 제일의중도第一義中道의 지혜로 각보覺寶(佛寶)를 삼고, 일체법에 발생과 움직임이 없으면서 작용에 즉한 것으로 법보를 삼으며, 항상 육도에 다니면서 육도중생과 화합하므로 승보라

말한다. 이것이 곧 일체중생을 전변시켜 불해佛海에 유입시키는 진실심 행이다.[180]

생각해 보면, 과거·현재·미래에 중도일미를 잃지 않는 것이 바로 이 관행이 일심을 유지하는 작용이다. 이 관행은 십행위에 있다. 그 밖의 문은 나중에 드러내기 때문에 여기에서는 논하지 않는다.

此初番中。擧數摠標。守一心如者。一心法中。有二種門。今先守其心眞如門。爲伏無明大龍勢故。無明正迷一心如故。此中守者。入時靜守一如之境。出時不失一味之心。故言守一。如本業經十行中言。十爲自在轉大法輪故。所謂菩薩三寶。菩薩爾時。於第一中道[1]智爲覺寶。一切法無生動與則爲法寶。[2] 常行六道與六道衆生和合名僧寶。轉一切衆生。流入佛海故。案云。三時不失中道一味。卽是此觀守一之用。此觀在於十行位也。餘門後顯。此中不論。

1) ㉠ '第一中道'는 『본업경』에는 '第一義中道'로 되어 있다. 2) ㉠ '爲法寶'는 『본업경』에는 '用爲法寶'로 되어 있다.

(나) 일미관행을 개별적으로 드러냄

경 대력보살이 여쭈었다.

"세 가지 해탈법은 어떤 것들이고, 이관理觀의 삼매는 어떤 법을 통해서 들어가는 것입니까?"

부처님께서 말씀하셨다.

---

180 『菩薩瓔珞本業經』 권상(T24, 1014a), "十爲自在轉大法輪故。所謂菩薩三寶。菩薩爾時於第一義中道智爲覺寶。一切法無生動與則用爲法寶。常行六道與六道衆生和合故名僧寶。轉一切衆生流入佛海故。" 참조.

"세 가지 해탈은 허공해탈·금강해탈·반야해탈이다.[181] 그리고 이관理觀이란 그 마음이 진여의 도리처럼 본래청정하여 긍정과 부정의 분별이 없는 마음이다."

대력보살이 여쭈었다.

"그러면 세 가지에 통하는 집중작용(存用)은 무엇이고, 실상을 관찰하는 것은 무엇입니까?"

부처님께서 말씀하셨다.

"마음과 현상에 차별을 두지 않는 것을 세 가지에 통하는 작용이라 말한다. 그리고 실상을 관찰한다는 것은 안의 관행과 밖의 관행에서 나고 듦이 다르지 않고, 중도제일의제의 모습에도 집착하지 않으며, 마음에 얻음과 잃음이 없고, 같은 경지와 다른 경지에도 모두 청정심으로 유입된다. 그러므로 그것을 가리켜 실상을 관찰한다고 말한다.

大力菩薩言。三解脫法。是何等事。理觀三昧。從何法入。佛言。三解脫者。虛空解脫。金剛解脫。般若解脫。理觀心者。[1] 心如理淨。無可不[2]心。大力菩薩言。云何存用。云何觀之。佛言。心事不二。是名存用。內行外行。出入不二。不住一相。心無得失。一不一地。淨心流入。是名觀之。

1) ㉠ '理觀心者'는 『大正新修大藏經』에 수록되어 있는 『金剛三昧經』에는 '理觀者'로 되어 있다. 2) ㉠ 여기에서 '不'은 '否'의 의미이다. 『金剛三昧經通宗記』 권8(X35, 302a) 참조.

181 세 가지~금강해탈·반야해탈이다 : 『金剛三昧經通宗記』 권8(X35, 302a)에서는 다음과 같이 말한다. "여기에서 보여 주는 세 가지 해탈상은 각각 허공해탈문·무상해탈문·무작해탈문이다. 또한 허공은 곧 법신의 뜻이고, 금강은 곧 법신해탈의 몸이며, 반야는 곧 법신해탈의 작용이다. 그런즉 법신과 반야는 모두 해탈법상이 되므로 셋이 곧 하나이고 하나가 곧 셋으로서 열반의 삼덕을 성취하는 비장祕藏이다.(此示三解脫相. 即是空無相無作三解脫門. 又虛空即是法身義. 金剛即法身解脫之體. 般若即法身解脫之用. 然法身般若. 摠成解脫法相. 三即是一. 一即是三. 以成涅槃三德祕藏也.)" 『金剛三昧經註解』 권3(X35, 239a)에서는 허공해탈은 법신法身이고, 금강해탈은 진공眞空이며, 반야해탈은 묘유妙有라고 해석한다.

🔖 이 두 가지 문답은 일미관행을 개별적으로 드러내는 것이다.[182]

첫 번째 답변[183]에서 "세 가지 해탈"이라 한 것은 삼혜三慧가 팔해탈八解脫을 섭수하므로 해탈이라 한 것이다. 『본업경』에서는 십주에 대하여 다음과 같이 말한다.

여섯째는 제불의 보호를 받는 것으로 소위 팔해탈관이다. 문혜로써 내가內假와 외가外假의 두 모습은 불가득임을 터득하는 것이 첫째 해탈이다. 사혜로써 안의 오음법과 밖의 일체법이 불가득임을 터득하는 것이 둘째 해탈이다. 수혜로써 육관六觀[184]을 구족하여 색계의 오음이 공해지는 것이 셋째 해탈이다. 그리고 사공四空[185]의 오음과 멸정관滅定觀(滅盡定)이 모두 불가득하게 된 것이 뒤의 다섯 가지 해탈이다. 이 팔해탈은 모두 여여한 모습이다.[186]

생각해 보면 팔해탈관은 간략하게 두 문이 있다. 첫째, 만약 사상事相으로 보면 오직 수혜관修慧觀일 뿐이다. 이것은 이승에 공통하는 것으로 그 밖의 여러 곳에서 설한 바와 같다. 둘째, 만약 문혜와 사혜와 수혜의 삼혜로써 인공과 법공을 관찰하자면 곧 그것은 대승관大乘觀이다. 이것은 본 경문의 설과 같다.

첫째의 해탈은 안으로는 색상을 두고 밖으로는 색 등을 관찰하는 것이니, 안에 색·수·상·행·식의 오음법상을 두고서 안으로 아공을 관찰하

---

182 방편을 자세하게 드러낸 대목 가운데, 첫째 문답은 법수를 들어 총체적으로 설명한 것에 상대하여, 둘째 및 셋째 문답은 개별적으로 설명한 것에 해당한다.
183 일미관행을 개별적으로 드러낸 문답 가운데 첫째 답변을 가리킨다.
184 육관六觀 : 주관住觀·행관行觀·향관向觀·지관地觀·무상관無相觀·일체종지관一切種智觀을 가리킨다.
185 사공四空 : 사공정四空定으로 무색계의 식무변처공識無邊處空·공무변처공空無邊處空·무소유처공無所有處空·비상비비상처공非想非非想處空을 가리킨다.
186 『菩薩瓔珞本業經』 권상(T24, 1013b).

고, 밖에 색·성·향·미·촉·법을 두고 중생공을 관찰하는 것이다. 이러한 공은 쉽게 들어갈 수 있어서 문혜聞慧만으로도 터득할 수 있는 것이므로 『본업경』에서 "문혜로 내가內假와 외가外假의 두 모습이 불가득임을 터득하는 것이다."라고 하였다. 곧 색 등을 그대로 두고(不遣) 공을 관찰하는 것이 마치 허공이 색상을 그대로 두고 있는 경우와 같기 때문에 이것을 '허공해탈'이라 한다.

둘째의 해탈은 안의 색상은 없애고 밖의 색·성·향·미·촉·법을 관찰하는 것이니, 안으로 색·수·상·행·식의 오음법상을 없애고 밖으로 일체의 산·하·대지 등이 공하다고 관찰하는 것이다. 곧 욕계의 제법은 공하지 않은 것이 없다는 것이다. 이러한 공은 난해하여 사혜思慧를 통해야 관찰되므로 『본업경』에서 "사혜로 안의 오음법과 밖의 일체법이 불가득임을 터득하는 것이다."라고 하였다. 곧 안팎의 제법을 추구하여 쳐부수는 것이 마치 금강으로 모든 색법을 타파하는 것과 같기 때문에 '금강해탈'이라 한다.

뒤의 여섯 가지 해탈은 모두 수혜修慧이다. 위의 색계와 무색계의 일체법이 공하다고 관찰하므로 수혜라 말한다. 육관은 모두 수혜로서 선정에 의하여 발생된다. 이런 까닭에 여섯 가지 해탈을 모두 '반야해탈'이라 말한다. 그런데 거기에는 여섯 가지 차별상이 있다.

셋째의 명칭은 정해탈淨解脫이다. 곧 색계의 오음이 밝고 깨끗하며 적정寂靜한 줄을 몸소 증득하여 그것이 모두 공하다고 관찰하기 때문에 정해탈이라 한다. 이것은 자내증自內證을 몸소(名身) 증득하는 것이므로 『본업경』에서 "육관을 구족하여 색계의 오음이 공해지는 것이 셋째 해탈이다."라고 하였다.

넷째의 명칭은 공처해탈空處解脫(空無邊處定을 터득하는 것)이다. 곧 공무변처에서 오음이 공한 줄을 관찰하는 것이다. 내지 비상해탈非想解脫(非想非非想處定을 터득하는 해탈)도 그와 같아서 멸정법도 또한 불가득임을 관찰하기 때문에 멸진해탈滅盡解脫이라 한다. 이것은 모두 번뇌를 없앤다는 것으로부터 내세운 명칭이다. 그러므로 『본업경』에서 "사공四空[187]과 오음五陰과 멸정관滅定觀이 모두 불가득하게 된 것이 뒤의 다섯 가지 해탈이다. 이 팔해탈은 모두 여여한 모습이다."라고 하였다.

이와 같은 삼혜는 인공과 법공을 관찰하여 인집人執과 법집法執 및 현행하는 상응박相應縛과 능연박能緣縛을 다스려 그로부터 떠나 있기 때문에 해탈이라 말한다. 곧 이미 안과 밖에 있는 일체의 가법假法을 없애고 모든 경계에서 천풍天風(大風)이 불어 오는 것을 방지한다(能遮)는 것이다.

실상을 관찰하는 마음(理觀) 부분에서 말한 "그 마음이 진여의 도리처럼 본래청정하여 긍정과 부정의 분별이 없는 마음이다."라는 것은 분별상이 없는 도리에 따라 마음에 분별이 없기 때문이다.

뒤의 답변[188]에서 말한 "마음과 현상에 차별을 두지 않는 것을 세 가지에 통하는 작용이라 말한다."는 것은 세 가지에 통한 작용의 뛰어난 공능을 말한다.

어떤 사람이 세 가지에 통하는 작용을 터득하지 못하면 설령 고요한 마음으로 공을 관찰하더라도 현상을 마주하면 정념을 잃고서 아와 아소에 집착하고 역경계(違)와 순경계(順)에 집착하며 천풍 곧 대풍에 요동되어 마음과 현실(心事)이 각각 달라져 버린다. 그러나 만약 세 가지 해탈을 능숙하게 닦으면 관행에서 나와 현상을 마주해도 아직 관행의 세력이 남아 있어 나와 남에 집착하지 않고, 좋아하는 경계(好)와 싫어하는 경계(惡)에 집착하지 않는다. 이로 말미암아 천풍 곧 대풍에도 휩쓸리지 않고, 나고 듦도 모두 잊어 마음과 현실이 결코 달라지지 않는다. 이와 같아야 이에 세 가지에 통한 작용이라 말할 수 있다.

---

187 사공四空 : 사공정四空定 또는 사무색정四無色定이라고 한다. 무색계에서 터득하는 네 가지 정정으로서 공무변처정空無邊處定, 식무변처정識無邊處定, 무소유처정無所有處定, 비상비비상처정非想非非想處定을 가리킨다.
188 일미관행을 개별적으로 드러낸 대목 가운데 둘째 답변을 가리킨다.

이 이관理觀은 처음 십신위十信位에서 닦고, 세 가지에 통하는 작용은 십주위十住位에서 완성된다. 저 『본업경』에서 십주위를 설명하는 가운데 이 이관理觀을 내세우는 것과 같다.[189]

此二問答別顯觀行。初答中。言三解脫者。則是三慧。攝八解脫。故名解脫。如本業經。十住中言。六爲諸佛所護。所謂八解脫觀。聞慧得內假外假。二相不可得故。一解脫。思慧[1]內。五陰法外。一切法。不可得故。二解脫。修慧六觀具足。色界五陰空。三解脫。四空五陰。及滅定觀。皆不可得故。五解脫。如相故。案云。八解脫觀。略有二門。若就事相。唯修慧觀。是共二乘。如餘處說。若就三慧觀人法空。是大乘觀。如此文說。初解脫者。內有色相。外觀色等。謂內存色等。五陰法相。觀內我空。外存色等。觀衆生空。是空易入聞慧所得故。言聞慧得。內假外假。二相不可得故。不遣色等。以觀空故。有似虛空不遣色相故。說是爲虛空解脫。第二解脫者。內無色相。外觀色等。內遣色等。五陰法相。外觀一切山河等空。欲界諸法。無所不空。是空難解。思慧所觀。故言思慧。內五陰法。外一切法。不可得故。推求析破。內外諸法。如似金剛破諸色法。是故名爲金剛解脫。後六解脫。皆是修慧。觀上二界一切法空。故言修慧。六觀皆是修慧依定所發。是故摠名般若解脫。於中六種差別相者。第三名淨解脫。身作證色界五陰。光潔寂靜觀悉空。故名淨解脫。自內所證。名身作證故。言具足色界五陰空三解脫。第四名空處解脫。觀空處五陰空故。乃至非想解脫亦爾。觀滅定法。亦不可得。故名滅盡解脫。皆從所遣。以立其名。故言四空五陰。及滅定觀。皆不可得故。五解脫如相故。如是三慧。觀人法空。伏離二執。現行二縛。故名解脫。既遣內外一切假法。能遮諸境。天風吹鼓也。理觀中言。心如理淨。無可不心者。順理無相。心無分別故。後答中言。心事不二。是名存用者。是名存三之用勝能。若人未得存三之用。靜心觀空。涉事失念。取我我所。著違順

---

[189] 『菩薩瓔珞本業經』권상(T24, 1013a).

境。天風所動。心事各異。若能熟修三解脫者。出觀涉事。觀勢猶存。不取
我他之相。不着好惡之境。由是不爲天風所鼓。入出同忘。心事不二。如是
乃名。存三之用也。是觀如²⁾修在十信位。存用得成。在十住位。如本業經
十住位中。立此觀故。

1) ㉠ '思慧'는 '思慧得'으로 간주된다. 2) ㉡ '如'가 甲本에는 '始'로 되어 있다.

"안의 관행과" 이하는 둘째의 질문에 답변한 것으로 이관의 모습을 설명한다. '안의 관행'은 관행에 들어가 공적하게 비추는 수행이고, '밖의 관행'은 관행을 나와서 중생을 교화하는 수행이다. 관행에서 나오거나 관행으로 들어가거나 중도를 잃지 않기 때문에 "다르지 않고"라고 한다. 『본업경』의 십회향十廻向의 대목에서는 다음과 같이 설한다.

열째는 자재한 지혜로 일체중생을 교화하는 것으로 소위 중도제일의 제이다. 곧 반야로써 중도의 입장에서 일체법이 다르지 않음을 관찰하여 통달하는 것이다. 그 관찰하는 지혜가 전전하여 성인의 경지에 들어가기 때문에 제일의제관과 비슷하다고 말하는 것이지 진정한 중도제일의제관은 아니다. …….¹⁹⁰

"중도제일의제의 모습에도 집착하지 않는다."는 것은 이제관二諦觀이고, "마음에 얻음과 잃음이 없다."는 것은 평등관平等觀이다. 이제의 방편관과 평등의 방편관에 의하여 초지初地의 가르침인 흐르는 물에 진입하기 때문에 "같은 경지와 다른 경지에도 모두 청정심으로 유입된다."고 하였다. 이에 대하여 『본업경』에서는 다음과 같이 말한다.

세 가지 관행이란 다음과 같다. 가명으로부터 공에 들어가는 것을 이

---

190 『菩薩瓔珞本業經』권상(T24, 1014b).

제관이라 하고, 공으로부터 가명에 들어가는 것을 평등관이라 하는데, 이 두 가지 관행은 방편도方便道이다. 이 두 가지 공관을 말미암아 중도 제일의제관에 들어간다. 이것은 이제를 쌍조雙照하여 진심眞心과 속심俗 心이 적멸하여 초지의 진리가 흐르는 물에 진입한다. ……[191]

생각해 보면 여기에서 '이제관'은 속제를 없애고 진제를 관찰하는 것으로 곧 정체지正體智(本分의 입장으로 後得智의 상대)의 방편이다. 평등관은 진제를 융합하여 속제를 관찰하는 것으로 후득지後得智(新熏의 입장으로 正體智의 상대)의 방편이다. 곧 세속에 대하여 그것이 환화幻化와 같다고 관찰하여 득과 실에 집착하지 않고 따르고 거부함이 없기 때문에 평등이라 말한다.

"같은 경지와 다른 경지"는 초지의 다른 명칭(異名)이다. 왜냐하면 초지가 곧 그대로 십지로서 일시에 십중법계에 들어가고, 십지가 곧 그대로 초지로서 직접 편만으로 초문의 입문(入)을 삼기 때문이다. 진실로 십지 그대로 초지임을 말미암기 때문에 같은 경지(一)라 하고, 초지가 그대로 십지를 말미암기 때문에 다른 경지(不一)라 한다. 이런 까닭에 '같은 경지와 다른 경지'라 한 것이다.

이처럼 이제관의 방편과 평등관의 방편에 의하여 그 일심을 청정케 한다. 이를 말미암아 같은 경지와 다른 경지에 유입한다. 이런 이유에서 "모두 청정심으로 유입된다."고 하였다.

여기에서는 오직 이제관과 평등관에 대해서만 자세하게 펼쳤을 뿐이므로 그 사이의 중도제일의제관에 대해서는 이에 준거하여 알 수가 있다.

內行已下。答第二問。以明觀相。內行者。入觀寂照行。外行者。出觀化物行。若出若入。不失中道。故言不二。如本業經十向中言。十以自在慧化一

---

[191] 『菩薩瓔珞本業經』 권상(T24, 1014b).

切衆生。所謂中道第一義諦。般若處中而觀。達一切法而無二。其慧[1]轉轉
入聖地。故名相似第一義諦觀。而非眞中道第一義諦觀。乃至廣說故。不
住一相者。二諦觀故。心無得失者。平等觀故。依此二種方便觀故。進入初
地法流水中。故言一不一地淨心流入。如彼經言三觀者。從假入空名[2]二諦
觀。從空入假。名平等觀。是二觀方便道。因是二空觀。得入中道第一義諦
觀。雙照二諦。心心寂滅。進入初地法流水中。乃至廣說。案云。此中二諦
觀者。遣俗觀眞故。卽是正體智之方便。平等觀者。融眞觀俗。卽是後得智
之方便。觀俗如幻。不取得失。無適無莫。故名平等。言一不一地者。初地
之異名。所以然者。初地卽是十地。一時頓入十重法界故。十地卽是初地。
直以遍滿爲初門入故。良由十地卽初地。故名一。初地卽十地。故不一。是
故名爲一不一地。依二方便。以淨其心。由是流入一不一地。以之故言。淨
心流入。此中唯廣初後二觀。中間一觀。准可知故。

1) ㉹ '慧'는 여기서 '觀慧'의 의미로 간주된다.　2) ㉺ '入空名'은 甲本에는 '名入空'으로 되어 있다.

나. 방편의 뛰어난 이익을 드러냄

이하는 크게 분류한 과목 중 둘째로 방편의 뛰어난 이익을 드러내는 것이다.[192] 여기에 네 가지가 있다. 첫째는 터득한 과보의 뛰어난 이익이고, 둘째는 받는 공양의 뛰어난 이익이며, 셋째는 허물이 없는 뛰어난 이익이고, 넷째는 집착이 없는 뛰어난 이익이다.

此下大分。第二方便勝利。於中有四。一者得果勝利。二者得供勝利。三者
無患勝利。四者無住勝利。

---

192 실제에 들어가는 방편을 보이는 두 가지 부분 가운데 둘째에 해당한다.

가) 터득한 과보의 뛰어난 이익

이것은 첫째로 터득한 과보의 뛰어난 이익에 대한 대목이다.

此即第一得果勝利。

경 보살이여, 이와 같은 사람[193]은 분별상(二相)에 머물지 않는다. 그래서 비록 출가하지는 않을지라도 재가에만 머물지 않는다. 때문에 비록 법복을 걸치지 않고, 계율을 갖추어 수지하지 않으며, 포살布薩에 참여하지는 않을지라도 자기의 마음에 방자함(自恣)이 없어 성과聖果를 획득한다. 이승에 머물지 않고 보살도에 들어가 훗날 반드시 과만果滿하여 불보리를 성취한다.〞

菩薩。如是之人。不在[1]【住】二相。雖不出家。不住在家。故[2]雖無法服。不具持波羅提木叉戒。不入布薩。能以自心。無爲自恣。而獲聖果。不住二乘。入菩薩道。後當滿地。成佛菩提。

1) ㉠ '在'는 『金剛三昧經註解』, 『金剛三昧經通宗記』에는 '住'이다. 이하 원효의 『金剛三昧經論』의 설명도 마찬가지이다. 2) ㉠ '故'는 '大正新修大藏經'에 수록되어 있는 『金剛三昧經』에는 없다.

논 첫째에도 네 가지의 뛰어난 이익이 있다.

初中亦有四種勝利。

(가) 변견을 떠나는 뛰어난 이익

---

193 이와 같은 사람 : 그 중생으로 하여금 세 가지에 통하고 하나를 유지하여(存三守一) 여래선에 들어가 그 선정으로 인하여 들뜬 마음이 곧 사라지게 된 사람을 가리킨다.

첫째는 변견을 떠나는 뛰어난 이익이다. 세간과 출세간의 양변에 빠지지 않기 때문이다. 이는 "이와 같은 사람은 분별상에 머물지 않는다. 그래서 비록 출가하지는 않을지라도 재가에만 머물지 않는다."는 대목에 해당한다.

一者離邊勝利。不墮道俗二邊相故。如經如是之人不在二相。雖不出家。不住在家故。

(나) 자재한 뛰어난 이익

둘째는 자재한 뛰어난 이익이다. 교문敎文의 계율에 얽매이지 않고 자심으로 도리를 결판하여 삼가하여 하지 않으면서도 하지 않는 것이 없기 때문이다. 이는 "또한 비록 법복을 걸치지 않고, 계율을 갖추어 수지하지 않으며, 포살에 참여하지는 않을지라도 자기의 마음에 방자함이 없어 성과聖果를 획득한다."는 대목에 해당한다.

二者自在勝利。不爲敎門戒律所制。能以自心。決判道理。蕭然無爲而無不爲故。如經雖無法服。乃至而獲聖果故。

(다) 깨달음에 들어가는 뛰어난 이익

셋째는 깨달음에 들어가는 뛰어난 이익이다. 이는 "이승에 머물지 않고 보살도에 들어간다."는 대목에 해당한다.

三者入道勝利。如經不住二乘。入菩薩道故。

(라) 터득한 과보의 뛰어난 이익

넷째는 터득한 과보의 뛰어난 이익이다. 이것은 "훗날 반드시 과만하여 불보리를 성취한다."는 대목에 해당한다.

四者得果勝利。如經後當滿地。成佛菩提故。

나) 받는 공양의 뛰어난 이익

이하는 둘째로 받는 공양의 뛰어난 이익에 대한 것이니, 세 가지 뛰어난 공덕을 터득하여 복전의 자격이 되어 일체의 세간과 출세간이 반드시 공양하기 때문이다.

경문에 세 부분이 있다. 첫째는 보살이 복전임을 설명하고, 둘째는 이승은 그 경지를 보지 못함을 드러내며, 셋째는 보살은 그 경지를 본다는 것을 드러낸다.

此下第二得供勝利。得三勝德。堪作福田。一切道俗。所應供故。就文有三。先明菩薩福田。次顯二乘不見。後顯菩薩能見。

(가) 보살이 복전임을 설명함

경 대력보살이 여쭈었다.

"참으로 불가사의합니다. 그와 같은 사람은 출가한 것은 아니지만 출가하지 않은 것도 아닙니다. 왜냐하면 열반의 집에 들어가서 여래의 가사를 수하고 보리좌에 앉기 때문입니다. 또한 그와 같은 사람이라면 사문들조차도 마땅히 존경하고 공경할 것이기 때문입니다."

부처님께서 말씀하셨다.

"바로 그렇다. 왜냐하면 열반의 집에 들어가서도 마음은 삼계에 대한 연민을 일으켜 여래의 가사를 수하고 법공처에 들어가 보리좌에 앉아서 정각의 일지一地에 올라 있기 때문이다. 그와 같은 사람이야말로 인아와 법아를 초월한 것이다. 하물며 사문인들 어찌 존경하고 공양하지 않겠는가."

大力菩薩言。不可思議。如是之人。非出家。非不出家。何以故。入涅槃宅。着如來衣。坐菩提座。如是之人。乃至沙門。宜應敬養。佛言。如是。何以故。入涅槃宅。心起[1]三界。着如來衣。入法空處。坐菩提座。登正覺一[2]地。如是之人。心超二我。[3] 何況沙門而不敬養。

---

1) ㉠ '起'는 『大正新修大藏經』에 수록되어 있는 『金剛三昧經』을 비롯하여 『金剛三昧經註解』, 『金剛三昧經通宗記』에는 '越'이다. 원효가 여기에서 '起'라고 해석한 것은 이타행을 가리킨다. 기타 『大正新修大藏經』에 수록되어 있는 『金剛三昧經』을 비롯하여 『金剛三昧經註解』, 『金剛三昧經通宗記』에서 '越'이라고 해석한 것은 자리행을 가리킨다. 그러므로 경문 및 이하 원효의 『金剛三昧經論』에서는 '起'의 의미로 해석한다. 2) ㉠ '一'은 『大正新修大藏經』에 수록되어 있는 『金剛三昧經』에는 없다. 여기에서 원효는 정각지正覺地를 정각일지正覺一地로 해석하여 일지一地를 일불승一佛乘의 의미로 해석한다. 3) ㉠ '我'는 『大正新修大藏經』에 수록되어 있는 『金剛三昧經』에는 '乘'으로 되어 있다.

논 첫째 부분에는 세 가지 복전이 나타나 있다.

"열반의 집에 들어가서도 마음은 삼계에 대한 연민을 일으킨다."는 것은 삼해탈이니, 세 가지에 통하는 작용이다. 삼계가 공적한 것을 열반의 집이라 하니, 편안한 마음으로 깃들 수 있는 청정한 처소이기 때문이다. 삼해탈관으로 삼계의 공적한 경지에 들어 있으면서도 깨침에 집착이 없어 다시 세속에 대한 연민을 일으켜 널리 삼계를 교화하기 때문에 "마음은 삼계에 들어가서도 삼계에 대한 연민을 일으킨다."고 한다. 삼계에 대하여 연민심을 일으키지만 거기에 오염되지 않는 것이 곧 '세 가지에 통하는 작용'이다.

"여래의 가사를 수하여 법공처에 들어 있다."는 것은 곧 일심의 여여를 유지하는 관행이다. 말하자면 삼계에 노닐면서 널리 교화할 경우 인욕의 가사를 수하고, 피로하거나 싫어하지 않으며, 다시 법공에 들어가 일심의 여여를 유지한다.『법화경』에서는 "유화와 인욕을 가사로 삼는다."[194]고 하였다.

"보리좌에 앉아 정각의 일지에 올라 있기 때문이다."라는 것은 여래선으로 이관理觀의 마음이다. 말하자면 법공에 앉아서 지속적으로 방편을 닦아 초지에서 정각의 참된 관행을 터득하는 것이다.『법화경』에서는 "제법이 공적함을 자리로 삼는다."[195]고 하였다.

이와 같은 세 가지 계위에서는 모두 인공과 법공을 관찰하여 인아와 법아의 두 가지 집착을 소멸하기 때문에 "인아와 법아를 초월한 것이다."라고 하였다. 인아와 법아를 초월한 까닭에 단덕斷德을 구족하고, 삼해탈관을 닦은 까닭에 지덕智德도 또한 갖춘다. 그러므로 보살은 출가인과 재가인의 복전이 된다.

初中卽現三種福田。入涅槃宅。心起三界者。是三解脫存三之用。三界空寂。名涅槃宅。安心栖[1)]託之淨處故。三解脫觀。入三界空。而不取證。還起俗心。普化三界故。言心起三界。起三界心而不染著卽是存用。着如來衣。入法空處。卽是守一心如之觀。謂涉三界普化之時。着忍辱衣。而不疲倦。還入法空守一心如。如法華經言。柔和忍辱衣故。坐菩提座。登正覺一地者。是如來禪。理觀之心。謂坐法空。進修方便。得登初地正覺眞觀。如法華經言。諸法空爲座故。如是三位。皆觀二空。人我法我二執。伏滅故。言心超二我。超二我故。斷德具足。修三觀故。智德亦備。故能堪作道俗福田也。

1) ㉒ '栖'는 甲本에는 '捿'로 되어 있다.

---

[194]『妙法蓮華經』권4(T9, 32a).
[195]『妙法蓮華經』권4(T9, 32a).

(나) 이승은 그 경지를 보지 못함을 드러냄

경 대력보살이 여쭈었다.

"저 일지一地 및 공해空海는 이승인이 볼 수 있는 경지가 아니겠습니다."
부처님께서 말씀하셨다.

"바로 그렇다. 저 이승인은 삼매의 맛에 집착하여 삼매의 몸을 터득하므로 저 공해와 일지를 마주하면 마치 술에 취한 사람이 혼미하고 깨지 못한 것과 같다. 여러 겁이 지나도록 깨지 못하다가 문득 술기운이 소멸된 후에야 비로소 깨어난다. 이에 바야흐로 일지와 공해를 수행한 연후에 불신佛身을 터득한다.[196]

大力菩薩言。如彼一地。及與空海。二乘之人。爲不見也。佛言。如是。彼二乘人。味着三昧。得三昧身。於彼空海一地。如得酒病。惛醉不醒。乃至數劫。猶不得覺。酒消始悟。方修是行。後得佛身。

논 이하는 둘째로 이승은 그 경지를 보지 못함을 드러내는 것이다. 여기에 두 가지가 있다. 첫째는 질문이고, 둘째는 답변이다.

此下第二二乘不見。於中有二。先問。後答。

㉮ 질문

---

196 이 경문에 대하여『金剛三昧經註解』권3(X35, 239c)에서는 다음과 같이 말한다. "저 일지는 곧 초심에 정각하는 경지이고, 또한 진여의 자성이 공한 바다는 실로 대심의 경계로서 이승이 터득하는 견해가 아니다. 여래의 삼매(印解)는 이승에게는 전무할 뿐만 아니라 또한 삼매를 만나면 그 삼매에 취해 버리고 만다. 그리하여 잠시 미몽에 빠지지만 삼매에서 깨어나 발심하면 다시 불지를 터득한다.(彼一地者。即初心正覺之地。及與眞如性空之海。實大心境界。非二乘所得見也。如來印解。非二乘全無。但爲三昧所醉。暫時迷失。定醒發心。還得佛地。)"

질문에서 "일지一地"라고 한 것은 십지에 오른 것이다. 여기에서 십지는 곧 초지이므로 '일지'라 한다.

"공해空海"는 앞의 세 가지 관행[197]을 통하여 들어간 공이니, 그 경지가 심심하고 광대하기 때문에 바다라고 한다.

問中言一地者。謂所登地。十地卽初地。名爲一地。空海者。謂前三觀所入之空。甚深廣大。故名爲海。

㈁ 답변

답변에서 "바로 그렇다."라고 한 것은 볼 수 없음을 긍정한 것이다.[198] 이하에서는 이승이 볼 수 없는 이유를 해석한다.

"삼매의 맛에 집착한다."는 것은 고요한 선정을 좋아하는 까닭에 적정에 나아가는 것이다.[199]

"삼매의 몸을 터득한다."는 것은 좋아하는 바를 추구하여 마음이 소멸되는 선정(滅心定)에 들어가 그로 인하여 열반에 들어가 회신멸지灰身滅智(無餘涅槃)가 되지만, 지智와 심심이 소멸된 경지에서 오히려 멸정의 자체가 발생하여 심심과 심법(智)을 방해하는데, 이것을 "삼매의 몸을 터득한다."고 한다. 그러므로 적정을 좋아하는 훈습이 아직 근본식에 남아 있어서 그로 인하여 공해와 일지의 경지를 터득하지 못한다.

---

197 세 가지 관행 : 이제관二諦觀·평등관平等觀·중도제일의제관中道第一義諦觀을 가리킨다.
198 이승인의 경우에는 일지一地와 공해空海의 경지를 볼 수 없다는 대력보살의 말에 긍정해 준 것이다.
199 궁극적인 깨침보다는 오히려 현재 눈앞에 전개되는 선정의 공능을 좋아한다는 이유 때문에 적정을 추구하여 선정을 수행한다는 것이다. 이에 대하여『金剛三昧經通宗記』권8(X35, 302c)에서는 이승의 경우 사선四禪 및 사공정四空定의 선적禪寂에 탐착하는 것이라 말한다.

"마치 술에 취한 사람이 혼미하고 깨지 못한 것과 같다. 내지 여러 겁이 지나도록 깨지 못한다."는 것은 수다원須陀洹의 사람은 팔만 겁 동안 머무르고, 내지 아라한阿羅漢의 경우는 이만 겁 동안 머무르며, 벽지불辟支佛의 경우는 만 겁 동안 열반에 머물러도 깨어나지 못하는 것을 나타낸다. 이제 그것을 전체적인 모습으로 "여러 겁이 지나도록"이라고 설한다.

"문득 술기운이 소멸된 후에야 비로소 깨어난다. 이에 바야흐로 일지와 공해를 수행한다."는 것은 좋아하는 것에 집착하는 훈습의 두텁고 얕은 정도를 따라서 집착의 기운이 사라지고 다시 마음을 일으키는데, 마음을 일으켰을 때 비로소 회심하여 대승에 들어가서 바야흐로 앞에서 말한 세 가지 관행을 닦는다. 『능가경』의 게송에서는 다음과 같이 말한다.

> 비유하면 술에 몹시 취했던 사람이
> 술기운이 사라진 후에야 곧 깨어나
> 부처님이 지니고 계신 무상의 몸이
> 자신의 진법신인 줄 깨친 격이라네[200]

答中言如是者。許不見也。下釋二乘不見所由。味着三昧者。樂着靜定。而趣寂故。得三昧身者。如所樂趣入滅心定。因入涅槃。灰身滅智。智心滅處。滅定體生。遮心心法。如是名爲得三昧身故。樂寂熏習。在本識中。因是不悟空海一地。如得酒病。惛醉不醒。乃至數劫。猶不覺者。須陀洹人。八萬劫住。乃至羅漢二萬劫住。辟支佛者十千劫住。住於涅槃而不覺悟。今摠相說。乃至數劫。酒消始悟。方修是行者。隨其樂着。熏習厚薄。着氣消息。得還起心。起心之時。廻心入大。方修如前三種觀行。如楞伽經頌曰。譬如惛醉人。酒消然後悟。得佛無上體。是我眞法身。乃至廣說。

---

[200] 『入楞伽經』 권4(T16, 540b).

(다) 보살종성은 그 경지를 봄을 드러냄

경 바로 그와 같은 사람은 일천제의 종성을 벗어나서 곧 육행에 들어간다. 수행자리에서 찰나에 마음이 청정하여 결정적으로 명백해져서[201] 금강의 지혜력으로 아비발치阿鞞跋致[202]의 경지에서 중생을 도탈度脫시키는데, 그 자비가 끝없다."

如彼人者。從捨闡提。卽入六行。於行地所。一念淨心。決定明白。金剛智力。阿鞞跋致。度脫衆生。慈悲無盡。

논 이는 보살종성을 지닌 사람을 설명하는 것이다. 일천제의 속성인 불신의 장애를 벗어나는 것으로부터 곧 육행의 처음인 십신위에 들어가는 것이다. 수행자리에서 그대로 찰나에 청정심을 발생하는 것은 곧 십주위의 처음인 발심주에 해당한다.

"결정적으로 명백해진다."는 것은 십행위의 온갖 수행이 명정明淨한 것이다.

"금강의 지혜력"은 십회향위의 견고한 지력智力에 해당한다.

"아비발치의 경지"는 초지 이상에서 터득하는 진정한 깨침으로서 물러남이 없는 경지이기 때문이다.

"중생을 도탈度脫시키는데, 자비가 끝없다."는 것은 곧 앞의 계위는[203]

---

201 수행자리에서 찰나에~결정적으로 명백해져서 : 『金剛三昧經註解』 권3(X35, 239c~240a), "이와 같이 또한 점수를 말미암아 들어가는데, 어찌 돈교대심이라 하는가.(如斯亦由漸而入。何稱頓教大心)"에서는 돈교대심頓敎大心이라 말하고, 『金剛三昧經通宗記』 권8(X35, 303c), "이것은 곧 모든 경지를 한꺼번에 초월하는 것을 보여 준 것으로서 무공용의 대행이다.(此直示頓超諸地。無功用大行)"에서는 모든 수행이 지위를 돈초頓超하여 공용功用이 없는 대행大行을 보여 주는 대목이라고 설명한다.
202 아비발치阿鞞跋致 : 십지十地 가운데 제8 불퇴전지不退轉地를 말하지만 십지 전체를 의미하기도 한다.

이타행이므로 이승의 경우 이타행이 불가능하다는 것과 구별하기 위한 것이다.

> 是明菩薩種性之人。從捨闡提不信之障。卽入六行之初十信。於修行地之所。卽發一念淨心。卽是十住之初發心。決定明白者。謂十行位。衆行明淨故。金剛智力者。謂十迴向堅固智力故。阿鞞跋致者。謂初地已上。眞證無退故。度脫衆生慈悲無盡者。卽於前位利他行故。爲別二乘不能行故。

다) 허물이 없는 뛰어난 이익

경 대력보살이 여쭈었다.
"그와 같은 사람의 경우 반드시 계율을 갖추어 수지하는 것은 아닙니다. 그러므로 저 사문(성문승)들을 마땅히 존경할 수는 없겠습니다."
부처님께서 말씀하셨다.
"계율을 받은 자(성문승)는 불선으로 교만해지기 때문에[204] 바다에 파랑이 일어난다. 그러나 그들(六行의 菩薩乘)의 십지는 팔식의 바다가 명징하고 구식의 흐름이 청정하여 천풍天風(壞劫 때에 부는 바람)조차도 흔들지 못하여 파랑이 일어나지 않는다. 본래 계의 자성은 허공과 같기 때문에 계를 지닌다는 것은 미혹한 전도이다. 그러나 앞의 그와 같은 사람은 칠식과 육식이 발생하지 않아 모두 멸정滅定을 모아서 삼불三佛을 본래 떠나 있지 않기 때문에 보리심을 내고, 삼해탈의 무분별상(三無相)에서 일심의 깊은 도리를 따라 들어가고, 또 깊이 삼보를 공경하여 위의를 상실하지 않으므로 그들 사문

---

203 앞의 계위 : 육행六行 가운데 앞에서 말한 십신·십주·십행·십회향·십지를 가리킨다.
204 계율을 받은~교만해지기 때문에 : 분별이 없는 그와 같은 사람이 가령 계율을 받으면 계를 받았다는 사실에 아만심이 높아졌을 거라는 내용이다.

들(육행의 보살)을 공경하지 않을 수가 없다.

보살이여, 저 사람들은 세간의 동법動法과 부동법不動法에 집착이 없어 삼공취三空聚²⁰⁵에 들어가 삼유심三有心(삼계의 중생심)을 소멸시킨다."

大力菩薩言。如是之人。應不持戒。於彼沙門。應不敬仰。佛言。爲說戒者。不善慢¹⁾故。海波浪故。如彼心地。八識海澂【澄】。九識流淨。風不能動。波浪不起。戒性等空。持者迷倒。如彼之人。七六不生。諸集滅定。不離三佛。而發菩提。三無相中。順心玄入。深敬三寶。不失威儀。於彼沙門。不無恭敬。菩薩。彼仁者。不住世間動不動法。入三空聚。滅三有心。

1) ㊉ '慢'이 甲本에는 '愓'으로 되어 있다.

【논】 이는 셋째로 허물이 없는 뛰어난 이익에 대한 것이니, 인과에 대한 범부의 오해를 떠나게 해 주기 때문이다.

此是第三離患勝利。謂離凡夫因果患故。

(가) 질문

여기의 먼저 질문²⁰⁶ 가운데서 "반드시 계율을 갖추어 수지하는 것이 아니다."라는 것은 위에서 설한 "계율을 갖추어 수지하지 않는다."는 것이다.
"저 사문들(성문승)을 마땅히 존경할 수는 없겠습니다."라는 것은 저들의 경우 이미 계를 지니고 있지 않기 때문에 굳이 지계자持戒者처럼 공경할

---

205 삼공취三空聚 : 삼삼매三三昧인 공삼매空三昧·무상삼매無相三昧·무원삼매無願三昧를 말한다. 한편 『金剛三昧經通宗記』 권8(X35, 303c)에서는 공상역공空相亦空, 공공역공空空亦空, 소공역공所空亦空으로 해석하고 있다.
206 먼저 질문 : 대력보살의 질문은 하나이지만 내용으로는 두 가지에 해당한다. 그 두 가지 내용 가운데 첫째를 가리킨다.

필요가 없다는 것이다.

> 於中先問應不持戒者。如前說言不具持波羅提木叉戒故。於彼沙門。應不
> 敬仰者。旣不持戒故。不須敬持戒者故。

(나) 답변

답변에 두 가지가 있다. 첫째는 앞의 대력보살의 질문에 대해서는 일단 긍정하고, 둘째는 뒤의 질문에 대해서 부정한다.

> 答中有二。先許前問。次奪[1)]後問。
>
> 1) ㉘ '奪'은 甲本에는 '棄'로 되어 있다.

㉮ 앞의 질문에 대하여 긍정함

첫째에서 "계율을 받은 자"는 계율을 받은 사람은 곧 모든 성문들이다.[207] 곧 자신의 지계를 믿고 모든 파계를 업신여기므로 "불선으로 교만해진다."고 한다. 이런 사람은 아직 제법이 공한 줄을 터득하지 못하여 수면隨眠의 바다에서 제7식의 파랑이 전전展轉하기 때문에 "바다에 파랑이 인다."고 한다. 이것은 소승 지계인의 과실을 언급한 것이다.

"그들의 심지"는 보살의 마음은 제법이 공한 줄을 증득하여 대지(본각)에 들어가 있기 때문이다. 제8식 안에 인집人執과 법집法執 및 수면隨眠과 분별기分別起가 이미 모두 사라졌기 때문에 "제8식의 바다가 맑고 고요하다."

---

[207] 소승계의 경우 바라제목차를 중시하여 지악止惡이 목표이므로 계의 결과를 중시한다. 이에 반하여 대승계는 심지계心地戒로서 작선作善이 목표이므로 원인을 중시한다. 그러므로 여기에서 바라제목차(계의 조항)를 받는다는 것은 소승의 경우를 가리킨다.

고 한다.【징澂은 징澄을 뜻한다.】

　무분별지無分別智로 본각에 증입하여 모든 경지가 증장되고 모든 잡염雜染을 떠나 있으므로 "구식의 흐름이 청정하다."고 한다. 본각은 곧 제9식이기 때문이다.

　마음에 분별이 없어 경계에 기동되지 않기 때문에 "천풍조차도 흔들지 못한다."고 말한다.

　흔들지 못하여 모든 7식에 염오가 발생하지 않기 때문에 "파랑이 일어나지 않는다."고 한다.

　이런 사람은 이미 일체법공의 경지를 증득하여 일곱 가지 계[208]의 자성이 모두 공적하기 때문에 "본래 계의 자성은 허공과 같다."고 한다.

　그러나 성문인은 법공을 통달하지 못하고, 계의 자성이 있는 것으로 집착하여 자신의 지계를 믿기 때문에 "계를 지닌다는 것은 미혹한 전도이다."라고 한다.

　이상은 대력보살의 앞의 질문에 답변한 것이다. 곧 계를 수지하지 않는 것은 과실이 아님을 설명한 것이다.

　"그러나 앞의 그와 같은" 이하는 대력보살의 나중 질문에 답변한 것으로 저들에게는 아만이 없다는 것을 설명하는 것이다.

　"칠식과 육식이 발생하지 않는다."는 것은 말나의 사혹思惑이 현행하지 않고, 견혹見惑의 종자가 이미 단멸된 것이다.

　"모두 멸정滅定을 모은다."는 것은 모든 것을 생기하는 식(前六識인 分別事識)의 심과 심소의 번뇌가 다 멸진되고 나서 이정理定에 들어가는 것이다.

　"삼보리를 본래 떠나 있지 않기 때문에 보리심을 낸다."는 것은 발심한 이래로 여래장불인 모든 중생에 대하여 널리 공경심을 발생하고 또 그 발심에 의하여 경만하지 않음을 설명한다.

---

208 일곱 가지 계 : 신업身業의 세 가지 계와 구업口業의 네 가지 계를 가리킨다.

"삼해탈의 무분별상에서 일심의 깊은 도리를 따라 들어간다."는 것은 행입行入을 터득할 경우 무명의 뿌리를 없애고, 저 앞에서 설한 삼해탈 가운데서 일심법을 따라 깊이 들어가는 것이다. 이런 뜻으로 인해 "또 깊이 삼보를 공경한다."고 하였다. 말하자면 형상의 불보와 종이와 비단(紙素)의 법보와 네 종류의 승보 등으로서 공경하지 않음이 없는 것이다.

"그들 사문들을 공경하지 않을 수가 없다."는 것은 삼불三佛에 의하여 발심한 까닭에 교만의 뿌리와 무명종자를 없앤 것이다.

이상은 허물의 모든 원인을 떠나 있음을 설명한 것이다.

初中言爲說戒者者。所爲說戒之人。卽是諸聲聞也。恃自持戒。懱諸破戒。故言不善慢故。是人未得。諸法空故。隨眠海中。七識浪轉。故言海波浪故。是擧持戒之人過失。如彼心地者。謂菩薩心。證諸法空。入大地故。第八識內二執。隨眠分別起者。皆已滅盡。故言八識海澂。澂者澄也。無分別智。證入本覺。地地增長。離諸雜染。故言九識流淨。本覺正是第九識故。心無分別。非境所動。故風不能動。不能動故。染七不生。故言波浪不起。是人旣證一切法空。七支戒性。達皆空寂。故言戒性等空。而聲聞人。不達法空。執有戒性。恃自能持。故言持者迷倒。是答初問。明不持戒而非過失。如彼已下。次答後問。以明無慢。七六不生者。末那四惑。不現行故。見惑種子已斷滅故。諸集滅定者。諸生起識。心心所集。皆滅盡已。入理定故。不離三佛而發菩提者。明發心來。普敬心生。如來藏佛。是諸衆生。依彼發心。不輕慢故。三無相中。順心玄入者。得行入時。拔無明根。如前所說。三解脫中。順一心法而深入故。由是義故。深敬三寶。謂形像佛。紙素等法。四種僧等。無所不敬。故於沙門。不無恭敬。以依三佛而發心故。拔憍慢根無明種故。上來明其離諸因患。

㉯ 뒤의 질문에 대하여 부정함

이하부터는 허물의 모든 결과를 떠나 있음을 드러낸다.

"세간의 동법과 부동법에 집착이 없다."는 것은 욕계의 인간과 천상에서 누리는 부와 즐거움을 동법動法이라 말하는데 이것은 산선散善의 과보이고, 색계와 무색계에서 누리는 적정의 과보를 부동법不動法이라 말하는데 이것은 정선定善의 과보이다. 바로 그것에도 집착하지 않기 때문에 "집착이 없다."고 하였다.

"삼공취에 들어간다."는 것은 앞에서 설한 바처럼 전전展轉하여 증입하기 때문에 '취'라 하였다.

집착하지 않을 뿐만 아니라 또한 발생하지도 않기 때문에 "삼유심을 소멸시킨다."고 하였다.

自下顯其離諸果患. 不住世間動不動法者. 欲界人天富樂之果. 名爲動法. 散善果故. 色無色界寂靜之果. 名不動法. 定善果故. 於彼不着故曰不住. 入三空聚者. 如前所說. 展轉增入. 故名爲聚. 非直不着. 亦令不生. 以之故言滅三有心.

라) 집착이 없는 뛰어난 이익

경 대력보살이 여쭈었다.

"저 사람들은 과만족덕불과 여래장불과 형상불 등의 처소에서 보리심을 내고 삼취정계三聚淨戒[209]에 들어가지만 그 상에 집착이 없습니다. 그리고 삼유심을 소멸하지만 적멸의 경지에도 머물지 않고, 중생을 저버리지도 않으며, 부조지不調地[210]에 기꺼이 들어가기 때문에 불가사의하겠습

---

209 삼취정계三聚淨戒 : 섭선법계攝善法戒·섭률의계攝律儀戒·섭중생계攝衆生戒를 가리킨다.
210 부조지不調地 : 무학지無學地로서 아라한의 경지이다. 『金剛三昧經通宗記』권8(X35,

니다."

大力菩薩言。彼仁者。於果滿足德佛。[1] 如來藏佛。形像佛。如是佛所。而發菩提心。入三聚戒。不住其相。滅三有心。不居寂地。不捨可衆。入不調地。不可思議。

1) ㉮ '於果滿足德佛'은 『大正新修大藏經』에 수록된 『金剛三昧經』에는 '於果滿德佛'이고, 『金剛三昧經註解』 및 『金剛三昧經通宗記』에는 '果滿於足德佛'로 되어 있다.

논 이것은 넷째로 집착이 없는 뛰어난 이익에 대한 것이다. 여기에 두 가지가 있다. 첫째는 위에서 설한 것을 이해하고, 둘째는 집착이 없음을 드러낸다.

此是第四無住勝利。於中有二。先領上說。後顯無住。

(가) 위에서 설한 것을 이해함

먼저 첫째는 삼불을 본래 떠나 있지 않음을 이해한 것이다.
"과만족덕불"은 시각이 완성되어 만덕이 원만해진 것이다.
"여래장불"은 일체중생이 본래 본각이라는 것이다.
"형상불"은 금·동·진흙·나무로써 존상을 드러낸 것이다. 곧 이것은 인因·과果·이理·사事가 결여되지 않기 때문이다.
"삼취정계에 들어가지만 그 상에 집착이 없습니다."라는 것은 앞에서

304a), 『文殊般若經』에서 말한다. 번뇌를 다한 아라한을 부조不調라 말한다. 왜냐하면 모든 번뇌가 다하여 다시는 번뇌에 길들여지지 않기 때문이다.(文殊般若經云。漏盡阿羅漢。是名不調。以諸結已盡。更無所調故。)"; 『金剛三昧經註解』 권3(X35, 240b), "부조지란 곧 무조지無調地인데, 부조란 곧 공용이 없고 분별이 없는 자연의 무위행인 무공용행無功用行으로서 삼승이 헤아릴 수 있는 경계가 아니다.(不調地者無調。不調即無功用行。非三乘思議之境也。)"

"계의 자성은 허공과 같다."는 구절을 이해한 것이다. 왜냐하면 곧 삼취정계에 들어가는 네 가지 연은 계상에 집착하지 않기 때문이다. 삼취정계의 네 가지 연에 대해서는 뒤의 「진성공품」에서 설한다.

> 先領不離三佛之句。果滿足德佛者。始覺究竟。萬德圓滿故。如來藏佛者。一切衆生本來本覺故。形像佛者。金銅泥木能表尊像故。因果理事無所遣故。入三聚戒 不住其相者。是領前戒性等空之句。入戒四緣。不着戒相故。三聚四緣。後品當說。

(나) 집착이 없는 뛰어난 이익을 드러냄

이하 둘째는 집착이 없는 뛰어난 이익을 그대로 드러낸다. 비록 다시 삼공취에 들어가 삼유심을 없앴을지라도 적멸의 경지에 머물지도 않고 널리 육바라밀을 닦는다.
마음이 산란한(多喘) 중생이 거주하는 곳을 "부조지"라 한다.
번뇌가 남아 있지만 무루업(不繫業)에 의하여 피안에 태어나기 때문에 "기꺼이 들어간다."고 말한다.
번뇌가 남아 있다는 것은 말하자면 속히 없어지는 것이 아님을 말한다. 왜냐하면 저 소승인의 경우 삼무수대겁三無數大劫(三大阿僧祇劫)에 걸쳐 점차 단제하여 보리를 터득할 경우에야 바야흐로 완전히 소멸되기 때문이지, 금강지 이후에도 내내 없어지지 않은 것을 가리켜 남아 있다고 하는 것은 아니다.[211]

---

211 삼무수대겁三無數大劫에 걸쳐 점차 단제된다는 것이 전제된 의미의 '남아 있는 번뇌'이지 아직 단제하지 못했다는 의미의 '남아 있는 번뇌'를 가리키는 것은 아니다. 곧 여기에서는 차전遮詮이 아닌 표전表詮의 방식으로 설명한 것이다.

自下正顯無住勝利。雖復入三空聚。滅三有心 而不住寂地。普涉六度。多喘衆生 所居之處名不調地。由所留惑 依不繫業 於彼受生 故名爲入。言留惑者。謂不速盡。如小乘人。於三無數大劫時中。漸次而斷。得菩提時。方滅盡故。不謂金剛已還。一向不斷。故名爲留。

(3) 사리불(身子)이 이해함

경 그때 사리불이 자리에서 일어나 앞으로 나와 게송을 설하여 말씀드렸다.

반야의 바다를 갖추었건만
열반성에도 머무르지 않네
그것은 미상불 묘련화처럼
고원에는 피어나지 않는다네

제불께서는 무량한 겁토록
제번뇌 버리지도 않으면서
세간제도 마치고 터득하니
마치 진흙 속의 연꽃 같네

저 여섯 가지 수행의 길은
보살이 닦아 가는 수행이고
저 세 가지 삼매의 수행은
보리에 이르는 지름길이네[212]

---

212 『金剛三昧經通宗記』 권8(X35, 304b)에서는 이상의 세 게송에 대하여 다음과 같이 말

爾時。舍利弗。從座而起。前說偈言。具足般若海。不住涅槃城。如彼妙蓮華。高原非所出。諸佛無量劫。不捨諸煩惱。度世然後得。如泥華所出。如彼六行地。菩薩之所修。如彼三空聚。菩提之直道。

논 이하는 셋째로 사리불(身子)이 이해하는 것으로[213] 소승의 대중에게 대승심을 내도록 하는 대목이다. 여기에 두 부분이 있다. 첫째는 이해하는 것이고, 둘째는 서술하여 마치는 것이다.

此下第三。身子領解。爲令小衆。發大心故。於中有二。一者領解。二者述成。

① 이해함

첫째에 다시 두 가지가 있다. 앞의 세 게송은 위에서 설한 것을 찬송하고, 뒤의 두 게송은 사리불 자신이 발심한 바를 진술한다.

初中亦二。在前三頌。頌前所說。其後二頌。陳自發心。

가. 위에서 설한 것을 찬송

첫째에도 세 부분이 있다. 첫째로 앞의 두 게송은 집착이 없는 도를 찬송한다. 그 다음의 2구는 육행의 계위를 찬송한다. 마지막의 2구는 삼공취를 찬송한다.

한다. "이 대목은 수증修證의 요체로서 육행六行은 보살이 닦는 수행이고, 삼공三空은 이에 보살이 증득한 진보리도眞菩提道이다.(此明修證之要。六行爲菩薩所修之行。三空乃菩薩所證之眞菩提道也。)"

[213] 「入實際品」에서는 심진여문을 드러내는 네 부분 가운데 그 셋째인 사리불(身子)이 이해하는 부분에 해당한다.

처음에 말한 "반야의 바다를 갖추었건만"은 삼해탈로 삼혜를 갖춘 것이다.

"열반성에도 머무르지 않네."는 삼유심이 소멸되었지만 적정의 경지에도 머물지 않는 것이다.

"고원에는 피어나지 않는다네."는 저 이승의 경우 번뇌의 늪을 떠나 있지만 팔만 겁 동안에도 발심하지 못한 것이다.

"제번뇌 버리지도 않으면서"는 저 이승이 사생四生[214] 동안에 속히 번뇌를 단제하는 것과는 같지 않다는 것이다.

"마치 진흙 속의 연꽃 같네."는 아직 남아 있는 번뇌를 말미암아 부조지不調地에 들어갔지만, 거기에서 보살행을 모두 닦기 때문에 그로 인하여 보리과를 증득한다는 것이다.

삼취정계의 수행에 대해서는 경문에 있으므로 알 수 있을 것이다.

初中有三。一前二頌。頌無住道。次有二句。頌六行位。後之二句。頌三空聚。初中言具足般若海者。謂三解脫。具三慧故。不住涅槃城者。滅三有心。不居寂地故。高原非所出者。如彼二乘。離煩惱泥。八萬劫等。不發心故。不捨諸煩惱者。不如二乘。二二生中。速斷盡故。如泥華所出者。由所留惑。入不調地。於中具修菩薩行故。因是能證菩提果。故云行三[1)]聚。在文可知。

1) ㉝ '三'은 甲本에는 '二'로 되어 있다.

나. 사리불 자신이 발심한 것을 진술함

---

[214] 사생四生 : 네 차례의 생사生死로서 제1생에는 성문의 자량위資糧位를 닦고, 제2생에는 성문의 가행위加行位를 닦으며, 제3생에는 연각의 자량위와 가행위를 닦고, 제4생에는 성위聖位에 들어가 과보를 획득한다.

경

제 머묾 및 머물지 않음은[215]
부처님의 말씀과 똑같으니
온 곳으로 다시 또 돌아가
구족한 연후에 나오려 하네[216]

그리고 다시금 제중생에게
나와 똑같이 둘 없게 하여
먼저 오고 나중에 오는 자
모두 다 정각을 터득하리라[217]

我今住不住。如佛之所說。來所還復來。具足然後出。復令諸衆生。如我一無二。前來後來者。悉令登正覺。

논 이것은 둘째로 사리불 자신이 발심한 것을 진술한 것이다. 여기에 두 가지가 있다. 첫째는 처음의 2구는 지금 발심한 계위를 진술하고, 나머지 한 게송 반은 이후에 닦아 나갈 수행을 드러낸다.

"제 머묾 및 머물지 않음은"은 지금 부처님 설법을 듣고 나서 대승심을 발한즉 적멸의 경지에도 집착하지 않는 마음에 머무는 것이다.

"온 곳으로 다시 또 돌아가"라는 것은 무시이래로 유전해 온 곳을 나는

---

215 제 머묾~머물지 않음은 : 『金剛三昧經通宗記』 권8(X35, 304b)에서는 중생의 이익을 위하여 생사의 세계에 머무는 것이지 스스로 적멸의 세계에 머무는 것을 추구하지 않는다고 말한다.
216 구족한 연후에 나오려 하네 : 중생이 반야해般若海를 다 구족한 연후에야 내가 중생의 세계에서 떠난다는 말이다.
217 여기 두 게송에 대하여 『金剛三昧經通宗記』 권8(X35, 304b)에서는 중생의 이익을 위한 원력이 큰 것을 설명하는 것이라고 해석한다.

일찍이 떠나 있었지만 지금 다시 돌아와서 삼계에 들어가 중생을 제도하는 것이다. 이것은 곧 변제정邊際定[218]의 힘에 의해서 받은 몸으로 그 적절한 곳을 따라 시현하는 것이다.

"구족한 연후에 나오려 하네."는 보살의 일체행을 구족한 연후에야 그 보살의 몸을 벗어나 불신佛身을 터득하는 것이다.

"먼저 오고"라는 것은 과거에 이미 선근이 성숙한 자이고, "나중에 오는 자"라는 것은 미래세에 바야흐로 성숙하게 될 자이므로, 미래제가 다하도록 쉬지 않는다는 것이다.

此是第二陳自發心。於中有二。初之二句。陳今發心之位。後一頌半。表其後修之行。我今住不住者。今聞佛說已。發大心卽住不住寂地之心故。來所還復來者。無始流轉之來之處。我先所離。今還復來。來入三界。度衆生故。邊際定力。延所受身。隨其所宜。而示現故。具足然後出者。具足菩薩一切行後。出離此身得佛身故。言前來者。過去善根已成熟者也。言後來者。於未來世方成熟者也。窮未來際。不休息故。

② 서술하여 마침

경 그때 부처님께서 사리불에게 말씀하셨다.
"불가사의하도다. 그대는 반드시 후세에 보살도를 성취하여 무량한 중생을 생사의 바다에서 건져줄 것이다."

爾時。佛告舍利弗言。不可思議。汝當於後。成菩薩道。[1] 無量衆生。超生死海。[2]

---

218 변제정邊際定 : 사념청정捨念淸淨이 성취되는 제4선으로 불고불락不苦不樂의 경지를 가리킨다.

1) ⓖ '菩薩道'는 『大正新修大藏經』에 수록된 『金剛三昧經』을 비롯하여 『金剛三昧經註解』, 『金剛三昧經通宗記』에는 '菩提道'로 되어 있다. 2) ⓖ '生死海'는 『大正新修大藏經』에 수록된 『金剛三昧經』에는 '生死苦海'로 되어 있다.

논 이것은 둘째로 서술하여 마친 대목으로서, 사리불이 말한 것을 인가하는 것이다.

第二述成。印其所說。

(4) 대중이 획득한 이익

경 그때 대승의 대중은 모두 보리를 깨치고, 모든 소승의 대중들도 오공五空의 바다에 들어갔다.

爾時。大衆。皆悟菩提。諸小衆等。入五空海。

논 이것은 크게 분류한 가운데 넷째로 당시의 대중이 획득한 이익에 대한 것이다.[219]

"대중"은 곧 대승의 무리이다.

"보리를 깨친다."는 것은 일지一地의 보리심에 오입悟入한 것이다.

"모든 소승의 대중"은 성문중으로 곧 세 가지 진여문[220]에 들어간 것이다.

---

219 「入實際品」에서는 심진여문을 드러내는 네 부분 가운데 그 넷째인 당시의 대중이 획득한 이익에 해당한다.
220 '세 가지 진여문' 첫째는 무상진여無相眞如인데 제법의 본체로서 변계소집의 허상이 없다는 것이고, 둘째는 무생진여無生眞如인데 제법은 인연의 소생으로 실생實生이 없다는 것이며, 셋째는 무성진여無性眞如인데 제법의 진체眞體는 언망여절言亡慮絶이므로 망정妄情에 집착되지 않는 실성實性이라는 것이다.

此是大分第四。時衆得益。言大衆者。是大乘衆。悟菩提者。悟入一地菩提心故。諸小衆者。謂聲聞衆。得入三種眞如門故。

『금강삼매경론』 중권
金剛三昧經論 卷中

금강삼매경론 하권
| 金剛三昧經論 卷下 |

신라국 사문 원효가 서술하다
新羅國 沙門 元曉 述

『금강삼매경론』하권
차례

5) 「진성공품眞性空品」 433
  (1) 이근자利根者를 위하여 많은 경문으로 자세하게 설함 434
    ① 삼취정계는 진성으로부터 성취되어 있음을 설명함 434
      가. 질문을 청함 434
      나. 간략하게 답변함 436
        가) 통문通問에 답변함 436
        나) 별문別問에 답변함 437
      다. 거듭 질문을 청함 438
      라. 자세하게 설함 438
        가) 곧장 답변하여 삼취정계의 인연을 설명함 440
        나) 일본각이 일체수행을 통섭함을 설명함 442
      마. 사리불이 이해함 443
    ② 수행 덕목의 실천은 진성으로부터 성립되어 있음을 설명함 444
      가. 질문 445
      나. 답변 445
        (가) 인정 445
        나) 해석 446
          (가) 그대로 해석함 446
          (나) 거듭 드러냄 446
            ㉠ 다르다는 뜻을 없앰 447
            ㉡ 동일하다는 뜻을 드러냄 447
            ㉢ 동일하다는 뜻에는 일체법을 갖추고 있음을 설명함 447
            ㉣ 동일하다는 뜻에는 모든 허물을 떠나 있음을 설명함 448
    ③ 여래의 가르침은 진여도리에 맞게 설해진 것임을 설명함 452
      가. 질문 452
      나. 답변 453

가) 부처님께서 설법하신 이유 ……… 454
나) 문자와 뜻이 서로 다른 점 ……… 455
　(가) 두 문장으로 설명함 ……… 455
　(나) 두 문장으로 해석함 ……… 455
　　㉮ 뒤의 경문을 해석함 ……… 456
　　㉯ 앞의 경문을 해석함 ……… 456
　　　a. 그대로 해석함 ……… 457
　　　　a) 문자가 아님을 해석함 ……… 457
　　　　b) 여실한 뜻임을 해석함 ……… 458
　　　b. 거듭 드러냄 ……… 459
　　　　a) 문자가 아님을 드러냄 ……… 459
　　　　b) 진여의 뜻을 가리키는 언어임을 드러냄 ……… 461
④ 보살의 계위는 본각리로부터 나온 것임을 설명함 ……… 461
(가. 질문) ……… 462
나. 답변 ……… 462
　가) 법수를 들어 총론적으로 드러냄 ……… 462
　나) 개별적으로 해석함 ……… 464
　　(가) 신위信位 ……… 465
　　　㉮ 믿음 ……… 465
　　　㉯ 아는 것 ……… 466
　　(나) 사위思位를 설명함 ……… 466
　　　㉮ 무상의 심사관尋思觀을 설명함 ……… 467
　　　㉯ 무생의 심사관과 여실지如實智를 함께 드러냄 ……… 468
　　(다) 수위修位를 설명함 ……… 469
　　　㉮ 수행의 경계(相)를 설명함 ……… 470
　　　㉯ 수행의 인因을 드러냄 ……… 470
　　(라) 행위行位를 설명함 ……… 471
　　　㉮ 계위의 모습을 설명함 ……… 471
　　　㉯ 계위의 수행을 드러냄 ……… 472
　　(마) 사위捨位를 설명함 ……… 472
　　　㉮ 사捨의 뜻을 설명함 ……… 473

㉯ 계위의 모습을 설명함 ……… 474
    다) 총론적으로 설명함 ……… 475
      (가) 곧바로 본각의 도리를 따라야 함을 설명함 ……… 475
      (나) 왕복하면서 거듭 드러냄 ……… 476
        ㉮ 질문 ……… 476
        ㉯ 답변 ……… 476
          a. 법 ……… 476
          b. 비유 ……… 477
  ⑤ 대반야는 원융하고 무이하여 모든 인연을 단절해 있음을 설명함 ……… 478
    가. 사리불이 우러러 물음 ……… 478
      가) 부처님께서 설하신 본각의 이익이 원융한 줄을 이해함 ……… 479
      나) 본각의 이익이 곧 반야바라밀임을 드러냄 ……… 479
    나. 여래께서 설명해 줌 ……… 481
      가) 총체적인 서술 ……… 482
      나) 개별적인 서술 ……… 482
        (가) 바라밀의 인이 원만하다는 뜻을 서술함 ……… 483
        (나) 바라밀의 과가 원만하다는 뜻을 서술함 ……… 485
      다) 총체적인 서술로 결론을 맺음 ……… 486
  ⑥ 대선정은 모든 명칭과 법수를 초월해 있음을 설명함 ……… 488
    가. 질문 ……… 489
    나. 답변 ……… 490
      가) 간략하게 설명함 ……… 490
        (가) 세간선은 명칭과 법수를 떠나 있지 못함을 설명함 ……… 490
        (나) 출세간선은 그 명칭과 법수를 초월해 있음을 드러냄 ……… 491
      나) 자세하게 설명함 ……… 491
        (가) 형상에 대하여 형상을 떠나 있음을 설명함 ……… 492
        (나) 움직임(動)에 대하여 움직임을 떠나 있음을 드러냄 ……… 493
        (다) 진여의 뜻을 결론지음 ……… 494
        (라) 진여의 명칭을 결론지음 ……… 495
(2) 둔근자鈍根者를 위하여 작은 경문으로 간략하게 요약함 ……… 495
  ① 질문 ……… 496

② 답변 497
③ 청함 498
④ 설명함 498
　가. 개별적으로 두 가지 문의 뜻을 설명함 499
　나. 총체적으로 일심법을 드러냄 499
⑤ 대중이 설법을 듣고 이익을 얻음 501
6) 「여래장품如來藏品」 502
　(1) 제법과 제행은 똑같이 같은 도리에 들어감을 설명함 503
　　① 제법이 일실의一實義에 들어 있음을 설명함 503
　　　가. 질문 503
　　　　가) 앞에서 설한 것을 이해함 504
　　　　나) 의심나는 것을 질문함 506
　　　나. 답변 506
　　　　가) 법 507
　　　　나) 비유 508
　　　　다) 합 509
　　　다. 이해시킴 509
　　　라. 서술함 509
　　　　(가) 총체적으로 서술함 510
　　　　나) 개별적으로 서술함 510
　　　　　((가) 법) 510
　　　　　((나) 비유) 510
　　　　　(다) 합 511
　　② 제행이 일불도一佛道에 들어 있음을 설명함 511
　　　가. 질문 511
　　　나. 답변 512
　　　　가) 비유 512
　　　　나) 합 513
　(2) 수행에 들어가고 지혜에 들어가는 인과 과의 차별을 설명함 513
　　① 수행의 차별에 들어감 514
　　　(가. 총론적으로 표방함) 515

(나. 질문) 515
다. 답변 515
　가) 개별적으로 설명함 515
　나) 총체적으로 해석함 516
② 지혜의 차별에 들어감 518
　가. 질문 518
　나. 답변 519
　　가) 총론적으로 표방함 520
　　나) 개별적으로 해석함 521
　　다) 총체적으로 설명함 522
③ 인의 작용에 들어감 523
　가. 산문(長行) 523
　　가) 간략하게 설명함 523
　　　(가) 총론적으로 표방함 524
　　　(나) 개별적으로 해석함 525
　　　(다) 결론적으로 설명함 526
　　　(라) 끝으로 권장함 527
　　나) 거듭 드러냄 527
　　　(가) 첫째 문답 527
　　　(나) 둘째 문답 529
　　다) 이해를 시킴 530
　　　(가) 관행을 이해시킴 531
　　　(나) 경계를 이해시킴 531
　나. 중송重頌 532
　　가) 간략하게 선설함 532
　　나) 자세하게 찬송하여 연설함 534
　　　(가) 곧장 연설함 534
　　　(나) 잘못된 견해를 타파함 536
　　　(다) 바르게 취했음을 서술함 540
　　　(라) 설법한 자에게 예를 드림 541
　　　　㉮ 설하는 사람에게 예배함 542

㉯ 설하는 사람의 지혜에 예배함 ……… 542
㉰ 설하는 사람의 몸에 예배함 ……… 543
(마) 아직 듣지 못한 것을 설해 달라고 청함 ……… 543
④ 과의 상주법常住法에 들어감 ……… 544
가. 여래의 설법 ……… 545
가) 설법을 허락함 ……… 545
나) 본격적인 설법 ……… 545
(가) 영원한 증과(常果)를 설명함 ……… 546
㉮ 법의 영원함 ……… 546
㉯ 부처의 영원함 ……… 547
(나) 영원한 인행(常因)을 보여 줌 ……… 548
㉮ 개별적인 설명 ……… 548
  a. 진증관眞證觀 ……… 549
  b. 방편관方便觀 ……… 549
    a) 유식의 심尋과 사思를 설명함 ……… 550
    b) 유식의 여실지如實智를 드러냄 ……… 551
㉯ 총체적인 결론 ……… 551
나. 장자의 연설 ……… 552
가) 부처님 교법의 뜻을 판별함 ……… 552
(가) 양변의 가르침에 떨어지는 것을 설명함 ……… 554
(나) 양변의 가르침을 떠나 있음을 드러냄 ……… 555
나) 양변의 집착을 타파함 ……… 556
(가) 유견의 입장의 집착을 타파함 ……… 556
㉮ 그 유집을 타파함 ……… 556
  a. 인연집을 타파함 ……… 557
  b. 그 밖의 삼연三緣을 타파함 ……… 558
㉯ 저 진공을 보여 줌 ……… 560
(나) 이승이 공견에 집착함을 부정함 ……… 561
다) 무이관無二觀을 보여 줌 ……… 562
다. 대중이 터득한 이익 ……… 563
2. 총체적으로 모든 의심을 해결함('총지품') ……… 564

1) 청함 565
2) 허락 565
3) 해결해 줌 567
 (1) 앞의 여섯 가지 품의 여섯 가지 의심을 역순으로 해결해 줌 568
  ① 개별적으로 해결해 줌 568
   가. 「여래장품」에서 일으킨 의심을 해결해 줌 568
   나. 「진성공품」에서 일으킨 의심을 해결해 줌 569
    가) 그대로 없애 줌 570
    나) 거듭 해결해 줌 571
   다. 「입실제품」에서 일으킨 의심을 해결해 줌 573
    가) 질문 574
    나) 인정 574
    다) 이해시켜 줌 574
    라) 서술함 577
   라. 「본각리품」에서 일으킨 의심을 해결해 줌 578
   마. 「무생행품」에서 일으킨 의심을 해결해 줌 580
   바. 「무상법품」에서 일으킨 의심을 해결해 줌 583
    가) 도리를 보여 줌 585
    나) 상相을 발생시키는 집착을 타파함 586
  ② 설법한 것을 총체적으로 결정해 줌 587
   가. 병이 아님을 결정함 587
    가) 살펴서 물음 587
    나) 결정해서 인정해 줌 588
   나. 그것이 약임을 결정해 줌 590
    가) 보살이 살펴서 질문함 590
     (가) 앞의 심심한 공덕취를 이해함 591
      ㉮ 총론적으로 표방함 592
      ㉯ 개별적으로 드러냄 592
       a. 법상을 떠나 있음을 설명함 592
       b. 자성을 떠나 있음을 드러냄 593
      ㉰ 법상을 떠나 있고 자성을 떠나 있음을 다시 총결함 593

(나) 가르침이 깊이 이관理觀에 들어 있음을 설명함 ……… 594
　㉮ 개별적인 설명 ……… 594
　　a. 공삼매 ……… 594
　　b. 무상삼매 ……… 594
　　c. 무원삼매 ……… 595
　㉯ 총체적으로 결론 맺음 ……… 595
(다) 양약의 뛰어난 덕을 살펴서 질문함 ……… 596
나) 결정하여 인정해 줌 ……… 596
　(가) 총론적으로 인정함 ……… 597
　(나) 개별적으로 인정함 ……… 597
　　㉮ 유전의 결과라는 근심(果患)을 떠났음을 설명함 ……… 597
　　㉯ 집착의 인행이라는 질병(因病)을 다스림을 드러냄 ……… 598
　(다) 다시 총결함 ……… 599
(2) 「여래장품」한 품의 세 가지 의심을 순차로 없애 줌 ……… 600
　① 첫째 의심을 없애 줌 ……… 600
　　가. 질문 ……… 600
　　나. 여래가 의심을 결단해 줌 ……… 602
　　　가) 그대로 결단해 줌 ……… 602
　　　　(가) 간략한 해석 ……… 603
　　　　(나) 자세한 해석 ……… 604
　　　　　㉮ 삼해탈도의 뛰어난 이익을 설명함 ……… 605
　　　　　㉯ 삼화를 근수하는 뛰어난 이익을 드러냄 ……… 606
　② 둘째의 의심을 없애 줌 ……… 606
　　가. 질문 ……… 606
　　　가) 과果가 요원함을 물음 ……… 607
　　　나) 인因에 들어감을 물음 ……… 608
　　(나. 답변) ……… 610
　　(다. 청함) ……… 610
　　라. 설명함 ……… 610
　　　가) 책려하고 멀리하게 해 주는 방편을 설명함 ……… 610
　　　나) 들어가야 할 방편을 보여 줌 ……… 612

(가) 보리도 ……… 612
　　　(나) 대각 ……… 613
　　　(다) 지혜와 선정 ……… 613
　③ 셋째의 의심을 없애 줌 ……… 615
　　가. 질문 ……… 615
　　나. 의심한 것을 여래가 곧장 결단해 줌 ……… 616
　　　가) 간략한 설명 ……… 616
　　　　(가) 부동의 뜻을 설명함 ……… 617
　　　　　㉮ 표방 ……… 618
　　　　　㉯ 해석 ……… 618
　　　　　㉰ 결론지음 ……… 619
　　　　(나) 여래장에 들어가는 뜻을 설명함 ……… 619
　　　나) 자세한 설법 ……… 620
　　　　(가) 부동의 뜻을 널리 설법함 ……… 621
　　　　　㉮ 근본을 추구해도 터득할 수 없다는 것으로써 부동을 드러냄 ……… 621
　　　　　　a. 표방 ……… 621
　　　　　　b. 해석 ……… 621
　　　　　　c. 결론지음 ……… 623
　　　　　㉯ 지말을 좇아도 터득할 수 없다는 것으로써 부동을 드러냄 ……… 623
　　　　(나) 여래장에 들어간 뜻을 펼쳐서 설함 ……… 624
　4) 지장보살이 이해시킴 ……… 626

제3장 유통분 ……… 629
　1. 보살을 찬탄하여 유통시킴 ……… 630
　2. 대중에게 권장하여 유통시킴 ……… 631
　3. 경전의 제명을 내세워 유통시킴 ……… 632
　　1) 질문 ……… 632
　　　(1) 이해 ……… 633
　　　(2) 질문 ……… 633
　　2) 답변 ……… 634
　　　(1) 첫 번째 질문에 답변함 ……… 635

① 제목의 뜻을 찬탄함 635
         (가. 총체적으로 제목을 찬탄함) 636
         나. 개별적으로 뜻을 드러냄 636
           가) 금강삼매라는 제명의 뜻을 드러냄 636
           나) 섭대승경이라는 제명의 뜻을 드러냄 636
           다) 무량의종이라는 제명의 뜻을 드러냄 637
         ② 그대로 제명의 뜻을 내세움 637
      (2) 두 번째 질문에 답변함 637
  4. 수지하여 유통시킴 639
    1) 그대로 수지함을 설명함 639
      (1) 질문 640
      (2) 답변 640
        ① 다섯 가지 마음의 작용을 설명함 640
        ② 다섯 가지 복리를 터득함 641
    2) 왕복하면서 거듭 드러냄 642
      (1) 복전의 자체를 설명함 642
      (2) 복덕을 발생시키는 공능을 드러냄 644
  5. 참회시켜 유통시킴 645
    1) 참회의 공덕을 찬탄함 645
    2) 왕복하면서 거듭 드러냄 646
      (1) 참회하는 도리를 드러냄 647
      (2) 참회하는 수행법을 드러냄 648
        ① 참회하는 수행법을 설명함 649
        ② 뛰어난 이익을 보여 줌 650
  6. 봉행하여 유통시킴 650

발문 / 653

찾아보기 / 655

5) 「진성공품眞性空品」

眞性空品第六[1]

1) ㉯ '第六'은 甲本에는 없다.

논 진여법은 모든 공덕과 더불어 모든 수행의 덕을 갖추고 본성으로 작용하기 때문에 진성眞性이라 한다. 이와 같이 진성은 모든 명칭(名)과 형상(相)을 단절해 있으므로 진성공眞性空이라 한다. 또한 이 진성은 상을 떠나 있고 성을 떠나 있는데, 상을 떠나 있다는 것은 허망한 상을 떠나 있는 것이고 성을 떠나 있다는 것은 진성을 떠나 있는 것이다. 허망한 상을 떠나 있으므로 허망한 상이 공하고, 진성을 떠나 있으므로 진성도 역시 공하다. 이런 까닭에 진성공이라 한다. 지금 「진성공품」에서는 이와 같은 두 가지 뜻을 드러내기 때문에 그 두 가지 뜻으로 품명을 내세운다.

개별적으로 일미관행을 설명하는 여섯 부분 가운데 넷째로 허망을 없애고 실제에 들어가는 부분을 마쳤다. 이하는 다섯째로 모든 성행聖行이 진성공에서 나온 것을 설명한다. 이 「진성공품」은 크게 두 부분으로 나뉜다. 첫째는 이근자를 위하여 많은 경문(多文)으로 자세하게 설하고, 둘째는 둔근자를 위하여 작은 경문(小文)으로 간략하게 요약한다.

眞如之法。具諸功德。與諸行德。而作本性。故言眞性。如是眞性。絶諸名相。以之故言眞性空也。又此眞性。離相離性。離相者離妄相。離性者離眞性。離妄相故。妄相空也。離眞性故。眞性亦空。以之故言眞性空也。今此品中。顯是二義。故依是義。立品名也。別明觀行。有六分中。第四遣虛入實分竟。此下第五明諸聖行。出眞性空。就此品中。大分有二。一爲利根者多文廣說。二爲鈍根者。少文略攝。

(1) 이근자利根者를 위하여 많은 경문으로 자세하게 설함

첫째, 자세하게 설하는 데 여섯 부분이 있다. 첫째는 삼취정계는 진성으로부터 성취되어 있음을 설명하고, 둘째는 수행 덕목의 실천(道品行)은 진성으로부터 성립되어 있음을 설명하며, 셋째는 여래의 가르침은 진여 도리에 맞게 설해진 것임을 설명하고, 넷째는 보살의 계위는 본각리로부터 나온 것임을 설명하며, 다섯째는 대반야는 (원융하고 무이하여) 모든 인연을 단절해 있음을 설명하고, 여섯째는 대선정은 모든 명칭과 법수를 초월해 있음을 설명한다.

前廣說中。卽有六分。一者明三聚戒。從眞性成。二者明道品行。從眞性立。三者明如來敎。當如理說。四者明菩薩位。從本利出。五者明大般若。絶諸因緣。六者明大禪定。超諸名數。

① 삼취정계는 진성으로부터 성취되어 있음을 설명함

첫째의 삼취정계에 대한 경문에 다섯 부분이 있다. 첫째는 질문하고, 둘째는 간략하게 답변하며, 셋째는 거듭 질문(請)하고, 넷째는 설명해 주며, 다섯째는 이해한다.

初三戒中。文有五分。一問。二答。三請。四說。五者領解。

가. 질문을 청함

경 그때 사리불이 부처님께 사뢰어 여쭈었다.
"존자이시여, 보살도를 닦는 데 있어 명칭과 형상이 없다면 삼취정계의 위의가 없을 터인데 어떻게 자신이 섭수하고 또 중생에게 설할 수가 있겠습니까? 바라건대 부처님께서는 자비로써 저희들에게 널리 설해 주십시오."

爾時。舍利弗。而白佛言。尊者。修菩薩道。無有名相。三戒無儀。云何攝受。爲衆生說。願佛慈悲。爲我宣說。

논 이는 첫째로 질문이다.

"보살도를 닦는 데 있어 명칭과 형상이 없다."는 것은 모든 수행을 통틀어 언급한 것이다.

"삼취정계의 위의가 없다."는 것은 계행¹을 별도로 말한 것이다. 앞의 「입실제품」에서 말한 "삼취정계에 들어가지만 그에 대한 상이 없습니다."라는 것에 해당한다. 이것은 곧 삼취정계에 형상(相)이 없고 위의(儀)가 없다면 자신은 어떻게 삼취정계를 섭수하고 또 어떻게 삼취정계를 타인에게 설해 주겠는가 하는 것이다.

사리불(身子)은 이미 처음에 대승에 들어가 초발심하여 수행할 때부터 삼취정계를 근본으로 삼았기 때문에 삼무루학의 처음 행위 곧 계행에 대하여 질문한 것이다. 또한 사리불은 법신으로부터 발생하였는데 이제 이 「진성공품」에서 모든 수행법이 법신으로부터 발생한 것임을 설한다. 그러므로 사리불에 의거하여 질문한 것이다.

此卽初問。言修菩薩道無名相者。通擧諸行。三戒無儀者。別牒戒行。如前品言。入三聚戒。不住其相。是卽三戒。無相無儀。云何自攝受。及爲他說耶。此舍利弗。旣始入大。初發修行。以戒爲本。故問三學之中初行。又此身子。從身而生。今此品中說諸行法。從法身生。故寄身子而發問也。

---

1 계행: 삼무루학三無漏學 가운데 계무루학戒無漏學을 가리킨다.

나. 간략하게 답변함

경 부처님께서 말씀하셨다.

"선남자여, 그대는 이제 자세히 들거라. 그대에게 설해 주겠다.

선남자여, 선법과 불선법은 다 마음으로부터 화생化生한 것이고, 일체의 경계는 뜻(意)과 말(言)에서 분별된 것이다. 일본각一本覺의 도리로 그것을 제지하면 온갖 반연이 단멸된다.

선남자여, 왜냐하면 일본각은 기동하지도 않고 삼용三用[2]은 시행되지도 않지만 진여의 도리에 머무르고, 육도의 문이 닫히며, 사연四緣[3]이 여법하게 이루어지고(如順), 삼취정계가 갖추어지기 때문이다."

佛言。善男子。汝今諦聽。爲汝宣說。善男子。善不善法。從心化生。一切境界。意言分別。制之一處。衆緣斷滅。何以故。善男子。一本不起。三用無施。住於如理。六道門杜。四緣如順。三戒具足。

논 이는 둘째로 간략한 답변이다. 여기에 두 부분이 있다.

此是第二略答。於中有二。

가) 통문通問에 답변함

첫째는 통문通問에 답변한 것이다.

---

2 삼용三用 : 원효는 삼취정계의 작용으로 해석하고 있지만, 『金剛三昧經註解』 권3(X35, 241a)에서는 공空·가假·중中이라 하고, 『金剛三昧經通宗記』 권9(X35, 305bc)에서는 삼해탈三解脫의 작용이라 한다.
3 사연四緣 : 작택멸력취연作擇滅力取緣·본리정근력소집기연本利淨根力所集起緣·대혜대비력연本慧大悲力緣·일각통지력연一覺通智力緣을 가리킨다.

"선법과 불선법은 다 마음으로부터 화생한 것이다."라는 것은 삼업의 인행因行이 모두 마음의 작용이기 때문이다.

"일체의 경계는 뜻과 말로 분별된 것이다."라는 것은 육도의 과경果境은 뜻으로 변화되지 않은 것이 없기 때문이다. 마음의 동란을 제어하지 못함을 말미암은 까닭에 인과를 변작하여 고해에 유전한다. 이런 까닭에 고해를 건너려면 보살도를 닦아서 마음을 일여하게 제어하여 온갖 반연을 단멸해야 한다. 그러므로 보살도의 수행에는 명칭과 형상이 없다.

先答通問。善不善法從心化生者。三業因行皆是心作故。一切境界意言分別者。六道果境。無非意變故。由心亂動。不能制故。變作因果。流轉苦海。是故欲度苦海。修菩薩道。制心一如。衆緣斷滅。所以菩薩。修無名相。

나) 별문別問에 답변함

"왜냐하면" 이하는 둘째로 별문別問에 답변한 것이다. 비록 다시 총설했지만 아직 개별적인 수행에 대하여 듣지 못했기 때문에 다시 '왜냐하면' 하고 질문한 것이다.

"일본각은 기동하지도 않고"라는 것은 삼취정계의 근본인 일본각은 본래 적정하기 때문에 '기동하지 않는다.'고 한다.

"삼용은 시행되지도 않지만"이라는 것은 이미 본각에 의하여 삼취정계의 작용이 성취되었지만 그 작용에는 위의로 행해지는 형상을 떠나 있다. 행해지는 것이 없고, 일본각을 따라 머물기 때문에 "진여의 도리에 머무른다."라고 한다. 그리고 이미 진여의 도리에 머물러 삼유의 인을 없앴으므로 "육도의 문이 닫힌다."라고 한다.

일여[4]의 도리에 사연의 힘이 갖추어져 있고, 일여의 도리에 따라 삼취

---

4 일여 : 일본각의 진여를 가리킨다.

정계가 갖추어진다. 때문에 "사연四緣이 여법하게 이루어지고 삼취정계가 갖추어지기 때문이다."라고 한다.

> 何以故下。次答別問。雖復摠說。未聞別行。所以更問何以故也。一本不起者。三戒之本。是一本覺。本來寂靜。故曰不起。三用無施者。既依本覺。成三戒用。用離威儀施作相故。無施作故。順住一本。故言住於如理。既住如理。消除有因。故言六道門杜。於一如理。具四緣力。能順一如。即具三戒。故言四緣如順三戒具足。

다. 거듭 질문을 청함

경 사리불이 여쭈었다.
"사연四緣이 여법하게 이루어지고 삼취정계가 갖추어진다는 것은 무엇입니까."

> 舍利弗言。云何四緣如順。三戒具足。

논 이것은 셋째로 거듭 청하는 것이다.

> 此是第三重請。

라. 자세하게 설함

경 부처님께서 말씀하셨다.
"사연이란 다음과 같다. 첫째는 택멸擇滅[5]을 작용시키는 힘으로 별해탈계

---

5 택멸擇滅:『金剛三昧經通宗記』권9(X35, 306a)에서는 간택단멸揀擇斷滅의 뜻으로 해석

를 취하는 연이니, 섭률의계이다. 둘째는 본각의 이익의 청정한 근본의 힘
으로 모든 선법을 집기하는 연이니, 섭선법계이다. 셋째는 본각의 지혜인
대비의 힘을 일으키는 연이니, 섭중생계이다. 넷째는 일본각으로 삼취정계
를 두루 꿰뚫어보는 지혜력의 연이니, 진여를 따라 머무는 것이다. 이것이
곧 사연이다.

선남자여, 이와 같이 네 가지 큰 인연의 힘은 사상事相에 집착하지 않지
만 공용이 없지 않고, 일본각의 도리를 떠나 있어서 추구할 수 있는 것도
아니다.

선남자여, 이와 같이 일본각(一事)⁶은 육행을 통섭하므로 부처님의 보리
이고 살반야의 바다이다."

佛言。四緣者。一謂作擇滅力取緣。攝律儀戒。二謂本利淨根力。所集起緣。
攝善法戒。三謂本慧大悲力緣。攝衆生戒。四謂一覺通智力緣。順於如住。
是謂四緣。善男子。如是四大緣力。不住事相。不無功用。離於一處。即不
可求。善男子。如是一事。通攝六行。是佛菩提薩般若海。

논 이는 넷째로 자세하게 설하는 것이다. 여기에 두 가지가 있다. 첫째
는 곧장 답변하여 삼취정계의 인연을 설명하고,⁷ 둘째는 일본각이 일체수
행을 통섭함을 드러낸다.⁸

한다. 또한 『金剛三昧經註解』 권3(X35, 241b)에서는 "여기에서의 택선擇善으로서
반드시 이와 같이 해야 한다든가 또는 반드시 이와 같이 해서는 안 된다든가 하는 것으
로 악의 소멸을 말한다.(故擇謂擇善。如是應作。如是不應作等滅惡。)"고 말한다.
6 일본각(一事) : 『金剛三昧經通宗記』 권9(X35, 306b)에서는 여래의 칠상주과七常住果로서
보리菩提·열반涅槃·진여眞如·불성佛性·암마라식菴摩羅識·공여래장空如來藏·대원
경지大圓鏡智를 언급하면서 그것에 명칭은 일곱 가지가 있지만 그 체體는 본래 같은 것
이라고 말한다.
7 이에 해당하는 경문은 다음과 같다. "사연이란 다음과 같다. … 이것이 곧 사연이다."
8 이에 해당하는 경문은 다음과 같다. "선남자여, 이와 같이 사대연력은 사상에 집착도 없
고 무공용도 아니며 일본각의 도리를 떠나 있고 추구할 수 있는 것도 아니다. 선남자여,

此是第四廣說。於中有二。[1] 一者正答明戒因緣。二者乘顯攝一切行。

1) ㉘ '二'는 甲本에는 '一'로 되어 있다.

가) 곧장 답변하여 삼취정계의 인연을 설명함

첫째에서 "사연"이라 한 것은 일심의 본각리本覺利 가운데 사대연력을 갖추어서 삼취정계의 연을 짓는 것을 말한다. 첫째는 멸의지연滅依止緣이고, 둘째는 생의지연生依止緣이며, 셋째는 섭의지연攝依止緣이고, 넷째는 이의지연離依止緣이다.

멸의지는 본각 중의 자성이 고요한 공덕이 모든 번뇌의 자성과 상위相違한 것으로, 이 연은 섭률의계를 성취한다. 생의지는 본각 가운데 자성이 선한 공덕은 모든 선근의 자성과 서로 조화로운 것으로, 이 연은 섭선법계를 성취한다. 섭의지는 본각 가운데 자성이 대비의 자성을 성취하여 일체의 중생을 저버리지 않는 것으로, 이 연은 섭중생계를 성취한다. 이의지는 본각 가운데 자성이 반야의 자성을 성취하여 일체의 사상事相을 멀리 벗어난 것으로, 이 인연은 삼취정계로 하여금 사상事相을 멀리 벗어나서 진여에 수순하여 머물게 한다.

앞의 세 가지는 개별적인 연이고, 마지막의 한 가지는 총체적인 연이다. 보살이 발심하여 삼취정계를 받을 때 본각의 이익에 수순하여 수지하므로 이 네 가지 연으로 삼취정계를 갖춘다. 대의는 이와 같다.

初中言四緣者。謂於一心本覺利中。具四力用。作三戒緣。一滅依止緣。二生依止緣。三攝依止緣。四離依止緣。滅依止者。謂本覺中。性靜功德。與諸煩惱自性相違。以是緣成攝律儀戒。生依止者。謂本覺中性善功德。與諸善根自性相順。以是緣成攝善法戒。攝依止者。謂本覺中性成大悲自性。不捨

이와 같이 일본각은 육행을 통섭하므로 부처님의 보리이고 살반야의 바다이다."

一切衆生。以是緣成攝衆生戒。離依止者。謂本覺中性成般若自性。捨離一切事相。以是因緣。令三聚戒。捨離事相。順如而住。前三別緣。後一通緣。菩薩發心。受三戒時。順本覺利。而受持故。以是四緣。具足三戒。大意如是。

다음은 경문을 해석한다.
"첫째는 택멸을 작용시키는 힘으로 별해탈계를 취하는 연이다."라는 것은 본각은 본래 번뇌의 계박을 떠나 있어 전체적으로 택멸해탈을 일으켜 그 힘으로 별해탈계를 능취하는 것이다. 마치 자석이 바늘을 끌어당기는 경우에 그럴 의도가 없어도 저절로 작용하는 것과 같다. 택멸해탈의 도리도 또한 그와 같은 줄 알아야 한다.
"둘째는 본각의 이익의 청정한 근본의 힘으로 모든 선법을 집기하는 연이다."라는 것은 본각은 본래 자성이 청정한 공덕으로 모든 수행공덕의 근본이 되는데, 바로 그 근본 힘을 말미암아 모든 선법을 일으키는 것이다. 일어난 바 모든 선법의 연, 바로 그 연이 섭선법계를 성취한다.
"셋째는 본각의 지혜인 대비의 힘을 일으키는 연이니, 섭중생계이다."라는 것은 본각 가운데 속제를 비추는 지혜는 곧 대비로서 항상 중생을 보살피는데, 이 연은 섭중생계를 성취한다는 것이다.
"넷째는 일본각으로 삼취정계를 두루 꿰뚫어보는 지혜력의 연이니, 진여를 따라 머무는 것이다."라는 것은 본각 가운데 모든 자성을 비추는 지혜로서 삼취정계를 모두 진여를 수순하여 머물게 하는 것을 말한다.
이와 같이 사연의 자체는 모든 법계에서 작용하여 만행을 섭수하므로 "큰 인연의 힘"이라 한다. 비록 큰 인연의 힘이 있지만 일미와 마찬가지로 모든 명칭과 형상의 차별적인 작용을 떠나 있기 때문에 "사상에 집착도 없다."고 한다. 비록 사상事相이 없지만 뛰어난 능력이 있어 출세간의 일체의 수행공덕을 능섭하기 때문에 "공용이 없지는 않다."고 한다.
이러한 까닭에 본각은 세속법에서는 그와 같은 뜻을 찾아볼 수가 없다.

그러므로 "일본각의 도리를 떠나 있어서 추구할 수 있는 것도 아니다."라고 한다.
　이상은 삼취정계의 연에 대하여 개별적으로 설명한 것이다.

> 次消其文。一謂作擇滅力取緣者。本覺本離煩惱繫縛。擧體而作擇滅解脫。有力能取別解脫戒。如似磁¹⁾石引取於針。雖無作意。而有力用。當知此中道理亦爾。二謂本利淨根力所集起緣者。謂本覺本來性淨功德。與諸行德而作根本。由此根力起諸善法。爲所集起善法之緣。卽此緣成攝善法戒。三謂本慧大悲力緣攝衆生戒者。謂本覺中照俗之慧。卽是大悲恒潤衆生。以是緣成攝衆生戒。四謂一覺通智力緣順於如住者。謂本覺中照通性智。令三聚戒。皆順如住。如是四緣。體遍法界。用攝萬行。故言大力。雖有大力。而同一味。離諸名相差別事用。故言不住事相。雖無事相。而有勝能。能攝出世一切行德。故言不無功用。由如是故。只是本覺。於俗法中。無如是義。故言離於一處。卽不可求。上來別明。三聚戒緣。

1) ㉠ '磁'는 甲本에는 '礠'로 되어 있다.

나) 일본각이 일체수행을 통섭함을 설명함

여기부터는 일본각이 일체수행을 통섭함을 설명한다.⁹
　처음의 십신十信으로부터 등각等覺에 이르기까지 그와 같은 육행의 계위에 포함된 모든 수행은 다 그 일본각에 섭수되어 성취되기 때문에 "이와 같이 일본각(一事)은 육행을 통섭한다."고 한다.
　다만 보살의 경우만 이 일본각에 귀일되는 것이 아니라 제불의 원만한 지혜도 마찬가지로 이 일본각의 바다에 귀일되기 때문에 "부처님의 보리이고 살반야의 바다이다."라고 한다.

9 일본각이 일체수행을 섭수함을 싸잡아서 드러낸다는 것이다.

自下明其通攝萬行。始從十信。乃至等覺。如是六位。所有諸行。皆是一覺
之所攝成。故言一事通攝六行。非但菩薩歸此本覺。諸佛圓智。同歸此海。
故言是佛菩提薩般若海。

마. 사리불이 이해함

경 사리불이 여쭈었다.
"사상事相에 집착도 없고 공용이 없는 것도 아니라면 그 법은 진공으로
서[10] 상·낙·아·정이고, 인아와 법아를 초월한 대반열반이며, 그 마음은 걸
림이 없는 대력관大力觀[11]일 것입니다.

舍利弗言。不住事相。不無功用。是法眞空。常樂我淨。超於二我。大般涅
槃。其心不繫。是大力觀。

논 이는 다섯째로 이해하는 것이다. 여기에 두 가지가 있다. 첫째는 소
순所順의 일여가 곧 법신으로서 사덕四德을 구족하고 인상과 법상을 초월
한 대열반임을 이해하는 것이다. 둘째는 능순能順의 일여심이 곧 일여를

---

10 사상事相에 집착도~법은 진공으로서 : 『金剛三昧經通宗記』 권9(X35, 306b)에서는 다
음과 같이 말한다. "사상에 집착이 없다고 말한 것은 유위법에 집착하지 않는 것이고,
공용이 없는 것도 아니라고 말한 것은 무위법에 집착이 없는 것이다. 그 법이야말로
곧 진성공이다.(言若不住事相。則不著於有爲。不無功用。則不著於無爲。是法卽爲眞性空
矣。)" 그러나 『金剛三昧經註解』 권3(X35, 241b)에서는 다음과 같이 말한다. "'사상에 집
착이 없다.'는 것은 유위법에 집착이 없는 것이고, '무공용도 아니다.'라는 것은 유위법
에 걸림이 없는 것이다. 유위법에 집착이 없는 것은 곧 진제이고 유위법에 걸림이 없
는 것은 곧 속제이다. 진제와 속제가 둘이 아니므로 진공의 법성은 체가 원융하게 더
불어 운용된다.(不住事相者。不著有爲也。不無功用者。不礙有爲也。不著有爲卽眞諦。不
礙有爲卽俗諦。眞俗不二。以眞空法性。爲體圓融並運。)"
11 대력관 : 『金剛三昧經註解』 권3(X35, 241b~c)에 의하면, 상락아정의 사덕四德이 성취
되어 이아二我를 초월하고 대안락심을 증득하는데 그 안락에 집착하지 않는 것이다.

수순하여 계박을 벗어나 있어 대자재력이 아닌 경우가 없음을 이해하는 것이다.

> 此是第五領解。於中有二。先領所順一如。即是法身。具足四德。超人法相。是大涅槃。後領能順如心。隨如離繫。而無不爲大自在力。

② 수행 덕목의 실천은 진성으로부터 성립되어 있음을 설명함

경 따라서 그 대력관과 대력본각에는 마땅히 삼십칠도품의 법이 갖추어져 있을 것입니다."

부처님께서 말씀하셨다.

"그렇다. 삼십칠도품의 법이 갖추어져 있다. 왜냐하면 사념처·사정근·사여의족·오근·오력·칠각분·팔정도 등 여러 가지 명칭으로 구성되어 있지만, 그 뜻은 동일하여 불일불이不一不異하기 때문이다. 다만 명칭과 법수이기에 명名과 자字가 있을 뿐이지 그 법은 얻을 수가 없다. 얻을 수 없는 법으로서 동일한 뜻이므로 문文이 없다. 문文이 없는 형상이어야 진실한 공성이다. 공성의 뜻은 여실하고 여여하다. 여여한 도리이기에 일체의 법을 갖추고 있다.

선남자여, 그래서 진여의 도리에 머무는 자는 삼고三苦(壞苦·行苦·苦苦)의 바다를 건너간다."

> 是觀覺中。應具三十七道品法。佛言。如是。具三十七道品法。何以故。四念處。四正勤。四如意足。五根。五力。七覺。[1] 八正道等。多名一義。不一不異。以名數故。但名但字。法不可得。不得之法。一義無文。無文之相【一本作義】。[2] 眞實空性。空性之義。如實如如。如如之理。具一切法。善男子。住如理者。過三苦海。

1) ㉠ '七覺'은 『大正新修大藏經』에 수록된 『金剛三昧經』을 비롯하여 『金剛三昧經註解』, 『金剛三昧經通宗記』에는 '七覺分'으로 되어 있다. 2) ㉠ '無文之相'은 『大正新修大藏經』에 수록된 『金剛三昧經』 및 『金剛三昧經通宗記』에는 '無文相義'로 되어 있고, 『金剛三昧經註解』에는 '無文之相相義'로 되어 있다.

【논】 이것은 크게 분류한 가운데 둘째로 수행 덕목(道品)의 수행이 진성으로부터 성립되었음을 설명하는 것이다. 여기에 두 가지가 있다. 첫째는 질문이고, 둘째는 답변이다.

此是大分第二明道品行。從眞性立。於中有二。先問。後答。

가. 질문

질문에서 "그 대력관과 대력본각에는"이라 한 것은 수순의 주체인 관과 수순의 객체인 본각이다. 곧 주체와 객체가 평등한 관과 본각 가운데는 마땅히 삼십칠도품의 수행이 갖추어져 있다.

問中言。是觀覺中者。是能順觀。所順本覺。能所平等觀覺之中。應具三十七道品行。

나. 답변

답변에는 두 가지가 있다. 첫째는 인정하고, 둘째는 해석한다.

答中有二。先許。後釋。

(가) 인정)

나) 해석

"왜냐하면" 이하는 둘째로 해석하는 것이다. 여기에 두 가지가 있다. 첫째는 그대로 해석하고,[12] 둘째는 거듭 드러낸다.[13]

何以故下。是第二釋。於中有二。直釋。重顯。

(가) 그대로 해석함

첫째에서 "여러 가지 명칭으로 구성되어 있지만 그 뜻은 동일하다."고 한 것은 삼십칠도품이라는 명목이 가리키는 뜻은 유일하게 관과 본각이 다르지 않기 때문이다.
"불일불이하다."는 것은 관과 본각이 동일하지도 않고 다르지도 않은 것이다.
그리고 불이문不異門에 의거하기 때문에 "그 뜻은 동일하다."고 한다.

初中言多名一義者。三十七品所目之義。唯一觀覺。無二法故。不一不異者。觀覺不一而不異故。約不異門故言一義。

(나) 거듭 드러냄

"다만 명칭과 법수이기에" 아래는 둘째로 거듭 드러낸 것이다. 여기에 네 가지가 있다. 첫째는 다르다는 뜻을 없애고, 둘째는 동일하다는 뜻을

---

12 이에 해당하는 경문은 다음과 같다. "왜냐하면 …… 불일불이不一不異하기 때문이다."
13 이에 해당하는 경문은 다음과 같다. "다만 명칭과 법수이기에 …… 삼고의 바다를 건너간다."

드러내며, 셋째는 동일하다는 뜻에는 일체법을 갖추고 있음을 설명하고, 넷째는 동일하다는 뜻에는 모든 허물을 떠나 있음을 설명한다.

以名數故已下重顯。於中有四。先遣異義。次顯一義。三明一義具一切法。四明一義離諸過患。

㉮ 다르다는 뜻을 없앰

첫째에서 "다만 명칭과 법수이기에 명名과 자字가 있을 뿐이지 그 법은 얻을 수가 없다."고 한 것은 세간에서 닦는 도품의 수행법은 명칭과 법수에 따르기 때문에 37가지가 있지만 보살의 각혜로 추구해 보면 명목이 가리키는 37가지 법은 모두 불가득하기 때문이다.

初中言以名數故。但名但字。法不可得者。謂世間修道品行法隨名數。故有三十七。菩薩覺慧。求所目義。三十七法。皆不可得故。

㉯ 동일하다는 뜻을 드러냄

둘째에서 "얻을 수 없는 법으로서 동일한 뜻이므로 문文이 없다."고 한 것은 삼십칠품의 개별적인 법을 추구해도 불가득한데 이 경우 그 법은 일미로서 모든 문언文言을 단절해 있기 때문이다.

第二中言不得之法。一義無文者。求彼別法不得之時。是法一味。絶諸文言故。

㉰ 동일하다는 뜻에는 일체법을 갖추고 있음을 설명함

셋째에서 "문文이 없는 형상이어야 진실한 공성이다."라고 한 것은 개별적인 법으로서 얻을 수 없는 능관심能觀心은 모든 문언을 떠나 있고 또 모든 차별상을 떠나 있기 때문이다.

"공성의 뜻은 여실하고 여여하다."는 것은 이 능관심이 모든 분별상과 뜻을 떠나 있어 실상의 여여한 도리와 다르지 않기 때문이다.

이와 같이 본각의 여여한 도리에는 곧 수행으로 성취된 도품 등의 법이 갖추어져 있다. 마치 금을 주조하면 상호의 형상이 갖추어지는 것과 같다. 그러므로 "여여한 도리이기에 일체의 법을 갖추고 있다."고 하였다.

第三中言無文之相。眞實空性者。不得別法之能觀心絶諸文言。離差別相故。空性之義。如實如如者。此能觀心。離諸相義。不異實相如如之理故。如是本覺如如之理。卽具修成道品等法。猶如鑄金。具相好像。故言如如之理。具一切法。

㋺ 동일하다는 뜻에는 모든 허물을 떠나 있음을 설명함

이미 진여의 도리에 머물러서 모든 공덕을 갖추면, 곧 일체의 잡염과 과실을 떠나 있기 때문에 "선남자여, 그래서 진여의 도리에 머무는 자는 삼고의 바다를 건너간다."고 한다. 이것은 넷째로 모든 허물을 떠나 있음에 해당한다.

旣住如理。具諸功德。卽離一切雜染過失。故言住如理者。過三苦海。此是第四離諸過患也。

여기에서 대략 삼십칠도품의 뜻을 설명한다. 이 가운데서는 사구로 분별하는데, 첫째는 삼십칠품을 요약하여 열 가지 법으로 삼고, 둘째는 열 가지 법을 요약하여 네 가지 법으로 삼으며, 셋째는 네 가지 법을 요약하여 일의一義로 삼고, 넷째는 일의一義에 삼십칠품이 갖추어져 있음을 설명한다.

첫째의 삼십칠품을 요약하여 열 가지 법으로 삼는 것은 다음과 같다.

『대지도론』에서 "삼십칠품은 열 가지 법을 근본으로 한다. ……."[14]고 하였다. 곧 열 가지를 삼십칠품으로 열어놓은 것이니, 그 법체를 논하면 열 가지 법이 있을 뿐임을 알아야 한다.

(問) 열 가지는 무엇인가?

(答) 계戒·사思·수受·염念·정定·혜慧·신信·근勤·안安·사捨 등이다.[15]

(問) 열 가지를 열어 삼십칠품으로 삼는 것은 무엇인가?

(答) 계戒를 열면 정어·정업·정명의 세 가지이다. 사思의 법수는 하나로 내세우니, 정사유이다. 수受도 역시 하나로 내세우니, 희각분喜覺分이다. 염念을 열면 염근·염력·염각·정념의 네 가지이다. 정定을 열면 여덟 가지가 되니, 사여의족·정근·정력·정각·정정이다. 혜慧의 경우도 역시 여덟 가지가 성립되니, 사념처·혜근·혜력·택법각분·정견이다. 근勤의 경우도 역시 여덟 가지가 성립되니, 사정근·정진근·정진력·정진각분·정정진이다. 신信에는 신근과 신력의 두 가지가 성립된다. 안安과 사捨는 각각 하나씩이니, 의각분倚覺分과 사각분捨覺分이다.

총체적으로 말하면 다섯 가지 범례가 있다. 첫째는 여덟 가지로 여는 것에 세 경우가 있으니, 정과 혜와 근의 스물네 가지가 이 세 경우에 포함된다. 둘째는 네 가지로 여는 것에 한 경우가 있으니, 염이다. 그러므로 이

---

14 『大智度論』 권19(T25, 198b).
15 『大智度論』에서 제시하는 열 가지는 신信·계戒·사유思惟·정진精進·염念·정定·혜慧·제除·희喜·사捨인데, 원효는 희喜를 수受로, 정진精進을 근勤으로, 제除는 안安으로 간주하고 있다.

네 가지는 염 한 가지에 포함된다. 셋째는 세 가지를 여는 것에 한 경우가 있으니, 계이다. 이 세 가지는 계 한 가지에 포함된다. 넷째는 두 가지를 여는 것에 한 경우가 있으니, 신이다. 신은 신근과 신력을 포함한다. 다섯째는 한 가지를 여는 것에 네 경우가 있으니, 사思·수受·안安·사捨는 각각 사·수·안·사라는 자체의 성품을 포함한다. 이와 같이 열 가지 법이 삼십칠품을 포함한다.

둘째의 열 가지 법을 요약하여 네 가지 법으로 삼는 것은 다음과 같다. 첫 번째 계戒는 색법에 포함되니, 표색업과 무표색업이다. 두 번째 사捨와 수受는 변행遍行의 심소에 포함된다. 세 번째 염念·정定·혜慧는 개별적인 경계인 심소에 포함된다. 네 번째 신信·근勤·안安·사捨의 네 가지는 선善의 심소에 포함된다.

셋째의 네 가지 법을 요약하여 일의一義로 삼는 것은 다음과 같다. 각혜覺慧로 추구해 보면 이와 같은 네 가지 가운데 처음의 한 가지는 색법으로서 방소方所가 있거나 방소가 없거나 모두 무소득이고, 뒤의 세 가지는 심소유로서 시時가 있거나 시時가 없거나 모두 얻을 수 없다. 그러므로 비록 법이 없지는 않지만 유가득의 법이 없어서 평등일미이다. 그러므로 네 가지 법은 그대로 곧 일의一義임을 마땅히 알아야 한다. 이런 까닭에 "여러 가지 명칭으로 구성되어 있지만 그 뜻은 동일하다."고 말한다.

넷째의 일의一義에 삼십칠품이 갖추어져 있음을 설명하는 것은 다음과 같다. 주체와 객체가 평등일미의 뜻이라는 입장에서 신身·수受·심心·법法이 공적함을 관찰하는 것은 곧 사념처이고, 모든 해태를 떠나는 것은 사정근이며, 산란한 생각이 적멸해지는 것은 사여의족이고, 불신不信 등을 떠나는 것은 신근信根과 신력信力이며, 무명 등이 소멸되는 것은 칠각분七覺分이고, 팔사법八邪法을 떠나는 것은 팔정도이다. 이와 같이 일체의 잡염雜染을 멀리 떠나서 일의一義에 무량한 공덕이 갖추어져 있기 때문에 "그 대력관과 대력본각에는 마땅히 삼십칠도품의 법이 갖추어져 있을 것입니다."라고 하였고, 또한 "여여한 도리이기에 일체의 법을 갖추고 있다."고 하였다.

此中略明道品之義。於中卽以四句分別。一攝三十七以爲十法。二攝十法以爲四法。三攝四法以爲一義。四明一義具三十七。初攝三十七以爲十法者。智度論云。三十七品十法爲本。乃至廣說。當知開十立三十七。論其法體。唯有十法。何等爲十。謂戒思受念定與慧信勤安捨。云何開十爲三十七。開戒爲三。正語業命。思數立一。謂正思惟。受亦立一。謂喜覺分。開念爲四。念根念力念覺正念。開定爲八。謂四如意足。定根定力定覺正定。慧亦立八。謂四念處。慧根慧力擇法覺分及與正見。勤亦立八。謂四正勤。精進根精進力精進覺分及正精進。信中立二。信根信力。安捨各一。謂倚覺分。及捨覺分。摠而言之。有其五例。一者開八有三。謂定慧勤。彼二十四。此三所攝。二者開四有一。謂念。所以彼四。一念所攝。三者開三有一。謂戒。所以彼三一戒所攝。四者開二有一。謂信。信攝彼二。五者立一有四。思受安捨。各攝自性。如是十法。攝三十七。二攝十法爲四種者。第一戒者。色法所攝。謂表無表。第二思受。遍行心所所攝。第三念定慧。別境心所所攝。第四信等四善心所所攝。三攝四法爲一義者。覺慧推求如是四法。初一色法。有方無方。俱無所得。後三心所。有時無時。皆不可得。是則雖非無法。而不得有可得之法。平等一味。當知四法。直是一義。以之故言多名一義。四明一義具三十七者。能所平等。一味之義。觀身等空。是四念處。離諸懈怠。是四正勤。散慮寂滅。是如意足。離不信等。卽是根力。滅無明等。卽七覺分。離八邪法。卽八正道。如是遠離一切雜染。一義具足。無量功德。故言是觀覺中。應具三十七道品法。又言如如之理。具一切法。

③ 여래의 가르침은 진여도리에 맞게 설해진 것임을 설명함

이하는 크게 분류한 가운데 셋째로 여래의 가르침은 진여도리에 맞게 설해진 것임을 설명하는 것이다. 첫째는 질문이고, 둘째는 답변이다.

此下大分第三。明佛言敎。稱如理說。先問。後答。

가. 질문

경 사리불이 여쭈었다.

"일체만법은 모두 언어와 문자입니다. 언어와 문자의 모습은 곧 뜻이 아닙니다. 그래서 여실한 뜻을 언설로는 표현이 불가능합니다. 그런데 지금 여래께서는 어찌 설법을 하는 것입니까?"

舍利弗言。一切萬法。皆悉文言。文言[1]之相。卽非爲義。如實之義。不可言說。[2] 今者如來。云何說法。

1) 역 '文言文言'은 『大正新修大藏經』에 수록된 『金剛三昧經』을 비롯하여 『金剛三昧經註解』, 『金剛三昧經通宗記』에는 '言文文文'으로 되어 있다. 2) 역 '不可言說'은 『大正新修大藏經』에 수록된 『金剛三昧經』에는 '不可言議'로 되어 있다.

논 질문에서 "일체만법"이라 한 것은 세간의 언설로 안립한 법이다. 저 언설의 법은 모두 무소득이므로 오직 언설과 문자일 뿐이지 곧 뜻이 아니다. 그러나 제법의 진실한 뜻은 모든 언설을 단절해 있다. 지금 부처님께서 설법하시는 것도 만약 언설과 문자라면 진실한 뜻이 없을 것이고, 만약 설법에 진실한 뜻이 있다면 마땅히 언설과 문자가 아니어야 할 것이다. 이런 까닭에 질문으로 "어찌 설법을 하는 것입니까?"라고 하였다.

問中言一切萬法者。世間言說。所安立法。如言之法。皆無所得。故唯文言。
即非爲義。諸法實義。絶諸言說。今佛說法。若是文言。即無實義。若有實
義。應非文言。是故問言。云何說法。

나. 답변

경 부처님께서 말씀하셨다.

"내 설법은 그대와 중생들을 위한 것으로서 있다(在)든가 발생한다(生)고 설한다. 그러므로 말할 수 없는 것임에도 불구하고 설하였다.[16] 이런 까닭에 그것을 설하자면, 내가 설한 것은 뜻의 언어이지 문자만의 언어는 아니다. 그러나 중생이 설한 것은 문자만의 언어이지 뜻의 언어가 아니다. 뜻의 언어가 아니기 때문에 모두 공무空無일 뿐이다.

공무의 언어는 뜻을 말할 수가 없다. 뜻을 말하지 못하는 것은 모두 허망한 언어이다. 그러나 진여의 뜻을 가리키는 언어는 실의 경우에도 공하면서 공하지 않고, 공의 경우에도 실이면서 실이 아니므로 공과 실의 두 가지 모습을 떠나 있고, 중간이면서도 중간이 아니므로 중간이 아닌 법은 공과 실과 중간의 세 가지 모습을 떠나 있다. 그래서 처소에 대하여 집착의 견해가 없이(不見) 여여와 똑같이 설법한다.

진여는 유를 없애고 만든 무도 아니고, 무를 설정하여 만든 유도 아니다. 그렇다고 진여는 무를 그대로 남겨두어 만든 무도 아니고 유를 그대로 남겨두어 만든 유도 아니다. 이처럼 진여에는 본래 유와 무가 없으므로 없다(不在)고 설한다. 진여에는 유와 무가 없으므로 진여는 유의 진여도 아니고

---

16 내 설법은~불구하고 설하였다 : 『金剛三昧經通宗記』 권9(X35, 307c)에서는 다음과 같이 말한다. "말하자면 내가 이전에 설한 것은 그대와 일체중생을 위한 것이었다. 그것은 모두 중생의 입장에서 설한 것이었기 때문에 부득불 방편으로써 그 말할 수 없는 뜻을 설하였다.(言我向所說法者。以汝與一切衆生。皆在衆生之中。而以爲說。故不得不以方便權巧。說此不可說之義。)"

무의 진여도 아니라고 여법하게 설한다."

佛言。我說法者。以汝衆生。在生說故。說不可說。是故說之。我所說者。義語非文。衆生說者。文語非義。非義語者。皆悉空無。空無之言。無言於義。不言義者。皆是妄語。如義語者。實空不空。空實不實。離於二相。中間不中。不中之法。離於三相。不見處所。如如如說。如無無有。無有於無。如無有無。有無於有。有無不在。[1] 說不在故。[2] 不在於如。如不有如不無如說。

1) ㉯ '有無不在'는 『大正新修大藏經』에 수록된 『金剛三昧經』에는 '如有無不在'로 되어 있다. 2) ㉯ '說不在故'는 『大正新修大藏經』에 수록된 『金剛三昧經』에는 '說不在說故'로 되어 있다.

논 이는 둘째로 답변이다. 여기에 두 가지가 있다. 첫째는 부처님께서 설법하신 이유이고, 둘째는 문자와 뜻이 서로 다른 점을 드러낸다.

是第二答。於中有二。先是佛說之由。後顯文義之異。

가) 부처님께서 설법하신 이유

첫째에서 "그대와 중생들을 위한 것으로서 있다(在)든가 발생한다(生)고 설한다."라고 한 것에서 '그대'는 사리불이고, 중생들은 일체의 범부이다. 무위는 곧 법체에 있다(在)고 설하고, 유위는 곧 법상을 발생한다(生)고 설한다는 것이다.

이와 같이 있다든가 발생한다든가 하는 설명으로는 진여의 진실한 뜻을 설할 수가 없다. 그러나 내(여래) 설법은 그들과 다르기 때문에 "이런 까닭에 그것을 설하자면"이라고 말한다. 이것이 곧 부처님께서 언교를 통하여 설한 연유이다.

初中言以汝衆生在生說故者。汝謂身子。衆生卽是一切凡夫。說於無爲。卽在法體。說於有爲。卽生法相。如是在生之說。不可說於實義。我異彼說。是故說之。是爲佛說言敎之由。

나) 문자와 뜻이 서로 다른 점

다음은 문자와 뜻이 같지 않은 모습을 드러낸다.[17] 먼저 두 문장[18]으로 설명하고, 나중에 두 문장[19]으로 해석한다.

次顯文義不同相中。先標二章。後釋二章。

(가) 두 문장으로 설명함

첫째로 "내가 설한 것은 뜻의 언어이지 문자만의 언어는 아니다."라는 것은 언어가 여실한 뜻에 합당하므로 공허한 문자가 아니기 때문이고, "중생이 설한 것은 문자만의 언어이지 뜻의 언어가 아니다."라는 것은 언어가 공허한 문자에 그치므로 여실한 뜻과 관계가 없기 때문이다.

標中言義語非文者。語當實義故。非直空文故。文語非義者。語止空文故。不關實義故。

(나) 두 문장으로 해석함

---

17 문자와 뜻이~모습을 드러낸다 : 문자와 뜻을 활용함에 있어 여래의 경우와 중생들의 경우가 서로 다르다는 것을 가리킨다.
18 먼저 두 문장 : "내가 설한 바는 뜻의 언어이지 문자만의 언어는 아니다." 및 "그러나 중생이 설한 바는 문자만의 언어이지 뜻의 언어가 아니다."라는 것을 가리킨다.
19 두 문장 : "뜻의 언어가 아니기 때문에 모두 공무일 뿐이다." 및 "공무의 언어는 뜻을 말할 수가 없다."는 것을 가리킨다.

둘째로 해석 중에서는 뒤의 경문을 먼저 해석한다.

第二釋中。先釋後章。

㉮ 뒤의 경문을 해석함

"모두 공무일 뿐이다."라는 것은 그대로 공허한 문자이므로 여실한 뜻이 없다는 것으로, 곧 문자와 언어를 해석한 것이다.
"뜻의 언어가 아니다."라는 것은 여실한 뜻을 설명하지(詮談) 못하기 때문이다. 이것은 곧 뜻이 없음을 해석한 것이다.
아래 총결해서 "모두 허망한 언어이다."라고 한 것은 비록 문자언어라는 형상(想)으로는 어긋나지 않을지라도 여실의 뜻에 어긋나기 때문이다. 마치 보지 못한 것을 보았다고 말하거나 보고서 보지 못했다고 말하는 것과 같다.

言皆悉空無者。直有空文而無實義故。是釋文語也。無言於義者。無詮談於如實之義故。是釋非義也。下摠結言。皆是妄語者。雖非違想。而違義故。猶如不見言見。見言不見等語。

㉯ 앞의 경문을 해석함

"그러나 여여의 뜻을" 이하는 앞의 경문을 해석한 것이다. 여기에 두 가지가 있다. 첫째는 곧장 해석하고, 둘째는 거듭 드러낸다.

如義已下。次釋前章。於中有二。正釋重顯。

a. 그대로 해석함

첫째에도 두 가지가 있다. 첫째는 문자가 아님을 해석하고, 둘째는 여실한 뜻임을 해석한다.

初中亦二。先釋非文。後釋義語。

a) 문자가 아님을 해석함

문자가 아님을 해석한다는 것은 공허한 문자가 아니기 때문이고, 뜻이 없지 않기 때문이다. 여실한 뜻임을 해석한다는 것은 뜻이 언어에 합치되기 때문이고, 언어가 뜻에 들어맞기 때문이다.

첫째의 해석에서 "실의 경우에도 공하면서 공하지 않다."는 것은 진여의 실상도 또한 공하다는 것이다. 마치 저 위에서 말한[20] "공상도 또한 공한 것이다."라고 한 것과 같으므로 "실의 경우에도 공하다."고 한다. 그리고 그 실상의 도리가 없지 않으므로 "실의 경우에도 공하지 않다."고 한다. 이것은 비록 실체가 있는 것은 아니지만 실상이 없지도 않기 때문이다.

"공의 경우에도 실이면서 실이 아니다."라는 것은 진공의 도리는 실이므로 "공의 경우에도 실이다."라고 하고, 그 진공의 도리는 실존하지 않기 때문에 "공의 경우에도 실이 아니다."라고 한다. 이것은 비록 공이 없지는 않지만 공이 실체로 있는 것은 아니기 때문이다.

"공과 실의 두 가지 모습을 떠나 있고, 중간이면서도 중간이 아니다."라는 것은 불공이라는 언어는 공상을 떠나 있고 부실이라는 언어는 실상을 떠나 있기 때문에 "공과 실의 두 가지 모습을 떠나 있다."고 하고, 공과 실의 두 가지 모습 사이에 그 두 가지가 아닌 중간이 실존하는 것도 아니기

---

[20] 저 위에서 말한 : 「入實際品」 가운데 삼공三空을 설명하는 대목을 가리킨다.

때문에 "중간이면서도 중간이 아니다."라고 한다.

　이미 양변을 떠나 있고, 또한 중간에도 떨어지지 않으므로 "공과 실과 중간의 세 가지 모습을 떠나 있다."고 한다.

　마음과 말이 작용하는 도리는 공과 실과 중간의 세 가지 모습에 불과하다. 그러나 이 부처님의 언어는 그 세 가지 모습을 떠나 있다. 곧 그 가운데 심로心路와 언로言路를 단절해 있으므로 "처소에 대하여 집착의 견해가 없다."고 한다. 이와 같이 언어가 단절된 뜻에 묘하게 계합되어 있는 까닭에 뜻이 없는 문자와는 같지 않다. 이것은 첫째의 문자가 아님을 해석한 것에 해당한다.

釋非文者。謂非空無。非空文故。非無義故。釋義語者。義合語故。語如義故。初釋中言實空不空者。謂說眞如實相亦空。如前說言空相亦空故。言實空。而不亡其實相之理。故言不空。雖非有實而非無實故。空實不實者。謂說眞空之理是實故。言空實。而不存其眞空之理。故言不實。雖非無空而非有空故。離於二相中間不中者。不空之語。離於空相。不實之語。離於實相。故言離於二相。然空實二相之間。不存非二之中。故言中間不中。旣離二邊。亦不墮中。故言離於三相。心言行處。不過三相。然此佛語。遠離三相。卽於其中。心言路絶。故言不見處所。如是妙契絶言之義。所以不同無義之文。此釋非文也。

b) 여실한 뜻임을 해석함

"여여와 똑같이 설법한다."는 것은 둘째의 여실한 뜻임을 해석한 것이다. 맨 앞의 '여'는 똑같다(契當)는 것이고, 뒤의 '여여'는 곧 진여의 뜻과 도리(義理)이다. 곧 앞의 공과 실과 중간의 세 가지 모습을 멀리 떠나 있는 언어를 통하여 여여의 뜻과 도리에 똑같게(契當) 설한다는 것이다. 그러므로 부처님의 말씀은 곧 뜻을 드러내는 언어(義語)로서 범부의 언어가 뜻을 드러내지 못하는 것과는 같지 않다.

> 如如如說者。是釋義語。上一如是契當。下二如是義理。如前遠離三相之語。契當如如義理而說。所以佛說。乃是義語。不同凡語之非義也。

b. 거듭 드러냄

"진여는 유를 없애고 만든 무도 아니고" 이하는 둘째로 여여의 뜻을 거듭 드러내는 것이다. 첫째는 문자가 아님을 드러내고, 둘째는 진여의 뜻을 가리키는 언어(義語)임을 드러낸다.

> 如無已下。第二重顯。先顯非文。後顯義語。

a) 문자가 아님을 드러냄

첫째에서 "진여는 유를 없애고 만든 무도 아니고 무를 설정하여 만든 유도 아니다."라고 한 것은 진여의 도리는 비록 유가 아니라고 해서 진여가 본래 유를 없애고 유가 없는 상태를 만든 것이 아니라는 것이다. 즉 무법 가운데서 유법을 없앤 것이 아니라는 것이다. 왜냐하면 진여는 본래 유가 아니기 때문이다. 그러니 무슨 유를 없애고 무에 떨어진다는 것인가. 이런 까닭에 위의 "실의 경우에도 공하면서 공하지 않다."는 말에 합치된다.

"그렇다고 진여는 무를 그대로 남겨 두어 만든 무도 아니고 유를 그대로 남겨 두어 만든 유도 아니다."라는 것은 진여의 도리는 비록 무가 아니라고 해서 진여가 본래 무를 남겨 둔 상태로 만든 것이 아니라는 것이다. 즉 유법 가운데 무법을 남겨 둔 것이 아니라는 것이다. 왜냐하면 진여는 본래 무가 아니기 때문이다. 그러니 무슨 무를 남겨 두어 유에 떨어진단 말인가. 이런 까닭에 위의 "공의 경우에도 실이면서 실이 아니다."라는 말에 합치된다.

"이처럼 진여에는 본래 유와 무가 없다."는 것은 진여에는 무를 남겨두지 않으므로 유가 없고, 진여에는 유를 없애지 않으므로 무가 없다는 것이다.

유와 무가 이미 없는데 어찌 중간이 있겠는가. 곧 이로써 "공과 실과 중간의 세 가지 모습을 떠나 있다."는 말에 합치된다.

진여의 뜻이 이미 그와 같이 진여의 뜻을 가리키는 언어(義語)에 합치되는 까닭에 부처님의 말씀은 여실하여 공허한 문자가 아니다. 이와 같이 공허한 문자가 아니라는 해석을 거듭 드러낸다.

부처님께서 설하신 명칭과 언어는 이처럼 도리에 합당하다. 그러므로 후득지後得智로써 이와 같은 명칭을 가지고 진여를 사유하면 곧 진여의 이체理體를 직접 관찰할 수가 있다. 이것은 사구四句[21] 가운데 모두 긍정에 해당하는 구구俱句이다.

> 初中言如無無有。無有於無者。謂眞如理。雖非是有。而如本無令無其有。謂令無有法於無法中。所以然者。如本非有。無於何有。而墮無耶。是故合於實空不空之語也。如無有無。有無於有者。謂眞如理。雖非是無。而如本無令有其無。謂令有無法於有法中。所以然者。如本非無。有於何無。而墮有耶。是故合於空實不實之語。有無不在者。如無有無故。有不在。如無無有故。無不在。二旣不在。何得有中。卽合離於三相之語。如義旣爾。合於義語。是故佛語。實非空文。如是重顯非文釋也。佛說名言。如是當理故。後得智帶如是名。思惟眞如。卽得親觀眞如理體故。在句[1])之中俱句也。

1) ㉘ '句'는 甲本에는 '四句'로 되어 있다. 여기에서는 문맥상 '四句'의 의미로 번역한다.

b) 진여의 뜻을 가리키는 언어임을 드러냄

---

21 사구四句 : 긍정의 입장인 유구有句, 부정의 입장인 무구無句, 모두 긍정의 입장인 역유역무亦有亦無(俱句), 모두 부정의 입장인 비유비무非有非無(非俱句)를 말한다.

둘째의 여실한 뜻임을 거듭 해석하는 가운데서 "없다고 설한다. 진여에는 유와 무가 없다."라고 한 것은 부처님의 말씀은 이미 유와 무가 없음을 설한 까닭에 진여의 도리에는 유와 무가 없다는 것이다.

진여에는 유가 없으므로 유의 진여가 아니고, 진여에는 무가 없으므로 무의 진여가 아니다. 곧 유의 진여도 아니고 무의 진여도 아닌 입장에서 설하는 것이다. 그러므로 "진여에는 유와 무가 없으므로 진여는 유의 진여도 아니고 무의 진여도 아니라고 여법하게 설한다."고 한다. 이런 까닭에 앞에서 "여여와 똑같이 설법한다."고 하였다.

이와 같이 진여의 뜻을 말한 해석을 거듭 드러낸다. 크게 분류한 가운데 그 셋째 부분을 마친다.

> 第二重顯義語中。言說不在故。不在於如者。佛語既說有無不在故。不在有無於眞如理。有不在者。不有如故。無不在者。不無如故。則當不有如不無如而說。故言如不有如不無如說。是故前言如如說。如是重顯義語之釋。六分之中。第三分竟。

④ 보살의 계위는 본각리로부터 나온 것임을 설명함

경 사리불이 여쭈었다.

"일체중생은 일천제로부터 시작됩니다. 그러면 일천제의 마음이 몇 가지 계위에 주해야 여래지와 여래의 실상에 이를 수 있는 것입니까?"

부처님께서 말씀하셨다.

"일천제의 마음에서 시작하여 여래와 여래의 실상에 이르기까지는 다섯 가지 계위의 머묾이 있다.

> 舍利弗言。一切衆生。從一闡提。闡提之心。住何等位。得至如來。如來實

相。佛言。從闡提心。乃至如來。如來實相。住五等位。

논 이하는 크게 분류한 가운데 넷째로 보살의 계위는 본각의 이익으로부터 나온 것임을 설명하는 것이다. 여기에 두 가지가 있다. 첫째는 질문이고, 둘째는 답변이다.

此下大分第四明菩薩位從本利出。於中有二。先問。次答。

(가. 질문)

나. 답변

답변에 세 가지가 있다. 첫째는 법수를 들어 총론적으로 드러내고, 둘째는 개별적으로 해석하며, 셋째는 총론적으로 설명한다.

答中有三。一者擧數摠標。二者別解。三者摠明。

가) 법수를 들어 총론적으로 드러냄

이것은 첫째의 다섯 가지 계위를 총론적으로 드러낸 것이다.
"가지(等)"는 계위를 말한다.
"일천제로부터 시작됩니다."라는 것은 아직 무상보리심을 내지 못한 그 이전은 모두 천제라 하니, 대승의 결정신決定信이 없기 때문이다. 그러나 일천제에는 대략 두 가지가 있다. 첫째는 대서원을 일으킨 일천제이니, 항상 열반에 들어가지 않는 자이다. 둘째는 대신大信이 없는 일천제이니, 여기에도 또한 두 가지가 있다. 첫째는 별일천제別一闡提이니, 대사견을 일으켜 선근이 단절된 자이다. 둘째는 통일천제通一闡提이니, 아직 대승심을 일으키지 못하여 대신이 없는 자 내지 이승의 사과四果에 이르기까지 모두 통일천제의 계위에 속한다. 지금 이 경문에서는 여기 최후의 경우(통일천제)에 의거한 까닭에 "일천제의 마음에서 시작하여 여래와 여래의 실상에 이르기까지는 다섯 가지 계위의 주가 있다."고 하였으니, 아직 십신에 들어가지 못한 자는 모두 일천제라 하기 때문이다.

여기에서 먼저 다섯 가지 계위의 문제에 대하여 설명한다.

첫째의 신위信位는 십신행十信行에 해당한다. 비록 불퇴의 경지는 아니지만 대승심을 일으킨 것이다. 이것을 『본업경』에서는 신상보살信想菩薩이라 한다.[22]

둘째의 사위思位는 삼십심三十心(十住心·十行心·十廻向心)에 해당한다. 곧 제법이 유식의 도리임을 사량하지만 아직은 완전하게 무분별수행을 진증眞證한 것은 아니다.

셋째의 수위修位는 십지행十地行에 해당한다. 무분별수행을 진증眞證하여 십장十障[23]의 대치를 터득하는 것이다.

넷째의 행위行位는 등각행等覺行에 해당한다. 인행은 이미 원만하지만 과지에 이르지 못한 것이다.

다섯째의 사위捨位(佛地)는 묘각행妙覺行에 해당한다. 적멸에도 집착하지 않고 대비로 널리 교화하는 것이다. 이처럼 다섯 가지 계위를 건립하는 까닭은 퇴위退位와 불퇴위不退位의 차별, 증위證位와 부증위不證位의 차별, 등위等位와 미등위未等位의 차별, 인위因位의 만위滿位에 대한 차별, 과

---

22 『菩薩瓔珞本業經』(T24, 1021b).
23 보살이 십지十地에서 점차 단제하는 십중장十重障을 가리킨다. 첫째는 이생성장異生性障, 둘째는 사행장邪行障, 셋째는 암둔장闇鈍障, 넷째는 미세번뇌현행장微細煩惱現行障, 다섯째는 어하승반열반장於下乘般涅槃障, 여섯째는 조상현행장粗相現行障, 일곱째는 세상현행장細相現行障, 여덟째는 무상중작가행장無相中作加行障, 아홉째는 이타중불욕행장利他中不欲行障, 열째는 어제법중미득자재장於諸法中未得自在障이다.

위果位의 원만圓滿에 대한 차별을 드러내기 위해서이다. 이러한 차제에 따라 다섯 가지 계위를 내세운 것이다.[24]

총론적으로 드러낸 대의는 이와 같다. 다음으로 해당하는 경문을 해석한다.

> 此卽摠標。五等位者。等之言階。從闡提心者。未發無上菩提心前。皆名闡提。以無大乘決定信故。然一闡提。略有二種。一者發大願一闡提。謂常不入涅槃者故。二者無大信一闡提。此亦有二。一者別一闡提。謂起大邪見斷善根者故。二者通一闡提。謂未發大心無大信者。乃至二乘四果。皆入此闡提位。今此文中。約此最後故。言從一闡提心。乃至如來。有五等位。未入十信者。皆名闡提故。此中先明。五位分齊。第一信位。在十信行。雖未不退。發大心故。本業經。名信相[1]菩薩。第二思位。在三十心。思量諸法。唯識道理。齊未眞證無分別修故。第三修位者。在十地行。得眞證修對治十障故。第四行位者。在等覺行。因行已滿。未至果地故。第五捨位者。在妙覺地。不取寂滅。大悲普化故。所以建立五等位者。謂顯退不退位差別故。證不證位差別故。等未等位差別故。因滿位差別故。果圓位差別故。如其次第。立五等位也。大意如是。次釋其文。

1) ㉠ '相'은 '想'의 오자인 듯하다.

나) 개별적으로 해석함

이하는 둘째로 개별적으로 해석하는 것이다.

> 此下第二別釋。

---

24 『金剛三昧經註解』 권3(X35, 242a~b)에서는 오위五位를 각각 십신·십주·십행·십회향·십지에 배대하고 있어서 원효의 견해와 다르게 해석하고 있다.

(가) 신위信位

경 첫째는 신위이다. 이 몸속에 있는 진여종자가 망심에 가려 있지만 그 망심을 벗어나면 청정심이 분명해짐을 믿고, 모든 경계가 의意·언言의 분별임을 아는 것이다.

一者信位。信此身中。眞如種子。爲妄所翳。捨離妄心。淨心淸白。知諸境界。意言分別。

논 첫째에 두 가지가 있다. 첫째는 믿음이고, 둘째는 아는 것이다.

初中有二。先信。後解。

㉮ 믿음

먼저 믿음을 설명한다. 믿음에는 세 가지의 불성이 있다.
"이 몸속에 진여종자가 있음을 믿는다."는 것은 자성에 주하는 불성(住自性佛性)을 믿는 것이다. 진여는 바로 제일의공의 종자로서 아뇩보리 가운데 도종자道種子이다. 곧 자성청정심은 본래 법이연法爾然하기 때문에 '진여'라 하고, 삼신의 과와 더불어 정인正因이 되므로 '종자'라 말하며, 아직 발심하지 못한 주이므로 '자성에 주한다'고 하는데 아직 모든 장애를 벗어나지 못하여 망심에 가려 있다.
"그 망심을 벗어난다."는 것은 곧 드러난 불성(引出佛性)을 믿는 것이다. 십신으로부터 등각에 이르기까지 점차 불신과 무지 등의 장애를 벗어남에 따라 거칠고 망령된 분별심을 벗어나는 것이다.
"청정심이 분명해짐을 믿는다."는 것은 곧 도달한 불성(至得佛性)을 믿는 것이다. 깨침에 도달한 후에는 일체의 번뇌를 떠나 있어서 자성청정심이 분명하게 드러나 있는 것이다. 앞에 있는 믿음(信)이라는 글자는 두 구절[25]까지 이어진다.

> 初明信者。所謂信有三種佛性。信此身中眞如種子者。信住自性佛性。眞如正是第一義空種子。卽是阿耨菩提中道種子。自性淨心。本來法然。故名眞如。與三身果。而作正因。故名種子。未發心住。名住自性。未出諸障。爲妄所翳也。言捨離妄心者。是信引出佛性。從十信位。乃至等覺漸出不信無知等障。隨捨麤妄分別心故。言淨心淸白者。是信至得佛性。謂至道後。離一切垢。自性淨心。顯現淸白故。上句信字。貫下二句故。

㉯ 아는 것

"모든 경계가 의·언의 분별임을 아는 것이다."라는 것은 이미 세 가지 불성을 믿고 또한 이미 그것이 유식의 도리임을 알기 때문에, 마음이 취하는 일체의 경계도 오직 의언분별이 만드는 것으로, 만약 분별을 떠나면 일체경계의 존재가 없음(無所有)을 아는 것이다.

> 知諸境界意言分別者。旣信三種佛性。亦知唯識道理故。知心所取一切境界。唯是意言分別所作。若離分別無所有故。

(나) 사위思位를 설명함

경 둘째는 사위思位이다. 사량한다는 것은 모든 경계가 오직 의意·언言

---

25 두 구절 : "이 몸속에 있는 진여종자가 망심에 가려 있다."는 구절과 "그 망심을 벗어나면 청정심이 분명해진다."는 구절을 가리킨다.

의 분별인데 그 의·언으로 분별되어 의·언에 따라 드러나고 보이는 경계는 나의 근본식이 아님을 관찰하는 것이다. 그리고 그 근본식은 법法도 아니고 뜻(義)도 아니며 소취所取도 아니고 능취能取도 아님을 아는 것이다.

二者思位。思者。觀諸境界。唯是意言。意言分別。隨意顯現。所見境界。非我本識。知此本識。非法非義。非所取非能取。

논 이는 사위思位에도 또한 두 구절이 있음을 설명한 것이다. 첫째는 무상無相의 심사관尋思觀[26]을 설명하고, 둘째는 무생無生의 여실지如實智를 드러낸다.

此明思位亦有二句。先明無相尋思觀。後顯無生如實智。

㉮ 무상의 심사관尋思觀을 설명함

첫째에서 "관찰하는 것이다."라는 것은 사량하고 관찰한다는 것이다.
"오직 의·언의 분별이다."라는 것은 소취의 외부경계가 존재하지 않는 것이다.
"의·언에 따라 드러난다."는 것은 외부경계의 상분相分은 견분見分과 무관한 것이 아니라는 것이다.
"나의 근본식이 아니다."라는 것은 근본식을 떠나서 이미 외부에 보이는 경계라면 그것은 벌써 나의 근본식은 아니므로 존재하지 않는다. 여

---

26 심사관尋思觀 : 사심사관四尋思觀을 가리킨다. 사심사관은 혹 사종구四種求라고도 하는데, 사여실관四如實觀(四如實智)과 더불어 가행위加行位에서 수행한다. 사심사관은 명심사관名尋思觀·의심사관義尋思觀·자성가립심사관自性假立尋思觀·차별가립심사관差別假立尋思觀이다.

· 하권 · 467

기에서 말한 근본식은 제6식으로 삼유의 근본이 되기 때문이다. 저 제바보살提婆菩薩이 설한 게송에서는 "의식은 삼유 생사의 근본이고 모든 경계는 의식의 원인이네. 경계는 실유가 아님을 본다면 온갖 경계가 저절로 소멸되네."²⁷라고 말한다.

이상은 무상의 심사관尋思觀과 여실지如實智를 함께 드러낸 것이다. 이하부터는 무생의 도리를 설명한다.

初言觀者。思量觀察。唯是意言者。所取外境。無所有故。隨意顯現者。似外相分。不離見故。非我本識者。離識已外。所見境界。旣非我識。故無所有。此中言本識者。謂第六識。三有本故。如提婆菩薩所說頌言。意識三有本。諸塵是其因。若見塵非有。有種自然滅。上來通顯無相尋思。及如實智。自下明其無生道理。

㉮ 무생의 심사관과 여실지如實智를 함께 드러냄

둘째에서 "그 근본식은 법法도 아니고 뜻(義)도 아니다."라는 것은 능전能詮의 법도 아니고 소전所詮의 뜻도 아니라는 것이니, 명名과 의義가 서로 대응하는 것임을 알기 때문이다.

"소취도 아니고 능취도 아님을 아는 것이다."라는 것은 소취의 경계가 이미 없으므로 능취의 식도 성립되지 않는 것이다. 왜냐하면 능취의 뜻은 반드시 소취를 상대해야 하는데 이미 상대할 바가 없기 때문이다. 이것은 무생의 심사관尋思觀과 여실지如實智를 함께 드러낸 것이다.

처음의 십해²⁸로부터 이후 세제일법에 이르기까지 이 심사관과 여실지관을 닦는 가운데 또한 수혜관찰이 있지만 그것은 모두 사찰思察과 분별

---

27 『大乘廣百論釋論』 권8(T30, 236a~b)의 내용 요약.
28 십해 : 사위思位가 십주·십행·십회향에 해당하므로 그 첫째인 십주를 가리킨다.

分別을 떠나 있지 못한 경지다. 그러므로 사위라고 통명한다.

知此本識。非法非義者。非能詮法。非所詮義。知名與義。互爲客故。非所取非能取者。所取塵旣無。能取不成故。能取之義。必待所取。旣無所待。卽無能待故。此是通顯無生尋思。及如實智。始從十解已上。乃至世第一法。修此尋思如實智觀。於中亦有修慧觀察。而皆未離思察分別。所以通名爲思位也。

(다) 수위修位를 설명함

경 셋째는 수위修位이다. 수행은 항상 일으키는 것(常起)이다. 그래서 처음에 일으키는 것(能起)과 일으켜지는 것(所起)의 수행은 동시이다. 먼저 가행지加行智[29]로 이끌어 모든 장애(障難)를 배제하고 번뇌(蓋纏)를 벗어난다.[30]

三者修位。修者常起。能起起修同時。先以智導。排諸障難。出離蓋纏。

논 이는 수위를 설명하는 것이다. 여기에도 또한 두 구절이 있다. 첫째는 수행의 경계(相)를 설명하고, 둘째는 수행의 인因을 드러낸다.

此明修位。亦有二句。先明修相。後顯修因。

---

29 가행지加行智 : 여실지如實智 곧 정체지正體智와 여량지如量智 곧 후득지後得智의 예비 수행에 해당한다.
30 모든 장애(障難)를~번뇌(蓋纏)를 벗어난다 : 『金剛三昧經通宗記』 권9(X35, 308b)에서는 장障의 경우 기欺・태怠・진嗔・한恨・원怨의 5종, 개蓋의 경우 탐욕貪欲・진에嗔恚・수睡・면眠・의疑의 5종, 전纏의 경우 분에전忿恚纏・부전覆纏・수전睡纏・면전眠纏・종일희희전縱逸嬉戲纏・조동도거전躁動掉擧纏・무참無慚・무괴無愧・간慳・투嫉 등 10종을 말한다.

㉮ 수행의 경계(相)를 설명함

수행의 경계(相)는 정체지正體智[31]이다. 지止와 관觀을 함께 닦는 것으로 출과 입이 따로 없으므로 항상 일으키는 것(常起)이라 한다.
"처음에 일으키는 것"은 지止를 능기하는 것이다.
그리고 그 지止가 관觀을 능기하므로 다음에 "일으켜지는 것"이라고 하니, 지에 의하여 일어난 관觀이라는 것이다. 지와 관은 떠나 있지 않기 때문에 동시라고 한다. 경계(相)를 그치고 진여를 관찰하는 것은 반드시 동시이기 때문이다.
이는 첫째의 수행의 경계(相)를 설명한 것이다.

言修相者。謂正體智。止觀雙運。更無出入故。言常起。言能起者。謂止能起。能起觀故。次言起者。謂所起觀。止觀不離。故曰同時。止相觀如。必同時故。是明修相。

㉯ 수행의 인因을 드러냄

둘째로 수행의 인因을 드러낸다. 지와 관을 함께 닦는 까닭은 먼저 가행을 말미암아 모든 장애를 배제하기 때문이다.
"먼저 가행지로 이끈다."는 것은 가행지加行智인 의意와 언言의 분별은 명칭과 언어를 떠나 있지 않기 때문에 "먼저 가행지로 이끈다."고 한다. 제7지 이전의 일체 계위에서는 다 가행으로 먼저 장애를 없애기 때문이다.

---

31 정체지正體智 : 여리지如理智와 여량지如量智를 이지二智라 한다. 이 가운데 여리지는 불보살의 진제眞諦인 이실지理實智로서 근본지根本智·무분별지無分別智·정체지正體智·진지眞智·실지實智라고도 하고, 여량지는 불보살의 속제俗諦인 사량지事量智로서 후득지後得智·유분별지有分別智·속지俗智·편지偏智라고도 한다.

"모든 장애를 배제한다."는 것은 추중번뇌를 없애는 것이고, "번뇌를 벗어난다."는 것은 현행번뇌를 일으키지 않는 것이다.

次顯其因。所以得此雙運修者。由先加行排諸障故。言智導者。謂加行智。意言分別。不離名言。故名智導。七地已還。一切地中。皆有加行。在先伏障故。排諸障難者。損伏麁重故。出離蓋纏者。不起現纏故。

(라) 행위行位를 설명함

경 넷째는 행위行位이다. 여기의 행行이란 십지행의 모든 경지를 떠나 있는 것으로, 마음에 취함과 버림이 없어서 지극히 청정하고 근기가 예리하다. 그래서 부동심의 진여이고, 결정적인 실성이며, 대반열반으로서 자성이 공적하고 광대하다.

四者行位。行者。離諸行地。心無取捨。極淨根利。不動心如。決定實性。大般涅槃。唯性空大。

논 이는 등각위이다. 여기에도 또한 두 구절이 있다. 첫째는 계위의 모습을 설명하고, 둘째는 계위의 수행을 드러낸다.

是等覺位。亦有二句。先明位狀。後顯其行。

㉮ 계위의 모습을 설명함

첫째에서 "모든 유위적인 수행의 경지를 떠나 있다."고 한 것은 수행이 십지를 초월했다는 것이다.

"마음에 취함과 버림이 없다."는 것은 이해가 부처님과 동일하다는 것이다. 그러므로 이 계위를 등각행이라 한다.

이어서 총결하면서 "지극히 청정하고 근기가 예리하다."고 한 것은 본각심은 인행이 원만하게 갖추어져 있음을 드러내기 때문이다.

> 初中言離諸行地者。行過十地故。心無取捨者。解與佛同故。故說此位名等覺行。次摠結。言極淨根利者。謂本覺心顯成滿因故。

㈃ 계위의 수행을 드러냄

다음은 계위의 수행을 설명하는 것이다.

여기서 "부동심의 진여이고, 결정적인 실성이다."라는 것은 이 계위에서 금강삼매에 들어가기 때문이다.

"대반열반으로서 자성이 공적하고 광대하다."는 것은 적멸의 무위로서 일상一相이고 무상無相이기 때문이다. 『본업경』에서는 "금강삼매에 들어가면 일상이고 무상이며 적멸의 무위가 되므로 무구지라 말한다."[32]고 하였다.

> 次明行中。言不動心如。決定實性者。此位得入金剛三昧故。大般涅槃唯性空大者。寂滅無爲。一相無相故。如本業經言。入金剛三昧。一相無相。寂滅無爲。名無垢地故。

(마) 사위捨位를 설명함

---

[32] 『菩薩瓔珞本業經』 권하(T24, 1018b), "위의가 일체법에 동일하게 나아가고 머무르는데, 이것은 백천 가지 삼매에 머무는 것이다. 곧 부처님의 행위로서 금강삼매에 들어간 것이다. 그래서 일상이고 무상이며 적멸의 무위가 되기 때문에 무구지라 말한다.(威儀進止一切法同。住是百千三昧中。如是佛行。故入金剛三昧。一相無相寂滅無爲。故名無垢地。)"

경 다섯째는 사위捨位이다. 사捨는 자성의 공적에도 집착하지 않는 것이다. 정지正智는 자재하게 변역하는 것(流易)이고 대비는 진여상인데, 그 교화하는 모습(相)은 진여에도 집착하지 않으며, 삼먁삼보리에도 마음을 비워 증득조차 없다. 마음에 끝이 없어 처하는 곳을 볼 수 없는데, 이것이야말로 여래지에 이른 것이다.

五者捨位。捨者。不住性空。正智流易。大悲如相。相不住如。三藐三菩提。虛心不證。心無邊際。不見處所。是至如來。

논 이것은 불지를 설명한 것이다. 여기에도 두 구절이 있다.

此明佛地。亦有二句。

㉮ 사捨의 뜻을 설명함

먼저 사捨의 뜻을 설명한다. 곧 세 가지 뜻으로 사捨의 모습을 드러낸다.
"자성의 공적에도 집착하지 않는 것으로 정지는 자재하게 변역하는 것"은 열반의 회신멸지灰身滅智에도 집착이 없지만 정지正智는 불멸하므로 여량지如量智가 지속적으로 유출되어 중생의 근기를 따라 변역하면서 불사를 짓기 때문이다.
"대비는 진여상인데 그 교화의 모습은 진여에도 집착하지 않는다."는 것은 무연대비無緣大悲는 인과 법의 차별상에 집착이 없으므로 '진여상'이라 하고, 항상 육도를 오가면서 일찍이 쉰 적이 없으므로 '그 교화의 모습은 진여에도 집착하지 않는다.'고 한 것이다.
"삼먁"은 바르다(正)는 것이고, '삼'은 평등하다(等)는 것이며, '보리'는 깨침(覺)이다. 통틀어 말하면 정등각正等覺이니, 원만한 무상보리이다. 그 가운데서도 마음이 비어 증득했다는 것에도 집착이 없다.
  이 세 가지 뜻 가운데 앞의 두 가지는 열반에 집착하지 않으므로 사捨이고, 뒤의 한 가지는 보리에 집착하지 않으므로 사捨이다.

先明捨義. 卽以三義. 顯其捨相. 不住性空正智流易者. 不住涅槃. 灰身滅智. 智不滅故. 量智續流. 隨根變易. 作佛事故. 大悲如相相不住如者. 無緣大悲. 不取人法差別之相. 故曰如相. 恒涉六道. 未曾停息. 故言相不住如. 三藐曰正. 三者云等. 菩提言覺. 摠而言之. 謂正等覺. 卽是圓滿無上菩提. 於中無住. 虛心不證. 此三義中. 前二不住涅槃故捨. 後一不取菩提故捨.

㉣ 계위의 모습을 설명함

다음으로 계위의 모습을 설명한다.
  "마음에 끝이 없다."는 것은 일심의 근원에 돌아가면 심체가 주변周遍하여 시방에 두루하므로 변邊이 없고, 삼세에 두루하므로 제際가 없다는 것이다.
  비록 삼세에 두루하지만 고금의 차이가 없고, 비록 시방에 두루하지만 피와 차의 처소가 없다. 이런 까닭에 "처하는 곳을 볼 수 없다."고 한다.
  이와 같이 극과極果(佛地)는 다른 경지와 똑같지 않으므로 "이것이야말로 여래지에 이른 것이다."라고 한다.
  이상으로 다섯 가지 계위에 대하여 개별적인 설명을 마친다.

次明位狀. 心無邊際者. 歸一心源. 心體周遍. 遍十方故無邊. 周三世故無際. 雖周三世. 而無古今之殊. 雖遍十方. 而無此彼之處. 以之故言不見處所. 如是極果. 不與他共. 唯乘如者之所來至. 以之故言是至如來. 上來別明五等位竟.

다) 총론적으로 설명함

이하는 셋째로 총론적으로 설명하는 것이다. 여기에 두 가지가 있다. 첫째는 곧바로 본각의 도리를 따라야 함을 설명하고, 둘째는 왕복하면서 거듭 드러낸다.

此下第二[1]摠明。於中有二。一者直明從本。二者往復重顯。

---

1) ㉠ '二'는 '三'으로 간주된다. 왜냐하면 위에서 "답변에 세 부분이 있다. 첫째는 법수를 들어 총론적으로 드러내고, 둘째는 개별적으로 해석하며, 셋째는 총론적으로 설명한다."의 그 셋째에 해당하기 때문이다.

(가) 곧바로 본각의 도리를 따라야 함을 설명함

경 선남자여, 다섯 가지 계위는 일본각으로서 본각의 이익을 통해 들어간다. 그러므로 만약 중생을 교화하려면 그 본각의 도리를 따라야 한다."

善男子。五位一覺。從本利入。若化衆生。從其本處。

논 이는 첫째이다. 다섯 가지 계위의 모든 수행은 본각을 떠나 있지 않아서 모두 본각의 이익으로부터 성취되지 않음이 없다. 수행이 성취되는 경우는 이전 단계에서 이후 단계로 들어가는 것이므로 "들어간다."고 한다. "들어간다."는 것은 자리이고, "교화한다."는 것은 이타이다. 이와 같은 자리행과 이타행은 모두 본각의 도리에서 비롯된다.

此是初門。五位諸行。不離本覺。莫不皆從本利而成。成行之時。從前入後。故名爲入。入者自利。化者利他。如是二行。皆從本處也。

(나) 왕복하면서 거듭 드러냄

경 사리불이 여쭈었다.
"그 본각의 도리에서 비롯된다는 것은 무엇입니까?"
부처님께서 말씀하셨다.
"본래 본각의 도리란 없다. 본각의 도리가 없는 공제에서 실제에 들어가 보리를 일으켜야 불도(聖道)를 원만하게 성취한다. 선남자여, 왜냐하면 그것은 마치 손으로 저 허공을 잡는 것과 같아서 잡은 것이 없지만 잡지 못한 것도 없기 때문이다."

舍利弗言。云何從其本處。佛言。本來無本處。於無處空際入實。發菩提[1]
而滿成聖道。何以故。善男子。如手執彼空。不得非不得。

1) ㉤ '菩提'는 『大正新修大藏經』에 수록된 『金剛三昧經』을 비롯하여 『金剛三昧經註解』, 『金剛三昧經通宗記』에는 '菩提心'으로 되어 있다.

논 이는 둘째로 왕복하면서 거듭 드러내는 것이다. 답변에 두 가지가 있다. 첫째는 법이고, 둘째는 비유이다.

此是重顯。答中有二。先法後喩。

(㉮) 질문

(㉯) 답변

a. 법
첫째의 법에는 네 구절이 있다. 앞의 두 구절은 본각의 도리(處)에 처소

(處)가 없음을 설명하고, 뒤의 두 구절은 인과因果의 인因으로부터 과과果가 성취됨을 드러낸다.

 "왜냐하면"은 의심을 일으킨 것에 대해 언급한 것인데, 그 이유는 "만약 본각의 도리가 없다면 마땅히 들어갈 수가 없을 것이다. 만약 들어갈 수 있다면 본각의 도리가 없지는 않을 것이다."라는 것이다.

> 法中四句。前二[1]句。明本處無處。後二句。顯從成因果。何以故者。舉疑發起。何者。若本無處。應無得入。若得入者。非無本處。

1) 甲 '二'는 甲本에는 '一'로 되어 있다.

b. 비유

이와 같은 의심을 없애려는 까닭에 비유를 인용하여 해석한다.

 "마치 손으로 저 허공을 잡는 것과 같다."라는 것에서 '손으로 잡는다.'는 것은 들어가는 주체의 수행을 비유한 것이고, '허공'은 들어가게 되는 대상인 본각을 비유한 것이다.

 "잡은 것이 없다."는 것은 허공은 움켜잡을 수 있는 형체가 없는 것이고, "잡지 못한 것도 없기 때문이다."라는 것은 움켜잡은 손안에 허공이 없지는 않다는 것이다.

 본각의 이익도 또한 그와 같다. 곧 본래 본각의 도리라는 자성이 없기 때문에 잡은 것도 없고, 본각의 도리가 본래 없다는 그것이 없지는 않기 때문에 잡지 못한 것도 없다.

> 爲遣是疑。故引喩釋。手執彼空者。手執喩能入之行。虛空喩所入之本。不得者。虛空無形可握故。非不得者。握內不無虛空故。本利亦爾。本來無本處性故不可得。無本之本不無故。非不可得也。

⑤ 대반야는 원융하고 무이하여 모든 인연을 단절해 있음을 설명함

이것은 다섯째로 대반야는 원융하고 무이함을 설명하는 것이다.[33] 여기에 두 가지가 있다. 첫째는 사리불(身子)이 우러러 묻고, 둘째는 여래께서 설명해 준다.

此下第五。明大般若。圓融無二。於中有二。一者身子仰諮。二者如來述成。

가. 사리불이 우러러 물음

경 사리불이 여쭈었다.

"존자께서 말씀하신 바와 같이 교화하기에 앞서 먼저 본각의 이익을 취해야 합니다. 그러나 본각의 이익을 취한다는 생각도 적멸하고, 적멸도 곧 여여합니다. 그래서 모든 공덕을 두루 지니고 모든 법을 빠짐없이 담고 있어서 원융하고 불이하여 불가사의합니다. 그런 법이야말로 곧 마하반야바라밀로서 대신주이고 대명주이며 무상명주이고 무등등주[34]인 줄을 반드시 알 것입니다."

舍利弗言。如尊[1]所說。在事之先。取以本利。是念寂滅。寂滅是如。摠持諸德。該羅萬法。圓融不二。不可思議。當知。是法卽是摩訶般若波羅蜜。[2]是大神咒。是大明咒。是無上明[3]【一本無明字】咒。是無等等咒。

---

33 다섯째로 대반야는 모든 인연을 단절해 있음을 설명하는 것에 해당한다.
34 대신주이고 대명주이며 무상명주이고 무등등주 : 반야바라밀법을 찬탄한 것이다. 이에 대하여 『金剛三昧經註解』 권3(X35, 242c~243a)에서는 "마하반야를 이해하는 자는 일념에 일체의 장애를 초월하는데 그것이 곧 대신주이고, 일체의 무명장애를 타파하는데 그것이 곧 대명주이며, 진성의 공리는 오직 부처님만이 증득하는데 그것이 곧 무상주이고, 세간과 출세간에 비견할 것이 없는 그것이 곧 무등등주이다."라고 말한다.

1) ㉭ '尊'은 『金剛三昧經註解』, 『金剛三昧經通宗記』에는 '尊者'로 되어 있다. 2) ㉮ '蜜'은 甲本에는 '密'로 되어 있다. 3) ㉭ '明'은 『大正新修大藏經』에 수록된 『金剛三昧經』을 비롯하여 『金剛三昧經註解』, 『金剛三昧經通宗記』에는 없다.

논 첫째에 또한 두 가지가 있다. 첫째는 부처님께서 설하신 본각의 이익이 원융한 줄을 이해하고, 둘째는 그 본각의 이익이 곧 반야바라밀임을 드러낸다.

初中亦二。先領佛說本利圓融, 後顯卽是大般若度。

가) 부처님께서 설하신 본각의 이익이 원융한 줄을 이해함

"교화하기에 앞서 먼저 본각의 이익을 취해야 합니다."라는 것은 사리불이 부처님의 말씀을 이해한 것이다. 무릇 설법하여 교화하려 할 때는 매번 먼저 그 본각의 이익을 취해야 한다.[35]

言在事之先取以本利者。是領佛言。凡欲發言作佛事時。每先取其本覺之利。

나) 본각의 이익이 곧 반야바라밀임을 드러냄

그러나 생사의 생각[36]은 본래 적멸하고, 그와 같은 적멸은 곧 진여의 도리이며, 진여의 도리 가운데는 본각과 시각의 모든 공덕이 총섭되어 있을 뿐만 아니라 또한 생사의 모든 법까지도 빠짐없이 담고 있어서 원융하고

---

35 무릇 설법하여~취해야 한다 : 설법을 통하여 교화하려면 우선 교화가 된 결과(果地)를 일러 주고 거기에 도달하기 위한 수행(因行)에 대하여 설해 주는 것을 말한다.
36 생사의 생각 : 본각의 이익을 먼저 취해야 한다는 것을 가리킨다.

불이다. 이런 까닭에 심심하고 불가사의하다. 그 가운데 비록 무량한 공덕을 갖추고 있을지라도 그 자체는 곧 본각과 시각이 평등하고 무이하다. 그러므로 "그런 법이야말로 곧 마하반야바라밀이다."라고 한다. 이와 같이 반야는 '본각일심의 근원에 도달하고 본래자성에 사무치는 것(窮源盡性)'이므로, 바라밀 곧 완성이다.

바라밀을 분별하면 두 가지 바라밀(到)이 있다. 등각위에서는 만행의 피안에 도달하는 바라밀이고, 묘각위에서는 만덕의 피안에 도달하는 바라밀이다.

등각위에도 다시 두 가지 바라밀이 있다. 첫째는 대신통력大神通力으로 삼마三魔(五陰魔·煩惱魔·天魔)의 원한을 다스리는 것이니, 경문의 "대신주"가 그것이다. 둘째는 대명조大明照로 사안四眼[37]의 경계를 두루 관찰하는 것이니, 경문의 "대명주"가 그것이다.

묘각위에도 또한 두 가지 바라밀이 있다. 첫째는 사지四智[38]를 갖추고 오안五眼[39]이 원만하여 법계를 모두 비추어 더 이상 없는 것이니, 경문의 "무상명주"가 그것이다. 둘째는 삼신三身으로 드러낸 무상보리는 더 이상 같은 것(與等)이 없어 제불과 차별이 없으니, 경문의 "무등등주"가 그것이다.

주呪는 기원하는(禱) 것이다. 저 세간의 신주神呪에는 대위력이 있어서 주력을 외워 신에게 기원하면 모든 복을 다 초래하지 못하는 것이 없고 모든 재앙을 다 물리치지 못하는 것이 없는 것과 같다. 지금 이 마하반야바라밀도 또한 그와 같아서 앞의 사덕四德(等覺位의 두 가지 덕과 妙覺位의 두 가지 덕)을 갖추고 대신통력이 있어서 안으로는 곧 모든 덕을 갖추지 않음

---

37 사안四眼 : 육안肉眼·천안天眼·혜안慧眼·법안法眼을 가리킨다.
38 사지四智 : 성소작지成所作智·평등성지平等性智·묘관찰지妙觀察智·대원경지大圓鏡智를 가리킨다.
39 오안五眼 : 육안肉眼·천안天眼·혜안慧安·법안法眼·불안佛眼을 가리킨다.

이 없고 밖으로는 모든 근심을 떠나 있지 않음이 없다. 그러므로 만약 지성심으로 이 명구를 외우고 우러러 기원하면 모든 불·보살·신인이 추구하는 소원을 따라 모두 해결해 준다. 이런 뜻을 말미암은 까닭에 주咒라 한다. 저 도리천의 제석천왕이 이 명구를 외워서 아수라의 군대를 물리친 것과 같다. 여기에서도 그와 상응되는 점을 설한 것이다.

是生死念。本來寂滅。如是寂滅。卽是如理。理中摠攝本始諸德。亦乃該羅生死萬法。圓融不二。是故甚深。不可思議。此中雖具無量功德。其體唯是本覺始覺。平等無二。故言卽是摩訶般若。如是般若。窮源盡性。故言波羅蜜。[1] 別而言之。有二種到。在等覺位。到萬行之彼岸故。在妙覺時。到萬德之彼岸故。在等覺位。略有二到。一者有大神力。降伏三魔之怨。如經是大神咒故。二者有大明照。遍察四眼之境。如經是大明咒故。妙覺位中。亦有二到。一者四智具足。五眼圓滿。照窮法界。更無可加。如經是無上明咒故。二者三身所顯。無上菩提。更無與等。諸佛無差。如經是無等等咒故。咒者禱也。如世神咒。有大威力。誦咒禱神。福無不招。禍無不卻。今此摩訶般若波羅蜜。亦復如是。具前四德。有大神力。內卽無德不備。外卽無患不離。若至誠心。誦此名句。仰禱諸佛菩薩神人。隨所求願。無不成辦。由是義故。說名爲咒。如天帝釋。誦此名句。卻修羅軍之事。此中應說。

1) ㉮ '蜜'은 甲本에는 '密'로 되어 있다.

나. 여래께서 설명해 줌

경 부처님께서 말씀하셨다.

"그래, 그렇다.[40] 진여는 공성이다. 자성이 공한 지혜의 불은 모든 번뇌를

---

40 그래, 그렇다: 『金剛三昧經註解』 권3(X35, 243a)에서는 다음과 같이 말한다. "부처님이 두 번이나 그렇다(如是)고 말하여 증명한 것은 다음과 같다. 첫째는 교화하기 이전에

태우고 소멸시켜 평등한 가운데서도 가장 평등한데 이것이 등각의 삼지이다. 그리고 묘각의 삼신은 구식 가운데서 훤칠하고 명정하여 아무런 그림자가 없다.

> 佛言。如是如是。眞如空性。性空智火。燒滅諸結。平等平等。等覺三地。妙覺三身。於九識中。皎然明淨。無有諸影。

논 이하는 둘째로 여래께서 설명해 주는 것이다. 여기에 세 가지가 있다. 첫째는 총체적인 서술이고, 둘째는 개별적인 서술이며, 셋째는 총체적인 서술로 결론을 맺는 것이다.

> 此下如來述成。於中有三。先摠述。次別述。後卽摠成。

가) 총체적인 서술

첫째로 총체적으로 서술하는 것은 "그래, 그렇다."이다.

> 摠述成者。如是如是故。

나) 개별적인 서술

둘째로 개별적으로 서술하는 것에 또한 두 가지가 있다. 첫째는 바라밀의 인이 원만하다는 뜻을 서술하고, 둘째는 바라밀의 과가 원만하다는 뜻을 서술한다.

먼저 본각의 이익을 취해야 한다는 것을 인정한 것이고, 둘째는 만덕을 총지한다는 것을 인정한 것이다.(佛以二如是證者。一以印其得在念先。一以印其能摠持萬德。)"

別中亦二。先述到因滿義。後述到果圓義。

(가) 바라밀의 인이 원만하다는 뜻을 서술함

첫째에서는 곧 등각의 삼지를 드러내니, 등각의 삼지는 다음과 같다. 첫째는 백겁위이고, 둘째는 천겁위이며, 셋째는 만겁위이다. 『본업경』에서는 다음과 같이 말한다.

불자여, 마니영락이라는 글자는 등각성 가운데 한 사람이다. 그 명칭은 금강혜보살이니, 정적정頂寂定에 주하면서 대원력으로 백겁의 수명 동안 머물면서 천 가지 삼매를 닦아 이미 금강삼매에 들어갔다. 그리하여 일체법성과 이제와 일제와 일합상과 동일하다. 다시 천겁의 수명 동안 머물면서 부처님의 위의를 익혀서 내지 부처님 수행의 도리에 들어가 부처님 도량에 앉아서 삼마三魔를 초월한다. 다시 만겁의 수명 동안 머물면서 화현으로 성불하여 내지 옛적의 모든 부처님과 동일하게 나타나지만 항상 중도를 실천한다. 이에 대략의 무위로서 생멸의 유위와 다르다.[41]

---

[41] 『菩薩瓔珞本業經』 권상(T24, 1012c~1013a)에 의하여 생략된 내용을 보충하면 다음과 같다. "불자여, 마니영락보살의 글자는 등각성 가운데 한 사람이다. 그 명칭은 금강혜당보살인데 정적정에 주하면서 대원력으로 백겁의 수명 동안 머물면서 천 가지 삼매를 닦아 이미 금강삼매에 들어갔다. 그리하여 일체법성과 이제와 일제와 일합상과 동일하다. 다시 천겁의 수명 동안 머물면서 부처님의 위의를 익혀서 코끼리왕으로서 사자가 노니는 걸음을 관찰한다. 다시 부처님께서 무량하고 불가사의한 신통으로 교화하신 법을 닦는다. 이런 까닭에 일체의 불법이 모두 현전한다. 부처님 수행의 도리에 들어가 부처님 도량에 앉아서 삼마三魔를 초월한다. 다시 만겁의 수명 동안 머물면서 화현으로 성불하여 대적정에 들어가서 등각과 제불과 이제와 계외界外(계내교계內敎에 상대하는 계외교계外敎)와 비유와 비무와 무심과 무색과 인과와 이습二習(성문습聲聞習과 보살습菩薩習으로 소승의 가르침과 대승의 가르침)이 남아 있지 않다. 그리하여 옛적의 부처님(古佛)과 동일하게 나타나지만 그에 상응하는 명칭이 따로 있어 모든 색과 심을 나타내어 중생을 교화하고, 옛적의 모든 부처님(古昔諸佛)과 동일하게 나타나

지금 이 경문에서 "진여는 공성이다."라고 한 것은 곧 첫째의 백겁위로서 일합상과 동일하다는 것이다. 일체 유무의 제법과 동일하다는 것은 곧 이제법을 일제와 동일하게 융합했는데 그 일제는 곧 일합상이기 때문에 이와 같이 "진여는 공성이다."라고 하였다.

"자성이 공한 지혜의 불은 모든 번뇌를 태우고 소멸시킨다."는 것은 곧 둘째의 천겁위로서 삼마三魔를 초월하는 것이다.

"모든 번뇌를 소멸시킨다."는 것은 번뇌마를 소멸하는 것이니, 번뇌를 소멸한 까닭에 오음마五陰魔에 계박되지 않는다. 이처럼 번뇌마와 오음마를 소멸한 까닭에 천마가 스스로 굴복한다. 이에 단지 불가사의한 변역사마變易死魔(煩惱障)만 남아 있을 뿐이다.

"평등한 가운데서도 가장 평등하다."는 것은 곧 셋째의 만겁위로서 항상 중도를 실천하여 양변에 떨어지지 않기 때문에 '평등한 가운데'라 하고, 항상 실천을 드러내기 때문에 거듭하여 '가장 평등하다.'고 한다.

"이것이 등각의 삼지이다."라는 것은 앞의 백겁위·천겁위·만겁위의 삼지를 총합한 것이다. 이 가운데서 백겁위와 천겁위는 '대신주'를 서술한 것이고, 만겁위는 '대명주'를 서술한 것이다.

初中卽顯等覺三地。何等名爲等覺三地。一者百劫位。二者千劫位。三者萬劫位。如本業經言。佛子摩尼瓔珞字者。等覺性中一人。其名金剛慧菩薩。住頂寂定。以大願力。住壽百劫。修千三昧已。入金剛三昧。同一切法性。

지만 항상 중도를 실천한다. 이에 대략의 무위로서 생멸의 유위와 다르고, 실제로 부처가 아니지만 부처의 신통력을 드러내면서 항상 본각의 경계에 머문다.(佛子。摩尼寶瓔珞。菩薩字者。等覺性中一人。其名金剛慧幢菩薩。住頂寂定。以大願力住壽百劫。修千三昧已入金剛三昧。同一切法性二諦一諦一合相。復住壽千劫學佛威儀。象王視觀師子遊步。復修佛無量不可思議神通化導之法。是故一切佛法皆現在前。入佛行處坐佛道場超度三魔。復住壽萬劫化現成佛。入大寂定等覺諸佛二諦界外。非有非無無心無色因果二習無有遺餘。현同古佛但有應名。現諸色心敎化衆生。現同古昔諸佛常行中道。大樂無爲而生滅爲異。而實非佛現佛神通常住本境。)"

二諦一諦一合相。復住壽千劫。學佛威儀。乃至入佛行處。坐佛道場。超度三魔。復住壽萬劫。化現成佛。乃至現同古昔諸佛。常行中道。大樂無爲。而生滅爲異故。今此文言。眞如空性者。卽是第一同一合相。謂同一切有無諸法。卽二諦法。同融一諦。一諦卽是一合相故。如是名爲眞如空性也。性空智火。燒滅諸結者。卽是第二超度三魔。滅諸結者。滅煩惱魔。滅煩惱故。陰魔不繫。滅二魔故。天魔自伏。但有不思議變易死魔耳。平等平等者。卽是第三常行中道。不墮二邊故。曰平等。爲顯常行故。重言平等。等覺三地者。摠前三地。此中前二。述大神咒。其第三地。述大明咒也。

(나) 바라밀의 과가 원만하다는 뜻을 서술함

"묘각" 이하는 원만한 과果에 도달한 것을 설명한다.
"삼신"은 첫째는 법신이고, 둘째는 응신이며, 셋째는 화신이다.
일체제불의 삼신은 깨침이 동일하므로 이에 "무등등주"라 서술한다.
"구식 가운데서 훤칠하고 명정하여 모든 그림자가 없다."는 것은 곧 "무상명주"의 구절을 서술한 것이다. 앞의 등각위에서는 아직 생멸이 남아 있어서 마음의 근원을 다하지 못하기 때문에 제8식에 해당하지만, 지금 묘각에 도달해서는 영원히 생멸을 떠나 있어 본각인 일심의 근원을 궁구하기 때문에 제9식의 명정한 경지에 들어간다. 또한 앞의 인위에서는 반연攀緣을 따르는 뜻이 있는 까닭에 마음에 영상의 모습이 나타나지만, 지금은 마음의 근원에 돌아가 저 마음의 본질을 체득한 것으로 말미암아 모든 그림자와 같은 일체의 모습이 없다. 이런 까닭에 "모든 그림자가 없다."고 하였다.『본업경』에서는 다음과 같이 말한다.

불자여, 수정의 영락은 안팎으로 명철하다. 이처럼 묘각은 항상 담연하고 명정하므로 일체지지라 말한다. 또한 항상 중도에 있으면서 일체법에서 사마四魔를 초월하고, 유도 아니고 무도 아니어서 일체상이 없으며, 대각을 온전히 이해하고, 몸소 몸과 마음을 변화시켜 법성신과 응화법신으로서 항상 인연 있는 중생을 교화한다.[42]

생각해 보면 『본업경』에서 내세운 이신二身은 첫째는 법성신이고, 둘째는 응화법신이다. 이것은 그 밖의 응신과 법신을 합하여 응화법신으로 삼은 것이다. 지금 이 『금강삼매경』에서 응화법신을 전개하여 응신과 화신으로 간주하였으므로 삼신이라 설한 것이다. 그러므로 삼신과 이신은 평등하고 평등하다. 이상은 도피안의 뜻을 개별적으로 서술한 것이다.

妙覺已下。明到圓果。言三身者。一名法身。二者應身。三者化身。一切諸佛。三身道同。是述無等等咒句也。於九識中。皎然明淨。無有諸影者。是述無上明咒之句。前等覺位。猶有生滅。未盡心源。故在八識。今到妙覺。永離生滅。窮歸本覺一心之源。故入第九識中明淨。又前因位。有仰緣義。所以其心。影像相現。今歸心源。體彼本質。由是諸影。一切相盡。以之故言無有諸影。如本業經言。佛子水精瓔珞。內外明徹。妙覺常住。湛然明淨。名一切智地。常處中道。一切法上。越過四魔。非有非無。一切相盡。頓解大覺。窮化體神。二身常住。爲化有緣。案云。彼經立二身者。一法性身。二應化法身。合餘二身。爲一身故。今此經中。開此爲二。故說三身。三之與二。平等平等。上來別述到彼岸義。

다) 총체적인 서술로 결론을 맺음

경 선남자여, 진성법은 인도 아니고 연도 아니니 지혜가 저절로 작용하

---

42 『菩薩瓔珞本業經』 권상(T24, 1013a).

기 때문이고, 진성법은 움직임도 아니고 고요함도 아니니, 작용의 자성이 공하기 때문이며, 진성법은 유의 뜻도 아니고 무의 뜻도 아니니 공상空相도 역시 공하기 때문이다.

선남자여, 그러므로 만약 중생을 교화하여 저 중생으로 하여금 이 진성의 뜻에 관찰하여 들어가도록 한다면 진성의 뜻에 들어간 자는 곧 여래를 볼 것이다."

善男子。是法非因非緣。智自用故。非動非靜。用性空故。義非有無。[1] 空相空故。善男子。若化衆生。令彼衆生。觀入是義。入是義者。是見如來。

1) ㉠ '義非有無'는 『金剛三昧經註解』, 『金剛三昧經通宗記』에는 '非有非無'로 되어 있다.

논 이는 원융하고 불이임을 총체적인 서술로 결론을 맺는 것이다. 위에서는 얕은 곳으로부터 깊은 곳에 들어가는 문에 의거하여 인의 원만과 과의 원만에 차별이 있음을 드러냈다. 그러나 만약 일법의 불이문에 의거하면 곧 인과 과가 다르지 않고 마음과 경계에 차별이 없다.

인과 과가 다르지 않기 때문에 "인도 아니다."라고 하고, 마음과 경계에 차별이 없기 때문에 "연도 아니다."라고 한다. 그 이유는 앞에서 말한 것처럼 인·과·마음·경계는 오직 원만한 지혜가 저절로 작용한 것이기 때문이다. 이미 저절로 작용하는데, 어찌 인이 있고 연이 있겠는가. 또한 그 지혜의 작용이 등각위에 있으면 조적혜照寂慧라 말하는데, 그것은 생멸의 움직이는 모습을 아직 떠나 있지 못한 까닭이다. 그러나 묘각위에 이르면 적조혜寂照慧라 말하는데, 그것은 이미 제9식의 구경정究竟靜에 돌아가기 때문이다.

지금 그것을 불이문에 의거하여 보면 먼저 움직임의 상태였다가 나중에 고요의 상태가 되는 것은 아니다. 왜냐하면 고요와 움직임의 작용은 그 작용하는 자성이 공하기 때문이다. 만약 이러한 뜻에 의거해서 자성이 공하므로 무無이고 그 결과 움직임과 고요도 무無라고 한다면 그것은 그렇지가 않다. 그러므로 "진성법은 유의 뜻도 아니고 무의 뜻도 아니다."라고 한다. 유有가 아니라는 것은 그렇다 하더라도 무無가 아니라는 것은 무엇인가. 그것은 공상도 역시 공하기 때문이다. 이와 같이 원융하고 불이임을 서술하여 결론 맺는다.

"그러므로 만약 중생을 교화하여" 이하는 진성의 뜻에 들어갈 것을 권유한 것이다.

> 此是摠成圓融不二。上約從淺入深之門。以顯因滿果圓差別。若就一法不二之門。即因果不二。心境無別。因果不二。故言非因。心境無別。故曰非緣。所以然者。如前所說。因果心境者。唯一圓智之自用故。旣唯自用。何因何緣也。又此智用。在等覺位。名照寂慧。未離生滅之動相故。至妙覺位。名寂照慧。已歸第九識。究竟靜故。然今就其不二之門。非先有動。非後有寂。寂動之用。用性空故。若就此義。性空是無。無動靜故。是亦不然。故言非有非無。非有可爾。云何非無者。空相亦空故。如是述成。圓融不二。若化已下。勸入是義。

⑥ 대선정은 모든 명칭과 법수를 초월해 있음을 설명함

경 사리불이 여쭈었다.

"여래의 뜻[43]을 관찰해 보면 모든 번뇌에 머물러 있지 않고, 반드시 사선

---

43 여래의 뜻 : 『金剛三昧經通宗記』 권9(X35, 310a~b)에서는 다음과 같이 말한다. "무릇 여래란 일심一心·진여眞如·자성自性에서 온 것이다. 또 경전에서는 '여래는 곧 법이다.'라고 말한다. 『기신론起信論』에서는 '말한 바 법은 곧 중생심이다.'라고 말하고, 또 '여如는 부동한 법신의 본각이고, 래來는 보신·화신의 묘각이다.'라고 말한다.(夫如來者。即一心眞如自性中來。又經云。如來。即是法也。起信論又云。所言法者。即衆生心。又

四禪⁴⁴을 떠나 있으며, 유정처를 초월해 있습니다."

부처님께서 말씀하셨다.

"그렇다. 왜냐하면 일체법의 명칭과 법수와 네 단계의 선정(四禪)⁴⁵까지도 또한 그렇다.⁴⁶ 만약 여래를 보자면 여래의 마음은 자재하고, 항상 멸진정처에 있으며, 나감(出)도 없고 또한 들어감(入)도 없는데 그것은 내·외가 평등하기 때문이다.

舍利弗言。如來義觀。不住諸流。應離四禪。而超有頂。佛言如是。何以故。一切法名數。四禪亦如是。若見如來者。如來心自在。常在滅盡處。不出亦不入。內外平等故。

논 이는 크게 분류한 가운데 여섯째로 대선정은 모든 명칭과 법수를 초월해 있음을 설명하는 것이다. 여기에 두 가지가 있다. 첫째는 질문이고, 둘째는 답변이다.

此下大分第六。明大禪定。超諸名數。於中有二。先問。後答。

가. 질문

첫째에서 "모든 번뇌"라고 한 것은 삼유三有에 왕환往還하고 유전流轉하

云。如者。即不動法身之本覺。來。即報化二身之妙覺也。)"

44 사선四禪 : 초선初禪의 이생희락離生喜樂, 제2선의 정생희락正生喜樂, 제3선의 이희묘락離喜妙樂, 제4선의 사념청정捨念淸淨을 가리킨다.
45 네 단계의 선정 : 여기에서는 식무변처정識無邊處定·공무변처정空無邊定·무소유처정無所有處定·비상비비상처정非想非非想處定의 무색계의 사정四定을 가리킨다.
46 그렇다 : 세간의 명칭과 법수와 사선四禪과 팔정八定을 초월해 있는 최상승선最上乘禪임을 말한다.

느라고 휴식이 없기 때문이다.

"유정처"는 비상비비상처정非想非非想處定이니, 삼유의 정상頂上이기 때문이다.

> 問中言諸流者。所謂三有。往還流轉。無休息故。有頂者。謂非想處。三有頂故。

나. 답변

둘째의 답변에 두 가지가 있다. 첫째는 간략하게 설명하고, 둘째는 자세하게 설명한다.

> 答中有二。摠許別成。別中亦二。略明。廣釋。

가) 간략하게 설명함

간략하게 설명하는 것에도 두 가지가 있다. 첫째는 세간선은 명칭과 법수를 떠나 있지 못함을 설명하고, 둘째는 출세간선은 그 명칭과 법수를 초월해 있음을 드러낸다.

> 略中二句。先明世間禪不離名數。後顯出世禪超彼名數。

(가) 세간선은 명칭과 법수를 떠나 있지 못함을 설명함

"만약 여래를 보자면"은 앞에서 설한 바와 같이 여래의 관찰경지에 들어가는 것이다.

"여래의 마음은 자재하다."는 것은 여래의 마음은 모든 계박을 떠나 있음을 관찰하는 것이다.

若見如來者。如前所說。入如來觀故。如來心自在者。觀如來心。離諸縛故。

(나) 출세간선은 그 명칭과 법수를 초월해 있음을 드러냄

"항상 멸진정처에 있다."는 것은 심心과 심수법心數法이 생기하지 않는 것이다.
"나감도 없고 또한 들어감도 없다."는 것은 마음의 본체는 진여도리로서 기동과 소멸이 없는 것이다. 그래서 나감도 없고 들어감도 없는 경지를 터득하는 까닭은 내심과 외경이 평등하기 때문이다.
간략하게 경문을 설명하는 것을 마친다.

常在滅盡處者。心心數法。不生起故。不出亦不入者。心體如理。無起滅故。所以能得不出入者。內心外境。平等觀故。略明文竟。

나) 자세하게 설명함

경 선남자여, 저 모든 선관은 다 본래 분별상의 공정(想空定)일 뿐이다. 그러나 이 진여는 그와 같은 분별상의 공정이 아니다. 왜냐하면 진여로써 여실하게 관찰하지만 관찰하는 진여의 상도 없고 모든 상이 이미 적멸하기 때문이다.
적멸이야말로 곧 진여의 뜻이다. 그러나 저 분별상의 선정(想禪定)은 곧 동動이지 선禪은 아니다. 왜냐하면 선의 자성은 모든 동動을 떠나 있어서 염染도 아니고 소염所染도 아니며 법法도 아니고 영影도 아니기 때문이다.

모든 분별을 떠나 있는 것이야말로 본의本義라는 의미이기 때문이다.[47] 선남자여, 이와 같은 선정을 진여선이라 한다."

善男子。如彼諸禪觀。皆爲故想定。[1] 是如非復彼。何以故。以如觀如實。不見觀如相。諸相。已[2]寂滅。寂滅卽如義。如彼想禪定。是動非是禪。何以故。禪性離諸動。非染非所染。非法非影。離諸分別。本義[3]義故。善男子。如是觀定。乃名爲禪。

> 1) ㉎ '故想定'은 『大正新修大藏經』에 수록된 『金剛三昧經』을 비롯하여 『金剛三昧經註解』, 『金剛三昧經通宗記』에는 '想空定'으로 되어 있고, 『七祖法寶記』권하(藏外佛教文獻 2, 152a)에는 '故想定'으로 되어 있다. 2) ㉎ '已'는 『大正新修大藏經』에 수록된 『金剛三昧經』에는 '相已'로 되어 있다. 3) ㉎ '本義'는 『大正新修大藏經』에 수록된 『金剛三昧經』에는 '本利'로 되어 있고, 『金剛三昧經註解』, 『金剛三昧經通宗記』에는 '本義'로 되어 있다. 『한국불교전서』에는 본의本義를 본리本利로 교감하고 있지만 여기에서는 원래의 본의의 뜻으로 해석한다. 이하 『논』의 설명에서도 마찬가지이다.

【논】 이는 둘째로 자세하게 설명하는 것이다. 여기에 네 가지가 있다. 첫째는 형상에 대하여 형상을 떠나 있음을 설명하고, 둘째는 움직임(動)에 대하여 움직임을 떠나 있음을 드러내며, 셋째는 진여의 뜻을 결론짓고, 넷째는 진여의 명칭을 결론짓는다.

> 此是第二廣釋。於中有四。一者對相以明離相。二者對動以顯離動。三者結義。四者結名。

(가) 형상에 대하여 형상을 떠나 있음을 설명함

첫째에서는 먼저 모든 선이 형상에 집착함을 언급한다.

---

47 "본의本義라는 의미이기 때문이다."에서 '본의本義'는 『金剛三昧經通宗記』권9(X35, 310c)에 의하면 '본성여의本性如義'이다. 그래서 곧 해석하자면 "본각의 자성은 진여의 뜻이라는 의미이기 때문이다."라는 말이다.

"저 모든 선관"은 세간의 팔선이다.

"본래 분별상의 공정일 뿐이다."라는 것은 옛적의 집착을 떠나지 못하여 무시이래로 망상으로 모든 형상에 집착하는 것이다.

이하에서는 진여가 형상을 떠나 있음을 드러낸다.

"이 진여는 그와 같은 분별상의 공정이 아니다."라는 것은 여래가 관찰한 경지에 들어가 누체와 객체가 평등하므로 진여라 하기 때문이다.

"진여로써 여실하게 관찰한다."는 것은 평등지平等智로써 여실하게 통달하는 것이다.

"관찰한다는 진여의 상이 없다."는 것은 능관의 지智와 소관의 진여에 대한 차별상을 보지 않는 평등일미이다.

이미 능과 소를 잊어 견분과 상분을 일으키지 않으므로 "모든 상이 이미 적멸하기 때문이다."라고 한다.

그리고 적멸하여 변이가 없으므로 "적멸이야말로 곧 진여의 뜻이다."라고 말한다.

初中先擧諸禪取相。諸禪觀者。世間八禪。言故想者。不離古執無始妄想。取諸相故。下顯離相。是如非復彼者。入如來觀。能所不等。名爲如故。以如觀如實者。平等之智。達如實故。不見觀如相者。不見能觀之智。所觀之如。差別之相。平等一味故。旣忘能所。見相不起。故言諸相已寂滅。寂滅無異故。卽是如義也。

(나) 움직임(動)에 대하여 움직임을 떠나 있음을 드러냄

"그러나 저 분별상의 선정은" 이하는 움직임(動)에 대하여 움직임을 떠나 있음을 드러내는 것이다. 먼저 그 움직임을 언급한 것은, 세간선은 형상에 집착하여 마음을 일으키므로 동념動念인데, 동념은 적정이 아니어서

진여선眞如禪이 아니기 때문이다.

이하는 진선眞禪이 모든 움직이는 모습을 떠나 있음을 드러내는 것이다.

"염染도 아니다."라는 것은 오염시키는 주체가 아니라는 것이니, 동념動念이 아니기 때문이다.

"소염所染도 아니다."라는 것은 움직임(動)에 의해 오염되는 것이 아니라는 것이니, 본래적정하기 때문이다.

"법도 아니다."라는 것은 연緣의 주체인 심법이 없는 것이다.

"영도 아니다."라는 것은 드러나는 영상이 없는 것이다. 이런 뜻을 말미암은 까닭에 모든 움직임을 떠나 있다.

如彼已下。對動顯離動。先擧其動。謂世間禪。取相心起。卽是動念。動念非靜故。非眞禪也。下顯眞禪。離諸動相。言非染者。謂非能染。非動念故。非所染者。非動所染。本來靜故。言非法者。非能緣心法故。非影者。非所現影像故。由是義故。離諸動也。

(다) 진여의 뜻을 결론지음

"모든 분별을 떠나 있는 것이야말로 본의라는 의미이기 때문이다."라는 것은 셋째로 진여의 뜻을 결론짓는 것이다. 곧 분별을 떠남으로 말미암아 형상에 집착하지 않기 때문이다.

"본의라는 의미이기 때문이다."라는 것은 진여는 움직임의 뜻을 떠나 있음을 결론지은 것이다.

離諸分別本義義故者。第三結義。離分別者。結離相義。由離分別不取相故。本義義者。結離動義。由本來靜。不起動故。

(라) 진여의 명칭을 결론지음

"이와 같은 선정을 진여선이라 한다."는 것은 넷째로 진여의 명칭을 결론짓는 것이다. 형상을 떠나 있고 움직임을 떠나 있으므로 선이라는 명칭이 붙는다. 선은 정려靜慮[48]를 가리킨다. 저 세간정을 선이라 하는 것은 곧 임시적으로 그렇게 부를 뿐이지 진여선眞如禪은 아니다.

이 「진성공품」을 크게 나누면 두 부분이다. 그 가운데 첫째로 이근자를 위하여 많은 경문으로 자세하게 설하는 여섯 부분에 대해서는 이상으로 마친다.[49]

如是觀定乃名爲禪者。第四結名。離相離動。乃得禪名。禪是靜慮之稱故。彼世間定。名爲禪者。是假號禪。非眞禪故。是一品內。有二分中。爲利根者。多文廣說。六分之文。竟在於前。

(2) 둔근자鈍根者를 위하여 작은 경문으로 간략하게 요약함

이하는 둘째로 둔근자를 위하여 작은 경문(少文)으로 간략하게 요약하는 것이다.[50] 그러나 이근과 둔근 및 자세한 설명과 간략한 설명에도 두 가지 문이 있다. 만약 탐구하고 이해하는 측면으로 논하자면 이근자에게는 간략하게 설하고 둔근자에게는 자세하게 설하니, 이근자는 하나를 들으면 열 가지를 알기 때문이고 둔근자는 열 가지를 들어야 비로소 열 가

---

48 정려靜慮: 신역新譯의 용어이고, 구역舊譯에서는 사유수思惟修라 하였다.
49 이 「眞性空品」을 크게 두 부분으로 나누는데, 첫째는 이근자를 위하여 많은 경문으로 자세하게 설하는 부분이고, 둘째는 둔근자를 위하여 작은 경문으로 간략하게 요약하는 부분이다. 이 가운데 첫째로 자세하게 설하는 가운데에 곧 여섯 부분이 있음을 가리킨다.
50 「眞性空品」은 크게 두 부분으로 나뉘는데, 이는 그 중 둘째 둔근자를 위하여 작은 경문으로 간략하게 요약하는 부분이다.

지를 알기 때문이다. 만약 언설로 이해하는 측면으로 든다면 이근자에게 는 자세하게 설하고 둔근자에게는 간략하게 설하니, 이근자는 많이 들으 면 들은 만큼 많이 이해하지만 둔근자는 적은 부분을 외워서 총괄적으로 수지하기 때문이다. 지금 이 경문의 뜻은 후자에 의거한 것이다.

경문에는 다섯 부분이 있다. 첫째는 질문하고, 둘째는 답변하며, 셋째는 청하고, 넷째는 설명해 주며, 다섯째는 대중이 설법을 듣고 이익을 얻는다.

此下第二爲鈍根者。少文略攝。然利鈍廣略。有二種門。若論探解。利略鈍廣。利者聞一以知十故。鈍者聞十方解十故。若齊言解。利廣鈍略。利者多聞而多解故。鈍者誦少而摠持故。今此文意。約此後門。文中有五。一問二答三請四說。五者大衆聞說得益。

① 질문

경 사리불이 여쭈었다.

"불가사의합니다. 여래께서는 항상 진여실상으로 중생을 교화하십니다. 이와 같은 실상의 뜻은 여러 경문에 자세한 뜻이 들어 있습니다. 그래서 이근중생은 가히 닦을 수 있겠지만 둔근중생은 그런 생각을 하는(措意)[51] 것이 어렵습니다. 저 둔근중생을 그 실상의 도리에 들도록 하려면 어떤 방편이 필요합니까?"

舍利弗言。不可思議。如來常以如實。而化衆生。如是實義。多文廣義。利根衆生。乃可修之。鈍根衆生。難以措意。云何方便。令彼鈍根。得入是諦。

---

51 그런 생각을 하는(措意) : 조의措意는 조치어의措置於意로서 "그러한 생각을 가지도록 조치하다."라는 말이다. 곧 중생들로 하여금 수행을 하려는 마음을 가지도록 조치해 주는 것을 가리킨다.

논 이는 첫째에 해당한다. 여기에 두 가지가 있다. 첫째는 앞서 설명한 것을 이해하고, 둘째는 의심나는 것을 묻는다.

"한다(措)"는 것은 남겨둔다(存)의 뜻이다. 곧 많은 경문과 넓은 뜻에 대하여 둔근자는 재능이 모자라므로 거기에 대한 생각을 내기 어렵다는 것이다.

此卽初文。於中有二。先領前說。後問所疑。惜[1]者存意。多文廣義。鈍根狹才。難以存意。

1) ㉮ '惜'은 '措'의 오기인 듯하다.

② 답변

경 부처님께서 말씀하셨다.
"저 둔근자에게 하나의 사구게를 수지하도록 하면 곧 실제에 들어간다. 왜냐하면 일체의 불법이 하나의 게송에 들어 있기 때문이다."

佛言。令彼鈍根。受持一四句偈。卽入實諦。一切佛法。攝在一[1]偈中。

1) ㉯ '一'은 『大正新修大藏經』에 수록된 『金剛三昧經』에는 '一四'로 되어 있고, 『金剛三昧經註解』, 『金剛三昧經通宗記』에는 '一四句'로 되어 있다.

논 이는 둘째 답변이다. 여래께서는 변재가 무애하고 자재하기 때문에 한 게송을 설하여 모든 불법을 섭수한다. 불법의 요체는 바로 이 사구게에 들어 있다. 그래서 둔근자에게 한 게송을 송지하여 항상 사유하도록 하면 이에 널리 일체의 불법을 알게 된다. 이것을 여래의 선교방편이라 말한다.

此是第二答。如來辯才無礙自在。故說一偈攝諸佛法。佛法之要。在此四句。令鈍根者。誦持一偈。常念思惟。乃至遍知一切佛法。是名如來善巧方便。

③ 청함

경 사리불이 여쭈었다.
"그 하나의 사구게란 무엇입니까? 바라건대 저희에게 그것을 설해 주십시오."

舍利弗言。云何一四句偈。願爲說之。

논 이것은 셋째로 청하는 대목이다.

是第三請。

④ 설명함

경 이에 존자께서 게송을 설하여 말씀하셨다.

인연으로 발생한다는 말의 뜻은
소멸이란 뜻이지 발생은 아니다
일체의 생멸이 소멸한다는 뜻은
발생이란 뜻이지 소멸은 아니다

於是尊者。而說偈言。因緣所生義。是義滅非生。滅諸生滅義。是義生非滅。

논 이는 넷째로 설명하는 것이다. 이 사구게의 뜻에는 개별적인 것과 총체적인 것이 있다. 개별적인 것은 곧 두 가지 문[52]의 뜻을 설명하고, 총체적인 것은 일심법을 드러낸다. 이와 같이 일심과 이문 속에 일체의 불법이 포섭되지 않음이 없다.

是第四說。此四句義。有別有摠。別則明二門義。摠卽顯一心法。如是一心二門之內。一切佛法。無所不攝。

가. 개별적으로 두 가지 문의 뜻을 설명함

이 게송의 뜻은 어떤가.
앞의 두 구절은 속제를 융합하여 진제로 삼아 평등의 뜻을 드러낸 것이고, 뒤의 두 구절은 진제를 융합하여 속제로 삼아 차별문을 드러낸 것이다. 전체적으로 말하면 진제와 속제가 둘이 아니지만, 그렇다고 그 하나를 고수하는 것도 아니다. 둘이 아님을 말미암은 까닭에 곧 일심이고, 하나를 고수하지 않기 때문에 전체를 들어 둘로 삼는다. 이와 같은 경우를 일심이문一心二門이라 한다. 게송의 대의는 이와 같다.

是義云何。前之二句。融俗爲眞。顯平等義。下之二句。融眞爲俗。顯差別門。摠而言之。眞俗無二。而不守一。由無二故。卽是一心。不守一故。擧體爲二。如是名爲一心二門。大意如是。

나. 총체적으로 일심법을 드러냄

---

[52] 방편方便과 실상實相, 적멸迹門과 본문本門, 진제眞諦와 속제俗諦, 유교有敎와 공교空敎, 진여眞如와 생멸生滅, 소승小乘과 대승大乘 등 두 가지로 나누어 설명하는 방식이다.

다음으로 경문을 해석한다.

"인연으로 발생한다는 말의 뜻은"이란 일체 세속제의 모든 법을 언급한 것이다.

"소멸이란 뜻이지"는 세속제를 융합하여 진제로 삼는 것이니, 발생한다는 말의 뜻도 본래 적멸하기 때문이다.

"발생은 아니다."라는 것은 그 발생의 뜻이 곧 소멸인 연유를 드러낸 것이다. 그 발생의 뜻은 곧 발생이 아님을 말미암은 까닭에 그 발생을 추구해도 곧 성취되지 않는다. 이런 까닭에 발생의 뜻은 곧 적멸이다.

"일체의 생멸이 소멸한다는 뜻은"이란 진제의 적멸법을 언급한 것이다.

"발생이란 뜻이지"는 진제를 융합하여 세속제로 삼은 것이니, 적멸법은 연으로부터 생기하기 때문이다.

"소멸은 아니다."라는 것은 그 적멸이 곧 발생의 연유임을 드러낸 것이다. 그 적멸은 적멸이 아님을 말미암은 까닭에 적멸의 뜻을 추구해도 불가득이기 때문이다. 이런 까닭에 적멸은 연으로부터 발생한다. 적멸의 뜻이 곧 발생이라는 것은 불생의 생이다. 그리고 발생의 뜻이 곧 적멸이라는 것은 불멸의 멸이다. 그것을 합하여 말하면 발생이 곧 적멸이지만 적멸을 고수하지 않고, 적멸이 곧 발생이지만 발생에 집착하지 않는다. 발생과 소멸이 둘이 아니고 기동과 적멸이 다르지 않다. 이와 같은 것을 일심법이라 한다.

비록 실제로 둘이 아니지만 하나를 고수하지 않으므로 전체가 연을 따라 발생하고 기동하며 전체가 연을 따라 적멸한다. 이런 도리를 말미암아 발생이 곧 적멸이고 적멸이 곧 발생이며, 막힘도 없고 걸림도 없으며, 똑같지도 않고 다르지도 않은 이것이야말로 소위 한 게송이 지니고 있는 개별적인 뜻이고 또 총체적인 뜻이다.

次釋其文。因緣所生義者。是擧一切世諦諸法。是義滅者。融俗爲眞。謂所生義。本來寂滅故。言非生者。顯其生義是滅之由。由其生義。卽非生故。求其生義。卽不成故。是故生義卽寂滅也。滅諸生滅義者。是擧眞諦寂滅之法。是義生者。融眞爲俗。謂寂滅法。從緣生起故。言非滅者。顯其寂滅是生之由。由其寂滅非寂滅故。求寂滅義不可得故。是故寂滅。從緣生也。寂滅是生者。不生之生也。生義是滅者。不滅之滅也。不滅之滅故。滅卽爲生也。不生之生故。生卽寂滅也。合而言之。生卽寂滅。而不守滅。滅卽爲生。而不住生。生滅不二。動寂無別。如是名爲一心之法。雖實不二。而不守一。擧體隨緣生動。擧體隨緣寂滅。由是道理。生是寂滅。寂滅是生。無障無礙。不一不異。是謂一偈。摠別之義。

⑤ 대중이 설법을 듣고 이익을 얻음

경 그때 대중이 이 게송을 듣고서 모두 크게 환희하고, 다 적멸과 발생의 뜻을 터득하였다. 그 적멸과 발생의 반야는 자성이 공적한 지혜의 바다이다.

爾時。大衆聞說是偈。僉大歡喜。皆得滅生。滅生般若。性空智海。[1]·

1) ㉠ '性空智海'는 『金剛三昧經通宗記』에는 없다.

논 이는 다섯째로 설법을 듣고 이익을 얻는 것이다. 즉 총체적인 도리와 개별적인 도리로 이해한 것을 드러낸다.

"적멸"이라 한 것은 제1구와 제2구에서 발생의 뜻이 곧 소멸임을 증득한 것이고, 다음으로 "발생"이라 한 것은 제3구와 제4구에서 적멸의 뜻이 곧 발생임을 증득한 것이다. 이것은 발생과 소멸의 두 가지 뜻을 터득한 것을 설명한 것이다. "그 적멸과 발생의 반야"라는 것은 적멸과 발생의 두 가지 뜻을 이해한 것을 드러낸 것이니, 이는 개별적인 문에 의해 이익을 얻는 것이다.

"자성이 공적한 지혜의 바다이다."라는 것은, 총체적으로 관찰하면 적멸이든 발생이든 자성을 고수하지 않고, 자성이 공적한 지혜는 깊고 넓어 끝이 없다. 이와 같은 경우를 "자성이 공적한 지혜의 바다"라고 한다. 이는 총체적인 문에 의해 이익을 얻는 것이다.

> 此是第五聞說得益。卽顯得解摠別道理。所言滅者。得上二句生義滅故。次言生者。得下二句滅義生故。是明得二義。滅生般若者。是顯得二解。是依別門而得利也。性空智海者。摠而觀之。若滅若生。不守自性。自性空智。深廣無邊。如是名爲性空智海。是依摠門而得益也。

6)「여래장품如來藏品」

如來藏品第七

🔲 진제와 속제가 둘이 아닌 일실一實의 법은 제불이 돌아가는 곳이니, 이를 여래장이라 한다. 지금 이 「여래장품」에서는 무량한 법문과 일체의 수행이 여래장으로 돌아가지 않음이 없음을 설명한다. 그러므로 들어가는 대상에 의하여 「여래장품」이라는 명칭을 내세운다.

일미관행을 개별적으로 설명한 것에 여섯 부분이 있는데, 일체행이 진성공에서 나온 것을 드러낸 것은 앞의 부분에서 마쳤다. 이하는 그 여섯째로서 무량한 법이 여래장에 들어 있음을 설명한다.[53]

---

53 이「如來藏品」에 대하여『金剛三昧經註解』권4(X35, 244b)에서는 다음과 같이 말한다. "위에서 해탈보살의「무상법품」과 심왕보살의「무생행품」과 무주보살의「본각리품」과 대력보살의「입실제품」에서 질문한 것은 중도의 뜻을 드러낸 것이었고, 다음으로 그것을 이어서 사리불의「진성공품」에서 질문한 것은 진공의 뜻을 드러낸 것이었다. 이제 여기에서 범행장자가「여래장품」에서 질문한 것은 속제와 묘유의 뜻을 드러낸 것이

경문에 두 부분이 있다. 첫째는 제법과 제행은 똑같이 같은 도리에 들어감을 설명하고, 둘째는 수행에 들어가고 지혜에 들어가는 인과 과의 차별을 설명한다.

眞俗無二。一實之法。諸佛所歸。名如來藏。今此品中。明無量法。及一切行。莫不歸入如來藏中。故就所入。以立名也。別明觀行。有六分中。顯一切行。出眞性空。竟在於前。此下第六明無量法。入如來藏。就文有二。一明諸法諸行同入一處。二顯入行入智因果差別。

(1) 제법과 제행은 똑같이 같은 도리에 들어감을 설명함

첫째에도 두 가지가 있다. 첫째는 제법이 일실의一實義에 들어 있음을 설명하고, 둘째는 제행이 일불도一佛道에 들어 있음을 설명한다.

初中亦二。先明諸法入一實義。後明諸行入一佛道。

① 제법이 일실의一實義에 들어 있음을 설명함

첫째에는 네 가지가 있다. 첫째는 질문이고, 둘째는 답변이며, 셋째는 이해이고, 넷째는 서술이다.

初中有四。一問。二答。三領。四述。

가. 질문

다.(前來解脫等菩薩問者。顯中道義。次繼之以舍利弗問者。顯眞空義。此中長者問者。顯俗諦妙有義。)"

질문에 두 가지가 있다. 첫째는 앞에서 설한 것을 이해하고, 둘째는 의심나는 것을 질문한다.

問中有二。先領前說。後問所疑。

가) 앞에서 설한 것을 이해함

경 그때 범행장자가 본각제로부터 일어나 부처님께 사뢰어 말씀드렸다. "존자이시여, 발생한다는 뜻은 적멸이 아니고 적멸한다는 뜻도 발생이 아닙니다. 이와 같은 진여의 뜻은 곧 부처님의 보리입니다. 그 보리의 자성은 곧 무분별입니다. 무분별의 지혜는 분별이 무궁할지라도 그 무궁한 분별상은 오직 분별의 소멸일 뿐입니다. 이와 같이 보리의 뜻과 모습(相)은 불가사의합니다. 불가사의한 가운데는 분별이 없습니다.

爾時。梵行長者。從本際起。而白佛言。尊者。生義不滅。滅義不生。如是如義。卽佛菩提。菩提之性。卽無分別。無分別智。分別無窮。無窮之相。唯分別滅。如是義相。不可思議。不思義中。乃無分別。

논 여기에서 질문자의 이름은 범행이다. 이 사람은 겉모습은 세속의 위의를 하고 있지만 마음은 일미에 머물러 그 일미로써 일체미를 섭수한다. 비록 제미諸味의 잡다한 것(礦塵俗)을 경험했지만 일미의 청정범행은 잃지 않았다. 여기에서는 바로 이와 같은 뜻[54]으로 드러낸 것이다. 그러므로 그 범행장자로 하여금 질문토록 한다.

"본각제로부터 일어난다."는 것은 부처님의 설법을 듣고 곧 본각제에

---

54 이와 같은 뜻 : 범행梵行이라는 이름을 갖게 된 이유를 설명한 것이다.

들어갔는데 지금 질문을 하려고 그 본각제로부터 일어나는 것이다.

"발생한다는 뜻은 적멸이 아니다."라는 것은 위의 게송 가운데 제4구의 "발생이란 뜻이지 소멸은 아니다."를 이해한 것이고, "적멸하다는 뜻은 발생은 아니다."라는 것은 위의 게송 가운데 제2구의 "소멸이란 뜻이지 발생은 아니다."를 이해한 것이다.

"이와 같은 진여의 뜻"이란 한 게송에서 적멸도 없고 발생도 없다는 것이 둘이 아니라는 뜻을 총체적으로 이해한 것이다.

이와 같이 적멸과 발생이 둘이 아닌 뜻은 제불께서 깨친 바 도道이므로 "곧 부처님의 보리입니다."라고 하고, 깨침은 그 무이無二를 수순하여 분分도 없고 별別도 없으므로 "곧 무분별입니다."라고 한다.

그 분별하는 바가 없음을 말미암아 이에 무분별도 없으므로 "무분별의 지혜는 분별이 무궁할지라도"라고 한다.

이에 분별상이 무궁한 것은 단지 모든 분별의 소멸을 말미암은 것뿐이므로 "그 무궁한 분별상은 오직 분별의 소멸일 뿐입니다."라고 한다.

이와 같은 보리의 뜻과 모습은 언설을 떠나 있고 사려분별을 단절해 있으므로 "불가사의합니다."라고 한다. 불가사의한 경지는 마음과 언설이 단절되어 있으므로 곧 무분별이다. 이와 같은 내용은 앞에서 설한 게송의 뜻을 이해한 것이다.

此中問者。名梵行者。是人形雖俗儀。心住一味。以是一味。攝一切味。雖涉諸味之穢塵俗。不失一味之梵淨行。此中顯如是義。所以令其發問。從本際起者。聞佛所說。卽入本際。今欲發問。從彼而起。生義不滅者。是領下半。是義生非滅故。滅義不生者。是領上半。是義滅非生故。如是如義者。摠領一偈。不滅不生。無二義故。如是無二義。諸佛所覺道故。言卽佛菩提。覺順無二。不分不別故。言卽無分別。由其無所分別。乃能無不分別。故言無分別智。分別無窮。所以分別無窮者。只由滅諸分別故。言無窮之相。唯分別滅。如是義相。離言絶慮故不思議。不思議中。心言絶故。乃無分別。
如是領前所說偈義。

나) 의심나는 것을 질문함

경 존자이시여, 일체의 법수는 무량하고 무변합니다. 그러나 무변한 제법의 실상은 일실의의 자성일 뿐입니다. 그렇다면 오직 일실의의 자성에 머무는 그 수행은 무엇입니까?"

尊者。一切法數。無量無邊。無邊法相。一實義性。唯住一性。其事云何。

논 이는 의심나는 것을 곧장 질문한 대목이다. 소승의 가르침에는 팔만 가지의 온蘊이 있는데 일온의 분량은 천에 해당한다. 그러나 지금 대승의 가르침은 팔만 가지에 그치지 않기 때문에 "법수는 무량하고 무변합니다."라고 한다. 무변한 교법이 설명하고 있는 뜻(義)과 상相은 다른 갈래가 없이 오직 일실의一實義일 뿐이다. 교법이 무수히 많지만 오직 일실의의 자성일 뿐이라는 그것을 이해하기가 매우 어렵다. 그렇다면 그것[55]이란 도대체 무엇인가.

此是正問所疑。小乘教有八萬法蘊。一蘊之量。十百之數。今大乘教。不唯八萬故。言法數無量無邊。無邊教法。所詮義相。更無異趣。唯一實義。教法衆多。唯住一性。甚難可解。其事云何。

나. 답변

---

55 그것 : 오직 일실의一實義의 자성에 해당하는 교법 곧 수행을 가리킨다.

경 부처님께서 말씀하셨다.

"장자여, 불가사의하다.[56] 내가 설한 모든 법은 미혹한 자를 위한 것으로 방편도方便道이지만, 일체의 법상은 일실의의 지혜일 뿐이다. 왜냐하면 비유하자면 한 도시가 사대문을 열어놓으면 그 사대문 안이 그대로 다 한 도시[57]로 귀일되어 성의 주민들이 마음대로 드나들 수가 있는 것과 같다. 갖가지 법미도 또한 그와 마찬가지이다."

佛言。長者。不可思議。我說諸法。爲迷者故。方便道[1]故。一切法相。一實義智。何以故。譬如一市。開四大門。是四門中。皆歸一市。如彼衆庶。隨意所入。種種法味。亦復如是。

1) ㉠ '道'는 『大正新脩大藏經』에 수록된 『金剛三昧經』을 비롯하여 『金剛三昧經註解』, 『金剛三昧經通宗記』에는 '導'로 되어 있다.

논 이는 둘째 답변이다. 여기에 세 가지가 있다. 첫째는 법이고, 둘째는 비유이며, 셋째는 합이다.

是第二答。於中有三。謂法喩合。

가) 법

첫째의 법에서 "내가 설한 모든 법"이라 한 것은 삼승교 및 일승교이다. "미혹한 자를 위한 것이다."라는 것은 일미에 통달하지 못한 자를 위해 설한 것이다.

---

56 불가사의하다 : 장자의 말처럼 진여법의 도리는 참으로 불가사의하다는 것을 가리킨다.
57 도시 : 『金剛三昧經通宗記』 권10(X35, 313a)에 의하면 여기에서 말하는 도시는 성시城市를 가리킨다. 따라서 도시가 그대로 성과 같은 의미이다.

"방편도이다."라는 것은 모두 일미에 들어가는 방편이다. 정관正觀에 들어갈 경우에는 언설의 가르침이 필요하지 않기 때문이다.

"일체의 법상은 일실의의 지혜일 뿐이다."라는 것은 모든 교법을 인유하여 들어간 법상은 오직 일실의로서 정관지正觀智일 뿐이다.

> 初法說言。我說諸法者。謂三乘教及一乘教。爲迷者故者。爲未達一味者說故。方便道故者。皆入一味之方便故。入正觀時。不須言教故。一切法相一實義智者。因諸教法所入之相。唯一實義正觀智故。

나) 비유

비유 가운데서 말한 "한 도시"는 일실의를 비유한다.

"사대문을 열어놓는다."는 것은 네 종류의 가르침이니, 삼승교 및 일승교이다.

"그 사대문 안이 그대로 다 한 도시로 귀일된다."는 것은 네 종류의 가르침에 의지하는 자는 모두 일실의에 돌아가기 때문이다.

"성의 주민들이 마음대로 드나들 수가 있는 것과 같다."는 것은 근기가 깊고 얕음에 따라 각각의 가르침에 따라서 들어가는 것이다. 하나의 도시를 가지고 일실의를 비유한 까닭은 모든 백성이 들어가는 곳이고, 모든 중생이 돌아가는 곳이기 때문이다.

> 喩中言一市者。喩一實義。開四門者。喩四種教。謂三乘教及一乘教。是四門中。皆歸一市者。依四教者。皆歸一實故。如彼衆庶隨意所入者。隨根淺深隨入一教故。所以一市喩一實者。爲是百姓之所入故。爲諸衆生之所歸故。

다) 합

합에서 "갖가지 법"이라 한 것은 사대문을 합한 것이고, "미味"는 몇 가지 갈래의 맛(味)이 한 도시로 합해지는 것이다.

合中言種種法者。合於四門。次言味者。謂所趣味。合於一市。

다. 이해시킴

경 범행장자가 여쭈었다.
"일체법이 그와 같다면 저도 일미에 머물러 반드시 일체의 제미諸味를 섭수하겠습니다."

梵行長者言。法若如是。我住一味。應攝一切諸味。

논 이는 셋째로 이해시키는 것이다.
"제미를 섭수하겠습니다."라는 것은 모든 교법의 맛이 일실의로 돌아감을 섭수하겠다는 것이다.

此是第三領解。攝諸味者。攝諸教味。歸一實故。

라. 서술함

경 부처님께서 말씀하셨다.
"그래, 그렇다. 왜냐하면 일미실의는 그 맛이 하나의 대해와 같아서 일체의 모든 강물이 흘러들지 않음이 없다.

장자여, 일체의 법미는 마치 모든 강물이 명칭과 법수는 다를지라도 그 물이 다르지 않은 것과 같다. 그래서 만약 대해에 머물면 곧 모든 강물을 포괄하는 것처럼 일미에 머물면 곧 제미를 섭수한다."

佛言。如是如是。何以故。一味實義。味如一大海。[1] 一切衆流。無有不入。長者。一切法味。猶彼衆流。名數雖殊。其水不異。若住大海。卽括衆流。住於一味。卽攝諸味。

1) ㉮ '味如一大海'는 『大正新修大藏經』에 수록된 『金剛三昧經』을 비롯하여 『金剛三昧經註解』, 『金剛三昧經通宗記』에는 '如一大海'로 되어 있다.

논 이는 넷째로 서술하는 것이다. 여기에 두 가지가 있다. 첫째는 총체적으로 서술하고, 둘째는 개별적으로 서술한다.

此是第四述成。於中有二。摠述。別成。

(가) 총체적으로 서술함)

나) 개별적으로 서술함

개별적으로 서술하는 것에도 세 가지가 있다. 첫째는 법이다. 둘째는 비유이다. 셋째는 합이다.

別中有三。謂法喩合。

((가) 법)

((나) 비유)

(다) 합

합에 두 가지가 있다. 첫째는 저 모든 강물에 대한 합이니, 먼저 법으로 합하고, 나중에 비유로 이어받는다. 둘째는 모든 강물을 포괄한다는 것에 대한 합이니, 먼저 그 비유를 들고, 나중에 법으로 합한다.

合中有二。一者合彼衆流。先以法合。後卽牒喩。二者合括衆流。先擧其喩。後以法合。

② 제행이 일불도―佛道에 들어 있음을 설명함

이하는 둘째로 일체행이 일불도―佛道에 들어 있음을 설명하는 것이다. 첫째는 질문이고, 둘째는 답변이다.

此下第二明一切行。入一佛道。先問後答。

가. 질문

경 범행장자가 여쭈었다.
"제법은 일미인데 삼승의 깨침에서는 어째서 그 지혜마다 차이가 나는 것입니까?"

梵行長者言。諸法一味。云何三乘道。其智有異。

논 이는 지혜의 차이를 물은 것이다.

此是問異。

나. 답변

경 부처님께서 말씀하셨다.

"장자여, 비유하면 저 강江·하河·회淮·해海의 물은 크고 작은 차이가 있고 깊고 얕은 차이가 있는데, 명칭과 글이 다른 것과 같다. 물이 강江에 있으면 강수江水라 말하고, 물이 회淮에 있으면 회수淮水라 말하며, 물이 하河에 있으면 하수河水라 말하고, 그 모두가 바다(海)에 있으면 오직 해수海水라고 말할 뿐이다. 법도 또한 그와 같아서 모두가 진여에 있으므로 오직 불도라고 말할 뿐이다.

佛言。長者。譬如江河淮海。大小異故。深淺殊故。名文別故。水在江中。名爲江水。水在淮中。名爲淮水。水在河中。名爲河水。俱在海中。唯名海水。法亦如是。俱在眞如。唯名佛道。

논 이는 둘째 답변이니, 비유가 있고, 합슴이 있다.

가) 비유

처음의 강·하·회는 삼승의 수행을 비유한 것이고, 마지막의 바다(海)는 불도를 비유한다.

"크고 작은 차이가 있다."는 것은 삼승인의 마음은 넓고 좁음이 있어 같지 않은 것을 비유한 것이고, "깊고 얕은 차이가 있다."는 것은 삼승인의 지혜에 우등과 열등의 차이가 있는 것을 비유한 것이다. 이것은 마음과 지혜의 뜻에 따라서 그 명칭이 각각 다르기 때문이다.

"그 모두가 바다에 있으면 오직 해수라고 말할 뿐이다."라는 것은 그 삼승이 다함께 십지의 법공진여에 들어가면 오직 불도라는 명칭만 남아 있고, 삼승의 명칭은 없어지는 것을 비유한 것이다.

삼승의 차별적인 수행은 모두 십지 이전의 방편도에 해당하지만 끝내 진여의 정관에 들어가지 못함이 없음을 알아야 한다. 그러므로 삼승도 끝내 다른 곳으로 돌아가는 경우는 없다. 마치 모든 교법이 똑같이 일미에 들어가는 것과 같다.

是第二答。有喩有合。初中江河淮者。喩三乘行。海喩佛道。大小異者。喩三乘心。寬狹不同。深淺殊者。喩三乘智。優劣有異。隨前二義。其名各別。俱在海中。唯名海水者。喩其三乘。同入十地法空眞如。唯名佛道。沒三乘名。當知三乘差別行者。皆在地前方便道中。莫不終入眞如正觀。所以三乘終無別歸。如諸敎法。同入一味。

나) 합

비유를 합한 언설은 경문에 나타나 있으니, 알 수 있을 것이다.

合喩之言。在文可見。

(2) 수행에 들어가고 지혜에 들어가는 인과 과의 차별을 설명함

이하는 크게 분류한[58] 가운데 둘째로서 수행에 들어가고 지혜에 들어가는 인과 과의 차별을 설명하는 것이다. 여기에 네 가지가 있다. 첫째는

---

58 크게 분류한 : 『金剛三昧經論』의 일곱 품 가운데 제6의 「如來藏品」을 가리킨다.

수행의 차별에 들어가는 것이고, 둘째는 지혜의 차별에 들어가는 것이며, 셋째는 인의 작용(事用)에 들어가는 것이고, 넷째는 과의 상주법常住法에 들어가는 것이다.

此下大分。第二入行入智。因果差別。於中有四。一者入行差別。二者入智差別。三者入因事用。四者入果常住。

① 수행의 차별에 들어감

경 장자여, 일불도에 머무르면 곧 세 가지 수행에 통달한다."
범행장자가 여쭈었다.
"세 가지 수행은 무엇입니까?"
부처님께서 말씀하셨다.
"첫째는 수행의 갈래를 따르는 수행(隨事取行)이고, 둘째는 유식을 따르는 수행(隨識取行)이며, 셋째는 진여를 따르는 수행(隨如取行)이다.

長者。住一佛道。卽達三行。梵行長者言。云何三行。佛言。一隨事取行。二隨識取行。三隨如取行。

논 첫째에는 세 가지가 있다. 첫째는 총론적으로 표방한 것이다. "일불도에 머문다."는 것은 초지 이상에 오른 것을 불도에 머문다고 한다. 삼종지三種智[59]를 갖추어 세 가지 수행에 통달하기 때문이다. 둘째는 질문이고, 셋째는 답변이다.

---

59 삼종지三種智 : 수사취행隨事取行·수식취행隨識取行·수여취행隨如取行을 가리킨다.

初中有三。一者摠標。住一佛道者。初地已上。名住佛道。具三種智。達三
行故。二者問。三者答。

(가. 총론적으로 표방함)

(나. 질문)

다. 답변

답변에 두 가지가 있다. 첫째는 개별적으로 설명하고, 둘째는 총체적으
로 해석한다.

答中有二。別明。摠釋。

가) 개별적으로 설명함

개별적으로 설명하는 데서 "수행의 갈래를 따르는 수행"이라 한 것은
사성제와 십이연기에 의하여 인과 과를 따라서 삼십칠도품을 취하는 것
이다.
"유식을 따르는 수행"[60]은 중생은 오직 일심의 조작일 뿐으로 유식의

---

60 유식을 따르는 수행 : 『金剛三昧經通宗記』 권10(X35, 313b)에서는 다음과 같이 말한다.
"중생은 전7식前七識을 말미암아 모든 현행을 일으켜서 여래장마저도 굴려서 식장識
藏으로 삼는다. 그러나 보살은 금강심金剛心 가운데 머물러 무분별지를 터득하여 일
체의 미세한 식식의 모습을 분별하여 소멸시키고 삼계의 만법이 유심이고 유식임을
알아서 곧 세간의 일체식심이 모두 각성覺性을 수순하여 연에 상응하면서 중생을 만
나고 곳곳에서 종지를 해명하기 때문에 유식을 따르는 수행이라 말한다.(衆生由前七
識。起諸現行。轉如來藏而爲識藏。故有顚倒妄想。菩薩住金剛心中。得無分別智。分別一
切微細識相令滅。知三界萬法。唯心唯識。則世間一切識心。皆隨順覺性。應緣遇物。處處

도리를 따라서 사섭수행을 취하는 것이다.

"진여를 따르는 수행"은 일체법이 모두 다 평등하므로 평등한 진여를 따라서 육바라밀행을 취하는 것이다. 수행을 섭수하여 마음에 모으기 때문에 취한다고 하는 것이지, 주체와 객체를 분별하여 취하는 것을 말하는 것은 아니다.

> 別明中言隨事取行者。謂依四諦十二緣起。隨因果事。取道品行故。隨識取行者。謂諸衆生。唯一心作。隨唯識理。取四攝行故。隨如取行者。謂一切法。悉皆平等。隨平等如。取六度行故。攝行屬心。故名爲取。非謂能所分別之取。

나) 총체적으로 해석함

[경] 장자여, 이와 같은 세 가지 수행은 모든 수행문을 섭수하므로 일체의 법문이 여기에 들어가지 않음이 없다. 이러한 수행에 들어가는 자는 공상空相도 발생하지 않는다. 그래서 여기에 들어간 자에 대하여 가히 여래장에 들어간다고 말한다. 여래장에 들어간다는 것은 그 들어감이야말로 들어간 바가 없는 곳에 들어가 있기 때문이다."[61]

明宗。此隨識取行也。"
61 이 대목에 대하여 『金剛三昧經註解』 권4(X35, 245a)에서는 다음과 같이 말한다. "갖가지 수행의 갈래를 따르는 수행은 진여가 자성을 고수하지 않고 인연을 따라 변현하는 것으로 곧 속제의 환유幻有라는 뜻이고(假), 유식을 따르는 수행은 진여가 자성을 잃지 않는 것으로 인연을 따라 변현하지 않는다는 뜻이며(空), 진여를 따르는 수행은 곧 진·속의 불이중도로서 부사의하다는 뜻이다(中). 모든 세간과 출세간은 이 공·가·중의 세 가지 묘문을 벗어나지 않고 섭수되어 남음이 없다. 이 삼문에 들어가면 공상空想을 내지 않고, 불공상不空想도 내지 않으며, 또한 공空·불공상不空想도 내지 않는다. 삼제가 원융하기 때문에 입入이 곧 비입非入이고 비입非入이 곧 입入으로서 부정(遮)·긍정(照)이 자재한데 그것이 곧 여래장의 뜻이다. 경문의 경구는 간략하지만 자세하게 말하면 곧 공여래장, 불공여래장, 공불공여래장이 있다.(隨事取行者。眞如不守

長者。如是三行。摠攝衆門。一切法門。無不此入。入是行者。不生空相。如是入者。可謂入如來【藏】。入如來【藏】者。入入不入[1]【一本云。入如來藏者。入不入故】

1) ㉄ '入如來藏者 入入不入'은 『大正新修大藏經』에 수록된 『金剛三昧經』을 비롯하여 『金剛三昧經註解』, 『金剛三昧經通宗記』에는 '入如來藏者 入不入故'로 되어 있다.

論 이는 세 가지 수행을 총체적으로 해석하는 것이다.

수행의 갈래를 따르는 수행은 소승문과 공통되고, 유식을 따르는 수행은 오직 대승문이니, 이 두 가지는 차별문이다. 셋째로 진여를 따르는 수행은 평등문이니, 이 도리를 말미암아 모든 수행문을 총섭한다. 또한 삼십칠도품의 수행은 생사에 머물지 않는 문이고, 사섭법의 수행은 열반에 머물지 않는 문이며, 진여에 따르는 육바라밀의 수행은 평등하여 대립이 없는 문이므로 "일체의 법문이 여기에 들어가지 않음이 없다."고 한다.

"이 수행에 들어가는 자는 공상도 발생하지 않는다."는 것은 비록 진여에 따르는 수행이면서도 항상 수행의 갈래(事)를 따르고 유식에 따르는 수행이기 때문에 공상에 집착하지 않고 적멸에 머문다.

"가히 여래장에 들어간다고 말한다."는 것은 비록 수행의 갈래와 유식에 따르면서도 항상 진여를 따라서 평등수행을 취하므로 가히 여래장해에 들어간다고 한다.

"그 들어감이야말로 들어간 바가 없는 곳에 들어가 있기 때문이다."라는 것은 그 들어간 마음은 들어간 바가 없는 곳에 들어가 있기 때문이다. 곧 수행의 주체와 터득된 객체가 평등하고 차별이 없으므로 들어간 바가 없다(不入)고 한다. 비록 다름(別異)은 없을지라도 또한 같지도 않기(一) 때

自性。隨緣變現。即俗諦幻有義。隨識取行者。眞如不壞自性。隨緣不變義。隨如取行者。即眞俗不二中道。不思議義。所有世出世間。不出此空假中三種妙門。攝盡無餘。入此三門。不生空想。不生不空想。亦不生空不空想。三諦圓融。入即非入。非入即入。遮照自在。是如來藏義。文經句略。具言則有空如來藏。不空如來藏。空不空如來藏。"

문에 관심에 의거하여 짐짓 들어간 마음(入心)이라 한다. 이처럼 들어간 마음이 들어가 있다는 분별상(相)이 없으므로 여래장에 들어감이야말로 들어간 바가 없는 곳에 들어가 있는 것이다.

此是摠釋三行。隨事行者。共小乘門。隨識行者。獨大乘門。此二是差別門。第三是平等門。由是道理。摠攝衆門。又道品行。不住生死門。其四攝行。不住涅槃門。隨如度行。平等無二門故。一切法門。無不此入。入是行者不生空相者。雖隨如行。而恒隨事隨識行故。不取空相而住寂滅也。可謂入如來者。雖隨事識。而恒隨如。取平等行故。可謂能入如來藏海也。入入不入者。入其入心。於不入故。能入所入。平等無別。故曰不入。雖無別異。而亦非一故。約觀心假名入心。如是入心。不存入相故。入其入於不入也。

② 지혜의 차별에 들어감

이하는 둘째로 지혜의 차별에 들어가는 것이다. 첫째는 질문이고, 둘째는 답변이다.

此下第二入智差別。先問。後答。

가. 질문

경 범행장자가 여쭈었다.

"불가사의합니다. 여래장에 들어간다는 것은 마치 새싹이 과실을 맺는 것과 같습니다. 들어간 바가 없는 것은 본각이 뿌리이고 이익은 힘인데, 이익의 힘이 성취되면 본각이 터득되기 때문입니다.[62] 그렇다면 본각의 실제

---

62 본각이 뿌리이고~터득되기 때문입니다 : 이에 대한 원문은 '本根利力. 利成得本'이다.

가 터득되면 그 지혜는 어떤 것입니까?"

梵行長者言。不可思議。入如來藏。如苗成實。無有入處。本根利力。利成得本。得本實際。其智幾何。

논 질문에 두 가지가 있다. 첫째는 앞의 설명을 이해하고, 둘째는 의심나는 것을 묻는다.
"마치 새싹이 과실을 맺는 것과 같습니다."라는 것은 마치 곡식의 새싹이 나서 이삭이 패고 열매를 맺는 경우에 들어가는 주체도 없고 들어간 대상도 없는 것처럼, 곧 여래장에 들어가는 것도 그와 같은 줄을 마땅히 알아야 한다. 그래서 새싹은 본각과 그 이익을 비유하고, 열매는 터득된 본각을 비유한 것이다. 그처럼 곧 여래장에 들어갈 경우에도 평등하여 들어간 곳이 없다.

問中有二。先領前說。後問所疑。如苗成實者。如似穀苗。成穗實時。無能入者。無所入處。入如來藏。當知亦爾。苗喩本利。實喩得本。入時平等。無所入處故。

나. 답변

경 부처님께서 말씀하셨습니다.
"그 지혜는 무궁하다. 그러나 간략하게 말하면 그 지혜에는 네 가지가 있

이것은 곧 본각은 시각의 이익을 근본으로 삼고, 시각의 이익이 성취되어 본각을 터득한다는 뜻이다. 이에 대하여 『金剛三昧經通宗記』권10(X35, 314a~b)에서는 "본각은 반드시 시각의 이익으로 힘을 삼아야만 가능합니다. 그래서 만약 시각의 이익이 성취되면 그 이후에 중생이 자각의 본성을 터득합니다.(必得始覺之利爲力。若始覺之利已成。而後乃得衆生自覺之本性矣。)"라고 해석한다.

다. 네 가지는 다음과 같다. 첫째는 정지定智인데 소위 진여를 따르는 것이다. 둘째는 부정지不定智인데 소위 방편으로 깨뜨리는 것이다. 셋째는 열반지涅槃智인데 소위 전각삼매電覺三昧[63]처럼 번뇌를 제거하는 것을 가리킨다. 넷째는 구경지究竟智인데 소위 실제에 들어가 깨침을 구족하는 것이다.

장자여, 이와 같은 네 가지 훌륭한 작용은 과거의 제불이 설한 바로서 큰 교량이고 큰 나루터이다. 그러므로 만약 중생을 교화하려면 마땅히 이 지혜를 활용해야 한다.

佛言。其智無窮。略而言之。其智有四。何者爲四。一者定智。所謂隨如。二者不定智。所謂方便摧破。[1] 三者涅槃智。所謂除電覺[2]【一本作慧除電覺】。四者究竟智。所謂入實具足道。[3] 長者。如是四大事用。過去諸佛所說。是大橋梁。是大津濟。若化衆生。應用是智。

1) ㉠ '摧破'는 『大正新修大藏經』에 수록된 『金剛三昧經』에는 '破病'으로 되어 있다.
2) ㉠ '除電覺'은 『大正新修大藏經』에 수록된 『金剛三昧經』에는 '除電覺際'로 되어 있고, 『金剛三昧經註解』 및 『金剛三昧經通宗記』에는 '慧除電覺'으로 되어 있다. 3) ㉠ '道'는 『大正新修大藏經』에 수록된 『金剛三昧經』에는 '佛道'로 되어 있다.

논 이것은 둘째 답변이다. 여기에 세 가지가 있다. 첫째는 총론적으로 표방하고, 둘째는 개별적으로 해석하며, 셋째는 총체적으로 설명한다.

是第二答。於中有三。所謂摠標。別釋。摠明。

가) 총론적으로 표방함

---

63 전각삼매電覺三昧 : 『金剛三昧經通宗記』 권10(X35, 314bc)에서는 이와 달리 찰나제삼매刹那際三昧, 전광삼매電光三昧, 금강삼매金剛三昧로서 열반근본지涅槃根本智라고 말한다.

첫째의 총론적으로 표방한 것 가운데서 "그 지혜는 무궁하다."라고 한 것은 통달한 바가 끝이 없기 때문에 그 지혜 또한 무궁하다는 것이다. 다만 뜻으로 분류하고 상대하여 총체적으로 그리고 간략하게 설하자면 네 가지가 있을 따름이다.

> 摠標中言其智無窮者。所達無邊故。其智亦無窮。但以義類相對。摠略而說。有四而已。

나) 개별적으로 해석함

둘째의 개별적으로 드러내는 데서 "정지"라고 한 것은 평등성지平等性智로서 오직 정관正觀일 뿐이지 방편을 활용하지 않기 때문에 정지라 한다.
말나식의 아집과 아소집을 대치하고 평등함을 따라 관찰하기 때문에 "진여를 따르는 것이다."라고 한다.
"부정지"는 묘관찰지妙觀察智로서 제6식에서 방편으로 나아가 터득하기(進取) 때문에 부정이라 한다. 방편도의 경우에는 명칭과 수행의 갈래(事) 등 형상의 깨뜨림을 추구하기 때문에 최파라 한다. 이 부정지는 실로 방편 및 정관에 통하지만 다만 정지와 구별하려는 까닭에 간략하게 방편만을 언급할 따름이다.
"열반지"는 성소작지成所作智로서 팔상八相을 드러내어 불사를 행하는데, 최후의 모습을 언급하여 열반지라 하였다.
전5식前五識을 소멸하고 열반지를 터득한다. 이런 뜻에서 "전각삼매처럼 번뇌를 제거한다."고 한다. 전각電覺이란, 오식이 잠깐만에 일어났다가 잠깐만에 소멸하는 것이 마치 번갯불과 같기 때문이다.
구경지는 대원경지大圓鏡智로서 오직 구경위에서만 이 구경지를 터득하기 때문에 일체의 경계를 궁구하지 못함이 없다. 그래서 일실의에 들어가므로 "실제에 들어간다."고 하고, 어떤 경계든지 나타내지 못하는 것이 없으므로 "깨침을 구족하는 것이다."라고 한다.

別顯中言定智者。平等性智。唯在正觀。不作方便。故名定智。對治末那。我我所執。隨觀平等。故曰隨如。不定智者。妙觀察智。在第六識。方便進取。故名不定。方便道時。推求摧破名事等相。故曰摧破。此智實通方便。正觀但爲別定智故。略擧方便耳。涅槃智者。成所作智。能現八相。而作佛事。擧最後相。名涅槃智。除滅五識。而得此智。以是義故。名除電覺。電覺者。謂五識。乍起乍滅。如電光故。究竟智者。大圓鏡智。唯究竟位。得此智故。於一切境。無不窮故。入一實義。故名入實。無境不現。名具足道。

다) 총체적으로 설명함

셋째의 총체적으로 설명한 데서 "네 가지 훌륭한 작용"이라 한 것은 작용이 두루하지 않음이 없기 때문이다.
"제불이 설한 바이다."라는 것은 제불의 깨침이 똑같다는 것이다.
"큰 교량이다."라는 것은 곧 네 가지 지혜로써 삼승의 수행자들을 싣고 일승의 저 언덕에 도달하는 것이다.
"큰 나루터이다."라는 것은 이 네 가지 지혜를 활용하여 육도를 두루 다니면서 출세간도를 보여 주어 갈애의 물을 건네 주는 것이다. 이런 까닭에 "중생을 교화하려면 마땅히 이 지혜를 활용해야 한다."고 하였다.

摠明中言四大事用者。用無不周故。諸佛所說者。諸佛道同故。大橋梁者。以是四智。載三乘人。令到一乘之彼岸故。大津濟者。用此四智。遍涉六道。示出世道。度愛河故。是故化者應用是智也。

③ 인의 작용에 들어감

이하는 셋째로 인의 작용에 들어가는 것이다. 여기에 두 가지가 있다. 첫째는 산문(長行)이고, 둘째는 중송重頌이다.

此下第三入因事用。於中有二。長行。重頌。

가. 산문(長行)

논 첫째에 세 가지가 있다. 첫째는 간략하게 설명하고, 둘째는 거듭 드러내며, 셋째는 이해를 시킨다.

初中有三。略明。重顯。三者領解。

가) 간략하게 설명함

경 장자여, 이 훌륭한 지혜의 작용을 활용하는 것에 또 세 가지 대사大事가 있다. 첫째는 세 가지 삼매가 안과 밖으로 서로 부정되지 않는 것이다. 둘째는 대大·의義·과科에서 깨침을 따라서 선을 선택하고 악을 소멸하는 것이다. 셋째는 진여의 지혜와 선정[64]에서 자비로써 이익을 갖추어 주는 것이다. 이와 같은 세 가지 대사로 보리를 성취한다. 만약 이 세 가지 대사를 실행하지 못하면 곧 저 사지四智의 바다에 흘러들지 못하므로 모든 대마大魔들에게 그 빈틈을 보이고 만다.

장자여, 그대들 대중은 성불에 이르기까지 꼭 항상 수습하여 잠시도 방

---

[64] 진여의 지혜와 선정 : 진여에 바탕을 둔 지혜와 진여에 바탕을 둔 선정이라는 뜻이다.

심해서는 안 된다."

長者。用是大用。復有三大事。一者於三三昧。內外不相奪。二者於大義科。隨道擇滅。三者於如慧定。[1] 以悲俱利。如是三事。成就菩提。不行是事。卽不能流入彼四智海。爲諸大魔所得其便。長者。汝等大衆。乃至成佛。常當修習。勿令暫失。

1) ㉠ '定'은 『大正新修大藏經』에 수록된 『金剛三昧經』 및 『金剛三昧經通宗記』에는 '如定'으로 되어 있다.

논 첫째에 네 가지가 있다. 첫째는 총론적으로 표방하고, 둘째는 개별적으로 해석하며, 셋째는 결론적으로 설명하고, 넷째는 끝으로 권장한다.

初中有四。一者摠標。二者別解。三者合明。四者結勸。

(가) 총론적으로 표방함

첫째의 총론적으로 표방한 것에서 "이 훌륭한 지혜의 작용을 활용한다."고 한 것은 앞에서 설한 사지四智의 훌륭한 지혜를 언급한 것이다. 그 계위는 초지 이상으로부터 불과에 이른다.

"또 세 가지 대사가 있다."는 것은 사지를 성취하는 것에 세 가지 대사가 있음을 말한 것이다. 이것은 지전의 네 가지 계위[65]에 있는 수행이다.

이 "세 가지 대사"란 첫째는 정定이고, 둘째는 혜慧이며, 셋째는 정과 혜를 함께 수행하여 대비를 자체로 삼는 것이다.

摠標中言用是大用者。擧前所說。四智大用。位在地上。乃至佛果。復有三

---

[65] 지전의 네 가지 계위 : 십신·십주·십행·십회향의 네 계위를 가리킨다.

事者。能成四智之事有三。此在地前四位中。行此三事者。初定次慧。第三定慧俱行。大悲爲體。

(나) 개별적으로 해석함

(둘째의 개별적인 해석 가운데서) 첫째의 정은 곧 세 가지 삼매이다. 세 가지 삼매에 대해서는 여러 문파에서 이설이 분분하다. 혹 공·무상·무원이라고도 하고, 혹 무작·무상·공공이라고도 하며, 혹 공·무작·무상이라고도 한다. 그러나 나름대로 이유가 있으므로 모두 무방하다. 세 가지 삼매를 혹 세 가지 해탈이라고도 하는데, 이 경우는 무루에만 통한다. 그러나 세 가지 삼매라고 할 경우는 유루와 무루에 다 통한다. 세 가지 해탈과 세 가지 삼매가 차별된 뜻은 이하의 경문에서 설명된다.

"안과 밖으로 서로 부정되지 않는 것이다."라는 것은 내식과 외경은 함께 발현하여 모든 선근을 거스르고 따르면서 서로 부정했지만, 이제 모든 것이 공적한 줄을 통달하여 서로를 부정하지 않는 것이다.

"대·의·과에서 깨침을 따라서 선을 선택하고 악을 소멸하는 것이다."라는 것은 사대(大)와 삼과법문(義)에 대하여 도리에 따라 간택하여 모든 (사대의 거친 번뇌와 음·입·계의 미세한 번뇌의) 집착을 깨뜨림으로써 근본식 내에 있는 무시이래의 희론종자를 없애는 것이다. 앞의 세 가지 삼매는 그 현행하는 번뇌(纏)를 없애는 것이고, 여기의 간택하는 지혜는 희론종자를 물리치는 것이다. 이로 말미암아 마침내 사지가 성취될 경우에 희론종자를 없애고 팔식을 전변시킬 수가 있다.

"진여의 지혜와 선정에서 자비로써 이익을 갖추어 주는 것이다."라는 것은 앞의 지혜와 선정은 모두 진여의 도리를 따른 것이다. 이런 까닭에 설하여 '진여의 지혜와 선정'이라 하고, 거기에서 또한 대비행을 닦아서 자리와 이타에 상응하므로 '이익을 갖추어 주는 것이다.'라고 한다. 왜냐하면 만약 대비를 떠나서 그대로 선정과 지혜만 닦으면 이승의 경지에 떨어져 보살도에 장애가 되고, 설령 대비만 일으키고 선정과 지혜를 닦지 않으면 범부의 고통에 떨어져 보살도가 아니기 때문이다.

> 初言定者。卽三三昧。此有多門。左右異說。或言空無相無願。或言無作無相空空。或言空無作無相。隨意¹⁾安立。皆無障礙。或名三解脫。唯在無漏故。或名三三昧。亦通有漏故。於中別義。下文當說。而言內外不相奪者。內識外境。共相現發。取違順。相奪諸善根。今達皆空。不令奪故。於大義科。隨道擇滅者。謂於四大及三法門。隨理簡擇。摧破諸相。伏滅本識戲論種子。前三三昧。伏其現纏。此簡擇慧。損伏種子。由是遂成四智之時。能拔種子。得轉八識故。於如慧定。以悲俱利者。前慧及定。皆順如理。是故說名。於如慧定。於中亦修大悲相應。自利利他。故言俱利。所以然者。若離大悲。直修定慧。墮二乘地。障菩薩道。設唯起悲。不修定慧。墮凡夫患。非菩薩道。

---
1) 원 '意'는 甲本에는 '宜'로 되어 있다.

(다) 결론적으로 설명함

그러므로 세 가지 대사를 닦아야 이승과 범부를 멀리 떠나고, 보살도를 닦아야 무상정각을 성취한다. 그래서 "이와 같은 세 가지 대사로 보리를 성취한다."고 한다. 만약 이 세 가지 대사를 모두 수행하지 않으면 곧 생사에 머물고 열반에 집착하여 사지의 대해에 흘러들지 못하므로 사마四魔에게 그 빈틈을 보이고 만다. 이는 셋째로서 결론적으로 설명하는 것이다.[66]

---
[66] 이에 해당하는 경문은 다음과 같다. "만약 이 세 가지 대사를 실행하지 못하면 곧 저 사지의 바다에 흘러들지 못하므로 모든 대마들에게 그 빈틈을 보이고 만다."

故修三事。遠離二邊。修菩薩道。成無上覺。故言如是三事。成就菩提。若不俱行此三事者。卽住生死。及着涅槃。不能流入。四智大海。卽爲四魔所得便也。此是合明。

(라) 끝으로 권장함

이하는 넷째 끝으로 권장하는 것이다.[67]

下卽勸修。爲第四門也。

나) 거듭 드러냄

이것은 둘째로 거듭 드러내는 것이니, 두 가지 문답[68]으로 두 가지 문을 드러낸다.

此是第二重顯。有二問答。顯前二門。

(가) 첫째 문답

경 법행장자가 여쭈었다.
"세 가지 삼매는 무엇입니까?"
부처님께서 말씀하셨다.
"세 가지 삼매는 공삼매·무작삼매·무상삼매이다. 이것이 세 가지 삼매

---

67 이에 해당하는 경문은 다음과 같다. "장자여, 그대들 대중은 성불에 이르기까지 꼭 항상 수습하여 잠시도 방심해서는 안 된다."
68 두 가지 문답 : 첫째의 문답은 삼삼매문三三昧門이고, 둘째의 문답은 대문大門·의문義門·과문科門이다.

이다."

梵行長者言。云何三三昧。佛言。三三昧者。所謂空三昧。無作三昧。無相三昧。¹⁾ 如是三昧。

1) ㉮ '無作三昧。無相三昧'는 『大正新修大藏經』에 수록된 『金剛三昧經』 및 『金剛三昧經註解』에는 '無相三昧。無作三昧'로 되어 있다.

논 이는 첫째 세 가지 삼매문을 드러낸 것이다. 이 세 가지 삼매의 차별에 각각 세 가지 뜻이 있다. 첫째는 체·용·상이고, 둘째는 심·인·과이며, 셋째는 식·견·상이다.

첫째의 체·용·상이란, 무릇 일체법은 이 세 가지 삼매를 벗어나지 않는다. 법체가 공하므로 공삼매를 내세우고, 작용이 없으므로 무작삼매를 내세우며, 형상(相狀)이 없으므로 무상삼매를 내세운다.

둘째의 심·인·과란, 인과 과가 일어나는 것은 마음의 작용에서 발흥한다. 마음의 작용이 공하므로 공삼매를 내세우고, 모든 인이 존재하지 않으므로 무작삼매를 내세우며, 모든 과를 얻을 수 없으므로 무상삼매를 내세운다.

셋째의 식·견·상이란, 모든 식의 자체가 공하므로 공삼매를 내세우고, 견분을 없애므로 무작삼매를 내세우며, 상분을 없애므로 무상삼매를 내세운다.

이 셋째의 문은 위에서 "안과 밖으로 서로 부정되지 않는다."[69]는 경문에 따른 것이다.

此顯初門。是三差別。略有三義。一體用相故。二心因果故。三識見相故。

---

69 안과 밖으로~부정되지 않는다 : 위에서 말한 "세 가지 대사大事" 가운데 첫째를 가리킨다.

體用相者。凡一切法。莫過此三。法體空故。立空三昧。無作用故。無作三昧。無相狀故。無相三昧。心因果者。因果所起。興於心行。心行空故。立空三昧。諸因無所有故。立無作三昧。諸果不可得故。立無相三昧。識見相者。諸識自體空故。立空三昧。遣見分故。立無作三昧。遣相分故。立無相三昧。是第三門。順前內外不相奪文。

(나) 둘째 문답

경 범행장자가 여쭈었다.
"대·의·과는 무엇입니까?"
부처님께서 말씀하셨다.
"대는 사대이고, 의는 음·계·입 등이며, 과는 근본식이다. 이것이 대·의·과이다."

梵行長者言。云何於大義科。佛言。大謂四大。義謂陰界入等。科謂本識。是爲[1]於大義科。

---
1) ㉠ '爲'는 『大正新修大藏經』에 수록된 『金剛三昧經』에는 '謂'로 되어 있다.

논 이는 둘째의 문답을 드러낸 것이다.
사대를 개별적으로 내세운 까닭은 처음에 수행할 경우 먼저 성근 경계(麤境)를 간택해야 함을 드러낸다. 즉 제법 가운데서 색법이 가장 성글다. 곧 안으로는 사지와 몸체 등이 있고, 밖으로는 산과 물 등이 있다. 이러한 법은 사대를 떠나 있지 않음을 관찰하고, 사대는 모두 불가득임을 관찰하여, 방소가 있거나 방소가 없거나 모두 성취되지 않는다.
이와 같이 간택한 뒤 다음으로 미세한 의義를 관찰하니, '음·계·입'을 말한다. 이는 각각 간략한 것·자세한 것·중간적인 것이다. 간략하게 섭수하여 관찰하면 오온이고, 자세하게 관찰하면 십팔계이며, 간략한 것과 자세한 것의 중간으로 관찰하면 십이입이다. 이것이 일체가 불가득임을 관찰하는 것이다.

다음으로 말한 "등이며"는 나머지 법문인 십이지연기 등이다. 이와 같이 간택하여 관찰하는 힘 때문에 곧 근본식 내에 있는 무시이래의 희론종자 및 명언종자를 물리칠 수가 있다. 처음에는 물리치다가 점차 단멸시켜 버린다. 그러므로 앞에서 "깨침을 따라 택멸하는 것이다."[70]라고 하였다.

是顯第二門。所以四大而別立者。爲顯初修。先擇麤境。謂諸法中。色法最麤。內支體等。外山河等。觀是等法。不離四大。觀是四大。皆不可得。有方無方。俱不成故。如是簡擇已。次觀微細義。謂陰界入。略廣中故。略攝觀五。廣觀十八。略廣中間。觀十二入。觀察一切皆不可得。次言等者。謂餘法門十二支等。如是簡擇觀察力故。卽能損伏本識之內。無始戲論名言種子。始時損伏。乃至斷滅。所以前言隨道擇滅。

다) 이해를 시킴

경 법행장자가 여쭈었다.

"불가사의합니다. 그와 같이 지혜로운 행위(智事)[71]는 자리이인自利利人으로서 삼계를 초월하고, 열반에도 집착하지 않으며, 보살도에 들어갑니다. 그런데 그와 같은 제법의 모습(法相)은 곧 생멸법으로서 분별입니다. 그러므로 만약 분별을 떠나면 그 법이야말로 마땅히 불멸일 것입니다."

---

70 깨침을 따라 택멸하는 것이다 : "세 가지 대사大事" 가운데 둘째를 가리킨다.
71 지혜로운 행위 : 위에서 언급한 네 가지 지혜 곧 정지定智·부정지不定智·열반지涅槃智·구경지究竟智를 가리킨다.

梵行長者言。不可思議。如是智事。自利利人。過三界地。不住涅槃。入菩
薩道。如是法相。是生滅法。以分別故。若離分別。法應不滅。

논 이는 셋째로 이해를 시키는 것이다. 여기에 두 가지가 있다. 첫째는 관행을 이해시키고, 둘째는 경계를 이해시킨다.

此是第三領解。於中有二。先領觀行。後解境界。

(가) 관행을 이해시킴

"그와 같이 지혜로운 행위"는 정·혜·대비의 세 가지는 사지四智를 성취하는 행위의 작용이다.
"자리이인"이란, 정·혜는 자리自利이고, 대비는 이인利人이다.
"삼계를 초월한다."는 것은 앞의 두 가지 곧 정·혜는 범부와 다르기 때문이다.
"열반에도 집착하지 않는다."는 것은 셋째 곧 대비는 이승과 다르기 때문이다. 이에 저 범부와 이승을 떠나서 보살도에 들어간다.

如是智事者。如是三種。能成四智之事用故。自利利人者。前二自利。第三
利人故。過三界地者。前二定慧。異凡夫故。不住涅槃者。第三大悲。異二
乘故。離彼二邊。入菩薩道也。

(나) 경계를 이해시킴

"그와 같은" 이하는 경계를 이해시키는 것이다. 즉 첫째 선정(定)의 경계는 제식과 견분과 상분이고, 둘째 지혜(智)의 경계는 대·의·과의 법이다. 그런데 이와 같은 제법의 상은 모두 생멸법이다. 왜냐하면 허망한 분별로 말미암아 마음의 바다(心海)를 기동하기 때문이다. 그러나 본래 고요한 문이므로 그 분별을 떠나면 마음의 바다를 기동시킬 인이 없는데 무엇을 말미암아 생멸이 있겠는가. 이런 까닭에 "그 법이야말로 마땅히 불멸일 것입니다."라고 한다.

> 如是已下。解彼境界。謂初定境。諸識見相。次智境界。大義科法。如是法相。皆生滅法。所以然者。由妄分別。動心海故。本來靜門。若離分別。無其所因。何由生滅。以之故。言法應不滅。

나. 중송重頌

이하는 둘째로 게송으로 거듭 찬송하는 것이다.[72] 여기에 두 가지가 있다. 첫째는 여래께서 간략하게 선설하고, 둘째는 장자가 자세하게 찬송하여 연설한다.

> 此下第二。以偈重頌。於中有二。一者如來略宣。二者長者廣演。

가) 간략하게 선설함

경 그때 여래께서 이 뜻을 펼치려고 게송을 설하여 말씀하셨다.

제법은 분별에서 발생하지만
다시 분별로부터 소멸된다네

---

72 게송으로 거듭 찬송한 대목 : 셋째 인의 행위가 작용하는 두 부분 가운데 둘째인 중송 重頌 부분에 해당한다.

제분별을 소멸하는 법이라면
그것은 생멸법칙이 아니라네

爾時。如來欲宣此義。而說偈言。法從分別生。還從分別滅。滅諸分別法。是法非生滅。

논 지금 이 게송에서 "법"이라 한 것은 일심법이다. 만약 허망하게 분별하면 마음이 기동하듯이 생멸의 일체 제상이 다 분별에서 만들어지지 않는 것이 없다. 그러나 만약 본각의 본래 고요한 문에 나아가면 모든 분별을 떠나 있는 까닭에 그 법은 생멸이 아니다. 즉 본래부터 모든 분별이 소멸되어 생멸의 인이 없으므로 생멸이 없다.

만약 생멸이 모두 분별에서 만들어진 것이라면 『유가론』의 설이 어찌 통용되겠는가. 「사소성지품思所成地品」에서는 "다른 것을 소멸시키는 작용이 없다. 자기를 소멸시키는 작용이 없다. 문 갖가지 인연이 있기 때문에 발생하는가, 또한 갖가지 인연이 있기 때문에 소멸하는가? 답 갖가지 인연이 있기 때문에 발생하는데, 발생이 다하면 자연히 소멸한다."[73]고 말한다. 이와 같이 서로 어긋나는데 어찌 화회和會가 되겠는가.

이제 이것을 해석하자면, 인연의 도리는 『유가론』의 설과 같고, 유식의 도리는 『금강삼매경』의 설과 같다. 그러므로 이 두 가지 설은 모두 나름대로 도리가 있다.

---

[73] 『瑜伽師地論』권16(T30, 364bc)에 의하여 이 대목에 누락된 내용을 보충하면 다음과 같다. "여섯째는 다른 것을 소멸시키는 작용이 없다. 말하자면 제법은 다른 것을 소멸시킬 수가 없는 것이다. 일곱째는 자기를 소멸시키는 작용이 없다. 말하자면 또한 자기를 소멸시킬 수가 없는 것이다. 문 갖가지 인연이 있기 때문에 발생하는가, 또한 갖가지 인연이 있기 때문에 소멸하는가? 답 갖가지 인연이 있기 때문에 발생하는데, 발생이 다하면 자연히 소멸한다.(六無滅他用。謂法不能滅他。七無自滅用。謂亦不能自滅。問如衆緣有故生。亦衆緣有故滅耶。答衆緣有故生。生已自然滅。)"

今此頌中所言法者。謂一心法。若妄分別動心海故。若生若滅。一切諸相。
莫不皆從分別所作。若就本覺。本來靜門。離諸分別故。是法非生滅。謂從
本來滅諸分別。無生滅因。故非生滅。若使生之與滅。皆從分別之所作者。
瑜伽所說。云何而通。如彼思所成地中云。無滅他用。無自滅用。問。如衆
緣有故生。亦衆緣有故滅耶。答。衆緣有故生。生已自然滅。如是相違。云
何和會。解云。因緣道理。如彼論說。唯識道理。如此經說。所以二說。皆有
道理。

나) 자세하게 찬송하여 연설함

논 이하는 범행장자가 자세하게 찬송한 것으로 여덟 개의 게송이 있
다. 그 여덟 게송은 다섯 부분으로 나뉜다. 첫째로 제1·제2의 두 게송은
앞의 뜻을 곧장 연설하고, 둘째로 제3·제4의 두 게송은 모든 잘못된 견해
를 타파하며, 셋째로 제5의 한 게송은 바르게 취했음을 서술하고, 넷째로
제6·제7의 두 게송은 바르게 설한 자에게 예를 드리며, 다섯째로 제8의
한 게송은 아직 듣지 못한 것을 설해 달라고 청한다.

此下長者廣頌。有八行偈。卽爲五分。一者二頌。正演前義。二者二頌。破
諸邪解。三者一頌。申己¹⁾正取。四者二頌。禮正說者。五者一頌。請說未聞。

1) ㉑ '己'는 甲本에는 '已'로 되어 있다.

(가) 곧장 연설함

경 그때 범행장자가 이 게송의 설법을 듣고 마음으로 크게 기뻐하며 그
뜻을 펼치려고 게송을 설하여 여쭈었다.

제법은 본래부터 다 적멸한데
그 적멸 또한 생긴 것 아니네
곧 생겨나고 소멸하는 일체법
그 일체법은 무생이 아니라네

생멸법이 적멸법과 다른 것은
단견 상견이 있기 때문이라네
일심법은 단과 상을 떠났지만
또한 어디에도 머묾이 없다네

爾時。梵行長者。聞說是偈。心大欣懌。欲宣其義。而說偈言。諸法本寂滅。寂滅亦無生。是諸生滅法。是法非無生。彼卽不共此。爲有斷常故。此卽離於二。亦不在一住。

논 이것은 첫째로서 앞의 게송을 곧장 연설한 것이다. 여기에 세 가지가 있다. 첫째의 제1구와 제2구는 저 앞의 게송 가운데 제3구와 제4구를 연설한 것이다. 둘째의 제3구와 제4구는 저 앞의 게송 가운데 제1구와 제2구를 연설한 것이다. 셋째의 한 게송은 적멸과 생멸의 두 가지 뜻을 총체적으로 연설한 것이다.

첫째에서 "제법은 본래부터 다 적멸한데"라고 한 것은 음·계·입 등의 법은 본래 적멸하기 때문이다. "그 적멸 또한 생긴 것 아니네."는 비단 제법은 본래 적멸할 뿐만 아니라 적멸하다는 도리도 또한 무생이기 때문이다.

제2의 게송 중 제3구의 "곧 생겨나고 소멸하는 일체법"은 음·계·입 등의 세속법이다.

제4구의 "그 일체법은 무생이 아니라네."는 분별로 기동하여 생기하기 때문이다. 이것은 진제와 속제가 동일하지 않은 문에 나아가 동動과 정靜이 잡란하지 않은 뜻을 드러낸 것이다.

제3의 게송 중 "생멸법이 적멸법과 다른 것은"이란 저 적멸법과 무생법이 이 생멸법과는 함께하지 않기 때문이다.

"단견 상견이 있기 때문이라네."는 만약 저 적멸법과 무생법이 이 생멸법과 함께한다면 이 생멸법은 단변斷邊이 있는데 저 적멸법과 무생법의 상적常寂은 상변常邊이 있는 꼴이 되어 이승의 경우처럼 중도에 어그러지기 때문이다.

그러나 부처님께서 설한 제1의 게송의 뜻은 단변과 상변에 떨어지지 않기 때문에 "일심법은 단과 상을 떠났지만"이라 한다. 그러나 동動과 정靜이 없지 않기 때문에 "또한 어디에도 머묾이 없네."라고 한다. 어느 곳에도 없다는 것은 일실의 자성과 일심의 자성을 고수하지 않는 것이고, 양변을 떠나 있다는 것은 전체적으로 동動하고 정靜하여 두 법이 없기 때문이다. 이것은 곧 불가사의한 줄을 마땅히 알아야 한다.

此卽第一正演前偈。於中有三。一者二句演彼下半。二者二句。演彼上半。三者一頌。摠演二義。初言諸法本寂滅者。謂陰界等法。本來寂滅故。寂滅亦無生者。非但諸法本來寂滅。寂滅之理。亦無生故。第二中言是諸生滅法者。謂陰界等世俗法故。是法非無生者。從分別動。有生起故。是就眞俗非一之門。以顯動靜不雜亂義。第三中。言彼卽不共此者。謂彼寂滅無生之法。不與此生滅法共並故。爲有斷常故者。若彼與此共並有者。此法生滅。卽有斷邊。彼法常寂。卽有常邊。同二乘過。乖中道故。然佛所說一偈之義。不墮斷常故。此卽離於二。不無動靜故。亦不在一住。不在一住者。不守一實一心性故。離於二者。擧體動靜。非二法故。當知是事不可思議。

(나) 잘못된 견해를 타파함

경

제법을 하나뿐이라 설한다면
그 한 법의 상은 모륜과 같네[74]
아지랑이를 물로 보는 것처럼
모두 허망한 착각일 뿐이라네

만약 제법을 무라고 간주하면
법을 허공처럼 보는 것이므로
맹인이 해가 없다고 하듯이
법을 거북 터럭 같다고 설하네

若說法有一。是相如毛輪。如燄[1]水迷倒。爲諸虛妄故。若見於法無。是法同於空。如盲無日[2]倒。說法如龜毛。

1) ㉮ '燄'은 甲本에는 '焰'으로 되어 있다. 이하 동일. 2) ㉯ '日'은 『大正新修大藏經』에 수록된 『金剛三昧經』 및 『金剛三昧經註解』에는 '目'으로 되어 있다.

논 이는 둘째로 잘못된 견해(邪解)를 타파하는 것이다. 잘못된 견해는 비록 많지만 크게 잘못된 것에 두 가지가 있다. 곧 심심한 교법에 의하여 말씀한 그대로만 가지고 뜻을 취하여(如言取義) 스스로 그것을 구경으로 간주하는 것은 교화하기가 어렵기 때문이다.

첫째는 동과 정이 둘이 아니라는 부처님의 설법을 듣고서 곧 둘이 아니라는 그 하나를 일실과 일심이라고 말하면서 이로 말미암아 이제의 도리를 비방하고 부정하는 것이다.

둘째는 공과 유의 이문二門에 대한 부처님의 설법을 듣고서 두 가지 법

---

74 모륜毛輪과 같네 : 눈병 난 사람에게 보이는 헛것으로서 사실은 존재하지 않는 것을 가리킨다.

만 있고 일실은 없다고 계탁하면서 이로 말미암아 무이의 중도를 비방하고 부정하는 것이다. 이 두 가지 잘못된 견해는 약을 복용하다가 병을 얻은 꼴이므로 치유하기가 대단히 어렵다.

이제 그 허물을 드러내는데, 여기 두 게송에서 차례로 그것을 드러낸다.

처음에 말한 "제법을 하나뿐이라 설한다면"은 앞에서 말한 것처럼 일실이 있다고 계탁하여[75] 마치 자기가 계탁한 대로 일법이 존재한다고 하는 것이다.

"그 한 법의 상은 모륜과 같네."는 그가 간주한 일실법의 모습이 마치 눈병에 걸린 사람이 보는 모륜과 같은 것이다.

"아지랑이를 물로 보는 것처럼"은 목마른 사슴이 아지랑이를 보고 물이라 말하면서 달려가 추구하는 것과 같아서 미혹하게 전도될 뿐이다. 일심이란 것이 있다고 계탁하는 것도 또한 이와 같다.

"모두 허망한 착각일 뿐이라네."는 목마른 사슴이 물로 간주하고, 눈병 걸린 사람이 모륜으로 간주하며, 학사學士가 일심이라고 계탁하는 이와 같은 모든 계탁은 허망한 것이다.

다음으로 없다는 견해[76]를 타파한다.

"만약 제법을 무라고 간주하면"은 앞에서 말한 것처럼 이제만 있고 일심법은 없다고 계탁하는 것이다.

"법을 허공처럼 보는 것이므로"는 그들이 일심은 공허한 도리와 같고 공허한 도리 이외에 본래 일실이란 없다고 계탁하는 것이다.

"맹인이 해가 없다고 하듯이"는 맹인으로 태어난 빈궁한 걸인이 본래 햇살을 본 적이 없으므로 눈 있는 자가 해가 있다고 설해 주어도 그 맹인

---

[75] 일실이 있다고 계탁하여 : 유견有見 내지 상견常見에 빠진 것을 가리킨 것으로 위의 첫째에 해당한다.
[76] 없다는 견해 : 무견無見 내지 단견斷見에 빠진 것을 가리킨 것으로 위의 둘째에 해당한다.

은 없다고 하면서 해가 있음을 믿지 않는 것이다. 이것은 그대로 전도일 뿐이다. 그들이 계탁하는 것도 또한 그렇다. 그들은 본래 공과 유에 대해서만 배웠기 때문에 무이중도無二中道에 대해서는 들어본 적이 없다. 따라서 무이중도를 설해 주는 사람이 있어도 믿고 받아들이지 못한다. 해를 중도에 비유한 까닭은 해는 원만하고 대광명이 있어서 오직 맹인을 제외하고는 보지 못할 사람이 없기 때문이다. 일심의 경우도 또한 그렇다. 두루 원만하고 무결한 본각과 시각의 대광명을 비추어 믿지 않는 사람을 제외하고 그 속에 들어가지 못할 사람이 없기 때문이다.

"법을 거북 터럭 같다고 설하네."는 저들 보지 못하는 이들은 일심법이 단지 이름일 뿐 실체가 없는 것이어서 마치 거북이 터럭과 같다고 설하니, 맹인이 해가 없다고 말하는 것과 다르지 않다.

此是第二破諸邪解。邪解雖多。大邪有二。依甚深敎。如言取義。自謂究竟。難可化故。一者。聞佛所說動靜無二。便謂是一。一實一心。由是誹撥二諦道理。二者。聞佛所說空有二門。計有二法。而無一實。由此誹撥無二中道。是二邪解。服藥成病。甚難可治。今顯彼過。此二頌中。次第顯之。初言若說法有一者。謂如前說計有一實。如自所計。說有一法故。是相如毛輪者。謂彼所計一實法相。如目瞖者所見毛輪故。如猋水迷倒者。謂如渴鹿。見猋謂水。馳走而求。直是迷倒。計有一心。亦如是故。爲諸虛妄故者。渴鹿見水。瞖者見輪。學士計一。如是諸計。齊虛妄故。次破無見。若見於法無者。謂如前說。計有二諦。無一心法故。是法同於空者。彼計一心。同於空理。空理之外。本無一實故。如盲無日倒者。謂如生盲貧窮乞見。本末曾見日輪光明。其有目者。爲說有日。盲者謂無。不信有日。直是顚倒。彼計亦爾。由彼本來唯學空有。而未曾聞無二中道。雖有說者。不信受故。所以日輪。喩於中道者。日輪圓滿有大光明。唯除盲者。無不見故。一心亦爾。周圓無缺。有本始覺大光明照。除不信者。無不入故。說法如龜毛者。彼無見者。說一心法。但名無體。猶如龜毛。不異盲人。謂無日輪也。

(다) 바르게 취했음을 서술함

경

제가 지금에 불법을 듣고 나서
제법은 양변이 아님을 알았고
중도에도 의지하지 않게 되니
무주를 통해 터득한 것이라네

我今聞佛說。知法非二見。亦不依中住。故從無住取。

논 이는 셋째로 바르게 취했음을 서술하는 것이다.

"제법은 양변이 아님을 알았고"는 중도법은 유와 무의 견해로 볼 수 있는 것이 아님을 안 것이다. 곧 위의 둘째에서 해가 없다고 전도된 경우를 떠나 있는 것이다.

"중도에도 의지하지 않게 되니"는 비록 양변을 떠나 있지만 중도일실中道一實에도 집착하지 않는 것이다. 곧 위의 첫째에서 모륜과 물의 경우처럼[77] 허망한 것을 떠나 있는 것이다.

이와 같이 저 양변[78]의 과실을 떠나 있기 때문에 부처님께서 설하신 무주의 설법(詮)으로부터 설해진(所詮) 무주의 취지를 이해한다. 그러므로 "무주를 통해 터득한 것이네."라고 한다.

---

[77] 모륜과 물의 경우처럼 : 눈병에 걸린 사람이 모륜을 보는 경우와 목마른 사슴이 아지랑이를 물로 간주한 경우를 가리킨다.
[78] 저 양변 : 첫째에서 동과 정이 무이하다는 말에 일실과 일심으로만 간주하는 것과, 둘째에서 공과 유의 이문에 대한 말을 듣고 일실은 없다고 계탁하는 것을 가리킨다.

此是第三自申正取。知法非二見者。知中道法。非有無解之所見故。卽離第二無日之倒。亦不依中住者。雖離二邊。不存中道一實而住。卽離第一輪水之妄。如是離彼二邊過失故。從佛敎無住之詮。領解所詮無住之旨。故言故從無住取也。

(라) 설법한 자에게 예를 드림

경

여래께서 설해 주신 가르침은
모두 무주를 통해서 나온다네
이에 저희도 무주의 도리에서
그 맘으로 여래께 예배합니다

여래가 구비한 진리의 상호가
허공 같아 불변함에 예배하고
처소가 없음에도 집착이 없는
머묾 없는 법신에 예배합니다

如來所說法。悉從於無住。我從無住處。是處禮如來。敬禮如來相。等空不動智。不著無處所。敬禮無住身。

논 이는 넷째로 설법자에게 예를 드리는 것이다. 여기에 세 가지가 있다. 첫째의 한 게송은 설하는 사람에게 예배하고, 둘째의 제1구와 제2구는 설하는 사람의 지혜에 예배하며, 셋째의 제3구와 제4구는 설하는 사람의 몸에 예배한다.

此是第四禮能說者。於中有三。一者一頌。禮能說者。二者二句。禮能說智。三者二句。禮能說身。

㉮ 설하는 사람에게 예배함

첫째에서 "여래께서 설해 주신 가르침은 모두 무주를 통해서 나온다네."라고 한 것은 부처님의 교법이 무주無住임을 따른 것이기 때문이다.
"이에 저희도 무주의 도리에서 그 맘으로 여래께 예배합니다."라는 것은 가르침에 의하여 무주의 도리를 따른 여래야말로 가장 존중해야 할 분임을 널리 알게 되었으므로 여기에서 설법자에게 예배드리는 것이다. 여기서 '무주'라고 한 것은 이제二諦에도 집착하지 않고 중도中道에도 집착하지 않는 것이다. 비록 중도에 있지 않지만 양변을 떠나 있다. 이와 같은 것을 무주의 도리라 한다.

初中言如來所說法。悉從於無住者。謂佛敎法順從無住故。我從無住處是處禮如來者。依敎得從於無住處。彌知如來最可尊重故。於是處禮能說者。此中言無住者。不住二諦。亦不在中。雖不在中。而離二邊。如是名爲無住處也。

㉯ 설하는 사람의 지혜에 예배함

둘째에서 "여래가 구비한 진리의 상호가"라고 한 것은 상호로써 여래의 모습을 삼은 것이 아니라 부동지로써 여래의 모습을 삼은 것이다.
"허공 같아"는 여래의 지혜가 한량이 없고 끝이 없어 허공계처럼 두루하지 않은 곳이 없는 것이다.
"불변함에"는 일체의 끝이 없는 삼세에 널리 통달한 것인데, 삼세는 흘러가지만 지혜의 작용은 변함이 없는 것이다.

> 第二中言如來相者. 不以相好爲如來相. 以不動智爲如來相. 言等空者. 謂如來智無量無邊. 等虛空界無所不遍故. 言不動者. 遍達一切無邊三世. 世有遷流. 智用不移故.

㉰ 설하는 사람의 몸에 예배함

셋째에서 "집착이 없는"이라 한 것은 법신이 양변을 떠나 있기 때문이다. "처소가 없음에도"는 중간에도 집착이 없기 때문이다. 그래서 "머묾 없는 법신에 예배합니다."라고 한다.

> 第三中言不着者. 法身離二邊故. 無處所者. 中間無所住故. 故言敬禮無住身也.

(마) 아직 듣지 못한 것을 설해 달라고 청함

경

저희들은 일체 온갖 처소에서
항상 모든 여래를 친견합니다
이제 바라건대 오직 여래께선
저희에게 상법을 설해 주소서"

> 我於一切處. 常見諸如來. 唯願諸如來. 爲我說常法.

논 이것은 다섯째로 아직 듣지 못한 것에 대하여 질문한 것이다. 여기서 제1구와 제2구는 자신이 항상 친견함을 서술하고, 제3구와 제4구는 상법常法을 설해 줄 것을 청한다.

자신이 서술한 뜻은 다음과 같다. "제가 모든 변견을 떠나서 무주의 지혜를 터득한 까닭에 낱낱의 미진 속에서 항상 시방의 한량이 없는 제불을 친견합니다. 시방세계의 모든 미진 속에서 한량이 없는 제불을 친견하지 못하는 곳이 없습니다." 그러므로 "저희들은 일체 온갖 처소에서 항상 모든 여래를 친견합니다."라고 한다. 『화엄경』에서 "하나의 미진 속에서 빠짐없이 한량이 없는 부처님을 친견한다. 하나의 미진 속의 경우와 마찬가지로 일체의 미진 속에서도 또한 그렇다."[79]고 하였다.

이와 같은 위신력으로 영원한 법(常法)을 들을 수가 있다. 그러므로 바라건대 상법을 설해 주심을 듣고자 한다는 것이다.

此是第五問所未聞。於中上半。自申常對。下之二句。請說常法。自申意者。我離諸邊。得無住智故。能一一微塵之中。常見十方無量諸佛。十方世界諸微塵中。無處不見無量諸佛。故言一切處常見諸如來。如華嚴經言。於一微塵中普見無量佛。如一微塵中一切塵亦然。故有如是力。堪聞常法。所以願聞說常法也。

④ 과의 상주법常住法에 들어감

이하는 넷째로 과果의 상주법에 들어가는 것이다. 여기에 세 가지가 있다. 첫째는 여래의 설법이고, 둘째는 장자의 연설이며, 그 셋째는 대중이 획득한 이익이다.

---

[79] 『大方廣佛華嚴經』 권33(T9, 609a).

此下第四入果常法。於中有三。一如來說。二長者演。其第三者。大衆得益。

가. 여래의 설법

첫째에 두 가지가 있다. 첫째는 설법을 허락하고, 둘째는 본격적인 설법이다.

初中有二。許說。正說。

가) 설법을 허락함

경 그때 여래께서 다음과 같이 말씀하셨다.
"모든 선남자여, 그대들은 잘 듣거라. 그대들을 위하여 영원한 법(常法)을 설하겠다.

爾時。如來而作是言。諸善男子。汝等諦聽。爲汝衆等。說於常法。

논 이는 설법을 허락한 것이다.

此卽許說。

나) 본격적인 설법

경 선남자여, 상법은 상법이 아니다.[80] 그래서 언설도 없고 문자도 없으

---

80 상법은 상법이 아니다 : 진제의 상법은 속제의 상법이 아님을 가리킨다.

며, 진리도 없고 해탈도 없다. 없는 것도 없고 경계도 없지만 모든 허망과 단멸의 변견을 떠나 있다. 이 상법은 무상도 없지만 모든 상견과 단견을 떠나 있다. 그러므로 분명하게 본다면 분별식이 그대로 상법이 된다. 이에 그 식이 항상 적멸하고 그 적멸도 또한 적멸하다.

善男子。常法非常法。非說亦非字。非諦非解脫。非無非境界。離諸妄斷際。是法非無常。離諸常斷見。了見識爲常。是識常寂滅。寂滅亦寂滅。

논 이하는 둘째로 본격적인 설법이다. 여기에 두 가지가 있다. 첫째는 영원한 증과(常果)를 설명하고, 둘째는 영원한 인행(常因)을 설명한다.

此下第二正說。於中有二。先說常果。後示常因。

(가) 영원한 증과(常果)를 설명함

첫째에 두 구절이 있으니, 법의 영원함(法常)과 부처의 영원함(佛常)이다.

初中二句。法常。佛常。

㉮ 법의 영원함

첫째에서 "상법은 상법이 아니다."라고 한 것은 부처님께서 사표로 삼은 법신의 자체는 생멸상을 떠나 있으므로 '상법'이라 하고, 상주의 자성을 떠나 있으므로 '상법이 아니다.'라고 한 것이다.
"언설도 없고 문자도 없다."는 것은 설명하는 주체의 명칭과 언어가 없는 것이다.

"진리도 없고 해탈도 없다."는 것은 설명되는 객체의 일실─實義를 초월한 것이다.

"없는 것도 없고 경계도 없지만 모든 허망과 단멸의 변견을 떠나 있다."는 것은 필경무畢竟無도 없고 또한 만유의 경계도 없는데, 만유의 경계가 없으므로 망집의 경계를 떠나 있고, 무無가 없으므로 단견의 경계를 떠나 있다. '변견'은 경계의 다른 명칭이다.

"이 상법은 무상도 없지만 모든 상견과 단견을 떠나 있다."는 것은 무상이 없으므로 모든 단견이 없고, 또한 이것은 상법이므로 모든 상견을 떠나 있다. 곧 상견에 집착된 것은 상법이 아니기 때문이다.

이상은 법의 영원함을 설명한 것이다.

初中言常法非常法者。謂佛所師法身之體。離生滅相。故曰常法。離常住性。故非常法。非說亦非字者。絶能詮名言故。非諦非解脫者。超所詮實義故。非無非境界。離諸妄斷際者。非畢竟無。亦非有境。非有境故。離妄執境。而非無故。離斷見境。際者。境界之異名也。是法非無常。離諸常斷見者。非無常故離諸斷見。而是法故。離諸常見。常見所取非是法故。已明法常。

㉯ 부처의 영원함

다음은 부처의 영원함을 드러낸다.

"분명하게 본다면 분별식이 그대로 상법이 된다."는 것은 저 영원한 법을 구경에 분명하게 본다면 분명하게 보는 순간 제식이 상常이 된다. 왜냐하면 깨치기 이전에는 무명을 따라 본정심本靜心이 기동했지만, 깨친 이후는 분명하게 봄을 따라 본정심으로 돌아가기 때문이다.

"그 식이 항상 적멸하다."는 것은 제식은 본래 생도 없고 멸도 없다. 곧 생멸이 없으므로 제식의 자성이 항상 적멸하다.

지금 분명하게 보는 순간, 이와 같은 적멸의 제식까지 영원히 적멸하므로 "그 적멸도 또한 적멸하다."고 한다. 왜냐하면 저 적멸한 제식은 곧 무상법인데 그 무상법을 소멸시켜야 이에 상법이 터득되기 때문이다.

이하「총지품」에서 이 뜻을 이어서 드러낸다. 또한 이 본래 적멸한 자성은 상의 자성(常性)을 고수하지 않으므로 "또한 적멸하다."고 한다.

次顯佛常。了見識爲常者。於彼常法。究竟了見。了見之時。諸識爲常。所以然者。前隨無明。動本靜心。今隨了見。歸本靜故。是識常寂滅者。諸識本來無生無滅。無生滅故。性常寂滅。今了見時。永滅如是寂滅之識。故言寂滅亦寂滅也。所以然者。彼寂滅識。是無常法。所以滅彼。乃得常故。至下摠持品。是義當顯。又此本來寂滅之性。不守常性。故言亦寂滅。

(나) 영원한 인행(常因)을 보여 줌

이하는 둘째로 그 영원한 인행(常因)을 보여 주는 것이다. 여기에 두 가지가 있다. 첫째는 개별적인 설명이고, 둘째는 총체적인 결론이다.

此下第二示其常因。於中有二。別明。摠結。

㉮ 개별적인 설명

개별적인 설명에도 두 가지가 있다. 첫째는 진증관眞證觀이고, 둘째는 방편관方便觀이다.

別中亦二。先眞證觀。後方便觀。

a. 진증관眞證觀

경 선남자여, 제법이 적멸한 줄 아는 자는 마음을 적멸케 하지 않으니, 마음은 항상 적멸하기 때문이다. 적멸을 터득한 자는 마음으로 항상 진증관을 행한다.

善男子。知法寂滅者。不寂滅心。心常寂滅。得寂滅者。心常眞觀。

논 첫째에서 "제법이 적멸한 줄 아는 자"라고 한 것은 초지 이상에서 일체법이 본래 적멸한 줄을 아는 것이다. 이미 기동이 없는 줄 알기 때문에 마음을 적멸케 할 필요가 없다. 마음을 적멸케 하지 않는 것은 그것이 항상 적멸하기 때문이다. 이것은 소지所知의 적멸을 드러낸 것이다.

"적멸을 터득한 자는 마음으로 항상 진증관을 행한다."는 것은 곧 증득의 주체인 마음이 상주하면서 증득의 대상이 되는 도리를 따라 생멸상을 떠나서 항상 진조관眞照觀(眞證觀)을 잃지 않음을 설명한 것이다.

初中言知法寂滅者者。初地已上。知一切法。本來寂滅故。旣知無起。故不滅心。不滅心者。常寂滅故。是顯所知之寂滅也。得寂滅者心常眞觀者。是明能證之心常住。隨所證理離生滅相。而恒不失眞照觀故。

b. 방편관方便觀

경 모든 명칭과 색상은 오직 어리석은 마음에서 일어난 것[81]임을 알아야 한다. 이는 어리석은 마음의 분별로써 제법을 분별한 것이지 그 밖의 다른 것이 명칭과 색상을 출현시킨 것이 아니다. 제법이 이와 같은 줄 알면 문자 및 언어에 휩쓸리지 않고, 마음마다 진실한 의미에 계합하여 아我를

---

81 명칭과 색상은~일어난 것 : 『金剛三昧經通宗記』 권10(X35, 317a)에서는 "치심癡心은 곧 망상妄想이고, 명색名色은 곧 명상名相이다."라고 말한다.

분별하지 않는다.

知諸名色。唯是癡心。癡心分別。分別諸法。更無異事。出於名色。知法如是。不隨文語。[1] 心心於義。不分別我。

1) ㉠ '語'가 『金剛三昧經註解』, 『金剛三昧經通宗記』에는 '說'로 되어 있다.

논 이는 둘째로 방편관을 설명하는 것이다. 여기에 두 가지가 있다. 첫째는 유식의 심尋과 사思를 설명하고, 둘째는 여실지如實智를 드러낸다.

是第二明其方便觀。於中有二。先明唯識尋思。後顯其如實智。

a) 유식의 심尋과 사思를 설명함

첫째의 "그 밖의 다른 것이 명칭과 색상을 출현시킨 것이 아니다."라고 한 것에서 명칭은 사온四蘊(受蘊·想蘊·行蘊·識蘊)이고, 색상은 색온色蘊이다. 모든 불상응법不相應法은 가립된 것으로 이 명칭과 색상을 떠나서 다시는 별도의 체가 없다. 그러므로 모든 유위의 현상은 다 명칭과 색상에 섭수된다. 이와 같이 제법은 오직 마음이 만들어 낸 것이므로, 마음을 떠나서 경계가 없고 경계를 떠나서 마음이 없다. 이것을 유식의 심尋과 사思라 한다. 『화엄경』에서 다음과 같이 말한다.

　　마음은 화가와 같아서
　　온갖 오음을 그려 내네
　　일체의 세계 가운데에
　　만들어 내지 못함 없네

　　마음처럼 부처도 그렇고

불처럼 중생도 그러하며
마음과 부처와 중생의
이 셋은 차별이 없다네[82]

이상은 심과 사를 설명한 것이다.

初中言更無異事。出於名色者。名謂四蘊。色是色蘊。諸不相應。皆假建立。離此名色。更無別體故。諸有爲之事。皆爲名色所攝。如是諸法。唯心所作。離心無境。離境無心。如是名爲唯識尋思。如華嚴經言。心如工畫師。畫種種五陰。一切世間中。無法而不造。如心佛亦爾。如佛衆生然。心佛及衆生。是三無差別。故已明尋思。

b) 유식의 여실지如實智를 드러냄

다음으로 여실지를 드러낸다.

"제법이 이와 같은 줄 알면 문자 및 언어에 휩쓸리지 않는다."는 것은 명名의 심·사에 의해 이끌려 나온 여실지이다.

"마음마다 진실한 의미에 계합한다."는 것은 뜻(義)의 심·사에 의해 이끌려 나온 여실지이기 때문이다. 인아와 법아에는 모두 여실지의 뜻이 없기 때문에 그 속에서 아를 분별하지 않는다.

次顯如實智。知法如是不隨文語者。是名尋思所引如實智故。心心於義不分別我者。是義尋思所引如實智故。人法二我。皆無有義。所以於中不分別故。

㉮ 총체적인 결론

---

[82] 『大方廣佛華嚴經』 권10(T9, 465c).

[경] 그래서 아我가 가명인 줄 알면 곧 적멸을 터득한다. 만약 적멸을 터득하면 곧 아뇩다라삼먁삼보리를 터득한다."

知我假名。卽得寂滅。若得寂滅。卽得阿耨多羅三藐三菩提。

[논] 이는 둘째로 앞의 두 가지에 대해 총체적으로 결론[83]지은 것이다. 앞의 방편관을 결론지어 진증관을 터득하고, 또한 앞의 진증관을 결론지어 아뇩다라삼먁삼보리과를 터득한다.

此是第二摠結前二。結前方便而得眞觀。又結眞觀得菩提果。

나. 장자의 연설

이하는 둘째[84]로 장자가 연설하는 것이다. 여덟 게송에는 세 가지 뜻이 있다. 첫째의 두 게송 반은 부처님 교법의 뜻을 판별하고, 둘째의 다섯 게송은 양변의 집착을 타파하며, 셋째의 마지막 두 구도 또한 무이관無二觀에 대한 것이다.

此下第二長者演說。於中八頌。卽有三意。初二頌半。判佛敎意。次有五頌。破二邊執。最後二句。亦無二觀。

가) 부처님 교법의 뜻을 판별함

---

83 결론 : 앞의 진증관과 방편관의 두 가지에 대한 총체적인 결론임을 가리킨다.
84 둘째 : 중송重頌의 두 부분 가운데 첫째는 여래께서 간략하게 널리 설법한 것이고, 둘째는 장자가 자세하게 연설한 것이다. 그 가운데 둘째인 장자의 연설이 이에 해당한다.

경 그때 법행장자가 이 말씀을 듣고서 게송을 설하여 여쭈었다.

명칭과 색상 및 분별망상의
이런 법들을 셋이라 말하고
진여 및 정묘지까지 합하면
그것은 모두 다섯이 된다네[85]

제가 지금 이해하는 법이란
단견과 상견에 얽매여 있고
생멸의 가르침에 들어 있어
단멸일 뿐이지 상법 아닌데

여래가 설한 공의 가르침은
단상견을 멀리 떠나 있다네

爾時。長者梵行。聞說是語。而說偈言。名相分別事。及法名爲三。眞如正妙智。及彼成於五。我今知是法。斷常之所繫。入於生滅道。是斷非是常。如來說空法。遠離於斷常。

논 첫째에 두 가지가 있다. 앞의 두 게송은 양변의 가르침에 떨어지는 것을 설명하고, 둘째로 두 구는 양변의 가르침을 떠나 있음을 드러낸다.

---

85 모두 다섯이 된다네: 『金剛三昧經通宗記』 권10(X35, 371b)에서는 다음과 같이 말한다. "이것은 오법의 명칭을 드러낸 것이다. 곧 명명과 상상과 망상妄想과 여여如如와 정지正智의 오법이다. 말한 바 분별사分別事는 제7식으로서 곧 망상을 가리킨다. 법法은 곧 명과 상과 망상의 법이다. 그리고 진여眞如와 정묘지正妙智는 곧 여여如如와 정지正智이다.(此顯五法名。即名相妄想如如正智五法也。所云分別事。指第七識。即妄想。法即名相妄想之法。眞如正妙智即如如正智。)"

初中有二。前二頌. 明墮二邊敎。後二句. 顯離二邊敎。

(가) 양변의 가르침에 떨어지는 것을 설명함

첫째에서 "명칭과 색상"이라 한 것은 명名·구句·자字이다. 구는 명으로 성취된 것이고, 자는 명이 의지하는 것이니, 모두 명을 나타낼 수 있으므로, 이를 합하여 '명칭과 색상'이라 한다.

"분별망상(分別事)"은 유루의 심과 심법의 행위이다.

"이런 법들을"은 앞의 명칭과 색상의 두 가지를 제외한 모든 법상이다. 곧 명名·구句의 소전과 분별의 소연으로서, 십색처十色處 및 법처法處 중의 색불상응 등 모든 법상을 가리킨다.

명칭과 색상과 분별망상의 세 가지 법은 같은 부류로서 잡염상雜染相임을 설명한 것이다. 그러므로 별도로 "셋이라 말한다."고 설한다.

"진여"는 정지正智의 경계이다.

"정묘지"는 근본지와 후득지의 이지二智이다.

"그것은 모두"라는 말은 앞에서 언급한 세 가지를 가리킨다. 그래서 여기 두 가지와 앞의 세 가지를 합하면 다섯 가지가 된다. 이것은 삼승교문의 법상을 언급한 것이다.

"제가 지금 이해하는 법이란 단견과 상견에 얽매여 있고"는 저 삼승교문에서 설한 바 다섯 가지가 단견과 상견의 집착에서 떠나 있지 못함을 설명한 것이다. 왜냐하면 저 네 가지 법(명칭·색상·분별망상·진여) 가운데 앞의 세 가지 법은 생멸의 모습을 지니고 있어서 단견에 집착하는 경계를 떠나 있지 못하고, 또 한 가지 진여법은 상주하는 자성으로서 상견에 집착하는 경계를 떠나 있지 못하기 때문이다.

"생멸의 가르침에 들어 있어 단멸일 뿐이지 상법 아니다."라는 것은 앞의 세 가지 및 정묘지正妙智의 법은 모두 사상四相을 지니고 있어 생멸도

生滅道에 포함되는 것으로 곧 단견의 입장이므로 상견의 입장과는 다르다는 점을 별도로 설명한 것이다. 곧 진여는 상유도常有道에 포함되는 것으로 곧 상견의 입장이므로 단견의 입장과는 다르다는 점을 드러낸 것이다.

初中言名相者。謂名句字。句是名所成。字是名所資。皆能表名。合爲名相也。分別事者。謂諸有漏心心法事。言及法者。謂除前二所有法相。名句所詮。分別所緣。謂十色處。及法處中色不相應等諸法相也。是三一類。明雜染相。所以別說。名爲三也。言眞如者。謂正智境。正妙智者。本後二智。言及彼者。及彼前三。此二及彼三。合成於五事。是擧三乘敎門法相。我今知是法斷常之所繫者。明彼敎門所說五事。不離斷常二見所着。所以然者。彼四種法。帶生滅相。不離斷見所着之境。其眞如法。是常住性。不離常見所取之境。故入於生滅道。是斷非是常者。別明前三。及正智法。皆帶四相。入生滅道。直是斷邊。異於常邊。卽顯眞如。入常有道。直是常邊。異斷邊也。

(나) 양변의 가르침을 떠나 있음을 드러냄

"여래가 설한 공의 가르침은 단상견을 멀리 떠나 있다네."는 일승교에서 설하는 삼공법은 단견과 상견의 과실을 멀리 떠나 있음을 설명한 것이다. 왜냐하면 저 앞에서 설한 "공상도 또한 공한 것이고, 공공도 또한 공한 것이며, 소공도 또한 공한 것을 말한다."[86]와 같기 때문이다. 이와 같은 삼공은 진과 속을 부정하지도 않고, 진과 속에 집착하지도 않는다. 그래서 비록 동動과 정靜을 떠나 있으면서 그 중간에도 머물지 않는다. 그러므

---

[86] 공상도 또한~것을 말한다 : 앞의 「入實際品」에서 대력보살이 질문한 삼공三空 부분을 가리킨다. "대력보살이 여쭈었다. '그러면 삼공이란 무엇입니까.' 부처님께서 말씀하셨다. '삼공이란 공상도 또한 공한 것이고, 공공도 또한 공한 것이며, 소공도 또한 공한 것을 말한다. 이와 같은 공은 공상·공공·소공의 삼공에 집착이 없어서 진실하지 않음이 없다. 그래서 글과 말로 표현할 수가 없고 또 불가사의하다.'"

로 단견의 입장과 상변을 멀리 떠나 있다.

> 如來說空法遠離於斷常者。明一乘敎說三空法。遠離斷常二邊過失。所以
> 然者。如前所說。空相亦空。空空亦空。所空亦空。如是三空。不壞眞俗。不
> 存眞俗。雖離動靜。不住中間。所以遠離斷常邊也。

나) 양변의 집착을 타파함

이하는 둘째로 양변의 집착을 타파하는 것이다. 여기에 두 가지가 있다. 첫째의 네 게송은 유견의 입장의 집착을 타파하고, 둘째의 한 게송은 공견의 입장의 집착을 부정한다.

> 此下第二破二邊執。於中有二。一者四頌。破有邊執。二者一頌。奪空邊着。

(가) 유견의 입장의 집착을 타파함

첫째에 두 가지가 있다. 앞의 두 게송 반은 그 유집을 타파하고, 뒤의 한 게송 반은 저 진공을 보여 준다.

> 初中有二。前二頌半。破其有執。後一頌半。示彼眞空。

㉮ 그 유집을 타파함

첫째에도 두 가지가 있다. 첫째의 한 게송 반은 인연집을 타파하고, 둘째의 한 게송은 그 밖의 삼연三緣을 타파한다.

初中亦二。初一頌半。破因緣執。次有一頌。破餘三緣。

a. 인연집을 타파함

경

인연은 본무로 불생이 되니
불생인 까닭에 불멸이 되네[87]

인연을 곧 유라고 집착하면
허공 꽃을 따려는 행위이고
아이 낳으려는 석녀와 같아
필경에 결코 가능하지 않네

因緣無不生。不生故不滅。因緣執爲有。如採空中華。猶取[1]石女子。畢竟不可得。

1) ㉥ '取'는 『金剛三昧經註解』, 『金剛三昧經通宗記』에는 '如'로 되어 있다.

논 첫째에서 "인연은 본무로 불생이 되니"라고 한 것은 근본식 중의 일체종자가 이숙식에 즉해 있거나 떠나 있는 것이 모두 불가득이라는 것이다. 즉해 있다면 이숙과 같을 것이고, 떠나 있다면 토끼의 뿔과 같을 것이다. 즉해 있지도 않고 떠나 있지도 않고 또 존재하지도 않아서 마치 물병이나 집처럼 단지 명칭만 있을 뿐이다. 이런 도리를 말미암아 발생도 없고 소멸도 없지만 삼승의 언교에 의거한 학자는 인연종자가 실유實有한 것이라고 굳게 집착한다. 곧 어리석은 자가 허공의 꽃을 따려는 것과 다

---

87 인연은 본무로~불멸이 되네 : 『金剛三昧經通宗記』 권10(X35, 317c)에서는 다음과 같이 말한다. "인연은 본무로서 불생이다. 그 불생을 인유하는 까닭에 또한 불멸이다.(然因緣本無而不生。然因不生。故亦不滅。)"

르지 않고, 또 석녀가 아이를 낳으려는 것과 같다. 그와 마찬가지로 인연의 경우도 영원히 불가득하다. 여기에서 허공의 꽃은 오염된 종자를 비유한 것인데 그것을 따서 없애려 하기 때문이고, 석녀의 아이는 청정한 종자를 비유한 것인데 그것을 낳아서 기르려 하기 때문이다.

初中言因緣無不生者。謂本識中一切種子。與異熟識。若卽若離。皆不可得。卽如異熟。離猶兔角。不卽不離。亦無所有。如甁舍等。但有名故。由是道理。無生無滅。而依三乘言教學者。定執實有因緣種子。不異愚者。欲採空華。亦如欲取石女之子。同彼因緣。永不可得。此中空華。喩於染種。爲採滅故。石女兒者。喩於淨種。爲取養故。

b. 그 밖의 삼연三緣을 타파함

경

인연으로 생을 취하지 말고
거기서 소멸 취함도 안 되며
자기와 의와 사대까지 없어
진여에 의지해 실제를 얻네[88]

離諸因緣取。亦不從他滅。及於己義大。依如故得實。

논 이는 둘째로 그 밖의 세 가지 인연(三緣)을 타파하는 것이다.

---

[88] 이 게송에 대하여 『金剛三昧經通宗記』 권10(X35, 318上)에서는 다음과 같이 말한다. "이 대목은 여실如實의 뜻을 설명한 것이다. 말하자면 반드시 모든 인연으로부터 생상을 취하는 것을 떠나야 하고, 또한 인연으로부터 그 멸상을 취해서도 안 되며, 또한 기己와 의義와 대大를 취해서도 안 된다. 기己는 본식本識을 가리키고, 의義는 음陰·계界·입入을 가리키며, 대大는 사대四大를 가리키는데, 저 앞에서 말한 대大·의義·과科가 바로 그것이다.(此明如實之義 言當離諸因緣而取生相。亦不從因緣取其滅相。亦不取於己義大。己謂本識。義是陰界入。大是四大。卽前大義科。)"

만약 모든 종자의 인연을 떠났지만 그 밖의 세 가지 인연을 취하고 그로부터 발생한다고 계탁하면 그와 같은 집착은 결코 도리에 맞지 않다. 그래서 경문에서 또한 "거기서 소멸을 취해도 안 되네."라고 한다. 여기에서 '거기서'라고 한 것은 증상연과 소연연이다. 마치 안식의 발생은 안근이 색경을 반연함에 의지하는 것과 같다. 이와 같이 안근과 색경은 안식과 동시이지만 식의 자성은 아니므로 '거기서'라고 한다. 그러나 등무간연은 비록 식과 동류일지라도 자체가 이미 소멸한 까닭에 '소멸'이라 한다. '거기서(증상연과 소연연)'와 '소멸'은 모두 자성이 없다. 이런 까닭에 식의 발생도 또한 세 가지 인연을 따르지 않는다.

다음에 말한 "자기와 의와 사대까지 없어"는 다시 어떤 사람이 "오온·십팔계·십이입 등의 법은 미래세까지도 각각 자기의 자체가 있으므로 아직은 발현해 있지 않지만 이 자기의 자체로부터 언제든지 그 현재에 발생한다."고 하는데, 이 계탁을 방지하기 위하여 "자기와 의와 사대까지 없어"라고 한다.

제2구의 "(거기서 소멸 취함도) 안 되며(不從)"라는 말은 제3구에까지 걸리는 말이다.[89] 여기에서 "의義"라고 한 것은 오음과 십팔계와 십이입이고, "사대(大)"는 지·수·화·풍의 사대이니, 앞서 말한 것과 같다. 이와 같은 법을 본유本有의 자체라고 계탁하는 까닭에 "자기와 의와 사대"라 하였다.

"진여에 의지해 실제를 얻네."는 범행장자 자신이 제유諸有에 대한 집착을 타파할 수 있었던 것은 진여의 도리에 의거하여 타파한 것이므로 실제의 뜻을 터득했다는 것이다.

---

[89] 제2구의 "안~걸리는 말이다 : "거기서 소멸 취함도 안 되며 자기와 의와 사대까지 없다."는 것이다. 이처럼 따라서 취해서도 안 된다(不從)는 말은 제2구와 제3구에 모두 통한다는 것을 가리킨다.

此是破餘三緣。若有離諸種子因緣。取餘三緣。計從彼生。作如是執。亦不
應理。如經亦不從他滅故。此言他者。謂增上緣。及所緣緣。如眼識生。依
眼緣色。如是眼色。與識俱時。而非識性。故名爲他。等無間緣。雖是識類。
而體已滅。故名爲滅。若他若滅。皆無自性。是故識生。亦不從彼。次言及
於己義大者。復有計言蘊界等法。未來世中。各有己體。而未生現。從此己
體。而生現在。爲遮此計。故言亦不從及於己義大。上句不從之言。貫於此
下句故。此言義者。謂陰界入。大者四大。如前說故。計此等法。本有自體。
以之故言。己義大也。依如故得實者。謂我能破諸有執者。依如理破。故得
實義。

㉑ 저 진공을 보여 줌

> 경

이와 같은 까닭에 진여법은
늘 자재하고 또 여여하므로
일체 모든 삼라만상의 법도
모든 분별식의 변화 아니네[90]

식을 떠나면 제법이 공이니
공의 도리를 따라 설한다네

---

[90] 이 게송에 대하여 『金剛三昧經通宗記』 권10(X35, 318a)에서는 다음과 같이 말한다. "이 게송은 여여한 법에 대하여 설명하고 또한 그 분별식의 변화를 간별한 것이다. 이미 진여에 의거하여 실實을 터득하였다. 그러므로 진여법은 항상 자재하고 여여하여 변역이 없다. 그러나 만약 일체만법에 대해서 보자면 그것은 모두 제7식이 제8식의 상분과 견분을 집착하여 색色과 심心 등의 제법을 발생하는 것이다. 그러므로 그것은 진여가 아니라 분별사식分別事識의 변화라고 하는 것일 뿐이다.(此明如如之法。又揀其識化。言既依如而得實。是故眞如之法。常自在於如如而無變易矣。若乃一切萬法。此皆第七執第八相分見分。而生色心諸法也。故云非是如。乃識所化耳。)"

是故眞如法。常自在如如。一切諸萬法。不【不或作非】如識所化。離識法卽空。故從空處說。

논 이는 둘째로 저 진공의 법을 보여 주는 것이다.

"이와 같은 까닭에"는 앞에서 말한 제유諸有에 대한 집착은 모두 허망하므로 그것을 타파하는 자는 실제를 터득하기 때문이다. 진여는 부동하므로 허망한 법은 성취되지 못한다.

"모든 분별식의 변화"는 모든 분별식으로 계탁된 바이다. 분별식으로 계탁된 모습은 도리가 없고 단지 분별의 생각에 따라 있는 것이므로 '변화'라고 한다. 곧 제법이 진여가 아니고 모든 분별식의 변화이기 때문이다. 그러나 모든 분별식을 떠나 있는 제법은 공하여 무소유하다. 이런 까닭에 나(범행장자)는 공의 도리에서 진여를 설한다.

此是第二示眞空法。言是故者。是前執有。皆是虛妄。其能破者。得實之故。眞如不動妄法不成也。識所化者。謂識所計。彼所計相。理無所有。直從情有。故名所化。諸法非如識所化故。離識之法。空無所有。是故我從空處說如。

(나) 이승이 공견에 집착함을 부정함

경

모든 생멸의 법을 소멸시켜
열반의 경지에 머문다 해도
대비로써 열반 마음 버리고
열반을 멸하여 머물지 않네

滅諸生滅法。而住於涅槃。大悲之所奪。涅槃滅不住。

논 위에 나온 경문은 범부가 있음에 집착함을 타파한 것이다. 지금 이 계송도 또한 이승이 공에 집착하는 것을 부정한 것이다. 즉 이승인은 모든 몸과 지혜 등 생멸법을 소멸시켜 열반에 들어가 거기에서 팔만 겁을 머물거나 만겁을 머물지만, 제불의 동체대비를 말미암아 그 열반을 버리고 다시 대비의 마음을 일으킨다. 대비심을 일으킬 때 열반이 곧 소멸된다. 마치 대상大商의 주인이 그 화성化城을 없애는 것과 같다. 이런 까닭에 그 열반에 다시 머물지 않는다. 이승인들이 무심할 경우[91]에는 아직 생멸법을 제대로 타파하지 못한 것이었다. 그러나 제불은 그 열반까지도 버리는 것을 그대로 보여 주었다. 그것을 인유하여 이승인들이 아직 실제에 들어가지 못한 생각을 방지해 주었다.

이상은 유와 무의 양변을 타파한 것이다.

上文已破凡夫執有。此頌亦奪二乘住空。謂二乘人。滅諸身智生滅之法。入於涅槃。於中八萬劫住。乃至十千劫住。而由諸佛同體大悲。奪彼涅槃。令還起心。起心之時。涅槃卽滅。如大商主。滅其化城。是故於中。不復住也。彼無心時。不得正破。直顯諸佛。奪彼涅槃。因是遮彼未入者志。上來已破有無二邊。

다) 무이관無二觀을 보여 줌

경
소취와 능취를 전변해야 곧
여래장에 들어갈 수 있다네"

---

91 무심할 경우 : 생멸법을 소멸하여 회신멸지灰身滅智한 경우를 가리킨다.

轉所取能取。入於如來藏。

논 이는 셋째로 무이관無二觀을 보여 주는 것이다.
이미 범부와 성인의 양변에 대한 집착을 타파하였으므로, 지금 저 범부와 성인의 두 대중을 전변시켜 주체와 대상이 평등한 무이관에 들도록 한 것이다.
이상의 여덟 게송은 범행장자가 연설한 것이다.

此是第三示無二觀。已破凡聖二邊之執故。今轉彼凡聖二衆。令入能所平等之觀。上來八頌。長者演也。

다. 대중이 터득한 이익

경 그때 대중이 설법한 그 뜻을 듣고 모두 정명正命을 터득하고 여래와 여래장해에 들어갔다.[92]

爾時。大衆聞說是義。皆得正命。入於如來。如來藏海。

---

[92] 그때 대중이~여래장해에 들어갔다 : 『金剛三昧經通宗記』 권10(X35, 318b)에서는 다음과 같이 말한다. "이 대목은 설법의 뜻을 듣고 얻은 이익을 결론지은 것이다. 교학에서 말하는 비구의 걸식은 정명식正命食에 해당하는데, 그것은 4종의 사명식邪命食을 타파하기 때문이다. 지금 여기에서 일체법을 받았다면 그것은 곧 사명邪命이라 말한다. 그러나 만약 일체법을 받지 않았다면 그것은 곧 정명正命이다. 위의 게송에서 설한 것은 바로 이런 뜻이다. 그러므로 모두 정명식을 얻었다고 말한다. 여기 대목에서는 자성의 체體와 용用을 설명하고 있다. 곧 여래지에 들어가서 제불의 구경지究竟智와 원만하고 청정한 법신을 터득하는 것이 바로 여래장해如來藏海이다.(此結聞義咸益。教中謂比丘乞食。謂之正命食。以破四種邪命食故。今此以受於一切法。即名邪命。若不受一切法爲正命。如前偈中所說。即是此義。故云皆得正命。於此明自性體用。即是入於如來。得諸佛究竟智。圓滿清淨法身。是爲如來藏海也。)"

🔘 이는 셋째로 대중이 터득한 이익이다.

"정명을 터득하였다."는 것은 유변과 무변을 떠나서 중도의 올바른 혜명을 터득한 것이다.

"여래에 들어갔다."는 것은 여래지혜의 경지에 들어간 것이다.

"여래장해에 들어갔다."는 것은 본각의 깊고 넓은 뜻에 들어간 것이다.

此是第三大衆得益。得正命者。離有無邊。而得中道正慧命故。入如來者。
已入如來智之分故。入如來藏海者。入於本覺深廣義故。

2. 총체적으로 모든 의심을 해결함(「총지품」)

摠持品第八[1)]

1) ㉯ '第八'은 甲本에는 없다.

🔘 여기 「총지품」에서는 앞의 모든 품의 의문점을 해결하고 요의를 총지하여 잊지 않도록 하였다. 그러므로 행하는 것을 따라 '총지'라 한다. 또한 지장보살이 이미 문의다라니文義陀羅尼를 터득한 까닭에 모든 품에 들어 있는 경문의 뜻을 총지하고, 대중이 일으킨 의심의 내용을 기억해서 차례대로 질문하여 모든 의심을 잘 해결하였다. 그러므로 묻는 주체의 입장에서 '총지'라 한다.[93]

---

93 '총지'라 한다 : 「總持品」의 의미에 대하여 말한 대목이다. 첫째는 앞의 전체 경문에 대하여 의심을 해결하고 요의要義를 총지하고, 둘째는 문의다라니文義陀羅尼를 통하여 모든 의심을 해결한다. 이 「總持品」의 대의에 대하여 『金剛三昧經通宗記』 권11(X35, 318c)에서는 다음과 같이 말한다. "이것은 만각분滿覺分으로서 각覺과 행이 원만圓滿하여 갖가지 법을 총지한 것을 말하는데, 이 『금강삼매경』의 기둥이다. 또한 이 경전은 저 「무상법품」에서는 제6지를 설명하였고, 「무생행품」에서는 제7지를 설명하였으며, 「본각리품」에서는 제8지를 설명하였고, 「입실제품」에서는 제9지를 설명하였으

「정설분」을 크게 분류하면 두 가지가 있다. 첫째는 일미관행을 개별적으로 설명한 것은 이전 품까지 마쳤다. 이하는 둘째로 총체적으로 모든 의심을 해결한 것이다. 경문에 네 가지가 있다. 첫째는 청하고, 둘째는 허락하며, 셋째는 해결해 주고, 넷째는 이해시킨다.

此中決前諸品中疑。摠持要義而不忘失。故從所爲。名曰摠持。又地藏菩薩。已得文義陀羅尼故。摠持諸品所有文義。及憶大衆起疑之處。次第發問。善決諸疑。故從能問。名曰摠持。正說之內大分有二。別明觀行。竟在於前。此下第二摠決諸疑。就文有四。初請。次許。三決。四領。

1) 청함, 2) 허락

경 그때 지장보살이 대중 가운데서 일어나 부처님 앞에 이르러 합장을 하고 한 쪽 무릎을 꿇은 자세로 부처님께 사뢰어 여쭈었다.

"존자이시여, 제가 대중을 관찰해 보니 그 마음에 의심하는 것이 있어 아직도 해결하지 못하고 있습니다. 지금 여래께서는 그 의심을 없애 주려 하시니, 제가 대중을 위하여 의심나는 바를 여쭙고자 합니다. 바라건대 부처님께서는 자비로써 불쌍하게 여기어 질문을 허락해 주십시오."[94]

며, 「진성공품」에서는 제10지를 설명하였고, 「여래장품」에서는 등각지를 설명하였으며, 이 「총지품」에서는 지장보살이 대중을 상대하여 분명하게 묘각의 과만果滿을 드러냈다. 그러나 묘각은 원래 앞의 여섯 가지의 품을 떠나 있지 않다. 그러므로 제불의 시각이라 말하는데, 이것이 곧 중생의 본각이다. 그래서 본각은 원인이고 시각은 결과이다.(此爲滿覺分。謂覺行圓滿。而能摠持衆法。爲一經之樞紐也。且夫此經。如無相法。發明第六地。無生行。發明第七地。本覺利。發明第八地。入實際。發明第九地。眞性空。發明第十地。如來藏。發明等覺地。至此品。地藏菩薩當機。分明顯妙覺果滿。然妙覺原不離前六品法。所以云諸佛始覺。即是衆生本覺。本覺爲因。始覺爲果。)

94 그때 지장보살이~허락해 주십시오 : 『金剛三昧經通宗記』 권11(X35, 319a)에서는 다음과 같이 말한다. "이것은 지장보살이 대중의 의심을 해결해 주기 위하여 부처님께 허락을 구하는 대목이다. 청법하는 모습은 해탈보살의 경우와 같은데, 이것은 무릇 처음

부처님께서 말씀하셨다.

"보살마하살이여, 그대가 이와 같이 중생을 제도하니, 그것은 곧 대비로서 불가사의한 일이다. 그대는 마땅히 자세히 질문하라. 그대를 위해 설법을 해 주겠다."

爾時。地藏菩薩。從衆中起。至于佛前。合掌胡跪。而白佛言。尊者。我觀大衆。心有疑事。猶未得決。今者。如來欲爲除疑。我今爲衆。隨疑所問。願佛慈悲。垂哀聽許。佛言。菩薩摩訶薩。汝能如是。救度衆生。是大悲愍。不可思議。汝當廣問。爲汝宣說。

논 이는 질문과 답변으로서 곧 청함과 허락이다.

여기에서 청하는 자는 지장보살이다. 이 사람은 이미 동체대비同體大悲를 터득하여 일체중생의 선근을 생장시키니, 마치 대지가 모든 초목을 발생시켜 주는 것과 같다. 또 다라니가 지니고 있는 모든 공덕으로 일체중생에게 끝없이 베풀어 준다. 마치 큰 보배창고(大寶藏)의 진보珍寶가 끝없는 것과 같다. 이 두 가지 뜻을 말미암아 지장이라 한다. 지금 이「총지품」에서는 모든 의혹을 해결하고, 모든 신해를 발생하며, 모든 것을 결단하는 보배를 나타내어 법을 추구하는 대중에게 베풀어 준다. 이처럼 뜻이 지장이라는 명칭[95]에 합당하므로 청문請問할 수 있다.

과 마지막이 변하지 않았다는 뜻을 설명한 것이다. 대중 가운데서 일어난 것은 특이한 것이 없음을 설명하고, 부처님 앞에 다다른 것은 묘각의 경우에 행행이 두루하고 과果가 충만하여 불도에 그대로 도달한 것을 표시하며, 마음에 의문을 아직도 해결하지 못했다는 것은 등각의 경우에 묘각에 도달하지 못하였기 때문에 여전히 의심이 남아 있다는 것이다. 부처님은 본래부터 후세 중생을 위하여 의심을 없애 주려고 하는데 지장보살도 또한 중생을 위하여 의문을 해결해 주려고 부처님의 허락을 구하는 것이다.(此菩薩爲衆決疑。求佛聽許也。其請法之儀。同於解脫菩薩者。蓋明初後不移之意。從衆中起。以明無有特異也。至於佛前。表妙覺。行周果滿。直達於佛道也。心疑未決。等覺未至於妙。故猶有疑耳。然佛本欲。爲後世除疑。菩薩亦是爲衆生決疑。願佛之聽許也。)"

[95] 지장이라는 명칭 :『金剛三昧經註解』권4(X35, 247b)에서는 다음과 같이 말한다. "능지

此問與答。是請及許。此能請者。名地藏者。是人已得同體大悲。生長一切
衆生善根。猶如大地生諸草木。以陀羅尼。持諸功德。惠施一切。而無窮盡。
如大寶藏。珍寶無盡。由是二義。名爲地藏。今此品中。決諸疑惑。生諸信
解。出諸決斷之寶。以施求法之衆。義當其名。故能請問。

3) 해결해 줌

경 지장보살이 여쭈었다.
"일체의 제법이 어째서 인연으로 발생한 것(緣生)이 아닙니까?"
그때 여래께서 이 뜻을 설법해 주려고 게송을 설하여 말씀하셨다.

"만약 일체법이 인연의 소생이라면
연을 떠나서는 일체법이 없으리라
본래부터 일체법의 자성이 없는데
연으로부터 발생할 법인들 있으랴"

地藏菩薩言。一切諸法。云何不緣生。爾時。如來欲宣此義。而說偈言。若
法緣所生。離緣可無法。云何法性無。而緣可生法。

논 이하는 셋째로 모든 의심을 곧장 해결하는 것이다. 여기에 두 가지
가 있다. 첫째는 앞의 여섯 가지 품의 여섯 가지 의심을 역순으로 해결해

能持하는 것은 지지와 같고, 소지所持하는 것은 장藏과 같은 까닭에 지장보살이라는
명칭으로「총지품」을 드러낸다. 또한 능能을 벗어나고 소所를 단절하는 것은 마치 지
지가 담고 있는 만물과 같고, 만유를 함육含育하는 것은 마치 지지가 만물을 감추고
있는 것과 같다.(能持如地。所持如藏。故地藏菩薩表之也。又離能絶所。如地之持物。含育
萬有。如地能藏也。)"

주고, 둘째는 한 가지 품[96]의 세 가지 의심을 순차로 없애 준다.

此下第三正決諸疑。於中有二。一者六品六疑卻次而決。二者一品三疑順次而遣。

(1) 앞의 여섯 가지 품의 여섯 가지 의심을 역순으로 해결해 줌

첫째에 또한 두 가지가 있다. 첫째는 개별적으로 해결해 주고, 둘째는 총체적으로 결정해 준다.

初中亦二。[1)] 一者別決。二者摠定。

1) ㉱ '二'는 甲本에는 '一'로 되어 있다.

① 개별적으로 해결해 줌

첫째의 개별적으로 해결해 주는 것은 여섯 가지 의심을 개별적으로 해결해 주는데, 곧 나중 것부터 앞의 것을 향하여 점차 거꾸로 해결해 준다. 그러므로 지금 이 문답은 「여래장품」에서 일어난 의심을 해결해 준다.

初別決中。別決六疑。從後向前。漸卻而決。今此問答。決如來藏品中起疑。

가. 「여래장품」에서 일으킨 의심을 해결해 줌

「여래장품」에서 "인연은 본무로 불생이 되니 불생인 까닭에 불멸이 되네."라고 하였다. 여기에서 발생하는 주체의 인연이 있다고 집착하여 "그

---

96 한 가지 품: 「如來藏品」을 가리킨다.

과보인들 어찌 인연으로 발생한 것이 아니겠는가."라고 의심한다. 그러므로 그 의심에 대하여 인연으로 발생한 것(緣生)을 질문한다. 이에 여래께서 한 게송으로 그 의심을 곧장 해결해 준다. 제1구와 제2구는 본래의 집착을 결정해 준 것이다. 제3구와 제4구는 그렇게 인연이 발생한 것을 타파해 준다. 이 뜻을 제대로 나타내면 "인연은 제법을 발생시키지 못한다. 왜냐하면 마치 토끼의 뿔과 같이 본래 없는 법을 기대하기 때문이다."라는 말이 된다. 이것은 비량比量을 말미암아 저 의심을 해결해 준 것이다.

> 彼言因緣無不生不生故不滅。於中執有能生因緣。而疑其果何不緣生。故乘彼疑。以問緣生。如來一頌。正決是疑。於中上半。定彼本執。下半乘彼。破其緣生。此意正立緣不生法。望無法故。如望兎角。由是比量。彼疑決矣。

나. 「진성공품」에서 일으킨 의심을 해결해 줌

이하는 둘째로「진성공품」에서 일어나는 의심을 해결해 주는 것이다.「진성공품」에서 "내 설법은 그대와 중생들을 위한 것으로서 있다(在)든가 발생한다(生)고 설한다. 그러므로 불가설한 것임에도 불구하고 설하였다."고 하였다. 이에 대하여 "만약 저 경문에 의하면 부처님께서 설법한 경우가 있으므로 그 설법은 부처님의 마음에서 발생한 것이다. 그런데 어째서 그 설법을 무생이라 말하는가."라고 의심한다. 그러므로 이 의심을 없애는 방법에 두 가지가 있다. 첫째는 그대로 없애고, 둘째는 거듭 해결한다. 지금 이 문답은 첫째의 그대로 없애는 것이다.

> 此下第二決眞性空品中起疑。彼言我說法者。以汝衆生。在生說故。是故說之。依此疑云。若依彼文。佛有說法。其所說法。從佛心生。云何而言法無生耶。爲遣此疑。卽有二重。一者直遣。二者重決。

가) 그대로 없애 줌

경 그때 지장보살이 여쭈었다.
"제법이 만약 무생이라면 어떻게 설법을 하시는 것입니까? 그 설법은 마음에서 발생한 것이 아닙니까?"
이에 존자께서 게송을 설하여 말씀하셨다.

"마음으로부터 법이 발생된 것이라면
그 법은 능과 소에 집착한 것이라네
술에 취한 눈에 보이는 공화와 같다
그러나 지금 이 법은 그와 다르다네"

爾時。地藏菩薩言。法若無生。云何說法。法從心生。於是尊者。而說偈言。
是心所生法。是法能所取。如醉眼空華。是法然非彼。

논 "마음으로부터 법이 발생된 것이라면 그 법은 능과 소에 집착한 것이라네."는 지금 그대(지장보살)가 계탁하고 있는 제법은 곧 망심으로서 능취와 소취이다. 그러므로 저 술에 취한 사람의 눈에 보이는 허공의 꽃과 같다는 것이다.
"그러나 지금 이 법은 그와 다르다네."는 그대가 계탁하여 마음이 발생시킨 제법은 저 공화의 법과 또한 같지만, 저기에서 여래가 설한 제법은 그대가 계탁하여 발생시킨 제법과는 같지가 않다는 것이다. 이 뜻은 "그대가 계탁한 제법은 공하여 무소유한데, 그것은 마치 공화처럼 소취이기 때문이다. 그러나 나 여래가 설한 제법은 언설을 떠나고 사려를 단절한 것이므로 소취와 능취로 말할 수가 없다."는 것이다.

此卽直遣。言是心所生法。是法能所取者。今汝所計心所生法。直是妄心能
取所取。如醉酒眼所見空華。是法然非彼者。是汝所計心所生法。如彼空
華。是法亦然。非彼所說法。同汝所計生。此意正明。汝所計法。空無所有。
是所取故。猶如空華。我所說法。離言絶慮。所取能取。皆不可言。

나) 거듭 해결해 줌

경 그때 지장보살이 여쭈었다.
"제법이 만약 그와 같다면 제법은 곧 상대가 없으니 곧 제법은 마땅히 저
절로 성취된 것이 됩니다."
이에 존자께서 게송을 설하여 말씀하셨다.

"제법은 본래 유와 무가 없는데
자상과 타상도 또한 그와 같아[97]
시작도 없고 또한 끝도 없으며
형성과 소멸에도 또 집착 없네"

爾時。地藏菩薩言。法若如是。法卽無待。無待之法。法應自成。於是尊者。
而說偈言。法本無有無。自他亦復爾。不始亦不終。成敗卽不住。

논 이것은 둘째로 거듭 해결해 주는 것이다. 여기에 두 가지가 있다.
첫째는 질문하고, 둘째는 해결해 준다.

---

[97] 자상과 타상도~그와 같아 : 『金剛三昧經註解』 권4(X35, 248a)에서는 다음과 같이 말
한다. "곧 진법은 과거에는 시작이 없었고 미래에는 끝이 없다. 이미 시·종이 없는데
성·패인들 어찌 있겠는가. 대저 진여의 법성은 허공의 비유를 취해야만 지극히 합당
하다.(自他亦復爾。此之眞法過去無始。未來無終。旣無終始。成敗何有。夫眞如法性。取譬
虛空。極爲恰當。)"

여기에서 질문한 뜻은 다음과 같다. "만약 부처님께서 설한 언교의 제법은 소취가 아니므로 공화가 필경무인 것과는 같지 않다고 하면 그 제법은 곧 마땅히 저절로 성취된 것이라는 말이다. 왜냐하면 상대가 없기 때문이다. 마치 저 진여와 같다."

이런 질문을 해결해 주기 위하여 이 게송을 설한 것이니, 게송의 뜻은 다음과 같다. "내가 설한 제법은 명언名言을 단절해 있기 때문에 본래 유무·자타·시종도 없고, 형성되었다든가 소멸되었다든가 하는 것에도 집착이 없다. 그런데 어찌 자연적으로 성취되었다고 말할 수 있겠는가."

이는 저 인因에 상위과相違過[98]가 있음을 드러낸 것이다. 말하자면 "제법은 형성되었다든가 소멸되었다든가 하는 것이 없다. 왜냐하면 상대(待)가 없기 때문이다. 저 소취가 없어 진여와 같다."는 것이다. 이런 도리를 말미암아 저 지장보살의 질문은 성립되지 못한다. 질문이 성립되지 않으므로 벌써 의심은 해결된 것이다.

此是第二重決。於中有二。先難。後決。是難意云。若佛所說言敎之法。非所取故。不如空華畢竟無者。是卽此法。應自然成。以無待故。猶如眞如。爲決此難。故說是偈。是偈意言。我所說法。絶名言故。本無有無自他始終。若成若敗卽不得住。云何得言自然成耶。是顯彼因有相違過。謂法無成敗。以無

---

[98] 상위과相違過 : 주장하려는 내용의 인因과 종宗 사이에 모순이 발생하는 경우를 가리킨다. 그러므로 논리적인 오류를 범하고 만다. 이런 모순에 법자상상위인法自相相違因·법차별상위인法差別相違因·유법자상상위인有法自相相違因·유법차별상위인有法差別相違因의 네 가지가 있는데 상위과는 법자상상위인에 해당한다. 가령 종宗·인因·유喩의 삼지작법을 적용하면 다음과 같다. 지장보살의 주장 : 부처님께서 설한 제법은 저절로 성취된 것이다(宗). 상대(待)가 없기 때문이다(因). 소취所取가 없는 진여와 같다(喩). 부처님의 주장 : 제법은 형성과 소멸이 없다(宗). 상대(待)가 없기 때문이다(因). 소취所取가 없는 진여와 같다(喩). 여기에서 지장보살의 주장은 상대(待)가 없는 제법과 저절로 성취된 제법이 동일시되는 오류가 드러난다. 왜냐하면 상대(待)가 없는 제법은 아예 형성과 소멸조차 없기 때문이다. 이처럼 지장보살의 경우 종과 인 사이에 논리적인 모순이 드러난다.

待故。如無所取。又如眞如。由是道理。彼難不成。難不成故。所疑決矣。

다. 「입실제품」에서 일으킨 의심을 해결해 줌

이하는 셋째로 「입실제품」에서 일어나는 의심을 해결해 주는 것이다. 「입실제품」에서 다음과 같이 말했다.

> 대력보살이 여쭈었다. "…… 중생심과 중생상의 경우에도 그 상이 또한 여래이듯이 중생의 마음도 여래와 다른 경계가 아니어야 합니다."
> 부처님께서 말씀하셨다. "그렇다. 중생의 마음은 실로 여래와 다른 경계가 아니다. 왜냐하면 마음은 본래 청정하기 때문이고, 그 도리로 보면 더러움이 없기 때문이다."

이 경문에 의하여 다음과 같은 생각을 한다. "본래청정한 마음이 그대로 진여의 도리이고, 본래청정한 자성이 그대로 열반이다. 그런데 만약 열반이 공무空無하다면 그것은 마땅히 사무邪無로서 진여의 도리가 아닐 것이다." 그러므로 이런 의심을 없애 주기 위하여 제법을 모두 진여라 설한다.

경문에 네 부분이 있다. 첫째는 질문이고, 둘째는 인정이며, 셋째는 이해시켜 주고, 넷째는 서술한다.

此下第三決。入實際品中起疑。彼言大力菩薩言。衆生心相。相亦如來。衆生之心。應無別境。佛言如是衆生之心。實無別境。何以故。心本淨故。理無穢故。有依是文。作是念言。本淨之心。正是如理。本來淸淨。自性涅槃。若使涅槃。亦空無者。應是邪無。不爲如理。爲遣是疑。故說皆如。就文有四。先問。次許。三領。四述。

가) 질문, 나) 인정

경 그때 지장보살이 여쭈었다.
"일체의 모든 법상은 곧 본래 열반입니다. 열반과 공상도 또한 그와 같으므로 그런 법[99]은 없습니다. 왜냐하면 제법은 마땅히 진여이기 때문입니다."
부처님께서 말씀하셨다.
"그래, 그런 제법은 없다. 왜냐하면 이 제법은 진여이기 때문이다."

爾時。地藏菩薩言。一切諸法相。卽本涅槃。涅槃及空相亦如是。無是等法。是法應如。佛言。無如是法。是法是如。

논 첫째로 질문한 뜻은 다음과 같다. "만약 공의 뜻으로 보자면 일체 모든 법상은 곧 본래청정한 열반이다. 또 열반과 그 공상이 서로 어우러지면 그것은 곧 열반과 공의 차별이 없는 일미법이다. 이러한 제법이야말로 마땅히 진여일 것이다."
곧 저 위에서 집착한 것을 반론하려는 까닭에 이런 질문을 한 것이다.
둘째로 답변에서는 질문한 바와 같음을 인정한 것이다.

初問意言。若以空義。一切諸法相。卽是本來淸淨涅槃。復融涅槃及其空相。卽無涅槃及空差別。是一味法。是法應如。反彼所執。故作是問。第二答中。許如所問。

다) 이해시켜 줌

---

99 그런 법 : 상대(待)가 없이 저절로 형성되고 소멸된다는 앞의 내용을 가리킨다.

경 지장보살이 여쭈었다.

"불가사의합니다. 이와 같은 제법의 진여상은 함께하는 것(共)도 아니고 함께하지 않는 것(不共)도 아니며 의취意取도 아니고 업취業取도 아닌 것으로 곧 모두 공적합니다. 공적한 일심법은 모두 갖추어 취할 수가 없고 또한 마땅히 적멸입니다."

地藏菩薩言。不可思議。如是如相。非共不共意取業取。卽皆空寂。空寂心法。俱不俱¹⁾取。亦應寂滅。

1) ㉐ '俱'는 『大正新修大藏經』에 수록된 『金剛三昧經』을 비롯하여 『金剛三昧經註解』, 『金剛三昧經通宗記』에는 '可'로 되어 있다.

논 이것은 셋째로 이해시키는 것으로 감추어져 있는 의심(詰難)을 없애는 것이다.

앞의 설명을 듣고 다음과 같은 의심(詰難)을 일으킨다. "본래 열반이라면 이미 유일한 진여일 것이다. 그런데도 만약 열반과 그 공상이 호융한다면 그것은 제2의 진여가 될 것이다. 이와 같이 두 가지 진여는 함께하는 것(共)인가 함께하지 않는 것(不共)인가. 만약 함께하는 것(共)이라면 곧 진여의 도리가 아닐 것이다. 왜냐하면 두 가지가 병립되기 때문이다. 그리고 만약 함께하지 않는 것(不共)이라면 곧 공적이 아닐 것이다. 왜냐하면 그것은 유일한 진여일 것이기 때문이다."

곧 이러한 의심을 없애려는 까닭에 "함께하는 것(共)도 아니고 함께하지 않는 것(不共)도 아니다."라고 한다. '함께하는 것도 아니다.'라는 것은 두 가지 진여는 없기 때문이다. '함께하지 않는 것도 아니다.'라는 것은 둘 모두 없애 버렸기 때문이다. 곧 없앤 것은 비록 둘일지라도 없앤 도리는 둘이 아니다. 그러므로 의심한(詰難) 바는 모두 도리에 맞지 않는다.

"의취도 없고 업취도 없어 모두 공적합니다."라는 것은 곧 둘 모두를 없앴지만, 없어진 도리는 둘이 아님을 드러낸다. '의취'는 열반이니, 적멸심을 인연하여 취한 것이기 때문이다. '업취'는 생사이니, 모든 번뇌의 업으로 취한 것이기 때문이다. 이 의취와 업취가 모두 공적하다. 공적하므로 둘이 없다.

"공적한 일심법은 모두 갖추어 취할 수가 없고 또한 마땅히 적멸입니다."라는 설명은 다음과 같다. "일심법은 또한 일심으로 고수할 것이 없다. 곧 생사와 열반이 공적하여 둘이 없는데, 둘이 없는 도리야말로 곧 일심법이다. 이 일심법에도 두 가지 문이 있다. 그러나 만약 두 가지 문을 갖추어 취하는 것이라면 곧 일심을 터득할 수 없다. 왜냐하면 둘은 일심이 아니기 때문이다. 그렇다고 만약 두 가지 문을 버리고 갖추어 취할 수 없는 것이라면 그것 또한 일심법을 터득하지 못한다. 왜냐하면 아무것도 없는 것(無)은 일심이 아니기 때문이다."

이런 뜻을 말미암은 까닭에 무이無二의 일심법은 모두 갖추어 취할 수가 없고 또한 마땅히 적멸이다.

此是第三領解。爲遣伏難。有聞前說。作是難言。本來涅槃。既是一如。若融涅槃及其空相。是第二如。如是二如。爲共不共。若言共者。即非如理。有二並故。若不共者。即不更空。唯一如故。爲遣是難。故言非共不共。非共者。無二如故。非不共者。有雙遣故。所遣雖雙。遣處無二。故彼所難。皆不應理。意取業取即皆空寂者。是顯雙遣。遣處無二。言意取者。所謂涅槃。緣寂滅心之所取故。言業取者。即是生死。諸煩惱業之所取故。此二皆空。空寂無二。空寂心法。俱不俱取。亦應寂滅者。明一心法。亦不守一。生死涅槃。空寂無二。無二之處。是一心法。依一心法。有二種門。然俱取二門。即不得心。二非一故。若廢二門。不俱而取。亦不得心。無非心故。由是義故。無二心法。俱不俱取亦應寂滅。

라) 서술함

경 이에 존자께서 게송을 설하여 말씀하셨다.

"일체의 공적한 법
이 법은 적멸하나 공하지 않네
중생의 심이 불공임을 알아야
일심법이 유 아님을 터득하네"[100]

於是尊者。而說偈言。一切空寂法。是法寂不空。彼心不空時。是得心不有。

논 이는 넷째로 여래께서 서술한 것이다.
"일체의 공적한 법"은 생사와 열반의 일체가 공적한 법이다.
"이 법은 적멸하나 공하지 않네."는 둘이 없는 일심법은 아무것도 없는 공무空無의 법이 아니라는 것이다. 비록 공무空無의 법은 아니지만 유법有法도 아니다.
이런 까닭에 일심법이 공하지 않은 줄 이해할 때에 곧 일심법이 유법有法이 아님을 안다. 그러므로 앞에서 "모두 갖추어 취할 수가 없고 또한 마땅히 적멸입니다."라고 설한 것이 도리에 어긋나지 않는다.

此是第四如來述成。一切空寂法者。生死涅槃一切空寂之法。是法寂不空者。無二之心法。非都無法故。雖非無法。而不是有。是故解心不空之時。是時得知心之不有。所以前說俱不俱取皆應寂滅者。不違道理也。

---

100 중생의 심이~아님을 터득하네 : 『金剛三昧經通宗記』 권11(X35, 320a)에서는 다음과 같이 말한다. "만약 그들 모든 중생이 자심自心이 불공인 줄 안다면 곧 그들 자심이 본래 불유不有임을 터득한다.(若彼諸衆生。知自心之不空。是即得於自心之本不有也。)"

라. 「본각리품」에서 일으킨 의심을 해결해 줌

경 그때 지장보살이 여쭈었다.
"이 일심법은 삼제三諦도 아니어서 곧 색제와 공제와 심제[101]도 또한 적멸합니다. 삼제법이 본래 적멸할 경우 일심법은 마땅히 적멸할 것입니다."
이에 존자께서 게송을 설하여 말씀하셨다.

"삼제법에는 본래부터 자성이 없어
저것을 말미암아 이것이 발생하네
진여의 도리는 그러하지 않으므로
본각처에는 진여의 도리가 있다네"

爾時。地藏菩薩言。是法非三諦。色空心亦滅。是法本滅時。是法應是滅。於是尊者。而說偈言。法本無自性。由彼之所生。不於如是處。而有彼如是。

논 이것은 넷째로 「본각리품」에서 일어난 의심을 해결해 주는 것이다. 「본각리품」에서 다음과 같이 말했다.

무주보살이 여쭈었다. "일체의 경계가 공적하고, 일체의 몸이 공적하며, 일체의 식이 공적하니 본각도 또한 공적할 것입니다."
부처님께서 말씀하셨다. "일체의 본각은 훼손되지도 않고 괴멸되지도 않는 결정성으로서 공도 아니고 불공도 아니며 공이라 말할 수도 없고 불공이라 말할 수도 없다."

---

101 색제와 공제와 심제 : 『金剛三昧經註解』 권4(X35, 248b)에서는 "색제는 속제이고, 공제는 진제이며, 심제는 중도제이다.(色是俗諦。空是眞諦。心是中道諦。)"라고 말한다.

그것에 대하여 다음과 같이 의심하여 말한다. "만약 일심도 또한 존재하지(有) 않기 때문에 적멸하다면, 무슨 까닭에 앞에서는 일본각은 불괴不壞이므로 저 색과 심이 공한 것과는 같지 않다고 말했는가."

지금 이런 의심에 대하여 위와 같은 질문을 한 것이다.

"이 일심법은 삼제도 아니다."라는 것은 곧 앞의 게송에서 설한 것처럼 이 일심법에는 색도 없고 심도 없으며 공도 없으므로 삼제가 없다. 그러나 삼제문에도 간략하게 세 가지 종류가 있다. 첫째는 색제·심제·제일의제이다. 둘째는 유제·무제·중도제일의제이다. 셋째는 이 「총지품」 중 뒤에서 말한 것[102]과 같다.

지금 여기에서 질문한 뜻은 첫째의 삼제문 곧 색제·심제·제일의제에 의한 것으로 다음과 같다. "'곧 색제와 공제와 심제도 또한 적멸합니다.'라는 것은 이 일심법은 이미 삼제법에 섭수되지 않기 때문에 색상이 본래 공하고 심상도 또한 적멸하다. 이 색법과 심법이 본래 적멸할 경우에는 곧 일심법도 마땅히 적멸할 것이므로 곧 앞의 게송에서는 '일심법이 유 아님을 터득하네.'라고 말했다. 그런즉 앞에서 말한 공空과 같지 않을 것이므로 단지 헛소리(虛談)일 뿐이다."

곧 이와 같이 의심한 것이다. 그러나 게송에서는 이에 대하여 그 의심과 같지 않다는 것을 설명한다.

"삼제법에는 본래부터 자성이 없어"는 색법과 심법은 본래 자성이 없다는 것이다.

"저것을 말미암아 이것이 발생하네."는 저 본각심을 말미암아 발생된 것이다. 이처럼 발생된 색과 심은 곧 차별상이지만 저 본각심은 본래부터 상相을 떠나 있고 성性을 떠나 있다. 그러므로 이와 같은 차별이 있는 곳에는 저 상相을 떠나 있는 일본각이란 없다. 이런 까닭에 그 색과 심의 차

---

102 「총지품」 중~말한 것 : 삼대제三大諦로서 평등제平等諦·정지득제正智得諦·무이행입제無異行入諦이다.

별상이 공적해질 경우에는 본래 상相을 떠나 있는 일본각의 경우처럼 동일하게 차별상을 없앤 경우와 같지는 않다.[103] 이러 도리를 말미암아 앞의 설명[104]은 빈 말이 아니다.

此是第四決本覺利品中起疑。彼言無住菩薩言。一切境空。一切身空。一切識空。覺亦應空。佛言。可一覺者。不毀不壞。決定性。非空非不空。無空不空。依此述文。於彼生疑云。若是一心。亦不是有。故寂滅者。何故前說。一覺不壞故。不同彼色心之空。今乘是疑。故作是問。是法非三諦者。卽前頌說。是一心法。非色心空。故非三諦。然三諦門。略有三種。一者色諦心諦第一義諦。二者有諦無諦中道第一義諦。三者如此品中。後文所說。今此問意。且依初門。色空心亦滅者。是法旣非三諦攝故。色相本空。心亦寂滅。是色心法。本寂滅時。是一心法。應同寂滅。卽前偈言。心不有故。是卽前說不同空者。徒爲虛談。如是疑也。頌中對此明其不同。法本無自性者。色心之法。本無自性。由所[1]彼之所生者。由彼本覺之心所生。所生色心。是差別相。彼本覺心。離相離性。不於如是差別之處。而有如彼離相一覺。是故空此色心差別相時。不得同遣離相一覺。由是道理。前非虛說。

1) ㉮ '所'는 甲本에는 없다. 여기에서는 '所'가 없어야 옳을 듯하다.

마. 「무생행품」에서 일으킨 의심을 해결해 줌

경 그때 지장보살이 여쭈었다.
"일체의 제법이 무생이고 무멸인데, 어째서 하나가 아닙니까."

---

103 그 색과~같지는 않다 : 저것을 말미암아 발생되는 경우처럼 차별상을 없애고 터득하는 적멸의 경지가 본래부터 차별상이 없는 일본각의 적멸의 경지와 다르다는 것을 가리킨다.
104 앞의 설명 : "일체의 제법은 모두 공적한데 제법은 적멸하나 공하지 않네. 중생의 심이 불공임을 알아야 일심법이 유 아님을 터득하네."라는 앞의 게송을 가리킨다.

이에 존자께서 게송을 설하여 말씀하셨다.

"제법은 주도 없고 또 주처도 없으며
법상 및 법수도 공하기 때문에 없네
명칭법 및 언설법의 두 가지는 모두
능과 소로 집착한 것이기 때문이네"

爾時。地藏菩薩言。一切諸法。無生無滅。云何不一。於是尊者。而說偈言。
法住處無在。相數空故無。名說二與法。是卽能所取。

논 이는 다섯째로 「무생행품」에서 일어나는 의심을 해결해 주는 것이다. 「무생행품」에서 다음과 같이 말했다.

연이 기동해도 발생이 없고, 연이 사라져도 소멸이 없으며, …… 그래서 처하는 곳이 없어서 머무는 것을 볼 수가 없으니, 결정성이기 때문이다. 이 결정성은 일一도 아니고 이異도 아니다.

이 경문에 의하여 다음과 같이 의심하여 말한다. "색법과 심법 등은 발생도 없고 소멸도 없어서 곧 평등하고 결정적인 일실의자성一實義自性입니다. 이것은 곧 횡적으로는 색법과 심법이 차이가 없고, 종적으로는 발생과 소멸의 차별이 없습니다. 이처럼 차이가 없고 차별이 없으니 마땅히 일미일 것입니다. 다르지 않다는 것은 옳지만 어째서 하나가 아닙니까?"

게송에서는 이에 대하여 일심법의 뜻이 아님을 드러내었다.

"제법은 주도 없고 또 주처도 없으며"라는 것은 제법의 주와 소주처가 모두 없기 때문이다.

"법상 및 법수도 공하기 때문에 없다."는 것은 색법·심법 등의 법상과 같다·다르다는 법수가 모두 공하기 때문에 없는 것이다. 이처럼 이미 법상과 법수가 없으니, 어찌 하나(一)가 있겠는가. 또 색법의 상이 없으므로 심법의 상도 없어서 이미 다름(異)이 없으니, 어찌 하나가 있겠는가. 그럼에도 명칭과 언설의 두 가지 및 설한 법이 있는 것은 곧 능취의 허망한 마음에서 취해진 것일 뿐이지 여실의 뜻에 같음과 다름이 있는 것은 아니다.

"명칭법 및 언설법"에서 명칭법은 설명하는 주체의 작용으로서 의식意識이 취한 바이고, 언설법은 어성語聲으로서 이식耳識이 이해한 바이다. 그런데 만약 명칭법과 언설법을 동일한 것이라고 하면 그것은 곧 두 가지의 입장이 있다는 경우이다.[105] 그러므로 명칭법과 언설법 가운데는 설명되는 객체의 법 곧 진여가 있게 마련이다. 이와 같이 법수의 경우도 또한 허망한 마음에서 취해진 것일 뿐이므로 저 일실의 뜻이 아니다. 그러니 이와 같은 법수에 어찌 일미법이 존재하겠는가.

此是第五決。無生行品中起疑。彼言緣起非生。緣謝非滅。在無有處。不見所住。決定性故。是決定性。不一不異。有依彼文。而起疑云。色心等法。無生無滅。卽是平等。決定實性。是卽橫無色心之差。縱無生滅之別。無差無別。應是一味。不異可爾。云何不一。頌中對此顯不一義。法住處無在者。諸法之住。及所住處。皆無所有故。相數空故無者。色心等相。一異等數。悉空故無也。相數旣無。那得有一。又無色故。卽無心相。旣非異者。如何是一。而有名說之二。及有所說法者。是卽能取妄心所取。非如實義。有一二等。言名說者。名是詮用。意識所取。說是語聲。耳識所了。若言是一。卽有此二。於中亦有所詮之法。如是等數。妄心所取。非彼實義。有如是數。云何於中。存一味耶。

---

105 만약 명칭법과~있다는 경우이다 : 여기에서 명칭법과 언설법을 같다고 말하는 경우는 명칭법이 곧 언설법이라는 의미가 아니라, 명칭법과 언설법이 공통적으로 진여의 일실의一實義를 드러내는 설명하는 주체의 작용이라는 점에서 같다는 것이다.

바. 「무상법품」에서 일으킨 의심을 해결해 줌

경 그때 지장보살이 여쭈었다.

"일체의 모든 법상은 양 언덕에도 집착하지 않고, 또한 중간의 흐름에도 집착하지 않습니다. 심과 식의 경우도 또한 그와 같습니다. 그런데 어째서 모든 경계가 심식으로부터 발생한다는 것입니까. 만약 심식이 경계의 발생을 일으키고 그 심식도 또한 경계로부터 발생된 것이라면, 어째서 본래적인 무생의 심식에 능생과 소생이 있겠습니까?"

이에 존자께서 게송을 설하여 말씀하셨다.

"소생과 능생의 이 두 가지
그 둘은 능연 및 소연이네
본래 무자성이라 말하는데
공화와 환상에 집착한다네

심식이 발생하기 이전에는
경계도 발생되기 이전이고
경계가 발생하기 이전에는
심식도 또한 적멸상태라네

심식 및 경계 본래 없으니
유도 없고 또 무유도 없네
무생의 심식조차 없다는데
무엇으로부터 경계 나오랴"

爾時。地藏菩薩言。一切諸法相。不住於二岸。亦不住中流。心識亦如是。

云何諸境界。從識之所生。若識能有生。是識亦從生。云何無生識。能生有
所生。於是尊者。而說偈言。所生能生二。是二能所緣。俱本名¹⁾自無。取有
空華幻。識生於未時。境不是時生。於境生未時。是時識亦滅。彼卽本俱無。
亦不有無有。無生識亦無。云何境從有。

1) ㉠ '名'이 『大正新修大藏經』에 수록된 『金剛三昧經』을 비롯하여 『金剛三昧經註解』,
『金剛三昧經通宗記』에는 '各'으로 되어 있다.

논 이는 여섯째로 「무상법품」에서 일어나는 의심을 해결해 주는 것이다.
「무상법품」에서 다음과 같이 말했다.

"존자이시여, 여래장의 생멸하는 여지慮知의 상이란 무엇입니까?" 부
처님께서 말씀하셨다. "여래장의 도리에는 옳고 그름이 없다. 만약 옳고
그름이 있으면 온갖 망념이 발생한다. 그 천만 가지 사려분별이 곧 생멸
의 모습이다."

이제 위의 뒷부분의 말106에 의거하여 다시 「무상법품」에 대하여 다음
과 같은 의심을 갖는다. "만약 심식이 옳고 그른 경계를 발생시키고 경계
상도 또한 모든 망념의 심식을 발생시킨다면 그 심식은 유생이고 유멸일
터인데, 어째서 양 언덕에 집착하지 않는다고 말하는가. 만약 모든 심식
이 무생이고 무멸이라면, 어째서 모든 심식이 모든 경계를 발생시키는 것
인가."

이런 의심에 대하여 다음과 같은 질문을 한 것이다. "양 언덕에도 집착
하지 않는다는 것은 무생과 무멸이다. 중간의 흐름에도 집착하지 않는다
는 것은 같지(一) 않기 때문이다. 심식이 이미 그처럼 무생이고 무멸인데,
어째서 옳고 그른 경계가 심식으로부터 발생되겠는가. 만약 심식이 경계

---

106 뒷부분의 말: 「總持品」 가운데 위의 지장보살이 여쭙는 대목을 가리킨다.

를 발생시킨다면 그 심식도 또한 경계로부터 발생된 것인데, 어떻게 본래 무생의 심식에 능생이 있고 소생이 있는 것인가."

이와 같은 의심을 없애기 위하여 세 게송을 설한다.

세 게송의 경문은 두 부분으로 나뉜다. 첫째로 위의 한 게송은 그 도리를 보여 주고, 둘째로 뒤의 두 게송은 상相을 발생시키는 집착을 타파한다.

此是第六決。無相法品中起疑。彼言云何生滅慮知相。佛言理無可不。若有可不。卽生諸念。千思萬慮。是生滅相。今依後說。還疑彼文。若識能生。可不之境。境相還生。諸念之識。卽是心識。有生有滅。云何而言不住二岸。若諸心識。無生無滅。云何諸識。能生境界。乘如是疑。發如是問。不住二岸者。無生無滅故。不住中流者。而不是一故。心識旣爾。無生無滅。云何可不境界。從識之所生耶。若識能生境。識亦從境生。云何無生識。能生有所生。爲遣此疑。故說三頌。三頌之文。卽判爲二。初之一頌。示其道理。後之二頌。破相生執。

가) 도리를 보여 줌

첫째에서 "그 둘은 능연 및 소연이네."라고 한 것은 그대(지장보살)가 계탁하는 심식은 발생의 주체이고 경계는 발생된 경계로서 곧 허망하게 능연能緣과 소연所緣을 집착한다는 것이다. 그래서 이 능생과 소생은 무릇 무자성이라 말한다. 만약 집착하여 그것을 유有라고 간주한다면 마치 공화 및 환상을 취하여 실유라고 간주하는 것과 같다. 이런 까닭에 무생이고 무멸이라는 것과 다르지 않다.

初中言是二能所緣者。謂汝所計。識是能生。境是所生。直是妄取能緣所緣。俱是本來。但名無自。若取爲有。如取空華。及取幻象。以爲實有。是故不異無生無滅。

나) 상相을 발생시키는 집착을 타파함

둘째에서 "심식이 발생하기 이전에는 경계도 발생되기 이전이고"는 발생하는 주체의 심식이 아직 발생하기 이전에는 발생되는 객체인 경계도 아직 발생되지 않음을 설명한 것이다.

"경계가 발생하기 이전에는 심식도 또한 적멸상태라네."는 능생의 경계가 아직 발생하기 이전에는 그 경우 소생의 심식도 또한 적멸의 상태임을 설명한 것이다.

"적寂"은 적멸이니, 본래부터 없는 것(本來無)이다.

"심식 및 경계 본래 없으니 유도 없고 또 무유도 없네."는 다음과 같다. 곧 저 심식과 경계의 두 가지 발생하는 주체는 본래부터 모두 없다. 그러므로 이미 발생하는 주체가 없어서 또한 소생을 있도록 하지 못하므로 '유도 없고'라 하고, 발생되는 객체를 있도록 하지 못하므로 뒤에 발생하는 것이 없으므로 '무유도 없네.'라고 한다.

"무생의 심식조차 없다는데"라는 것은 이미 무생의 뜻인데 어찌 심식이 있겠는가라는 것이다. 곧 심식이 없으므로 경계가 그로부터 존재할(有) 수가 없다. 여기에는 곧 두 가지 비량比量이 들어 있다. 첫째는 다음과 같다. "심식은 발생하지 않는다. 능생이 없기 때문이다. 마치 불에 타버린 종자와 같다." 둘째는 다음과 같다. "경계는 발기되지 않는다. 온 곳(所從)이 없기 때문이다. 마치 거북이 터럭에서 나온 것과 같다."

이상은 여섯 품의 의심을 개별적으로 해결해 준 것이다.

破中言識生於未時境不是時生者。明識能生未有之時。所生境界。于時不生也。於境生未時。是時識亦滅者。明境能生未有之時。其所生識。于時亦滅。滅者寂滅。謂本來無也。彼卽本俱無。亦不有無有者。彼二能生。本來俱無。旣無能生。亦不令有。故曰不有。不令有故。後時無生。故言無有也。無生識亦無者。旣無生義。何得有識。識無有故。境不從有。此中卽有二種比量。一識不生。無能生故。如望燋種。二境不起。無所從故。如從龜毛。上來六分。別決疑竟。

② 설법한 것을 총체적으로 결정해 줌

이하는 둘째로 설법한 것을 총체적으로 결정해 주는 것이다. 곧 여섯 가지 의문의 해결은 병이 아니라 약임을 총결한 것이다. 여기에 두 가지가 있다. 첫째는 병이 아님을 결정하고, 둘째는 그것이 약임을 결정한다.

此下第二摠定所說。摠定六決。非病是藥。於中有二。先定非病。後定是藥。

가. 병이 아님을 결정함

첫째에도 또한 두 가지가 있다. 첫째는 살펴서 묻는 것이고, 둘째는 결정해서 인정해 주는 것이다.

初中亦二。審問。定許。

가) 살펴서 물음

경 그때 지장보살이 여쭈었다.
"제법의 실상은 그와 같이 안과 밖이 모두 공하고, 경계와 지혜의 두 덩어리는 본래 적멸합니다. 그처럼 여래께서 설하신 실상과 진공의 여시지 법[107]은 곧 적집된 것이 아닙니다."

爾時。地藏菩薩言。法相如是。內外俱空。境智二衆。本來寂滅。如來所說。實相眞空。如是之法。卽非集也。

🔲 질문에서 "제법의 실상은 그와 같다."라고 한 것은 앞에서 설명한 여섯 품의 제법실상을 총체적으로 이해한 것이다.
"안과 밖"이라고 한 것에서 심식은 안(內)이고 경계는 밖(外)이다.
"두 덩어리"라고 한 것은 경계와 지혜가 많기 때문이다.
"곧 적집된 것이 아닙니다."라고 한 것은 생·사·잡·염의 근심이 적집된 것이 아니기 때문이다. 곧 악취공이 근심을 적집하는 것과 같지 않기 때문이다.

問中言法相如是者。摠領前說六分法相。言內外者。識內境外故。言二衆者。境智衆多故。言非集者。非集生死雜染患故。非如惡取空。還集諸患故。

나) 결정해서 인정해 줌

🔲 부처님께서 말씀하셨다.
"그렇다. 진여의 실제법에는 색상도 없고 집착도 없으며, 소집도 없고 능집도 없으며, 의義(五陰·十八界·十二入)도 없고 대大(地·水·火·風)도 없다. 진여의 실제법은 일본각의 과분법이고 심심한 공덕취이다."[108]

---

107 여시지법 : 부처님의 가르침으로서 깨침에 계합하고 도리에 어긋남이 없는 진여법을 가리킨다.
108 이 경문에 대하여 『金剛三昧經註解』 권4(X35, 249a)에서는 다음과 같이 말한다. "진여의 실제에는 일진一塵도 성립하지 못한다. 그런데 어찌 색상인들 있겠는가. 색상도 오히려 없는데 어찌 방소方所가 있고 방처方處에 주하겠는가. 이미 색상과 방소가 없

佛言。如是。如實之法。無色無住。非所集。非能集。非義非大。[1] 一本科[2]法。
深功德聚。

1) ㉄ '大'는『金剛三昧經註解』및『金剛三昧經通宗記』에는 '文'으로 되어 있다. 2) ㉄ '科'는『大正新修大藏經』에 수록된『金剛三昧經』에는 '利'로 되어 있다.

🔳 이는 여래께서 결정해서 인정해 주는 것이다.
"색상도 없다."고 한 것은 유에 집착하는 병을 발생시키지 않는 것이다.
"집착도 없다."는 또한 잘못 공에 집착하는 근심을 떠나 있는 것이다.
"소집도 없다."는 고제苦諦가 공한 것이다.
"능집도 없다."는 집제集諦가 공한 것이다.
"의義도 없다."는 오음·십팔계·십이입의 차별의 뜻이 없는 것이다.
"대大도 없다."는 지·수·화·풍의 만드는 주체의 상을 떠나 있는 것이다.
"일본각의 과분법이다."는 일본각으로서 모든 수행과 모든 공덕을 발

은즉 주체와 객체의 적집 등 일체가 없다. 問 어찌 일체가 없다고 하는가? 答 소승교 가운데는 문文도 있고 의義도 있기 때문에 다툼이 많다. 그러나 대승의 제일의공에는 의도 없고 문도 없다. 오직 무생이 있을 뿐이다. 그래서 근본식에서는 끝내 저 털끝만큼의 명名·상相도 용납하지 않는다. 이에 세간의 적집은 없지만 출세간의 공덕의 적취는 남아 있다.(眞如實際之中。不立一塵。豈干色相。色尚無有。何有方所。可住方處。既無則。能所積集。一切泯絶。何以泯絶耶。小乘教中。有文有義。故多諍訟。大乘第一義空。非義非文。惟有無生。本識終不容他毫末。名相。無世間積集。有出世間功德積聚也。)" 또한『金剛三昧經通宗記』권11(X35, 321b)에서는 다음과 같이 말한다. "이 대목은 비집 비집으로 성취된 것임을 해석한 것으로 진여의 실제법을 말한 것이다. 본래 청정한 까닭에 색상이 없고, 처소에 집착이 없는 까닭에 집착이 없다. 소집所集이 아닌 것은 외경이 공한 까닭이고, 능집能集이 아닌 것은 심식이 공한 까닭이며, 의義가 아닌 것은 설명으로 드러낼 수 없는 까닭이고, 문文이 아닌 것은 언설로 미치지 못한 까닭이다. 이에 그 일본각의 대大·의義·과科의 법에 즉하게 되어 진실로 출세간마저 초월하여 깊은 공덕취功德聚가 된다. 본과本科의 두 글자는 앞의「여래장품」에서 말한 대·의·과이다. 그것은 무릇 본식本識으로써 과목을 삼아서 대·의·과를 통섭하기 때문이다.(此釋成非集。言眞如實際之法。本來清淨故無色。不著處所故無住。非所集。外境空故。非能集。心識空故。非義。不可詮表故。非文。言說不及故。即此一本科法。眞乃超出世間。爲淵深功德之聚矣。本科二字。即前如來藏品中人義科。蓋以本識爲科目。而統攝大義等法也。)"

생시키는 근본이 되기 때문이다. 그러나 과분에 두 가지가 있다. 첫째는 잡염의 과분이니, 모든 근본의 심식으로서 그 뜻은 위에서 설한 바와 같다. 둘째는 순정의 과분이니, 일본각으로서 이 경문에서 설한 바와 같다.

저 모든 근본의 심식 가운데는 일체의 잡염종자를 적집해 놓았다. 그러나 이 일본각 가운데는 오직 심심한 자성의 공덕취만 있을 뿐, 제법상을 떠나 있고 자성을 떠나 있으므로 "심심하다."고 한다. 그리고 항하의 모래 수보다 많으므로 "취聚"라고 한다.

> 此是如來定許。言無色者。不生着有之病故。無住者。亦離惡取空患故。非所集者。苦諦空故。非能集者。集諦空故。非義者。離陰界等差別義故。非大者。離地水等能造相故。一本科法者。是一本覺。以是爲根。能生諸行。及諸功德故。然科有二種。一者雜染之科。謂諸本識。義如上說。二者純淨之科。謂一本覺。如此文說。彼本識中。積集一切雜染種子。此本覺中。唯有甚深性功德聚。離相離性故名爲深。過恒沙數。故名爲聚。

나. 그것이 약임을 결정해 줌

이하는 둘째로 그것이 좋은 약임을 결정하는 것이다. 여기에도 또한 두 가지가 있다. 첫째는 보살이 살펴서 질문하는 것이다.

> 此下第二審[1]定是藥。於中亦二。先菩薩審問。
>
> 1) ㉯ '審'은 甲本에는 '番'으로 되어 있다.

가) 보살이 살펴서 질문함

질문에 세 가지가 있다. 첫째는 앞의 심심한 공덕취를 이해하고, 둘째는 공덕취의 이해를 통하여 깊이 이관에 들어감을 드러내며, 셋째는 양약의 뛰어난 덕을 살펴서 묻는다.

問中有三。一者領前深功德聚。二者乘顯深入理觀。三者審問良藥勝德。

(가) 앞의 심심한 공덕취를 이해함

경 지장보살이 여쭈었다.
"불가사의하고 불가사의한 무리입니다. 제7식과 오식은 발생하지 않고, 제8식과 제6식은 적멸하며, 제9식은 공적하여 그 상이 없습니다. 그리고 유도 공적하여 없고, 무도 공적하여 없습니다. 곧 존자의 말씀처럼 법法과 의義가 모두 공적합니다. 공적한 경지에 들어가 행한 바가 없으나 제업을 잃지 않고, 아견과 아소견 및 능신견과 소신견이 없어서 안팎의 번뇌가 모두 적정합니다. 그러므로 원願도 또한 작용하지 않는데,[109] 이것이 곧 이관理觀으로서 혜와 정의 진여입니다. 존자의 영원한 설법이야말로 진실로 진여의 공적한 법으로서 곧 양약입니다."

地藏菩薩言。不可思議。不思議聚。七五不生。八六寂滅。九相空無。有空無有。無空無有。如尊【者】所說。法義皆空。入空無行。不失諸業。無我我所。能所身見。內外結使。悉皆寂靜。故【諸】願[1]亦息。如是理觀。慧定眞如。尊者常說。寔[2]如空法。卽良藥也。

1) ㉠ '願'은 『金剛三昧經註解』, 『金剛三昧經通宗記』에는 '諸願'으로 되어 있다. 2) ㉠ '寔'은 『金剛三昧經註解』, 『金剛三昧經通宗記』에는 '實'로 되어 있다.

---

109 원願도 또한 작용하지 않는데 : 이 대목을 삼삼매와 결부시키면 "공적한 경지에 들어가 행한 바가 없으나 제업을 잃지 않고"는 공삼매空三昧이고, "아와 아소 및 능과 소의 신견身見이 없어서 안팎의 번뇌가 모두 적정합니다."는 무상삼매無相三昧이며, "원願도 또한 작용하지 않습니다."는 무원삼매無願三昧이다.

논 첫째에도 또한 세 가지가 있다. 첫째는 총론적으로 표방하고, 둘째는 개별적으로 드러내며, 셋째는 다시 총결한다.

初中亦三。摠標。別顯。後還摠結。

㉮ 총론적으로 표방함

"불가사의한 무리입니다."라는 것은 법상을 떠나 있고 자성을 떠나 있는 공덕을 총론적으로 표방한 것이다.

不思議聚者。摠標離相離性功德。

㉯ 개별적으로 드러냄

개별적으로 드러낸 것에서 먼저 법상을 떠나 있음을 설명하고, 나중에 자성을 떠나 있음을 설명한다.

別顯之中。先明離相。後顯離性。

a. 법상을 떠나 있음을 설명함

처음에 "제7식과 전5식은 발생하지 않는다."고 한 것은 두 가지 지말식支末識이 공적함을 합해서 설명한 것이다. 항상 작용하는 식 가운데서는 제7식이 지말식이고, 항상 작용하지 않는 식 가운데서는 전5식이 지말식이기 때문이다.

"제8식과 제6식은 적멸하다."라는 것은 두 가지 근본식根本識이 적멸함을 합해서 설명한 것이다. 항상 작용하는 식 가운데서는 제8식이 근본식이고, 항상 작용하지 않는 식 가운데서는 제6식이 근본식이다.

> 初中言七五不生者。合明二種末識之空。恒行識中。第七是末。不恒行中。
> 五識爲末故。八六寂滅者。合明二種本識之寂。恒行識中。第八是本。不恒
> 行中。第六爲本故。

b. 자성을 떠나 있음을 드러냄

다음으로 자성을 떠나 있음을 드러낸다.

"제9식은 공적하여 그 상이 없습니다."라는 것은 제9식의 법상 또한 자성을 고수하지 않기 때문이다.

"유도 공적하여 없다."는 것은 법상을 떠나 있음을 거듭 성취한 것으로, 제8식에서는 유상의 법상도 공적하여 무소유이기 때문이다.

"무도 공적하여 없습니다."라는 것은 자성을 떠나 있음을 거듭 성취한 것으로, 제9식에서는 무상의 자성도 공적하여 무소유이기 때문이다.

일심은 이와 같이 법상을 떠나 있고 자성을 떠나 있어 곧 무량한 공덕의 무리이므로 그것을 "불가사의한 무리이다."라고 한다.

> 次顯離性。九相空無者。第九識相。亦不守性故。有空無有者。重成離相。
> 八識有相之法。空無所有故。無空無有者。重成離性。九識無相之性。空無
> 所有故。一心如是。離相離性。卽是無量功德之聚。如是名爲不思議聚。

㉢ 법상을 떠나 있고 자성을 떠나 있음을 다시 총결함

"곧 존자의 말씀처럼 법法과 의義가 모두 공적합니다."라는 것은 셋째로 법상을 떠나 있고 자성을 떠나 있음을 다시 총결한 것이다.

如尊所說法義皆空者。第三摠結離相離性也。

(나) 가르침이 깊이 이관理觀에 들어 있음을 설명함

둘째로 이관을 설명한다. 여기에 두 가지가 있으니, 개별적인 설명과 총결이다.

次明理觀。於中有二。別明。摠結。

㉮ 개별적인 설명

개별적인 설명에는 곧 삼구가 있다.

別明之中。卽有三句。

a. 공삼매

"공적한 경지에 들어가 행한 바가 없으나 제업을 잃지 않는다."는 것은 공삼매이다. 즉 이관으로 공적에 들어가면 행위의 주체와 행위의 객체가 없고, 주체와 객체가 없지만 육바라밀 등의 행업을 잃지 않는 것이다.

入空無行。不失諸業者。是空三昧。謂理觀入空而無能所之行。雖無能所。不失六度等業故。

b. 무상삼매

다음으로 무상삼매를 설명한다.
"아견과 아소견 및 능신견과 소신견이 없다."는 것은 곧 견분見分에 속하는 모든 번뇌상을 떠나 있는 것으로, 아견과 아소견의 상 및 능신견과 소신견의 상을 떠나 있기 때문이다.

"안팎의 번뇌가 모두 적정하다."는 것은 곧 애愛에 속하는 모든 번뇌상을 떠나 있는 것으로, 안의 모든 번뇌(結)와 밖의 모든 번뇌(使) 등 삼계의 번뇌의 제상이 공적하기 때문이다. 이것을 무상삼매라 말한다.

> 次明無相三昧。無我我所。能所身見者。是離屬見諸煩惱相。離我我所相。能見所見相故。內外結使。悉皆寂靜者。是離屬愛諸結使相。內門諸結。外門諸使。三界煩惱諸相空故。如是名爲無相三昧。

c. 무원삼매

"원願도 또한 작용하지 않습니다."라는 것은 곧 무원삼매를 설명한 것이다. 삼계의 제법이 모두 적정하므로 그것을 원願하는 마음도 자연스레 영원히 작용하지 않는다. 이것을 무원삼매라 말한다.

> 故願亦息者。是明無願三昧。由三界法。皆寂靜故。願求之心。自然永息。如是名爲無願三昧也。

㉯ 총체적으로 결론 맺음

"이것이 곧 이관理觀으로서 혜慧와 정定의 진여입니다."라는 것은 곧 총체적으로 결론 맺는 구절이다. 앞의 삼삼매三三昧(空三昧·無相三昧·無願三昧)가 모두 곧 이관으로 지止와 관觀에 치우침이 없고 주체와 객체에 둘이 없기 때문이다.

> 如是理觀慧定眞如者。是摠結句。如前三種。皆是理觀。止觀無偏。能所無

二故。

(다) 양약의 뛰어난 덕을 살펴서 질문함

"존자께서 항상 말씀하시는 이와 같은 공적한 제법이야말로 곧 양약일 것입니다."라는 것은 보살이 살펴서 묻는 가운데 셋째로 양약의 뛰어난 덕을 살펴서 물은 것이다. 곧 이와 같이 공적한 제법은 모든 공덕을 갖추고 모든 번뇌를 다스린다. 이런 까닭에 마땅히 양약이 된다.

尊者常說寔如空法卽良藥也者。第三審問。如是空法。具諸功德。治諸結使。是故應卽爲良藥耶。

나) 결정하여 인정해 줌

경 부처님께서 말씀하셨다.
"그렇다. 왜냐하면 공적하기 때문이다. 공적한 자성이 무생이므로 마음이 항상 무생이고, 공적한 자성이 무멸이므로 마음이 항상 무멸이며, 공적한 자성이 무주이므로 마음이 또한 항상 무주이다. 이처럼 공적한 자성이 무위이므로 마음이 또한 항상 무위이다. 공적한 자성은 나감과 들어감이 없고, 모든 얻음과 잃음을 떠나 있는데, 십팔계·오음·십이입의 경우도 모두 또한 그렇다. 마음에 집착이 없는 것도 또한 그와 마찬가지이다.
보살이여, 나 여래는 모든 공을 설하여 제유諸有를 타파하기 때문이다."

佛言。如是。何以故。空[1]故。空性無生。心常無生。空性無滅。心常無滅。空性無住。心亦無住。空性無爲。心亦無爲。空無出入。離諸得失。陰界入[2]等。皆悉亦無。心如不著。亦復如是。菩薩。我說諸空[3]破諸有故。

1) ㉡ '空'은 『大正新修大藏經』에 수록된 『金剛三昧經』을 비롯하여 『金剛三昧經註解』, 『金剛三昧經通宗記』에는 '法性空'으로 되어 있다. 2) ㉢ '陰界入'은 『大正新修大藏經』에 수록된 『金剛三昧經』에는 '界陰入'으로 되어 있다. 3) ㉣ '諸空'은 『大正新修大藏經』에 수록된 『金剛三昧經』에는 '空法'으로 되어 있다.

논 이는 여래께서 결정해서 인정해 주는 것이다. 여기에 세 부분이 있다. 첫째는 총론적으로 인정하는 것이다.

此是如來定許。於中有三。一者摠許。

(가) 총론적으로 인정함

"공적하기 때문이다."라는 것은 양약이 되는 까닭은 단지 공적을 말미암기 때문이다. 반면에 유는 곧 병이 된다.

言空故者。所以爲良藥者。只由空故。有卽生病故。

(나) 개별적으로 인정함

"공적한 자성" 이하는 개별적으로 인정하는 것이다. 여기에 두 가지가 있다. 첫째는 공적이라는 약을 복용하기 때문에 유전의 결과라는 근심(果患)을 떠났음을 설명하고, 둘째는 공적이라는 약을 복용하기 때문에 집착의 인행이라는 질병(因病)을 다스림을 드러낸다.

空性已下。第二別許。於中有二。先明服空藥故。離流轉之果患。後顯服空藥故。治取着之因病。

㉮ 유전의 결과라는 근심(果患)을 떠났음을 설명함

첫째에서 "공적한 자성이 무생이므로 마음이 항상 무생이다."라고 한 것은 공적의 경지에 들어간 마음은 공적과 같아 무생이기 때문이다. 또한 공적의 무멸을 따르므로 마음은 항상 무멸이다. 생과 멸은 곧 무상無常의 뜻이므로 생과 멸을 뒤집어서 상常이라 말한다.

"공적한 자성이 무주이므로 마음이 또한 항상 무주이다."라는 것은 비단 처음과 끝이라는 분별상이 없을 뿐만 아니라 또한 중간에 집착하는 집착상도 없는 것이다. 이것은 세 가지 유위상(三相 : 生·住·滅)을 떠나 있음을 개별적으로 설명한 것이다.

"이처럼 공적한 자성이 무위이므로 마음이 또한 항상 무위이다."라는 것은 저 세 가지 유위상을 떠나 있음을 총체적으로 드러낸 것이다. 이것은 공적이라는 약을 복용하여 무상無常의 질병을 떠났음을 설명한 것이다.

初中言空性無生。心常無生者。入空之心。同空無生故。又隨無滅。心常無滅。生滅正是無常之義故。翻彼二名爲常也。心亦無住者。非但無初後相。亦無中間住相。此是別明離三相也。心亦無爲者。摠顯離彼三有爲相。是明服空離無常病。

㉯ 집착의 인행이라는 질병(因病)을 다스림을 드러냄

둘째로 집착의 질병을 떠나 있음을 설명한다.

"나감 들어감이 없다."라는 것은 출관과 입관의 차이가 없다는 것이다.

"모든 얻음과 잃음을 떠나 있다."는 것은 또한 새로운 것을 얻고 옛 것을 잃는 분별상을 떠나 있다는 것이다.

"마음에 집착이 없는 것도 또한 그와 마찬가지이다."라는 것은 관찰하는 주체의 마음도 또한 공적의 도리와 같아서 나감과 들어감과 얻음과 잃음의 분별상에 집착이 없고, 십팔계·오음·십이입 법에도 집착이 없어서 곧 공적이라는 약을 복용하여 집착을 떠났음을 설명한 것이다.

> 次明亦離取着之病。無出入者。無有出觀入觀之異。離得失者。亦離得新失古之相。心如不着亦如是者。能觀之心。亦如空理。不取出入得失之相。不着陰界入等之法。是明服空離取着病也。

(다) 다시 총결함

"모든 공을 설하여 제유諸有를 타파하기 때문이다."라는 것은 셋째로 다시 총결한 것이다. 사실대로 말하면 공적의 도리에는 두 가지가 없다.[110] 그럼에도 불구하고 오공五空(無生·無滅·無住·無爲·無出入得失)이나 삼공三空(空三昧·無相三昧·無願三昧) 등의 여러 공을 말하는 것은 모든 사람이 유有의 병에 집착하는 것을 타파하기 위한 것이다. 병이 많기 때문에 공적의 도리도 또한 많이 설한다. 또한 공적의 도리에는 실제로 공도 없고 불공도 없지만 단지 유有를 타파하기 위하여 부득불 공적이라 말한 것이지, 공적이라는 말 때문에 공적의 자성을 설정한 것은 아니다.

이 두 가지 뜻[111]으로 여러 가지 공(諸空)의 가르침을 총결한다.

여섯 가지 품의 여섯 가지 의심을 역순으로 해결하였으니, 곧 개별적으로 해결한 것과 총체적으로 결정한 것에 대해서는 이상으로 마친다.

---

110 공적의 도리에는~가지가 없다 : 위에서 공적의 자성에 대하여 첫째는 공적이라는 약을 복용하기 때문에 유전의 증과라는 근심을 떠났다는 것과 둘째는 공적이라는 약을 복용하기 때문에 집착의 인행이라는 질병을 다스림을 드러낸다고 말했지만 그것은 방편이라는 것이다.
111 두 가지 뜻 : 유有를 타파하기 위하여 공적을 시설한 것과 공적의 도리에는 공과 불공이라는 것도 없다는 것의 두 가지를 가리킨다.

我說諸空破諸有故者。第三結定。就實而言。空理無二。而說五三等諸空者。爲破諸人着有病故。隨病衆多說空亦爾。又復理實非空不空。但爲破有强說爲空。非空言下存空性也。以是二意。結諸空敎。六品六疑。卻次而決。別決摠定。竟在於前。

(2) 「여래장품」 한 품의 세 가지 의심을 순차로 없애 줌

이하는 둘째로 한 품의 세 가지 의심을 순차적으로 없애는 것이다. 여기에 세 가지가 있다. 즉 「여래장품」의 한 품에서 다시 세 가지 의심을 일으키는데, 이를 차례대로 없애기 때문이다.

此下第二一品三疑順次而遣。於中有三。謂如來藏一品之中。復起三疑。次第遣故。

① 첫째 의심을 없애 줌

가. 질문

경 지장보살이 여쭈었다.
"존자이시여, 유는 실제가 아니라 마치 아지랑이를 물로 착각하는 것과 같은 줄 알고, 실제는 공무가 아니라 불의 자성(火性王)이 발생한 것과 같은 줄 안다면, 이와 같이 관찰하는 사람은 지혜로운 것입니까."

地藏菩薩言。尊者。知有非實。如陽焰水。知實非無。如火性王。[1] 如是觀者。是人智耶。

---
1) ㉠ '王'은 『大正新修大藏經』에 수록된 『金剛三昧經』을 비롯하여 『金剛三昧經註解』

『金剛三昧經通宗記』에는 '生'으로 되어 있다.

논 첫째의 의심은 다음과 같다. 「여래장품」에서 저 범행장자가 게송으로 "제법을 하나뿐이라 설한다면 (그 한 법의 상은 모륜과 같네) 아지랑이를 물로 보는 것처럼 (모두 허망한 착각일 뿐이라네)."라고 말했고, 또 "만약 제법을 무라고 간주하면 (법을 허공처럼 보는 것이므로) 맹인이 해가 없다고 하듯이 (법을 거북 터럭 같다고 설하네)."라고 말했다. 이 게송의 설에 의해 어떤 사람에게 "장자는 세속인으로서 이렇게 판단하여 말했다. 그것은 망견妄見인가 진지眞智인가."라는 의심이 생긴다. 이처럼 의심하여 믿고 받아들이지 못하므로 그 의심을 없애 주기 위하여 위의 내용을 언급하여 질문한 것이다. 아지랑이를 물로 착각하는 비유는 앞에서 이미 설한 바와 같다.

"실제는 공무가 아니다."라는 것은 일실의一實義의 자성이 없지 않은 줄을 아는 것이다. 그런데도 저 의심에서 일실의의 자성이 없다고 계탁하는 것은 마치 맹인이 전도되어 해가 없다고 한 것과 같다. 이로써 범행장자는 일실의의 자성이 공무가 아닌 줄 이해하고 있었다는 것을 알 수가 있다.

"실제는 공무가 아니라 불의 자성이 발생한 것과 같은 줄 안다."는 것은 나무의 속에 불의 자성이 있는 것과 같다. 곧 쪼개서 찾아보아도 불의 모습을 찾을 수 없지만 실제로 나무 속에 불의 자성이 없는 것은 아니다. 왜냐하면 나무를 뚫고 비벼서 찾아보면 반드시 불이 나타나기 때문이다. 일심의 경우도 그와 같다. 제상諸相을 분석해도 마음의 자성은 획득할 수 없지만 실제로 제법 가운데 마음이 없는 것은 아니다. 왜냐하면 도를 닦아 마음을 추구하면 일심이 드러나기 때문이다. 이와 같이 불의 자성은 그 모습이 감추어져 있지만 세력이 커서 마치 국왕과 같기 때문에 왕이라 한다.

여기서는 "범행장자는 이와 같이 양변을 떠나 관찰하는데, 이 사람은 과연 지혜로운 사람인가?"를 묻고 있다.

第一疑者。謂彼梵行長者頌言。若說法有一。如焰水迷倒。又言若見於法無。如盲無日倒。有依彼說。而生疑云。長者俗人如是判說。爲妄見耶。爲眞智耶。作如是疑。不肯信受。爲遣彼疑。擧彼事問。焰水之喩。如前已說。知實非無者。能知一實義性非無。彼說計無實者。如盲無日倒故。是知長者。知實非無。非無之義。如火性王。謂如木中。有火大性。分析求之。不得火相。而實不無木中火性。鑽而求之。火必現故。一心亦爾。分析諸相。不得心性。而實不無諸法中心。修道求之。一心顯故。如是火性。相隱勢大。如似國主。故名王也。長者如是離二邊觀。是人智耶。如是問也。

나. 여래가 의심을 결단해 줌

이하는 여래께서 의심을 결단해 주는 것이다. 여기에 두 가지가 있다. 첫째는 그대로 결단해 주고, 둘째는 해석하여 결단해 준다.

此下如來決疑。於中有二。直決。釋決。

가) 그대로 결단해 줌

경 부처님께서 말씀하셨다.
"그렇다. 왜냐하면 그 사람은 제대로 관찰하였기 때문이다. 일심의 적멸을 관찰하여 상相과 불상不相을 똑같이 공적의 입장에서 취하고, 그로써 공적을 닦기 때문에 부처님을 친견하여 간과한 적이 없으며, 또 부처님을 친견하기 때문에 삼류를 따르지 않는다.

佛言。如是。何以故。是人眞觀。觀一寂滅。相與不相。等以空取。[1] 以修空故。不失見佛。以見佛故。不順三流。

1) ㉘ '取'는『大正新修大藏經』에 수록된『金剛三昧經』에는 '取空'으로 되어 있다.

논 "그렇다."고 한 것은 그 사람이 지혜롭다는 것을 결단한 것이다. "왜냐하면" 이하는 그의 지혜를 해석한 것이다. 여기에 두 가지가 있다. 첫째는 간략한 해석이고, 둘째는 자세한 해석이다.

言如是者。決是人智。何以故下。釋其是智。於中有二。略釋。廣演。

(가) 간략한 해석

첫째에서 "일심의 적멸을 관찰한다."고 한 것은 일심법이 적멸하다는 뜻을 관찰하는 것이다.

"상과 불상을 똑같이 공적의 입장에서 취한다."는 것은 유상의 세속과 무상의 진제가 다같이 존재하지 않은 줄을 관찰한 까닭에 그것을 합하여 하나로 삼은 것이다.

이와 같이 공적을 닦아서 제대로 불심을 따르기 때문에 항상 부처님 몸을 친견하여 일찍이 간과했던 적이 없다. 그러므로 "부처님을 친견하여 간과한 적이 없다."고 한다.

항상 부처님을 친견함으로써 더욱더 공관이 증진되고, 공관이 증진되어 제유諸有를 거스른다. 그러므로 "삼류를 따르지 않는다."고 한다. 삼류는 삼계의 번뇌를 모두 섭수한 것이니, 욕류欲流 · 유류有流 · 무명류無明流이다. 여기에서 말하는 삼류[112]의 뜻은 일반적인 설명과 같다.

---

112 삼류 :『金剛三昧經註解』권4(X35, 250a)에서는 소승의 삼류로 해석하고,『金剛三昧經通宗記』권11(X35, 322b)에서는 육계류와 색계류와 무색계류로 해석한다.

初中言觀一寂滅者。觀一心法寂滅義故。相與不相等以空取者。觀有相俗。與無相眞。等不存故。融爲一故。如是修空。正順佛心故。常見佛身。未曾失時故。言不失見佛。以常見佛。彌增空觀。空觀增進。違逆諸有。故言不順三流。三流具攝三界煩惱。謂欲流。有流。及無明流。是謂三流。義如常說。

(나) 자세한 해석

경 대승에서 삼해탈도三解脫道(三三昧)는 일심의 자체로서 자성이 없다. 자성이 없으므로 공적하고, 공적하므로 무상이며, 무상이므로 무작이고, 무작이므로 무구이며, 무구이므로 무원이다. 이와 같은 행업이야말로 청정심이다. 그래서 마음이 청정하므로 그대로 보신불을 친견하고, 보신불을 친견하기 때문에 마땅히 정토에 왕생한다.

보살이여, 이와 같은 심심한 법에서 삼화三化[113]를 부지런히 닦아서 혜慧와 정定이 원만하게 성취되면[114] 곧 삼계를 초월한다."

於大乘中。三解脫道。一體無性。以其無性故空。空故無相。無相故無作。無作故無求。無求故無願。以[1]是業[2]故淨心。[3] 以心淨故見佛。[4] 以見佛故。當生淨土。菩薩於是深法。三化勤修。慧定圓成。卽超三界。

1) ㉓ '以'는『大正新修大藏經』에 수록된『金剛三昧經』에는 '無願故以'로 되어 있다.
2) ㉓ '業'은『大正新修大藏經』에 수록된『金剛三昧經』에는 '知業'으로 되어 있다. 3) ㉓ '淨心'은『大正新修大藏經』에 수록된『金剛三昧經』에는 '須淨心'으로 되어 있다. 4) ㉓ '見佛'은『大正新修大藏經』에 수록된『金剛三昧經』에는 '便得見佛'로 되어 있다.

논 이는 둘째로 자세하게 연설하는 것이다. 여기에 두 가지가 있다. 첫

---

113 삼화三化 : 공상空相·공공空空·소공所空의 삼공三空을 닦는 것을 가리킨다.
114 혜慧와 정定이 원만하게 성취되면 :『金剛三昧經註解』권4(X35, 250a) 및『金剛三昧經通宗記』권11(X35, 322c)에서는 모두 혜慧는 반야이고, 정定은 해탈이며, 원만한 성취는 법신이라 말한다.

째는 삼해탈도의 뛰어난 이익을 설명하고, 둘째는 삼화를 근수하는 뛰어난 이익을 드러낸다.

此是第二廣演。於中有二。先明三解脫道勝利。後顯三化勤修勝利。

㉮ 삼해탈도의 뛰어난 이익을 설명함

첫째에서 "일심의 자체로서 자성이 없다."라고 한 것은 저 소승의 삼해탈문은 개별적인 자체로서 자성이 있음에 상대하여 대승보살의 관행은 일심의 자체임을 드러내는 것이다. 곧 마음을 관찰하여 자성이 없음을 증득할 경우, 그 뜻에 따라 짐짓 삼해탈을 내세웠을 뿐이다. 즉 자체의 자성을 잊었다는 뜻에 의하여 공해탈을 내세우고, 자체에 즉한 분별상(相)을 잊었다는 뜻에 의하여 무상해탈을 내세우며, 자체에 즉한 작용(用)을 잊었다는 뜻에 의하여 무작해탈을 내세우니 이는 달리 무원해탈이라고도 한다. 이것은 오직 일심의 무분별관이야말로 일체법 자체의 자성(體性)과 분별상(相)과 작용(用)을 없애지 않은 바도 없고, 융합하지 않은 바도 없음을 드러낸 것이다. 이런 까닭에 삼해탈문을 건립한다.

"이와 같은 행업이야말로 청정심이다."라는 것은 일체의 자체·분별상·작용(體·相·用)을 잊은 까닭에 관행을 나타내어 속제에 물들어 가는 마음을 청정하게 하고, 모든 염착을 떠나도록 하는 것이다. 염착심을 떠나 있으므로 보신불을 친견하고, 보신불을 친견하므로 정토에 왕생한다. 이것이 곧 삼해탈도의 뛰어난 이익이다.

初中言一體無性者。對彼小乘三解脫門。別體有性故。顯大乘菩薩觀行一體。觀心證無性時。隨義假說。立三解脫。約其忘體性義。立空解脫。忘卽體相義門。立無相解脫。忘卽體用義門。立無作解脫。亦名無願解脫。爲顯唯一無分別觀。於一切法體性相用。無所不遣。無所不融。是故建立三解脫門。以是業故。淨心者。以忘一切體相用故。能淨出觀涉俗之心。離諸染着。離染著心。能見報佛。見報佛故。得生淨土。是爲三解脫道勝利也。

㈑ 삼화를 근수하는 뛰어난 이익을 드러냄

"이와 같은 심심한 법에서 삼화를 부지런히 닦는다."는 것은 공적한 제법에서 삼공을 부지런히 닦는 것이다. 그것은 다음과 같다. 공상에 대하여 공적한 것이 제일화의 부지런히 닦음이고, 공공에 대하여 공적한 것이 제이화의 부지런히 닦음이며, 소공에 대하여 공적한 것이 제삼화의 부지런히 닦음이다. 그 뜻은 앞의 설명과 같으므로 별도로 논하지 않는다. 삼화를 부지런히 닦으면 곧 일심에 통달한다. 일심에 통달하므로 혜慧와 정定이 원만하게 성취된다. 원만하게 성취된 그 경지가 되면 삼계를 초월한 것이다. 이것이 곧 삼화를 부지런히 닦는 것으로서 그 뛰어난 이익이다.

於是深法三化勤修者。謂於空法。勤修三空。何者。空相亦空。是一化修。空空亦空。是二化修。所空亦空。是三化修。義如前說。故不別論。三化勤修。卽達一心。達一心故。慧定圓成。圓成之地。卽超三界。是爲三化勤修勝利也。

② 둘째의 의심을 없애 줌

가. 질문

경 지장보살이 여쭈었다.
"여래께서 설하신 무생무멸無生無滅은 곧 무상입니다. 이 생멸을 소멸하여 생멸이 소멸하면 상常이 되는데, 상常이기 때문에 단절이 없습니다. 이 단절이 없는 제법은 삼계의 모든 동법과 부동법을 떠나 있습니다. 그렇다면 유위법에서 그 불구덩이를 벗어나려면 어떤 법에 의거하여 스스로 책려해야만 그 적멸문에 들어갈 수 있습니까?"

地藏菩薩言。如來所說。無生無滅。卽是無常。滅是生滅。生滅滅已。寂滅爲常。常故不斷。是不斷法。離諸三界。動不動法。於有爲法。如避火坑。依何等法。而自呵[1]責。入彼一門。

1) ㉠ '呵'는 『金剛三昧經註解』, 『金剛三昧經通宗記』에는 '訶'로 되어 있다. 이하 동일.

논 이하는 저 「여래장품」의 둘째의 의심을 없애는 것이다. 「여래장품」에서 "분명하게 본다면 식識이 그대로 상常이 된다. 이에 그 식이 항상 적멸하고 그 적멸도 또한 적멸하다."라고 하였다.
이 경문에 대하여 다음과 같은 의심을 일으킨다. "이와 같이 상주하는 적멸법은 비록 기뻐해야 할 것이지만 그것은 심오한 도리(希夷)이다. 그런데 중생심은 거칠고 소견이 좁으며 다스리기 어려운데 어떻게 중생심을 다스려서 저 적멸법에 나아갈 수 있겠는가."
이러한 의심 때문에 지장보살이 이와 같이 질문한 것이다. 질문에 두 가지가 있다. 첫째는 과果가 요원함을 들고, 둘째는 인因에 들어감을 묻는다.

此下遣其如來藏品之第二疑。彼言了見識爲常。是識常寂滅。寂滅亦寂滅。有依彼文而生疑云。如是常住之寂滅法。雖可欣樂。而是希夷。衆生之心。麤淺難調。如何調心。得趣彼門。乘如是疑。作如是問。問中有二。初擧果遠。後問入因。

가) 과果가 요원함을 물음

첫째에서 "무생무멸은 곧 무상입니다."라고 한 것은 곧 「여래장품」에서 "그 식이 항상 적멸하다."고 말한 것을 이해한 것이다. 본래 적멸하기 때문에 곧 무생무멸이다. 그러나 본래 상주하는 것이 아니므로(非常) 곧 무상이다.

"이 생멸을 소멸하여 생멸이 소멸하면 상常이 되는데"라는 것은 곧 「여래장품」에서 "그 적멸도 또한 적멸하다."고 하고, 또 "분명하게 본다면 식識이 그대로 상常이 된다."고 한 것을 이해한 것이다.

初中言。無生無滅。卽是無常者。卽領前言。是識常寂滅。本來寂滅故。是無生無滅。而本非常故。是無常也。滅是生滅生滅滅已寂滅爲常者。卽領前言。寂滅亦寂滅。又言了見識爲常。

나) 인因에 들어감을 물음

"유위법" 이하는 둘째로 그 적멸문에 들어가는 방편에 대하여 곧장 물은 것이다. 비록 위에서 방편과 정관에 대하여 설했지만 간략하게 설했기 때문에 여기에서 다시 자세하게 설해 주기를 청한 것이다.

於有爲法已下。第二正問趣入彼門方便。前雖有說方便正觀。而略說故。更請廣說。

경 부처님께서 말씀하셨다.
"보살이여, 삼대사三大事에 대하여 그 마음을 책려하고, 삼대제三大諦에 대하여 그 행위에 들어가야 한다."
지장보살이 여쭈었다.
"삼대사에 대하여 그 마음을 책려한다는 것은 무엇이고, 삼제에 대하여 일행一行에 들어가야 한다는 것은 무엇입니까?"

부처님께서 말씀하셨다.

"삼사란, 첫째는 인이고, 둘째는 과이며, 셋째는 본식이다. 이러한 삼사는 본래부터 공무하여 자기의 진아가 아니다. 그런데 어찌 그것에 애염愛染을 내겠는가. 삼사는 번뇌에 계박되고 고해에 표류함을 관찰하여 그것으로써 항상 스스로 책려해야 한다.

삼제는 다음과 같다. 첫째는 보리도이니, 평등제平等諦로서 동등하지 않음이 없다. 둘째는 대각이니, 정지로 터득한 진리(正智得諦)로서 사지邪智로 진리를 터득한 것이 아니다. 셋째는 지혜와 선정이니, 무이행無異行으로 들어가는 진리이지 잡행雜行으로 진리에 들어간 것이 아니다. 이 삼제로써 불도를 닦으면 그 사람은 그 법에서 정각을 터득하지 못함이 없고, 정각正覺의 지혜를 터득하여 대극大極의 자비를 유출시켜 자기와 남을 모두 이롭게 하여 불보리를 성취한다."

佛言。菩薩於三大事。呵責其心。於三大諦。而入其行。地藏菩薩言。云何三事。而責其心。云何三諦。而入一行。佛言。三事[1]者。一謂因。二謂果。三謂識。如是三事。從本空無。非我眞我。云何於是。而生愛染。觀是三事。爲繫所飄[2] 飄流苦海。以如是事。常自呵責。三諦[3]者。一謂菩提之道。是平等諦。非不等[4]。二謂大覺。正智得諦。非邪智得諦。三謂慧定。無異行入諦。非雜[5]行入諦。以是三諦。而修佛道。是人於是法。無不得正覺。得正覺智。流大極慈。己[6]他俱利。成佛菩提。

---

1) ㉻ '三事'는 『大正新修大藏經』에 수록된 『金剛三昧經』을 비롯하여 『金剛三昧經註解』, 『金剛三昧經通宗記』에는 '三大事'로 되어 있다. 2) ㉻ '飄'는 『大正新修大藏經』에 수록된 『金剛三昧經』을 비롯하여 『金剛三昧經註解』, 『金剛三昧經通宗記』에는 '縛'으로 되어 있다. 3) ㉻ '三諦'는 『大正新修大藏經』에 수록된 『金剛三昧經』에는 '三大諦'로 되어 있다. 4) ㉻ '等'은 『大正新修大藏經』에 수록된 『金剛三昧經』을 비롯하여 『金剛三昧經註解』, 『金剛三昧經通宗記』에는 '平等'으로 되어 있다. 5) ㉻ '雜'은 『金剛三昧經註解』, 『金剛三昧經通宗記』에는 '離'로 되어 있다. 6) ㉽ '己'는 甲本에는 '已'로 되어 있다.

논 이 경문은 네 가지가 있다. 첫째는 질문하고,[115] 둘째는 답변하고, 셋째는 청하고, 넷째는 설명한다.

是文有四。初問。次答。三請。四說。

(나. 답변)

(다. 청함)

라. 설명함

넷째의 설명에 두 가지가 있다. 첫째는 책려하고 멀리하게 해 주는 방편을 설명하고, 둘째는 들어가야 할 방편을 보여 준다.

說中有二。先說呵厭方便。後示趣入方便。

가) 책려하고 멀리하게 해 주는 방편을 설명함

첫째에서 "인이다."라고 한 것은 오계와 십선의 인이다.
"과이다."라는 것은 인간과 천상의 부귀와 안락의 과이다.
"본식이다."라는 것은 인과 과를 능지하는 것으로 근본식이다. 중생은 근본식을 자내아自內我로 간주하지만 근본식의 자성은 공적하므로 아我가 아니다. 무아의 도리만이 곧 진아이다. 그러므로 아가 아닌 것에 대하여 마땅히 애염愛染해서는 안 된다.

---

[115] 해당 경문에는 '질문'이 없고 곧장 부처님의 답변으로 시작된다. 그러므로 이 질문은 바로 앞에 나온 지장보살의 질문으로 생각된다.

"삼사는 번뇌에 계박되고 고해에 표류함을 관찰한다."는 것은 네 가지 계박을 말미암아 이정理定(無漏定)의 마음을 장애하여 삼사로 하여금 고해에 표류하도록 하는 것이다. 네 가지 계박은 다음과 같다. 『대법론』의 「제품諦品」에서 다음과 같이 말한다.

계박에 네 가지가 있으니, 탐욕신계貪欲身繫·진에신계瞋恚身繫·계금취신계戒禁取身繫·차실집취신계此實執取身繫이다. 이것은 선정의 의성신意性身[116]을 장애하기 때문에 계박이라 한다. 왜냐하면 이로 말미암아 선정심의 자성신을 장애하기 때문에 계박이라 한 것이지 색신을 장애하는 것은 아니다. 왜냐하면 네 가지 마음이 산란하게 되는 원인이기 때문이다. 즉 재물 등의 탐애를 말미암아 인이 되어 마음을 산란하게 하고, 다툼에 있어 바르지 못한 행이 인이 되어 마음을 산란하게 하며, 난행의 계금취견戒禁取見에 대한 고뇌가 인이 되어 마음을 산란하게 하고, 올바른 도리로 경계를 추구하지 못하는 것이 인이 되어 마음을 산란하게 하는 것이다. 저것[117]은 각기 다른 견해에 의지하는 까닭에 알아야 할 경계에 대하여 올바른 도리가 아니라 갖가지로 함부로 헤아리고 그것에 허망하게 집착한다. 즉 오직 이것만이 옳고 다른 것은 모두 어리석고 허망한 것으로 간주하는데 그것을 말미암아 인이 되어 마음을 산란하게 움직인다. 그러면 무엇을 산란하게 움직이는가. 선정심의 여실지견을 산란하게 움직인다.[118]

"그것으로써 항상 스스로 책려해야 한다."는 것은 산란하게 하는 네 가

---

116 의성신意性身 : 보살의 화생신으로 의성신意成身·의성색신意成色身·의생신意生身이라고도 한다.
117 저것 : 곧 마음을 산란하게 하는 네 가지를 가리킨다.
118 『大乘阿毘達磨雜集論』권7(T31, 724c).

지 계박을 책려하고, 표류하는 삼사를 멀리하는 것이다.

이상으로 책려하고 멀리하게 해 주는 방편을 설명하였다.

初中言因者。五戒十善之因。果者。人天富樂之果。識者。能持因果卽是本識。衆生計此。爲自內我。而是性空故。非是我。無我之理。方是眞我。故於非我。不應愛染。觀是三事。爲繫所飄者。謂由四繫。障理定心。令是三事。飄流苦海故。何等名爲四繫。如對法論諦品中云。繫有四種。謂貪欲身繫。瞋恚身繫。戒禁取身繫。此實執取身繫。以能障礙定意性身。故名爲繫。所以者何。由此能障定心自性之身。故名爲繫。非障色身。何以故。能爲四種心亂因故。謂由貪愛財物等爲因。令心散亂。於鬥諍事不正行爲因。令心散亂。於難行禁[1]苦惱爲因。令心散亂。不如正理。推求境界爲因。令心散亂。由彼依止各別見故。於所知境。不如正理。種種推度。妄生執着。謂唯此眞。餘並愚妄。由此爲因。令心散動。於何散動。謂於定心。如實智見故。以如是事。常自呵責者。呵責能飄四繫而所[2]流三事故。已說呵厭方便。

1) ㉠ '禁'은 '戒禁'으로 간주된다.   2) ㉠ '所'는 '厭所'로 간주된다.

나) 들어가야 할 방편을 보여 줌

들어가야 할 방편을 보여 주는 것은 무엇인가. 그것은 삼제에 대하여 그 도리를 살피는 것이다.

云何趣入方便。所謂審諦於三諦故。

(가) 보리도

"첫째는 보리도이니, 평등제로서 동등하지 않음이 없다."는 것은 부처님께서 깨친 자성청정한 보리는 크게 통하지 못함이 없기 때문에 '도'라 하고, 일체의 유정이 모두 도의 자성을 구비하여 그 구경도에 돌아가지 못함이 없기 때문에 '평등제로서 동등하지 않음이 없다.'고 한다. 이것은 곧 이승에서 진제와 속제에 별취別趣하는 것을 대치한 것이다.

> 一謂菩提之道。是平等諦非不等諦者。謂佛所證性淨菩提。無不通泰。故名爲道。一切有情。皆同此性。無一不歸。是究竟道。故言平等。非不平等。是卽對治二乘別趣也。

(나) 대각

"둘째는 대각이니, 정지로 터득한 진리(正智得諦)로서 사지邪智로 진리를 터득한 것이 아니다."라는 것은 일체지인 대각의 과보는 오직 평등제[119]만 증득한 정지로 터득한 것이지 명제冥諦(數論의 주장)와 대유大有(勝論의 주장) 등의 경계를 반연하는 사지邪智로 터득한 것이 아니다. 이것은 곧 모든 외도의 집착을 대치한 것이다.

> 二謂大覺。正智得諦。非邪智得諦者。謂一切智大覺之果。唯證平等正智所得。非緣冥諦大有等境邪智所得。是卽對治諸外道執也。

(다) 지혜와 선정

"셋째는 지혜와 선정이니, 무이행無異行으로 들어가는 진리이지 잡행雜行으로 진리에 들어간 것이 아니다."라는 것은 정지를 터득하여 평등제에

---

119 평등제 : 속제와 진제의 분별제가 아님을 가리킨다.

들어갈 경우, 지혜와 선정이 원융하여 다른 수행의 모습이 없어야 바야흐로 평등제에 바르게 들어가는 것이다. 곧 이것은 세간의 분별심에서 심왕과 심수의 자체를 달리하거나 선정과 지혜를 다른 수행으로 간주하는 것과는 같지 않다. 그런 잡행으로는 올바른 인에 들어갈 수가 없기 때문이다. 그러므로 이것은 곧 세간의 관행에서 아직 증득하지 못했으면서도 증득했다고 간주하는 증상만자를 대치한 것이다.

이와 같은 세 가지를 통틀어 진리(諦)라고 말한 것은 진리를 살피는 관행이 관찰의 경계가 되기 때문이다. 이런 세 가지 각기 다른 집착(異執)을 널리 대치해야만 이에 하나의 불도를 정수正修할 수 있기 때문에 "이 삼제로써 불도를 닦는다."고 한다.

다음은 수도하여 터득한 과를 드러낸 것이다.

"그 사람은 그 법에서 정각을 터득하지 못함이 없다."는 것은 곧 자리自利의 지혜와 공덕의 과를 드러낸 것이다. 이 삼제로써 불도를 닦으면 정각의 과를 얻지 못함이 없기 때문이다.

"정각의 지혜를 터득하여 대극의 자비를 유출시킨다."는 것은 이타利他의 은혜와 공덕의 과를 드러낸 것이다. 널리 대극의 무연자비를 널리 유출시켜 법계를 두루 이롭게 하지 못함이 없기 때문이다.

"자기와 남을 모두 이롭게 하여 불보리를 성취한다."는 것은 앞의 자리와 이타의 두 가지를 총결한 것이다. 곧 자리와 이타가 원만해져 등정각을 성취하기 때문이다.

三謂慧定。無異行入諦。非雜行入諦者。謂得正智入平等時。慧定圓融。無別行相。方是眞入於平等諦。非如世間分別之心王數別體。定慧異行。如是雜行。非眞入故。是卽對治世間觀行。未證謂證。增上慢者。如是三種。通名諦者。審諦之觀。所觀境故。遍治如是三種異執。乃能正修於一佛道故。言以是三諦。而修佛道。次顯修道所得之果。是人於是法。無不得正覺者。

是顯自利智德之果。於是三法。而修佛道。無有不獲正覺果故。得正覺智。
流大極慈者。是顯利他恩德之果。普流大極無緣之慈。遍周法界無不利故。
己他俱利。成佛菩提者。摠結前二。二利圓滿。成等覺故。

③ 셋째의 의심을 없애 줌

이하는 저「여래장품」의 셋째의 의심을 없애는 것이다. 저「여래장품」의 게송 말미에서 "소취와 능취를 전변해야 곧 여래장에 들어갈 수 있다네."라고 하였다. 이 설법에 대하여 다음과 같은 의심을 일으킨다. "이 가운데 보리도는 평등제로서 곧 여래장이다. 이것은 인과 연의 힘을 말미암지 않는 것이다. 그런데 어떻게 저 능취와 소취를 전변시키는 인을 통하여 여래장법에 들어간다는 것인가."
이러한 의심 때문에 지장보살이 위와 같은 질문을 한 것이다.

此下遣彼如來藏品第三之疑。如彼品頌末言。轉所取能取。入於如來藏。有依此說。而疑彼云。此中菩提之道。平等之諦。卽是如來藏。不待因緣力。云何彼轉能所之因。而能得入如來藏法。有作是疑。故乘彼問。

가. 질문

경 지장보살이 여쭈었다.
"존자이시여, 그와 같은 부처님의 가르침에는 곧 인과 연이 없습니다. 만약 연법이 없다면 인법이 발기하지 않을 것입니다. 그러면 어찌해야 부동법으로 여래장에 들어갈 수가 있습니까?"

地藏菩薩言。尊者。如是之法。卽無因緣。若無緣法。因卽不起。云何不動法【一本有得字】入¹⁾如來。

1) ㉄ '入'은 『金剛三昧經註解』, 『金剛三昧經通宗記』에는 '得入'으로 되어 있다.

🗒 "곧 인과 연이 없습니다."라는 것은 평등제이기 때문에 인법과 연법을 따르지 않는 것이다. 또 평등제이기 때문에 다른 연법이 없다. 이처럼 다른 연법이 없기 때문에 인법이 발기하지 못한다면 어떻게 저 기동이 없는 법에 대하여 인연을 작용시켜 여래장에 들어갈 수 있다는 것인가. 만약 인법의 힘을 작용하여 여래장에 들어갈 수 있다면 그것은 곧 인과 연의 힘에 의지하는 것이므로 부동법은 아닐 것이다.

卽無因緣者。由平等故。不從因緣。又平等故。卽無餘緣。餘緣無故。因不能起。云何於彼。無起動法。而用因緣。得入如來。若用因力之所入者。卽待因緣。非不動故。

나. 의심한 것을 여래가 곧장 결단해 줌

이하는 의심한 것을 여래께서 곧장 결단해 주는 것이니, 그 평등하고 부동하여 여래장에 들어가는 뜻을 펼친다. 전체 여덟 게송에는 두 부분이 있다. 앞의 세 게송은 간략한 설명이고, 뒤의 다섯 게송은 자세한 설법이다.

此下如來正決所疑。宣其平等不動而有得入之義。八行頌中。卽有二分。前三略說。後五廣宣。

가) 간략한 설명

📖 그때 여래께서 그 뜻을 널리 펼치려고 게송을 설하여 말씀하셨다.

"일체 모든 법의 진실한 그 모습은
자성이 공무하여 움직임이 없다네
그 법은 현재 여기 있다 할지라도
현재 여기에는 일어나지 않는다네

그 법은 과거 및 미래가 없으므로
과거 및 미래에 일어나는 바 없네
그 제법은 동 및 부동이 없으므로
자성이 공적한 까닭에 적멸하다네

자성이 공적하여 적멸할 경우지만
그 법은 현재 여기에 드러나 있네
형상 떠나므로 공적에 주할지라도
공적에 주한 탓에 연 따르지 않네

爾時。如來欲宣此義。而說偈言。一切諸法相。性空無不動。是法於是時。不於是時起。法無有異時。不於異時起。法無動不動。性空故寂滅。性空寂滅時。是法是時現。離相故寂住。寂住故不緣。

논 첫째에 두 가지가 있다. 앞의 두 게송은 부동의 뜻을 설명하고, 뒤의 한 게송은 여래장에 들어가는 뜻을 드러낸다.

略中有二。前三[1]頌。明不動之義。後一頌。顯得入之義。

1) 원 '三'은 甲本에는 '二'로 되어 있다. 여기에서는 내용상 '二'로 해석한다.

(가) 부동의 뜻을 설명함

첫째에 세 가지가 있으니, 표방(標)과 해석(釋)과 결론지음(結)이다.

初中有三。謂標釋結。

㉠ **표방**

제1구와 제2구는 부동의 뜻을 표방한 것이다.

謂初二句。標不動義。

㉡ **해석**

다음의 제3구부터 제6구까지는 부동의 뜻을 해석한 것이다.
"그 법은 현재 여기 있다 할지라도 현재 여기에는 일어나지 않는다네."에서 '현재 여기에 있다 할지라도'는 '이 세상'을 가리킨다. '이 세상'은 곧 '현재'이다. '현재'의 시간은 영원히 잠시도 머물지 않고, 과거와 미래를 떠나서 그 중간 곧 현재는 없다. 마치 빛과 그림자를 떠나서 중간의 도리가 없는 것과 같다. 때문에 현재라 해도 일어나는 바가 없다.
"그 법은 과거 및 미래가 없으므로 과거 및 미래에 일어나는 바 없네."에서 '과거 및 미래가(異時)'는 소위 과거와 미래이다. 미래는 아직 유有가 아니므로 무기無起의 뜻이고, 과거는 이미 없으므로 또한 무기無起의 뜻이다. 이런 도리를 말미암아 제법은 기동이 없다.

次有四句。釋不動義。是法於是時。不於是時起者。是時者謂此世。此世者是現在。現在之時。永無暫住。細除已未。即無中間。如除光陰。無中間處。故於是時。不得有起。法無有異時。不於異時起者。言異時者。所謂過未。

未來未有。故無起義。過去已無。亦無起義。由是道理。法無起動。

㈐ 결론지음

이미 생기生起하는 동動도 없고, 또한 항주恒住하는 부동도 없다. 그러므로 "그 제법은 동 및 부동이 없으므로 자성이 공적한 까닭에 적멸하다네." 라고 한다. 곧 이 제7구와 제8구의 두 구는 부동의 뜻을 결론지은 것이다.

既無生起之動。亦無恒住不動。故言法無動不動。性空故寂滅。是二句者。結不動義。

(나) 여래장에 들어가는 뜻을 설명함

다음의 한 게송은 여래장에 들어가는 뜻을 설명한다.
"자성이 공적하여 적멸할 경우지만"은 자성이 공적함을 요견하여 자성이 적멸한 때 부동한 법이 현현하는 경우이다. 그것은 마음에 현현하므로 여래장에 들어간다고 말한다. 상반의 이 두 구절은 여래장에 들어간 뜻을 설명한 것이다.
그러나 이것은 제법이 일체상을 떠나 있음을 드러낸 것이다. 제상을 떠나 있으므로 적정하게 머물고, 적정하게 머물기 때문에 항상 반연을 따르지 않는다. 이런 까닭에 비록 여래장에 들어가 있을지라도 반연을 떠나 있다는 뜻을 부정하지 않는다. 이와 같이 하반의 두 구절은 반연의 뜻을 떠나 있음을 드러낸다.

次有一頌明得入義。性空寂滅時者。了見性空寂滅之時。不動之法。是時顯現。顯現於心。故言得入。如是上半。明得入義。然此顯法離一切相。離諸相故。寂靜而住。住寂靜故。恒不從緣。是故雖有入。不廢離緣義。如是下半。顯離緣義也。

나) 자세한 설법

경

곧 인연을 통하여 일어난 모든 법
제법의 인연은 발생하지 않는다네
인과 연은 생과 멸로 본래 없으니
생하고 멸하는 자성은 공적하다네

연의 자성 그리고 능연 및 소연은
본래 반연으로부터 일어난 것이네
이 때문에 법의 생기도 연 아니고
반연이 생기하지 않음도 그렇다네

인연을 말미암아 발생하는 제법은
그 모든 법은 곧 비록 인연이지만
인연으로 발생하고 소멸하는 모습
그 모습의 자성은 생과 멸이 없네

是諸緣起法。是法緣不生。因緣生滅無。生滅性空寂。緣性能所緣。是緣本緣起。故法起非緣。緣無起亦爾。因緣所生法。是法是因緣。因緣生滅相。彼卽無生滅。

논 이하는 둘째로 자세하게 설법하는 것이다. 여기에 두 가지가 있다.

첫째는 앞의 세 게송은 부동의 뜻을 자세하게 널리 설법하고, 둘째는 뒤의 두 게송은 여래장에 들어가는 뜻을 설한다.

此下第二廣宣。於中有二。是前三頌。廣不動義。其後二頌。宣得入義。

(가) 부동의 뜻을 널리 설법함

첫째에도 또한 두 가지가 있다. 앞의 두 게송은 근본을 추구해도 터득할 수 없다는 것으로써 부동을 드러내고, 뒤의 한 게송은 지말을 좇아도 터득할 수 없다는 것으로써 부동을 드러낸다.

初中亦二。謂前二頌。推本無得。以顯不動。後之一頌。逐末無得。以顯不動。

㉮ 근본을 추구해도 터득할 수 없다는 것으로써 부동을 드러냄

첫째에 세 가지가 있으니, 표방(標)과 해석(釋)과 결론지음(結)이다.

初中有三。謂標釋結。

a. 표방
처음에 "곧 인연을 통하여 일어난 모든 법, 제법의 인연은 발생하지 않는다네."라고 한 것은 모든 과법은 그 반연이 불생임을 표방한 것이다.

初言是諸緣起法。是法緣不生者。標諸果法其緣不生。

b. 해석

그 다음의 네 구는 불생의 뜻을 해석하는 것이다.

"인과 연은 생과 멸로 본래 없으니"라는 것은 모든 인연은 생멸로서 머물지 않기 때문에 과의 공능을 발생시키지 못함을 설명한 것이다.

"생하고 멸하는 자성은 공적하다네."는 머물지 않으므로 생멸도 없고, 자성이 공적하므로 또한 과果도 발생하지 않는 것이다.

"연의 자성 그리고 능연 및 소연은"이란 인연으로서의 종자種子가 감추어져 있는 것을 자성이라 말하고, 증상연으로서의 뿌리(根)는 경계를 상대하므로 인연의 주체라 말하며, 대상인 경계는 뿌리의 대상이므로 소연이라 말한다. 차제연次第緣[120]은 제법의 연멸에 해당하므로 더 이상 논하지 않겠다.[121]

이와 같이 종자의 자성과 연 및 그 인연의 주체와 대상은 모두 본래 반연으로부터 일어난 것이다. 그러므로 "본래 반연으로부터 일어난 것이네."라고 말하는데 이것이 곧 그 근본이 된다. 그 밖의 모든 연은 또한 앞의 설명과 같이 생멸의 자성이 공적하므로 발생의 작용이란 없다. 이와 같은 세 가지 뜻[122]을 말미암아 반연은 곧 무생의 뜻이 된다.

次有四句。釋不生義。因緣生滅無者。明諸因緣生滅不住。故無生果之功能也。生滅性空寂者。以不住故。卽無生滅。性空寂故。亦不生果。緣性能所緣者。因緣種子。冥伏名性。增上緣根。能對境界。故名能緣。所緣境界。根所對故。名爲所緣。次第緣法。滅故不論。如是種子性緣。幷其能所二緣。

---

120 차제연次第緣 : 구역에서 사연四緣은 인연因緣·차제연·연연緣緣·증상연增上緣을 말하고, 신역에서는 인연·등무간연等無間緣·소연연所緣緣·증상연을 말한다. 여기에서 차제연은 심심과 심소법心所法이 차제로 무간상속無間相續하는 발생과 소멸을 말한다. 마치 십이지연기의 경우와 같이 차제로 생기하고 소멸하는 관계이다.
121 더 이상 논하지 않겠다 : 여기에서는 불생不生의 측면에 대하여 설명하는 대목이므로 차제연의 연멸緣滅의 측면만 언급한 것이다.
122 세 가지 뜻 : 종자가 공적하고, 본래의 연이 공적하며, 능연과 소연이 공적하다는 세 가지를 가리킨다.

皆是本緣之所起故。故言是緣本緣起。是卽其本。諸緣亦同前說。生滅性空。故無生用。由是三義。緣無生義。

c. 결론지음

"이 때문에 법의 생기도 연 아니고"는 과법의 발기는 반연으로 발생한 바가 아님을 결론지은 것이고, "반연이 생기하지 않음도 그렇다네."는 반연의 무기無起도 또한 그와 같다는 것을 결론지은 것이다.

故法起非緣者。結果法起。非緣所生。緣無起亦爾者。結緣無起。

④ 지말을 좇아도 터득할 수 없다는 것으로써 부동을 드러냄

다음의 한 게송은 지말을 좇아도 터득할 수 없다는 것으로써 부동을 드러내는 것이다.

"인연을 말미암아 발생하는 제법은 그 모든 법은 곧 비록 인연이지만"은 모든 과법도 또한 인연이 됨을 설명한 것이다. 과법은 뒤에 발생하는 제법에 대하여 그 반연이 되기 때문이다. 곧 모든 과법은 이미 그 인연이 되어 있음은 앞에서 설명한 "생하고 멸하는 자성은 공적하다네."라는 것과 같기 때문에 "인연으로 발생하고 소멸하는 모습, 그 모습은 곧 생과 멸이 되네."라고 한다.

위에서 간략하게 설명한 대목[123]에서는 그대로 과果의 공적함에 대해서만 드러냈다. 그러나 지금 자세하게 널리 설법하는 대목[124]의 경우는 다음과 같다. "인연의 설법에 대하여 제법의 인과가 부동不動한즉 그것이 곧

---

123 여덟 게송 가운데 평등하고 부동하여 여래장에 들어간 뜻을 간략하게 설명한 대목에 해당하는 제1·제2·제3의 게송을 가리킨다.
124 여덟 게송 가운데 평등하고 부동하여 여래장에 들어간 뜻을 자세하게 설명한 대목에 해당하는 제4의 게송부터 제8의 게송에 이르는 다섯 게송 부분을 가리킨다.

평등보리의 도리이다. 그러므로 이 법 이외에 별도로 보리를 추구하지 않음을 드러내려 한 것이다. 이것이 말하자면 이 게송의 대의이다."

이에 승조 법사는 "도가 어찌 멀리 있겠는가. 부딪치는 것이 모두 진리이다. 성스러움이 어찌 멀리 있겠는가. 그것을 체득하면 곧 신통이다."[125] 라고 하였다.

亦同其果。次有一頌。逐末無得。以顯不動。因緣所生法。是法是因緣者。明諸果法。亦爲因緣。望後生法。而作緣故。是諸果法。旣爲因緣。卽同前說。生滅性空。故言因緣生滅相。彼卽爲[1]生滅。前略說時。直顯果空故。今廣時就因緣說。欲顯諸法。因果不動。卽是平等菩提之道。非此法外。別求菩提。是謂此偈之大意也。如肇法師言。道遠乎哉。觸事而眞。聖遠乎哉。體之卽神矣。

---
1) ㉾ '爲'는 위의 게송을 인용한 것에 해당하므로 '無'인 듯하다. 이에 여기에서는 '無'로 번역한다.

(나) 여래장에 들어간 뜻을 펼쳐서 설함

경

진여제법의 진실한 본래의 모습은
본래부터 나타나고 숨음도 없다네
그런데도 제법은 지금의 경우에도
스스로 발생해 나타나고 숨는다네

이러한 까닭에 극정본각의 자성은
애초부터 중력에 의지함이 없다네

---
125 『肇論』(T45, 153a).

그럼에도 이후에 터득한 도리에서
본래각의 도리를 또다시 터득하네"[126]

彼如眞實相。本不於出沒。諸法於是時。自生於出沒。是故極淨本。本不因
衆力。卽於後得處。得得[1)]於本得。

1) ㉮ '得'은 『大正新修大藏經』에 수록된 『金剛三昧經』에는 '彼'로 되어 있다.

논 이 두 게송은 여래장에 들어가는 뜻을 펼쳐서 설하는 것이다. 여기에 세 가지가 있다. 첫째로 한 게송은 모든 기동에 대하여 진여의 부동을 드러낸다. 둘째로 두 구절은 부동은 본래 뭇 반연에 상대하지 않음을 설명한다. 셋째로 두 구절은 반연과 제법을 떠나 여래장에 들어간 뜻을 설명한다.

"그럼에도 이후에 터득한 도리에서"는 도를 닦은 이후의 경지이다. 앞의 간략하게 설명한 것에서 '적멸할 그 경우'라고 한 것이 바로 여기에서 '그럼에도 이후에 터득한 도리에서'라고 한 것에 해당한다. 이미 적멸한 경지인데 어찌 처소(處)와 시제(時)가 있겠는가. 단지 처소와 시제를 떠나 있는 까닭에 그 처소와 시제에 의거했을 뿐이다.

"본각의 도리를 또다시 터득하네."는 시각始覺이 완성된 까닭에 '터득하

---

[126] 『金剛三昧經通宗記』 권12(X35, 325a)에서는 마지막 게송에 대하여 다음과 같이 말한다. "이 말은 본각과 시각이 불이不二임을 말한 것이다. '시고是故'라는 두 글자는 이상 설법한 뜻을 총결한 것으로서 이 『금강삼매경』의 종지를 섭수하여 총섭한 것이다. '극정본極淨本'의 세 글자는 한 글자에 해당하는 것으로 일구처럼 읽어야 한다. 극은 지극이고, 정은 명정이며, 본은 본각이다. 이에 두말할 필요가 없다는 것을 형용한 것으로서 언설로는 다할 수가 없다는 뜻이다. 이처럼 지극하고 이처럼 명정하여 이것이야말로 소위 본각에 즉한 것이다. 그러나 등각과 묘각으로써 관찰해 보면 자성의 본체가 홀로 드러난 것으로서 본래 갖가지 법의 인연력으로 성취된 것이므로 곧 등각에서 최후로 터득하는 금강심지의 도리이다. 그 소득은 자성에서 터득한 것이므로 곧 본각의 터득이다.(此言本始不二。是故二字。摠結如上法義。以攝一經之旨。極淨本三字。當一字作一句讀。極者至極。淨者明淨。本者本覺。乃滿口形容。言說難盡之意。言以是之故。此至極。此明淨。此卽所謂本覺。然以覺妙觀察。性體獨露。本不因衆法緣起之力而成。卽於等覺最後所得金剛心地之處。得其所得於自性本覺之得也。)"

네.'라고 하니, 이는 터득하는 주체이다. 시각이 완성되면 다시 본각과 동일하기 때문에 '본각의 도리'라고 한다.

이상으로 「여래장품」의 셋째의 의심을 없앤 부분을 마친다.

此二頌。是宣得入義。於中有三。一者一頌。對諸有動。顯如不動。二者二句。明不動本。不待衆緣。三者二句。明離緣法。有得入義。後得處者。謂道後處。前略說中言寂滅時。卽是此言後得之處。旣是寂滅。何有處時。但離時處。故寄之時處耳。得得於本得者。始覺究竟。故名爲得。是能得故。始覺究竟。還同本覺。以之故言。得於本得。上來第三決疑分竟。

4) 지장보살이 이해시킴

경 그때 지장보살은 부처님의 설법을 듣고 마음이 탁 트였고, 당시의 대중들도 의심하는 자가 없어지자, 대중의 마음을 알아차리고 게송을 설하여 여쭈었다.

"저는 대중의 마음에 있는 의심을 알아
그 때문에 은근하고 또 간곡히 여쭈니
여래께선 곧 대자 및 대비의 선심으로
의심을 분별하시어 남김없이 해 주셨네[127]

이에 모든 소승 및 대승의 귀의자들을[128]

---

[127] 제1 게송에 대하여 『金剛三昧經通宗記』 권12(X35, 325b)에서는 법륜을 굴려 줄 것을 청하는 것이라고 설명한다.
[128] 제2 게송의 제1구 원문인 '是諸二衆等' 가운데 '이중二衆'에 대하여 『金剛三昧經通宗記』 권12(X35, 325b)에서는 소승과 대승으로 설명한다. "이 게송은 설법의 이익을 흘려서 교화하는 것이다. 그런데 앞의 「진성공품」에서는 대와 소의 이중으로 나누었는

모두 남김없이 분명하게 요해하였다네
이제 저도 제가 깨친 경지에 입각하여
널리 삼계의 일체 중생을 다 제도하여[129]

마치 부처님의 대자 및 대비 마음으로
과거 세상의 본래 서원 저버리지 않네
이에 곧 마치 외아들 돌보는 마음으로
중생의 번뇌 속에 들어가 머물겠나이다"[130]

爾時。地藏菩薩。聞佛所說。心地快然。時諸衆等。無有疑者。知衆心已。而說偈言。我知衆心疑。所以慇固問。如來大慈善。分別無有餘。是諸二衆等。皆悉得明了。我今於了處。普化諸衆生。如佛[1]之大悲。不捨於本願。故於一子地。而住於煩惱。

1) ㉠ '佛'은 『大正新修大藏經』에 수록된 『金剛三昧經』에는 '來'로 되어 있다.

論 이것은 넷째로 지장보살이 이해시킨 것이다.[131] 이 세 게송에 두 부분이 있다. 앞의 한 게송 반은 앞에서 의심을 해결해 준 이익을 결론 맺은 것이다. 뒤의 한 게송 반은 훗날에 널리 제도할 보살행을 펼친 것이다.

"마치 외아들 돌보는 마음으로"는 초지 이상에서 이미 일체중생이 평

데, 말하자면 대승과 소승이다. 이제 이 이중二衆이 모두 명료해져서 함께 대승에 들어간다.(此明法利流化。然前眞性空品。分大小二衆。謂大乘小乘也。今此皆得明了。而同入於大乘矣。)"

129 제2 게송에 대하여 『金剛三昧經通宗記』 권12(X35, 325b)에서는 설법의 이익을 흘려서 교화하는 것이라고 설명한다.
130 제3 게송에 대하여 『金剛三昧經通宗記』 권12(X35, 325b)에서는 중생을 이롭게 해 주는 큰 서원이라고 설명한다.
131 「總持品」 전체를 크게 네 부분으로 나눈 가운데 그 넷째로서 이해시키는 부분에 해당한다.

등함을 증득하였기에 모든 중생을 외아들처럼 간주하는 것이다. 이것을 청정한 증상增上·의락意樂이라 한다. 곧 비유에 의하여 보살의 마음을 나타내어 '마치 외아들 돌보는 마음으로'라고 한 것이다.

"중생의 번뇌 속에 들어가 머물겠나이다."는 보살이 비록 제법이 평등한 경지를 터득했지만 방편력으로 번뇌를 버리지 않는 것이다. 만약 일체의 번뇌煩惱와 수면隨眠을 버리고 열반에 들어간다면 본원本願에서 벗어나는 것이 되기 때문이다. 저 『유가론』의 삼마희다를 결택하는 부분에서 다음과 같이 말한다.

> 멸진등지滅盡等至는 마땅히 무루라 해야 한다. 곧 그것은 번뇌와 더불어 상응하지 않기 때문이다. 번뇌와 상응하지 않기 때문에 반연하는 바가 없다. 때문에 모든 번뇌가 발생하지 않는다. 이것은 출세간의 일체의 이생異生(중생)으로서는 할 수 없는 수행이다. 오직 원행지遠行地(제7지) 이상에 들어간 보살을 제외된다. 왜냐하면 원행지 이상의 보살은 비록 출세간법을 일으켜 이 자리에 현전시킬지라도 선교방편을 말미암은 까닭에 번뇌를 버리지 않기 때문이다.[132]

생각해 보면 여기에서 "번뇌를 버리지 않는다."는 것은 저 소승의 아라한처럼 완전히 버리는 것이 아니므로 번뇌를 버리지 않는다고 한 것이지, 전혀 번뇌를 버리지 못하기 때문에 번뇌를 버리지 않는다고 한 것은 아니다. 이에 대한 자세한 내용은 저 『이장장二障章』에서 설한 것과 같다.

번뇌를 버리지 않기 때문에 "번뇌 속에 들어가 머물겠나이다."라고

---

[132] 『瑜伽師地論』 권62(T30, 646b), "滅盡等至當言無漏. 由與煩惱不相應故. 非相應故. 無所緣故. 非諸煩惱之所生故. 是出世間一切異生不能行故. 唯除已入遠地菩薩. 菩薩雖能起出世法令現在前. 然由方便善巧力故不捨煩惱."에 의거하여 누락된 내용을 보충하여 해석하였다.

한다. 이로 말미암아 열반에 들어가지 않고 널리 시방세계를 제도하기 때문이다.

이 『금강삼매경』에는 세 부분[133]이 있는데, 그 둘째인 정설분은 이상으로 마친다.

> 此是第四領解。此三頌中卽有二分。前一頌半。結前決疑之利。後一頌半。申後普化之行。一子地者。初地已上。已證一切衆生平等。視諸衆生。如視一子。是名淸淨增上意樂。寄喩表心名一子地。而住於煩惱者。菩薩雖得諸法平等。而以方便力。不捨煩惱。若捨一切煩惱隨眠。便入涅槃。違本願故。如瑜伽論。三摩呬多。決擇中云。滅盡等至。當言無漏。由與煩惱。不相應故。非相應故。無所緣故。非諸煩惱之所生故。是出世間。[1] 一切異生。不能行故。唯除已入遠地菩薩。菩薩雖能起出世法。令現在前。然由方便善巧力故。不捨煩惱。案云。此中言不捨者。非究竟捨。如羅漢等。故曰不捨。非全不捨。故言不捨。於中委悉。如二障章說。由不捨故。言住煩惱。由是不入涅槃。普化十方界故。此一卷經。有三分中。第二正說。竟在於前也。

1) '間'이 甲本에는 '聞'으로 되어 있다.

제3장 유통분

논 이하는 셋째로 유통분이다. 여기에 여섯 가지가 있다. 첫째는 보살을 찬탄하여 유통시키고, 둘째는 대중에게 권장하여 유통시키며, 셋째는 경전의 제명을 내세워 유통시키고, 넷째는 수지하여 유통시키며, 다섯째

---

133 본 『金剛三昧經』의 서분과 정설분과 유통분을 가리킨다.

는 참회시켜 유통시키고, 여섯째는 봉행하여 유통시킨다.

此下第三名流通分。於中有六。一者讚人流通。二者勸衆流通。三者立名流通。四者受持流通。五者懺悔流通。六者奉行流通。

1. 보살을 찬탄하여 유통시킴

경 그때 여래께서 대중에게 다음과 같이 말씀하셨다.[134]
"이 보살들[135]은 불가사의하다. 항상 대비로써 중생의 고뇌를 없애 준다. 그러므로 만약 어떤 중생이 이 『금강삼매경』의 설법을 지니고 이 보살의 명호를 지니면 곧 삼악도三惡道에 떨어지지 않고 일체의 장난障難이 모두 다 소멸된다. 그리고 만약 어떤 중생이 다른 잡념이 없이 오로지 이 『금강삼매경』을 염송하여 여법하게 수습하면 그때 보살이 항상 화신으로 그를 위하여 설법해 주고, 그 사람을 옹호하여 끝내 잠시도 저버리지 않으며, 그 사람으로 하여금 속히 아뇩다라삼먁삼보리를 터득하게 해 준다.

爾時。如來而告衆言。是菩薩者。不可思議。恒以大悲[1]【一本作慈】。拔衆生苦。若有衆生。持是經法。持是菩薩名。[2] 卽不墮於惡趣。一切障難。皆悉除滅。若有衆生[3]【一本衆生下。有持此經者四字】。無餘雜念。專念是經。如法修習。爾時。菩薩常作化身。而爲說法。擁護是人。終不暫捨。令是人等。速得阿

---

134 원효의 『金剛三昧經論』 및 적진의 『金剛三昧經通宗記』 권12(X35, 325b)에서는 이 대목부터 유통분으로 간주하였다. 그러나 원징의 『金剛三昧經註解』 권4(X35, 251c)에서는 이하의 경문 "그때 아난이 자리에서 일어나 앞으로 나와서 부처님께 여쭈었다." 이후부터 유통분으로 간주하였다.
135 「無相法品」의 해탈보살, 「無生行品」의 심왕보살, 「本覺利品」의 무주보살, 「入實際品」의 대력보살, 「眞性空品」의 사리불, 「如來藏品」의 범행장자, 「總持品」의 지장보살 등을 가리킨다.

耨多羅三藐三菩提。

1) ⑳ '恒以大悲'는 『大正新修大藏經』에 수록된 『金剛三昧經』에는 '恒以大慈'이지만 본 『論』의 경우처럼 내용에 맞추어 '恒以大悲'의 의미로 번역한다. 2) ⑳ '名'은 『大正新修大藏經』에 수록된 『金剛三昧經』에는 '名者'로 되어 있다. 3) ⑳ '若有衆生' 뒤에 『金剛三昧經註解』, 『金剛三昧經通宗記』에는 '持此經者'가 첨가되어 있다.

논 이는 첫째로 보살을 찬탄하여 유통시키는 것이다. 이 경전을 유통시킬 수 있는 보살의 네 가지 뛰어난 공덕을 찬탄한다. 첫째는 대비로써 일체를 제도하는 공덕이고, 둘째는 이 경전을 수지하는 자에게 개별적인 이익을 주는 공덕이며, 셋째는 화신으로 설법하는 공덕이고, 넷째는 최후의 과보를 터득하게 하는 공덕이다.

此卽第一讚人流通。讚能流通是經菩薩。四種勝德。一者大悲普化一切功德。二者別益持是經者功德。三者化身說法功德。四者令得極果功德。

2. 대중에게 권장하여 유통시킴

경 그대 보살들이 만약 중생을 제도하려면 모두 이와 같은 대승의 결정요의決定了義를 수습해야 한다."

汝等菩薩。若化衆生。皆令修習如是大乘。決定了義。

논 이는 둘째로 대중에게 권장하여 유통시키는 것이다.
"결정요의"는 가장 심오하고 가장 궁극적인 것으로 더할 수 없는 것을 드러낸다.

하권 • 631

此是第二勸衆流通。決定了義者。爲顯最深最極。不可以加矣。

3. 경전의 제명을 내세워 유통시킴

이하는 셋째로 경전의 명칭을 내세워 유통시키는 것이다. 첫째는 질문이고, 둘째는 답변이다.

此下第三立名流通。先問。後答。

1) 질문

경 그때 아난이 자리에서 일어나 앞으로 나와서 부처님께 여쭈었다.
"여래께서 해 주신 설법은 대승의 복취이고, 번뇌를 결정적으로 단제해 주며, 무생과 본각의 이익으로서 불가사의합니다. 부처님의 이와 같은 설법에 대하여 어떤 경전이라 제목을 붙여야 하고, 이 경전을 수지하면 어떤 복덕을 터득합니까. 바라건대 부처님께서는 자비로써 저희들에게 설해 주십시오."[136]

爾時。阿難。從座而起。前白佛言。如來所說。大乘福聚。決定斷結。無生覺利。不可思議。如是之法。名爲何經。受持是經。得幾所福。願佛慈悲。爲我宣說。

논 질문에 두 가지가 있다. 첫째는 이해이고, 둘째는 질문이다.

---

136 원징은 『金剛三昧經註解』 권4(X35, 251c)에서는 이하부터 유통분으로 간주한다.

問中亦二。先領。後問。

(1) 이해

이해 중에서는 이 경전의 네 가지 뛰어난 공능을 드러낸다.

첫째의 뛰어난 공능은 수지하는 자로 하여금 무량한 복덕을 터득하게 한다. 경문의 "대승의 복취"가 그것이다.

둘째의 뛰어난 공능은 수지하는 자로 하여금 모든 번뇌를 영원히 단제토록 한다. 경문의 "번뇌를 결정적으로 단제해 준다."가 그것이다.

셋째는 설명되는 종지가 곧 본각의 이익이다. 경문의 "무생과 본각의 이익"이 그것이다.

넷째는 능전能詮의 교체가 곧 사량하기 어렵다는 것이다. 경문의 "불가사의합니다."가 그것이다.

領中卽顯是經四種勝能。一能令持者得無量福。如經大乘福聚故。二能令持者永斷諸結。如經決定斷結故。三者。所詮之旨。是本覺利。如經無生覺利故。四者。能詮之敎。難可思量。如經不可思議故。

(2) 질문

둘째 질문에서는 두 가지를 질문하였다. 첫째는 경전의 제목을 질문하였으니, 경전의 요체를 알기 위해서이다. 둘째는 경전을 수지하는 복덕을 질문하였으니, 복덕을 추구하여 경전을 수지하기 위해서이다.

次問中問二事。先問經名。爲知經要故。後問持福。求福持經故。

2) 답변

경 부처님께서 말씀하셨다.

"선남자여, 이 경전의 제목은 불가사의하다. 과거의 제불이 호념한 바이고, 여래의 일체지혜바다에 들어가는 것이다. 그러므로 만약 어떤 중생이 이 경전을 수지하면 곧 일체경전에 대하여 더 이상 희구할 바가 없다. 왜냐하면 이 경전의 설법은 온갖 오미의 법을 총지하고, 제경의 요체를 섭수하며, 제경의 법에서 제법의 종지를 이어주기 때문이다.[137] 이에 이 경전의 제목을 『섭대승경』이라 말하고, 또 『금강삼매』라 말하며, 또 『무량의종』이라 말한다.[138]

---

137 이 경전의 설법은~이어주기 때문이다 : 『金剛三昧經通宗記』 권12(X35, 326a~b)에서는 다음과 같이 말한다. "이 경전의 교법은 비록 일미이지만 오미의 교법을 총지하고 있어서 삼백여 회에 걸친 제경의 강요를 섭수한다. 무릇 맥락이 상속되는 것을 계繫라 말하고, 유파流派에서 소출된 것을 종宗이라 말한다. 그래서 무릇 이 경전이야말로 제경의 교법이다. 그러므로 모름지기 모두가 이 금강삼매경법에 계속繫屬되어 있고 이 금강삼매경법 가운데서 유출된 것임을 알아야 한다. 저 『반야경』에서 널리 행하는 육바라밀도 바로 이 『금강삼매경』의 「무상법품」 속의 가르침에서 얻을 수가 있다. 또 『금강경』에서는 '일체의 제불과 제불의 아뇩다라삼먁삼보리도 모두 이 『금강경』에서 나왔다.'고 말하는데, 하물며 『금강삼매경』의 교법은 십지를 곧장 초월하고 바로 등각과 묘각에 이르는 것이겠는가.(又言。是經典法。雖是一味。摠持五味之法。雖是一經。能攝三百餘會諸經之綱要也。夫脉絡相屬謂之繫。流派所出而爲宗。然凡是諸經之法。須知皆是此法之繫屬。而於此法中流出者也。如般若廣行六度。祇得此中無相法品中事。且經云。一切諸佛。及諸佛阿耨多羅三藐三菩提皆從此經出。而況是經之法。頓超十地。直至等妙二覺者也。)"

138 이 경전의~『무량의종』이라 말한다 : 『金剛三昧經通宗記』 권12(X35, 326b)에서는 다음과 같이 말한다. "이 대목은 제명을 말한 것인데 세 가지가 있다. 무릇 '섭대승'이란 법法의 측면에서 내세운 제칭으로 곧 반야의 뜻이다. 따라서 진여와 실제로써 그 체를 삼는다. '금강삼매'란 용用의 측면에서 내세운 제명으로 법과 비유를 취하여 드러낸 것이다. 이것은 견고한 것을 꺾고 미혹을 타파하는 것으로 곧 해탈의 뜻이다. 따라서 마음을 해명하는 것과 자성을 보는 것으로 그 용을 삼는다. '무량의종'이란 체體의 측면에서 내세운 제명으로 일체법을 능섭한 것이다. 따라서 갖가지 뜻의 종지가 되는 것으로 곧 법신의 뜻이다. 그 법신은 일체의 뜻을 갖추어 섭수하고 일체의 법을 출생한다. 만약 중생이 여래의 법신을 증득한다면 곧 시각과 본각이 불이不二임을 해명하게 된다. 그러므로 이 경전은 시각과 본각으로 종지를 삼는다. 지금 이 세 가지 제명

佛言。善男子。是經名者。不可思議。過去諸佛之所護念。能入如來一切智
海。若有衆生。持是經者。卽於一切經中。無所希求。[1] 是經典法。摠持衆法。
攝諸經要。是諸經法。法之繫宗。是經名者。名攝大乘經。又名金剛三昧。
又名無量義宗。

1) ㉠ '希求'는 『大正新修大藏經』에 수록된 『金剛三昧經』에는 '悕求'로 되어 있다.

논 이하는 답변으로서 두 가지가 있으니, 차례대로 두 가지 질문에 답변하기 때문이다.

此下答中有二。如其次第。答二問故。

(1) 첫 번째 질문에 답변함

첫 번째의 답변에도 또한 두 가지가 있다. 첫째는 먼저 제목의 뜻을 찬탄하고, 둘째는 뒤에 그대로 제목을 내세운다.

初中亦二。先讚名義。後正立名。

① 제목의 뜻을 찬탄함

첫째에도 또한 두 가지가 있다. 첫째는 제목을 총체적으로 찬탄하고,

을 내세움으로써 삼덕의 비장祕藏을 완전하게 갖추고 있음을 해명하여 열반의 안내로 삼는 것이다.(此約名有三。夫攝大乘者。從法上立名。卽般若義。而以眞如實際。爲其體也。金剛三昧者。從用上立名。取法喩並彰。能摧堅破惑。卽解脫義。而以明心見性。爲其用也。無量義宗者。從體上立名。能攝一切義。而爲衆義所宗。卽法身義。然法身。能具攝一切義。能出生一切法。若衆生證如來法身。卽明始本二覺之不二。故此經。以始本二覺爲宗。今立此三名。以明圓備三德祕藏。而爲涅槃之前導也。)"

둘째는 개별적으로 뜻을 드러낸다.

初中亦二。先摠歎名。後別顯義。

(가. 총체적으로 제목을 찬탄함)

나. 개별적으로 뜻을 드러냄

"여래의 일체지혜의 바다에 들어가는 것이다." 이하는 개별적으로 뜻을 드러낸 것이니, 곧 세 가지 뜻을 드러낸다.

能入已下。是別顯義。卽顯三義。

가) 금강삼매라는 제명의 뜻을 드러냄

"여래의 일체지해에 들어가는 것이다. …… 더 이상 희구할 바가 없다."는 것은 금강삼매라는 제명의 뜻을 드러내는 것이다. 곧 어떤 법도 파괴하지 못하는 것이 없고, 어떤 도리도 궁구하지 못하는 것이 없다. 이로 말미암아 여래의 지혜의 바다에 들어가게 하고 이것을 능가하는 것으로 더 이상 희망할 바가 없기 때문이다.

能入如來智海乃至無所希求者。是顯金剛三昧之名之義。無法不壞。無理不窮。由是令入如來智海。過是更無所希望故。

나) 섭대승경이라는 제명의 뜻을 드러냄

"이 경전의 설법은 온갖 오미의 법을 총지하고, 제경의 요체를 섭수한다."는 것은 섭대승경이라는 제명의 뜻을 드러내는 것이다.

是經典法揔持衆法攝諸經要者。是顯攝大乘經之名之義。

다) 무량의종이라는 제명의 뜻을 드러냄

"제경의 법에서 제법의 종지를 이어주기 때문이다."라는 것은 무량의종이라는 제명의 뜻을 드러내는 것이다.

是諸經法法之繫宗者。是顯無量義宗之名之義。

② 그대로 제명의 뜻을 내세움

이 두 가지 제목의 뜻은 어떤 차별이 있는가. 전자(섭대승경)는 온갖 경전의 뜻을 널리 섭수함을 설명하고, 후자(무량의종)는 온갖 경전의 종지의 궁극임을 드러낸다.

다음으로 세 가지 제목을 내세우는데, 그 자세한 내용은 위 경문의 두 부문에서 이미 자세하게 설명한 것이다.

是二名義有何差別者。前明廣攝衆經之義。後顯衆經所宗之極。次立三名。於中委悉者。文前二門中。已廣說也。

(2) 두 번째 질문에 답변함

경 만약 어떤 사람이 이 경전을 수지하면 곧 백·천의 제불을 수지한다는 말이 된다. 이와 같은 공덕을 비유하면 마치 허공에 끝이 없어 불가사의한 것과 같다. 그러므로 나 여래가 촉루하는 것도 오직 이 경전뿐이다."[139]

> 若有人受持是經典者。卽名受持百千諸佛。如是功德。譬如虛。空無有邊際。不可思議。我所囑累。唯是經典。

논 이는 두 번째 질문에 답변하는 것이다. 여기에서는 네 가지 뛰어난 덕을 드러낸다.

첫째는 부처를 수지하는 뛰어난 덕이다. 곧 이 경전은 제불의 마음을 섭수하기 때문이다. 경문의 "백천의 제불을 수지한다."가 그것이다.

둘째는 광대하게 뛰어난 덕이다. 경문의 "허공에 끝이 없다."가 그것이다.

셋째는 심심하게 뛰어난 덕이다. 경문의 "불가사의한 것과 같다."가 그것이다.

넷째는 비교할 수 없이 뛰어난 덕이다. 경문의 "오직 이 경전뿐이다."가 그것이다.

> 此是答第二問。於中卽顯四種勝德。一者持佛勝德。是經能攝諸佛心故。如經受持百千諸佛故。二者廣大勝德。如經無有邊際故。三者甚深勝德。如經不可思議故。四者無比勝德。如經唯是經典故。

---

139 나 여래가~이 경전뿐이다 : 『金剛三昧經通宗記』 권12(X35, 326b)에서는 다음과 같이 말한다. "이 대목은 특별히 촉루에 대하여 설명한 것이다. 사사로써 부탁하는 것을 촉囑이라 말하고, 사상사相에 연관된 것을 누累라 말한다. 무릇 부처님이 촉루한 뜻을 말하자면, 나 여래가 설법한 일체의 법장은 오직 이 『금강삼매경』을 최고로 간주한다는 것이다. 무릇 여래가 설법한 일체의 교법은 모두 이 금강삼매의 교법을 드러내고자 한 것이다.(此特申囑累。以事託付曰囑。事相緣坐曰累。夫佛囑累之意。謂我之所說一切法藏。唯此經爲最耳。蓋如來說一切經法。皆爲欲顯此金剛三昧之法也。)"

4. 수지하여 유통시킴

경 아난이 여쭈었다.

"어떤 마음으로 봉행해야 하고, 어떤 사람이 이 경전을 수지할 수 있습니까?"

부처님께서 말씀하셨다.

"선남자여, 이 경전을 수지하면 그 사람은 마음에 득과 실이 없고, 항상 법행梵行을 닦으며, 희론을 마주해서도 항상 고요한 마음을 누리고, 취락에 들어가서도 마음이 항상 선정에 있으며, 속가에 있더라도 삼유에 집착이 없다.

阿難言。云何心行。云何人者。受持是經。佛言。善男子。受持是經者。是人心無得失。常修梵行。若於戲論。常樂淨[1]心。入於聚落。心常在定。若處居家。不着三有。

---
1) ㉠ '淨'은 『大正新修大藏經』에 수록된 『金剛三昧經』을 비롯하여 『金剛三昧經註解』, 『金剛三昧經通宗記』에는 '靜'으로 되어 있다. 여기에서는 이하 설명의 경우처럼 '靜'의 의미로 번역한다.

논 이하는 넷째로 수지하여 유통시키는 것이다. 여기에 두 가지가 있다. 첫째는 그대로 수지함을 설명하고, 둘째는 왕복하면서 거듭 드러낸다.

此下第四受持流通。於中有二。一者正明受持。二者往復重顯。

1) 그대로 수지함을 설명함

첫째에도 또한 두 가지가 있다. 첫째는 질문이고, 둘째는 답변이다.

初中亦二。先問。後答。

(1) 질문

질문에 두 가지가 있다. 첫째는 먼저 경전을 수지하는 사람의 마음에 대하여 질문한다. 둘째는 뒤에 경전을 수지하는 사람의 복리에 대하여 질문한다.

問中有二。先問受持經者心行。後問受持經者福利。

(2) 답변

답변의 대목에서는 두 가지 질문에 대하여 차례로 답변한다.

答中次第。答此二問。

① 다섯 가지 마음의 작용을 설명함

첫째의 답변에서는 다섯 가지 마음의 작용을 설명한다.
첫째로 "마음에 득과 실이 없다."는 것은 타인의 장단점을 보지 않는 것이다.
둘째로 "항상 범행을 닦는다."는 것은 안으로 집착을 떠난 청정행을 닦는 것이다.
셋째로 "항상 고요한 마음을 누린다."는 것은 동動에 있으면서도 부동不動한 것이다.

넷째로 "마음이 항상 선정에 있다."는 것은 산란한 곳에 들어가서도 산란하지 않은 것이다.

다섯째는 "삼유에 집착이 없다."는 것은 오염된 곳에 거주해서도 오염되지 않는 것이다.

初中卽明五種心行。一心無得失者。不觀他人之長短故。二常修梵行者。內修離相之淨行故。三常樂靜心者。在動不動故。四心常在定者。入散不散故。五不著三有者。居染不染故。

② 다섯 가지 복리를 터득함

경 그 사람에게는 현세에 다섯 가지 복리가 있다. 첫째는 대중으로부터 존경을 받는다. 둘째는 몸이 횡사하거나 요사하지 않는다. 셋째는 사론邪論에 대해서도 변별하여 답변을 한다. 넷째는 즐거이 중생을 제도한다. 다섯째는 성도에 들어간다.[140] 이와 같은 사람이 이 경전을 수지한다.

是人。現世有五種福。一者衆所尊敬。二者身不橫夭。三者辯答邪論。四者樂度衆生。五者能入聖道。如是人者。受持是經。

논 이는 둘째의 질문에 답변한 것이니, 앞의 다섯 가지 행위를 따라 이 다섯 가지 복리를 터득한다.

"대중으로부터 존경을 받는다."는 것은 대중의 장단점을 보지 않음을

---

140 첫째는 대중으로부터~성도에 들어간다. : 『金剛三昧經通宗記』 권12(X35, 326b)에서는 첫째와 둘째의 두 가지는 자수용삼매이고, 셋째와 넷째의 두 가지는 타수용삼매인데, 이들 네 가지는 보살의 인행因行이고, 마지막 다섯째는 보살의 과덕果德이라고 설명한다.

말미암은 것이다.

"몸이 횡사하거나 요사하지 않는다."는 것은 항상 분별상을 떠난 행위의 닦음을 말미암은 것이다.

"사론에 대해서도 변별하여 답변을 한다."는 것은 적정한 마음을 누리기 때문이다.

"즐거이 중생을 제도한다."는 것은 산란에 들어가 있어도 항상 선정에 있기 때문이다.

"성도에 들어간다."는 것은 삼유에 집착하지 않기 때문이다.

此是答第二問。隨前五行。得此五福。衆所尊敬者。由其不觀衆之長短故。身不橫夭者。由其常修離相行故。辯答邪論者。樂靜心故。樂度衆生者。入散常定故。能入聖道者。不着三有故。

2) 왕복하면서 거듭 드러냄

이하는 둘째로 왕복하면서 거듭 드러내는 것이다. 여기에 두 가지가 있다. 첫째는 복전의 자체를 설명하고, 둘째는 복덕을 발생시키는 공능을 드러낸다.

此下往復重顯。於中有二。先明福田之體。後顯生福之能。

(1) 복전의 자체를 설명함

경 아난이 여쭈었다.
"그와 같은 사람도 중생을 제도하고 공양을 받습니까?"
부처님께서 말씀하셨다.

"그와 같은 사람은 중생을 위하여 대복전이 되고, 항상 대지혜를 실천하는 데 있어 방편과 진실을 함께 연출한다. 이에 사의승四依僧[141]으로서 모든 공양 및 머리·눈·골수·뇌까지도 다 받을 수 있는데 하물며 옷과 음식을 공양받지 못하겠는가.

선남자여, 그와 같은 사람은 그대들의 선지식이고, 그대들의 교량인데, 하물며 범부가 공양하지 않겠는가."

阿難言。如彼人者。度諸衆生。得受供[1]【一本供下有養字】不。佛言。如是人者。能爲衆生。作大福田。常行大智。權實俱演。是四依僧。於諸供養。乃至頭目髓腦。亦皆得受。何況衣食。而不得受。善男子。如是人者。是汝知識。是汝橋梁。何況凡夫。而不供養。

1) ㉓ '供'은 『大正新修大藏經』에 수록된 『金剛三昧經』을 비롯하여 『金剛三昧經註解』, 『金剛三昧經通宗記』에는 '供養'으로 되어 있다.

논 이것은 그 첫째에 해당한다.

"사의승"이란, 제일의는 번뇌의 자성을 갖추고 있는 것으로 십지 이전의 계위에 속하고, 나머지 제2의·제3의·제4의 등은 지상의 계위에 속한다. 『열반경』에서 자세하게 설한 것과 같다.[142]

---

141 사의승四依僧 : 법사의法四依·행사의行四依·인사의人四依·설사의說四依·신토사의身土四依의 5종 가운데 본 경문의 경우는 인사의人四依에 해당한다. 이것은 여래의 사자使者가 말세에 경전의 유통을 위하여 인간계와 천상계에서 의지하는 4종의 사람을 말한다. 첫째는 번뇌의 자성을 갖추고 있는 사람으로서 곧 삼현三賢과 사선근四善根의 경지에 오른 사람이 이에 해당하고, 둘째는 수다원須陀洹 곧 예류과預流果와 사다함斯陀含 곧 일래과一來果의 사람이 이에 해당하며, 셋째는 아나함阿那含 곧 불환과不還果의 사람이 이에 해당하고, 넷째는 아라한阿羅漢의 사람이 이에 해당한다. 이것은 내증內證은 대승보살이지만 짐짓 겉으로 성문의 모습을 드러내어 전법하고 교화하는 것이다. 원효는 『涅槃經宗要』(T38, 251b)에서 불성을 성인위聖人位와 범부위凡夫位로 구분하고, 성인위에 의하여 5종으로 분별한다. 곧 제1위는 전5지, 제2위는 제6·7·8지, 제3위는 제9지, 제4위는 제10지, 제5위는 여래지에 배대한다.
142 『大般涅槃經』 권6(T12, 637a~643b). 한편 『金剛三昧經註解』 권4(X35, 252b) 및 『金剛三

此卽初也。四依僧者。第一依是具煩惱性。位在地前。其餘三依位在地上。如涅槃經之所廣說。

(2) 복덕을 발생시키는 공능을 드러냄

경 아난이 여쭈었다.

"그 사람이 이 경전을 수지할 경우에 그 사람에게 공양하면 어떤 복덕을 받습니까?"

부처님께서 말씀하셨다.

"만약 또 어떤 사람이 성에 금과 은을 가득 채워서 그것을 가지고 보시하더라도 어떤 사람이 이 경전의 사구게 하나를 수지한다면 그 사람에게 공양하는 것만 못하다.

阿難言。於彼人所。[1] 受持是經。供養是人。得幾所福。佛言。若復有人。持以滿城金銀。而以布施。不如。於是人所。受持是經一四句偈。供養是人。[2]

1) ㉠ '所'는 『金剛三昧經通宗記』에는 없다. 2) ㉠ '供養是人'은 『大正新修大藏經』에 수록된 『金剛三昧經』에는 '供養是人。不可思議'로 되어 있고, 『金剛三昧經註解』, 『金剛三昧經通宗記』에는 '不可思議'로 되어 있다.

논 이는 둘째로 경전을 수지하는 사람은 많은 복덕을 발생시키는 것에 대하여 설명하는 것이다. 곧 성에 금과 은을 가득 채워서 이 경전을 수지하지 못한 사람에게 보시하여 획득한 복덕이 사구게 하나를 수지하는

昧經通宗記』 권12(X35, 327a)에서는 이 사의승四依僧을 대승의 사의四依로만 해석하여 첫째는 법法에 의지하고 인人에 의지하지 않는 것, 둘째는 의義에 의지하고 어語에 의지하지 않는 것이며, 셋째는 요의경了義經에 의지하고 불요의경不了義經에 의지하지 않는 것이고, 넷째는 지혜(智)에 의지하고 분별식(識)에 의지하지 않는 것이라고 설명한다.

사람에게 한 끼 및 한 벌의 옷만을 가지고 공양하여 획득한 복덕만 못하기 때문이다.

> 此是第二明持經者。能生多福。以滿城金銀。施不持經者所得之福。不如一餐一衣。供養持此一四句偈之所得福故。

5. 참회시켜 유통시킴

이하는 다섯째로 참회시켜 유통시키는 것이다. 여기에 두 가지가 있다. 첫째는 참회의 공덕을 찬탄하고, 둘째는 왕복하면서 거듭 드러낸다.

> 此下第五懺悔流通。於中有二。先讚懺悔功德。二者往復重顯。

1) 참회의 공덕을 찬탄함

경 선남자여, 모든 중생에게 이 경전을 수지하게 하는 자는 마음이 항상 선정에 들어 있어 본래심을 잃지 않는다. 설령 본래심을 잃었으면 곧 마땅히 참회해야 한다. 참회하는 법이야말로 곧 청량하기 때문이다."

> 善男子。令諸衆生。持是經者。心常在定。不失本心。若失本心。卽當¹⁾懺悔。懺悔之法。是爲淸涼。

1) ㉮ '卽當'은 『大正新修大藏經』에 수록된 『金剛三昧經』에는 '當卽'으로 되어 있다.

논 첫째에서 "청량하기 때문이다."라고 한 것에서, 수행에 장애(不善)가 되는 원인인 침탁沈濁을 소멸한 것을 '청淸'이라 하고, 생사윤회의 과보인 열뇌熱惱를 떠나는 것을 '량凉'이라 한다.

初中言淸凉者。滅不善因沈濁故淸。離生死果熱惱故凉。

2) 왕복하면서 거듭 드러냄

경 아난이 여쭈었다.
"이전의 죄업을 참회한다고 해서 그것이 과거로 들어간다는 것은 아닙니다."
부처님께서 말씀하셨다.
"그렇다. 마치 어두운 방에 밝은 등불이 비취면 어둠이 곧 소멸되는 것과 같다. 선남자여, 그러므로 이전에 지은 모든 죄업을 참회한다고 말한 것을 가지고 과거로 들어가는 것이라고 말해서는 안 된다."

阿難言。懺悔先罪。不入於過去也。佛言。如是。猶如暗室。若遇明燈。暗卽滅矣。善男子。無說悔先。所有諸罪。而以爲說入於過去。

논 이하는 둘째로 왕복하면서 거듭 드러내는 것이다. 여기에 곧 두 번의 문답이 있다. 첫째 문답은 그 참회하는 도리를 드러내고, 둘째 문답은 그 참회하는 수행법을 드러낸다.

此下第二往復重顯。於中卽有二番問答。初番顯其懺悔道理。後番顯其懺悔行法。

(1) 참회하는 도리를 드러냄

여기에서 질문한 뜻은 다음과 같다. "이전의 죄업에 대한 참회를 참회라 말한다면 이전의 죄업은 과거에 들어 있지 않은 것인가. 만약 이전의 죄업이 현재가 아니기 때문에 과거에 들어 있는 것이라 한다면 어떻게 있지도 않은 죄업을 참회한다는 것인가."

답변에서 "그렇다."고 한 것은 그처럼 이전의 죄업이 과거에 들어 있지 않으므로 있지도 않은 죄업에 대하여 참회할 수는 없음을 말한 것이다. 왜냐하면 이전에 지은 죄업은 근본식의 종자에 훈습되어 항상 현재까지도 흐르고 있기 때문이다. 이런 도리를 말미암아 과거에 들어 있지 않다는 것이다.

또한 지금 참회하여 그 죄업을 다스리는 경우는 그 죄업의 종자를 현재에 흐르지 못하게 하는 것이다. 마치 등불이 발생할 경우, 방의 어둠이 바야흐로 소멸되는 것처럼 죄업의 종자가 지금 현재까지는 이르지 못하기 때문이다. 이런 경우에야 바야흐로 과거에 들어가도록 했다고 말할 수 있다.

"그러므로 이전에 지은 죄업을 참회한다고 말한 것을 가지고 과거로 들어가는 것이라고 말해서는 안 된다."는 것은 이전에 지니고 있던 죄업은 참회로 미칠 수 있는 것이 아니므로 그것으로 하여금 이전에 지니고 있던 죄업을 없었던 것이라고 간주할 수는 없기 때문이다. 다만 이전에 있었던 죄업으로 하여금 현재에 이르지 못하게 하는 것뿐이다. 곧 현재에 이르지 못하는 것은 참회의 행위를 말미암은 것이다. 이것은 번뇌를 단제하는 뜻과는 다르다.

저 경우[143]는 생멸의 도리에 의한 것이므로 아직 발생하지 않은 것으로

---

143 저 경우 : 번뇌를 단제한다는 뜻을 가리킨다.

하여금 현재에 이르지 못하게 하는 것이지만, 이 경우[144]는 상속의 도리에 나아가서 이전에 있던 죄업을 현재에 이르지 못하게 하는 것이다.

또한 번뇌를 단제하는 경우는 종자를 영원히 단제하는 것이지만, 이전의 죄업을 참회하는 것은 종자가 증강하는 작용을 억제하여 현재에 이르지 못하게 하는 것이다. 이런 뜻에 의하여 과거에 들어간다고 설한 것이다.

此中問意。言懺悔先罪名懺悔者。先罪不入於過去耶。若先非今故。入過去者。云何於無罪。而有懺悔耶。答中言如是者。如是先罪。不入過去故。不於無而有懺悔。所以然者。先所作罪。熏於本識。種子恒流。在於現在。由是道理。未入過去。且今懺悔。能治生時。令彼罪種。不流現在。如燈生時。室暗方滅。罪種不至於今現故。是時方說令入過去。而無說悔先所有罪者。先所有者。非悔所及。不能令彼非先有故。但其先有。令不至現。不至現者。由悔所爲。此與斷結之義異者。彼約生滅道故。令未生者。不至現在。此就相續道故。令先有者。不至現在。又斷結者。永斷種子。悔先罪者。損伏種子。增强之用。不至現在故。約此義。說入過去也。

(2) 참회하는 수행법을 드러냄

경 아난이 여쭈었다.
"참회한다는 것은 어떤 수행을 말하는 것입니까?"
부처님께서 말씀하셨다.
"이 경전의 가르침에 의하여 진실관행에 들어가는 것이다. 일단 진실관행에 들어가는 경우에 모든 죄업이 다 소멸되고, 모든 악도를 떠나며, 마땅

---

144 이 경우 : 참회의 행위를 통하여 이전의 죄업을 현재에 이르지 못하게 하는 것을 가리킨다.

히 정토에 출생하여 속히 아뇩다라삼먁삼보리를 성취한다."¹⁴⁵

阿難言。云何名爲懺悔。佛言。依此經教。入眞實觀。一入觀時。諸罪悉滅。離諸惡趣。當生淨土。速成阿耨多羅三藐三菩提。

🈲 이는 둘째로 참회하는 수행법을 드러내는 것이다. 답변에 두 가지가 있다. 첫째는 참회하는 수행법을 설명하고, 둘째는 뛰어난 이익을 보여 준다.¹⁴⁶

此是第二懺悔行法。答中有二。先明行法。後示勝利。

① 참회하는 수행법을 설명함

첫째에서 "이 경전의 가르침에 의하여 진실관행에 들어가는 것이다."라고 한 것에서 금강삼매의 교지에 의한 제법상의 타파를 '진실관행에 들어간다.'고 한다. 이는 지전地前의 진관眞觀¹⁴⁷과 비슷하다.

"일단 진실관행에 들어가는 경우에 모든 죄업이 다 소멸된다."는 것은

---

145 이 대목에 대하여 『金剛三昧經通宗記』 권12(X35, 328c)에서는 다음과 같이 말한다. "이 대목은 관행이 들어간 공능을 설명한 것이다. 말하자면 일단 앞에서 설한 것에 의하자면 공·무상·무작의 삼매를 닦아서 진여와 실제를 관찰하는 것이다. 이것이야말로 곧 실상의 무생참회이다.(此明入觀之功。言一依如前所說。修空無相無作。而觀於眞如實際。此即實相無生懺。)"
146 참회를 통하여 터득하게 되는 뛰어난 이익을 보여 준다.
147 진관眞觀 : 오관五觀의 하나이다. 첫째, 진관眞觀은 진제의 도리를 관찰하여 견혹見惑과 사혹思惑을 단제하는 공관空觀이다. 둘째, 청정관淸淨觀은 이미 견혹과 사혹이 단제된 청정한 몸으로 진사혹塵沙惑을 단제하는 가관假觀이다. 셋째, 광대지혜관廣大智慧觀은 무명혹無明惑을 단제하고 광대한 지혜를 터득하는 중관中觀이다. 넷째, 비관悲觀은 이상의 삼관으로 중생을 관찰하여 중생의 고뇌를 없애 주는 것이다. 다섯째, 자관慈觀은 이상의 삼관으로 중생을 관찰하여 중생에게 안락을 주는 것이다.

일체의 죄업장은 망상으로부터 발생하는데, 지금 제법상을 타파하여 진실관행에 들어가서 대번에 일체의 망상경계를 타파하기 때문에 모든 죄업장이 일시에 다 소멸되는 것이다.

初中言。依此經敎入眞實觀者。謂依金剛三昧敎旨。破諸法相。名入眞實。此是地前相似眞觀。一入觀時。諸罪悉滅者。一切罪障。從妄想生。今破諸相。入眞實觀。頓破一切妄想境界。所以諸罪一時悉滅。

② 뛰어난 이익을 보여 줌

그 다음은 뛰어난 이익을 보여 주는 대목인데, 여기에 두 구절이 있다.
"모든 악도를 떠나며 마땅히 정토에 출생한다."는 것은 화보華報[148]를 설명한다.
"속히 아뇩다라삼먁삼보리를 성취한다."는 것은 과보果報를 보여 준다.

次顯勝利。卽有二句。離諸惡趣。當生淨土者。是明華報。速成阿耨多羅三藐三菩提者。是示果報。

6. 봉행하여 유통시킴

경 부처님께서 이 경전의 설법을 마쳤다.
그때 아난 및 모든 보살과 사부대중이 모두 크게 환희하고, 마음에 결정지혜를 터득하여, 부처님의 발에 정례하고 환희하며 받들고 실천하였

---

148 화보華報 : 과보를 받기 이전에 받는 과보를 가리킨다.

다.[149]

佛說是經已。爾時。阿難及諸菩薩。四部大[1]衆。皆大歡喜。心得決定。頂禮佛足。歡喜奉行。

1) ㉭ '大'는『金剛三昧經註解』,『金剛三昧經通宗記』에는 '之'로 되어 있다.

🏷논 이것은 여섯째로 봉행하여 유통시키는 것이다. 여기에 네 구절이

---

149 이 대목에 대하여『金剛三昧經通宗記』권12(X35, 329a~b)에서 다음과 같이 주석하였다. "이것은 법문이 원만하게 성취된 것을 결론지은 대목이다. 이로써 법회대중이 모두 다 들은 교법을 가지고 전지傳持했음을 설명한다. 대저 '환희'는 초지의 명칭이다. 말하자면 처음으로 성성·지智를 발명하고 이공을 다 증득하며 자·타를 이롭게 하고 대희大喜를 발생하기 때문이다. 이제 여기에서는 특별히 두 가지의 환희를 설명한다. 첫째는 마음에 결정신을 터득한 것인데, 더 이상 의심이 없어서 불퇴전지에 머물기 때문이다. 둘째는 신명을 바쳐서 받들고 실천하는 것인데, 법으로써 더욱더 이롭게 하여 자신이 원요願樂한 것을 발생시키기 때문이다. 가령 사리불이 '온 곳으로 다시 또 돌아가 구족한 연후에 나오려 하네.'(『金剛三昧經』「入實際品」의 게송 참조)라든가, 아난이 능엄회상에서 또한 '제가 비록 깨치지는 못했지만 일체중생을 제도하고자 합니다.'(『首楞嚴經』권6, T19, 131c)라고 말했던 것 등은 모두 환희하고 받들어 실천하는 비원을 발생한 것이다. 무릇 이제 우리들은 대승을 수행하고자 하는 자들로서 반드시 무상승심無上勝心을 내야 한다. 저『不退轉法輪經』권4(T9, 246b~c)에서 다음과 같이 말한다. '그때 세 선남자가 보살승을 추구하고자 하여 부처님께 여쭈었다. 세존이시여, 저희들은 이 설법에 대하여 믿음을 내고 이해를 내되 의혹은 내지 않습니다. 마치 여래와 같이 말입니다. 그때 제1의 선남자가 말했다. 세존이시여, 만약 어떤 사람이 여쭙되 제가 곧 여래라면 이 말씀은 곧 정설正說일 것입니다. 제2의 선남자가 여쭈었다. 세존이시여, 만약 어떤 사람이 여쭙되 제가 곧 세존이라면 이 말씀은 곧 정설일 것입니다. 제3의 선남자가 여쭈었다. 세존이시여, 만약 어떤 사람이 여쭙되 제가 곧 불이라면 이 말씀은 곧 정설일 것입니다. 왜냐하면 저희들은 이 설법에 대하여 의혹을 내지 않기 때문입니다.'(此結法圓成。以明在會。咸皆秉教傳持也。夫歡喜本是初地之名。謂初明性智。具證二空。能益自他。生大喜故。今此特申二種喜。一者。心得決定。無有餘疑。住於不退轉故。二者。拜命奉行。以法轉利。而自生願樂故如。舍利弗。來所還復來。具足然後出。而阿難在首楞嚴會上。亦云我雖未度。願度未劫一切衆生。此皆發歡喜奉行之悲願也。但今我輩。欲修行大乘者。必當發無上勝心。如不退轉法輪經云。時有三善男子。求菩薩乘者。白言。世尊。我等於此法。能信能解。不生疑惑。猶如如來。爾時第一善男子言。世尊。若作是說。我是如來。此言便是正說。第二善男子言。世尊。若作是說。我是世尊。此言便是正說。第三善男子言。世尊。若作是說。我是佛。此言便是正說。所以者何。我等於此法。不生疑惑故。)"

있다.

"모두 크게 환희하였다."는 설법을 듣고 환희한 것이다.

"마음에 결정지혜를 터득하였다."는 모든 의혹을 떠난 것이다.

"부처님의 발에 정례하였다."는 법을 존중하고 사람을 공경하는 것이다.

"환희하며 봉행하였다."는 봉행하는 경우에 더욱더 환희롭다는 것이다.

此是第六奉行流通。於中四句。皆大歡喜者。聞法歡喜故。心得決定者。離諸疑惑故。頂禮佛足者。重法敬人故。歡喜奉行者。行時轉喜故。

    매우 심오하고 미묘한 금강의 가르침
    지금 받들어 우러러 믿고 약술합니다
    원컨대 이 선근공덕 법계에 두루하여
    널리 일체중생이 모두 이롭게 되소서[150]

甚深且微金剛教。今承仰信略記述。願此善根遍法界。普利一切無遺缺。

『금강삼매경론』 하권을 마치다

金剛三昧經論 卷下終

---

[150] 이 게송은 귀결게歸結偈에 해당한다.

발문

삼가 엎드려서 바라옵니다.

황제께서는 무강하시고, 태자께서는 경복을 누리시며, 재앙은 길이 잠기고, 조야는 태평하며, 진양공¹의 복덕은 바다처럼 깊고 수명은 산처럼 높아지소서.

다음으로 모친과 불노佛奴(불제자)가 모두 신음소리가 변하여 노래가 되어 영원한 세월 동안 향유되기를 바라며 판목에 새기고 인경하여 보시합니다.

거듭 생각하옵니다. 이 경전은 용궁에서 출현하고 질병을 인유하여 발기한 것²입니다. 그러므로 법계의 중생에게 널리 미쳐 세세생생토록 질병의 소리가 들리지 않고, 윤회하지 않으며, 항상 제불의 청정하고 미묘한 국토에 노닐게 되기를 바라옵니다.

갑진년(1244) 팔월 오일

---

1 진양공晉陽公 : 최충헌의 아들인 최우崔瑀(?~1249)를 가리킨다. 후에 이름을 이怡로 개명하였다. 그는 고려 무신정권의 최고집정자 가운데 한 사람으로, 1234년 천도의 공으로 진양후에 봉해졌고, 1242년 진양공이 되었다.

2 용궁에서 출현하고~발기한 것 : 왕비가 병에 걸렸을 때 용궁에서 『금강삼매경』을 가지고 와서 대안大安 스님이 경전의 차례를 매기고, 원효元曉 스님이 주석을 가한 인연으로 널리 유통된 이야기이다. 『宋高僧傳』 권2(T50, 730a~c).

우바새優婆塞[3] 정안鄭晏[4]이 쓰다.

伏爲。寶祚無疆。儲闈凝慶。氛塵永寢。朝野昇平。晉陽公福海等濬。壽岳齊高。次願孀親洎及佛奴。變呻爲謳。嚮年有永。鏤板印施。重念。此經出自虯宮。發起因於疾病。更願普及法界含生。生生不聞疾病之音。不處胞胎。常遊諸佛淨妙國土爾。

甲辰。八月。初五日。優婆塞。鄭晏。誌。

---

3 우바새優婆塞 : 남자 불교신도로서 청신사淸信士를 가리킨다.
4 정안鄭晏 : ?~1251. 최이의 장인인 정숙첨鄭淑瞻의 아들이다. 불교를 애호하여 명산대찰을 순례하면서 사재를 털어 불경을 간행하였다

찾아보기

가행지加行智 / 470
견리遣離 / 106
견혹見惑 / 194
결사結使 / 175
결정신決定信 / 462
『결정장론』 / 265
경안輕安 / 67
공계空界 / 373
공삼매 / 594
공여래장空如來藏 / 146
공왕空王 / 373
공처해탈空處解脫 / 391
공해空海 / 402
과과果果 / 292
과보果報 / 650
관행觀行 / 84
교주敎主 / 71
구경지究竟智 / 520, 521
구식九識 / 44, 50, 265
구유근俱有根 / 114
궁자窮子 / 301
근본식根本識 / 385
근본업불상응염根本業不相應染 / 152
근본혹根本惑 / 385
금강륜삼매金剛輪三昧 / 56
금강반야 / 55
금강삼매金剛三昧 / 41, 55, 56
『금강삼매본성청정부증불감경金剛三昧本性

清淨不增不減經』 / 58
금강유정金剛喩定 / 58, 282
금강해탈 / 389
『금고경金鼓經』 / 65
기세계器世界 / 178
『기신론』 / 109, 150, 154, 159, 308, 311, 312
『기신론별기』 / 308
『기신론소』 / 152

『능가경楞伽經』 / 95, 111, 178, 404
능견심불상응염能見心不相應染 / 152
능섭여래장能攝如來藏 / 137
능연심能緣心 / 362
능전능詮 / 633
능주심能住心 / 134
능파能破 / 83

단도斷道 / 292
대공경大空經 / 177
대력관大力觀 / 443, 444
대력본각 / 444
대명조大明照 / 480
『대법론』 / 611

찾아보기 • 655

대승관大乘觀 / 390
대신통력大神通力 / 480
대원경지大圓鏡智 / 284, 521
대유大有 / 613
『대지도론大智度論』 / 54, 56, 178, 449
『대품반야경大品般若經』 / 54
도종자道種子 / 465
도중徒衆 / 71
동분同分 / 363
동체대비同體大悲 / 566
등각等覺 / 483
등각위等覺位 / 350
등각행等覺行 / 463
등무간연等無間緣 / 372, 559
등인等引 / 62
등지等持 / 63

만겁위 / 483
말나식末那識 / 384
말법末法 / 100
멸의지연滅依止緣 / 440
멸정관滅定觀 / 392
명암색明暗色 / 373
명언名言 / 362
명제冥諦 / 613
묘각위妙覺位 / 350
묘각행妙覺行 / 463
묘관찰지妙觀察智 / 284, 521
무간도無間道 / 282
무공용無功用 / 174
무괴無愧 / 385

무구無垢 / 305
무구식無垢識 / 44, 300
『무량의경』 / 73
무량의종無量義宗 / 41, 637
무명주지無明住地 / 282, 385
무상관無相觀 / 88, 92, 186
『무상론』 / 146
무상삼매 / 594
무상심無相心 / 115
무생관 / 163
무생법인無生法忍 / 129, 176, 246
무생지無生智 / 247
무연대비無緣大悲 / 473
무원삼매 / 595
무이관無二觀 / 563
무이중도無二中道 / 539
무주심無住心 / 134
무참無慚 / 385
문의다라니文義陀羅尼 / 564
『미륵소문론』 / 194
민리泯離 / 106

반야해탈 / 389
반주삼매般舟三昧 / 67
방편관方便觀 / 164, 188, 548
방편관행 / 104
백겁위 / 483
번뇌 / 383
번뇌마 / 484
번뇌장煩惱障 / 291
『범망경』 / 355

법상法相 / 106
법집法執 / 408
『법화경』 / 73, 301
『법화론』 / 73, 95, 232
벽지불辟支佛 / 404
변역사마變易死魔 / 484
변행遍行 / 240
별상관別相觀 / 189
별서別序 / 70
별일천제別一闡提 / 462
보리과菩提果 / 292
『보성론』 / 346
복도伏道 / 292
본각本覺 / 43
본각의 이익(本利) / 257, 351
본각제 / 504
본래자성청정열반 / 183
본리本離 / 108
『본업경』 / 387, 390, 391, 394, 463, 472, 483
본유공덕本有功德 / 142
본정심本靜心 / 547
본질本質 / 362
부단상응염不斷相應染 / 151
부정지不定智 / 520, 521
부증불감不增不減 / 51
『부증불감경』 / 135, 141, 142, 145
분별기分別起 / 408
분별지상응염分別智相應染 / 151
분忿 / 385
불괴不壞 / 83
불생관不生觀 / 169
불성佛性 / 371
『불성론』 / 138, 146

비량比量 / 569, 586
비시非時 / 321

ㅅ

사공四空 / 392
사대연四大緣 / 47
사덕四德 / 480
사마四魔 / 292
사마타奢摩他 / 64
사방四謗 / 48
사불四不 / 218
사상四相 / 159, 308
사선四禪 / 48
사선근四善根 / 106
사신족四神足 / 47
사안四眼 / 480
사연四緣 / 278
사위思位 / 463
사위捨位 / 463
사위의四威儀 / 48
사의승四依僧 / 643
사정근四正勤 / 47
사지四智 / 45, 284, 287
사홍지四弘地 / 48
살반야薩般若 / 322
삼계三戒 / 47, 241
삼고三苦 / 444
삼공三空 / 40, 336, 599
삼공취三空聚 / 47
삼대제三大諦 / 47
삼루三漏 / 288
삼륜三輪 / 94

삼마三魔 / 480
삼마발제三摩鉢提 / 63
삼마지三摩地 / 63
삼마희다三摩呬多 / 62, 628
삼무성三無性 / 106
삼수三受 / 241
삼신三身 / 45
삼신불(三佛) / 47
삼십심三十心 / 106, 463
삼십칠품 / 449
삼악도三惡道 / 630
삼연三緣 / 278
삼유심三有心 / 47
삼지三地 / 47
삼취정계三聚淨戒 / 411, 435, 439
삼해탈三解脫 / 47
삼해탈도三解脫道 / 604
삼행三行 / 241
삼혜三慧 / 390
삼화三化 / 604
상법像法 / 99
상사공相似空 / 352
상위과相違過 / 572
상의相義 / 362
색애주지色愛住地 / 348
생의지연生依止緣 / 440
선나禪那 / 64
섭대승경攝大乘經 / 41, 637
『섭대승론』 / 146
섭률의계攝律儀戒 / 439
섭선법계攝善法戒 / 439
섭의지연攝依止緣 / 440
섭중생계攝衆生戒 / 439
성문聲聞 / 301

성문중聲聞衆 / 71
성소작지成所作智 / 284, 521
성지력聖智力 / 287
세제일법世第一法 / 164
소관법所觀法 / 92
소섭여래장所攝如來藏 / 137
소연연所緣緣 / 372, 559
소연영所緣影 / 362
소지장所知障 / 291
손감견損減見 / 166
손감변損減邊 / 207
수다원須陀洹 / 404
수면隨眠 / 408
수면해隨眠海 / 385
수번뇌 / 383
수위修位 / 463
수전문隨轉門 / 241
수행의 갈래를 따르는 수행(隨事取行) / 514
수혜관修慧觀 / 390
수혹修惑 / 194
수혹隨惑 / 385
『승만부인경』 / 143, 145, 347
시각始覺 / 43
시리始離 / 108
식·견·상 / 528
신상보살信想菩薩 / 463
신선굴(神孔) / 322
신위信位 / 463, 465
신주神咒 / 480
실상진여實相眞如 / 333
심사尋伺 / 60
심사관尋思觀 / 467
심생멸문心生滅門 / 320

심·인·과 / 528
심일경성心一境性 / 60, 64
심진여문心眞如門 / 320
십견심十堅心 / 355
십금강十金剛 / 355
십신十信 / 51, 106
십신행十信行 / 463
십이인연 / 117
십종해탈문十種解脫門 / 183
십지十地 / 51
『십지경론十地經論』 / 109, 111, 178
십지행十地行 / 463
십행심十行心 / 387
십회향十廻向 / 394
쌍도雙道 / 183

아가타阿伽陀 / 76
아라한阿羅漢 / 404
아문我聞 / 71
아비발치阿鞞跋致 / 405
암마라식 / 265
여금강삼매如金剛三昧 / 56
여래선 / 386
여래장如來藏 44
여래장해 / 563
여리지如理智 / 356
여시如是 / 71
여실지如實智 / 467
『열반경涅槃經』 / 178, 371, 643
열반지涅槃智 / 520, 521
영상影像 / 362

오공五空 / 333, 599
오공해五空海 / 48
오근五根 / 48
오등위五等位 / 49
오력五力 / 48
오법五法 / 43, 45
오분법신五分法身 / 147, 183
오사五事 / 302
오상五相 / 302
오색근五色根 / 114
오십악五十惡 / 48
오음五陰 / 48, 302, 392
오음마五陰魔 / 484
오정법五淨法 / 49
오중五衆 / 352
오중오백세五重五百歲 / 323
욕애주지欲愛住地 / 348
원이삼점圓伊三點 / 183
『유가론瑜伽論』 / 60, 177, 533, 628
유식을 따르는 수행(隨識取行) / 514
유식진여唯識眞如 / 333
유애주지有愛住地 / 348
유전진여流轉眞如 / 333
육도六度 / 49
육바라밀 / 171
육사六事 / 71
육입六入 / 49
육종석六種釋 / 59
육행六行 / 43
은부여래장隱覆如來藏 / 137
의언분별意言分別 / 127
의주석依住釋 / 59
이공二空 / 46
이관理觀 / 389, 393

이무二無 / 106
이변二邊 / 46
이숙식異熟識 / 283
이승二乘 / 46
이아二我 / 46
이안二岸 / 46
이의지연離依止緣 / 440
이입二入 / 351
이입리入 / 353
『이장장二障章』 / 116, 140, 194, 350, 628
이정理定 / 246
이제二諦 / 46
이제관二諦觀 / 394
이중二衆 / 46
인근석隣近釋 / 59
『인왕경』 / 355
인집人執 / 408
일각一覺 / 190
일미一味 / 45
일미관행一味觀行 / 42, 207
일본각一本覺 / 436
일불도一佛道 / 503, 511
일시一時 / 71
일실의一實義 / 503
일실중도관一實中道觀 / 188
일심一心 / 40, 64
일심의 생멸문(心生滅門) / 112
일심의 진여문(心眞如門) / 112
일지一地 / 402

자각성지自覺聖智 / 158

자성청정심 / 347
잡류중雜類衆 / 71
『잡아함경雜阿含經』 / 177
장자중長者衆 / 71
적조혜寂照慧 / 487
전각삼매電覺三昧 / 520
정定 / 65
정관正觀 / 188, 521
정관행正觀行 / 104
정려靜慮 / 64
정법正法 / 100
정사正思 / 65
정안鄭晏 / 654
정지定智 / 520, 521
정체지正體智 / 395, 470
정해탈淨解脫 / 391
제9식 / 265
제바보살提婆菩薩 / 468
조적혜照寂慧 / 487
존심存心 / 121
주지번뇌住持煩惱 / 348
주처住處 / 71
중도제일의제관 / 395
『중변론中邊論』 / 178
증상연增上緣 / 372, 559
증익견增益見 / 166
증익변增益邊 / 207
지止 / 64
지아나持阿那 / 64
지업석持業釋 / 59
지지智地 / 287
진양공晉陽公 / 653
진여를 따르는 수행(隨如取行) / 514
진제삼장 / 265

진조관眞照觀 / 549
진증관眞證觀 / 548
집상응염執相應染 / 151

차제연次第緣 / 622
참회 / 645
천겁위千劫位 / 483
천고天鼓 / 174
천마天魔 / 484
천풍天風 / 406
체·용·상 / 528
초지初地 / 106
총상관總相觀 / 189
축치逐治 / 118, 120
칠각분七覺分 / 50
칠의과七義科 / 50

태연나馱演那 / 64
택멸擇滅 / 438
통달위通達位 / 303
통서通序 / 70
통일천제通一闡提 / 463

팔불八不 / 218
팔상八相 / 93

팔식八識 / 44, 50
팔해탈八解脫 / 390
평등공平等空 / 352
평등성지平等性智 / 284, 521
평등제平等諦 / 613
표색表色 / 363
필경무畢竟無 / 166

한恨 / 385
『해심밀경解深密經』 / 178
해탈도解脫道 / 140
해탈보살 / 97
행위行位 / 463
행입行入 / 353
허공해탈 / 389
현색顯色 / 363
현색불상응염現色不相應染 / 151
현식現識 / 385
『현양성교론』 / 309, 334
형색形色 / 363
혼침惛沈 / 60
화보華報 / 650
『화엄경』 / 330, 544, 550
황치況治 / 118, 119
회신멸지灰身滅智 / 403, 473
후득지後得智 / 303, 395
희론종자戱論種子 / 282

한글본 한국불교전서

신·라·출·간·본

신라 1 인왕경소
원측 | 백진순 옮김 | 신국판 | 800쪽 | 35,000원

신라 2 범망경술기
승장 | 한명숙 옮김 | 신국판 | 620쪽 | 28,000원

신라 3 대승기신론내의약탐기
태현 | 박인석 옮김 | 신국판 | 248쪽 | 15,000원

신라 4 해심밀경소 제1 서품
원측 | 백진순 옮김 | 신국판 | 448쪽 | 24,000원

신라 5 해심밀경소 제2 승의제상품
원측 | 백진순 옮김 | 신국판 | 508쪽 | 26,000원

신라 6 해심밀경소 제3 심의식상품 제4 일체법상품
원측 | 백진순 옮김 | 신국판 | 332쪽 | 20,000원

신라 12 무량수경연의술문찬
경흥 | 한명숙 옮김 | 신국판 | 800쪽 | 35,000원

신라 13 범망경보살계본사기 상권
원효 | 한명숙 옮김 | 신국판 | 272쪽 | 17,000원

신라 14 화엄일승성불묘의
견등 | 김천학 옮김 | 신국판 | 264쪽 | 15,000원

신라 15 범망경고적기
태현 | 한명숙 옮김 | 신국판 | 612쪽 | 28,000원

신라 16 금강삼매경론
원효 | 김호귀 옮김 | 신국판 | 668쪽 | 32,000원

신라 17 대승기신론소기회본
원효 | 은정희 옮김 | 신국판 | 536쪽 | 27,000원

신라 18 미륵상생경종요 외
원효 | 성재헌 외 옮김 | 신국판 | 420쪽 | 22,000원

신라 19 대혜도경종요 외
원효 | 성재헌 외 옮김 | 신국판 | 256쪽 | 15,000원

신라 20 열반종요
원효 | 이평래 옮김 | 신국판 | 272쪽 | 16,000원

고·려·출·간·본

고려 1 일승법계도원통기
균여 | 최연식 옮김 | 신국판 | 216쪽 | 12,000원

고려 2 원감국사집
충지 | 이상현 옮김 | 신국판 | 480쪽 | 25,000원

고려 3 자비도량참법집해
조구 | 성재헌 옮김 | 신국판 | 696쪽 | 30,000원

고려 4 천태사교의
제관 | 최기표 옮김 | 4X6판 | 168쪽 | 10,000원

고려 5 대각국사집
의천 | 이상현 옮김 | 신국판 | 752쪽 | 32,000원

고려 6 법계도기총수록
저자 미상 | 해주 옮김 | 신국판 | 628쪽 | 30,000원

고려 7 보제존자삼종가
고봉 법장 | 하혜정 옮김 | 4X6판 | 216쪽 | 12,000원

고려 8 석가여래행적송·천태말학운묵화상경책
운묵 무기 | 김성옥·박인석 옮김 | 신국판 | 424쪽 | 24,000원

고려 9 법화영험전
요원 | 오지연 옮김 | 신국판 | 264쪽 | 17,000원

고려 10 남명천화상송증도가사실
□련 | 성재헌 옮김 | 신국판 | 418쪽 | 23,000원

조·선·출·간·본

조선1 작법귀감
백파 긍선 | 김두재 옮김 | 신국판 | 336쪽 | 18,000원

조선2 정토보서
백암 성총 | 김종진 옮김 | 4X6판 | 224쪽 | 12,000원

조선3 백암정토찬
백암 성총 | 김종진 옮김 | 4X6판 | 156쪽 | 9,000원

조선4 일본표해록
풍계 현정 | 김상현 옮김 | 4X6판 | 180쪽 | 10,000원

조선5 기암집
기암 법견 | 이상현 옮김 | 신국판 | 320쪽 | 18,000원

조선6 운봉선사심성론
운봉 대지 | 이종수 옮김 | 4X6판 | 200쪽 | 12,000원

조선7 추파집·추파수간
추파 홍유 | 하혜정 옮김 | 신국판 | 340쪽 | 20,000원

조선8 침굉집
침굉 현변 | 이상현 옮김 | 신국판 | 300쪽 | 17,000원

조선9 염불보권문
명연 | 정우영·김종진 옮김 | 신국판 | 224쪽 | 13,000원

조선10 천지명양수륙재의범음산보집
해동사문 지환 | 김두재 옮김 | 신국판 | 636쪽 | 28,000원

조선11 삼봉집
화악 지탁 | 김재희 옮김 | 신국판 | 260쪽 | 15,000원

조선12 선문수경
백파 긍선 | 신규탁 옮김 | 신국판 | 180쪽 | 12,000원

조선13 선문사변만어
초의 의순 | 김영욱 옮김 | 4X6판 | 192쪽 | 11,000원

조선14 부휴당대사집
부휴 선수 | 이상현 옮김 | 신국판 | 376쪽 | 22,000원

조선15 무경집
무경 자수 | 김재희 옮김 | 신국판 | 516쪽 | 26,000원

조선16 무경실중어록
무경 자수 | 성재헌 옮김 | 신국판 | 340쪽 | 20,000원

조선17 불조진심선격초
무경 자수 | 성재헌 옮김 | 신국판 | 168쪽 | 11,000원

조선18 선학입문
김대현 | 성재헌 옮김 | 신국판 | 240쪽 | 14,000원

조선19 사명당대사집
사명 유정 | 이상현 옮김 | 신국판 | 508쪽 | 26,000원

조선20 송운대사분충서난록
신유한 엮음 | 이상현 옮김 | 신국판 | 324쪽 | 20,000원

조선21 의룡집
의룡 체훈 | 김석군 옮김 | 신국판 | 296쪽 | 17,000원

조선22 응운공여대사유망록
응운 공여 | 이대형 옮김 | 신국판 | 350쪽 | 20,000원

조선23 사경지험기
백암 성총 | 성재헌 옮김 | 신국판 | 248쪽 | 15,000원

조선24 무용당유고
무용 수연 | 이용윤 옮김 | 신국판 | 292쪽 | 17,000원

조선25 설담집
설담 자우 | 윤인초 옮김 | 신국판 | 200쪽 | 13,000원

조선26 동사열전
범해 각안 | 김두재 옮김 | 신국판 | 652쪽 | 30,000원

조선27 청허당집
청허 휴정 | 이상현 옮김 | 신국판 | 964쪽 | 47,000원

조선28 대각등계집
백곡 처능 | 임재완 옮김 | 신국판 | 408쪽 | 23,000원

조선29 반야바라밀다심경략소연주기회편
석실 명안 엮음 | 강찬국 옮김 | 신국판 | 296쪽 | 17,000원

조선30 허정집
허정 법종 | 성재헌 옮김 | 신국판 | 488쪽 | 25,000원

조선31 호은집
호은 유기 | 김종진 옮김 | 신국판 | 264쪽 | 16,000원

| 조선 32 | 월성집
월성 비은 | 이대형 옮김 | 4X6판 | 172쪽 | 11,000원

| 조선 33 | 아암유집
이암 혜장 | 김두재 옮김 | 신국판 | 208쪽 | 13,000원

| 조선 34 | 경허집
경허 성우 | 이상하 옮김 | 신국판 | 572쪽 | 28,000원

| 조선 35 | 송계대선사문집 · 상월대사시집
송계 나식·상월 새봉 | 김종진·박재금 옮김 | 신국판 | 440쪽 | 24,000원

| 조선 36 | 선문오종강요 · 환성시집
환성 지안 | 성재헌 옮김 | 신국판 | 296쪽 | 17,000원

| 조선 37 | 역산집
영허 선영 | 공근식 옮김 | 신국판 | 368쪽 | 22,000원

| 조선 38 | 함허당득통화상어록
득통 기화 | 박해당 옮김 | 신국판 | 300쪽 | 18,000원

| 조선 39 | 가산고
월하 계오 | 성재헌 옮김 | 신국판 | 446쪽 | 24,000원

| 조선 40 | 선원제전집도서과평
설암 추붕 | 이정희 옮김 | 신국판 | 338쪽 | 20,000원

| 조선 41 | 함홍당집
함홍 치능 | 성재헌 옮김 | 신국판 | 348쪽 | 21,000원

| 조선 42 | 백암집
백암 성총 | 유호선 옮김 | 신국판 | 544쪽 | 27,000원

| 조선 43 | 동계집
동계 경일 | 김승호 옮김 | 신국판 | 380쪽 | 22,000원

| 조선 44 | 용암당유고 · 괄허집
용암 체조·괄허 취여 | 김종진 옮김 | 신국판 | 404쪽 | 23,000원

| 조선 45 | 운곡집 · 허백집
운곡 충휘·허백 명조 | 김재희·김두재 옮김 | 신국판 | 514쪽 | 26,000원

| 조선 46 | 용담집 · 극암집
용담 조관·극암 사성 | 성재헌·이대형 옮김 | 신국판 | 520쪽 | 26,000원

| 조선 47 | 경암집
경암 응윤 | 김재희 옮김 | 신국판 | 300쪽 | 18,000원

| 조선 48 | 석문상의초 외
벽암 각성 외 | 김두재 옮김 | 신국판 | 338쪽 | 20,000원

※ 한글본 한국불교전서는 계속 출간됩니다.

금강삼매경론

원효元曉
(617~686)

원효는 신라 진평왕 39년(617)에 경상북도 압량군押梁郡에서 태어났고 속성은 설薛씨이다. 대략 15세 전후에 출가한 것으로 전해진다. 특정 스승에게 의탁하지 않고 낭지朗智·혜공惠空·보덕普德 등의 여러 스승에게서 두루 배웠다. 학문적 성향 또한 그러하여, 특정 경론이나 사상에 경도되지 않고 다양한 사상과 경론을 두루 학습하고 연구했다. 34세에 의상義湘과 함께, 현장玄奘에게 유식학을 배우기 위해 당나라로 떠났지만, 상황이 여의치 않아 중간에 되돌아왔다. 45세에 재시도를 감행했으나, 도중에 "마음이 모든 것의 근본이며 마음 밖에 어떤 법도 있지 않다."는 깨달음을 얻고 되돌아왔다. 이후 저술 활동에 전념하여 80여 부 200여 권의 저술이 있었던 것으로 전해지며, 현재 이 가운데 22부가 전해진다. 원효는 오롯이 출가자로서의 삶에 갇혀 있지 않고, 세간을 두루 돌아다니면서 대중과 하나가 되어 불교를 전파하면서, 그들을 교화하는 데 힘을 기울였다. 그의 삶과 사상은 진속일여眞俗一如·염정무이染淨無二·화쟁和諍 등으로 집약할 수 있다. 신문왕 6년(686) 혈사穴寺에서 입적하였다. 고려 숙종이 화쟁국사和諍國師라는 시호諡號를 내렸다.

옮긴이 김호귀

동국대학교 선학과를 졸업하고, 동 대학원에서 논문 「묵조선默照禪에 관한 연구」로 박사학위를 받았다. 현재 동국대학교 불교학술원 HK연구교수로 재직 중이다. 논문으로 「조선중기 선교관의 변천과 특징 고찰」, 「선종에서 조사신앙의 유형과 그 특징」, 「선종의 법맥의식과 전등사서의 형성」, 「『금강삼매경』과 무언 및 침묵의 선리 고찰」 등이 있고, 저술로 『선리연구』, 『선의 어록』 등 다수가 있으며, 번역서로 『금강삼매경주해』, 『통록촬요』 등 다수가 있다.